1. 簡約之美；牲畜吃不飽，但勉強能活下去。「岩石阿拉伯」和「沙漠阿拉伯」的交會處：約旦月亮谷（Wādī Rum）。

2.「幸運阿拉伯」……但必須仰仗社會組織和辛苦耕耘才會降臨。闢建和維持這些梯田需要密集勞力，但它們能保留珍貴的表土。葉門西北部塔威拉（aṭ-Ṭawīlah）附近村莊。

3. 手提袋？不，是一只瓶子。另一隻手的姿勢代表順服或絕望：這是不利於阿拉伯人成為帝國鄰居的那些時代之一。西元前728年的伊拉克尼姆魯德（an-Nimrūd）石膏牆板。那位女子和駱駝是亞述人與阿拉伯「女王」莎姆西的戰役中的俘虜。

4.《古蘭經》曾提及這個偉大的水利工程遺址，它是土木工程史上最耐久的結構物之一。葉門的馬里布大壩南面閘門的一部分，年代為西元前六世紀。大壩使用了一千多年。

5. 游牧民出身的a'rāb 恣意馳騁過南阿拉伯的定居社會。紀念哈安．本．朱祖德（Ha'an bn Dhu Zu'd）的方解石雪花石膏碑，位於南阿拉伯，年代為西元一到三世紀。

6. 蝴蝶之吻：黑力遇上黑石。1972年拳王阿里在麥加的卡巴。

7. 馬形神獸布拉克（al-Burāq）有一張人臉；但騎在牠上頭的人類先知絕對不露臉。先知穆罕默德「夜行登霄圖」，波斯，年代為20世紀初。

8. 或許是現存最古早的《古蘭經》手稿，這些對開羊皮紙頁經過碳定年法測定，年代為西元645年。

9. 空無一人的鍍金天堂。烏瑪亞清真寺庭院西側馬賽克，位於大馬士革，年代為8世紀初。

10. 在巴格達本身，12世紀阿拔斯哈里發的偉大圓城幾乎沒有任何地面以上部分留存下來。這個外省遺跡為帝國大都會的宏偉景況留下一些暗示。位於敘利亞拉卡的巴格達城門，年代為8世紀。

11. 對盎格魯—撒克遜人而言，它看起來是上下顛倒的。但從世界的角度來看，它代表新鑄造的阿拉伯帝國顛覆了昔日古典秩序。英格蘭麥西亞歐法國王鑄造的金幣，模仿當時阿拔斯王朝的迪納爾金幣，年代為774年。

12. 粗獷之美：朱爾占蘇丹卡布斯停屍的摩天大樓，據說他的遺體懸空飄浮在裡頭的一具玻璃棺中。塔上阿拉伯文寫著：「這巍峨宮殿……」伊朗的卡布斯墓塔，年代為1006年，位於以它為名的城鎮。

13. 蒙古大軍來臨前為哈里發吹響的最後號角：印製在無數書衣上的鮮活圖像。騎在馬上的哈里發掌旗手，哈里里《馬卡瑪特》細密畫手稿，年代為1237年。

14.「安拉是天地的光明。祂好比壁龕中一盞明燈……」阿里・本・烏斯曼・穆爾希（ʿAlī bn ʿUthmān Al-Mursī）的大理石墓碑，年代為14或15世紀。在葉門亞丁發現，但是從印度坎貝的某個作坊進口到該地。

15. 東方的西方的東方：伊斯蘭入境隨俗，中國風阿拉伯文。大清真寺入口的匾額，位於中國西安（古代長安）。

16. 自由、平等、博愛？或只是下一頭帝國之獅？1798年拿破崙造訪大金字塔，現場可見三色腰帶與纏頭巾，19世紀木刻版畫。

17. 遠遊的亭閣，裡頭是空的，但充滿了權力與朝聖象徵意義。埃及的al-maḥmal「駱駝載運的禮轎」隊伍啟程前往麥加朝聖，年代約為1917年。

18. 收服最新一頭帝國獅……沙烏地阿拉伯的紹德國王在昆西號巡洋艦上，透過翻譯官向美國總統羅斯福施展魅力，攝於1945年埃及。

19. ……融化另一個冷戰皇帝之心。締結戰友：埃及納瑟和蘇聯赫魯雪夫，攝於1964年。

20. 控管液態資產：2500年前的液態資產是馬里布大壩裡的水（請參考圖4）；如今是達蘭煉油廠的石油。沙烏地阿拉伯國家石油公司主要設備的布萊克式靈視圖，位於沙烏地阿拉伯波斯灣沿岸的達蘭。

21、22. 之前與之後。如同著名的阿拉伯文詩句所說：「喔，如果年輕的我有天能回來，我就告訴他白髮幹了什麼好事……」利比亞領導人格達費攝於他43年統治即將開始和即將結束之際。

23. 這件和其他作品啟發了或許可稱為西岸班克西（West Banksy）的塗鴉藝術門派。2012年英國藝術家班克西在巴勒斯坦一座由以色列建造的隔離牆上塗鴉。

24. 依然給他們棍杖：當今的aʿrāb恣意馳騁過市民社會（請參考圖5）。2011年2月，一名穆巴拉克政權的乘駱駝走路工正在驅散反穆巴拉克的抗議者，攝於開羅。

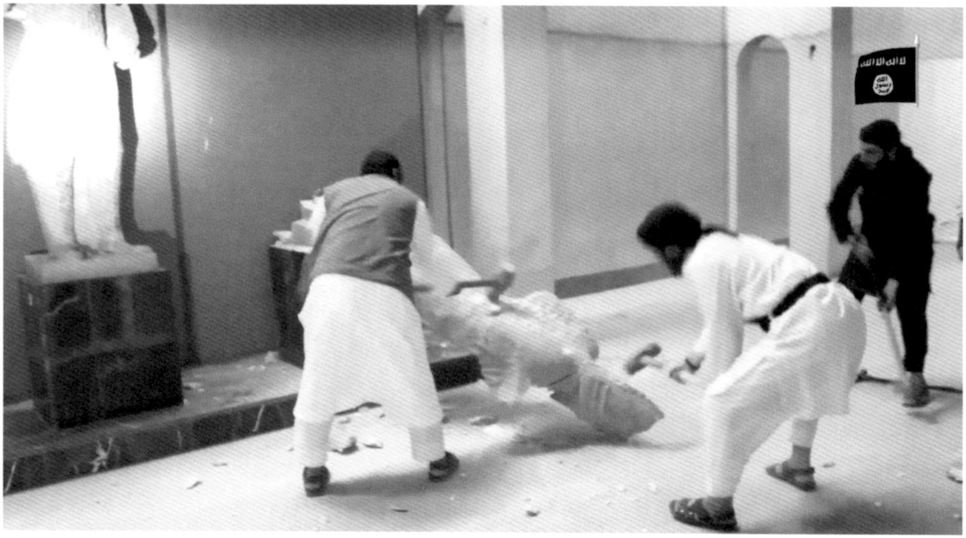

25. 歷史的大錘學派。他們其實是在否定過去？或他們是在對將近3000年前那頭最古老的帝國之獅進行遲來的報復（請參考圖3）？「伊斯蘭國」的搗毀神像者正在「淨化」尼尼微博物館內的亞述古代「偶像」，2015年2月攝於伊拉克。

26. 給眼睛看的巴哈賦格曲。原先位在敘利亞阿勒坡大清真寺的13世紀末講經壇的細部。在撰寫本書的此刻，講經壇下落不明。

Arabs
阿拉伯人三千年

A 3,000-Year History of Peoples, Tribes and Empires

Tim Mackintosh-Smith
提姆・麥金塔—史密斯
吳莉君|譯| 鄭慧慈|審訂|

從民族、部落、語言、文化、宗教到帝國，綜覽阿拉伯世界的崛起、衰落與再興

Published by arrangement with Yale University Press through Bardon Chinese Media Agency

Originally published by Yale University Press
This edition first published in Taiwan in 2023 by Faces Publications, Taipei

臉譜書房 FS0159

阿拉伯人三千年

從民族、部落、語言、文化、宗教到帝國，綜覽阿拉伯世界的崛起、衰落與再興

Arabs: A 3000-Year History of Peoples, Tribes and Empires

作　　者　提姆·麥金塔—史密斯（Tim Mackintosh-Smith）
譯　　者　吳莉君
審 訂 者　鄭慧慈
阿語羅馬拼音校正　劉弘恩
編輯總監　劉麗真
責任編輯　許舒涵
行銷企劃　陳彩玉、陳紫晴、林詩玟
封面設計　許晉維

發 行 人　凃玉雲
總 經 理　陳逸瑛
出　　版　臉譜出版
城邦文化事業股份有限公司
台北市中山區民生東路二段141號5樓
電話：886-2-25007696 傳真：886-2-25001952
發　　行　英屬蓋曼群島商家庭傳媒股份有限公司城邦分公司
台北市中山區民生東路二段141號11樓
客服專線：886-2-25007718；2500-7719
24小時傳真專線：886-2-25001990；25001991
服務時間：週一至週五上午09:30-12:00；下午13:30-17:00
劃撥帳號：19863813　戶名：書虫股份有限公司
城邦花園網址：http://www.cite.com.tw
讀者服務信箱：service@readingclub.com.tw

香港發行所　城邦（香港）出版集團有限公司
香港灣仔駱克道193號東超商業中心1樓
電話：（852）2508-6231 傳真：（852）2578-9337

新馬發行所　城邦（新、馬）出版集團
【Cite（M）Sdn.Bhd.（458372U）】
41-1, Jalan Radin Anum, Bandar Baru Sri Petaling,
57000 Kuala Lumpur, Malaysia.
電話：603-90578822　傳真：603-90576622
讀者服務信箱：services@cite.com.my

一版一刷　2023年2月
一版二刷　2023年4月

城邦讀書花園
www.cite.com.tw

ISBN 978-626-315-223-6
售價　NT$ 1050

國家圖書館出版品預行編目資料

阿拉伯人三千年／提姆·麥金塔-史密斯（Tim Mackintosh-Smith）著；吳莉君譯. -- 一版. -- 臺北市：臉譜出版，城邦文化事業股份有限公司出版；英屬蓋曼群島商家庭傳媒股份有限公司城邦分公司發行, 2023.02

面；公分.（臉譜書房；FS0159）

譯自：Arabs : a 3,000-year history of peoples, tribes and empires.

ISBN 978-626-315-223-6（平裝）

1. CST：阿拉伯史

735.901　　111018473

導讀／

他們與我們之間

這是一本充滿文學感性與批評的書籍，內容豐富，呈現作者對阿拉伯通史各層面問題的立場與態度，並有發人省思的後記。書中許多探討阿拉伯人的宗教、語言和血統的篇幅，其字裡行間透露現代東方學學者的思想特質，也是阿拉伯學者與東方學學者之間難以解決的隔閡。

東方學

「東方學」始於十六世紀歐洲對伊斯蘭的研究，名稱溯源於歐洲對東、西方的界定，內容牽涉到中世紀兩個極具思想差異性的基督教文明與伊斯蘭文明研究。東方學尤其興盛於西方殖民與託管阿拉伯世界的十九、二十世紀，並延續至今。「東方學學者」廣義是研究「東方」的學者，狹義則界定為研究「穆斯林」的非穆斯林學者，特別是研究阿拉伯人的文明、學術、信仰、思想的非穆斯林學者，無論他是阿拉伯人或非阿拉伯人，也無論他是東方人或西方人。阿拉伯穆斯林對於東方學學者在考證阿拉伯古籍、潛心研究阿拉伯學術等都予以肯定。然而有些東方學學者研究的重點、取材與方法具有爭議性，混淆阿拉伯人所尊崇的伊斯蘭文明價值和史實，這些人的作品無形中加深了今日西方與阿拉伯世界思想的衝突。

舉例來說，阿拉伯人重視伊斯蘭曆四世紀末（約公元十世紀）以前的學術原創時期，認為這時期的作品，無論是語言學、文學、宗教學、哲學、自然科學或其他學術著作，代表的是曾影響世界文明發展、在世界舞台上大放光彩的阿拉伯伊斯蘭思想精華。然而，諸如公元九世紀 Ibn Hishām 的《先知傳記》（*As-Sīrah an-Nabawīyah*）──一部整理 Ibn Isḥāq（699-769）已遺失的《先知傳記》的編著作品，也是遺留至今最早的穆罕默德生平記載。此書經過東方學學者的翻譯、詮釋及延伸的許多負面批評，引發阿拉伯學者的不滿。大凡牽涉到阿拉伯宗教、文化與歷史的議題，或多或少會出現類似的狀況。

阿拉伯人的信仰

「宗教」是東方學學者與阿拉伯學者之間歧異最鉅的敏感議題。二十世紀以來東方學學者圈裡興起「阿拉偶像說」；認為蒙昧時期「阿拉」是穆罕默德所屬的古萊什族人膜拜的主神，是多神教諸神之一。他們從艾巴斯時期記載下來的伊斯蘭以前的詩歌與歷史文獻裡找出一些伊斯蘭詞彙，尤其是「阿拉」一詞，以證明阿拉是多神教古來什族的神明，衍生出否定穆斯林基本信念的理論。由於彼時缺乏文字記載，詩歌依靠口耳相傳而流傳下來，儘管千餘年來學者們不斷投入這方面的研究，至今仍有許多無法釐清的疑點。二十世紀具西方學術背景的埃及文豪 Ṭāha Ḥusayn 曾在他的《蒙昧詩》（*Fī ash-Shiʿr al-Jāhilī*）一書裡提出蒙昧詩是後人所杜撰，理由是蒙昧詩的流傳靠的是人們口耳相傳，其源無可考。語言上，蒙昧時期北阿拉伯部落使用各自的方言，不同部落詩人的蒙昧詩卻使用相同的語言，有些蒙昧詩裡甚至還包含伊斯蘭詞彙，據此稱蒙昧詩是伊斯蘭之後的詩人所作。Ṭāha Ḥusayn 此一見解曾引發阿拉伯學術界的軒然大波，他本人也再修正一些觀點，並另著作《蒙昧文學》（*Fī al-Adab al-Jāhilī*）一書。無論Ṭaha Ḥusayn是否如阿拉伯學者們所稱，其懷疑論是受東方學猶太學者的影響，然而有些東方學學者提及阿拉伯蒙昧時期的古詩時，仍會提出Ṭaha Ḥusayn的懷疑論；另一方面他們卻藉蒙昧詩引證「阿拉」是多神教的神明。

由於《古蘭經》文簡潔、深奧，自古阿拉伯及其他穆斯林學者便潛心於研究《古蘭經》，歷代都曾出現傑出的經注學者與研究者，著作量非常龐大，他們對《古蘭經》與聖訓的研究堪稱鉅細靡遺，凡經文的語音、音韻、詞法、句法、語意、結構、修辭都留下驚人的成果。伊斯蘭不同的派別都有其核心論著以及他們所尊崇的作品。他們投入《古蘭經》學，憑藉的或許是對宗教的熱中與奉獻，但同時也造福阿拉伯語文的研究。倘若沒有伊斯蘭的出現，阿拉伯語文的發展與研究恐怕狀況就全然不同。更甚者，若無《古蘭經》的存在，或許不會有艾巴斯時期語言學、伊斯蘭哲學、歷史學等人文領域的蓬勃發展。

《古蘭經》有許多即使是阿拉伯語文能力雄厚的經注學者都無法理解的語言，尤其是一百一十四章中有二十九章各以不同的幾個無法被理解其意義的字母開啟，緊接的經文在稱頌阿拉的偉大。歷代經注學者試圖理解這些斷字母的意義而不可得，在無能詮釋下，誠實地稱這些現象為「《古蘭經》的祕密」或「《古蘭經》的奇蹟」。直至今日許多穆斯林仍鍥而不捨地試圖解開此祕密，譬如現代埃及生物化學家Rashād Khalīfah曾利用科技去研究這些古老的斷字祕密。他發現這二十九章的章首都隱含一個規律，那便是這些章首的斷字母在該章中出現的次數，比它們出現在其他一百一十三章的次數多。是否這個一千四百年以來難解的謎就因此解開？但為何要如此呢？相信任何古老的祕密永遠都有不同立場的揭密者及其詮釋方式，有些東方學學者便把這些難解的謎與蒙昧時期占卜者的語言作連結。當一些東方學學者說穆罕默德儼然是，或就是，用占卜師的語言來宣告他的天啟，他也不是文盲……等，另一個對立的穆斯林學者立場便會是穆罕默德是帶阿拉伯語的信息給人們；《古蘭經》是阿拉降下來的天啟；穆罕默德是文盲，他的天啟是靠身邊的書記記錄下來。但或許還有一種不信天啟者會探究其中緣由，那便是穆罕默德生於蒙昧時期，蒙昧時期距今超過一千四百年，誰敢斷定那時候的說話語言究竟為何？儘管文字記載甚少，但口耳相傳至艾巴斯時期記載下來的蒙昧時期講詞、訓囑、格言等也出現許多韻文。《古蘭經》所使用的 sajʿ 韻文和誓詞的表達方式存在於蒙昧時期的文學表達，甚至傳承到後來的時代，並非《古蘭經》和占卜文獨有。伊斯蘭教義裡占卜者是魔鬼的夥伴，占卜是多神的思想。將《古蘭經》語言溯源於占卜語言，其間的爭議性猶如阿拉偶像論。

阿拉伯人的語言

一切誤解的根源或許要推溯到阿拉伯語言的獨特性及其代表的文化意義。阿拉伯語是閃語的一支，儘管在諸閃語中，阿拉伯文字書寫的發展較晚，但口說語言非常古老，從阿拉伯標準語言與其他閃語的差異性觀之，阿拉伯語保存

閃族最古老母語的語音，發音部位涵蓋甚廣，有一些子音並不存在於其他世界語言中，最具代表性的語音是 dad，因此阿拉伯語又稱之為 dad 語言，由於語音結構分布均勻，能給予愉悅的聽覺。語音之間的順行與逆行同化現象非常普遍，凡此都足以讓非母語學習者即使耗費一生的努力也難以正確、流利的說標準阿拉伯語。此外，阿拉伯語如同其他閃語，短母音不顯現在一詞的書寫結構上，儘管阿拉伯學者自中世紀率先創出短母音符號，標示在子音上，以輔助發音並辨別詞意，但短母音符號在書寫上並非必要，且通常不會顯現。相同形態的詞彙會因母音不同而有數種發音，表達不同意義。因此要測驗一個

人的阿拉伯語文素養非常容易，僅需隨手拾取一本無母音標示、無標點符號的古書，請對方誦讀便一目瞭然。因為對方必須能正確唸出每一個母音和子音、音長、重音、語調、詞彙結構型態、句法格位、斷句……等，才代表真正了解文意。此書原文在阿拉伯語子音、母音、音長等方面未做精確的音譯，為呈現正確的詞意，我們在中文譯版中用羅馬拼音將之修正、補足。於此不諱言，它是一項耗費時間的工程。

阿拉伯詞彙藉由派生作用，能不斷將詞根藉由型態延伸，阿拉伯世界又設有匯集阿拉伯各國國學大師的阿拉伯語協會機構以因應詞彙的時代演進，與時增加詞彙量，因此阿拉伯語擁有地表最豐富詞彙。大量的同義詞及其間細微的差異都能考驗使用者的語文能力，詞彙的前綴、中綴、後綴、環綴現象除了是語言學者取材佐證的來源之外，往往因詞法的複雜變化，讓學習者望而卻步。然而，阿拉伯語法自古至今因為穆斯林視《古蘭經》語言為神聖語言，始終無法簡化，書寫與正式場合必須使用這古老的標準語。這種對傳統語文的維護也造成許多阿拉伯人無法正確的書寫或口說標準語。阿拉伯人日常生活使用與標準語差距甚大的各地方言，這種阿拉伯語「雙言性」的特色較其他語言更明顯，也隨著時代的演進越難解。二十世紀阿拉伯語言學者們曾經嘗試解決雙言性的問題，但並沒有成功，因為沒有任何語言改革方案可以兼顧《古蘭經》與信徒聯繫的標準語言，以及語法紛亂、地區性明顯的日常生活方言。阿拉伯穆斯林不遺餘力的維護標準語言的「正統性」，除了在維護他們的信仰之外，無疑地更在連結他們的過去與現在，甚至於連結未來。

標準阿拉伯語言的發展進程要推溯到伊斯蘭以前的蒙昧時期各部落都有屬於自己的方言。部落方言的差異通常發生在語音、音韻、詞彙、詞法和句法的不同，譬如字母順序、不健全字母的變形、字母替代、疊音、變尾現象等的不同，凡此方言差異現象早就記載在阿拉伯語法學創始者之一的 Sībawayh（d.796）的書 *Al-Kitāb* 及其闡釋書籍裡。蒙昧時期穆罕默德所屬的古萊什族掌控麥加地區的經濟，每年麥加附近固定有三個季節性的市集活動。古萊什族人與來自半島各地趕集的商人、前往市集參與詩歌擂台的詩人接觸，古萊什族語言不斷地融合阿拉伯半島上各部落的方言，成為當時的時尚語言。古萊什族語言因這些因素逐漸與各部落語言磨合，影響詩人們的語言，同時也被影響，最終因伊斯蘭的興起、《古蘭經》語言的流傳、維護《古蘭經》語言的使命等因素，而形成「標準語言」。因此標準阿拉伯語言形成的過程與部落權勢、詩人地位、市集接觸、地緣關係等息息相關。或許這才是阿拉伯標準語言發展過程的合理解釋。

至於來自南阿拉伯或北阿拉伯的蒙昧詩人，根據語言發展，有非常大的語言使用區別，但現存的蒙昧詩無論詩人來自何處，並無明顯的差異現象。其原因除了南、北阿拉伯語曾經過融合階段之外，文字記載時期詩的蒐集者曾對蒙昧時期的詩做過變更，或部分蒙昧時期詩是經過後人杜撰等，皆是屬於合理的推斷。

阿拉伯人以訴說他們的故事開始他們的詩歌，以《古蘭經》、詩歌、聖訓、貝都因的話語開啟他們的語言佐證與研究。八世紀末便奠定他們的語言學理論的根基。對於希臘哲學理論他們不陌生，他們在研究《古蘭經》時便將部分理論應用在宗教學和語言學上，並自創語言學的理論，過程中許多哲學專有名詞在阿拉伯學者的詮釋與應用之下更清晰、更靈活，在世界語言學史上扮演承先啟後的角色。現代任何世界語言學家在他理論成形的研究過程中，也無法遺漏阿拉伯語豐富的語言現象，並參考中世紀阿拉伯人在語言學上的成果。

我族與他族

阿拉伯語言因伊斯蘭而源遠流長，並藉以同化伊斯蘭旗下的非阿拉伯人，形成龐大的文化民族。相對的，伊斯蘭也因阿拉伯語文而深遠、影響力永不止息。因此，凡是以阿拉伯文著作、認同阿拉伯伊斯蘭文化者大多被網羅在這個龐大民族之下，如同伊斯蘭所標榜的「烏瑪」概念，甚少區分其血緣是阿拉伯或非阿拉伯，除非背後隱藏著政治企圖，譬如艾巴斯時期外族的民族主義運動（al-Shuʿūbīyah）。「血緣」這種貝都因游牧圈標榜的元素在都市文明的各朝代中，為呼應伊斯蘭的核心精神而被淡化。今日部分阿拉伯人對血緣、世系的執著，或許可以從承襲傳統價值與沙漠習俗等因素正向去思考。一般貝都因人在沒有受生命與生活威脅下，他們慷慨、豪邁與達觀也是有目共睹，對文明的貢獻也非全然是零。

阿拉伯思想的精華呈現在豐富的中世紀古籍裡，然而古籍深奧，欲針對阿拉伯思想提出創見，必須融會貫通阿拉伯語言、文學與文化。嚴格說來此境界僅有自幼便受古典阿拉伯語文薰陶並歷經數十年鑽研的阿拉伯母語學者才能達致，我們可以類比融會貫通中國文史古籍的學者能有多少是非母語人士？遺憾的是這些母語學者絕大多數都不熟諳英文，自然不會在國際強勢語文的出版品中出現，阿拉伯學術研究的東、西隔閡因此永無止盡。

西方始終是現代人嚮往的文明之地，世界各地的學子與學者對西方趨之若鶩，彼此相互影響下，創意無限。然而，有些阿拉伯學術的真相或許因為他們阿拉伯語文養成的背景、原始文獻掌握的實力以及這些無限上綱的創意，將逐漸消失，畢竟真正精通阿拉伯古籍者有如鳳毛麟角，而心胸開放的和平主義者又何嘗不是屈指可數？我始終認為世界各地有興趣鑽研阿拉伯古典文史的東方學學者，基於「求真」

的學術基本原則，其實必須誠實面對自己阿拉伯語文素養的不足，格外謹慎處理自己釋出的評論。

鄭慧慈寫於淡水

أ.د. هدى جنهويتشي

Sha'b: ……集合或聯合；也指分離、分裂或不統一

……一個國族、民族、種族或人類家庭……

——愛德華·威廉·連恩（Edward William Lane），

《阿拉伯語—英語大辭典》（*An Arabic-English Lexicon*）

假若你的主意欲，祂必使人類成為一族。但他們不會停止分歧。

——《古蘭經》11:118

因此，在〔哈德拉米人（Ḥaḍramī）的〕兩個邦國裡，

我們有多達一千四百個分離獨立的部落「政府」。

還有好幾百個非武裝人民的自治城鎮……加總起來，

我估算在哈德拉毛地區（Ḥaḍramawt）大約有兩千個個別獨立的「政府」。

——哈羅德·英格倫斯（Harold Ingrams），

《阿拉伯半島與諸島》（*Arabia and the Isles*）

紀念統一的葉門（1990－2014）

紀念阿里・胡笙・阿夏布（ʿAlī Ḥusayn Ashʿab, 1998－2016）

以及與它一同死去的所有人。

圖片出處

1 約旦月亮谷（Wādī Rum）。Daniel Case.

2 葉門西北部塔威拉（aṭ-Ṭawīlah）附近村莊。Bernard Gagnon.

3 伊拉克尼姆魯德（an-Nimrūd）的石膏牆板，年代為西元前728年。British Museum 118901© The Trustees of the British Museum.

4 葉門的馬里布大壩南面閘門的一部分，年代為西元前6世紀。Chris Hellier / Alamy Stock Photo.

5 游牧民出身的aʿrāb恣意馳騁過南阿拉伯的定居社會。紀念哈安·本·朱祖德（Ha'an bn Dhu Zu'd）的方解石雪花石膏碑，位於南阿拉伯，年代為西元1到3世紀。British Museum 102601 © The Trustees of the British Museum.

6 1972年，拳王阿里在麥加的卡巴。Bettmann / Getty Images.

7 先知穆罕默德「夜行登霄圖」，波斯，年代為20世紀初。Chris Hellier / Alamy Stock Photo.

8 《古蘭經》第19及20章的部分斷簡殘編，年代為西元645年之前。

9 烏瑪亞清真寺庭院西側馬賽克，位於大馬士革，年代為8世紀初。Heretiq.

10 巴格達城門，位於敘利亞拉卡，年代為8世紀。B. O'Kane / Alamy Stock Photo.

11 英格蘭麥西亞歐法國王鑄造的金幣，年代為西元774年。British Museum 1913, 1213.1 © The Trustees of the British Museum.

12 伊朗的朱爾占蘇丹卡布斯的摩天高樓停屍間，年代為西元1006年。Robert Harding / robertharding.

13 哈里里《馬卡瑪特》細密畫手稿，年代為西元1237年。World History Archive / Alamy Stock Photo.

14 葉門亞丁的阿里・本・烏斯曼・穆爾希（ʿAlī bn ʿUthmān Al-Mursī）的大理石墓碑，年代為14或15世紀。British Museum 1840, 0302.1 © The Trustees of the British Museum.

15 中國西安大清真寺入口匾額。Frédéric Araujo / Alamy Stock Photo.

16 1798年拿破崙造訪大金字塔，19世紀木刻版畫。World History Archive / Alamy Stock Photo.

17 埃及的al-maḥmal「駱駝載運的禮轎」隊伍啟程前往麥加朝聖，年代約為1917年。Royal Collection Trust / © His Majesty King Charles III 2023.

18 沙烏地阿拉伯的紹德國王在昆西號巡洋艦上與美國總統羅斯福合影，攝於1945年埃及。

19 埃及納瑟和蘇聯赫魯雪夫於1964年合影。Pictorial Press Ltd / Alamy Stock Photo.

20 達蘭的沙烏地阿拉伯國家石油公司的主要設備。MyLoupe / Contributor / Getty Images.

21 格達費在他統治即將開始之際於貝爾格勒留影。Courtesy of Tanja Kragujevic´.

22 2009年2月2日，格達費於阿迪斯阿貝巴留影。U.S. Navy.

23 2012年英國藝術家班克西在巴勒斯坦一座由以色列建造的隔離牆上塗鴉。Nick Fielding / Alamy Stock Photo.

24 2011年2月，一名穆巴拉克政權的乘駱駝走路工正在驅散反穆巴拉克的抗議者，攝於開羅。Mohammed Abou Zaid / Associated Press.

25 2015年2月，「伊斯蘭國」成員正在用大錘對付尼尼微博物館裡的雕像，畫面攝於伊拉克。Screengrab from an 'Islamic State' video.

26 原本位於阿勒坡大清真寺中的13世紀末講經壇的細部。Bernard O'Kane / Alamy Stock Photo.

前言／輪與沙漏

لا أَحْسِبُ الدهرَ يُبْلي جِدَّةً أبداً ولا تُقَسِّمُ شعبًا واحدًا شُعَبُ

我不認為時間會磨損嶄新，或時間的流變會分裂合一的民族。

——貝都因詩人祖．魯瑪（Dhū ar-Rummah）

二十七年前，我開始寫我的第一本書，內容是探索葉門的土地和歷史，那是我當時居住的國度，也是我現在生活的地方。這個國家先前的兩個部分在不久前統一，一九九〇年五月，比兩德統一稍早一些。圍牆倒榻，鐵幕拉開，荒野裡的一條界線正在擦除。在葉門，那是一段樂觀時期。沒錯，一九九四年確實有一場企圖分裂的短期戰爭，在那場戰爭裡，前南方政權朝位於沙那（Ṣanʿā）的我們發射飛毛腿飛彈，數量就跟三年前薩達姆．海珊（Ṣaddām Ḥusayn）射向以色列的一樣多；為了反擊，我們北方的統治者派一大群蓄了絡腮鬍的伊斯蘭主義者去打擊亞丁（Aden），他們除了種種破壞之外，還把阿拉伯半島唯一的釀酒廠給毀了。但統一的葉門倖存下來。似乎，過去的事已成為過去。

我的第一本書是向一塊曾經緊抓著過往不放的土地致敬，向它上千年的文化統一致敬。那本書也在字裡行間向它重新得到的政治統一致敬。在比較早的幾個時期，葉門曾經是統一的邦國：在前伊斯蘭時代，在十四世紀的一小段時間，以及十七世紀的一小段時間。對許多葉門人，以及對我而言，統一似乎曾經是——而且現在依然是——正確和應當的，是天經地義的。至少早在十四世紀時，它似乎是對的：「如果葉門能團結在一位統治者之下，」一位埃及觀察者寫道：「它的重要性就會增加，也可強化它在卓越國家間的地位。」[1]

事實上，在葉門目前已知的歷史裡，有九成以上的時間它都不是統一的；差得很遠。而在我寫作的此刻，它看起來又要再次裂解。伊拉克和利比亞似乎也一樣；敘利亞或許還能合在一起，勉強做到，而且是在暴力之下；埃及的國家完整性看起來安全，但它的社會撕裂得很凶。這五個國家囊括了阿語世界的一半人口。根據聯合國最近的一份報告，這個「世界」是全球百分之五人口的家鄉，但卻造就出全球百分之五十八的難民，以及百分之六十八的「戰爭相關死亡人數」[2]……有時似乎會覺得，阿拉伯人只有一件事是一致的，就是他們沒有能力和睦相處。為什麼可以這麼不團結？為什麼可以自我傷害到這種可怕的程度？

「因為欠缺民主和民主機制。」西方人（簡略的說法，但方便好用）可能會這樣說。這或許有點道理；但近來外國勢力以促進民主之名所做的介入，看起來只是讓情況更加混亂。而且，當有自由公平的選舉時，伊斯蘭主義者往往會贏；而當選舉被軍事政變宣告無效時，西方人反倒奇怪地保持沉默。說歸說，做歸做，似乎是這樣。

「因為伊斯蘭無法統一自身。」伊斯蘭主義者（同樣是簡略的說法）可能會這樣說。但統一本身幾乎從伊斯蘭紀元開始就是一種幻象。從伊斯蘭紀元第四十年起，爭奪威權和合法性的戰爭就在穆斯林社群裡打個不停，用唇槍舌劍和其他武器。

「因為帝國主義留下的禍害。」阿拉伯國族主義者（目前還有一些倖存者）可能會這樣說。但後帝國時代幾乎每一次企圖統一都以失敗收場，且往往是由於阿拉伯之間的猜忌和懷疑。一位阿拉伯評論者在一九四八年以阿戰爭的事後剖析中寫道：「阿拉伯人原本可以為巴勒斯坦人打贏那場戰爭的，如果他們內部沒那些虛假腐敗的東西。」[3]這裡的「東西」指的是彼此的懷疑、怨恨和恐懼。這是有如惡血般的腐化因子，並在自古以來的阿拉伯歷史裡，一而再、再而三地汩汩冒出。

分裂不團結當然不是阿拉伯的專利。進入現代世紀中後期之前，大多數時候的歐洲地圖，都像是由一堆小國拼成的碎石鋪面。一九九〇年的兩德統一本身，可說是蘇聯瓦解的逆向過程的一部分，而它所恢復的統一，在當時也不過只有兩輩子的時間。在那些人活著的時候，歐洲是戰爭的震央，那些戰爭打爆了鄂圖曼和奧匈帝國，並讓大英帝國比較溫和地溶解掉——但從這些碎片中，卻也出現了聯合國和歐盟（那些如大家所周知的眾口同聲堡壘）。整個世界就是一只坩堝，所有曾經穩定的化合物都在裡面不斷裂解，不斷形成新的化合物。假如沒有這類變化，歷史就不會存在。分與合都是同一個過程的一部分。因此，本書的第一句題詞就是引自連恩的《阿拉伯語—英語大辭典》：

> Sha'b……集合或聯合；也指分離、分裂或不統一
>
> ……一個國族、民族、種族或人類家庭……[4]

（當我們了解這個自相矛盾的詞語是如何產生時，事情就會好懂一點：除了「民族」（people）與其他所有這類事情之外，sha'b也代表顱縫，也就是顱骨既接合又分離的地方；骨頭本身則稱為qabīlah，

也代表「部落」……這就好像人的頭部，連同它的「民族」和「部落」，為人類本身提供了一種阿拉伯語的解剖學。）

然而，阿拉伯人似乎總是一個特例。我們，以及他們自己，不是常用「加了定冠詞的」阿拉伯人（'the' Arabs）來稱呼他們嗎？彷彿他們就是自成一格且可清楚辨識的一個群體。如果真是這樣，那麼，他們是誰？他們又為什麼特別容易碎裂，那麼容易起反應？難道不該有個最起碼的阿拉伯聯盟，甚至是阿拉伯合眾國？……我突然想到，確實**曾經**有一個阿拉伯合眾國（United Arab States, UAS），只是大多數歷史學家都忘了：那是由阿拉伯聯合共和國（United Arab Republic, UAR）——埃及和敘利亞在泛阿拉伯主義盛行的短暫時期組成的聯盟——和北葉門王國（Kingdom of North Yemen）組成的邦聯。UAS和UAR總共維繫了四十四個月，從一九五八到一九六一年為止。

沒理由說，政治統一本身應該是件好事。但我認為，對人類社會而言，主張統一團結，至少在一般的意義上——也就是和諧、沒有爭吵、和平共存和合作——確實比分裂和暴力競爭要好。在一個人口太多、資源太少的小星球上，特別是在敘利亞、埃及與葉門這類擁擠的國度裡，統一團結似乎可支撐住僅有的希望。

除非我們互相殘殺，一切從頭開始。

❖ ❖ ❖

阿拉伯人的歷史往往是從伊斯蘭寫起；或許會在開場白裡簡單交代一下先前的發展。伊斯蘭無疑提供了一群可辨識的人民，在一個偉大的歷史時刻結為一體。但這個統一體徒有表面，並無實質。根據傳統敘述，阿拉伯部落是在六三〇到六三一年，也就是所謂的代表團年（Year of Delegations），紛紛派代表去拜見先知穆罕默德，向他與他創建的邦國表達歸順。不到兩年，因為穆罕默德去世，大多數部落又走回舊日的獨立狀態和舊日的爭執不休。一開始，嫌隙得到修補，卓越的征服行動將阿拉伯人帶出阿拉伯半島，並在他們當中鍛造出一種集體精神，這似乎相當神奇——真的，是神賜的。但造成部落分裂的根源從未得到治療。這三百年統一的阿拉伯統治，只是一段悉心珍藏的回憶，因為在接下來的一千多年，除了少數例外，阿拉伯人都是分崩離析，受到土耳其人、波斯人、柏柏人、歐洲人和其他民族的統治。他們自己的帝國已遭截肢；疼痛將隨著時間消逝，但記憶縈繞不去，有如幻肢。

而這種現象在史學上所導致的後果，就是幾乎每一位撰寫阿拉伯人政治史的現代作家，寫到大約西元九〇〇年時，就會把它轉換成阿語文化的歷史，然後又變形成其他民族帝國的歷史，而阿拉伯人本身則完全從圖像中消失。這問題有部分在於「阿拉伯」這個字本身。和所有名字一樣，它不僅等同於它所指稱的那樣事物，它還是貼在那樣事物上的一只標籤。標籤有用，但容易混淆。它們可以涵蓋大量差異，也能將各種裂隙扣黏起來；它們可以說謊。隨著時間推移，標籤褪了字跡，覆寫上新的，而它的原始意義——如果曾經存在過——則被人遺忘。其實，我們都像老派行李箱，上面貼了許多標籤，地理的、遺傳的、語言的，諸如此類（例如，我是不列顛人／英國人／蘇格蘭人／盎格魯撒克遜人／塞爾特人／歐洲人／印歐民族／葉門人／阿拉伯半島人／阿拉伯（語）民族……）；而只有少部分人真的符合標籤所言，是那個長期行旅、名為阿拉伯人的民族。不過，到最後，我們大多數人只會被一張標籤黏住，我們會緊黏著它，一如它緊黏著我們。標籤越寬，黏得越牢。

「阿拉伯」是一張非常寬、非常黏（已經黏了差不多三千年了）、卻也非常滑溜的標籤。它在不同時間對不同人而言指的是不同東西。它的意義變形、過期又復活，頻率高到談論「加了定冠詞的」阿拉伯人是一種誤導，這也是本書沒這麼做的原因。這麼做，就跟試圖將變形蟲定形一樣徒勞。我們只能說，就大多數的已知歷史而言，這個詞多半指的是部落群體，他們生活在定居社會無法觸及的地方。這約莫就是伊斯蘭之前那段漫長時期裡大多數時候「阿拉伯人」（Arabs）一詞所代表的意思；這當然也是西元第二個千年大多數時期阿拉伯人的情狀。在這兩段時期，比較適合將他們轉寫成加上斜體的普通名詞，而不是「嚴格意義的」民族：適合寫成 *ʿarab*，而不是「Arabs」。令人驚訝的是，這些外圍的、移動的、在數量上無足輕重的人民——連首字母大寫都沒有，遑論首都城市的人民——竟然對某個身分認同如此重要。從西元前五世紀的希臘城邦到帝制中國，乃至近代的殖民歐洲，這些社會都是以游牧民、「非文明人」和「蠻族」的對照組來界定和簡化自身。然而，阿拉伯人不僅從那些游牧流浪、不受束縛的典範，從那些部落 *ʿarab* 那裡汲取了自身的名字，還汲取了他們唯一一致的定義特徵——他們的語言。

我們今日所知的阿拉伯人，是一種族裔化合物。它有兩個主要的基底元素：一是游牧或半游牧的 *ʿarab* 部落，二是南阿拉伯的定居民族。這兩者可能都是起源於史前時代的肥沃月彎到北阿拉伯；他們的語言也是來自同一支古老的「閃族」（Semitic）語系。但隨著時間流逝，他們的方言逐漸叉分，生活方式也是：南阿拉伯人靠著灌溉系統和農業發展出定居社會（很可能是從早已居住在南阿拉伯、與他們混居的古老原住民那裡承繼到這些系統）；*ʿarab* 剛好相反，是過著季節移牧的生活，由水井、降雨和劫掠決定他們的方向。基於商業和政治兩方面的互利，這兩個基底元素在伊斯蘭之前的幾個世紀開始聚合。伊斯蘭時代初期，共同打造帝國的經驗讓這個化合物變得更有凝聚力——但也變得更複雜，因為來自阿拉伯半島之外的民族也同化到這個混合體裡。在這個漫長的過程中，部落的*arab*曾經是廣義阿拉伯人的一部分，甚至是核心部分；今日他們依然是其中的一部分，只是數量稀少。但他們本身總是從內部讓阿拉伯的歷史變複雜。定居性和非定居性這兩大元素之間的張力，雖然激發出強大力量，卻也造成致命的不穩定性。在接下來的篇章裡，我們會檢視這些力量和弱點。

有一股最大的力量讓這個化合物得以聚集，得以維繫：語言，長久以來語言始終是，或許永遠都會是，大阿拉伯認同的催化劑——這裡的語言指的並非日常言說，而是豐富的、奇異的、幽微的、溫柔催眠的、神奇說服的、困難到令人抓狂的、在部落預言家和詩人舌上演化出來的「高級」（high）阿拉伯語。共同的語言對所有的族裔認同都很重要。它企圖反轉上帝在人類打造巴別塔（Babel）時所施展的分裂懲罰，打亂的語言造成誤解，讓人類無法團結。對阿拉伯人而言，語言不僅是這個族裔的標記，更是這個族裔的天賦：「據說，」一則在九世紀就很古老的諺語是這樣講的，「天界的智慧是藉由凡人的三種器官傳承下去：希臘人的頭腦、中國人的雙手，以及阿拉伯人的舌頭。」[5]

基於這個原因，雖然歷史經常被視為一連串的行動人（men of action），但阿拉伯的歷史則有同樣甚至更大的比重可被視為一連串的話語人（men of words，包括一些女人）——詩人、宣道家、演說家、作家；特別是第一本阿拉伯語書籍《古蘭經》的作者（或穆斯林所謂的傳述者〔transmitter〕）。這些人及他們使用的話語，將會是本書最凸顯的部分。他們正是形塑認同、鍛鑄統一和強逼歷史前進的那群人。因此，三不五時，我們會用一到兩頁的篇幅，評估一下語言如何推動進步，以及如何在某些時刻阻礙進步。進進退退，持續不斷。從最近的一些事件，不僅限於「阿拉伯之春」（Arab Spring）和它的混亂餘波，都可看出：語言——包括標語、歌曲、宣傳、錯誤和虛假訊息，以及催眠的黑白魔法——依然塑造著阿拉伯世界的進程。

或許更正確的說法是，阿拉伯**語**的世界（the Arab*ic* world, the Arabosphere）。語言至今依然是它的定義特徵，是它的天賦才華，而「加了定冠詞的阿拉伯人」（the Arabs）的確是講阿拉伯語。將直布羅陀海峽到荷莫茲海峽（Strait of Hormuz）的每個人都稱為「阿拉伯人」（the Arabs），就像是無視起源把所有北美人、南非人、澳洲人、愛爾蘭人和不列顛人都稱為「英國人」（the English）——甚至是「盎格魯人」（the Angles），也就是另一支浪遊的氏族，他們的語言最後變成一個久衰帝國的退潮沉積物。

❖ ❖ ❖

既然這個共享的認同曾讓阿拉伯人不顧一切去追求統一的幻象，那麼想要探索這個認同的起源，我們就必須去聆聽他們的語言。我們還必須回到伊斯蘭之前。前伊斯蘭時期（pre-Islamic）的歷史當然是我們比較不熟知，也比較無法知曉的部分。但是就書寫歷史（written history）的角度而言，它的長度卻和伊斯蘭天崩地裂似地從阿拉伯半島誕生以來一樣長。目前所知，曾提到阿拉伯人的最古老銘文，可回溯到西元前八五三年；[6]我是在西元後二〇一七年撰寫這些文字的初稿；根據傳統說法，少年穆罕默德是在西元後五八二年最早被承認為先知——恰好就是上述銘文與此刻的正中點。

伊斯蘭如閃電般耀眼興起，容易讓我們對它出現之前的過往盲目以對。這道閃電同樣在隨後的所有歷史上投射出自身的強烈光芒，把許多其他部分甩進陰影裡。我們需要檢視整體的歷史圖像，而且要用比較均勻的光線；我們需要提出一幅立體圖，在這幅圖裡，伊斯蘭元年以後所發生的事情只是全景圖的一半而已，這幅全景圖至少可以往回再拉出同樣的長度。

真正隨著伊斯蘭開始，而且讓人以為統一的阿拉伯敘述也是從那時候開始的，是阿拉伯語的資訊科技——換句話說，就是運用和控制語言的新方式，也就是形塑認同的新方式。在伊斯蘭之前，文學、文化、歷史和認同大多是口述的。從伊斯蘭以降，則是由這些新科技承載阿拉伯歷史上大多數的重要發展。當這些新科技隨著時間發展冒出頭時，我們會更仔細地檢視它們；這裡只先簡單摘要一下，讓讀者有個概念，知道它們在這個故事裡扮演了什麼樣的重要角色。七世紀初，第一本姍姍來遲的阿拉伯文書籍問世，那就是《古蘭經》：就我們三千年的歷史長度而言，《古蘭經》等於是在一夜之間，讓一種語言和使用該語言的各色人民變得可以閱讀，可以看見。他們突然就出現在他們自己的頁面上，白底黑字。他們有過一段過去；而此刻，他們進入自己的歷史當下，並帶著充沛的活力，為自己打下一個遼闊帝國。

在大約西元七〇〇年，帝國驟然做出決定，不再沿用希臘文和波斯文做為帝國的行政語言，改而採用阿拉伯文，這項決定也讓整個帝國和境內各民族以驚人的速度阿語化：阿拉伯文變成新的拉丁文。到了八世紀後半葉，當歐洲還專注在羊皮紙的時代，阿拉伯的造紙術搶先了一大步，釋放出一波又一波的阿拉伯語詞彙和想法。七個世紀之後，歐洲人也用印刷術搶到屬於他們的先機；草書體的阿拉伯文始終無法和印刷活字合作愉快，長久以來，印刷體的阿拉伯文在它本土的地位，差不多就跟罐頭義大利麵在義大利的地位一樣低。經過漫長的延宕，阿拉伯文印刷機終於在十九世紀緩慢輾碾，並帶動一次阿拉伯文藝復興：an-Nahdah「覺醒」。一百年後，一波嶄新且驚魂動魄的泛阿拉伯國族主義，靠著蔑視邊界的電晶體收音機廣為傳播。一個世代之後，阿拉伯文排字員終於為草書體的詛咒找到解藥——文書處理器；在這同時，衛星電視起飛，讓話語飛得更遠更快。最近，二十一世紀初的社交媒體開始顛覆老派修辭並廣傳另類真相……直到反動派也打入臉書為止。如今，數位恐龍正想盡辦法要主宰媒體與心智。

不過，前伊斯蘭時期的那一半歷史，也有它的社交媒體，它的主流聲音；那時的話語也會飛。它們大多數都隨風飛走了。但有一些被捕捉住——在石頭上，在記憶裡——我們可以也必須繼續試著去聆聽它們。

❖ ❖ ❖

有位傑出的歷史學家就是從中點開始，從伊斯蘭開始，他是亞伯特・胡拉尼（Albert Hourani）[7]。他用十四世紀阿拉伯偉大歷史學家伊本・赫勒敦（Ibn Khaldūn）的一幅肖像，將讀者拉進他的主題。伊本・赫勒敦在陰謀與派系交戰最激烈的環境下生活了幾十年之後，斷然抽身，跑到阿爾及利亞荒野的一座堡壘小村，遁入一段密集的沉思避靜時光。他仔細觀察周遭進行的一切，然後，套用他的說法，「文字和想法灌入我的腦袋，宛如奶油灌入攪拌器」[8]（多幸運的男人！），他就這樣為朝代的興衰構想出一套模式。簡單說，這套模式說明了為何一個游牧部落可以統一團結在他所謂的ʿaṣabīyah之下，這個詞的字面義類似「綁定」（bindedness），但經常轉譯成「團體主義」（group solidarity），以及因此取得的軍事力量。部落憑藉武力取得某個定居邦國的統治權，部落的領袖們隨即變成一個新王朝：昔日的外圍和不受束縛，變成了中央和定居。然而，隨著時間推移——通常就是三代人的時間——王朝的能量逐漸因安逸而消磨，王朝就會落入另一個還保有舊日游牧活力的新部落之手。（蘭開夏人在描述類似的社會流動時經常說：「從穿木鞋的到重新穿回木鞋，只要三代人的時間。」）

胡拉尼是一位學者，一位在牛津聖安東尼學院（St Antony's College）附近寫作的圖書館人。他以自身的學術眼光，將伊本・赫勒敦視為一個時代和文化的代表性人物。在我的葉門塔屋裡重新閱讀這兩位作者，我有個領悟：這裡，在這最危險的時刻，在不斷有迫擊砲和飛彈讓你保持清醒（我經歷過的第三次大衝突），還要整天被標語、講道和詩歌——政治的而非抒情的詩歌——轟炸的情境中，我把伊本・赫勒敦視為一名觀察研究員，他坐在阿爾及利亞的孤立堡壘中，一如我坐在沙那這裡，在這同時，部落與王朝則在我們四周製造了戰爭、協議、陰謀和更多戰爭，我們兩人都是從直接的經驗裡形塑出我們的歷史哲學。胡拉尼把伊本・赫勒敦當成一種寫作手法，而我發現，我卻是在無意中假冒他。換句話說，我正在體驗歷史現場（*in situ*）。歷史的碎屑就在我的腳下，因為我的小塔屋矗立在一座廢墟土丘的尾端，而那座土丘則是由前伊斯蘭時期的沙那——示巴王國（Saba'或Sheba）最偉大的城市之一——阿拔斯王朝（Abbasid）的總督宮殿，以及天知道什麼東西的殘餘物堆積而成。現場，而且即時：歷史的素材就在眼前，在我窗外。（一群小孩剛剛經過，高喊著「美國去死！」，伴隨著咚咚咚的鼓聲和鞭炮聲，後面跟著一只紅色箱子，高高舉起，裡頭裝了另一位殉道者。那只箱子小得可憐。）

這些日子的素材，似乎多是鋼與鉛。最近碰到一次汽車拋錨，我有一顆扁電池，也有一名好心駕駛，但沒有借電用的跨接線，我們幾乎在同一時間有了相同的橫向思考——於是我們攔下一對部落民。我們借了他們的AK47攻擊步槍，利用槍枝把電池串聯起來。車子發動了。就只是接起來而已！「所以它們還是有正面優點嘛。」我愉快地說，然後把槍遞回去。「它們的優點，」其中一位部落民回答，「就是殺人。」

你能說什麼呢？在我的第一本書裡，我寫道，在葉門，我覺得自己像是宴會裡的客人，又像是牆上的蒼蠅。現在，我覺得更像是宴會裡的骷髏，和熱湯裡的蒼蠅。但我們得試著放輕鬆。看著我居住和深愛的這塊土地分崩離析，就像目睹親愛的老朋友失去理智，走上慢性自殺之路。

❖ ❖ ❖

我發現，伊本．赫勒敦的模式，他那優雅的範式，依然有效。但我認為，這模式還可進一步微調，讓它的運作更加清晰，更能清楚套用在約莫三千年有紀錄的阿拉伯歷史上。其中最重要的特色，依然是ʿaṣabīyah，那個可催化出短暫團結的集體潛能：

ʿaṣabīyah，及時，營造衝量助長

……一次成功的劫掠、征戰或準用（*mutatis mutandis*）政變；

……拜劫掠／征戰／政變之賜，以及該團體所得到的資源壟斷（駱駝、稅收、石油和天然氣），該團體欣欣向榮；

……當該團體因為規模成長造成資源不足，和／或其領導人們因為財富分配失和翻臉，於是……統一瓦解。

最後，會有一個新的ʿaṣabīyah形成，前述過程再次重複。

我也發現，伊本．赫勒敦是對的，他把「游牧民」視為改變的蓄水庫，而且我認為，雖然聽起來很奇怪，但在某個意義上，這點於今日依然成立，儘管今日真正過著游牧生活的阿拉伯人數量可說無限小。伊本．赫勒敦所提出的人類社會兩大基本系統，今日依然各就各位：

ḥaḍarī「定居的」：政治社會，（相對）靜態系統，可以用相關字ḥaḍārah來形容其特色——通常翻譯為「文明」（civilization），指的是人民群居在一個聚落或市鎮（拉丁文的*civitas*，希臘文的*polis*）；以

及

badawī「貝都因」（bedouin）：非政治社會，動態系統，人民生活在市民政體之外，最基本的「機制」是ghazw「劫掠」（或征戰或政變）。

我的看法是，雖然真正的貝都因如今是瀕危物種，但在這場阿拉伯賽局裡，還是有很多主要選手完全是根據「貝都因」系統行事。這兩大系統，也就是定居的「民族」（people）和貝都因的「部落」（tribe），都曾出現在《古蘭經》的一段著名經文裡，我的副書名有部分就是來自於此：

——人類啊，我確由一男一女造化了你們，並使你們成為民族和部落，以便你們能互相認識。[9]

這種二元性從有紀錄的阿拉伯時代以來就一直存在，而且並不總是彼此對立。西元前八五三年阿拉伯人第一次出現在文獻上，是和亞述國雇用的一名運輸承包商有關，一個名叫金迪布（Gindibu，「蝗蟲」）的人，他是阿拉伯首領，擁有很多駱駝：定居社會和貝都因社會彼此互惠。時間快轉到阿拉伯歷史的中點，先知穆罕默德之所以能成功，有部分是因為他結合了定居和貝都因這兩大系統元素，創立了最初的伊斯蘭國。而最近，幾乎全面失敗的二〇一一年人民民主革命，則是跟重申「貝都因」系統壓過定居系統密不可分。例如，在我窗外看到的葉門，一直到二〇一四年夏天，都被視為阿拉伯之春的成功故事，渴望打造一個定居的公民社會。但在那之後，該國北部於一次武裝劫掠中被奪走——曾經統治該地長達千年的一支舊派系復甦興起——內戰肆虐，鄰近邦國（全都是由會被伊本·赫勒敦歸類為「貝都因」的王朝所統治）也積極介入。歷史，就像我說的，是即時的。戰爭是最糟的歷史，內戰則是最糟的戰爭：它們不僅在公民社會內部進行，還**對抗**公民社會。至於誰是罪魁禍首，伊本·赫勒敦毫不猶豫：「文明，」他寫道，「總是在貝都因接管的地方崩壞。」[10]

今日，侵蝕政府機制、劫持民主起義或引爆內部衝突的，並非真正騎在駱駝背上的游牧民。但有一點確實很清楚，那就是游牧機制的核心——ghazw「劫掠／征戰／政變」——依然相當活躍。或許就是拜這之賜，駱駝背政權的勤王派形象才能在二〇一一年開羅解放廣場（Tahrīr Square）的抗議者中引發那麼強烈的混亂。在其他地方，裝上大口徑機槍的最新款豐田皮卡就足夠有力了。

當然，「劫掠」（raiding）是一個承載了許多意義的詞；它帶有貶義的海盜、野蠻和不文明的味道。但劫掠也是一種既定的機制，就這方面而言，它是長久以來為人所接受的一種財富重分配方式，有時甚至是更公平的方式。以這類手段追求分配，在某些民族的倫理系統裡或許無法為人所接受，但要是冷眼旁觀，這類手段確實有其理性基礎：你有盈餘，我有赤字，所以我要拿走你的盈餘。要切記，不同的文化有不同的理性標準；就像文化評論家蒙田（Montaigne）和馬歇爾·薩林斯（Marshall Sahlins）等人解釋的，即便是食人族，也有他們自己的理性[11]。世界各地的人也許本質上是相同的，但卻各有殊途。

在阿拉伯歷史上的很多時候，這兩種理性可同時並存，「定居的」和「貝都因」的，民族的和部落的，看似永遠的二元對立，但卻既衝突又擁抱，既愛又恨，有如陰陽。但哪一種理性更「大寫阿拉伯」（Arab）呢？這是「大寫阿拉伯」身分的一大兩難：如我前面說過的，「阿拉伯」這個詞多半指的是定居社會無法觸及到的那些部落群體，在市民機制的柵欄和政治之外。因此，在某種意義上，愈多阿拉伯人順服於市民社會，就會變得愈不「阿拉伯」；他們失去了自身民風精神（ethos）裡的某些東西。在這個身分混淆的全球化和都市化世界裡，失去阿拉伯性（arabness）裡的古老面向，變成面目模糊的全球的一部分，這樣的前景令人痛苦。

❖ ❖ ❖

除了民族和部落之外，這故事裡還有別的事情。把視野往後拉，觀看地圖上與時間上的更大圖像，你就可清楚看出，上面所勾勒的統一與裂解的循環，一直是在帝國的脈絡裡上演——亞述、羅馬、波斯、拜占庭、鄂圖曼、大英、美國。這循環有牙，但未必惡毒：有時這些齒牙也能在接觸點上與帝國的利益咬合，例如南北肥沃月彎（後面會有更多說明）、埃及和伊朗；有些時候則會撕咬衝突。在這兩種情況下，都會有摩擦、熱爆和兵燹：這循環是一只火輪（wheel of fire），創造性和毀滅性兼具，在三千年的時間裡不斷融合、融化和重新融塑阿拉伯的各種認同。

在講述阿拉伯歷史時，本書會著重在看似永恆且往往是悲劇性的統一和裂解循環，也會關注在認同不斷轉變與重組的歷史中，那股餵養戰火、點燃革命，以及最重要的，定義了阿拉伯人的力量：阿拉伯語。語言將所有以資訊科技為基礎的歷史關鍵發展串結起來，從將神的話語捕寫成文字，到文書處理，以及新近反動政權所進行的思想處理。語言是所有志在成為阿拉伯領袖者一直試圖抓緊的那條線：他們的目標始終是要創造ʿaṣabīyah，創造「綁定」或一致同意——正如阿拉伯文所說的，要使他們的民族和部落「凝聚話語」（gather the word）。

這是一部阿拉伯人的歷史，而非阿拉伯語的歷史。但若要順著語言這條線貫穿這段歷史，等於是要去挖掘「身為阿拉伯人」（being Arab）所有不同意義裡最深沉的那一股。這條線是唯一的紐帶，曾經將阿拉伯人聚集起來，賦予他們身分與統一；甚至由伊斯蘭帶來的團結，說到底也是奠基在話語上。對現代歐洲人和他們的後裔而言，就像湯瑪斯．卡萊爾（Thomas Carlyle）指出的，支撐權力的基礎是槍砲、印刷和新教主義；但對阿拉伯人和他們的後裔而言，則是話語、韻律和修辭。

問題是，語言可以凝聚，也可以打散。這就是此刻正在上演的劇碼，劇場包括我居住的這塊土地和其他許多阿拉伯土地，也是因為這樣，團結統一依然是幻象。這一切是怎麼發生的，在已知將近三千年的阿拉伯歷史裡，這就是本書要探討的主題。

❖ ❖ ❖

在我開始凝聚阿拉伯話語之前，我還有最後一段自己的話想說。除了聆聽人們和他們的聲音之外，我們也會時不時檢驗一下事物。那些可以稱為*tangibilia*（拉丁文，實體的、有形的、可觸摸的）的東西，是掌握過去的一種好方法；它們可充當時間或時代的隱喻，做為理解複雜情況的把手。它們可大可小，大如用碎片組合而成的一整棟建築，比方用異教和基督教回收材料興建而成的清真寺，小如歐法國王（King Offa）在英國密德蘭地區（Middland）鑄造的一枚阿拉伯文硬幣；它們可以蓄滿謎音，比如一只護身符，一面是安拉，另一面是印度的黑天神，或可裝滿反諷，比方一把柯爾特手槍，上面有冷戰時期一位美國總統刻的題字。它們更像是波赫士（Jorge Luis Borges）為一枚叫做「札希爾」（the Zahir）的阿拉伯文舊硬幣所鑄造的新意義[12]：一種看得見且縈繞不去的物件，它會在不同的地方和時代以不同的形貌出現。

此外，還有更多文學隱喻對這本即將成形的故事也很好用。火輪是其中一個；出典自各種傳奇苦難——例如破壞神界秩序的伊克西翁（Ixion），以及分割自身領土的悲劇李爾王，這兩人最後都「綁縛在火輪之上」——並非巧合。此外，對歷史而言，輪也是很好的載具：它們沿著一條不斷延伸的直線——時間——行走，但它們自身的運轉卻是周而復始的；它們結合了常與變。不過，對阿拉伯歷史而言，它們不是唯一要牢記的影像。

我在第一本書裡曾經寫下：在葉門，過去「永遠在場」（ever-present）。當時，我還不知道帝國行政官員暨阿拉伯旅行家哈羅德・英格倫斯也曾在他的葉門書裡寫道：「這是一個過去永遠在場的國家。」[13]一代人和一兩場革命將我們兩人的敘述分隔開來，但我們書寫的過去卻是一樣的，依然在場。又隔了一代人和更多場革命之後的此刻，它們還是在場。而且，不僅是英國觀察者眼中的葉門過去無所不在。敘利亞詩人暨評論家阿多尼斯（Adonis）在他那部卷帙浩繁的《靜滯與變化》（*Stasis and Change*）裡，幾乎一開頭就描寫了橫跨阿拉伯語世界的這種傾向：「讓過去永遠在場。」[14]這種永遠在場的過去，讓觀察精闢的珍・莫里斯（Jan Morris）在一九五五年用「一種古董專制」來形容沙烏地阿拉伯王國[15]，而那時，它的建國獨裁者才剛過世兩年。

我們當下陳述的多半是顯而易見的事實。而唯有隨著時間推移，我們才能明顯看出，永遠在場的過去也包括未來——這裡的包括有兩種意思：包含，但也括限。永遠在場的過去可以有正面效應，因為它讓社會根植在自身的歷史裡。同樣的，它也會圈限住那些社會，扼殺它們的未來。它可以是一隻夜魔，一種不死的壓迫。最近最明顯的例子，就是阿拉伯之春，這場二〇一一年開始的隆隆革命，讓年輕世代有機會表達出他們的渴望——結果卻是幾乎在每個地方，都被阿拉伯過去的反動力量給扼殺。

因此，探索阿拉伯的歷史，意味著要不斷在時間軸上踏進踏出；要往前看，也要向後望。「現在的時間和過去的時間，」如同艾略特（Eliot）知曉的：

兩者或許都存在於未來的時間。
而未來的時間則包含於過去的時間。[16]

這種複雜性是所有歷史學家的剋星，但被剋得最慘的，或許就是阿拉伯人的歷史學家：年代與書頁依序翻轉；但作用與反作用、因與果卻未必如此。因、果，以及悲劇性的錯漏，有可能潛伏好幾百年，甚至好幾千年，直到它們自己找到出口，如果它們真的有找過。一個極端但微不足道的案例，是發生在二十世紀中葉，一名村莊的 shaykh（村長）要求亞丁的英國殖民當局付錢，將一口古井挖開，恢復原狀。他的理由是，那口井是在西元前二十六年被一支羅馬遠征軍填掉的，而羅馬人和英國人都是「法蘭克人」[17]——歐洲人的意思。另一個比較嚴重的案例，是和後穆罕默德時期權力的轉移和本質有關：過去一千四百年來，這個問題每隔一陣子就會相當血腥地沸騰一次。顯然，單靠輪子順著它的時間軸蹣跚穩定地滾動，並不總是足夠。我們還需要另一個反覆卻又專斷的意象。

照例，詩人往往會有答案。敘利亞詩人尼撒爾．卡巴尼（Nizār Qabbānī）將永遠在場的阿拉伯過去視為

吞噬你的沙漏
夜以繼日。[18]

過去是瓶底的沙，等著下一輪事件。卡巴尼知道，歷史不僅是計時器或打發時間的消遣，歷史本身就是一個玩家，往往還有一副壞心腸。它是沙漏，它杵在那裡，標記時間，但不權衡時間——直到它再次翻轉，然後你看到那些沙粒是人的生命，或人的死亡，因為人既是流沙，也是它的受害者。

你可以細數沙粒：六千六百六十位平民在我寄居的這塊土地上遭到殺害；死去的戰士至少五萬名，其中許多還只是男孩；也許有八萬五千名幼童，不到五歲的小孩，無聲死於戰爭的老盟友之手，也就是貧窮。這些是我從聯合國、武裝衝突地點與事件數據（ACLED）以及救助兒童會（Save the Children）那裡取得的冰冷統計數字，到目前為止，也就是我在二〇一八年底交出這本書的時候。那些翻轉沙漏的人，如果早知道或早能猜測到這樣的結果，他們還會翻轉它嗎？

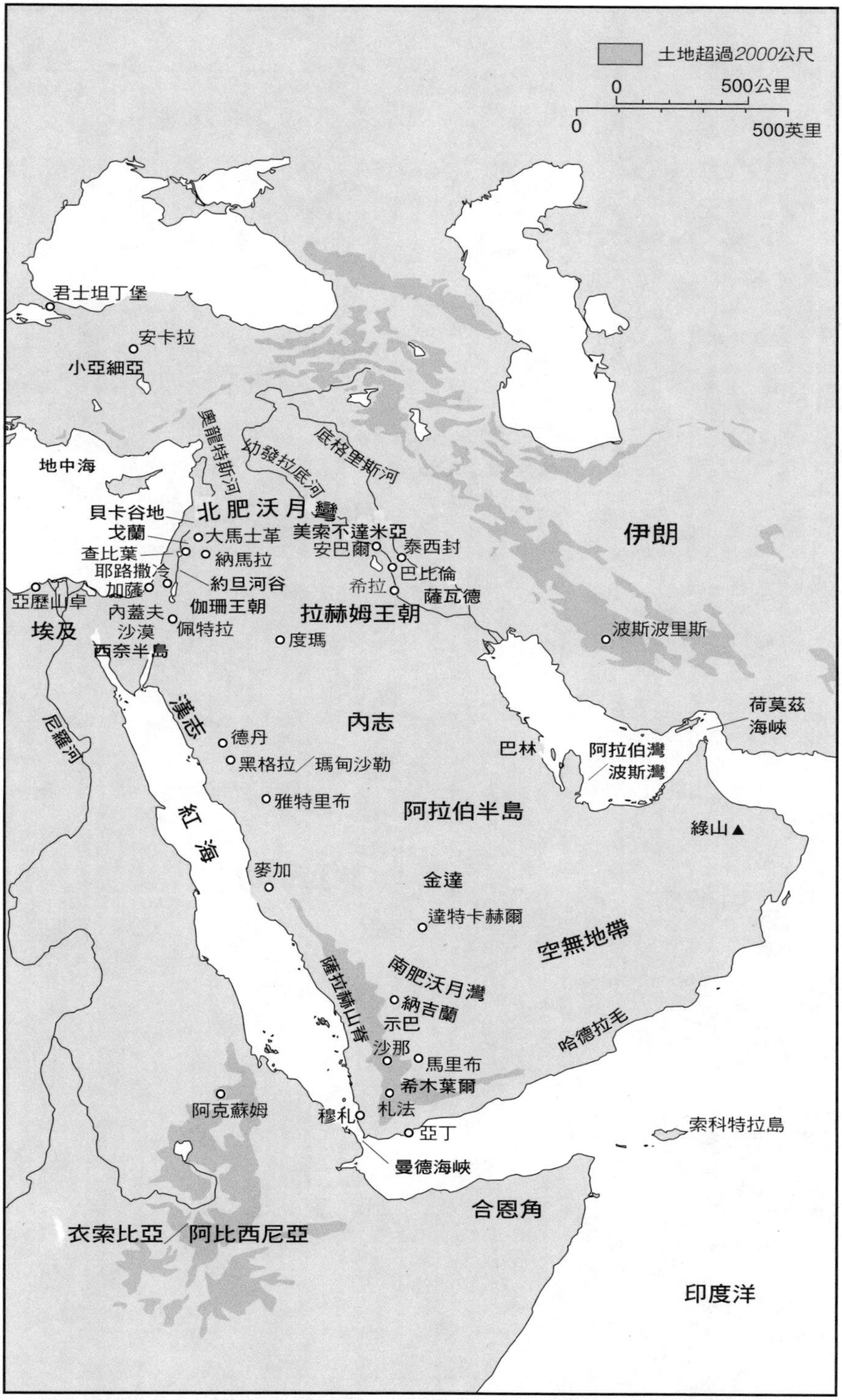

1. 前伊斯蘭時代的阿拉伯半島及毗鄰區域

0
500公里
0
500英里
窩瓦河
鹹海
錫爾河
塔拉斯／塔拉茲
土庫斯坦
高加索山
裏海
花剌子模
河間地帶
天山山脈
阿姆河
亞美尼亞
亞塞拜然
布哈拉
法迦南
喀什
中國
撒馬爾罕
帕米爾
迪亞巴克爾
卡布斯塔
魯哈
德萊木
朱爾占
梅爾夫
摩蘇爾
大扎卜河
塔巴里斯坦
內沙布爾
馬什哈德
巴爾赫
辛賈爾
底格里斯河
發拉底河
呼羅珊
赫拉特
喀布爾
薩邁拉
哈馬丹
阿富汗
加色尼
左下
伊拉克
巴格達
尼哈萬德
泰西封
卡爾巴拉
美索不達米亞
伊朗
希拉
瓦希特
希斯坦
庫法
阿瓦士
卡迪西亞
薩瓦德
胡齊斯坦
巴斯拉
伊什塔克爾
設拉子
巴基斯坦
法爾斯
印度河
德里
阿拉伯灣／波斯灣
內志
荷莫茲海峽
巴林
信地
印
凱伊巴爾
武侯德山
麥地那
巴德爾
馬斯喀特
阿拉伯灣
度
阿拉伯半島
麥加
塔伊夫
阿曼
海
空無地帶
左法爾
沙那
葉門
亞丁
印度洋
曼德海峽

2. 阿拉伯帝國

巴黎
大西洋
法蘭西
威尼斯
克里米
庇里牛斯山
萊昂
亞拉岡
卡斯提爾
葡萄牙
托雷多
安達魯斯
哥多華
慕夕亞
塞維亞
格拉那達
瓜達幾維河
直布羅陀
坦吉爾
塔哈特
阿爾及爾
阿特拉斯山脈
阿爾及利亞
菲斯
摩洛哥
君士坦丁堡
安納托利亞
阿莫里烏姆
卡拉布里亞
巴勒摩
西西里
突尼斯
突尼西亞
開羅安
地中海
達米埃塔
亞歷山卓
開羅
福斯塔特
埃及
尼羅河
上埃及
撒哈拉
茅利塔尼亞
查德湖
塔蘇斯
安提阿
阿勒坡
拉卡
錫芬
幼發拉底河
瑪拉
敘利亞
霍姆斯
0
100公里
0
100英里
地中海沿岸
貝魯特
大馬士革
戈蘭
巴勒斯坦
耶爾穆克
加利利海
約旦河谷
凱撒利亞
馬夫佳離宮
阿姆拉城堡
耶路撒冷
耶利哥

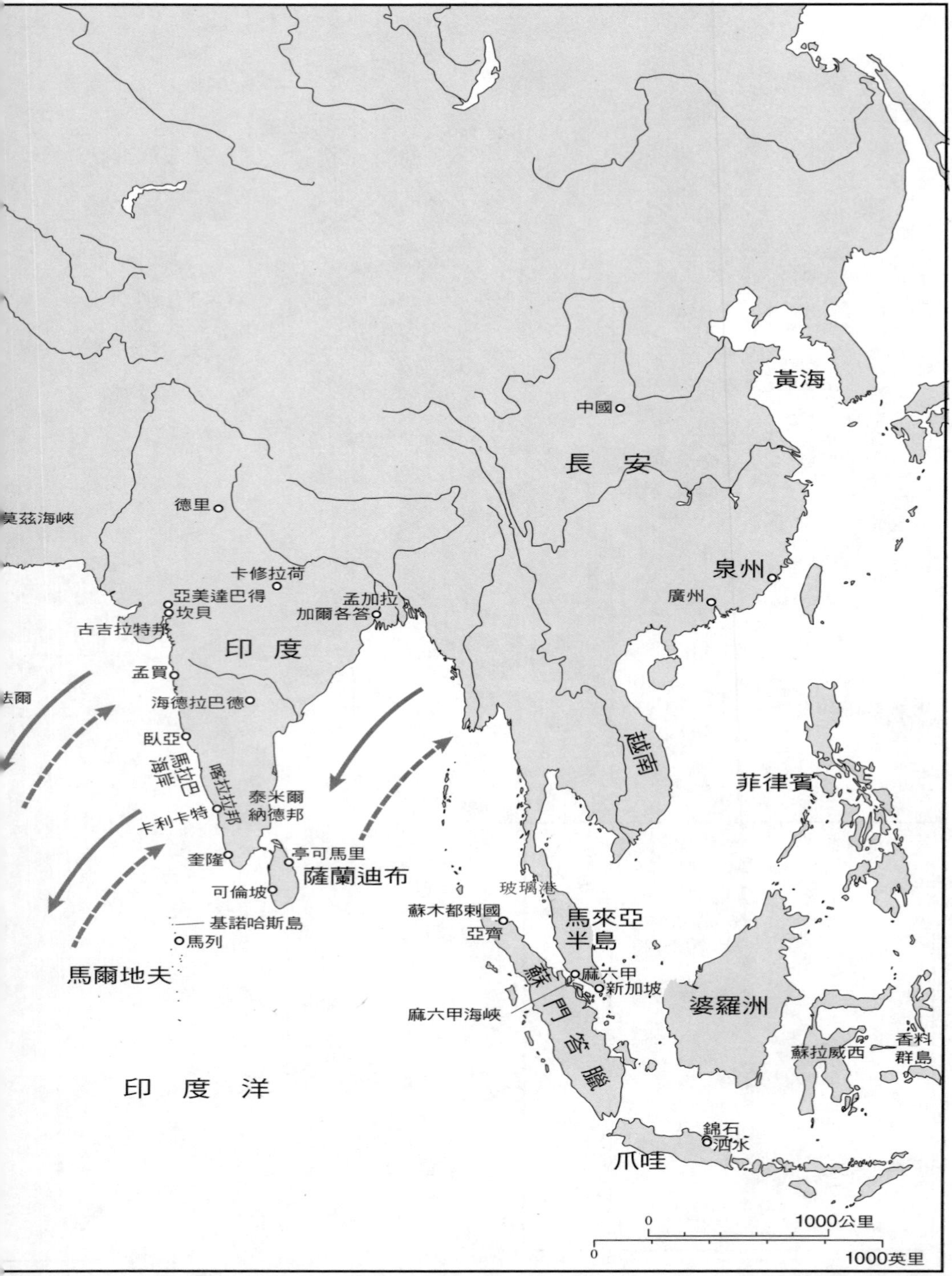

3. 分布於外地的阿拉伯人

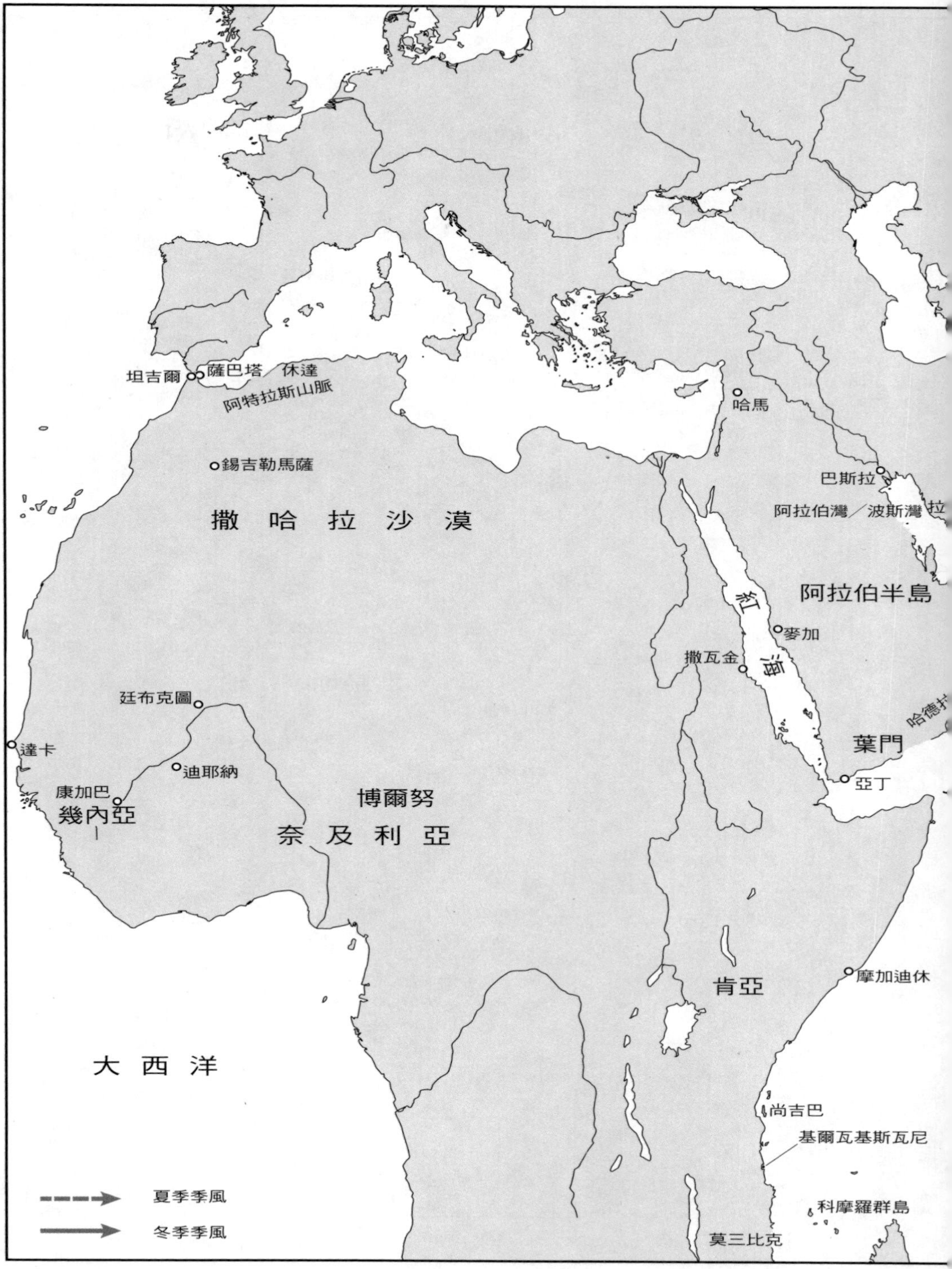

坦吉爾
薩巴塔
休達
阿特拉斯山脈
哈馬
錫吉勒馬薩
巴斯拉
阿拉伯灣／波斯灣
撒哈拉沙漠
阿拉伯半島
紅海
麥加
撒瓦金
廷布克圖
哈德拉
葉門
達卡
迪耶納
康加巴
亞丁
幾內亞
博爾努
奈及利亞
摩加迪休
肯亞
大西洋
尚吉巴
基爾瓦基斯瓦尼
夏季季風
冬季季風
科摩羅群島
莫三比克

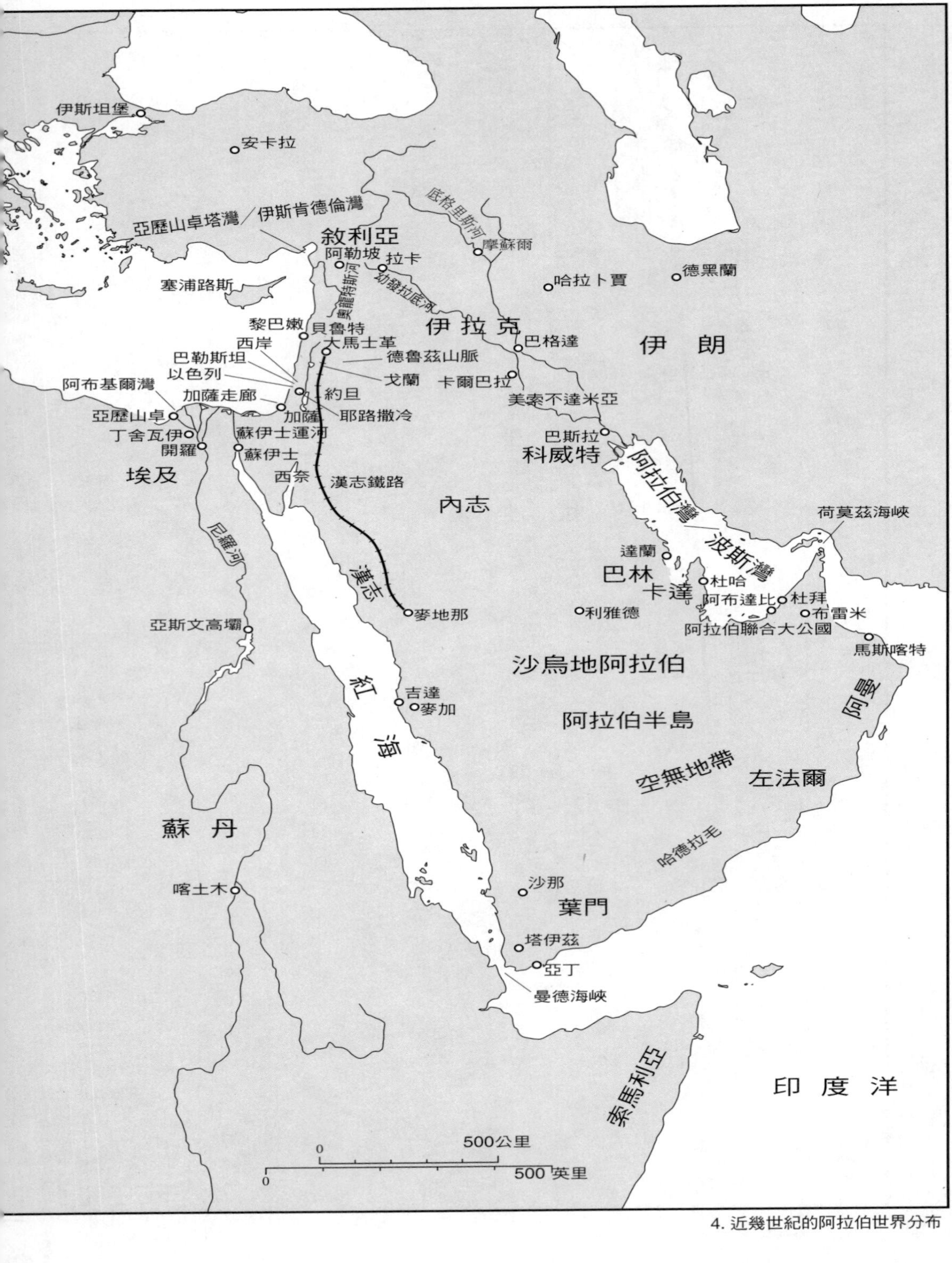

4. 近幾世紀的阿拉伯世界分布

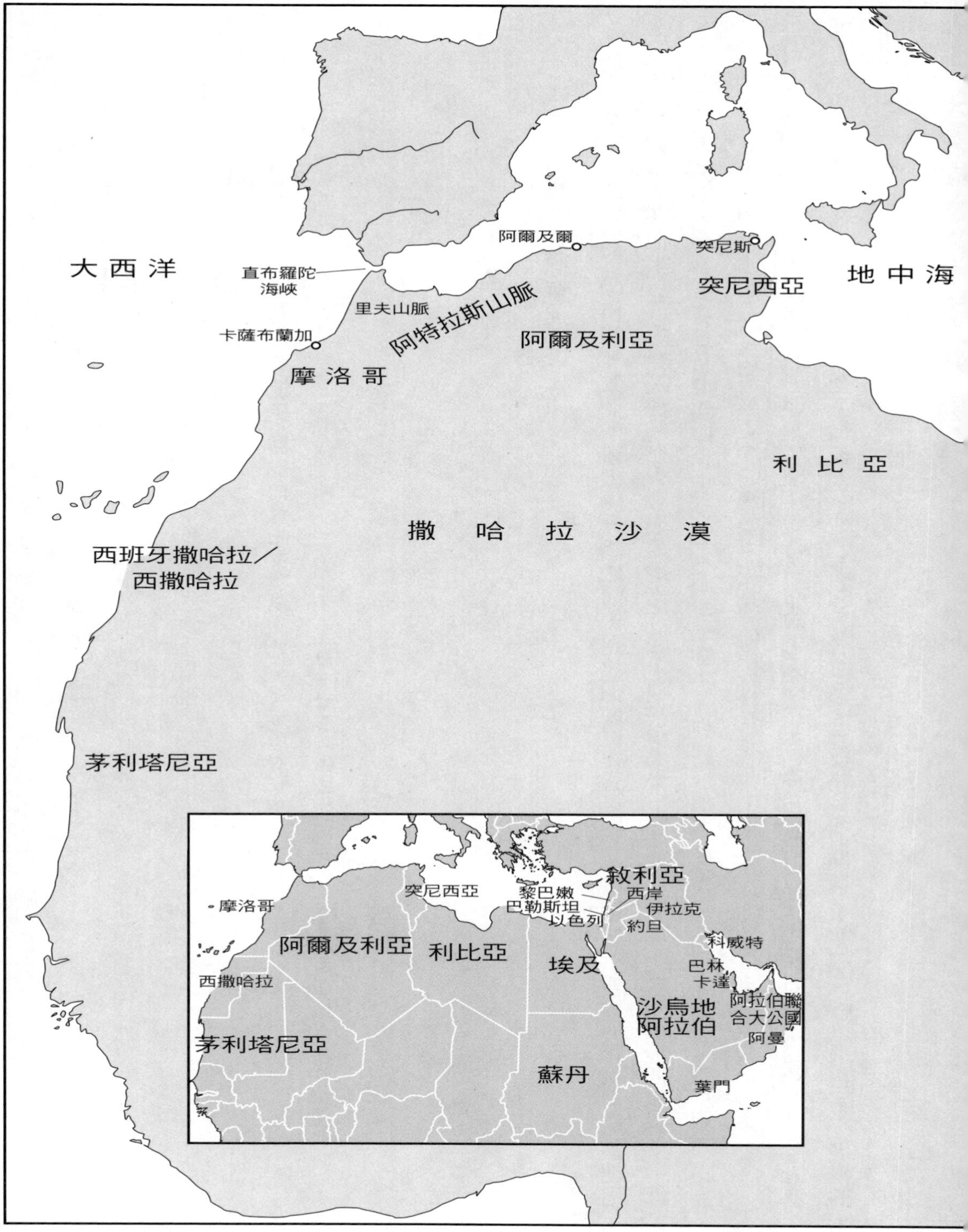
大西洋
直布羅陀海峽
阿爾及爾
突尼斯
地中海
突尼西亞
里夫山脈
阿特拉斯山脈
卡薩布蘭加
阿爾及利亞
摩洛哥
利比亞
撒哈拉沙漠
西班牙撒哈拉／西撒哈拉
茅利塔尼亞
敘利亞
突尼西亞
黎巴嫩
西岸
巴勒斯坦
伊拉克
以色列
約旦
摩洛哥
科威特
阿爾及利亞
利比亞
埃及
巴林
卡達
西撒哈拉
沙烏地阿拉伯
阿拉伯聯合大公國
阿曼
茅利塔尼亞
蘇丹
葉門

導言／凝聚話語

「一名卓越謝赫（shaykh）的最主要功能，就是凝聚所有話語。」[1]

——保羅．卓雪（Paul Dresch），《葉門的部落、政府和歷史》（*Tribes, Government and History in Yemen*）

演說家和掠奪者

西元六三〇年初，某個冬日太陽升起之前，阿拉伯城鎮雅特里布（Yathrib）有一名俘虜看著當地男人聚集在他牢房外的庭院裡。在少數幾盞燈光之間，他幾乎看不出什麼。但當他們的領袖抵達時——肯定是他，因為所有耳語瞬間停止——男人們自動排成一列列，那名俘虜感覺到，某個重要時刻即將上演。一個念頭閃過，比清晨更冷的念頭：「我想他們打算殺了我……」[2]

這沒什麼好意外的。好幾年來，雅特里布的男人一直在劫掠那名囚犯族人裡的有錢商隊；他本人就領導過好幾次反劫掠。死了很多人，他們之間有著血仇。雖然該年稍早簽了一份合約，遏止了小規模的戰鬥，但合約最近被那名俘虜所屬部落的盟友打破了。不過事實上，沒人知道雅特里布的男人會怎麼做：他們是個分離出去的團體，跨越了部落之間的藩籬，由一名特立獨行、深具魅力的預言家領導——其實是那名俘虜的表親——而且他們的行為舉止無從捉摸。

接下來發生的事情讓這名囚犯嚇呆了。預言家單獨站在行列前方，吟誦一些他著名的奇怪咒語，鞠躬，然後俯身跪拜。他身後的行伍跟著照做。這看起來很像基督教的禮拜，這名俘虜曾在去敘利亞做生意的途中目睹過。但這些男人的動作是如此精準、熟練，簡直像是同一具身體。囚犯看到這裡，以自身部落的古老大神發誓：

> 安拉在上！我從未見過今日目睹的嚴明紀律，這裡、那裡、無論哪裡都沒見過……沒有，波斯貴族裡沒有，編了辮子頭的拜占庭人也沒有！

那名俘虜是麥加的一位氏族酋長，名叫阿布・蘇富楊（Abū Sufyān）。[3]他那位特立獨行的表親名喚穆罕默德，至於綁架他的人，有好幾年的時間他們自稱為「穆斯林」（Muslims）。

令阿布・蘇富楊大受震驚的，是雅特里布（或稱Madīnah Rasūl Allāh，「安拉使者之城」）這群男人的團結一致。這些結為一體的人有著不同的根源，他們沒有一致的血緣，甚至不像大多數的部落群體，也不假裝有血緣關係。其中有些人就是來自他出身的古萊什（Quraysh）部落，該部落在過去五代人裡，分裂成好幾個彼此競爭的氏族。不過，這群人大多來自很久以前就定居在雅特里布的部落，但他們的源頭是南阿拉伯——al-Yaman，「南方」，一塊山脈、峽谷、森林和田野之地，遙遠而且有著不同的語言和舉止。在那些鞠躬的行伍中，甚至有一些信仰猶太教的阿拉伯人。然而在這裡，他們的動作和回應宛如一體。穆罕默德以耀眼的成就做到所有阿拉伯領袖致力追求的目標：他讓這個民族「凝聚話語」——他讓眾人的意見一致，讓所有的異議沉默。

阿布．蘇富楊拿拜占庭和波斯做比較，頗值得玩味。身為一名有經驗的國際貿易商人，他對這些與半島交戰的帝國鄰居並不陌生。但他知道，無論那些帝國如何標榜內部統一，其實也是被政治分歧和宗派爭端搞得四分五裂。如今，在他眼前，在這個爭吵不休的阿拉伯心臟地帶，居然出現一個足以讓那些帝國偽裝感到羞恥的統一範例——一個意見一致、凝聚話語的範例。

這實在太好了，好到無法長久。不到三十年的時間，阿布．蘇富楊的兒子就會和穆罕默德的女婿為了權柄問題——對人民的控制以及一筆會讓這位富商頭暈目眩的財富——陷入血戰。在某種意義上，同樣的衝突一直持續到今天，只是加上倍數成長的人物與分枝，我們經常用教派的角度將它簡化成遜尼派和什葉派的衝突，但實際上，爭執的焦點依然不是教條，而是俗世權力：控制財富的權力、控制人民的權力、控制權力的權力。

不過，在那個當下，穆罕默德確實找到團結統一的兩把鑰匙。直接有效的那把，是共同效忠於單一神明，一如那些紀律嚴謹的祈禱者所展現的那樣。雖然這些祈禱者和他們俯拜的模樣看起來有點像基督徒，但那位神明並不像拜占庭和衣索比亞以及他們為了神性問題纏鬥不休的那位神。祂（He）也不太像猶太人的神；祂也許曾經是，但最後的結果不同了；不過雅特里布大多數的猶太人都拒絕穆罕默德在該城初期的種種示好。「祂」反而是從穆罕默德祖籍麥加的異教大神那裡取來祂的名字，在大體都被基督教化或猶太教化的近東地區，麥加是最後僅存的幾個多神教大本營之一。至於「祂的」神性——極度低限，剝除了一切屬性，根本無須為此起紛爭——簡單自足一如沙漠石頭，甚至猶有過之，貝都因人會在碰巧經過時將這些石頭撿拾起來奉為神明。的確，這位神明無法形象化，只能透過「祂」創造的世界以及「祂」揭露給「祂的」先知的話語反映出來。這些話語藉由每日的祈禱反覆灌輸信徒對神明的共同效忠。它也鍛鑄出一種更寬廣、更深沉的統一性，不是表現在親屬關係裡，而是表現在敬神膜拜中。

另一把統一的鑰匙，也是最終極的一把，可以解開鎖上的第一把鑰匙。那就是穆罕默德駕馭語言的能力——不是日常言說的語言，而是特殊的演說家用語，是神鬼精靈透過阿拉伯傳統預言家給予啟示的高級阿拉伯語；只不過在穆罕默德這個案例裡，他的用語是由選中穆罕默德做為「高貴使者」的同一位抽象神靈，透過一名天使所啟動。[4]穆罕默德接收到神的話語，並凝聚了人的話語。然而，他知道，他所帶來的統一團結是獨一無二，也是已經注定的。無論是真是假，他曾說：「這個共同體將分裂成七十三個支派」[5]，這是他從他的《古蘭經》所得知的，而《古蘭經》是上帝經由他傳送下來的誦文集結，神告訴他分裂的事實：

以遮覆時的黑夜發誓，
以發光時的白晝發誓，
以造化男性和女性的主作證，
我說你們的努力會導向不同的結果。[6]

他也察覺到一個弔詭。在他口中變得具有神聖性的神諭信息，其實是特別鎖定那群最能理解的人——半島上那許許多多懂得占卜和詩歌所用之高級阿拉伯語的人，至少會是可被這些語言感動的人；換句話說，大多都是部落阿拉伯人。這聽起來似乎顯而易見，但它其實是《古蘭經》一次又一次自我指涉造成的。例如，

> 我確已把它降示成阿拉伯語的《古蘭經》，以便你們了解。[7]

然而《古蘭經》裡唯一被稱為阿拉伯人的——那些預期中最能被這信息感動的人，以及《古蘭經》最可能在他們身上產生靈性好處的人——卻是最不可能聽從《古蘭經》的：

> al-aʿrāb（游牧的阿拉伯人）是最不信和最偽信的，最不能明白安拉降示其使者的律例。[8]

於是，神的話語落在閉起來的耳朵上。誠然，

> al-aʿrāb（游牧的阿拉伯人中）有人歸信安拉及末日。[9]

但同樣無可否認的是，aʿrāb這個詞形（複數形，ʿarab則是集合名詞……一個狡猾的差異）經常是指稱徹頭徹尾的游牧民，他們生活在穆罕默德所隸屬的定居商人的環境外圍。但是話說回來，這個新興共同體在軍事上的成功，靠的正是那些游牧民的劫掠民風，而這種民風也恰好讓這個共同體凌駕於周圍

的老邁帝國。游牧民和他們的掠奪技巧**必須**被融入這個信仰共同體。

於是，最古老的阿拉伯文書籍——《古蘭經》，似乎在說，阿拉伯性有兩個內涵意義：一是高級阿拉伯語的雄辯滔滔，二是發展出該語言的那個民族的狂野呼嘯；阿拉伯人可以是演說家，也可以是掠奪者。觀察穆罕默德之前和之後的阿拉伯歷史，這似乎言之成理。由修辭與劫掠所組成的這帖強效混合物，為統一與裂解的循環提供動力，至今依然。

如同穆罕默德所知，真實而持久的統一如果少了一項重大原則就不可能產生，那就是神之下的絕對平等性。對阿拉伯半島那些易怒的部落和氏族而言，要結合成更大的整體，就表示要割讓權力；而把權力割讓給任何一個比你更強的人——除了萬能的神之外——就等於認輸。但即便是由真神掌管，做為伊斯蘭永恆基礎之一的平等原則，在世間總是很難達成。於是乎，統一在世間也總是很難達成：它依然是地平線上一抹閃動的幻象。然而在這過程中，話語有時會被領袖以雄辯、說服或只是響亮的聲音凝聚起來；他們強加上一種危殆的齊聲，然後，這齊聲似乎必然會在競奪修辭的喧囂中崩解。和諧——多方聲音齊聚一堂，在其中，所有聲音都有平等的訴說權利，也有平等的聆聽義務——難得一聞。

不過——你看出它有多容易了嗎？——我從穆罕默德、阿布．蘇富楊和伊斯蘭談起，等於也是從中點開始。它是阿拉伯歷史上的一個（或「唯一一個」）啟明「時刻」，如果真有這種東西存在的話；它照亮了之前發生過的，和之後即將發生的。麥地那（Medina）還位於另一個中點：它是游牧的阿拉伯半島北部和東部以及比較定居的阿拉伯半島南部和西部的中介；是ʿarab各部落和阿拉伯半島南部各民族的中介——這兩大元素猶豫試探地聚集成單一的「阿拉伯」（Arab）整體。但麥地那並非阿拉伯半島的唯一中點。至於穆罕默德，就算他是最偉大的話語凝聚者，但也不是第一個。想要回頭尋找追求統一這段漫長旅程的起點，有部分就是要將阿拉伯人的歷史「去伊斯蘭化」，將聚光燈打在這個民族身上，而不要只從豐富但會令人分心的伊斯蘭背景下觀看他們。這也是將伊斯蘭的歷史重新阿拉伯化，將阿拉伯人本身重新阿拉伯化——不僅將伊斯蘭視為今日的世界信仰，也將它視為一種統一的國族意識形態，將穆罕默德視為阿拉伯的國族英雄。[10]

如果你回到源頭，其他事情就會變清晰。菲利浦・希提（Philip Hitti）在他那本又厚又老（但依然非常有用）的《阿拉伯人的歷史》（*History of the Arabs*）裡，將阿拉伯語視為阿拉伯人「一連串征服的第三階段」[11]，接在武力階段與伊斯蘭階段之後。事實上，阿拉伯語才是最早的征服，但不是由阿拉伯人發動的征服，而是阿拉伯人**被**征服。少了它，另外兩項征服都不可能發生；因為根本不會有被書寫下來的阿拉伯歷史。

馬蘇第（al-Masʿūdī）是最棒的早期阿拉伯歷史學家之一，他把講述阿拉伯故事這項任務，比喻成「有人發現一大堆散落的寶石，有各種不同的款式和顏色，然後得想辦法按照秩序將它們串接起來，變成一條珍貴項鍊」。[12]

一千一百年前，那堆寶石的數量甚至更大、更多樣，但任務是一樣的。直線推進的年表固定住串接的約略順序；最後的設計則取決於歷史學家如何挑選不同形狀和顏色的珠子，將它們串在一起，而且在一定程度上會取決於時代的品味。但項鍊能否成功，也有賴於線的強度。我的那條線就是阿拉伯語，我稱之為「『身為阿拉伯人』最深沉的那一股」線[13]；在我們把事件——許多都稀奇古怪、撩亂繽紛、令人分心——串上去之前，值得用接下來幾頁篇幅，快速將長達三千年的串線盤整一下。語言——也就是話語——正是那條隱藏的線：說到底，它就是阿拉伯統一最常賴以凝聚的那樣東西。

在源頭處是詩人

在阿拉伯有紀錄以來的三千年歷史裡，凝聚的話語啟動過三波統一浪潮。再次借用伊本．赫勒敦的術語，ʿaṣabīyah「團體主義」[14]總是從al-ʿarabīyah「卓越的高級阿拉伯語」那裡得到它的動力。然而，這幾波浪潮的規模，遠比伊本．赫勒敦談論的部落或王朝大多了。第一波浪潮——古遠、緩慢，但深沉，屬於族裔的自我意識，湧漲的時間在伊斯蘭出現之前一千年。第二波是一次實體擴張的海嘯，也就是阿拉伯人在七、八世紀的征服及其餘波，它消落的速度和暴起時一樣快，最後是在長期的痲痺中結束，但留下豐沃且持久的語言沉積物。第三波是由十九世紀歐洲國族主義運動所喚醒的蟄伏力量所驅動，重新發現那個族裔的、文化的——以及，到了晚近，狂熱崇拜的——自我。最後這波至今仍在肆虐。這三波浪潮將這本書的大部分章節區分成三組：每組包含的年代不一，但篇幅大致相同：「嶄露」與「革命」（西元前九〇〇年到西元後六三〇年）；「稱霸」與「衰落」（六三〇到一三五〇年）；「黯蝕」與「再興」（一三五〇年至今）。

第一波自我意識的開端相當模糊，很難標定時間。它的興起似乎是由於將駱駝馴化成馱獸，讓移動性日益提升，以及阿拉伯人開始從事長距離的運輸和貿易工作，在這種情況下，必須要有一種語言讓北阿拉伯地區使用不同方言的人可以相互理解（南阿拉伯說的是另一組語言，和北方語有遠親關係，但北方人聽不懂；兩者的距離約莫相當於德文和義大利文）。後來，在大約西元五世紀前的某個時刻，大概在半島中部的某個地方，統一的北方語的「高級」形式也有了雛形。這所謂的al-ʿarabīyah，並非日常用語，而是一種「奧祕之語」（mystical tongue），是用來「傳達神諭和背誦詩歌」[15]。能夠掌握這種特殊用語的人——最重要的是*shāʿir*，這個字後來演變成「詩人」，但最古老的意思大概比較類似預言家或薩滿——就能吸引追隨者。在劫掠襲擊的時刻，*shāʿir*也扮演惠特曼（Whitman）筆下的詩人角色，是「戰爭最致命的力量……能用他說出的每句話汲出鮮血。」[16]

伊斯蘭在歷史沙場上的迅猛登台，掀起了一陣沙塵，遮蓋掉許多先前存在於該地的東西。然而，從西元前八五三年首次提到阿拉伯人，一直到他們突然出現在國際聚光燈下，中間那段黝暗歲月依然有些特色是清楚的。早期生活在阿拉伯半島的人類大多是移動的、易裂的、暴躁的；在嚴苛環境中漫遊的血緣群體，天生就容易分裂，容易為了生存彼此競爭。時間是用祖先的名字來度量，而非用碑石或年表來記錄。然而，在西元前第一個千年快結束時，這個異質性社會（如果可以這樣稱呼的話）透過與帝國鄰居的接觸，而逐漸形成其外部輪廓。這些帝國鄰居包括羅馬、波斯和南阿拉伯，這塊位於半島腳跟和腳背部分的肥沃山地，由示巴王國（Sabaʾ，《聖經》寫做Sheba）和承繼它的帝國統治著大體屬於定居的族群。

帝國的本質是層級分明和金字塔狀，它比較喜歡和清楚明確的指揮鏈交涉，而非部落和氏族所能提供的水平結構。於是，阿拉伯人藉由得到強權的承認，而開始浮現出他們的層級關係，包括部落領袖（phylarch）和後來的「阿拉伯人的國王」（kings of Arabs）。往日游牧、流動的生活開始定居下來，落腳在邊緣：國王從介於大片沙漠和播種地之間的幾個半營地、半首都的中心進行統治。在阿拉伯半島北部和中部的阿拉伯土地上，社會的凝固似乎是由外而內，類似鑄模裡的蠟。如果說國王需要從鄰居那裡得到承認，他們也需要自身子民的認可：他們活在讚美和宣傳裡，而這正是日後那些詩人們的本事。高級語言就是在這裡自成一格，取得直到今日的形貌。這種語言也有一種更深層的團結感。赫德（Herder）

是歐洲現代國族主義的奠基理論家之一，他深知詩歌的力量。「詩人，」他在一七七二年寫道，「是他所屬國族〔Volk〕的創造者；他提供一個世界讓他們去看，把他們的靈魂握在手中，帶領他們去到那個世界。」[17]

在赫德時代的歐洲，那個世界還很新穎：比方說，在那個時代法國的某些地區，「朝任何方向走上一天，所到之地都會變得無法理解」[18]，至於理想中的統一國族語言，根本八字都還沒一撇。但在阿語世界並非如此。英國東方學家雷諾・尼柯爾森（Reynold Nicholson）比多數人更了解阿語世界，他說的沒錯，詩歌讓阿拉伯人「早在穆罕默德出現之前，就在道德上和精神上成為一個國族」。[19]

當然，在現實生活裡沒有人會講詩人的語言。「國族性」（Nationhood）是一種詩意的理想，一種只存在於修辭中的現實。一直都是。

話語擴散

西元六世紀，當阿拉伯人逐漸聚集衝力建構族裔、定居身體、打造國族精神的同時，阿拉伯半島周遭的強權則相繼走上戰爭：羅馬（當時是拜占庭）對抗波斯；衣索比亞的阿克蘇姆帝國（Axum）對抗阿拉伯的希木葉爾王國（Himyarite）。當圍在他們四周的帝國鑄模碎裂時，這個半成形的阿拉伯社會也跟著內爆。阿拉伯人的國王們失去他們的帝國靠山之後，也失去存在的理由，阿拉伯人失去了他們的定冠詞，阿拉伯半島重新貝都因化，一場競奪修辭的混戰四處開打，每個部落都帶著它的詩人以及——因為專業用語增生和特殊化的關係——它的khaṭīb「演說家」和kāhin「巫師或預言家」參戰。

話語和預言的發酵醞釀出穆罕默德，但他把修辭發揮到遠超越其前輩的境界。後來形成的伊斯蘭，就是由語言賦予力量；不僅運用了《古蘭經》這個嶄新又顫動人心的有聲精神宇宙，它的語言是來自古老的、神諭用的高級阿拉伯語；還運用了口號——其中最重要的一句，就是宣揚麥加古大神的權力：Allāhu akbar，安拉至大。穆罕默德既是安拉的使者，也是祂的傳令。

如同伊本・赫勒敦說的，穆罕默德「將阿拉伯人凝聚在伊斯蘭的話語上」。[20]這是一名卓越謝赫將其功能卓越展現的範例——凝聚話語；這也是話語可用來即時傳播想法，並將想法深入人心的最佳範例。事實上，這或許是人類歷史上以語言而非達爾文式的自利和肉體力量來贏得霸權的卓越範例。[21]在阿布・蘇富楊震懾於穆罕默德注入的紀律不到一百年內，伊斯蘭阿拉伯武力所征服的地區，或更正確的說法，它所劫掠和塊狀占領的地區，已經遠大於極盛時期的羅馬帝國。幾十年後，阿拉伯人更走向全球，他們的新首都巴格達，以四座大門分別通往已知世界的四個角落。他們的語言也走向全球，為偉大且持久的伊斯蘭文化帝國奠下基礎，黏合凝結——語言的效果比宗教信條更快速也更牢固。[22]

與此同時，阿拉伯人也成為自身成功的受害者。在伊斯蘭出現之前，這個語言曾經賦予他們文化上的統一性，但團結在伊斯蘭之下的政治統一，則摧毀了這種文化統一性。在短短幾代人之間，這種古老的、神諭的、詩意的al-ʿarabīyah——高級阿拉伯語，超越其他一切的族裔「標記」——變成了全帝國在文化、禮拜與行政上的媒介；這個一度凝聚的話語，如今散落在從帕米爾高原到庇里牛斯山的遼闊範圍裡，涵蓋了各式各樣阿語化的民族。就遺傳基因而言，阿拉伯人無所不在。就語言學而言，他們的言說以獨特風味摻入這廣袤的文化。但他們本身卻消失於無形，溶解在他們自身的帝國裡，有如鹽水裡的鹽。

對於這種缺席（absence），有個比較晚期但相當貼切的例證，可見於尤金・羅根（Eugene Rogan）

的《阿拉伯人五百年史》（*The Arabs: A History*），該書涵蓋了西元一五〇〇到二〇〇〇年這段時期：該書的頭兩張插圖並非阿拉伯人，而是兩位土耳其人的佛羅倫斯風肖像。我們將會看到，那幾個「隱身」的世紀，其實隱藏了一次阿拉伯擴張，而那場擴張的程度，幾乎和伊斯蘭的第一次爆發同樣傑出——或許更傑出，因為它是那樣低調；但那次擴張只經由阿拉伯世界的後門，進入印度洋。其他時候，阿拉伯人就是待在故鄉，看著其他民族接掌打造帝國的工作。

或許歷史有可以被解析的「文法」；如果真的有，那麼，在世界上曾經如此主動式和現在式的阿拉伯人，如今大多卻陷入一種漫長的被動狀態，活在他們自身的過去式裡。在實際的阿拉伯文法中，被動式被稱為「無人知曉」或「匿名」的語態——而在某種程度上，阿拉伯人失去了他們的名字，消失在穆斯林這個更大的整體裡。這段漫長的匿名期，最後也是由話語終結。和日耳曼人與義大利人一樣，他們是先在文學裡發現自己的國族身分，然後試著在政治中將自身鍾鍊出來，而這次發出阿拉伯人呼聲的，也是詩人——例如，黎巴嫩哲學家詩人易卜拉欣・雅季吉（Ibrāhīm al-Yāzijī）一八六八年的召喚：

> 覺醒，噢！阿拉伯人，爬起床！
> 厄運的洪水正舔著你們的膝蓋。[23]

然而，對阿拉伯人而言，通往「國族性」之路，從匿名性走向新的一致性，將會非常艱難。十九世紀的 an-Nahḍah「興起」（arising）或「覺醒」（awakening，在西方敘述裡經常被稱為涵義模糊的「文藝復興」）運動，源自於歐洲稍早的「語言—族裔—領土」國族主義。但它大體上是一次知識分子的覺醒；大多數的阿拉伯人還在沉睡。此外，事實證明，歐洲國族主義模型裡的第三個要素，也就是領土，將會是個難題。雅季吉和他的知識分子與詩人同志們正在向一群聽眾訴說，而這群聽眾之所以被他們界定為阿拉伯人，最主要就是因為他們說阿拉伯語。這些早期的國族主義作家將自己視為柏拉圖哲學裡的神性工匠（demiurge）：他們屬於赫德之類的歐洲晚近理論家傳統，但也屬於伊斯蘭之前那個遙遠的阿拉伯世紀、那個族裔建構的世紀。只不過，這樣的建構過程或許曾經發生在那座古老的半島上，當時也正在民族國家的新歐洲上演，但當場景換到隨著伊斯蘭擴張的廣袤阿語區時，這過程將會困難許多：因為綿延的範圍將近地球圓周的四分之一。阿語區實在太過廣大又太過迥異，特別是在經濟上，根本無法形成穩定的整體；曾經試圖統治這塊浩瀚地區的鄂圖曼帝國，經過幾百年的努力已精疲力盡。一次大戰後，從戰勝國劈砍鄂圖曼屍體的方式看來，想要維持領土統一根本無望。再加上，錫安主義者（Zionist，猶太復國主義者）計畫在阿語世界的心臟位置戳進一根引起劇痛小錐子；而與此同時，這張地圖裡最空白的一些地方又挖掘到全世界最豐饒的油田——然後邊界畫下了，匕首也出了鞘。

國族主義無法凝聚阿拉伯的話語，或說無法統一阿語世界。最近這幾十年，有些想要追求統一幻象的阿拉伯人，走上比較古老的道路——由伊斯蘭帶領的那條。然而，到了今天，語言、認同和統一的理想依然糾纏交織，一如它們在前伊斯蘭的頌詩時代和《古蘭經》的天啟時代。al-ʿarabīyah「高級語言」「被大多數阿拉伯人視為阿拉伯世界最重要的統一元素。」[24]

麻煩的是，就算有人用它書寫（或嘗試如此，但力有未逮），也沒人真的在實際生活中**說**它；從它最初被建構的那個迷霧時代起，就**不曾**有人把它當成母語一樣說講。高級阿拉伯語是一種想像的紐帶，但也是一種束縛——一種難以企及的完美理想，卻也縮限了表達的自由度。現實是方言的，是分裂的。

阿拉伯人從未在口語上統一，或在其他任何方式上統一，只有在演說上統一；從未在真實世界裡的真實話語上統一，只有在紙頁上統一。

有四億多人將高級阿拉伯語奉為口語的理想化書寫形式（更別提有另外十四億穆斯林將它奉為祈禱用語）。但實地情況有所不同。即便是像突尼西亞這個只有一千一百萬居民的小國家，單是「我」（高級阿拉伯語的*'anā*）這個字的方言就有四種：*anī*、*'anī*、*nā*、*nāy*。[25]另一個更極端的案例是小島國巴林（Bahrain，面積六百六十平方公里），那裡被統治的什葉派——「巴哈納人」（Al-Baḥārinah）或（原住民）「巴林人」（Bahrainis）——大多數說的是一種「定居的」方言，而掌握統治權的遜尼派——至今依然被稱為「阿拉伯人」，他們在一七八三年的一次襲擊中取得統治權——大多數說的則是「貝都因」方言。[26]在一個比蘇格蘭馬爾島（Isle of Mull）更小的王國裡，其居民除了宗派主義之外，還說著兩個不同的口語，在這種情況下，統一能寄望什麼呢？

〈棍杖之書〉

西元九世紀討論阿拉伯性的專家賈希茲（al-Jāḥiẓ）認為，語言是他所討論的這個民族首要的「民族特性」。他也了解凝聚話語的重要性，並為此寫了一篇簡扼論著：〈棍杖之書〉（The Book of the Stick，此為賈希茲*Al-Bayān wa al-Tabyīn*第三冊中的篇章）。這篇標題有點奇特的論著是在抵制一場日益茁壯的抗議運動，主要是發生在波斯裔的穆斯林當中，他們宣稱先知穆罕默德所傳布的平等與和諧，一直受到阿拉伯至上主義者的破壞，那些人的特色就是大嗓門的部落大老粗，習慣拿著棍杖揮舞咆哮。

賈希茲為了捍衛傳統的阿拉伯性，因而頌揚了那根用來抨擊阿拉伯人的棍杖。他說，自從摩西施展神蹟將棍杖變成蛇之後，棍杖就一直是權力的工具。棍杖是巫師的魔杖、統治的權杖，以及演說家的象徵和支柱——是引領群眾的指揮棒，是名副其實可以倚靠的修辭支柱，是點燃革命的火棍，壓制的棍棒。其他人將賈希茲的意象繼續發揮下去——棍杖，以書記員蘆葦筆的形式，同時分派香膏和毒液：

> 害怕蘆葦，卻又渴望它，因為它正是那
> 以噴毒和解毒聞名者。[27]

對演說的效力，對控制人民的權力，以及對凝聚話語這個概念而言，棍杖都是完美的隱喻。一旦話語凝聚，統一推行，想要對抗這種統一，就是在「折斷棍杖」。[28]那些波斯異議者其道不孤。在阿拉伯帝國境內，科普特人（Coptic）、柏柏人、伊比利人和其他出身的穆斯林，相繼起來對抗這種不平等，然後也都被指控是在折斷棍杖。然而，漸漸的，這些可能的斷杖群體大多得到接納，甚至同化；激進的回憶並不像大家所想像那樣長久。不過波斯人還是一再重申自己的歷史，一再要求恢復自身的語言和文化；他們與阿拉伯人這個鄰居的關係依然滿是牢騷。

然而，在阿拉伯土地上，有個基本的系統性問題存在，至今依然如此：那就是要成功凝聚話語，未必得建立在該話語的客觀真實性上。當然，大規模操縱真相並非阿拉伯文的專利。但阿拉伯文特別善於此道。如同伊本・赫勒敦觀察到的，「詩歌和白話都是在運用話語而非觀念。觀念次於話語。」[29]簡單說，倘若修辭足以說服民眾並創造團體主義，就足以保證它的真實性。阿拉伯語的至上範例就是《古蘭經》的奇蹟：那是奇蹟，也是真實的，因為有那麼多人相信它。

然而，群眾的信仰行為並不僅限於信仰神聖的修辭。敘利亞出生的詩人暨散文家阿多尼斯曾經指出，基於宗教和政治之間的「有機關係」，「政治變成一種順服（islām），一種對現存政權的信仰；其他任何態度都無異於叛亂和褻瀆。」[30]

他在其他地方進一步解釋，at-tawḥīd（主的獨一性）既是神學的也是政治的：「了解at-tawḥīd在這兩個層面上的運作，是了解威權在伊斯蘭世界的本質，以及了解阿拉伯歷史的第一要務。」[31]換言之，對威權一切言行說「遵命」，就等於對神的命令說「阿門」。[32]阿布・蘇富楊在本章一開始見證到的非凡紀律，也強加在世俗生活上，而且力道不下於宗教生活；反對就是異端。至少，世俗領袖似乎是這樣想的。

那些領袖至少都得到詞源學的支持；在阿拉伯文裡，「政治」的整個語義基礎與我們截然不同。「政治」（politics）一詞的阿拉伯文是siyāsah，它的字根與共同生活在城市（*polis*）裡完全無關。siyāsah的首要意義是：「管理和訓練馬匹、駱駝等等。」[33]

基於以上種種，個別的聲音這個概念既和ʿaṣabīyah背道而馳，也與凝聚的話語格格不入。當然，這世界肯定還有其他地方聽不見多樣性的表達。但在阿拉伯語的世界裡，修辭的力量以及對斷杖的恐懼依然相當強大，保持沉默是更容易的選擇。

二〇一一年的起義是一座舞台，有短短一季的時間，在這座舞台上可以聽到個別的聲音：「每個人，這裡的每個人都變成演說家，」開羅解放廣場（Liberation Square）上的抗議者阿赫妲芙・蘇維夫（Ahdaf Soueif）如此寫道，「我們找到自己的聲音。」[34]但如今，幾乎所有的聲音都再次沉默，被凝聚的話語淹沒了。

阿拉伯裝飾花紋

有另一種統一性，比修辭創造出來的暫時性團結和政治影響更大。它的廣度可從九世紀初伊拉克庫法（al-Kūfah）的一則軼事窺見一斑。伊本．阿拉比（Ibn al-Aʿrābī）——「貝都因之子」（這個名字是單數的 aʿrāb，也就是前面引述的《古蘭經》經文裡的游牧民），他主持了一個常態性的文學沙龍。他是一位知名的、和他貝都因名字一樣純正的阿拉伯語演說專家；此外，他也寫過阿拉伯部落的歷史和系譜學、阿拉伯語詩歌、阿拉伯馬匹的血統、棗椰的栽種法，以及其他許多有趣的阿拉伯主題。有一位參加沙龍長達十年的弟子表示，那段期間，他從沒看過任何書籍出現在伊本．阿拉比手上，儘管他憑藉記憶口述過「好幾頭駱駝載量的書籍」。

這一天，伊本．阿拉比在他的主講座結束後，留意到兩名陌生人正在深入談論講座的主題。他問兩位來自何地：其中一位來自靠近中國唐朝邊界的突厥斯坦（Turkestan）；另一位來自歐洲最西邊的安達魯斯（al-Andalus）。伊本．阿拉比站起身，引用了一首非常合宜的前伊斯蘭詩句，描繪遙隔東西的兩位朋友同聚一堂：

> 你我朋友分隔東西唯時間相連，
> 間或千里迢迢相聚會面。[35]

這首古詩原本是描繪來自阿拉伯半島兩端的兩名男子相聚。而在伊本．阿拉比的沙龍裡，這兩位阿語文化的愛好者，則是來自歐亞大陸兩端，相隔將近七千公里。但這則軼事更驚人之處，卻是那位「貝都因之子」的出身。他根本不是游牧民的後裔，甚至不是阿拉伯裔，他是來自信地（Sind）——今日巴基斯坦——的奴隸之子。他是憑藉自身對阿拉伯的無所不知，贏得他的名號。

阿拉伯人最大的成就並非短暫將自身的話語凝聚，而是把它擴散出去。這種擴散是全球性的，歷時千年。隱喻演說家的那根棍杖，也是文化的根莖，它種植在古老的阿拉伯半島，但已在空間上水平傳布，在時間上垂直延伸。這種成長是植物性也是形態性的，有如立體版的阿拉伯裝飾花紋（ataurique 或 arabesque），在持續拋出新枝條的同時，也將新軸根深扎到其他文化裡，一路與安達魯斯、突厥斯坦、信地和更遙遠的地方雜交。

做為一種國際文化語言，阿拉伯文一直和拉丁文與英文同等重要。從地理擴散的角度看，它的書寫字母僅次於拉丁字母。也許它注定要走遠。書寫字母（script）的阿拉伯文是khaṭṭ，它最主要的意思是一條線，一條旅行線，一條路徑：阿拉伯語的書寫與漫遊之途和編織之布有著同等密切的關係，這跟它的阿拉伯鼻祖相當合拍，因為他們的身分認同就和奧德修斯（Odysseus）與潘妮洛普（Penelope）的婚姻一樣，結合了漫遊者與編織者，移動與定居。而隨著阿拉伯話語透過書寫字母和旅行者向外擴張，由它所賦權的社會宗教意識形態也隨之拓散。這種意識形態也是混種的，最後甚至遠離它的阿拉伯根柢，孕育出首先啟發了穆罕默德的阿拉伯精神果實，但那果實——和諧——似乎讓他的許多阿拉伯人民感到困惑。除了那短短兩個世紀的團結稱霸之外，阿拉伯人似乎是從穆罕默德的信息裡獲益最淺的民族，這實在很反諷；事實證明，讓阿布·蘇富楊在麥地那留下深刻印象的團結統一，只是短暫抓住的一抹幻象。

對幻象的持久追尋，有時把阿拉伯人帶到荒涼寂寞之地，遠離他們一手播下的繁榮蓬勃。最常用來代表「統一團結」（unity）的阿拉伯語是wahdah，與wahid「一」有同樣的字根。但它最古老的意思是「孤獨，獨一，孤持」：wahdah是「合一」（one-ness），但也是「孤一」（lone-ness）。不是英雄孑然一身的孤獨，而是社會英勇孤絕的孤獨。在這個擁擠的星球上，要成為一個能在文化上自給自足的整體社會，真的很困難；烏托邦老早蓋滿了。然而對某些人而言，這份追尋還在持續中。一個像沙烏地阿拉伯王國（給一個公認最極端的例子）這樣的國家，至今仍拒絕許多世人眼中的正常事物，不僅限於大多數的民主形式和所有的言論自由。二〇一八年，沙烏地阿拉伯王國取消對電影以及對女性駕車和看足球賽的禁令，這被吹捧成該王國往前邁進的一大步，但就某方面而言，對一個如此自覺、堅持要與眾不同的國家，這的確是一大進步。但還有許許多多的禁令，依然持續著。

在阿拉伯人自身的文化想像中，他們的源頭是一支島嶼種族。但現實可沒這樣簡單，而且有趣多了：源頭紛繁眾多；那個種族不是一支種族，而那座島嶼甚至不是一座島。

嶄露
西元前900～西元後600年

第1章 來自荒野的聲音

最早期的阿拉伯人

阿拉伯人之島

從土地開始講起，等於是本末倒置，把語源學的馬車放在馬前面：因為恐怕是先有阿拉伯人才有一塊所謂的阿拉伯之地（Arabia），而且在時間上肯定遠早於他們的名字套用在整個阿拉伯半島之前。此外，有鑑於等在他們眼前的是如此具移動性的未來，阿拉伯的故事當然是和人的關係大過於地方；或套用推理小說家班特萊（E. C. Bentley）的調調，和弟兄的關係大過於地圖。不過，既然阿拉伯的起源很難綁定，那麼一塊次大陸——半島和它的相鄰地區——就是個大小合適、方便著手的區域。更重要的是，它的地景塑造出如今擴散到世界更廣闊地區的阿拉伯人的命運。如果不知道這些人從哪裡來，我們不可能理解他們，也不可能知道他們將往何處去。

這塊阿拉伯次大陸（也就是半島）本身最顯著的特色，就是酷似一隻粗壯的馬蹄內翻足（club-foot），準備踢向伊朗下側——可惜宛如犀牛角的非洲之角（Horn of Africa）緊貼著它的腳後跟，害它無法朝瞄準好的屁股來個後揮踢。其他比較或許更有用，特別是和另外兩個與歐亞大陸相連的次大陸相比[1]：印度（包括巴基斯坦、尼泊爾、孟加拉和斯里蘭卡）以及歐洲（不包括舊蘇聯的歐洲部分）。根據次大陸一詞一個可能的定義，阿拉伯半島是貨真價實的次大陸，半島本身加上伊拉克的肥沃月彎和利凡特（Levant，地中海東岸）坐落在名為阿拉伯板塊（Arabian Plate）的單一地殼板塊上（或者說，因為它的面積相對較小，或可稱為地殼碟塊）。

這三塊次大陸面積約略相等——略多於四百萬平方公里。但相似之處到此結束。在喜馬拉雅山的屏蔽內，印度幾乎沒有什麼天然障礙可阻擋人類移動和交流；那是一塊適合統一，適合長命王朝和帝國的土地，只不過有時會被戰爭打斷，好讓寶座大風吹遊戲裡的玩家可以重新換位。至於歐洲，大體上被一道山脈一分為二，該座山脈隆起一道鋸齒狀的腫塊，從西班牙加利西亞地區（Galicia）的菲尼斯特雷角（Cape Finisterre，世界盡頭之意）一路綿延到巴爾幹，它的邊緣被扯得破破爛爛，形成了幾座次半島，外加幾座崩解出來的離岸島嶼，例如不列顛；它是間歇斷續的帝國競技場，是由凶悍部落組成的一塊拼布，這些部落在歷史後期不情不願地合併成一個個民族國家。[2]阿拉伯半島的大部分地區和印度一樣，沒有什麼明顯的壁壘；但卻有一個比歐洲的海灣和山脈更大的障礙，那就是它缺乏淡水。印度和歐洲在降雨圖上都是清新的藍色，阿拉伯半島卻是乾枯的棕色，被隔在最高年雨量兩百五十公釐的柵欄之外。只有在最邊遠的角落才有地勢的起伏和較多降水：下端有西南角的葉門山峰；東端有阿曼（Oman）的幾處地方，特別是「綠山」（al-Jabal al-Akhdar）；往上則有西北角的黎巴嫩山區。位於東北端的底格里斯河與幼發拉底河是僅有的例外，那裡有豐沛和容易親近的水域；但它們灌溉出來的肥沃月彎反而凸顯出南方那塊遼闊的半島有多貧瘠。

因此，不意外的是，阿拉伯半島在另一方面也有別於另外兩塊次大陸。擁有十七億人口的印度，本身就是一個遷徙的終點，一個擁擠的死胡同。擁有五億四千萬人口的歐洲也一樣，雖然為期五百年的殖民遷徙稍稍紓解了一些壓力。至於阿拉伯半島，即便將肥沃月灣那些豐饒的土地包含進去，它的人口也不到印度的十分之一——大約一億六千萬[3]。才不過一輩子之前，也就是在石油財富和各式各樣的外籍人士——來自孟加拉的勞工、喀拉拉邦（Kerala）的辦公室職工、德州的石油投機客、杜拜市中心的「漂亮珍妮」（Jumeirah Janes，指有錢外籍人士的老婆，終日以逛街購物為業）和其他嬌客——湧入之前，人口可能只有現在的五分之一，如果單算半島本身，可能不到一千萬人。

乾燥的半島一直從肥沃月彎那裡得到涓滴挹注的居民。但它對民族從來不具吸收力；大多數時候，它似乎只是中繼站。這是拜地理之賜。這座半島在三個角點上以具有戰略地位的海峽與周圍鄰居分開來。在它的腳跟和腳趾處，有兩道海峽：一是曼德海峽（Bāb al-Mandab），二十六公里寬，只比介於英國多佛（Dover）和法國加萊（Calais）之間的英倫海峽略寬一點；二是荷莫茲海峽（Strait of Hormuz），五十四公里寬，約莫相當於美國麻省鱈魚角（Cap Cod）到南塔克特島（Nantucket）的距離。第三個分離點是西奈半島寬達兩百公里的乾「海峽」，它更寬，但比較容易航行。重點是：這三道海峽同時扮演了隔離和連結的角色。它們邀請你跨越。

早期的人科（homonid）和人類（human）在離開非洲的旅途中似乎就跨越過它們——包括直立人（*Homo erectus*），時間距今約兩百萬年，以及智人（*Homo sapiens*），距今約十二萬五千年前到四萬五千年前；也許還更早（尚有許多研究待完成）。其中一條出走路線帶領他們穿過西奈，跨越阿拉伯半島頂部；另一條帶他們渡過曼德海峽（當時的海平面低很多，海峽甚至更窄），接著橫貫半島南邊，跨過當時同樣比較狹窄的荷莫茲海峽。

和這三道海峽相比，位於半島足弓部分面向海洋的南岸，則未發出跨越邀請：從那裡看不到任何一塊完整的土地，直到抵達南極洲之前都沒有。但同樣的南岸也處於季風的領域，季風最後將會帶著阿拉伯水手和殖民者前往環印度洋地區，形成一個偉大且日益成長的新月形商業地帶，從莫三比克一直延伸到麻六甲海峽甚至更遠。他們的海上駱駝會像他們的沙漠船隻一般康健強韌，他們還將馴服季風，收為己用：英文的季風「monsoon」，就是源自阿拉伯文的mawsim：「航行的季節」。

目光轉向北邊，半島在那裡與歐亞大陸的主體銜接，那裡沒有屏障，沒有喜馬拉雅山阻止你從半島穿越肥沃月彎深入其他遠地。早在前伊斯蘭時期，阿拉伯人就經常這樣做，將半島當成臨時中轉營，邁向歐亞大陸和地理歷史上更重要的位置。「波動理論」（wave theory）可用來描述游牧民定期從半島奔湧而出，衝向底格里斯河、幼發拉底河和尼羅河等河谷[4]。雖然這情形非常明顯——而最明顯的莫過於最新也最大的一波，由伊斯蘭啟動的阿拉伯海嘯——但沒有任何證據透露出，歷史上曾有過任何規律性的移民潮。而且，務必切記的是，經由這條北方路線的移動是雙向的：語言學的證據顯示，至少在有歷史的時代，阿拉伯半島大多數地區一直是住著**來自**肥沃月彎的移民。利凡特——也就是地中海東岸那塊土地——幾乎毫無疑問是「閃族」（Semitic）眾語言的起源地，而阿拉伯語保留了那些語言裡許多最原始、最早期的特色。這是我們將這兩個地區一起看待的另一個原因，要將它們視為地殼板塊和語言板塊的同一個次大陸。因此，用交替的潮汐來描述這種波動可能更為適切——最近的一波漲潮是來自歐亞大陸各地和其他地區，吸引的力量則是石油美元的油田重力。

所有這一切只是為了說明，阿拉伯人之島（Island of the Arabs），也就是阿拉伯地理學家用來指稱其祖先遠達底格里斯河和幼發拉底峽谷的那座半島——古老的阿拉伯文並未區隔insula「島嶼」和半島「近乎島嶼」——非但不是島，還跟周圍的大陸密切連結。任何孤島感受都是心理上更甚於地圖上的情形。

這也是為了說明，為何阿拉伯半島的人類經常處於移動狀態——而且內部經常陷於騷動——以及為何阿拉伯半島是一塊來來去去、緩緩流入和猛然離散的地方。在某些方面，阿拉伯人之島很像另一座往來便給的島嶼——一座也曾建立帝國並輸出人民和語言的島嶼：大不列顛。或許可以說，阿拉伯人也和不列顛人一樣，經常把這種心理上的孤島感一起帶到海外。但有一個重大差別：阿拉伯半島除了是朝聖地之外，在伊斯蘭那次最大規模的出走之後，它本身很快就被甩到一旁。這就好比隨著大英帝國日益擴張，不列顛本身卻變成一灘死水。

阿拉伯半島地景

造成這種人民淨出口的原因之一，是降雨圖上的棕色：肥沃月彎或許有得到灌溉，但這塊次大陸的其餘部分，第一眼看去並非一塊奶與蜜之地，更別說石油和天然氣了。不過那裡還是比乍看之下更為多樣。

阿拉伯半島傳統上的三大分區，依然是個實用的簡述方式。「岩石阿拉伯」（Arabia Petraea），包含西北部地區，主要是納巴泰區（Nabataean），首都位於佩特拉（Petra）——「岩石」之意（當地名不詳）。「幸運阿拉伯」（Arabia Felix）涵蓋一大塊地區——半島南部的三分之二左右，多少服從於南阿拉伯在地王國的統治。這塊地區有些部分在氣候上確實比其他地區幸運很多，但幸福的原因，有很大一部分是由於巨額的外國現金湧入，購買乳香和樹膠等物品，用來燃動神廟儀式，並為地中海世界的生者、另也尤其為死者增添香味。事實上，幸運阿拉伯的香芬產品是來自在多刺、乾燥環境裡生長茂盛的多刺矮小樹種。該區的部分地方——主要在今日葉門——的確有綠意且適宜人居；但如同我們將會看到的，它們需要人類介入干預，才能提高食物和可輸出的膠膏產量。第三區是「沙漠阿拉伯」（Desert Arabia），指的是東敘利亞和美索不達米亞人口稀疏的區域。

上述的傳統分區與政治的相關性不下於地形。但它們確實也給人一種地景的概念。地中海地理學家沒有意識到的是，不是岩石就是沙漠的地區其實占阿拉伯半島的大多數：就氣候而言，阿拉伯次大陸的大部分地區毫無疑問是不幸運的。現在學者知道，這種沙漠化是相對晚近的現象。當時的阿拉伯半島整體而言比現在濕潤多了：人們在半島乾掉的中心地區生活打獵，那裡今日被稱為「空無地帶」（Empty Quarter）；你還可能在沙丘裡一度是水洞的凹穴中撿到他們的燧石箭頭，河馬曾在當時的「水漾地帶」（Watery Quarter）徘徊。這樣的潮濕期最接近我們的一次，可回溯到大約西元前八千年到四千年，或稍晚一點，原因則是和巨大且至關緊要的季風氣候系統的波動有關。[5]大乾期迅速取而代之。氣候變遷可能發生得迅雷不及掩耳，甚至不需要人類協助。

然而，即便在最乾燥的沙漠裡，多樣性還是存在：「空無」的地帶對那些熟稔之人並不空無。例如，十世紀初的地理學家哈姆達尼（al-Hamadhānī）在他的《阿拉伯人之島述》（*Description of the Island of the Arabs*）裡，為沙漠特色列出一連串術語，並精確無比地為沙丘、平原和草原做出分類。茲舉其中一類術語為例：包含重複子音組的名詞，nafānif：「因為上上下下而延長路程的土地」；sabāsib或basābis：沒有牧草、水和人類為伴的水平、「流動的」平原；dakādik：介於山脈之間的砂質高原，特別是上面長有梭梭（rimth）或濱藜的。這類名單上還有adāfid、ʿathāʾith、salāsil、ṣaḥāṣiḥ……對這些最極簡地景的描述有一種韻律，甚至一種詩意。[6]

播種人與擠奶人

這個相對乾燥、就地質時間而言相當晚近的時期，約莫是在人類有書寫歷史的前夕占據了阿拉伯次大陸。它對歷史造成了深遠影響。事實上，環境因素，特別是乾燥與濕潤地區人民建立相互關係的方式，在歷史上一直是一個——或許就是**那個**——決定命運的因素。

嚴格說來，阿拉伯半島可能不是一座孤島，但它確實有另一層比海床深得多的孤立涵義——此地坐落在自己的地殼板塊上。此外，在西邊，沿著紅海底下穿越而過的斷層線，就是地球上最大也最忙碌的連續斷層線之一——這同一條斷層也曾創造出東非的裂谷（Rift Valley），以及位於北邊約旦、全世界最深的峽谷。一百多萬年的抬升造就出一條長長的山脈線。阿拉伯地理學家將這條棘鍊稱為「薩拉赫」（as-Sarāh，山脊），它離北回歸線很遠，位置太南——加上它的最高峰只有三千七百公尺，也不夠高——無法降雪和融雪。但涼爽的山峰確實從下方潮濕的海岸平原吸收了水分，更重要的是，它們還搆到季風的邊緣。

也就是說，在半島的南部和西部就跟肥沃月彎一樣，是有水的——但這裡沒有底格里斯河和幼發拉底河：人們必須仰仗密集的人力和往往相當大規模的工事來管理雨水和逕流。有一首獻給前伊斯蘭葉門統治者的韻文，描述了亞速伯（Yahsub）的場景，那是位於薩拉赫棘鍊上的一塊山中平原：

> 在亞速伯土地的綠色花園中
> 水流動不息，從八十座大壩汩汩噴湧。7

這數字或許並未誇大：該區有六十幾座前伊斯蘭時期的水壩位址遺留至今。[8]在距離拜嫩（Baynūn）不遠處，前伊斯蘭的工程師在一座小山底部鑿了一條一百五十公尺長的隧道，大到足以讓車輛駛過，目的是要將灌溉水從這座山谷輸送到另一座山谷。所有灌溉工程中最有名的，是位於更東北的馬里布（Ma'rib），那裡有一個由水壩控制的龐大逕流將水從占地一萬平方公里的集水區引導而下。[9]所有這些對自然需求的利用，又反過來強化了社會組織和穩定性；組織失序和不穩定必然會導致衰敗。最後，那不可避免的「必然」發生了，而馬里布水壩的破裂催生出一則社會崩潰的寓言，記載於最古早且至今依然最權威的阿拉伯語書籍裡：《古蘭經》。[10]這個故事的寓意也是歷史的眾多寓意之一（如果這類東西真的存在的話）：如果你想打造和維繫水壩、水閘、隧道和梯田，那就必須建造和維繫一個可運作的定居社會。換句話說，法律和秩序對土木工程的重要性，不下於磚塊和水泥。

不同於半島的西部和南部，在沙漠和半沙漠區域，雨量既稀少又無法預測。可能突然就出現一片令人驚訝的翠綠色：「艾草伸出葉子，」[11]一位九世紀的rā'id「駱駝游牧民牧場偵查員」如此記錄：

> 濱藜抽芽，荊棘發葉。牧草覆蓋大地，水道綠盈，谷底蔥籠；小丘披上綠草，草叢齊發新枝；馬齒莧、三葉草和錦葵綻湧而出。[12]

不過，發現這類牧歌般的短暫天堂，意味著你要帶著牲口和帳篷移動，而當其他每個人都這麼做時，等在前面的就是競奪資源，以及社會動盪。

這一切都促成了二元性：ḥaḍārah，比較濕潤的南方和西方，以及有水源灌溉的肥沃月彎定居生活，它強加了穩定性（並有個反面——靜止，有時陷入停滯）；badāwah，空曠草原和沙漠（bādiyah）的漫遊生活，它暗示了移動性（也有個弱面，也就是政治和社會的碎形化）。badāwah有個複數形容詞badawīyīn，就是其他語言裡「貝都因」（bedouin）一詞的源頭。這是一種本質性的人類對偶組，與《聖經》裡的該隱和亞伯一般古老，也就是定居的農民和移動的牧民。還有一個似是而非的理論，認為亞當這兩個兒子的名字與阿拉伯文的qayn以及abil同源，前者是「金屬匠」，即銅器時代定居社會的招牌職業；後者是「駱駝群」。熱愛對偶、能押韻更佳的阿拉伯語（該隱和亞伯的阿拉伯文是Qābīl wa Hābīl）用al-madar wa al-wabar「泥土〔屋住民〕和駝毛〔屋住民〕」或az-zarʿ wa aḍ-ḍarʿ「播種與擠奶」來代表這種二元性。[13]

另一個對偶組出現在《古蘭經》裡：shaʿb「民族，族群」和qabīlah「部落」。在本書副標裡出現的以下《古蘭經》文字，暗示它是二元性的，是跟性別一樣基本的對照。

> 人類啊，我確由一男一女造化了你們，並使你們成為民族和部落……[14]

大多數評注者都將這句經文詮釋成定居的**波斯**民族和游牧的阿拉伯部落；但有些學者提出更令人信服的說法，認為上述詮釋時代錯置[15]，這組對偶其實指的是阿拉伯自身根本而古老的社會二元性。

之後我們會回頭再探討這兩個群體：他們之間的互動方式，可說明貫穿阿拉伯歷史的許多力量和緊張。目前，我們只需記住：shaʿb「民族」是由地方而非親屬關係所界定，而且——顯然自早期以來——是藉由效忠同一位主神而團結在一個相對穩定的大集團之下。相對的，qabīlah「部落」則是用親屬概念而非居住在某一特定區域來界定自己。但事實證明，這種親屬概念在調查時往往經不起考驗：阿西爾（ʿAsīr）的部落就是一例，他們原本都是卡坦（Qaḥṭānī）這個世系，一直到十世紀之前的某個時刻，他們整個轉向，宣稱自己是尼撒爾（Nizārī）的後裔。[16]這跟歐洲的情況並不完全一樣，但還是有點類似某個盎格魯撒克遜家族突然否定他們的根源，並堅稱他們是跟著諾曼人一起來到英格蘭。類似這種從某一「家族」嫁接到另一家族的做法，至今仍在發生：才一兩代之前，葉門的超級部落（super-tribe）巴基爾（Bakīl）裡的兩大支系就跟自己的同志鬧翻，加入另一個超級部落哈希德（Ḥāshid）；這樣的過程稱為muʾākhāh「結義」。[17]伊本・赫勒敦直言無諱：

> 系譜是某種想像之物，缺乏現實。它的用途只是為了拉關係。[18]

和定居的shaʿb相較，qabīlah「部落」也許會共同祭拜某個神明或另一個神明，但他們主要的效忠對象是世俗領袖。

ḥaḍar／badw「定居／游牧」、shaʿb／qabīlah「民族／部落」，這些錯綜複雜的二元性（並非二元對立），隨著時代演進變得益發清晰。早在伊斯蘭之前，甚至在基督紀元前的混沌之初，我們就可明顯看到，移動性愈高的人群愈會用祖先來定義自己，其中包括最早的ʿarab。

沙漠和耕地的對話

移動性較高並不必然就是完全的游牧。但一種與生俱來的無拘無束，一種落腳與忠誠都是可移動的感覺，正是阿拉伯歷史富有獨特風味的原因之一：阿拉伯的歷史是史詩性的，但是移動的史詩，更接近《奧德賽》而非《伊里亞德》。和《奧德賽》一樣，其中有很大一部分是關於相遇，有些是建設性的，有些則是破壞性的。在這首史詩的最新幾章裡，內容是關於主角正在尋找一條回家之路，回到他們的定義身分，然後，如同奧德修斯一樣，發現家鄉已經被時間改變了（又或者，是他們被旅程改變了？）。甚至當移動近乎停止時，潛在的能量還是在那裡——這或許就是阿拉伯從二十世紀初開始進行的以領土國家為基礎的實驗，如此令人憂慮的原因。若一個國家不是靜態的，會是什麼樣的國家呢？邊界與漫遊癖無法並進。

在這同時，那些未定居的ʿarab也跟一連串定居的民族分享了他們的名字。ʿarab這個屬於周邊、移動的少數族群的詞，最後將會變成一個泛稱，涵蓋沙漠和耕地和介於中間的所有人民。今日，游牧和定居的阿拉伯人比例，大該還不到一比一百；但游牧民的歷史觀依然使阿拉伯人自身及其他外人對於阿拉伯過往的看法產生了偏斜。游牧主義和移動性只是這個故事的一部分。在阿拉伯人的組成裡，如果少了定居這一元素，他們將只會是世界史上一個小支流，做為圖阿雷格人（Tuareg，北非游牧柏柏人的一支）和羅馬人的陪襯，頂多就是一波如閃電般造成災難然後快速消失的洪水，跟蒙古人一樣。同樣重要的是，雖然二元性很容易了解，但現實比這複雜多了。badw幾乎可以肯定是源自定居的ḥaḍar人口；他們經常被併入其中；定居的民族或許不會經常性大規模舉家遷徙，但他們可以在文化上「貝都因化」。badāwah本身就跟地景一樣有許多明暗和紋理，從兼職的放牧到移牧，再到宛如風滾草般飄泊無根的游牧。

所以，badw—ḥaḍar的二元性從來不是摩尼教式的，沙漠和耕地並非永不相遇的一對。相反的，這兩者不但相遇，而且重疊，而且互動，而最有成果的，莫過於靜止方和移動方在高速公路休息站的交錯：綠洲與集市，驛站與朝聖地。這方面的權威範例——但絕非原型——就是麥加。sūq（集市）這個詞本身，就是一種語義上的交會：它是你停下來販賣動物的地方，但那個字的字根意義，卻是驅使他們來到這裡的那項行動。

ḥaḍar和badw除了互動也會對抗。前面引用的《古蘭經》經文精簡漂亮地表達出定居的shaʿb和移動的qabīlah的曖昧關係。神創造他們，以便〔他們〕「相互認識……」[19]然而，那個句子（阿拉伯文只有一個字，li taʿārafū）包含了雙重意義：「前景」指的是「換句話說，透過相互接觸令彼此認識」；但裡頭還有這樣一層背景——「區分彼此／分辨彼此」。[20]團結的希望和不團結的潛在可能性同時並存。

厄尼斯特・蓋爾勒（Ernest Gellner）根據一套二元系統來檢視伊斯蘭的社會學：「都市」（urban）vs.「部落」（tribal），並為此受到批評。[21]伊斯蘭身為今日的世界宗教，實在太大又太多樣，因而無法從二元的角度來觀察（更別提一元的角度）。然而，在阿拉伯的歷史裡，確實可清楚看到badw和ḥaḍar之間有一種「對話」存在。[22]我相信這場對話會持續下去——那是了解阿拉伯整體歷史的一大關鍵，地點不僅限於阿拉伯半島，還包括阿拉伯半島之外；時間則是從最早期貫穿到今日。

外族

最早期的那些時刻很難弄清楚。到目前為止，對於在阿拉伯半島高地上遺留下零散工具的舊石器人類，我們所知仍極為有限。他們的分布密度或許稀薄，但範圍顯然相當大；那座半島並非空境。他們的歷史也非一片空白。最近對於沙烏地阿拉伯境內舊石器遺址的研究顯示，隨著時間推移，這些最早期的阿拉伯人熬過早期的氣候變遷並適應下來。[23]對於在大乾旱來臨之前一度水漾的「空無地帶」裡的新石器獵人，我們所知同樣稀少。然而，今天我們對於新石器生活的其他面向已有了初步畫面。西元前第六個千年時，人們牧牛；大約兩千年後，他們開始種植穀物，並在從高地逐漸往乾燥內陸傾斜的坡地上，發展出灌溉系統[24]——這點很重要，因為它透露出如此演化而來的社會結構是建立在更密切的合作之上。同樣也是在西元前第四個千年，生活在阿拉伯綿長海岸線上的人——特別是波斯灣地區的人——已知利用長滿紅樹林和豐富貝類的海岸，從中取得建材和食物。到了銅器時代初期，海岸居民也開始將貝類的副產品——珍珠——外銷出口，那是印度洋貿易最早也最有價值的商品之一。隨著時間過去，這些海岸民族將繼續處於政治上與地理上的邊緣；但他們的「肥沃花邊」（fertile fringe）在經濟上依然至關緊要，並因此成為來自內陸的劫掠者的目標。這裡也將成為阿拉伯人向環印度洋地區擴張的跳板。

最古老的阿拉伯語歷史對於史前時期的阿拉伯人有一種朦朧、被內陸包圍和近乎全然美好的想法，它們將這些人解釋成部落，套進後來阿拉伯認同的觀念裡。其中最重要的是艾德族（ʿĀd）和薩穆德族（Thamūd），我們對他們了解似乎並不多，除了在遙遠的過去他們遭遇到大量殲滅。例如，六世紀詩人伊姆魯．蓋斯（Imruʾ al-Qays）談到一次屠殺的場址時說道：「彷彿就像薩穆德和伊拉姆（Iram）的屠殺」[25]——伊拉姆是傳說中的艾德族首都，有點類似阿拉伯版的亞特蘭提斯或香格里拉。這兩個部落多次出現在《古蘭經》裡，用來寄寓人類罪行遭到的天譴：「你沒見到你的主如何對待艾德？」[26]一段經文如此問道。祂的做法就是用一道雷霆[27]或一陣「不毛」之風[28]掃蕩他們，因為他們拒絕接受一神教的訊息。我們很容易將這場天堂閃電戰視為漫長的乾燥化和沙漠化過程的戲劇性濃縮，將艾德人視為後人對新石器獵人的記憶，他們的生活方式在西元前四千年左右隨著最後一個大濕期而結束。[29]《古蘭經》

式的故事闡述，讓上述想法變得更加吸引人。例如，有一本據說是七世紀中葉由烏拜德・本・夏拉葉（ʿUbayd bn Sharīyah）所寫、可能是現存最古老的阿拉伯歷史文集指出，艾德族在滅亡之前曾遭逢三年旱災。[30]但是這個敘述卻悄悄滑進更加可疑的領域：當最後的毀滅之風颳起，竟然饒過一位名叫哈琪拉（Hazīlah）的女性，把她吹送到麥加——艾德版的《綠野仙蹤》桃樂絲——讓她可以將消息傳播出去。[31]後來的歷史學家對此自然是抱持懷疑態度：「那些討論〔艾德〕的人，」信用可靠的十四世紀敘利亞歷史學家阿布・菲達（Abū al-Fidā'）寫道，「內部也有很大的分歧，他們訴說的每一件事都令人困惑，遠離真相，所以我們不願記錄。」[32]

對於遭到滅絕的薩穆德部落，我們的基礎就較為穩固，而且有數據。這個名字是位於半島西部的一個真實部落，該部落在西元二世紀與羅馬人保有聯繫，為他們提供兵員。[33]和艾德一樣，他們在《古蘭經》裡也因為拒絕一神教而付出代價；他們也跟艾德一樣，在阿拉伯後人的記憶裡被神話化：例如，知道自己的復仇女神即將來臨，他們在身上塗擦沒藥，圍上皮革裹屍布，躺進預先挖好的墳墓[34]——這可替曾經出現在漢志區（Hijaz）岩墓裡的皮革裹屍木乃伊提供美妙的民俗原因論，在比較南邊、人跡罕至的一些地點，至今還有人這樣做。

艾德、薩穆德及類似的神話或神話化部落，在伊斯蘭時代的歷史學家記憶裡，都屬於al-ʿarab al-ʿāribah——「真正／說阿拉伯語的ʿarab」。其他接續在他們之後的，則被歸類為ʿarab mutaʿarribah「已經阿拉伯（語）化的ʿarab」，以及ʿarab mustaʿribah正在阿拉伯（語）化的ʿarab」。這些累積的詞綴——**說**阿拉伯**語的**—**已經**阿拉伯（語）**化的**—**正在**阿拉伯（語）**化的**——大致反映了某種現實：那些後來被稱為阿拉伯人的民族，是透過一種漸進的文化適應過程（主要是被吸收到阿拉伯語裡），而得到他們所擁有的統一性。更重要的依然是傳統歷史學家暗暗接受的另一個現實：一開始，阿拉伯人就不是一個整齊統一的民族，而是一個徹頭徹尾的混合群。

當我們從後來的阿拉伯歷史記憶轉向留存至今的最古老書寫證據時，有件事立刻變得清晰無比，那就是，誰**不是**阿拉伯人：定居在肥沃月彎、濱海的肥沃花邊或南阿拉伯的民族，沒有任何一個一開始就自稱阿拉伯人。對肥沃月彎、肥沃花邊和南部的定居人口而言，阿拉伯人顯然是一支外族。

從外部看

亞述人留下一些有關阿拉伯人最古老的描述，對他們而言，「阿里比」（Aribi）確實是一支外族，包括地理上和社會上的「外」，「他們住在遙遠的沙漠裡，不知道什麼是監工，也不知什麼是官員。」[35]雖然有一兩則《聖經》上的記載或許更早，但後來的編輯混亂了時序。因此到目前為止，已知最古老且沒有爭議的關於阿拉伯人的敘述，是來自亞述國王沙爾馬納賽爾三世（Shalmaneser III）留下的碑文：根據國王的紀錄，他在西元前八五三年和一支敘利亞—巴勒斯坦聯軍交戰並擊敗對方，對方當時曾得到第一位已知的阿拉伯人金迪布（Gindibu）和他的駱駝隊襄助[36]——不下於一千頭。[37]在這個日期之後，提到阿拉伯人（和他們的駱駝）的數量倍增，最後還出現在希臘文和希伯來文的資料裡。

研究早期阿拉伯歷史的史學家羅伯·霍伊蘭（Robert Hoyland）指出，由於亞述人和《聖經》文本是在差不多同樣的時間開始提到阿拉伯人——且看起來是不約而同——由此可見「阿拉伯人」應該就是當時被指稱的那群人的自稱。[38]如果真是這樣，那麼他們顯然極度羞於在書寫中提到自己的名字：阿拉伯這個詞第一次以銘文形式出櫃的時間，是在亞述人首次提到的一千兩百年後。[39]儘管如此，從他們的名字判斷，出現在這些早期文本中的，毫無疑問是阿拉伯人。第一個個人名字：金迪布，以標準阿拉伯文轉寫是「Jundub」，這個名字在接下來的一千多年裡，就算稱不上是阿拉伯人的菜市場名，也算是常見的名字。這個名字的意思是「蟋蟀」或「蝗蟲」，它也預告了在很長的一段歷史裡，人們常用動物來取名。在部落的層級裡，類似「狗」（Kalb）和「獅」（Asad）之類的部落名，可能和圖騰有關；在個人的層級裡，取動物的名字是為了避邪。一如古代阿拉伯歷史學家伊本・卡勒比（Ibn al-Kalbī）所說，阿拉伯人「會用他們心目中的敵人幫兒子取名」[40]。

取名為瓦基（Wakīʿ，壯母駝）的部落人並不少見，他們的祖先包括「獅子的狗兒子」（或狼或公雞或其他數種可能）和「苦西瓜的沙漠鼠兒子」[41]——苦味或尖刺狀的植物名稱，對不是可愛型的動物也有類似的引起厭惡功能。可悲的是，這類名字現在已經退流行了。不過，還是有些出現在亞述文本裡的名字仍沿用至今[42]，例如「哈姆達努」（Hamdanu，我在葉門的第一棟房子就是屬於一位哈姆達尼先生〔Mr al-Hamadhānī〕）。

亞述碑文中的「阿里比」在其他方面無疑也是阿拉伯人——最明顯的是他們使用駱駝，那似乎是阿拉伯人的專利，另外還包括駱駝帶給他們的移動性：如同最早的亞述碑文所說的，他們形成一股移動性的輔助戰力，協助某一邊或另一方。他們吃苦耐勞的強壯坐騎給了他們狡獪的利基，讓他們可以在這塊天生不利於大型、笨重和飢餓部隊的土地上來去自如，善用各種戰術之便。接著，如同許多碑文指出的，他們愈來愈常以陸路香料貿易載運者的身分出現，將南阿拉伯區的香膏膠粉往北運送，後來更在這場貿易中以玩家身分登場，試圖取得商業路線的控制權。

提及阿拉伯人的相關文獻倍增，駱駝也是。亞述人當時處於擴張的氣氛中，似乎極想要控制阿拉伯的貿易，並誇耀自己對野蠻游牧民的輕賤。西元前八世紀的最後二十五年，在一件紀念亞述國王提革拉毘列色三世（Tiglath-Pileser III）戰勝「阿拉伯人的女王」莎姆西（Shamsi）的浮雕上，一名矮胖但帥氣的阿里比女性領著一隊駱駝前進，國王在浮雕碑文中表示，這只是他搶來的三萬頭駱駝裡的一小部分。[43]接下來那一百年，亞述巴尼拔國王（Assurbanipal）從 mat Aribi「阿拉伯土地」上擄獲了超多牲口，「在我的土地上，只要幾分錢就能在市場門口買到一頭駱駝。」[44]

亞述人打擊阿拉伯的方式不像拜倫所說的，有如「狼入羊圈」，而像是一支跨國性的偷駱駝集團。當然，他們絕對有理由把阿拉伯人得以移動和獨立的主要載具給剝奪走。

招致大規模懲罰性搶奪（當然還包括奴隸人類）的原因，是阿拉伯人支持亞述的敵人，例如兩個世紀前的金迪布——在這個案例裡，亞述的主要敵對強權是巴比倫人。然而，在這同時，阿拉伯人本身也正在合併，凝聚他們自身的話語和力量。在此過程中浮現出來的幾個主題，將會隨著時間反覆再現。

首先，這個目前所知最早的暫時性團結的核心，是一個宗教的朝聖和祭祀中心——度瑪（Dūmah），位於半島北部，是好幾個部落的聖地。其中最強大的是一個政治體，也許是個部落聯盟，稱為奎達（Qedar）[45]。奎達存在於西元前七五〇到前四〇〇年間，目前對其所知極有限，但它很可能是目前所知阿拉伯——相對於南阿拉伯——歷史上第一個鍛造出來的大於親屬部落的統一體。關於統一這個主題，目前已知的最早陳述是在一個朝聖中心得到發聲，這點和阿拉伯的整體歷史或許也非無關。因為這個主題將在一千三百年後全力浮現，地點則是南方一千一百公里處的另一個部落朝聖中心：麥加。

另一個在歷史上一再聽到的主題，是鄰近強權賜給阿拉伯部落領袖的王室地位。比方說，亞述人把戰敗的莎姆西和奎達領袖扎比芭（Zabībah，西元前七三〇年代，她的名字是「葡萄乾」的意思）和哈札爾（Hazael，西元前七世紀初）分別稱為「阿拉伯人的女王」和「阿拉伯人的國王」。在西元前七世紀的某個時刻，亞述人在這個政治體上扶植他們自己的傀儡「女王」：一個名叫塔布雅（Tabua）的奎達女性。[46]由外部勢力賜予國王名號——以及時不時扶植國王——這類事將在阿拉伯三千年的歷史裡一再發生，並對阿拉伯的認同和團結發揮它自身的影響力。

第三個跨越時間一再定期出現的主題是：當亞述人不再因為阿拉伯人靠向其他強權而懲罰他們時，就開始把阿拉伯人當成自身與對手之間的緩衝：這點在埃及方面尤其明顯。希羅多德（Herodotus）引用的一份文獻也曾暗示，波斯人曾在西元前五世紀利用阿拉伯人把自家和埃及的領域隔離開來。[47]這種共生現象在接下來的一千年裡，一次又一次地反覆上演。

總之，對阿拉伯人的北方鄰居亞述人、巴比倫人和後來的波斯人而言，阿拉伯人就是邊緣人，但在他們不惹人惱火時，往往極度好用。他們的期望是，就算阿拉伯人永遠無法馴服，至少要好控制，而且要心懷感激。例如，亞述巴尼拔在紀錄中寫道，在他與mat Aribi交戰後，「阿拉伯的民眾彼此互問：『為何會有這般大禍降阿拉伯土地？因為我們沒有遵守與亞述之間的偉大盟誓，我們辜負了亞述巴尼拔的好心。』」[48]許多阿拉伯人讀到這段話時，彷彿就像聽到另一個貫穿古今一再重複的主題的早期版本，這主題不斷出現在他們與強權的關係裡，甚至在後冷戰的今天也一樣：聽從命令，要不然就付出代價。

在北邊，有一塊很容易分裂的帝國月彎，他們和阿拉伯人的利益有時重疊有時衝突，視情況而定。在南邊，在那些有雨水滋養的山間、高原以及大乾谷流進荒原的沙漠「河口」裡，則是有一群定居的王國，這些王國在伊斯蘭興起前的一千五百年間，曾於不同時刻凝聚成帝國，範圍不大，但文化擴散力很強。在時間洪流中起起落落的這些南阿拉伯眾王國中，最出色的莫過於示巴。

一開始，阿拉伯人幾乎不曾出現在南部王國的碑文裡。[49]一直要到西元前最後幾十年起，來自北方的流浪者才在南方的紀錄裡占據顯著地位，而且幾乎都是以雇傭兵的身分出現。由此可明顯推論出，阿拉伯人是在西元前最後一個千年的後半期，才開始從肥沃月彎的沙漠邊界往南擴散。即便他們已成為南方碑文裡的固定常客，但根據已故的偉大文本學者畢斯東（A.F. L. Beeston）的說法，「很明顯的，他們是侵入性元素，並未完全融入典型的〔南阿拉伯〕文化」[50]。跟阿拉伯人在北邊一樣，他們是一支外族。

假以時日，融合將會啟動，但方向卻出乎意表：竟然是南阿拉伯人在文化和語言上阿拉伯化。這是另一個不斷重複的主題最早的表現，該主題對於阿拉伯世界（Arabdom）與伊斯蘭攜手快速擴張一事至關緊要——但這過程中，語言和文化的「改換」（conversion）[51]總是比宗教的改換更徹底，大概也更快速。的確，到了西元九世紀，示巴人和其他南阿拉伯人都將完全納入阿拉伯世界，在賈希茲看來，「半島阿拉伯人」已經等同於「阿拉伯人」：「所有的阿拉伯人都是一體的，相同的，因為他們的住所和他們的島嶼是一體的，他們的倫理價值和內在稟性是一體的，他們的語言是一體的。」[52]（當然，他們的政治幾乎從來不曾是一體的。）

此外，如同我們將會看到的，南阿拉伯人阿拉伯化的程度，已達到徹底把自己重新打造成**原生**阿拉伯人的境界。比較老練的歷史學家總是記得純正阿拉伯人和南阿拉伯人之間的區別。例如，伊本·赫勒敦曾列出三大「閃族」族群：「從閃繁衍出阿拉伯人、希伯來人和示巴人」[53]——這裡的示巴人就是南阿拉伯人的統稱。阿拉伯人和希伯來人之間的裂隙在歷史上縈繞不去。然而南北阿拉伯的區隔，如今不但消失也幾乎都被遺忘了；但它們的鬼魂偶爾還是會被抬出來——例如此刻在我窗外上演的衝突，有些宣傳家就把它詮釋成南北阿拉伯人的嫌隙。就如一位評論者談到古代南北分裂時所說的，「這點或許可為政治科學家提供額外的洞見，讓他們理解阿拉伯統一為何如此難達成。」[54]

這項理解只是各種洞見的冰山一角。例如，往北看，北部肥沃月彎最初的非部落定居農民，如同我們將會看到的，比起他們的南方對照組，他們得花上更長時間才能被伊斯蘭初期的阿拉伯世界接受。而且接受得有點勉強，也不完全。這種潛伏的分裂往往會以遜尼—什葉（as-Sunnah-ash-Shīʿah）之類的宗派主義表現出來——如同今日的伊拉克。

關於早期阿拉伯人的討論並未就此結束。想要洞悉這些難以捉摸的邊緣人究竟是何方神聖，還必須檢視由他們自己留下的那些數量稀少但雄辯滔滔的紀錄。以居無定所且對書寫文化並不特別自傲的族群而言，他們留下的書寫數量算是大得驚人。

「到此一遊」

位於今日敘利亞、約旦和沙烏地阿拉伯北部的礫漠，亦即半島榫接入肥沃月彎的那塊地方——也就是最早期阿拉伯人帶著牲畜漫遊的區域——散布著成千上萬的塗鴉[55]，鑿刻在點綴地景的巨石上。使用的主要文字是納巴泰文——阿拉伯文的前身。日期比早期的亞述人和《聖經》提到阿拉伯人的時間晚上許多——約莫是從西元前最後一個千年的末期開始；但在納巴泰文於那個千年最後三分之一出現之前，書寫者恐怕沒有文字可以表達自身想法。那個語言和我們今日所知的阿拉伯語不太一樣，但相當接近——也許比盎格魯撒克遜語和英語之間的關係更接近。如果把語言分類學稍稍彎曲一下，說這是我們最早的原真性阿拉伯語文獻，應該不會太離譜。而且，即便裡面並未出現「阿拉伯」這個字眼[56]，但它們無疑是我們最早的本土性阿拉伯文獻。

你可能會驚訝：遠古時代的游牧阿拉伯人，那個亞述人口中「住在遙遠的沙漠裡，不知道什麼是監工，也不知什麼是官員」[57]的阿拉伯人，肯定是最後一個使用書寫的民族吧，難道不是？但他們似乎真的寫了，而最合理的解釋應該是：一切都是為了遊戲，為了打發時間。如果你整天坐在岩石的背風處看著駱駝吃草，你很可能會忍不住想撿起一塊卵石在岩壁上刻畫。在岩壁上將你放眼所及能看到的有限東西——駱駝——畫出來，或許可滿足某種藝術衝動，而駱駝的圖像確實頻繁出現。但畫駱駝畫到最後終究也是會無聊，於是寫下你的名字，以及幾乎不可避免地寫下你的世系，會讓人更開心：這同時可宣揚個體性並昭告家族和部落的成員性。就算這意味著阿拉伯人從納巴泰鄰居那裡進口了字母，那也跟他們從定居社會裡進口其他東西沒什麼不同，例如矛頭和刀片。（這跟進口索尼連帶進口數獨遊戲沒什麼不同。）麥唐諾（M.C.A. Macdonald）拿今日的圖阿雷格游牧民做了有用的類比，他們「有自己的書寫系統，提非納字母（Tifinagh），他們純粹是拿來娛樂用的」[58]。但任何類型的書寫絕少是純娛樂性的，而是在宣稱「到此一遊」（I was here），長久以來，佶老兒（Kilroys）塗鴉客們都是在製作這個原型的歷史陳述。

這種塗鴉語言被稱為「北阿拉伯語」，後來出現好幾種變體。最常見的變體在亞述人所謂的「阿里比之地」稱為「薩法伊字母」（Safaitic），名稱源自於「aṣ-Ṣafā'」，阿拉伯語對熔岩散布的草原的稱呼，那也是大多數這類塗鴉的發現地。目前所知大約有一萬八千個薩法伊塗鴉。[59]最大宗是名字，而這些名字多半都包含世系——「C的兒子B的兒子A……」。有時這些世系可回推到十五代甚至更久（你能記得幾代的祖先呢？）；絕妙的是，碰到這類案例，在幸運與學者耐心的加持下，你可以和其他塗鴉交叉比對，然後發現內容是吻合的。[60]換成現代，這等於是要把記得的系譜回推到莎士比亞或清教徒移民前輩的時代。

但塗鴉作者們並不只走家族樹。還有一些日常一瞥，例如一位牧民「在這片平原上度過〔早春〕，以松露為食」[61]，比較痛苦的例子則有S^{1}lm（這裡沒有母音，所以他可能是Sālim、Sallām、Salīm、Aslam等等），他是'l 'bs^{2}t氏族或部落Dn的兒子Bdr的兒子S^{1}lm的兒子Mn的兒子，他「協助山羊產出〔牠們的小孩〕，並因此得到O Lt〔Lat女神〕〔同意守護他的〕安全。他哀悼兒子Mn'l，他死了，他覺得心痛，一片黑暗。」[62]直到今日，還可聽到其中的悲傷。但也有一些有趣的：另一位非正式的碑文家寫道：「他患了嚴重的相思病……為了一名少女，並已和她發生過愉悅的性關係。」[63]也有一些下流話，塗鴉作者會在對手的刻文上添加「一些粗魯的東西」[64]。還有很多內容讓這些遠古聲音的現代詮釋者們傷透腦筋：例如，動詞'tm究竟是指哀悼、完成，或幹（fuck）[65]？塗鴉就是做自己，至於其中的脈絡，往往就和那片地景一樣極簡。

然而，最值得注意的或許就是社會脈絡和它的延續性。從塗鴉中梳理出來的牧民遷移模式，不僅在過去不斷重複，「年復一年這裡都是他的營地」[66]，甚至也延續到今日。修辭和比喻的手法也是：在某個塗鴉裡，作者記錄了「一次奔流害他在蘇哈爾（Suhayl）〔季〕逃亡」，那指的是八月底，當蘇哈爾星或所謂的老人星升起時。兩千年後，在二十世紀的同一地區，盧瓦拉貝都因人的諺語也警告說：「當蘇哈爾星懸頭上，切莫相信奔流床。」[67]還有另一個主題一直在話語和禱詞中出現，也顯示在圖畫中，這個主題會隨著定期出現的災難不斷重複，而且「顯然在文化和經濟上都扮演了某種角色」[68]：那就是劫掠其他人的牲口。

放牧和劫掠將這些人帶到這塊乾草原，讓他們不斷移動，並使他們在政治上維持著分裂狀態。這種模式早在這些最早期的原真聲音出現之前就已開始，甚至早於亞述和《創世紀》的年代。

生於梭梭叢

有一個非常古老的神話，說駱駝是從梭梭（rimth）叢裡創造出來的。[69]提到這個故事的賈希茲對這傳說表示懷疑，但他認為梭梭這種高鹽分的植物非常難吃，會有這種傳說，純粹是因為只有駱駝吃得下去。然後，如果就像諺語說的，我們吃的東西決定我們是誰，那麼在這眾多鹽粒裡總有一粒真理：駱駝是卓越非凡的家畜，因為牠們可以在其他動物活不下來的地方活下來，吃其他動物不吃的東西。

有關駱駝歷史的文獻已汗牛充棟。[70]調查顯示，駱駝似乎是在西元前三千年的某個時刻受到馴化[71]，目的是為了食用牠的奶，地點約莫是在阿拉伯半島的東南邊[72]；利用駱駝當運輸工具是在接下來一千年發展出來的。毫無疑問，當西元前第一個千年初期，由駱駝載運的游牧民開始出現在鄰人的書寫紀錄中時，役使駱駝做為馱獸和坐騎已發展到最高點，同時擴及半島北部。到了西元前八五三年首次有資料提到阿拉伯人時[73]，駱駝已成為大事業，阿拉伯人金迪布可以出租一千頭之多（他想必不是因為愛而出借牠們）。在這之後，如同我們看到的，亞述人很快就把駱駝的數量提升到數萬頭，雖然我們或許該小心數字裡的那些零。

駱駝在古阿拉伯人的生活裡占有核心地位，這點可從駱駝在古阿拉伯人死後儀式裡的重要性清楚看出；這類儀式可以從六世紀詩人的描述中窺見一斑。如果死者是戰士，就要將一頭騎乘用的駱駝固定在墓旁邊，讓牠死在那裡，有時也會把牠殺掉，和主人一起埋葬。[74]就像蒙古人和他們的馬，維京人和他們的船一樣，死去的阿拉伯戰士大概也需要坐騎協助他們在死後的世界移動。至於活駱駝的無數用途，古代的女演說家欣德・賓特・庫斯（Hind bint al-Khuss）——據說屬於艾德這個古老部落的遺族——歸結出最重要的三項：「載男人、止血債、買女人」[75]。駱駝是載具，但也是通貨，可用來償付血債，為世仇止血，以及支付買新娘的費用。不過，駱駝最重要的角色還是扮演交通工具。到最後，駱駝將成為一種半全球性的角色：伊斯蘭的第二任哈里發烏瑪爾（'Umar）曾警告征戰的將軍，不要前往駱駝無法抵達的地方[76]，這範圍實際上不下於大多數的非洲和歐亞大陸。

當然，這部移動史的起點低調多了。不過確實是駱駝讓這支後來被稱為阿拉伯的民族得以將自己從肥沃月彎連根拔起，越過文明世界的邊緣，把野蠻的南方打造成定居閃族的西部荒野：在某種意義上，是駱駝率先打造出阿拉伯這個民族。對大多數的定居民族而言，蠻荒的吸引力或許有限，但一名阿拉伯人是如此向西元六世紀的波斯統治者「不朽的靈魂」霍斯勞（Khusraw Anushiruwan）解釋：

〔阿拉伯人〕擁有土地但沒讓土地擁有他們。他們不需要用圍牆來強化自己：他們的利刃和尖矛足以媲美盔甲和城寨。擁有地球的一小塊就等於擁有它的全部。[77]

還有其他或可稱為心身式的吸引力：

〔阿拉伯人〕仔細權衡了城市和建築的利弊，發現它們不僅短缺而且有害……因為地方罹患疾病就跟身體一樣……所以他們居住在廣闊的土地上……那裡可免於汙染，充滿新鮮空氣，並可隔離黑死病。[78]

當然，健康的心靈屬於健康的身體，而「可以產生新鮮空氣的地方，自然也能產生理性和感知」。沙漠的呼喚可不僅僅是西方的東方主義者老調牙的主題。

至於回應荒野召喚的那支民族的身分，我們只能推測他們的起源可能和北美的牛仔與拓荒者一樣，是來自於定居人口裡的農民和商人。[79]身為阿拉伯人一開始可能是個選擇問題或需要問題，而非出身問題：你**變成**（became）阿拉伯人。而被吸引到阿拉伯牧區建立家園的人，大概就跟他們的北美對照組一樣，是一群烏合之眾。

Arabs或ʿarab？

最早期的阿拉伯歷史學家似乎暗暗接受一種可能性，那就是在ʿarab一詞最初的詞源學意義裡，或許就隱含有「烏合之眾」的意思。阿拉伯文的字典編纂者也將「〔迥異之人〕加入或混合在一起」列為ʿarab的意義之一。[80]如果以上為真，那麼打從一開始，該詞就隱含了與生俱來的分裂**以及**企圖統一。當然，還有很多淵遠流長的阿拉伯族群的名字，是源自於帶有「聯合、統一、結盟」等意義的字眼。這些群體包括偉大的南部邦聯哈希德（ḥashada「集結人民」）和巴基爾（bakala「混合」），以及先知穆罕默德的部落古萊什（taqarrasha「聚集」）[81]，也許還包括重要的南阿拉伯民族希木葉爾（示巴語的hmr「社群之間的契約、聯盟類型」[82]）。閃族的詞源學誠然是一個危險的領域：它是一塊意義的荒野，有各種迷人的幻象在裡頭作祟，很容易讓人隨心所欲地製造事物的意義。但在這些名字上所出現的意義巧合，已經超出機率或幻想的程度。

另一個長久以來被接受的看法是，ʿarab的原始意義為「沙漠民族，游牧民」[83]。換句話說，badw「貝都因人」和arab是指同樣的東西。這在亞述和南阿拉伯的早期碑文中都很明確，直到近代才有了變化：進入二十世紀之後，以「Arabs」這個稱號自豪之人，都不太高興被歸類成ʿarab——貝都因鄉巴佬。然而，這究竟是不是它的「原始」意義，確實值得商榷，也真的飽受討論。但ʿarab的另一個意義——「說阿拉伯語的人」——則毫無疑問沒那麼早出現。有些學者把它出現的時間擺在伊斯蘭時代的相當後期[84]；但事實日益明顯，那就是阿拉伯身為一個族裔群體的自我意識，早在伊斯蘭之前就已開始，而這種族裔性有部分就是奠基在共同的語言之上。

還有一些可能性。看看其他同源字，ʿarab一詞也很可能表示「來自西方」[85]——想必是半島西方。各種可能性齊聚而來：有位狂熱的阿拉伯學學者簡．雷斯托（Jan Retsö）花了很長的時間調查所有可以取得的早期材料，並做出結論：ʿarab是一些邊緣社群，由英雄領袖領導，居住在帳篷裡，保護祭祀中心，以擔任靈媒和邊防警衛聞名，特別是「那些進入為神明服務的領域並保留自己的奴隸或財產的人」。[86]這些無疑都是鐵證。但做為一種定義，這似乎太廣泛又太狹隘：太廣泛在於條件實在太多；太狹隘則在於很多古老到可被視為ʿarab的民族，並不針對每個框框所列的描述表示同意並打勾。

我傾向——基於下一節將談論的語言學原因——支持上述第一種ʿarab的可能意義：混合或結盟。但老實說，我們終究不知道，也可能無法真正知道這個詞的原始涵義。埃及學者塔哈．胡賽因（Ṭāha Ḥusayn）說得更強烈：我們在這個意義上「極度混淆」。[87]似乎是，你企圖從語義學的井底把意義汲拉上來，沒想到汲上來卻是混濁的泥水。

總之，如果要寫一本阿拉伯人的歷史卻連他們的名字意指什麼都不知道，這實在不是什麼好的基礎。所以，或許比較好的做法是，不要一開始就挖掘語義學之井，而是眺望一下地平線，不去說阿拉伯人究竟是什麼或到底是誰，而是聊聊他們和誰有點相似，以及他們如何融入更廣大的人類環境。一個有用的比較組來自亞洲的更東邊：「arya（阿利安）一詞是否曾經用來指稱族裔，這點很值得懷疑，」[88] 印度鑽研阿利安人的史家羅米拉．塔帕（Romila Thapar）如此說道——她對「the Arabs」可能也會說同樣的話，更精確的說法是小寫斜體的「*ʿarab*」。這兩者還有更多相似之處。兩者都是被滲透的次大陸；兩者都是移動的、遷徙的、掠奪的牧民（牛／駱駝）；兩者都很早就有預言家和超自然專家的分類（risi/kāhin）；重要的是，兩者都發展出強烈的語言學上的自我定義，跟其他不說他們語言的人做出區隔（mleccha/ʿajam〔蔑戾車，異邦人／阿賈姆，不會說阿拉伯語的人〕）；兩者都很早就發展出卓越的口述文學，並在幾百年後寫成文字（吠陀／前伊斯蘭時代的詩歌）；兩者都發展出受人尊敬且往往和宗教儀式有關的演說語，這種演說語曾隨著書寫文化的語言散播（梵語／高級阿拉伯語），但終究變成化石。[89]

這些只是*ʿarab*和arya之間的粗略相似處；同樣的情形大概也出現在ʿarab和其他許多移動族群之間。北歐人、蒙古人、塞爾特人等等。但這類相似處或許可以在更廣大的人類歷史中描繪出阿拉伯人的位置。重要的是，它們也顯示出，在最初看似普通名詞（arya/*ʿarab*）轉變成專有名詞（Aryans/Arabs）的過程中，語言的要緊程度。因為——回到*ʿarab*是指「混合」民族的想法——就算他們並未團結在基因之下，他們似乎也隨著時間推移，日益連結在語言之下。

閃之子

至少從他們有書面紀錄起，阿拉伯半島和肥沃月彎上各式各樣的民族，不管是定居的或遊蕩的，幾乎全都使用相關的語言，這些語言全都屬於十八世紀德國語言學家所謂的閃族語。這名稱是來自諾亞的兒子閃（Shem），阿拉伯文寫作「Sām」，傳統系譜學者都把他視為阿拉伯人、希伯來人和其他旁系「親」族的祖先。後來的語文學家藉由玩弄所謂的「『原型』遊戲」（'proto-' game），為閃族語建造出家族樹，將每一支都回溯到一個假設性的根源版本——原型阿拉伯語、原型希伯來語等等——然後再回溯到一個最初的根柢，原型閃族語。此外，藉由判定該語言發生改變的機率，然後在時間軸上回推，可以非常粗略地推測該語言的年紀；換句話說，你可以去計算那株語言樹的年輪。原型閃族語的起源——幾乎可以肯定是在利凡特——有了幾個不同的日期；比較確定的是，阿拉伯語所保留的特色比其他任何閃族語更古老，這些特色有些是在非常早期就從閃族語的根源分枝出來——或許可回溯到西元前四千到五千年。話說回來，或許閃族語的根源其實不是其根柢，而是它本身就屬於一個更廣大的「亞非」（Afroasiatic）語系[90]……只是串接在一起了。

這完全就是大腦分析的工作，和破解符碼、處理數據以及貝氏分析（Bayesian analysis）有關。但因為我們要處理的是古代的游牧民族，這些人的生活方式讓他們幾乎沒留下什麼考古遺物，所以這座巨大的語言垃圾堆，就相當於阿拉伯的特洛伊或諾薩斯（Knossos）。證據可能令人愉悅，特別是證明了古老性和持續性的那些。例如，強納森・歐文斯（Jonathan Owens）給了兩個動詞範式，兩者極度相似，歐文斯將它們標籤為「伊拉克語」（Iraqi）和「奈及利亞阿拉伯語」（Nigerian Arabic）——後來才發現，「伊拉克語」就是西元前二五〇〇年以降的阿卡德語（Akkadian），而奈及利亞語的範例則是在西元二〇〇五年得到記錄[91]；這種連續性在地理上跨越四千五百公里，在紀年上超過四千五百年。而在這棵語言樹經歷過異花授粉的地方，那些點點滴滴的有趣證據，讓延續性變得複雜起來。在阿拉伯語裡，這些包括非常早期借來的文字，例如下面這兩個總是彼此競爭的武器名稱，那些文明的初始工具和它的相反物：希臘語的 kalamos→阿拉伯語的 qalam「蘆葦，（蘆葦）筆」，以及（大概是）希臘語的 xiphos→阿拉伯語的 sayf「刀劍」。[92] 那麼，拉丁語的 taurus→阿拉伯語的 thawr「公牛」，和希臘語的 oinos「葡萄酒」→阿拉伯語的 wayn「黑葡萄」，以及南阿拉伯語的 wyn「葡萄園」呢？或者，上述箭頭有些時候會反向？或雙向？這些問號都是有根據的，因為我們所知極少。我們清楚的是，不僅借貸關係很早之前就已存在，或許那個一直稱為前閃族的「地中海基盤」（Mediterranean substratum）[93]、那個彼此共享的語言學基礎，在這之前便已存在並支撐住「閃族語」和「印歐語」的界線。

轉回阿拉伯語本身，它的起源屬於閃族語系裡的北阿拉伯語的一個「方言串」（dialect bunch）。[94] 前面提到的那些塗鴉語言——薩法伊語、薩穆德語等等——則是來自另一個如今已死的方言串，也是從同一個北阿拉伯語枝幹中分岔出來的。這些北阿拉伯語言彼此都可理解，大概也不難理解。至於南阿拉伯語則是另一回事（或說另一支），它包括定居在半島南部和西部民族（示巴人、希木葉爾人等等）使用的語言，對北阿拉伯語的使用者而言可能很難理解。大多數南阿拉伯語的支系，都在伊斯蘭之前隨著阿拉伯化和阿拉伯語化的蔓延而凋零死亡。但一些新的南阿拉伯語卻在遙遠的角落出現——阿拉伯半島版的蓋爾語（Gaelics），今日在葉門與阿曼有數萬人使用這種語言。會講阿拉伯語的我，聽他們——比方住在合恩角外海索科特拉島（Island of Socotra）上的山中居民——講話時，我會困惑地伸長耳朵，覺得自己**應該能**聽懂，但其實只能懂一些零散的同義詞。

什麼時候開始為同一個分枝裡的不同方言分類，這點並不那麼清楚。通常都說，阿拉伯語的鑑別特色是它的定冠詞「al-」[95]；相對的，薩法伊語和它的姊妹語的定冠詞則是「h-」或「hn-」。最早出現

「al-」的文獻之一，是出自西元前五世紀的希羅多德，他說「Alilat」（拉特神）[96]——al-Ilat，其他地方寫成al-Lāt或Lat（曾出現在前面提到的Sʿlm的哀嘆塗鴉裡）[97]——是阿拉伯人的神祇；她的男性對照神就是Alilah，al-ʾIlāh，或Allāh，the God。但實際上，用定冠詞為語言分類，有點像是用把手的形狀而非尖端的形狀為螺絲起子做分類。例如，在今日的葉門，許多講阿拉伯語的人會用「am-」當定冠詞；甚至連先知穆罕默德，那位卓越非凡的阿拉伯語演說家，當他和使用「am-」的人講話時，也會把定冠詞切換成「am」，後人還為此津津樂道。[98]

即便在範圍更大的閃族語系裡，分類也是非常棘手的問題，範例之一，就是一般認為最古老的**道地**阿拉伯語文本：黑格拉／瑪甸沙勒（Hegra/Madāʾin Ṣāliḥ）遺址中一段西元二六七年的墓碑刻文，那段碑文詛咒所有褻瀆或試圖重複使用該墳墓的人。以前的學者將它歸類為納巴泰文，如今則改成受到納巴泰影響的阿拉伯文。[99]還有個例子可用來說明語言習俗的混雜程度：在內蓋夫（Negev）沙漠的阿夫達特（En Avdat）發現一段三行長的禱詞，感謝神讓嬰兒順利從化膿的傷口中分娩出來，日期約莫是西元一世紀，今日認為這是目前已知最古老的阿拉伯碑文之一，但它卻是嵌在亞蘭語（Aramaic）的文本中。[100]

總結而言，我們必須承認，並不曾有過類似單數阿拉伯語這樣的東西；不管以前和現在，有的都是眾多阿拉伯語。「阿拉伯語」從來都不是經過整齊修剪的閃族語次分枝或一簇同質性的嫩芽，而是多瘤多節又經過多重嫁接的贅生物，承載了非常古老和非常奇怪的特色。[101]變成阿拉伯語的那個「方言串」的多樣性，反映了*ʿarab*身為混合群的這層意涵，它是遺傳和語言學上的大雜燴，從非常早期就開始定期吸收新成員。這是阿拉伯史最早期時代最關鍵的一項證據。舊式的半島移民「波動」理論，只說明了這個故事的一部分：清楚的不僅是有民眾如漣漪般不斷流**入**，有一股長期來自肥沃月彎的下層逆人流；

而且一般公認的日期約莫是西元前四千到五千年間，因為在這段時期，他們語言最古老的特質開始從原型閃族語的根柢分離出去，這或許就是一個線索，可證明上述的漣漪何時開始，以及最早的 *ʿarab* 的真實年歲。

很難找到堅實、本土的證據來支持這點。但除了在肥沃月彎可找到阿拉伯人及其語言的定居起點之外，阿拉伯的神話記憶或許也可確認這種語言學和遺傳學上的多樣性。例如，有個故事告訴我們，在巴別塔和語言增生之後，有十個原本講阿拉伯語的人如何從美索不達米亞平原輻散出去：每個人都帶著他們的家族和追隨者前往半島的不同部分，每個人在離去時都唸出一首關於自己的詩。「他們全都是……badw，他們在這塊土地上分散開來。」[102]這與其他類似的敘述，都有宛如夢境般的不真實處；但跟夢一樣，它們或許就是從長期儲存、對於清醒事實的記憶中浮現出來的。

阿拉伯人有一個詞來形容它（而且通常有很多個詞）

阿拉伯語這些早期和隨後的多樣性與增生性，意味著它的詞庫豐富到令人尷尬。同義詞超多，包括「蜂蜜」有八十個[103]，「鬍子」有兩百個[104]，「獅子」有五百個，「劍」有八百個[105]，「駱駝」有一千個。[106]最後這個數字似乎還有點低估：有個古老的諺語在阿拉伯語學者之間流傳，內容是：每個阿拉伯字詞都意味著三樣東西——它自身，它的相反，以及一隻駱駝——這句話並非無的放矢。[107]而有些你從沒想過需要有專有名詞的事物，也都有它的專有名詞，例如鴇鳥和鴕鳥的糞是不同的字，根據不同響度分類的各種屁[108]、蝗蟲吃東西的聲音[109]，以及手指的指間[110]，每個指間都有各自的專屬名詞。

這種古老的多樣性，導致《古蘭經》的詞彙貢獻者名單上，有不下於五十種阿拉伯方言，更別提還有八種外國語。[111]這也是qāmūs——阿拉伯語化的希臘語okeanos「海洋」——和「字典」是同義詞的原因之一。八、九世紀的偉大學者沙斐儀（ash-Shāfi'ī）寫道：「阿拉伯口語是最無所不包的口語，也是詞彙最豐富的。我們都知道沒有任何一個人能完全了解它，除非他是先知。」[112]沙斐儀的同代人賈希茲進一步表示：沒人能掌握阿拉伯語的所有可能性，他說，「但祂知道雨雲裡的水滴和灰塵裡的顆粒數量，只有安拉知道阿拉伯語的過往和未來。」[113]

如果說，戴高樂有理由質疑擁有兩百四十六種起司的民族——法國人——的可治理性，那麼同樣的質疑也可套用在擁有一千種駱駝名稱的民族上。讓我們嚴肅一點，他們的語言打從一開始就呈現出的明顯多樣性——從北阿拉伯語這個分枝裡密集長出的方言串——確實讓人想提出一個重要質疑：最早期的*'arab*真的對自身的統一有過丁點意識嗎？

尋找統一的聲音

在西元前第一個千年，*'arab*的鄰居們用這個名字稱呼他們，當然給了他們某種一體感，無論他們是不是用這個名字自稱。然後，從大約西元前七五〇年到西元前四百年間，確實有證據可證明有個叫奎達的多部落團體存在——就算不是一個統一體，也是某種政治體。當然，看似統一往往是出現在旁觀者和外人眼裡。但就*'arab*而言，他們確實有一種共同的移動性生活風格——飼養駱駝、逐水草而居、以駱駝承載的運輸貿易——這意味著他們的路線縱橫交錯，至少會形成一種暫定的共同身分，就算不是政治性的，也是文化性的。

在這方面，語言的重要性大概和生活風格不相上下：單是從那些「方言」難以區分這件事，就可看出它們的關係有多親近。霍伊蘭認為，即便在西元前第一個千年，語言就是連結和辨識*ʿarab*的要素[114]，也是*ʿarab*認同最重要的條件[115]。這時間遠早於統一的「高級」語言出現，也就是所謂的arabīyah，後者將成為阿拉伯統一的至高圖騰，至今依然。

在這同時，沙漠石頭上的聲音——所有用薩法伊字母寫下的公眾輿論——則透露出多樣性和多元性：它們是民眾的聲音，而非**一個**民族的聲音；是個人的聲音，來自一個鬆散碎裂的社會，跟隨的是他們不斷綿延的父系分岔路徑。使用不同方言的人可以相互理解；但以更廣泛的政治意涵而言，他們的話語還沒凝聚，還差很遠。我們只能猜測辯證法在不同的方言之間的運作，只能想像什麼樣的示播列（shibooleth，譯註：典出《聖經》《士師記》，用來區別一個人的社會或地區背景的指標，通常是指語言特徵，特別是對一個詞的發音，標識說話者是否屬於某一特定群體的成員）分裂了它們。

至於更廣大的歷史潮流，*ʿarab*只以雇傭兵和定居民族之間的運輸業者身分，略略沾了腳趾頭。生活一如塗鴉所顯示的，是牧歌風情和狹隘局限的。但是當西元前第一個千年即將閉幕之際，新的視野也正敞開。因為改良型的駝鞍日益發達[116]，騎士們的行旅距離也隨之拉長。此外，外人對該區的介入也日益頻繁：Rūm「羅馬人」開始出現在塗鴉裡。*ʿarab*也開始固定出現在南阿拉伯諸王國的正式碑文中。至於塗鴉本身，也開始出現在意想不到的地方——在今日的黎巴嫩[117]，甚至在羅馬龐貝城一座劇場的廊牆上。[118]阿拉伯半島邊緣的駱駝群，正在朝新牧場移動。

第2章 民族和部落

示巴人、納巴泰人和游牧民

雅古特（Yāqūt）的地理辭典裡，在札法（Ẓafār）這座阿拉伯半島西南古城的詞條上，記載了下面這段軼事：

「在札法……」

> 這裡是希木葉爾歷代國王的王座所在，也是下面這句諺語的起源地：「在札法，要講希木葉爾人講的話。」根據阿斯瑪儀（al-Aṣmaʿī）的說法，有一名阿拉伯人來到一群觀眾和其中一位希木葉爾國王面前。那名國王，正巧站在宮殿的屋頂露台上，他對著那位阿拉伯人說，「Thib!」（阿拉伯語「跳！」的意思）於是那名男子跳了下去，摔得粉身碎骨。看到此景，國王說：「我們這裡沒有人講阿拉伯語（Arabickt）。在札法，要講希木葉爾人講的話。」在希木葉爾的方言裡，「thib」是「坐」的意思。[1]

這則故事的源頭：阿斯瑪儀是位受人尊敬、廣獲信賴的八世紀古文物學者；thib一詞是道地的古老南阿拉伯語的動詞，意思是「坐」；那位國王把ʿarabiyyah唸成arabiyyat（引言中轉寫成「Arabickt」），也是純正的古風。不過這則故事帶有強烈的後期伊斯蘭都市傳說的味道。

無論那致命的一跳是否真的發生過，那個場景是正確的。位於山頂的札法城、多層樓的皇家宮殿，對於只知道石質草原、素樸酋長和毛氈帳篷的阿拉伯訪客而言，確實陌生又怪異；一旦脫離他的社會和語言脈絡，他真的會頭暈眼花，迷失方向。國王的反應感覺也很正確：你可以想像那個畫面，那位統治者從露台護牆上往下瞧，一邊搖頭一邊說出那句名言。就算那個阿拉伯人並沒聽從國王的話往下跳，那句評論也還是帶有居高臨下的味道，是都市主人對蠻夷客人的口氣。

這種文明南方傲視游牧北方的態度，在伊斯蘭時代再次抬頭：「如果有個塔米姆人（Tamīmī）（阿拉伯人）來這裡，吹噓他比你更優秀，」阿斯瑪儀的同時代詩人阿布·努瓦斯（Abū Nuwās）跟一名出身南阿拉伯的聽眾說道：

那就跟他說，「夠了，你這個嚼蜥蜴的傢伙！」
你竟然敢在國王的後裔面前吹噓，你這個蠢貨，
你這個尿濕腿的髒鬼？
讓高貴的人去比高貴的行為；至於你嘛——拿起你的棍杖，
趕你的羊去，你就是那種老媽拉肚子會拉自己一身屎的人！
我們統治了東西兩方世界
而你那個老酋長只是他老爸下體裡的一滴精液。[2]

一如我們將會看到的，文明與蠻夷以及南北嫌隙的主題，確實因為伊斯蘭時代的政治情勢而加劇。但它是源自於遠古的現實。就像札法的故事所顯示的，阿拉伯半島的民眾因為陸地板塊連結，卻因語言隔閡；閃族的根源統一它們，但語義的分歧又將他們撕裂。在社會學的層面上，這些差異甚至更嚴重。以ʿarab為名的這些團體，把自己的名字給了後來在歷史上被稱為「Arabs」的族群複合體，但他們只是這個複合體的一部分，另外還有身為本章主角的示巴人、希木葉爾人和阿拉伯次大陸上的其他定居民族。弄清楚在這個早期階段定居和游牧的阿拉伯人如何區隔彼此，以及如何開始走在一起，這點很重要。因為在日後——伊斯蘭帶來的短暫統一時期，以及之後所產生的多重分裂時期——我們會愈來愈清楚看到，這些古老的差異如何帶給阿拉伯人卓越的力量和致命的弱點。

回顧一下我們所知的早期游牧群體的情況：ʿarab數量不多，源頭大概是混雜的，特色是他們在一塊不毛之地上竭力維生的方式——至少在西元前第一個千年初期的外人眼中是如此。我們不知道他們最初如何定義自己，甚至不知道他們是否曾把自己視為一個群體。但是，在我們聽到最早、最純正的ʿarab聲音時，那些聲音散布在約莫西元前第一個千年尾聲的沙漠石塊上，那時，已經有很多力量足以創造出一個族裔的核心：共同的生活方式和不斷交錯的路徑、對世系的興趣甚至於執迷、關聯密切的語言。

這些游牧部落和定居民族似乎有著天壤之別；就像「跳」和「坐」那樣懸殊。但是經過西元後的頭幾百年，事情開始轉變。先知和詩人所使用的專屬「高級」語言，竟是從部落ʿarab之間發展出來的。新興的詩意語言和古老的移動生活，一起變成族裔的兩大標記——變成ʿarab「民族服飾」（national dress）的必備項目。這裡的隱喻有兩層：族裔和服裝一樣，會改變風格；時尚也跟服裝一樣，可以傳播擴散，變成和起源無關的趨勢。伴隨著這身服飾，arab開始炫耀長久以來別人稱呼他們的這個標籤：在某種意義上，他們將變成大寫開頭的阿拉伯人。最奇怪的是，阿拉伯半島上其他那些申明自己並非阿拉伯人，生活方式和語言也截然有別的社群，竟然從西元三世紀左右，不但也穿上這身阿拉伯服飾，還套上阿拉伯的裝扮與習俗，並終於在七世紀跟著伊斯蘭一起採用「阿拉伯」（Arab）這個標籤——最後甚至宣稱這個標籤和語言打從一開始就是他們的。驚人的是，這個族裔時尚宣言竟然是出自南方定居的開化民族——示巴人和他們的鄰居，包括希木葉爾人。即便在有著高聳宮殿和希木葉爾高傲國王的札法，他們也將拿祖先的口語去交換住在毛氈帳篷裡的牧羊人的「阿拉伯語」。他們也將加入日益茁壯的「阿拉伯世界」這個社會政治複合體，滿懷驕傲地穿上阿拉伯的民族服飾。

關於這種族裔變裝，有個稍晚但很實際的例子：伊斯蘭化的希木葉爾國王祖・卡拉（Dhū al-Kalā），他去造訪伊斯蘭第一位哈里發阿布・巴克爾（Abū Bakr），「帶了一千名奴隸……〔他〕頭戴王冠，身穿我們前面描述過的那種條紋服裝和其他袍子」，也就是金色錦緞的衣袍；相反的，苦行僧似的阿布・巴克爾則是穿著最簡單的阿拉伯風格服飾：「國王看到哈里發的穿著之後，隨即脫下自己的華服，照哈里發的風格打扮。某一天，甚至有人在麥地那市集裡看到他肩上披了一張羊皮。」有點類似二十世紀的資產階級革命家穿上毛澤東裝。這故事自然會被賦予濃濃的道德氣息：如果人在世間能表現出謙卑，就能表現出對安拉的服從，那位簡樸虔誠的國王做出這樣的結論[3]。話說回來，到了這時，服從安拉是「成為阿拉伯人」的另一部分。

然而，這一切都是未來式；我們將在接下來的章節裡詳細說明阿拉伯風格如何成為整個半島的穿著。一開始，就像前面那個札法故事所呈現的，對南部人，特別是對示巴這個最重要的政治體而言，ʿarab和優雅毫無關聯。他們就是一群大嚼火烤蜥蜴並和他們養的畜生一起長寄生蟲的野蠻人，是定居、文明的南部王國無法接受的，幾乎進不了崇高的宮殿領域。

原初的阿拉伯人（但現在還不是）

和ʿarab一樣，今日被我們視為南阿拉伯最知名代表的示巴人，至少也有部分起源得歸功於肥沃月彎；其他許多南阿拉伯族群也是，包括希木葉爾人。和ʿarab不一樣的是，示巴人是一支擁有適度凝聚力的群體。從示巴人的語言尋找他們的起源線索，並拿它與閃族語的其他分枝做比較，會發現「原型示巴人在西元前二〇〇〇年後就已離開敘利亞—巴勒斯坦邊緣」[4]。拼音字母提供了語言學上的證據：南阿拉伯的文字「是原型迦南語（Proto-Canaanite）字母的倖存者，該字母約莫在西元前一二〇〇年已在巴勒斯坦死亡」[5]。（反之，南阿拉伯文字的後裔則倖存於衣索比亞，阿姆哈拉語〔Amharic〕和其他相關語言都是用該套字母書寫。）不過，其他分析都將示巴人的起源地放在更東邊的肥沃月彎[6]。但不管是哪種情況，早期示巴人後來遷徙到南阿拉伯的路線和年表，至今依然不詳。

然而，考古學丟了一支板手（更貼切的說法是抹刀），搞亂了語言學和銘刻學的研究。我們已經看到，早在西元前第四個千年，這個地區就有了組織性的灌溉系統；先前提過的馬里布大壩是運用水資源和人力資源長期發展的高潮。示巴人和其他族群究竟是如何和當時的在地居民建立關聯和互動，至今我們還不完全了解，有些學者更加看重南阿拉伯文明的原住民源頭[7]。不過，從在地的證據可以清楚看出，示巴人在南部發展出一個繁榮的定居文明，還有其他使用類似語言的定居民族，包括麥因人

（Minaeans）、加泰拜人（Qatabanians）、哈德拉米人（Hadramis）和後來的希木葉爾人。隨著時間過去，這些民族結合起來，在南阿拉伯組成了他們自己的「肥沃月彎」[8]。

這兩道肥沃月彎將巨大的半島括弧起來；但是到了西元前第一個千年初期，拜ʿarab和他們的載運駱駝之賜，南阿拉伯的民族開始跨區貿易。南方人扮演仲介角色，將穿過肥沃海濱而來的環印度洋奢侈品賣到北邊。他們本身也是出口商，主要是賣香氛商品。但他們的生存支柱始終是農業。

我們提過這個良性循環：控制降雨的需求建立了定居社會，定居社會又反過來加速農業發展[9]。示巴人和其鄰族所留下的豐富碑文不斷強調水的重要性：最早的示巴碑文大約可追溯到西元前八世紀，內容就是感謝雨神阿斯塔爾（Athtar）[10]。西元六世紀最後的一批示巴碑文則記錄了當時占領南方、來自衣索比亞、信仰基督教的阿克蘇姆人（Axumites），以三位一體之名，修復了頹壞的馬里布大壩[11]。介於兩者之間，最典型的奉獻，可以從阿望（Awam）神廟——示巴人的主要信仰中心，離馬里布大壩不遠——的一尊雕像中看出，該尊雕像說明奉獻者

> 把這尊鍍金雕像當成祭品獻給伊爾瑪卡神（Ilmaqah）……阿望之主，讚頌祂賜給他們灌溉和雨水滋養的土地，讓他們五穀豐饒……感謝他們的梯田、野地和農田能得到灌溉渠道和堤壩的水分，大獲豐收，感謝所有的農地村莊都風調雨順……[12]

在接下來幾百年的示巴人收穫季節，這類碑文一再出現。

馬里布大壩做為最偉大的灌溉工事，約莫是在西元前六世紀達到它最後的形狀和規模；從那之後它

一直發揮功能，持續了一千多年。它的設計目的是將山區的季節性逕流轉移和分配出去（而非儲水），在這方面，它或許是人類史上最成功的土木工程之一。《古蘭經》裡提到它那「兩座花園」[13]的淤泥堆積物，至今依然可見，還有兩個灌溉花園的古老閘門倖存下來（堰牆本身已經消失）。沉積物的深度透露出，示巴人在最早的碑文出現之前一千多年，就已在此耕作，也就是在前（或原型）示巴居民開始築造灌溉工事之前[14]；淤泥的範圍顯示，那兩座花園最大的占地約有九千六百公頃[15]。所有這些，都是合作的果實。（相對的，現代灌溉系統幾乎都是來自自流井，所以傾向鼓勵競爭，讓鄰近的農民競相搶奪快速落下的水位。）然而，總有一天，這種合作會停止，災難就會爆發，屆時，馬里布大壩將會在阿拉伯的歷史上扮演新的角色——或者說得更準確點，是在某種流浪的民間史詩裡，某種阿拉伯版的《奧德賽》，在這個故事裡，事實和奇想的路徑會彼此交錯再交錯。

民族和朝聖

同樣是在馬里布，還有另一個偉大的建築結構，在每一年的適當時刻，該結構會將一塊大小相仿的集水區裡所有流動匯聚一堂。這個結構是座神廟，也就是前面引述的阿望神廟，一座橢圓形的聖殿，裡頭有神龕，而這裡的流動是指人流。人群在阿布亥（Abhay）月前來；這個月分正好是夏雨的季節，對示巴這樣的水利文明而言，可說相當合適[16]。朝聖者必須遵守的條件，包括特殊的裝扮以及禁止性交和打鬥，與半島各區的朝聖規矩相呼應[17]。直到今天，他們依然走在朝聖之旅的路上，只是對象換成麥加的另一位大神——其實也可說是同一位。

雖然馬里布的朝聖談不上特別，但它規模龐大：「伊爾瑪卡之家」[18]，也就是阿望神廟的俗稱，是阿拉伯一位大神的故鄉，那是示巴人的守護神。因為他實在退休太久了，變得有些模糊：他最初可能是一位戰神或植物神[19]；有位學者將他視為男性位格的（通常是女性）太陽神[20]。根據《古蘭經》的說法，示巴人的確「崇拜太陽」[21]，但經文指的可能是它的某個女性版本。神的名字對於勾畫它的形象幫助不大。不過，它應該是有特定母音的——也許是「Almaqah」——他的名字似乎包含了「Il」，閃族至高神靈的通名（就像「al-Ilāh」→「Allāh」），再加上另一個元素，大概是來自示巴語的動詞 wqh「指揮」[22]：因此，伊爾瑪卡可能是「指揮神」（God the Commander）或「命定神」（the Ordainer）。

無論他的名字有何意涵，有一點很清楚，伊爾瑪卡是示巴這個大 shaʿb「民族」整體認同與團結的核心——示巴本身是一個由眾多小 shaʿb 組成的邦聯。從神學的角度來說，伊爾瑪卡大概「在功能上代表了這個 shaʿb 的集體意志」[23]。示巴人被視為伊爾瑪卡的「子民」[24]；邦聯的新成員都必須到馬里布朝聖[25]，並因此在某種意義上變成神的繼子。在馬里布西方一百三十公里外的高地上發現一件重要碑文，將這項義務強加在一支名為薩瑪依（Samʿay）的 shaʿb 上，它似乎是示巴邦聯剛接納的新成員。薩瑪依自己的守護神塔拉布（Ta'lab）諭令他的子民，必須去馬里布朝聖，不得失敗（在神界的指揮鏈裡，神明知道各自的地位）。塔拉布也提醒他的子民，在前往馬里布的朝聖路上，應該每兩天屠殺七百頭羊[26]。再一次，這些該做的、不該做的，以及大規模的犧牲獻祭，都會令人聯想到今日的麥加。塔拉布甚至告訴他的子民，如果要在馬里布宰殺駱駝，就要溫柔地把牠騎到那裡——幾個世紀之後，先知穆罕默德也在麥加的脈絡裡重複過同樣的建議[27]。還有一些特色也和今日的麥加相當類似，其中之一頗令人吃驚：那就是伊爾瑪卡並不孤單。塔拉布不僅服從於伊爾瑪卡，在馬里布所做的奉獻通常是聯合性的，是獻給由眾多小神組成的一整座萬神殿——或說一整個星座，畢竟裡頭有許多都是代表某個星體。

儘管有這個重大例外，但現在應該可清楚看出，認為「阿拉伯史」始於伊斯蘭，甚至必然是始於「阿拉伯人」，這想法有多不正確。南阿拉伯人在他們最顛峰時期，從沒認為自己是任何意義上的阿拉伯人，他們才是這個歷史的基礎；伊斯蘭和阿拉伯人都是一個非常漫長的連續體的一部分，你不可能將它壓縮成穆斯林元年的幾則序曲。許多穆斯林阿拉伯史學家也很清楚這點：我們將會看到，在十世紀時，馬蘇第（al-Masʿūdī）撰寫的簡史給了前伊斯蘭的過往該有的公正報導；他的葉門同代人哈姆達尼，則是漠視伊斯蘭的王朝歷史，將當時的時事視為前伊斯蘭鬥爭的延續[28]。其他一些長期存在的特色，漸漸從這類比較全面的過往圖像中浮現出來。例如，古代示巴人會把身體政治和神明意志連在一起，這想法也被伊斯蘭社群繼承，近日出現的「政治化伊斯蘭」（political Islam）這個新詞，看起來——至少在它阿拉伯次大陸的自家選區中——就是個冗贅到不行的同義複詞。

另一個南方古特色，也將慢慢滲入更廣大的伊斯蘭文明裡，那就是將根柢植基於地方而非系譜。南阿拉伯的shaʿb和部落不同，他們會根據領土——受到水資源束縛的範圍——以及聖地和都市中心來自我界定。它的成員是某位神明的子民，那位神明在某個特定地點有個家；他們不是某個公認的流浪祖先的後代。和整個半島相比，南方可說高度都市化：雖然有些都市的規模很小，但在前伊斯蘭時期的南阿拉伯碑文裡，有一百多個地方被描述為hir「市鎮」[29]。誠然，一個類似奎達這樣的北方部落群，可以在諸如度瑪這樣的「都市」聖地周圍聚集起來；但在南部定居民族的案例裡，聖地的建立是為了表達和界定群體的團結[30]。部落的自我界定來自於世系，這將形成阿拉伯—伊斯蘭族裔的另一股支系；但靠它本身並不會把伊斯蘭帶到阿拉伯人的範圍之外。沒有南方的傳承和它的市民中心，伊斯蘭還是有可能發展成一支世界宗教——但會像猶太教一樣依然依附著血緣的概念，哪怕有多微弱。對伊斯蘭而言，不存在十二個部落，也沒有外邦人，而原因至少有部分來自於它的南阿拉伯遺產。

南阿拉伯也展示過政治統一的模型，這是他們後來全心渴盼卻很少達到的境界；在這方面，它也為伊斯蘭留下非常重要的傳承。早期的示巴碑文中經常出現mkrb這個頭銜，約莫是讀做「穆卡里布」（mukarrib）。（這個字根的意思也許和阿拉伯文的muqarrib一樣：「拉近關係之人，將某人納為夥伴之人」；有個類似的阿拉伯語詞：mujammiʿ，在政治上的意思是「統一者」〔unifier〕[31]。）mkrb是shaʿb邦聯裡掌握大權那個shaʿb的國王——但只有當他戴上另一個代表邦聯領袖的頭冠時，才會這樣稱呼；這個角色有個貼切的比喻，就是身為大英國協領袖的英國女王[32]。有一種重要的碑文類型，學者稱之為「聯邦準則」（federation formula），裡頭闡明mkrb的角色就是統一者：「他建立每個神明或守護神的共同體，條約（hbl）或聯盟的共同體。」[33]這些聯盟於是就在大神伊爾瑪卡或其他小守護神的名號之下建立。從這個準則裡又跳出一個詞，一個得到神明認可的「條約」：示巴語的hbl將在《古蘭經》裡以ḥabl重新出現——

> 你們要全體緊握住安拉的繩索，不要自己分裂。[34]

在阿拉伯語裡，ḥabl是「繩索」的意思，但也是「有約束力的盟約」。我這麼說，並不表示西元後七世紀的麥加人研究過西元前七世紀示巴人的憲法術語，而是說這個詞無疑是同一個，以及這兩個共同體對於統一在一神或眾神之下的政治統一體有共同的想法——或以後者的情形而言，那就是統一在真主之下。兩者也存在差異：伊斯蘭提出的統一是終極性的，在政治上和神學上都是。一政，一神。

菲利浦・希提那本詳盡的《阿拉伯人的歷史》初版於一九三七年問世，他在書中提到，麥地那的穆斯林共同體「是阿拉伯歷史上第一次嘗試以宗教而非血緣做為社會組織的基礎」[35]。不過，他回溯的時間整整晚了一千多年。當然，今日我們對南阿拉伯的認識（在這方面，我們對北部奎達聯邦的宗教中心度瑪的了解也很有限），有很多在希提編寫那本書的時候都還不為世人所知。但之後的歷史學家還是更不可原諒地以伊斯蘭為中心。伊斯蘭和前伊斯蘭研究之間的斷裂，意味著大多數學者並沒看到構成更大圖像的那些小點，更別提去把它們串聯起來。如果我們真的用更長遠、更寬廣的眼光去看，就會發現伊斯蘭並不是突然「迸」一聲就從麥加冒出來；它是一種巨大、緩慢的成長，根深柢固，而且遍及整個半島——特別是半島南部，而在那裡耕耘的民族，甚至不稱自己是阿拉伯人。

今日，《古蘭經》那段堅守與真主之約的經文，是不辭艱難追求阿拉伯和伊斯蘭統一之人固定會引用的內容。他們的確不了解這項呼籲有多古老，或它是如何來自於伊斯蘭之前和阿拉伯人之外。

文明的擁抱

從上古地中海世界的角度來看，南阿拉伯肥沃月彎的政治和神學就像一本封閉之書，難解的程度不下於它們之於晚近之前的現代歷史學家。讓希臘與羅馬人著迷的，是南阿拉伯人生產與出口的香氛，特別是乳香和沒藥。例如，老普林尼（Pliny the Elder）計算出一頭駱駝將乳香從它的源頭「幸運阿拉伯」載到地中海沿岸，需要走上兩百四十三萬七千五百步（人類的步幅），會為薰香商人的花費增加六百八十八第納里（denarii）[36]。幾乎同樣漫長，而且比這早上一千年的，是在西元前十世紀記載於《聖經》裡的一段旅程，示巴女王帶著薰香和其他物品去晉見所羅門王。雖然那位女王的確切身分困擾了好幾代的學者，但他們大多同意，她是來自南阿拉伯的示巴。至今，在她的故鄉依然找不到任何東西可證明或否認她的存在；但在現代約旦境內發現的示巴產品，可證明她的國人至少早在西元前八百年就曾走過這樣的旅程[37]。

在西元前最後那幾百年，示巴人的鄰居麥因人是最積極、遊方範圍也最遠的商人。例如，有位商人在希臘提洛島（Delos）上留下一座獻給瓦德神（Wadd，「愛神」；後來在《古蘭經》裡遭到咒詛）的祭壇，時間約莫是西元前二世紀[38]；另一位則將自己的木乃伊留在埃及的孟斐斯。他的木乃伊棺木記載了他進口沒藥供埃及神廟使用，然後將布料出口到他的家鄉[39]。稍後，在希木葉爾興盛的西元一世紀，希臘的商船水手指南《佩里普拉斯周遊紀》（*Periplus*）的編纂者，描寫了穆札（Muza）的繁忙交通，該地位於紅海入口的不遠處[40]。這些繁密的交易都是昭昭鐵證，說明阿拉伯的一個「遠方之國」，也就是《聖經》《約珥書》（Book of Joel）裡的示巴國[41]，如何和遙遠的經濟體產生重重關聯。當時是香水與香膏，今日則是石油與天然氣。

另一支藉由貿易和更廣大經濟體有所連結的民族，是納巴泰人，他們從半島的西北部湧出，主導了那裡的騎乘貿易路線。與示巴人和他們的南阿拉伯鄰居不同的是，我們幾乎可以肯定，納巴泰人說的是某種阿拉伯語[42]；不過和示巴人一樣，我們幾乎也可肯定，他們不認為自己是ʿarab。不僅因為他們是定居民族，也因為他們的生活方式就跟當年住在利凡特時一樣，他們更像是搭接在地中海的大腿上而非某個阿拉伯肢體的延伸，他們的文化接觸將他們打造成道地的世界主義者。他們宛如禿鷹，在亞蘭（Aramaean）、希臘和羅馬這幾個鄰近的霸權文化裡挑選他們喜愛的東西，帶回他們的岩石堡壘消化反芻。結果十分輝煌：其中最持久的代表之一，是他們首都佩特拉的古典建築，當然，那都是外觀立面；

但那不是假的，不是好萊塢的布景。它不是用堅硬的岩石蓋出來的，而是從岩石裡鑿出來的，這賦予其一種泰坦巨人般的宏偉——飆高的柱廊崖壁加上長出甕壇的三角楣山峰。

在東北邊的不同文化之間，以及在肥沃區和荒野區之間，則是由商業城邦帕米拉（Palmyra）占據類似的邊界位置。帕米拉人也是說阿拉伯語的非 arab，抱持根深柢固的世界主義。他們自家受到希臘羅馬啟發的建築隨處可見；擁有古典立面的是人民本身。於是，瓦賀巴拉特（Wahballat，意為「拉特的禮物」，拉特是地位最高的女神）親王以「凱撒．瓦賀巴拉特．奧古斯都」（Ceasar Wahballat Augustus）[43]的稱號出現在鑄幣上，而他的母親芝諾比雅（Zenobia，這是至今依然常見的阿拉伯名字札伊娜布〔Zaynab〕的拉丁化寫法）甚至表現得更加折衷，她不僅給自己取了「奧古斯塔」（Augusta）這個名字，還宣稱自己是埃及豔后克麗歐佩特拉（Cleopatra）的後代[44]。正是在這種多文化混雜的氣氛下，在同一時期出現一位羅馬雙面門神雅努斯（Janus）似的人物，也就是阿拉伯人菲利浦（Philip the Arab）；這位土生的大馬士革人憑本事從外省行政官員一路爬升到禁衛軍長官，最後甚至在西元二四四年登上羅馬皇帝的寶座。因為影響是雙向的：早在一個半世紀之前，羅馬詩人尤維利納斯（Juvenal）就觀察到：

> 敘利亞的奧龍特斯河（Orontes）早已注入台伯河，
> 載著言說模式與生活方式。[45]

這一切都是為了盡可能遠離文明的衝突；可以說，這是一種文明的擁抱。

當然，強者的擁抱最後有可能會讓比較弱的夥伴窒息，而羅馬也的確扼殺了納巴泰和帕米拉的獨立。（帝國就跟部落一樣隨時準備劫掠：它們就是這樣建立的。）納巴泰的領域在西元一〇六年遭羅馬併吞[46]。帕米拉很早就被東方掠奪者馬克・安東尼（Mark Antony）搶劫一空，最後終於在二七二年被羅馬政府收拾掉[47]。最近，帕米拉文化禿鷹已變成另一個危險猛禽的獵物：所謂的「伊斯蘭國」（Islamic State）對該城古蹟進行有計畫且公開宣傳的野蠻破壞運動，將它們汙毀、拆除。他們實在應該想想更早之前那個野蠻破壞者（但溫和許多）的下場：據說烏瑪亞王朝（Umayyad）哈里發馬爾萬二世（Marwan II）在帕米拉挖出一尊女王的雕像，上頭刻了詛咒盜墓者的銘文[48]。過沒多久，烏瑪亞王朝就走向衰落，那位哈里發遭到逮捕殺害。如今，「伊斯蘭國」也崩潰了。

納巴泰人和帕米拉人或許講的是阿拉伯語，但他們那種定居的、時而奢華的生活方式和外來品味，缺乏身為ʿarab的最重要標記——極度簡樸、游牧的草原生活風格。假以時日，nabaṭ——阿拉伯人對納巴泰人的稱呼——將會變成ʿarab的反義字[49]。只不過，相反也能相吸。的確，這些阿拉伯的元素全都有所連結，包括彼此的連結以及與更廣大世界的連結，而且隨著時間推移愈連愈深。

商隊城鎮

和示巴人與納巴泰人一樣，阿拉伯的駱駝游牧民也從與世界經濟體的聯繫中獲利。如果說整體而言阿拉伯半島人是印度洋與地中海貿易軌道上的商業仲介，那麼阿拉伯人就是在阿拉伯半島定居生活的南北兩極、南北肥沃月彎之間遊走的中間人。他們非但沒有在沙漠裡過著與世隔絕的隱居生活，還與外在世界多有聯繫。不僅rm「羅姆人（Rum）或羅馬人」開始出現在他們的塗鴉裡，rm和frs「波斯人」的衝突也在薩法伊文的地下刊物裡受到報導，連同下面這些國際名人一起出現：grmnqs（日耳曼尼庫斯

〔Germanicus〕）、qsr（凱撒）和 fifs（菲利浦斯〔Philippus〕）[50]。

利益是互惠的。當阿拉伯人把目光放到半島之外，外人也將貪婪的眼光投入半島內部。西元前二六年，羅馬派了一支遠征軍在埃及總督埃利烏斯・加盧斯（Aelius Gallus）的統帥下抵達馬里布，之後又覺得這是一項苦差事而放棄：隨著軍隊日益朝示巴首都附近的乾草原推進，「幸運阿拉伯」這個名副其實的黃金國也跟著變成了黃沙地。那支遠征軍包含納巴泰人，他們單獨闖進了半島內部，並在黑格拉（今日沙烏地阿拉伯的瑪甸沙勒）建立了據點，把該地變成某種小佩特拉。在這之前，南阿拉伯人已在自家北境很遠之外的地方建立了一些貿易殖民地，例如麥因人的德丹（Dedan），那裡只比黑格拉稍南一點。這類商隊城鎮就成了ḥaḍar和badw之間、定居民和游牧民之間，日益頻繁的對話舞台。

對發展中的阿拉伯認同而言，最重要的或許是西元三世紀由金達（Kindah）這支部落駱駝游牧民與南阿拉伯邦國建立起來的各種連結。和粉紅城市佩特拉不同，金達的商隊城鎮達特卡赫爾（Qaryah Dhāt Kāhl，今日沙烏地阿拉伯的法烏〔Qaryah al-Fāw〕）得不到維多利亞詩人的歌頌，一方面是因為它的名字在英文詩句裡很難押韻，也是因為它的重要性一直到一九七〇年代才開始浮現[51]。達特卡赫爾留下的證據雖然不像佩特拉或帕米拉遺址那樣一眼就令人印象深刻，但就像後兩者顯示出它們的希臘化和羅馬化，達特卡赫爾的阿拉伯人則展現出南阿拉伯化。例如，達特卡赫爾有位男子有個確鑿無疑的阿拉伯名字：伊吉爾・伊本・薩德・拉特（ʿIjl bn Saʿd al-Lāt，幸運拉特的小牛兒子），源自於父親的那個姓名會讓人聯想起游牧北方的最高女神，但他墓碑上的示巴語紀念碑文卻又讓人聯想到南方神明阿斯塔・夏里寬（ʿAthtar Sharīqān，東方復仇神）[52]。而刻在墓碑上的這兩個場景，也表現出阿拉伯和南阿拉伯的交會：下方有兩頭駱駝，死者騎在其中一頭駱駝上，手上拿著一枝棍杖和一根長矛，分別代表放牧和劫掠的工具；上方刻了死者出現在宴會上，使用著定居生活的主要配備：桌與椅。這是荒野裡的ʿarab追捕者和小販首次在社交場合亮相，與最頂尖的階級喝酒共餐。他們很快就會從邊際角色被改造成主要玩家。

阿拉伯人的紀錄

雖然伊吉爾之死是記錄在石刻的示巴散文中，但幾乎可以肯定的是，他也曾以更流動的阿拉伯口語被人悼念，大概是詩。達特卡赫爾的主人金達部落，出過幾位阿拉伯語最早被提及名字的詩人。目前我們沒有伊吉爾那個時代的輓歌；但重要的是，目前所知最古老的阿拉伯語碑文——第一章提過的西元一世紀的祈禱文——似乎有著重複的節奏[53]。這似乎表示，早期的祈禱文和哀歌很可能是採用詩的形式。讚歌也是：那是早期外邦人提過的一種阿語詩體，就在達特卡赫爾極盛時期過後出現在一部希臘歷史裡，書中提到四世紀的阿拉伯人會用odai「流行歌曲」來慶祝勝利[54]。在前伊斯蘭時期的最後一兩個世紀，詩歌將會涵蓋阿拉伯人從生到死的每個面向。詩歌將成為「他們的歷史、他們的智慧和他們的高貴檔案」[55]。再一次，根據一則阿拉伯古諺，阿拉伯人有四大獨特屬性：「頭巾是他們的王冠，束腰是他們的幕牆，刀劍是他們的圍籬，詩句是他們的檔案。」[56]

詩歌——dīwān「檔案」——一開始純粹是口語紀錄，是一種有押韻、有節奏而且最重要的是，有屈折變化的演說；高級阿拉伯語的屈折變化不僅會影響到字尾，還會影響到字首甚至中間，極其困難。不過，幾乎可以肯定，做為部落預言家與薩滿的媒介，詩歌一開始陳述的內容不僅是過去的行為，還包括未來或無形的事件。先前提過的一個理論指出，發展完熟的阿拉伯詩歌語言最初是一種奧祕的神諭之語[57]：幾乎可以肯定，shāʿir「詩人」一詞的原始意義是指「預言者」（soothsayer），而根據該詞最基本的意義，shāʿir是「能感知到別人無法感知之事物的人」[58]。

雖然在荒野岩石上的千萬件薩法伊碑文中，沒有什麼看起來像詩歌的東西，但詩歌日後的一些主題，例如愛戀、情欲、失落、劫掠、渴望等，倒是都在其中。我們目前所知最古老的完整頌歌，是出自六世紀的金達詩人之手，但這些不僅發育成熟甚至展翅高飛的成果，當然不可能是他們從頭孕育出來的。詩歌肯定已經在西元後那幾百年發展起來，並跟隨貿易路線上上下下，踏上它的口說之旅，同時一路撿拾素材，塑造出自己的特色。的確，最古老的一些詩句都是關於離別、旅行和啟程。六世紀的詩人尚法拉（ash-Shanfarā）在激勵下寫道：「走吧！」

一切所需皆齊備：月亮露臉，
坐騎繫上腹帶，上了鞍。
……
是的，用你的生命！世界有一席之地留給
乘夜追尋或逃亡之人……[59]

這不是史詩；但，就跟荷馬的希臘文一樣，它是一種特殊的阿拉伯文，超越日常生活用語，融合了多種方言裡的紛雜元素。它將一切打造成一幅閃閃發亮的語言拼貼作——正式、往往還極度風格化，但卻是由現成物製成。直到今天，聆賞阿拉伯語詩歌就像進入一座由字詞和聲音組成的精美石窟，既熟悉又陌生，而且在最好的情況下，還能保有某種古老的占卜魔力。在阿拉伯半島各地，不只是像達特卡赫爾這樣的商隊大城，還包括城鎮之間廣袤幽闃的篝火營地，都可發現阿拉伯人陷入詩歌的魔咒。想要理解它的力量，你必須忘記詩歌在英語世界裡曲高和寡的邊緣地位。對阿拉伯人而言，詩歌曾經是（現在某種程度依然是）一種大眾媒體，跟衛星電視一樣無所不在，跟好萊塢一樣迷人有趣；在為一個混合與移動的民族打下單一文化地基這方面，它扮演了巨大的角色。

最重要的是，移動性這項特色推動了阿拉伯的良性循環。多元和移動的ʿarab在阿拉伯半島各地扮演載運者的角色，並與彼此混融，且須具備溝通能力；方言之間的互借形成一種語言的齊平作用——在達特卡赫爾所在的內志（Najd）地區似乎尤其如此[60]。詩歌創造出更進階的版本，一種不僅齊平甚至還墊高的語言——詩人、演說家和所有部落領袖及其子民們所渴望的高原。換句話說，ʿarab的移動性是阿拉伯語之母，而阿拉伯語則是阿拉伯人之母——這指的並非現代意義的國族，也不是南阿拉伯意義裡的shaʿb「民族」，而是一種部落的集合體，這個集合體大於個別部分的總和——一種族裔版的完形（gestalt）。套用德國國族主義的詞彙，倘若一個Staatsnation（國家民族）依然無法想像，至少有一個Kulturnation（文化民族）正在成形[61]。阿拉伯的良性循環正在取得動能，而在西元三世紀到四世紀這段期間，達特卡赫爾這座商隊城鎮大概就是它的主要樞紐。假以時日，這股動能會換到更高的檔位，而樞紐也將跟著轉移——最後會移到麥加，另一個貨品和語詞的商場，當地的人民以使用全阿拉伯最棒的言語為傲[62]，而在那裡，在《古蘭經》裡，言語將會攀上它的終極高原，與天堂齊平。

也是在西元後最初幾世紀，另一個令人驚訝的改變開始發生。隨著阿拉伯人之間的方言差異開始熨平，游牧民也逐漸贏得定居人口的信任。游牧阿拉伯人扮演的角色持續增加，不僅擔任地方統治者的雇傭兵，也充當政治掮客——在南方不同定居民族發生爭議時，他們會實際影響爭議的結果。書寫紀錄開始提到南方社會的這兩大要素。例如，從西元二世紀開始，日益強盛的阿拉伯哈姆丹（Hamdān）聯邦的碑文中說道：「哈姆丹的ʿarab和它的hir民（鎮民）」[63]。在接下來那個世紀，最大的南方政治體統治者會標榜自己是「示巴和希木葉爾的國王……以及高地和低地ʿarab的國王」。ʿarab在形體上與社會上都抵達南方。住在高聳宮殿裡的高傲國王，愈來愈依賴這群骯髒客人。

在伊斯蘭之前的最後一兩個世紀，ʿarab將會在南方社會變成最重要的政治民族。但他們的語言似乎早就開始淹沒其他語言。例如，早在西元三世紀，希木葉爾人雖然還是用示巴文——南阿拉伯版的「拉丁文」——撰寫他們的碑文，但他們可能早就將它視為一種純粹的銘文語言[64]，口頭講的則是別種語言——包括數量不斷增加的阿拉伯語。（到了西元十世紀初，學富五車的葉門古文物學家哈姆達尼就認為，依然倖存在一些孤立飛地裡的「希木葉爾」語，基本上是帶有一些示巴語特質的阿拉伯語[65]。）如果說大多數南阿拉伯人確實因為某種文書上的禁忌而禁止使用示巴文字[66]，當然就很難幫助這種古老的語言存活下去。不僅阿拉伯游牧民逐漸發展出單一的標準語；半島阿拉伯人這個整體也正走在講阿語的路上，並因此成為一種嶄新、團結和更廣義的阿拉伯人。在某種意義上，今天依然如此，依然有種團結感將人們連結起來，儘管在這同時，宗教和政治也使盡全力分裂他們。

不過，即便在西元後最初這幾個世紀，就算語言正在凝聚阿拉伯的話語，其他力量也同時在把它扯開。

義賊們

阿拉伯人靠著詩歌互唱小夜曲。但漸漸的，他們也開始相互劫掠。回顧一下伊吉爾的墓碑，那位手持長矛騎在駱駝上的戰士，你不禁會好奇，他是不是偷了那頭沒有騎士的駱駝。

劫掠是游牧民的生活方式，這點早在《創世紀》中就有記載，裡頭將以實瑪利描寫成完美的劫掠者和外邦人：

> 他為人必像野驢，他的手要攻打人，人的手也要攻打他。[67]

亞述人也留意到阿拉伯人對劫掠的鍾愛（這或許有點像是超大巫見小巫）[68]。後來，阿拉伯的班克西們（Banksys）還把劫掠畫進他們的塗鴉藝術裡，並為戰利品提供書面祈禱文。[69]做為一種生活方式的劫掠並非偶發之舉：它漸漸變成一種正式的經濟機制，有固定的規矩和分配比例——通常是劫掠頭子可拿到四分之一或五分之一，外加一些津貼，例如可挑選任何他特別想要的品項。[70]劫掠並非地方性的，而是系統性的。

對現代西方人而言，必須轉個腦袋才能了解，為何劫掠曾經——其實現在依然——被視為遊走搶劫、旱地海盜以外的東西。在某種程度上，這有點類似私船劫掠的古老海上習俗，或是正規海軍的福利文化：一直到一九一八年，英國皇家海軍都還會把福利品的其中四分之一歸給船長，剩下的再由其他船員平分。打仗的時候，福利品當然就是敵艦；但問題又來了，難道戰爭狀態就是合法包裝過的劫掠？的確是可畫上等號，你大可說兩個相互劫掠的部落就是處於長期的戰爭狀態。

在「放牧—劫掠」經濟體裡，偷牲畜被視為擴大個人持有物的一種方式，這是在其他飼養手段都無效的時候。下面這些詞揭露了放牧—劫掠的關係本質：ghanam「綿羊和山羊」這個詞最早可能泛指任何放牧的牲畜；它和ghanīmah是近親字，意思是「掠奪、贓物、搶劫」。重新看一下ʿarab和arya（梵文裡的「牛」，地位相當於駱駝）之間的相似之處，你會發現go是gavisti「戰爭」一詞的字首部分[71]，而gavisti一詞就字面上說，就是「想要牛」（cow-wish）。在這兩個移動、放牧的社會裡，戰爭和劫掠都不是為了增加個人的不動產，而是要增加可放牧的移動牲畜。在一個缺乏房「地產」觀念的社會裡，或許所有權的觀念整體而言也比較寬鬆：一如公海和海軍戰利品並沒有所有權人，沙漠和沙漠中的「船隻」或許也一樣。

假以時日，劫掠漸漸被達爾文式的超然視為一種適者生存：「繁殖的驅力，」賈希茲引用一位不知名講者的話寫道，「會激起仇恨，鼓勵你去劫掠鄰人；鼓勵強者吃掉所有弱者。」[72]劫掠者的行伍催生出自身的貴族性，他們的憑據和富二代的土地仕紳剛好相反：劫掠的詩人和貴族杜拉伊德·本·席馬（Durayd bn aṣ-Ṣimmah）漫長的一生約始於西元五三〇年，最後因反對穆罕默德而結束，他曾說：「你可以批評我，

但我告訴你，新財富
比舊財富對我而言更寶貴。」[73]

在這同時，劫掠也可為社會裡最弱勢的人提供社會安全。六世紀的「浪客」（vagabond）領袖烏爾瓦・本・瓦爾德（ʿUrwah bn al-Ward）把一群老弱殘兵聚集起來，餵飽他們，然後帶著他們四處劫掠，養活自己[74]。劫掠和財富的再分配攜手合作，而這種再分配首先是發生在被劫掠者和劫掠者之間，然後發生在劫掠者自身的部落內部。

十一世紀，一位摩蘇爾（Mosul）的阿拉伯領袖齊瓦許（Qirwāsh），簡單扼要地用 wahhāb nahhāb「慷慨—強奪」來形容自己——意思是「根據ʿarab既定的習俗」慷慨給禮物和強奪他人的財產。雖然既定的習俗是要避免流血，但齊瓦許坦承，「我的雙手沾染了五到六位貝都因人的血。至於那些鎮民，安拉不會理會他們。」[75]有位後世的「慷慨者—強奪者」依然使用類似齊瓦許這樣的稱號，他統治了我寄居的國家將近三分之一個世紀[76]，並將該國經濟的主要部分挪為己有。他的支持者說：「Ya'kul wa-yu'akkil」「他吃，但他也餵了其他人」。這些其他人——一樣還是他的支持者——也稱他為 sāriq ʿādil「一名義賊」（a just thief）。至於他沒餵的那些批評者則說，他只是個賊（just a thief）。

無論是劫羊還是劫國，劫掠都會助長統一與分裂的無盡循環。吃和餵；強搶和慷慨；攫取和分配——掠奪提供了鍛鑄統一的最快路徑。據說，西元五世紀末，拉比亞（Rabīʿah）這個大部落的領袖巴拉克（al-Barrāq），「他的雙手抱滿贓物，阿拉伯眾部落都在他的控制之下」[77]。但是在大多數案例裡，這樣得來的統一將是最脆弱的。無庸置疑，一個掠奪和再分配的「系統」，無論是以往或現在，非但不利於建立一個中央集權的收稅國家，一個由公民分享權利和義務的共同體，也無益於維持任何一種長期穩定。權力的轉移必然會造成破壞，往往還會流血。劫掠延續了一種古老且兩敗俱傷的文化衝突：

qabīlah「部落」和 sha'b「民族」的衝突；競爭和合作的衝突；分割和共生的衝突；個人和機制的衝突；齊聲和複調的衝突；一個以相互打劫維生的社會和一個建立在互助合作上之社會的衝突。

那麼，在所有的移動民族裡，阿拉伯人是如何變成最優秀的劫掠者？

生於聚集之風

民間傳說認為，駱駝是從梭梭叢創造出來的。有位據說就是先知穆罕默德本人的高層講了一個和神造馬匹有關的傳說：

當安拉想創造馬匹時，他傳話給南風，說：「我要用你創造一個生靈，快把自己聚集起來」，於是風就把自己聚集起來。然後，安拉給加百列下了指令，他拿著一撮聚集的風。接著安拉說：「這是我的一小撮。」安拉就用那撮風創造出一匹深栗色的馬。安拉接著說：「我把你造成一匹馬，讓你成為阿拉伯人，我喜歡你勝過我創造過的所有生靈，我賜給你寬廣的謀生空間，戰利品會在你馬背上的家誕生……」[78]

這一整段都有隱喻的真實性。馬匹乘著來自外界的變化之風（雖然是來自北方）吹進阿拉伯次大陸，馬不僅變成阿拉伯生活裡不可或缺的一部分，還變成——簡單來說——「阿拉伯」；即便在英文裡，當這個字並非指某個人時，通常就是馬匹的意思。至於比較明確的歷史，也就是馬匹究竟是在哪個確切的時間點進入阿拉伯半島，目前並不知道。近來發現的證據顯示，某種馴化過的馬科（雖然不是馬匹本身）似乎曾在大濕期的迷霧中出現，也就是六千年前左右。[79]毫無疑問的馬拉戰車，是出現在半島北部的岩畫上，時間約莫是西元前二〇〇〇年。[80]騎乘之馬似乎是出現在西元前最後一個千年的後半段[81]，或許可縮小範圍到西元前第四到第二世紀。[82]

很清楚的是，馬匹很快就在阿拉伯的生活裡取得極大重要性——死亡時也是，因為馬匹和駱駝一樣，有時也會變成犧牲品，和死去的戰士一起埋葬。[83]如果歷史學家巴拉祖里（al-Balādhurī）的一段題外話可信的話，那麼馬匹在巴林甚至是受人崇拜的對象。[84]在《古蘭經》裡，馬匹是人們起誓的的憑證，在以牠們為名那一章的開頭，「奔馳的馬隊」：

以喘息而奔馳的馬隊盟誓，
以蹄發火花的馬隊盟誓，
以早晨出擊……[85]

牠們也在留存至今最古老的無數詩歌裡受到讚頌——最早期也最有名的，或許是西元六世紀金達詩人伊姆魯．蓋斯（Imru'al-Qays）精采絕倫的漸強和漸快（crescendo e accelerando）：

衝鋒、飛奔、勇往直前，一馬當先，全體一致
堪比天上洪流拋擲出的堅固巨石……[86]

到這些詩句出現時，有些部落已經可部署多達一千名騎兵，而部落領袖有時也被稱做 fāris ——騎士[87]。一千名可移動騎兵是個令人咋舌的數字，即便是對當時最大的部落而言，畢竟得找到足夠的馬匹，還得在一塊不毛之地上克服種種水草供應的困難。的確，就馬匹本身而言，牠可能還是尊貴、昂貴的象徵，在戰場上的用途就跟藍寶堅尼差不多。但如果駱駝加上馬匹，你就可以發揮完美的雙重效果……你騎著駱駝沉重地走向戰場，駱駝還背了馬匹的飼料和飲水，然後騎著你的駿馬衝鋒陷陣。這種結合曾出現在後期的薩法伊塗鴉裡，約可回溯到西元後二到四世紀[88]，也出現在沒落的南阿拉伯邦國的正式碑文裡，那些邦國的ʿarab雇傭兵仰仗駱駝與馬的結合，但他們的正規軍卻只有步兵。[89]到了伊斯蘭初期，所有名副其實的戰士都和他的兩頭坐騎密不可分：「在烏雲密布、雷聲滾滾、但雨未落下的夜晚，」與先知穆罕默德同時代的一位人士，回憶起一位知名的劫掠酋長，

> 他騎著步履緩慢的駱駝出發，旁邊跟著一匹焦躁的馬，
> 手持沉重長矛，斗篷幾乎從背上滑落，
> 坐在兩只水袋中間；他就這樣騎到清晨，
> 一路微笑。[90]

駱駝加馬匹這個組合對阿拉伯人的重要性和獨特性再怎麼強調也不為過：駱駝是幫助你抵達的矛軸，但馬匹是矛頭。是矛頭賜給你 shawkah ——尖點、力量、戳刺，刺中對方。憑著這樣的武裝，阿拉伯人比其他人更具備軍事優勢。這樣的優勢又因為發明了鞍的前穹而更形強化，時間大約是西元後二或

三世紀[91]，它可協助戰士從駱駝背上交戰。另一個有助於交戰和劫掠的科技發展是馬鐙（一開始可能只有單個，而且是用木頭做的[92]），它抵達阿拉伯的時間似乎稍晚，約莫是在五世紀，阿拉伯人隨即發現馬鐙「對任何使用長矛戳刺或刀劍擊殺的人，都是最棒的輔助之一」[93]。

馬鐙是進口的創新。但駱駝加馬匹則是阿拉伯的獨門組合，而且很可能對於ʿarab從負荷沉重的搬運工變身為衝鋒的戰士發揮了決定性作用。它很可能是讓阿拉伯人與南北兩方鄰近強權密切接觸的關鍵要素：先是扮演雇傭兵，接著充當政治掮客，後來成為權力破壞者——最終則帶牠們以征服者和帝國主義者的身分走上國際舞台。這也可能是他們的hamartia「悲劇性弱點」，決定了他們的命運——他們的不團結：這項代表軍事創新的組合擴展迅速，而且普及到所有阿拉伯人，於是他們沒有任何一人能長期占據上風壓過其他人。它讓沸騰的僵局沒完沒了，並在劫掠中引爆。

「全阿拉伯人」

在阿拉伯人當中，有個良性循環正在運作，語言的逐漸標準化開始打造出一個文化上的「國族」。但與它反方向的循環，是許多小部落之間的劫掠和反劫掠，造成了長期的慢性分裂。日益增加的馬力數量為此循環添油助燃，還有日益衰微的陸路交通，後者造成駱駝和駱駝人丟了工作，口袋空空。最嚴重的是，佩特拉和帕米拉在西元二、三世紀的崩落，以及南部肥沃月彎的動盪不安，在在干擾了半島的貿易。[94]但至少從第一位被稱為阿拉伯人的金迪布開始——他的千頭駱駝曾替亞述的對手服務——阿拉伯人就曾為他們強大的鄰邦提供自由業的服務，先是在後勤方面，後來擴大到邊境控制及商業運輸。這時，隨著貿易讓位給劫掠，轉換職涯的機會也跟著到來：從商人改行成傭兵。

西元二七二年，羅馬拿下帕米拉，於是羅馬和波斯這兩大帝國的領域有了前所未見的密切接觸。對阿拉伯人而言，這種接近帶來風險，但也有好處。就像尤金・羅根說的，「當同時代有一個以上的〔鄰近〕霸主時，阿拉伯人總是最能得到權力。」[95]羅根心裡想的是比較晚近的強權，像是英國和法國，北約和華沙公約，但他的洞見也適用於羅馬和波斯時代（以及亞述和巴比倫時代）。西元四世紀，有個和這類賦權有關的證據，是一塊墓碑，它於一九〇一年在納馬拉（an-Namārah）附近森林裡被人發現，該地位於大馬士革東南約一百二十公里處。碑文是用「一種發展成熟、就快變成阿拉伯文的納巴泰字母」[96]寫的，不太容易解讀。儘管有許多變異和難題，但這件碑文確實是阿拉伯歷史的基礎文件之一，重要性不下於首次提到阿拉伯人的那件亞述碑文。納馬拉碑文不僅是正在變成標準、統一的阿拉伯文最早的文件[97]；它還是第一個由阿拉伯人用自己的語言提到阿拉伯人的文件。碑文是這樣開始：「這是全阿拉伯人的國王阿姆爾（ʿAmr）之子伊姆魯・蓋斯（Imruʾal-Qays）的紀念碑……」碑文接著記載他征服了當時四個主要的阿拉伯部落，還劫掠了位於納馬拉以南一千七百公里、由希木葉爾統治的「灌溉之地」納吉蘭（Najrān）。碑文的結尾是：「直到他於二二三年基斯魯〔Kislul〕第七日去世之時……沒有任何國王的成就能與他相提並論。」[98]根據一份當地的日曆，那年相當於西元三二八年。

今日對於碑文的內容大多有共識。但除了一些語言學上的難題外，還有一個歷史之謎。日後的阿拉伯歷史學家將伊姆魯・蓋斯列為希拉（al-Ḥīrah）的第二任統治者，希拉位於波斯主導下的伊拉克[99]，而且有件波斯碑文可確認他父親的確是薩珊帝國（Sasanian）的附庸。[100]但他的墓卻是出現在距離希拉七百五十公里外的納馬拉，而且是屬於羅馬帝國的領域。或許有其他解釋，但最可能的原因就是叛逃——他和他的拉赫姆（Lakhm）部落，至少其中一部分「投靠了」羅馬[101]；有位阿拉伯歷史學家宣稱，他是因為宗教理由投靠，還受洗為基督徒。[102]此外，碑文裡有一個有爭議的句子，有可能解讀成他指派眾sha'b「民族」的貴族擔任總督，「而他們變成為羅馬人服務的領袖」[103]。

無論事實如何，清楚的是，超級大國政治是整個局面的一部分，伊姆魯．蓋斯很可能從中獲得好處，讓自己變成某種跨阿拉伯（trans-Arabian）的存在，範圍從北方的肥沃月彎一路延伸到南方肥沃月彎的「灌溉之地」。同樣清楚的是，在這場大賽局的第四世紀回合裡——阿拉伯次大陸北方似乎處於帝國的常年對抗狀態——阿拉伯小卒也開始押注，靠自己的力量變成國王和主要玩家。（女王似乎隨著帕米拉豔后芝諾比雅被打敗而過時，她肯定是個很難效法的角色。）

這場賽局就跟首次提及阿拉伯人的時代一樣古老，自佩特拉和帕米拉殞落前一千年起，至今還看不到結束的徵兆。但「全阿拉伯人的國王」伊姆魯．蓋斯在其中所扮演的特殊角色卻引發一個問題：這個皇家頭銜是他自己封的，或是他的某個帝國鄰居授予的？後世有許多強權在該區發放皇家頭銜的案例。比方說，東羅馬學者普羅柯匹厄斯（Procopius）提到，西元六世紀初，羅馬人把伽珊王朝（Ghassanid）的附庸統治者稱為「阿拉伯人的國王」，藉此回擊波斯人對伊姆魯．蓋斯（早就回到波斯懷抱）的拉赫姆王朝的支持。另一方面，日後的阿拉伯資料也證實，波斯人的確曾將「阿拉伯人的國王」頭銜授予那個時期的拉赫姆王朝領袖[104]。伊姆魯．蓋斯似乎很有可能是這種頭銜版以牙還牙的早期受益者，換句話說，他自視為「全阿拉伯人的國王」是因為另一個人這樣告訴他，無論那個人是羅馬或波斯。

如果假設為真，那麼它又引發另一個問題：難道把所有阿拉伯人視為一體的第一直覺，不是來自阿拉伯人自己，而是來自外人——來自那些非阿拉伯的鄰居？如果你那個時代兩大強權其中之一（甚至兩者都）正式告訴你：你是個國王，那麼，還有什麼比這更能讓你感覺到、表現得像個國王；還有什麼比這更能讓你把你的潛在臣民視為一個整體：「全阿拉伯人」——不管他們在現實中有多分裂。或許，不斷被他們的鄰居說他們是阿拉伯人，也就是具有某種身分的離散團體，反覆說了一千多年後，這個訊息終於得到認證。我承認，我是在解讀伊姆魯．蓋斯墓誌銘的弦外之音。但不可否認的是，從他四世紀的統治開始，如同我們將會看到的，統一的阿拉伯文化力量將會湧現——重要的是，會在帝國附庸國王的贊助庇護之下湧現，這些國王在羅馬和波斯兩邊繼承了伊姆魯．蓋斯的地位。

當然，較晚近時，帝國和他們的騙術確實培養出民族認同，激發了對政治統一的追求。一個世紀前，英國推銷他們自家宣布的「阿拉伯人的國王」：麥加的謝里夫侯賽因（ash-Sharīf al-Ḥusayn）[105]。隨後，帝國的兩面手法和粉碎希望，將會激發怨恨並滋養國族主義。幾乎可以肯定的是，同樣的情形也發生在羅馬／拜占庭和波斯的時代。帝國主人為他們的阿拉伯被保護者加冕；但他們也隨時準備把王冠奪回，讓阿拉伯人彼此對抗，破壞王冠象徵的團結。不過到頭來，這一切的結果只會強化阿拉伯人的認同感。自我意識的種子即便是由帝國「他者」種下的，還是會長出「他者」意料之外的果實——長出對民族自決的追求。

儘管如此，在國王伊姆魯．蓋斯的時代，它終究只是一粒種子。毫無疑問的是，「全阿拉伯人」裡的絕大多數對於他們歸屬於同一民族體和單一國王感到困惑。皇家的自命不凡和帝國的政治，無論是統而治之或分而治之，雙雙遭到現實輾壓——阿拉伯人依然分裂而無法統治。然而，這位國王的繼承者還是會坐在他們借來的寶座上，強權還是會籠罩在他們與阿拉伯之上，在往後三個多世紀反覆上演加冕和廢黜的戲碼。就像伊斯蘭初期一位評論者所說的，這些時期的阿拉伯人「卡在波斯和羅馬這兩頭獅子中間的一塊岩石上」[106]——這聽起來，比諺語所說的卡在岩石和峭壁之間更不舒服。

第3章 風流雲散 變化中的歷史文法

阿拉伯人除了在波斯和羅馬這兩頭獅子中間進退維谷之外，經常還得和第三頭獅子抗衡：南部的希木葉爾帝國。

倘若伊姆魯．蓋斯真的如他所吹噓是「全阿拉伯人的國王」，那麼他的子民入侵希木葉爾國王夏馬爾（Shammar）位於納吉蘭的灌溉之地，等於是踩了這頭南方獅子的尾巴。但是這種把自己當餌引誘獅子來咬的行為，只是例外的短暫之舉，而且很可能是受到某個北方強權的唆使：伊斯蘭的早期歷史學家塔巴里（aṭ-Ṭabarī）提過，差不多在同一時期，波斯的薩珊國王曾命令一支強大遠征軍來對抗半島上的部落；這很可能就是伊姆魯．蓋斯墓碑上提到的那場戰役[1]。如果真是如此，那麼劫掠夏馬爾國王肥沃的南部土地，對攻擊部落的那場主戰役而言，就是一次誘人的注意力移轉——在波斯人眼中尤其有用，因為四世紀初，夏馬爾本人一直沉浸在擴張的氣氛裡，不停在阿拉伯半島北征東討[2]。進入伊斯蘭時代之後，有一些捏造古代南部歷史的作家宣稱，這位希木葉爾國王曾親征到中亞的撒馬爾罕（Samarqand，根據傳說，該地的名稱就是源自於他的名字：Shammar-kand，「夏馬爾摧毀它」[3]），甚至還帶著希木葉爾人抵達西藏[4]。對正在半島東邊拓展自身影響力的波斯人而言，夏馬爾單是推進到阿拉伯半島中部，就已經夠具威脅性了。

在伊姆魯．蓋斯轉投羅馬之前，他似乎是扮演波斯獅子的貓爪腳色，制服了野蠻部落。但這次遠征為阿拉伯帶來的致命性後果，遠非一次性的劫掠納吉蘭可比。在這過程中，伊姆魯．蓋斯說他「懲戒」了一個主要的部落聯盟，它稱為馬德西吉（Madhhij）[5]。大約就在這個時間，而且可能是受到波斯的壓迫，馬德西吉和他的部落霸主金達從阿拉伯中部掄起棍杖，大舉南移[6]。如同我們提過的，有些金達人在他們的商隊首都達特卡赫爾建立了半都市化的生活；但在內心深處，他們和與他們相關的部落依然是badw，碰到困難時，他們的反應不是反擊，而是拔營離開，擺脫傷害。

數以萬計的游牧民和半游牧民抵達定居的南部——馬德西吉落腳在蓊鬱的希木葉爾高地東邊，金達進駐希木葉爾人統治的哈德拉毛（Ḥaḍramawt）肥沃峽谷群的心臟區——將帶來不可逆轉的改變。阿拉伯人和他們的語言當時已經入侵講古示巴語的南部；現在，部落游牧民的湧入日益頻繁，而隨著希木葉爾這頭獅子逐漸年老體衰，他們將會侵蝕掉定居文明的基礎。札法的摩天高樓宮殿，很快就會搖搖欲墜。

鐵牙老鼠

在由王國拼組而成的南方，統一的宣告是表現在皇家頭銜的修辭上。示巴從一開始就保有高階王國的地位。在它的陰影下，比較低階的王國圍繞著內陸沙漠的「海岸」興衰起落——包括短命的麥因、加泰拜和奧森（Awsān）。西元後第一個千年初期，居住在沙漠與紅海中間高山上的希木葉爾人脫穎而出；接下來幾個世紀，可看到希木葉爾人和示巴人相互爭奪控制權，有時也會結盟。在一條沙溝以東的地方，是一塊由分枝峽谷組成的大綠洲，哈德拉米人長期保有自己的獨立地位和灌溉系統，但在西元三世紀末時，落入由希木葉爾人主導的示巴國之手。等到哈德拉毛主張擴張主義的征服者夏馬爾在三世紀末到四世紀初執政時，南阿拉伯的統一程度就跟以往一樣——當然比我寫作的此刻更統一。夏馬爾的頭銜如此宣稱：他是「示巴、祖雷丹（Dhū Raydān，希木葉爾的宮殿，象徵希木葉爾的統治領域）、哈德拉毛和雅瑪納特（Yamanāt）之王」。最後一個詞，雅瑪納特「南方之地」，大概是指先前的奧森和加泰拜王國。日後的希木葉爾國王會在這個頭銜清單上增添「以及他們的高地和低地阿拉伯人」[7]，企圖在名義上將一個日益嚴重的問題包含進去。

阿拉伯這個最後也最新的元素，將會拆解掉皇家頭銜，讓該王國的短暫統一宣告結束。國王麾下的ʿarab雇傭兵有愈來愈多食客加入，亦即受到波斯壓迫往南或往西遷徙的部落民。碰到夏馬爾這類英勇的國王，雇傭兵確實是很好用的武力。但後期一些比較弱的統治者，就只是利用雇傭兵「去報黨派私仇……唯一的結果，就是讓土地飽受摧殘」[8]，並讓該地在夏爾馬去世兩個世紀後，接連遭到衣索比亞和波斯占據。這種雇傭兵掏空主子根基的模式，將會在阿拉伯歷史上反覆上演。同樣的情況還包括游牧民摧毀掉定居鄰邦的生活方式。值得再次提醒的是，伊本・赫勒敦以距離夏馬爾一千多年的後見之明觀察到，「何以文明總是在貝都因接管的地方崩壞」。他接著引用南阿拉伯的案例，還有更後期的伊拉克、敘利亞和他自己出身的北非[9]。（這個模式此刻就在我的窗外上演，來自北方高地的持槍部落民，全都因為前統治者要報私仇而被釋放到這個示巴承繼國的首都。在赫勒敦提出上述觀察的六、七百年後，伊拉克、敘利亞和利比亞的情況同樣可比照套用。）

南阿拉伯定居文明的衰亡，這段漫長而苦痛的敘事，將被後世的阿拉伯記憶簡化，歸結為馬里布大壩崩壞的故事，在韻文、散文和聖書裡反覆講述。西元十世紀由馬蘇第講述的版本，是從示巴國的巔峰期講起：

示巴人在你能想像最肥沃的土地上……享受著最精緻、奢華的生活水準……他們揮舞著軍事力量，他們凝聚了話語……[10]

也就是說，他們是講著相同語言的團結民族。他們的財富和肥沃土讓，都是來自於馬里布這座萬能的跨谷大壩。它是上古世界最偉大的水利工程之一，長六百八十公尺，高十八公尺，從一萬平方公里的集水區將水疏導出來，灌溉好幾公頃的區域——相當於一整個羅德島，或把倫敦所有的皇家公園加起來乘以五倍。根據民間傳說，麻煩的開端是國王的kāhinah「女預言家」開始做毀滅的惡夢，接著又在白天目睹自然秩序亂了套：竟然有三隻沙鼠用後腳跟站立，還用前爪摀住眼睛；一隻烏龜背貼地尿尿；明明沒風樹木卻搖個不停。她把這些預兆做了一番代數解析之後，告訴國王，他得找出正在侵蝕大壩的一隻老鼠。「有一隻老鼠，正用牠的爪子在滾〔大壩外面的〕一顆五十名彪形大漢也推不動的石頭……」[11]

馬蘇第或許是害怕壞了自己的可信度，所以在這則傳說前面加了一段比較理智的說明，認為是普遍的疏忽才導致大壩受損。在更省話的《古蘭經》裡，大壩和它的賜福就是徵兆。它們是安拉給的恩惠，忽略安拉就會招來毀滅：

示巴族，在他們的居處，確有一種跡象：兩個園圃，分列左右……一個肥美的地方，一個至赦的主宰。

> 隨後，他們悖逆〔真主之恩惠〕，所以我使水庫的急流去淹沒他們，我把他們的兩個園圃，變成兩個只生長苦果、檉柳，和些微的酸棗樹的園圃。
>
> ……
>
> ……所以我以他們為談助。我使他們流離失所……[12]

最後那句也意味著，「我以各種方式撕裂他們」。不管是古代的示巴人或當今的阿拉伯難民，都知道他們的代價，這是在警告世人，當一個定居統一的社會基礎瓦解之後，會有什麼下場。

馬里布大壩約莫是在七世紀初，也就是先知穆罕默德活著的時候，出現無法挽回的最後裂口[13]。但大壩遺址上的碑文透露出，早在將近三百年前，問題就一直存在：他們沒做到定期清淤維護，而是在長期忽視之後穿插著瘋狂的緊急搶修。上述一切在在證明了中央政權逐漸崩解，因為先前就是由中央政權負責組織大壩的定期維修。西元六世紀衣索比亞和波斯的占據，加快了崩解的速度，但說到底，還是得歸咎於ʿarab部落在先前兩個世紀的滲透和增強權勢[14]。有位研究南阿拉伯古代史的現代葉門歷史學家對於這起災難仍舊忿忿不平，他說就是這些「鼠輩，這些badw和ʿarab雇傭兵……扮演了最主要推手，終結掉它最後的〔獨立〕狀態」[15]。他們日益成長的數量和軍事力量，使他們從雇傭兵轉變成權力的掮客，接著變成權力的破壞者和權力的搶奪者；一旦掌權之後，原本以仲裁（arbitration）為主的部落統治方式，就成了——負面的——恣意獨斷（arbitrary）。囓齒動物對百年土木結構產生的影響，侵蝕掉定居社會的基礎。

和所有最棒的寓言一樣，馬里布大壩的興衰也在不同層面上發揮作用。對農民和民間史家而言，它是一則警示，告訴你當你忽略掉自然的徵兆會有何下場；對先知和他的子民而言，這是一則範例，說明當你無法維持神賜的秩序時，事情會如何出錯；對社會史家而言，這是一則寓言，隱喻另一個傳奇「大壩」不斷遭到滲透——橫隔在游牧民和定居者之間的壁壘，出現了愈來愈多孔洞——以及人流氾濫的後果。

倘若真的如這些故事所說，真的有大批南方定居人民因為灌溉系統和社會的崩潰而流離失所，它發生的時間也遠早於前伊斯蘭後期的最後一次大壩潰堤[16]。如同我們將會看到的，民間史家持續訴說來自馬里布大部落阿茲德（Azd）和它的次部落伽珊（Ghassān）的遷徙，而這起遷移發生的時間，八成是在幾百年之前。目前並不清楚是否發生過單次的大規模遷移；比較有可能的情況是，定居人口逐漸減少。但無論是哪種情形，都將產生深遠的影響：大量定居移民準備動身，這點或許不是一起大災難，但肯定是一帖催化劑，加速了整個阿拉伯次大陸的改變。隨著游牧民漸漸滲入昔日的定居土地，加上先前的定居民族開始離開這些土地，昔日的統一邦國煙消雲散，介於badw和ḥaḍar之間的界線也跟著瓦解：「國王離開故土，」一首被認為出自前伊斯蘭時期南方統治者之手的詩歌如此寫道：「前往badw與ḥaḍar混居的他鄉。」[17]

阿拉伯地區正在移動，進入一個動態的分裂時代——一場大變革，最終將引發伊斯蘭劃時代的遷徙與征服。倘若偉大的南方文明在這過程中受到摧毀，那只能說，就像諺語講的，不打破雞蛋就做不成歐姆蛋，有破才有立。

主動的歷史之聲

馬里布故事裡最讓人記憶深刻的角色是塔莉法（Ṭarīfah），那位預見大壩崩塌並導致她的伽珊人民流離遷徙的kāhinah「女預言家」[18]。伽珊的男性統治者聽從她的指示：是塔莉法選定遷徙路線，遭到敵人包圍時，也是塔莉法激勵民眾與敵人對抗。她所有宣告都是採用saj'這種高級阿拉伯語，有押韻和節奏的散文體但沒有詩的格律，這種語法日後將在《古蘭經》裡再度出現。她根據自身的超自然洞見，用獨特、雄辯的bayān（「闡釋」，或「闡明意義」[19]）做出宣言。她說的肯定是真理，因為她是用這種特殊言語說出來的。她的論證循環費解；晚近歷史上起源於五百多年前的歐洲、以實證和可量化「事實」為基礎的真理，對它毫無影響。它的終極證明是要看有沒有夠多的人相信她——而他們的確相信，當她發誓：

> 以天降於我的雄辯言詞所傳述出的真理之名，
> 以我的喉舌及被我唸誦出來的真理之名……[20]

講真話就跟講笑話一樣：講述它的方式才是重點。

身為能見別人之不可見，能說別人之不可說——以及可因此啟發和領導——之人，塔莉法為日後那位同時兼具預言、雄辯和指揮能力之人埋下伏筆。那位後人就是穆罕默德，他是個札札實實的歷史人物；塔莉法可能是某個天才人物的靈感創作，依稀被人記著，不過那些格林式的性格細節，幾乎可以肯定是屬於童話領域。但我們絕對不能因此扼殺她。大壩和塔莉法的故事是由目前所知最古老的伊斯蘭民間史家（至少可回推到伊斯蘭第一世紀的瓦哈布・本・穆納比〔Wahb bn Munabbih〕）所講述，透露出他們知道，當時那個「新」宗教是如何從古老且徹頭徹尾的阿拉伯背景中浮現出來——還有，它除了涉及穆罕默德身處的麥加之外，也涉及了古老、定居的南方。

瓦哈布本身是南方人，並毫無疑問以南方歷史為榮，這份驕傲感激勵他和其他南方同僚特別強調該區對於日後更廣大的阿拉伯世界的歷史有多重要。他們確實有資格這麼做。伽珊和其他踏上遷徙之路的定居族群，已經不再是南阿拉伯人：他們變成了阿拉伯人。他們不再是「示巴人」或「希木葉爾人」，沒有在那塊遙遠的肥沃土地上過著以自身為中心、自給自足的生活，反之，他們已經從泛阿拉伯的觀點被視為葉門人——來自半島「南方」葉門的阿拉伯人。在某種意義上，馬里布大壩的離散故事——攪動人口，將人民混融在一個新的集體身分之下——是阿拉伯的「國族」史詩[21]。它只要一兩頁就能講完，就長度而言搆不上史詩標準。但隨後的世紀讓它看起來似乎比實際重要許多，是一個偉大紀念碑的縮小版模型：它是西元七世紀阿拉伯人離散到世界三大洲的原型，是伊斯蘭全球史詩的模板。

就算馬里布的故事並非嚴格意義的歷史，但它也顯示出，在為這些即將統一於伊斯蘭之下的多樣民族與部落複合出一個新身分——一個全新的族裔性時，加上一點神話的成分有多重要。做為一種準歷史，它的重要性不下於《摩訶婆羅達》或《阿伊尼德》（*Aeneid*）；勒南（Renan）說，國族來自於搞錯歷史[22]。但或許「錯」這個字也是錯的。一本小說也可能是忠實的，儘管它不是真的；國族認同就跟宗教一樣，是由信仰問題而非事實問題所啟動。當然，歷史學家必須區隔這兩者的不同，但往往很難做到。比方說，馬里布閘門殘留的巨石，或者，《古蘭經》裡提及的遺留在馬里布灌溉區「兩座花園」裡的三千年沉積物，其真實性並無疑問。同樣千真萬確的是，新的馬里布大壩在一九八〇年代由阿拉伯聯合大公國已故的謝赫札耶德（ash-Shaykh Zāyid）出資興建。但謝赫札耶德那些遠古的直系祖先，真的是跟著伽珊和塔莉法從馬里布遷來的阿茲德部落嗎？這就是信仰問題了，因為沒有任何東西可茲證明，除了在所謂的事實之後所傳頌的那些詩歌與故事。

在這一切當中，可以肯定的是，前伊斯蘭最後那幾個世紀，發生過大規模跨越阿拉伯的部落移動[23]，而且這些移動是屬於一場甚至更長久的遷徙史的一部分。關於這些遷徙，有一些獨立的外部證據：比方說，塔努克族（Tanūkh）、阿布杜蓋斯族（ʿAbd al-Qays）和烏萊斯族（ʿUlays）這幾個部落，被西元二世紀地理學家托勒密（Ptolemy）定位在半島的東北部，而根據古希臘史學家和地理學家斯特拉波（Strabo）和普林尼的著作，他們似乎西元一世紀就已經抵達該地[24]。

所有這些離散，無論是事實或虛構，都凸顯出阿拉伯史的一大「文法」特色：阿拉伯人在移動時主動，定居時被動。伊斯蘭早期的演說家智者阿赫納夫（al-Aḥnaf）說過：「只要阿拉伯人繫上刀劍、綁上頭巾、跳上馬背」[25]，他們就會永保強盛。待在故鄉就會失去活力，就會majhūl——「不為人知」，這個阿拉伯字是一個動詞的被動語態。就像傑克·凱魯亞克（Jack Kerouac）《在路上》（*On the Road*）所說的，這顛覆了常見的「人生是一場旅途」的比喻，「道路**才是**人生」。

移動向來是阿拉伯歷史的主題——從首次出現在文獻上的金迪布和他的駱駝遠征軍，還有在這之前某個沒有紀錄的年歲裡，第一批移民先驅離開定居地追尋草原和ʿarab精神，到先知穆罕默德al-hijrah「遷徙」到麥地那，以及接下來兩個世紀數十萬人從阿拉伯半島hijrah出去，乃至晚近的一些旅程，例如詩人紀伯倫（Jibrān Khalīl Jibrān）的bilād al-mahjar「hijrah之地」，以他的例子而言是遷徙到波士頓中國城和紐約下西城，還有今日那些遷徙到歐洲和更遠地方的難民，都是如此。中東學者福阿德・阿賈米（Fouad Ajami）引用尼采的話說：「你將成為逃難者……你將愛上子女的土地……」[26]，藉此反映一九五○和一九六○年代變動不安的時代精神。但這些字眼同樣也適用於伊斯蘭早期跨越三大洲的超級劫掠，適用於在這之前所知的最早遷徙，以及二十一世紀的難民洪流。

居無定所

雖然許多早期的遷徙敘述被神話化，但有些地方還是觸及到真實的歷史。在女預言家塔莉法和她的伽珊子民的某個續集故事裡，他們抵達了拜占庭統治的敘利亞，在那裡定居下來——並立即收到文明生活的憑證，即繳稅單。在伽珊人的漫遊歲月裡，他們和亞述筆下的「阿里比」一樣，「不知道什麼是監工，也不知什麼是官員」[27]；**我很尊重**班傑明・富蘭克林（Benjamin Franklin），但是在badw的世界觀裡，稅收不像死亡，從來不是必然的。大多數的伽珊人拒絕繳稅，掉頭回到自由而貧窮的半島[28]。

這個續集不僅顯示出這群人的移動性有多高，還顯示出當時ḥaḍar／badw的身分也很流動。伽珊人一開始宣稱他們是南方的定居民族，接著當了很長一段時間的遷徙者——就算不必然是游牧民——然後又分裂成兩個群體，一支重新定居，另一支則是恢復漫遊生活。定居那支也從流轉的傳說之地遷移到堅實的歷史之所：大約西元四九○年，伽珊人裡的賈夫納（Jafnah）支系的確在敘利亞以拜占庭附庸的身分扎下根基，把先前充當君士坦丁堡與波斯和游牧民緩衝的阿拉伯人趕走。他們的領袖得到貴族（patricius）頭銜（阿拉伯語是biṭrīq；這個詞隨著時間也漸漸意味著「高傲」，更久之後，還變成「企鵝」——是因為外表帶給人類的想像嗎？），還獲頒附庸統治者的王冠。後來，到了六世紀中葉，從伽珊王朝的哈里斯・本・賈巴拉（al-Ḥārith bn Jabalah）開始，他們更被授予崇高的basileus頭銜——「國王」[29]。他們大多也都變成狂熱的基督教徒，雖然與帝國的正教派不同，屬於基督一性論（Monophysite）[30]。

不過，這些根扎得很淺。伽珊王朝在游牧與定居這兩個陣營間插了一腳——或說得更精確一點，一隻腳插在營地，一隻腳插在宮廷；雖然他們踏入王權的陷阱（包括在姓氏後面加上id，符合西方歷史學家對王朝的標示），但他們還是過著一種半移動的生活，而且從來沒有固定的首都[31]。其中最接近首都的，是他們位於戈蘭高地的王家營地查比葉（al-Jābiyah）：一座帳篷宮殿，紮設在文明世界的邊境上，中間穿插著一些固定的建築物，包括一座修道院[32]。在語言學上也是如此，他們同樣居無定所：他們延續自己的阿拉伯語，但也用亞蘭語書寫[33]，後者長久以來一直是利凡特地區定居民族默認的口說語言。他們用該區通用的納巴泰字母書寫[34]，並享受希臘的流行音樂，證據是伽珊王朝後來擁有五名唱歌的女奴，她們都是用ar-rūmīyah「羅馬語」表演[35]。

伽珊人扎在敘利亞的根或許單薄，但事實證明，它們相當頑強。在伊斯蘭統治下，他們的部分人民將會加入這個新宗教，但其他人還是堅持自己的基督信仰；今日有些敘利亞的基督徒和黎巴嫩的馬龍派（Maronites）都宣稱自己是他們的後裔。然而，在那個時期，這些位於拜占庭邊界由護衛轉緩衝的國家、由領主轉傭兵的王朝，確實享有權勢和高度的自主性。

當然，他們並不孤單。羅根認為超級強權對抗讓阿拉伯人得到權力[36]，這洞見也適用於東邊的波斯領域。在這方面，伽珊人的對手是歷史悠久的「全阿拉伯人的國王」伊姆魯・蓋斯的繼承者們，他們是薩珊帝國的附庸國王，屬於落腳在伊拉克希拉的拉赫姆王朝。再一次，阿拉伯人卡在兩頭帝國獅子中間的一塊岩石上，這形象還是太過簡單：因為除了南邊有第三頭獅子之外，阿拉伯人其實是站在兩塊毗連的岩石上，而且他們不是一起對抗獅子，更常是彼此交戰。

大賽局裡的敵手

拉赫姆人的祖先也是從半島往北遷徙，幾乎打從薩珊王朝在西元三世紀建立開始，他們就一直以半游牧鄰居的身分替波斯看守邊疆。和伽珊人一樣，他們維繫了一個移動式宮廷，但有一個固定的中心在希拉，位於今日巴格達的南邊。

「希拉」（al-Hirah）一詞來自敘利亞文的hirta，意思是「營地」，很適合這個半游牧族群[37]。和伽珊人的查比葉一樣，它也是位在多方文化交會混融的邊地，拉赫姆人雖然保留了阿拉伯人的身分，但必然也拾取了波斯的影響：例如，他們的王權象徵，那頂王冠，就是從波斯進口的，tāj「王冠」這個外來語也是。不過他們對拜占庭的影響也抱持開放態度，特別是被許多族人所接納的聶斯托留派（Nestorian）基督教[38]。而且就像坐落在半島的qaryah——游牧區裡的聚落，金達的達特卡赫爾是最早的範例，「諸城之母」麥加則是最重要的後期範例——拉赫姆人的營地城鎮（Camptown）也是游牧和這兩種生活方式的交融結果。希拉倒向穆斯林後，有一則軼事描述了這點。游牧的阿拉伯人把定居的伊拉克南方農業民族稱為nabaṭ「納巴泰人」，而當一位希拉年長智者被問到他的族人究竟是阿拉伯人或納巴泰人時，他沉思了一會兒，然後說：「我們是納巴泰化的阿拉伯人……以及阿拉伯化的納巴泰人。」[39]這位受訪者的年齡據稱是三百五十歲，這應該是為了替他的智慧做保證。

到了六世紀初，拉赫姆人已經是經驗豐富的大賽局玩家。西元四世紀初，我們已經看過拉赫姆國王伊姆魯．蓋斯（很可能）帶領一支由波斯支持的遠征軍進入半島，然後（很可能）叛逃羅馬。兩百年下來，隨著君士坦丁堡鼓吹伽珊人扮演該區主要的衛星城鎮，波斯人也提高他們對希拉阿拉伯統治者的支持。這兩大帝國在這段時期的衝突日益增加，當這種情形發生時，通常就是由它們各自的阿拉伯代理人對打。這類代理人戰爭有些非常殘暴。約莫西元五四四年時，拉赫姆國王蒙齊爾三世（al-Mundhir III）俘虜了被拜占庭賜封為basileus的哈里斯．本．賈巴拉的一名兒子，把他當成祭品獻給阿拉伯女神烏札（al-ʿUzzā）；大約十年後，哈里斯的勇士們由他的女兒親手塗上香膏，同時穿上戰士的鎖子甲和可能成為烈士的裹屍布，在一場死亡、榮耀二擇一的戰役裡俘虜了拉赫姆的統治者，並殺了他為前王子報仇[40]。

將暴力的責任向下移交，搭配波斯對半島東北部部落的授權政策，兩者相輔相成。今日屬於伊拉克南部的這塊區域，當時稱為薩瓦德（as-Sawād）——「黑色」之意，或「深綠色」；由於它那茂密、深色的棕櫚樹林是劫掠的共同目標，拉赫姆統治者於是將封地轉租給游牧酋長，試圖阻止入侵[41]。拉赫姆人也試圖向部落收稅：但可以預見的是，收稅員經常身陷絕境（例如被推到井底用石頭砸死）。要對付不守規矩的部落，扣留人質是有效的方法，西元六世紀時，希拉是五百位部落酋長兒子的家——宛如某種強迫性的寄宿學校，一學期六個月，學期結束就換上另一批年輕學子。如果真的別無他法，拉赫姆人就會派駱駝商隊進入叛亂地區——忠於他們扮演ḥaḍar和badw，帝國與部落之間的中介角色——將劫掠與貿易結為一體[42]。

拉赫姆人和伽珊人一樣，也跨越定居民和游牧民之間的語言鴻溝，口說阿拉伯語但手寫敘利亞語[43]；他們也跟伽珊人一樣，使用納巴泰文字[44]。但這種情況正在轉變。

LK NW VWLZ

由於阿拉伯文字——一如它所記錄的語言——對阿拉伯的歷史無比重要，我們需要快速檢視一下它那彎曲又困難的寫法。

伊斯蘭時代的資料宣稱，亞當當初寫在泥板上的文字就是阿拉伯文字[45]；如果把時間回推到無限遠，它存在於天堂裡「被保護的牌上」（Preserved Tablet）[46]，那是《古蘭經》的原點，跟真主本身一樣古老。這種文字比較人間一點的起源地，一般認為是拉赫姆的首都希拉和另一個城鎮安巴爾（al-Anbār），後者位於今日伊拉克更南部的地方[47]，這推論相當合理。仔細觀看阿拉伯文字母的形狀，它們顯然是從納巴泰文字自然衍生出來的[48]，或許還受到其他阿拉伯書寫系統的影響[49]。這種新文字從希拉慢慢向外擴散。西元五世紀之前，幾乎沒有什麼塗鴉是可辨識的阿拉伯文字[50]，而認為它是在「伊斯蘭前夕」[51]——六世紀末——傳抵麥加的想法，也得到穆罕默德的支持，他在先知生涯的早期曾說過，麥加會寫字的人不超過一打[52]。一開始前途未卜；但經過幾代之後，保存經文、宣傳帝國和推廣文化等需求，助長了阿拉伯書寫字母的病毒傳播。它跨越時空自我銘記，變成繼拉丁字母後，全世界流布最廣的書寫系統。

西元八世紀的希沙姆（Hishām）哈里發做了一個實驗[53]，讓我們對該種文字的運作有了概念。哈里發留意到路邊有個里程碑，但他沒看碑文，反而請同行一位不識字的ʿarabī「讀」給他聽。因為，即便不識字，ʿarabī也以善讀聞名：他們可以閱讀地景，抽高的稀疏綠意表示下面有看不見的流水；大至駱駝小至甲蟲留下的足跡，則可顯示牠們自身和其他人的漫遊路徑；他們可以根據某個廢棄營地重複使用的痕跡，破譯出整部移動史。在古老的沙漠詩歌裡，有時也會把地上的跡象比喻成書寫。例如，前伊斯蘭時代後期的詩人拉比德（Labīd）就可解讀他摯愛之人待過的營地：

以微物標示
宛如鐫刻在古老石頭上、飽經風雨的文字。[54]

阿拉伯游牧民居住在一個清晰易讀的世界。看著鐫刻在那塊里程碑上的文字，

「有一隻羊的彎角」ح
貝都因人說，「還有一個環形 م
「和三個像是母狗挖出來的東西 س
「還有個東西像是沙雞的頭。」ه
希沙姆在腦中將這些特點拼組起來，حمسة
或者加上幾個點 خمسة

轉寫之後就是khamsah「五（英里）」。

這一切都很合乎邏輯。但在這同時，還是有些內建的問題。和拉丁文不同（拉丁文說到底也是來自同一個靈感源頭（fount）——或字體（font）——古腓尼基的書寫系統），阿拉伯文通常沒將短母音寫出

來；例如，「五」這個字其實是寫成kh-m-s-h。也就是說，在其他語言裡，你閱讀是為了知道該段文字在說什麼，但在阿拉伯文裡，知道該段文字在說什麼，有助於你怎麼閱讀它[55]。這一節的標題是：「看：沒母音！」（Look: no vowels!），但用阿拉伯文式的符號寫出來，就會讓人一頭霧水。而且更棘手的是，阿拉伯文沒有大寫字母。（我還記得剛學阿拉伯文時，試著閱讀這個片語：strtfwrd ʾbwnyfwn。Strtfwrd……顯然不可能是「straightforward」（直截了當）。我試著插入母音，而我能想到的唯一意思是：satarat fa-warada abū nīfūn ——「她掩飾（她是誰？她到底掩飾了什麼？），接著倪鳳的父親（Nīfūn）（他又是哪個鬼啊？）來了。」然後，上下文終於出現那個該死的關鍵字—— skyksbyr，這顯然就是莎士比亞啊——因為b和f代表非阿拉伯語裡的p和v，於是剛剛那些神祕的字眼就變成了「Stratford-upon-Avon」：亞芬河畔的史特拉福。）

隨著時間推移，漸漸發展出一些顯示母音的方式，但即便到了今天，還是只偶爾使用；大寫字母依然不存在。練習多了，閱讀阿拉伯文會愈來愈容易。但跟解碼拉丁字母比起來，它牽涉到不同心智過程：閱讀拉丁文像玩跳棋；阿拉伯文則像西洋棋。一開始，阿拉伯文對使用者甚至更不友善，所幸後來加了一些點，為相同字型添加一些子音以利區隔：在既沒母音也沒加點的情況下，一組簡單的雙字母，

ٮٮ

在理論上可能有三百種讀法[56]。現在，所有的文本都加了點；但除了《古蘭經》外，並不一定會加母音。這讓原本就很困難的語言難上加難——而且要記得，書寫用的阿拉伯文並非哪個人的母語：講阿拉伯語的人也必須以讀「外國」語的方式去讀寫[57]。結果就是，閱讀者總是只能約略知道文本的意思，

有時根本就是亂猜一通。

另一個大問題是在印刷出版問世之後才變得明顯，那就是阿拉伯文是草書體：看起來很漂亮，寫起來很有樂趣，但對編印與排字人員卻很傷腦筋，對舊式打字機的使用者更是非常該死。稍後我們會繼續探討這個問題。目前只須知道，希臘文光是發明個別的母音字母以及維持非草書形式這兩點，就讓希臘文及從希臘字母衍生出來的其他語文，享有一種微小但重要的發展利基。阿拉伯文字是伊斯蘭藝術裡一個輝煌而主要的成分，也是阿拉伯和伊斯蘭文化的首要象徵，最後甚至變成一種跨洲際的書法文化——和雖然廣闊但局限於一區的中國書法不同。但若說歷史真有所謂的hamartia「悲劇性弱點」，那麼對阿拉伯人而言，他們的文字恐怕就是繼駱駝加馬匹的組合之後，另一個美麗卻致命的組合。

國王埋葬的詩歌

國王就跟文字一樣，也能對文化產生顯著的統一效果；拉赫姆王朝就做到這點，該王朝統治的地點就是阿拉伯文字的可能誕生地：希拉。擁有一位強大富有的阿拉伯人物得以歌頌，意味著詩人們會蜂擁到希拉，他們以文會友，以詩爭豔。這種情況可能早在阿姆爾·本·阿迪（Amr bn ʿAdī）的時代就已開始[58]，他是目前所知最早的波斯附庸統治者，也是那位可能的叛逃者伊姆魯·蓋斯的父親。這對「高級」語言的演化也發揮了統整的連鎖效應。我們已經提過，這種高級語言似乎是在阿拉伯半島中部率先發展出來[59]，特別包含金達首都達特卡赫爾在內的那塊區域。如今，在東北地區，高級阿拉伯語甚至得到更尊貴的地位，變成「國王的阿拉伯語」。

到了西元六世紀，拜拉赫姆和伽珊幾位重要國王之賜，這兩國在「蒐集」詩人方面發展出良性競爭[60]，這種對手關係很像歐洲文藝復興時期麥第奇和斯福才（Sforza）王朝各自對藝術的贊助。這一切對詩歌市場自然是很美妙：阿拉伯語詩歌的傳統派愛好者至今依然認為，六世紀下半葉是阿拉伯語詩歌的巔峰時期[61]。很難特別挑出哪一件作品來說明，而要將阿拉伯語的聲音力量翻譯出來甚至更困難；不過有一首經典頌歌是詩人納比蓋（an-Nābighah）寫的，內容描述拉赫姆的最後一任國王努曼三世（an-Nuʿmān III），詩的結尾如下：

以所有榮譽之冕昂揚你的榮耀之眉
如征戰沙場的一頭躍獅——且美麗如月！

聽到這嘹亮的音節時，「一抹純粹的喜樂照亮努曼的臉容。他下令將詩人嘴裡塞滿寶石，然後說道：『如果國王得到讚頌，就這樣做。』」[62]

頌歌聽在某些現代人耳中，或許有些空洞。但它的力道和真理主要是仰賴它的聲調而非意義——就跟高級阿拉伯語的演說一樣。而它的重要性也遠超過皇家詩歌的角色。六世紀時，宮廷詩如燎原的字火般迅速傳開：國王和宮廷是現成的模擬對象，而在這個擬仿過程中，不意外的是，詩歌就是主要的迷因。除了少數半都市化的聚落之外，當時社會既沒工匠也沒藝術品；所有的文化產物都必須是可帶著走的，而且要用現成可取得的材料製作——話語。此外，當時社會大都是文盲，所以口語藝術品不只要可攜帶，更要好記憶。詩歌藉由格律和押韻雙倍好記：許多詩歌早在文字出現之前就留存至今，就跟許多sajʿ一樣——預言家的言說，同樣有押韻有節奏，但沒有格律；沒有任何素樸的白話存留至今，除了那些無法磨滅、刻畫在不可移動的石頭上的碑文。拉赫姆王朝和伽珊王朝的詩歌贊助者藉由立下備受尊敬的單一標準而促成高級阿拉伯語的進一步統一，而且這套標準並未局限於宮廷，而是擴延到市集、賓客營帳和營火四周——也就是人們相遇、交談和一起吟誦的所有地方。因此，在統一阿拉伯人這點上，他們的貢獻比其他人都來得大。

即便當詩歌為了它的拉赫姆和伽珊贊助者而成為一種文化產品，變成一種藝術品之後，它依然保有一抹遠古的超自然氣息：它帶著魔力射出，而這股魔力很快就會以強大的力道在《古蘭經》中浮現。據說，希拉的某位國王被哈里斯・本・希里札（al-Ḥārith bn Ḥillizah）的一首頌歌迷戀到不可自已，只准詩人在wuḍūʾ之後唸誦它[63]——也就是在淨禮之後，淨禮後來被視為伊斯蘭祈禱的必備儀式。另一個來自拉赫姆宮廷的故事，可信度雖然較低，但還是可用來總結詩歌史如何在希拉與文字史交會。努曼三世「下令，將阿拉伯人的詩歌書寫成冊。他會將詩冊埋在他的白宮裡」。約莫一個世紀後，該地區一位早期的穆斯林總督

> 被告知宮殿底下埋了一份寶藏，於是他進行開挖，將詩歌取出。正因如此，庫法（al-Kūfah）人民在詩歌方面的知識比巴斯拉（al-Baṣrah）人民來得淵博。[64]

誠然，這個故事的源頭庫法人，不只一次被抓到犯了查特頓式（Chatterton-like）的偽造，目的是為了抹黑庫法的最大勁敵：巴斯拉人。但撇開其他不談，單是這則故事的流傳，就足以顯示，後世阿拉伯人如何將詩歌視為他們前伊斯蘭祖先最偉大的寶藏。它是語言廢石堆裡的金子。

內在認同

根據希臘語模式，高級阿拉伯語──「國王的阿拉伯語」──被視為詩的共通語（koine），一種廣為通用的文學語言。與它並駕齊驅的，是所謂的族裔共通語。倘若如同我們先前指出的，ʿarab這個難以捉摸的詞，其原始意義指的是來源不同的「一支混種民族」[65]，那麼，一種既由他們共享又以他們為名的語言──al-ʿarabīyah──只會強化他們的ʿaṣabīyah，也就是群體團結的情感。換個說法，多種話語的凝聚──一種統一的語言──匯聚成該種話語的凝聚──一種統一的政治之聲。

在伊斯蘭前一個世紀的詩歌裡，這種聲音將被提升，用來對抗其他眾聲。當時阿拉伯人已經為自己建構出一種認同；下一個階段便是藉由打造邊界來強化該種認同。於是ʿarabīyah-ʿaṣabīyah這個互補配對就被一組相反的詞彙圈圍起來：ʿarab／ʿajam「阿拉伯人／非阿拉伯人」。這組語詞裡的第二個字和ʿajam「無法正確講話」關係密切，也就是說，這組詞彙相當於「阿利安／蔑戾車（異邦人）」（arya／mleccha）、「希臘人／野蠻人」（Greek／Barbarian）、「斯拉夫人／蠻夷鴃舌」（Slav／Nemtsi）等等。這種語言「國族主義」和十九世紀以降發展成熟的領土─語言國族主義，一直有所區隔[66]；但它已達成一半。而ʿarab／ʿajam這組對立甚至帶有更多意涵：一如已故的摩洛哥評論家穆罕默德·賈比里（Muḥammad al-Jābirī）所說的：「阿拉伯人熱愛他們的語言到將它神聖化的程度。他們認為，掌控語言不僅能表現出語言本身的力量，還能表現出他們自身的力量。」

賈比里繼續指出，阿拉伯人和所有人類一樣，也是會說話的動物，但他們卻是唯一真正「口若懸河的動物」：其他人說起話來比較不流暢，比較沒力道，就某方面而言，比較不像人[67]。有些想法的鋪陳或許不「合邏輯」(logical),但如果你接受——就像馬里布的女預言家塔莉法的民眾那樣——真理內存於logos「話語」的聲音,內存於「話語」的健全語法,而非內存於「話語」的意義,那它就合乎邏輯。伊本・赫勒敦寫道,以阿拉伯文思考是跟神的啟示有關,而非邏輯;因此,在阿拉伯人所採用的思考過程中,非以阿語為母語者會有如殘障人士[68]。十世紀的哲學家阿布・哈延・陶希迪(Abū Ḥayyān at-Tawḥīdī)把這總結為一句話:「句法,」也就是文字組合的方式,「是阿拉伯人的邏輯;邏輯是理性的句法。」[69]還有,二十世紀的黎巴嫩語言學家阿布杜拉・阿萊里(ʿAbd Allāh al-ʿAlāyilī)宣稱:「我用阿拉伯語思考,因此我是阿拉伯人。」[70]

最後,當某個沒那麼哲學味的人的阿拉伯性受到質疑時,他可能會用比較通俗的方式大喊:「我是阿拉伯人,真主可明證!」「我沒襪子可補,」他繼續說,對著那些身穿長襪長褲的優越波斯ʿajam強力猛攻:「我也不穿馬褲,也不會外國人那些嘰哩咕嚕的鬼話!」[71](老派阿拉伯人覺得襪子之類的針織品很娘娘腔,他們喜歡像荒野裡的蘇格蘭人一樣,在短裙下面啥也不穿。)這種說法不僅表示其他民族的語言比較沒男子氣概,也比較空洞無意。如果所有這些都帶有一種語言優越的味道,那言外之意大概也是真的。

阿拉伯人和結結巴巴的外國人接觸得愈頻繁——特別是透過希拉的附庸宮廷與波斯人接觸——他們就愈藉由彼此的相反而認定自己的身分。隨著時序邁入六世紀,以及波斯人在多個軍事前線——在肥沃月彎北方、半島的北邊和東邊,甚至如我們將看到的,在遙遠的半島西南端另一個肥沃月彎對抗拜占庭人——變得更果敢自信,這種透過敵意而產生的認同感也就更形強化。當結結巴巴、穿褲子的波斯人在阿拉伯人的「島嶼」上愈來愈逼近時,敵對性將會變成身為阿拉伯人另一個主要特色。

到目前為止，鄰近帝國一直藉由指定或認可「阿拉伯人的國王」來定義阿拉伯性——並不可避免地塑造阿拉伯認同。而那些半定居的衛星國王，例如伽珊王朝和拉赫姆王朝，則反過來將游牧部落拉進他們自己的軌道。規模更大的政治統一體開始出現，諸如拉比亞和慕達爾（Muḍar）這類多部落的大集團，他們也跟拜占庭或波斯組成鬆散的聯盟[72]。到了五世紀末，那第三頭「獅子」，也就是當時病懨懨的南方帝國希木葉爾，竟也能奮起最後一股精力，承擔擴張的任務，並自行指定新「阿拉伯人的國王」[73]。

不過，若說來自這三個鄰近強權的壓力正迫使阿拉伯人變成更統一的集團，那這個過程也是雙向的：除了來自外界的形塑之外，阿拉伯的團結也是由反射形成，彷彿置身在由鄰居他者所構成的模子裡——就像藝術家瑞秋・懷特雷（Rachel Whiteread）的房間，那些空的內部突然在作品裡獲得形狀，變成看得到的東西，那些長久以來備受忽視的邊緣人，以及在他們內部看似不存在的虛無人，都因此得到了認同和可見度。統一模具的隱喻，出現在賈希茲的作品裡：

> 當ʿarab變成一體，他們在棲地、語言、性格、抱負、驕傲、暴力和脾性上都被視為平起平坐。他們在同一個模子裡塑造，在同一瞬間鑄造而成。[74]

但鑄造並非瞬間可達。社會的團結是歷時好幾世紀的過程；這過程從邊緣開始，也就是阿拉伯人與非阿拉伯人接觸的地方，接著往內部推進。而最後，為了讓身分完整浮現，必須把圍塑的模子——周圍那些帝國——敲碎。這很快就會發生：統一的高級語言將激發新的修辭，這種修辭又將反過來變成一股適時的力量，驅動阿拉伯歷史上最大一波離散潮，以及統一與分裂的最長週期——伊斯蘭週期。在這個週期的一開始，有長達幾個世紀的輝煌時光，長久以來飽受其他民族帝國箝制的阿拉伯人，將會孵化出自己的帝國。他們的歷史文法將是無休止的主動式，他們不僅將獲得大寫字母，還會得到一個定冠詞。有一段時間，他們將成為真正的「the Arabs」。但在模子碎裂之前，是一段特別動盪的時光：阿拉伯模具裡的東西，經歷了一場內燃。

第4章
在偉大的邊緣
阿拉伯人的大時代

布幕落下——然後升起

西元六世紀，阿拉伯半島無可回頭地變得更像今日的模樣——阿拉伯的成分更多，南阿拉伯的成分更少。於今回顧，示巴和它的南阿拉伯繼承者們，看起來就像他們在《約珥書》作者的眼中一樣，是「一支遠方的民族」，還要加上時間的距離。他們的紀念碑和以公牛與羱羊為圖案的橫飾帶、有牛角陪襯的雪花石膏月亮，以及怪異優雅的文字記號——在在顯得古老而陌生。相反的，我們卻能感受到從阿拉伯化的六世紀延續至今那些線索上的獨特振動：只要順著這樣一條線索，就可追溯阿尼札（ʿAnizah）這樣一支部落的軌跡，從它今日的故鄉，一條切穿伊拉克、敘利亞和沙烏地阿拉伯北部的長條區域，回溯到位於半島東部的哈達珥（Haddār）；他們的祖先早在伊斯蘭創立之前就從那裡出發，而他們留在家鄉的表親至今仍住在該地[1]。我們有的不僅是振動。還有獨特的聲音一路出現，響亮而清晰。已故的摩洛哥學者穆罕默德．賈比里將六世紀詩人伊姆魯．蓋斯（並非先前與他同名那位〔可能的〕叛逃國王）列在他的阿拉伯偉人清單第一位，「我們感覺到他依然和我們生活在一起，或說就站在我們眼前……站在阿拉伯文化的舞台上，一座永不落幕的舞台」[2]。之後我們還會提到伊姆魯．蓋斯這位詩人——以及失敗的部落統一者。

在六世紀前半葉，早期的南阿拉伯那幕就快落下。近因是希木葉爾國王尤蘇夫．阿薩爾（Yūsuf As'ar）正式接受猶太教，並迫害非猶太人；他的理由可能出於政治考量大過教條，因為他反對信仰基督教的衣索比亞介入干預。據說約莫於西元五一八年時，他在納吉蘭屠殺了許多基督徒[3]；這起事件在《古蘭經》裡被記載成大屠殺[4]。信仰基督教的衣索比亞阿克蘇姆（Axumite）王國先前曾企圖以軍事介入南阿拉伯，當時又開始在該地支持衣索比亞人的貿易飛地，藉此打造自己的存在感。隨著納吉蘭屠殺事件爆發，他們便有了全面入侵的藉口。

但南阿拉伯半島的消亡還有其他更古老的原因。此前兩百年間，Yūsuf部落對定居民族的劫掠日益頻繁[5]。在此同時，中央政府的統治者卻又更加仰賴Yūsuf雇傭兵的保護，最終自食惡果[6]。這些badw部落可說是油膏裡的蒼蠅（美中不足）；又或許是相傳先知說過的那隻蒼蠅，一邊的翅翼是毒藥，另一邊則是解毒劑。但當時卻把毒藥當藥方，使得南方在兩種意義上都變得益發不「安定」（settled）——一是日益動盪，二是日益「貝都因」。

衣索比亞人知道，南阿拉伯這次對遠征軍的反應和先前強大的示巴—希木葉爾政府大不相同，抵抗的行動毫無協調性，雜亂無章。南阿拉伯似乎要到最後的垂死掙扎時，才試著想通力合作：例如，有段後期的希木葉爾碑文誇耀說，代表舊示巴政府和新希木葉爾政府的希爾欣（Silḥīn）和祖雷丹宮廷，延續「密不可分的連結」，合併成統一的王國[7]。但現實卻是分裂。尤蘇夫．阿薩爾在一次政變中取得大權，這對穩定局勢絕非好消息，而由示巴、祖雷丹、哈德拉毛、雅瑪納特和他們的高地與低地阿拉伯人共組的王國，也分崩離析。據說，西元五二五年，尤蘇夫國王縱馬躍入征服者所來自的紅海，就此消失在波浪中[8]。

衣索比亞人先是扶植了一位順從的基督徒統治者：一名希木葉爾人。但他很快就被衣索比亞將軍阿布拉哈（Abrahah）取而代之。假以時日，阿布拉哈憑著阻擋在他和阿克蘇姆主子之間的紅海護城河與阿拉伯高山城牆，繼承了示巴—希木葉爾領域裡那些古老的皇家頭銜，並往北展開他自己的遠征。其中一次記錄在一件示巴碑文上，時間是西元五五二年[9]。這場遠征或許不是以簡潔示巴語紀念的那一場，反而像是記錄在令人戰慄的《古蘭經》「大象章」（Chapter of the Elephant）的那一場，該章敘述衣索比亞人和他們的厚皮戰象在攻擊麥加時，被好幾群由安拉指揮、裝載了礫石的俯衝鳥禽給擊退[10]；如果真是同一場戰役，那就是示巴文的記載省略了這些細節。「大象日」（Day of the Elephant）也有可能發生在另一場衣索比亞遠征之時，而傳統上也的確是把它設定在西元五七〇年；但倘若——依照傳統的說法——該場遠征是由阿布拉哈本人率領，那麼在西元五七〇年時，他肯定非常老了。本來這些都無關緊要，但因為「大象日」那年，據說就是先知穆罕默德誕生之年，所以弄清楚確切發生的時間，或許有其必要。

希木葉爾人向來善於記錄事件的時間。後來，伊斯蘭時期對前伊斯蘭時間的感知卻走了樣：比方說，連最可靠的馬蘇第提到尤蘇夫．阿薩爾國王（他畢竟是跟先知穆罕默德活在同一個世紀）時，都能說出「他統治了兩百六十年或，據說，沒那麼久……」[11]

當古代南方的布幕落下時，上演了一千年的這場阿拉伯大戲，彷彿就只是一場夢。

海灣分隔

那頭南方之獅，古老的希木葉爾—示巴帝國，已經死了。而在六世紀時，拜占庭和波斯這兩個帝國日益老朽無生氣，對北方阿拉伯附庸國王的支持也隨之減弱。然而，對薩珊沙王而言，西南方出現一個大好機會，好到無法錯過。在「大象日」那年過沒多久的某個時刻，希木葉爾貴族薩義夫·本·迪·雅贊（Sayf bn Dhī Yazan）透過沙王的拉赫姆附庸前來晉見，抱怨衣索比亞人的殘暴統治。沙王派了一支海軍出征，根據傳說，這支軍隊是由罪犯組成（這點並非難以想像：海軍逼迫罪犯服役的歷史由來已久）。當時已經獨立、統治著舊日希木葉爾土地的衣索比亞國王，是阿布拉哈的兒子，他遭到痛擊，由薩義夫取代他的位置，向波斯朝貢稱臣。不過，薩義夫很快就遭人暗殺，顯然是衣索比亞人幹的，波斯指派了一名總督取而代之——這無疑是薩珊王朝一直想要的結果，畢竟他們從王朝創立之初，就忙著干預阿拉伯這塊次大陸。或許是因為他們幾乎毫不費力就拿下這塊南部肥沃月彎（至少拿下了它的城鎮），讓他們壯了膽子，於是又開始垂涎北部的肥沃月彎。可惜他們對介於兩者之間的半島視而不見，成為一大敗筆。

薩珊人占領南部一事，究竟在多大程度上強化了ʿarab／ʿajam，特別是阿拉伯／波斯的二分意識，這點我們無法判斷，但可以肯定的是，這樣的意識在阿拉伯與波斯交界的東北部，一直在快速成長。在那塊地區，三個世紀的政治聯盟對種族關係幾乎毫無助益：薩珊沙王向位於希拉的附庸國王努曼三世提出請求，想與他妹妹聯姻，據說努曼表示：「難道薩瓦德的牲畜還不夠滿足他，他還得擁有阿拉伯的女人？」波斯人娶阿拉伯人當妻子，這想法「真是惡毒」[12]，他還加上了這句（當然，在努曼的父系想法裡，相反的情況完全可以接受）。

努曼的回嘴是介於歷史與神話的薄暮區域。然而，清楚的是，阿拉伯人vs. 波斯人這個主題其實貫穿歷史，只是版本不同：部落vs. 帝國；長老vs. 沙王；阿拉伯文化反動主義者vs. 波斯文化復興主義者；遜尼派vs. 什葉派；伊拉克vs. 伊朗，而此刻在我窗外上演的，也是利雅德與德黑蘭代理戰爭的一部分（至少在想像與修辭這兩方面是如此）。就實體而言，阿拉伯半島與波斯在荷莫茲海峽那裡幾乎就要連在一起，但他們卻被一道亙古的敵對深淵分隔開來，這道深淵比伊斯蘭還老，比波斯灣更深……或者，該說是阿拉伯灣（Arabian Gulf）？你站哪一邊可是至關緊要之事。比方說後來，當阿拔斯哈里發被波斯軍閥控制時，最阿拉伯且最受歡迎的詩人穆太奈比（al-Mutanabbī）表示：

> 民族的命運反映其國王的命運——而阿拉伯人
> 永遠不可能幸運，當他們的國王是波斯人的時候。[13]

我們稍後還會提到，阿拉伯人甚至有個想法，認為麥地那最早的伊斯蘭國，就是阿拉伯人對波斯在阿拉伯的存在感日益強大所產生的反動[14]。

雖然無法客觀衡量波斯的存在以多大力度強化了阿拉伯意識的增長，但毫無疑問的是，南方的雙重動盪，先是來自衣索比亞人，波斯人緊接而至，這些確實將更多權力交給了社會裡的badw分子，也就是ʿarab。一如鄂圖曼人和英國人這類日後冒險家在半島南方所發現的（以及美國人在伊拉克所發現的），要拿下城鎮和統治城鎮可說輕而易舉，但外人的命令就是很難深入那些看不透也穿不過的地景。

南部未開墾的荒野內地，早就被ʿarab滲透殆盡。在外國勢力的反覆介入下，定居區的古老機制正在崩解，而ḥaḍar和badw「城鎮和鄉村」的脆弱關係——總是和信仰而非與契約有關——也跟著撕裂。凡此種種在在強化了ʿarab及其領導人的力量，而這些人物的合法性，主要並非取決於他們對機構的控制，而是他們對修辭的掌握。

話語的城牆和武器

今日的我們真的很難領略修辭能有多重要。但在六世紀這樣的動盪時代裡，當權力的天秤從定居社會轉移到ʿarab部落時，話語不僅是最容易攜帶的文化產品，還扮演防禦城牆和攻擊武器的角色。在政治上，部落由他們最能言善道的長老領導，即那些「凝聚話語」的人（有時是女人）；在軍事上，部落衝突會由詩人會戰和詩歌之爭打先鋒，接著由勝利者以頌歌記錄下來。

在這些演說家型領導者當中，有三個頭銜反覆出現：sayyid「首領，領主」；khaṭīb「公眾演說家」；以及shāʿir「詩人」。這些角色未必涇渭分明，往往會混融在同一個人身上。sayyid通常是來自一個享有獨特世襲「榮譽」的家族；但領導權最終還是得仰賴性格與戰鬥能力——以及至關緊要的流利口才，可能是以白話或韻文或兩者表達出來。因此，sayyid既是劍客也是詞人，既是詞霸也是軍閥——順帶一提，他還繼承了屬於古老薩滿術士的bayān「釋義」（宣言）魔力。當某個部落擁有一支世襲的khaṭīb，他們往往還會把這角色與部落系譜學家和歷史學家等角色結合在一起，有時會像是某種歐洲的紋章傳令官（herald）——或更近似西非的jeli「史官」家族[15]。

就純修辭角度而言，詩人的角色在古代最重要，但隨著詩人開始把他們的讚美賣給國王和國王的競爭者以賺取金錢，他們的地位就跟著降格[16]。不過，戰爭詩自古至今依然保有某種神奇魔力。那是一種在超自然驅動下說出的詛咒力量[17]；為了讓詛咒消音，他們會俘虜詩人，一邊屠殺他們，一邊用皮帶把他們舌頭綁住[18]（對待敵方演說家也是如此，會把他們的下排牙齒敲掉，破壞他們的發音能力[19]）。這股力量將存活到先知的世紀：先知穆罕默德本人就曾表示，（對不信者而言）他詩人的箭軸「比暗夜裡的箭雨更致命」[20]。這股力量至今也仍與我們同在：「我們切斷了他的手，」受到伊朗支持、標語就在我窗下飄揚的胡西族領袖，最近如此詛咒杜拜的統治者，

而失敗顯現在他的臉：

他的軍隊碎散沙場——

在這同時，還有額外一支箭軸射向他在德黑蘭的支持者們（以擬人化的手法將被擊敗的前伊斯蘭伊朗國王們取名為「庫斯羅」〔Khusraw〕）

潰敗捲撤了庫斯羅的戰旗！[21]

到目前為止，這項聲明仍為時過早：戰旗依舊飄揚。

在修辭貴族圈裡也很突出的還有kāhin（預言家），例如塔莉法——傳奇的馬里布大遷徙就是由她帶領。這個頭銜——以及功能——和古希伯萊的kohen同源[22]；馬蘇第認為，他們可以接收到其他人感受

不到的神意，這樣的能力是來自於他們經常單獨置身於荒野中，花許多時間反思，以及能用「啟蒙之眼」觀看世界。此外，馬蘇第表示，他們當中有許多人在身體上有殘疾，並因為身體的缺憾讓他們在精神上得到補償：例如備受讚譽的傳奇kāhin薩提賀（Saṭīḥ），據說身上沒有任何骨頭，可以像「袍子一樣捲起來」[23]。我們將會看到，他們那種押韻又昂揚的超自然演說，會在最早期的《古蘭經》啟示裡重新出現。然而，如同伊本．赫勒敦指出的，真理讓kāhin與先知有所區隔：先知是和天使的真理領域直接相連；kāhin則是「受到魔鬼啟發」，因此會混淆虛實。[24]當然，大多數人都無法領略到這種最重要的感知差異；到頭來，不管是預言家或先知，他們的說服力並非取決於他們陳述之內容的內在真實性，而是取決於他們對修辭的掌握——取決於他們**怎麼**說。

古老的定居南方，在中央機制瓦解之際，大概也見識過演說家型領導者的興起。在六世紀那個分崩離析和隨後反對外國統治的時期，區域強人或軍閥經常會冠上qwl這個頭銜：這頭銜意味著「凝聚話語」的角色[25]——在阿拉伯文裡，qwl這個字根是和說話有關（例如，qawl「言說」；qawwāl「發言人，演說家」）。可以確定的是，當qwl愈強大，中央統治就愈虛弱，而隨著他們的數量激增，必須競奪日益減少的可得權力，他們自身的劫掠和搜刮也日益頻繁。[26]

所有這些話語凝聚者的修辭，都團結了部落或民族，並透過打造aṣabīyah「團體主義」推動了火輪的革命。

煽動家

我們並不意外，在這麼多響亮競逐的聲音之下，漫長的六世紀會是個眾多「會戰日」（Days）的紀元──所謂的「阿拉伯人的大時代」（Days of Arabs）。這些會戰日有的是某個有組織的劫掠失了控，更常是關於放牧的小爭議、疑似受辱或之類的小事件被放大成暴力行為。但無論是小衝突或直接開打的戰爭，通常都還是有某種騎士守則，有它們自己的昆斯伯里拳擊規則（Queensberry Rule）。最後，會有一個中立黨派介入調停，戰鬥雙方會媾和，至少會賠償：會計算出死者的總數，然後將補償金付給損失較多的一方。有時，這類「金錢」的耗費相當巨大，例如阿比斯（ʿAbs）和杜比安（Dhubyān）這兩個部落某次的戰後賠償──為三年的敵對付出三千匹駱駝。[27]

這個大時代的衝突原型是巴蘇絲戰爭（War of al-Basūs），兩個「兄弟」部落彼此對戰──塔格里布（Taghlib）和巴克爾（Bakr），它們的領土位於半島東北部，往伊拉克南部和敘利亞沙漠擴張，與拉赫姆王國的領土接壤。兩個部落都宣稱自己是同一個祖先瓦伊（Waʾil）的後代。衝突約莫始於西元四九〇年代的某個時刻，前後拖了四十年，而且就像詹金斯的耳朵戰爭（War of Jenkins's Ear）一樣，導火線本身根本就不是什麼地動天搖的大事：只是位於Himā「保留放牧地」裡的一窩雲雀蛋，那塊放牧地是由塔格里布酋長庫萊布（Kulayb）壟斷。庫萊布認定，這起事件的罪魁禍首是一匹笨拙的母駱駝，名叫莎拉布（Sarāb），「海市蜃樓」[28]的意思，牠的主人是巴克爾部落的夥伴。庫萊布娶了一位巴克爾妻子，而他怪罪讓那匹駱駝闖入他私人放牧地的禍首，正是他妻子的兄弟。嘲弄怒罵緊接著上演，但也就這樣──直到有一天，那匹駱駝嫌疑犯正好排在庫萊布的駱駝後面準備喝水，沒想到牠竟然掙脫控制，跳離隊伍。庫萊布大怒，於是掄起弓箭，射中她的乳房。他舅子的姨媽巴蘇絲同樣勃然大怒，因為駱駝的主人受到侮辱，而那位主人是受她保護，她氣得扯破頭巾，怒飆了一串詩文。這段詩文後來被稱為「煽動者」，結尾是：

此刻我竟跟這般傢伙住一起，當
狼來時，是我羊被撕咬！[29]

就在此時，這齣肥皂劇事件急轉直下：巴蘇絲的外甥賈薩斯（Jassās）殺了庫萊布，這兩個兄弟部落爆發全面戰爭。在這場戰爭裡，話語是先鋒，但無減其致命性：驕傲自豪、裝模作樣的詩人，在衝突的烈火上傾倒煽動的頌歌，交戰的日子和死亡人數不斷飆升。倘若詩歌的力量受到懷疑，請記住，這起可怕的事件並不是在庫萊布或他的死亡或甚至那匹駱駝之後爆發的，而是在那名老婦的詩文點燃怒火之後。戰鬥人員裡的其他女性也不遑多讓，她們扯下頭巾，露出頭臉走上戰場，揮舞著她們的話語：「**戰爭！戰爭！戰爭！戰爭！**」其中一位如此嘶喊：

它已熊熊燃起，將我們灼燒。
高地上充斥著它的咆哮！[30]

四十年的咆哮最後在戰士精疲力竭及拉赫姆國王的斡旋中結束[31]。偉大的埃及評論家塔哈·胡賽因認為，這場戰爭的多數敘事都是從伊斯蘭時代的爭吵投射回去的[32]。姑不論他的看法是否正確，巴蘇絲戰爭和其他類似的衝突（例如達西斯戰爭〔War of Dāḥis〕，導火線是涉嫌在賽馬時作弊[33]），在在反映出前伊斯蘭時代縈繞不去的社會長期脆弱和不團結。而做為前伊斯蘭時代阿拉伯世界的史詩縮影，它揭露了馬里布大壩流離遷徙的破壞面：定居民族起身跋涉去尋找新牧場——然後為了奪取這些牧場彼此殺戮。殺了庫萊布的賈薩斯的父親知道這起謀殺蘊含了深刻的分裂意義：「你打破了自身民族的團結……安拉為鑑，瓦伊部落再也不會是一體的，在你行凶之後。」[34]

就某種意義而言，巴蘇絲戰爭至今仍未結束。它是一則警世故事，可惜它的教訓還沒深入人心。它預示了一種分裂，事實證明，它幾乎是長期反覆的，並在一千五百年後，以一種似曾相似的閃光照亮了現在。當年，巴蘇絲扯破她的頭巾以示抗議；如今，婦人還是採取同樣的動作，或把頭巾燒了。庫萊布（這名字的意思是「小狗狗」）則是受歡迎的成功酋長的模型，一位「良善的獨裁者」，如果他們在位的時間夠久的話，總是會失去控制、變得噁心。一直以來，在我的朋友中不只有一位，他們談到我們時代那些一度「良善」的獨裁者與那些侵略他牧場之人的仇殺，總是會悲傷地搖頭說道：「巴蘇絲戰爭，又來了。」

漫遊國王

就在「父祖」的瓦伊部落分裂為對立的塔格里布和巴克爾「兄弟」部落時，一股分裂趨勢也破壞了一度享有至少是想像的血源共同體的其他群落。這現象並不僅限於貝都因部落：歷史地理學家哈姆達尼列了一張分裂成兩個對立派系的城鎮清單[35]——阿拉伯版的蒙特鳩家（Montagues）和卡帕萊特家（Capulets，譯註：羅密歐與茱麗葉故事裡兩位主角所隸屬的對立家族）。這種裂變趨勢引發了進一步的情節，並在接下來幾世紀反覆上演：名義上同根同源的部落或其他派系爭吵失和；他們從自己的派系外請來一位領袖，或是由外力硬派給他們；這位新領袖帶來新的團結；派系很快又厭倦了友好相處，於是又把新領袖趕走，重回派系林立的狀態。更不幸的結局則是新領袖的最終繼任者又打成一團。

在這漫長的六世紀裡，最著名的範例是金達以及它與半島中部和北部部落的關係。金達的起源地大概是在阿拉伯半島中部，來自那裡的舊貿易城鎮達特卡赫爾，我們先前提過，他們和南方的定居民族建立了關係。西元五世紀末時，希木葉爾—示巴的統治者們支持金達的領袖胡札爾（Ḥujr）擔任附庸國王，統治北方的分裂部落。胡札爾帶來的統一隨著他去世而結束，但從大約西元五〇〇年開始，他的孫子哈里斯（al-Ḥārith）重新建立了金達對那些部落的領導權，甚至有段時間還把波斯在希拉扶植的拉赫姆附庸國王驅逐出去。不過，拉赫姆人重新奪回他們的王國，還把哈里斯殺了。從那之後，對哈里斯家族而言，情況就變得一團糟：他去世之前，已指定五個兒子擔任五個主要部落的統治者。其中兩個現在互打，並得到各自部落民的支持，但有三分之一的部落起來造反，殺死第三位兄弟。[36]不消說，這些北方部落的團結再次砸鍋。

從這樣的崩潰背景中，出現了一位傑出人物。遭到暗殺的第三位兄弟，有個疏遠又浪蕩的兒子，他因為愛追女人遭到放逐，後來還在詩歌裡發表他的愛情故事，當父親遭到暗殺的消息傳到他耳中時，他剛好喝醉了，而且是伊斯蘭禁酒令之前一位領主可能達到的爛醉程度。「今日，我醒不了，」他口齒不清說著，「但明日，飲酒終了。今日豪飲醉；明日拚大業。」他從未完成那件大業，但他企圖替被謀殺的父親報仇一事，讓阿拉伯歷史有了第一個全方位的悲劇英雄——詩人王子伊姆魯．蓋斯。在某種意義上，他人生的晦暗面實在太深，使他很難超脫自身的傳奇。但在另一方面，就像穆罕默德．賈比里所說的，今天他依然站在舞台上，哈姆雷特在六世紀的混沌中獨白。

這讓他聽起來像個很「現代」的人，而在某種意義上，他的確是。某一部分的他是個老派的 shāʿir

sayyid「部落的詩人領主」[37]，還有個很老派的名字（Imru'al-Qays 的意思相當於「〔天神〕蓋斯的僕人」）[38]。但他也是自己的詩人，他愛女人，歌頌女人，說她的「胸骨光亮如鏡」……

髮絲如層層黑瀑優雅她的背，濃墨
且密麻糾結如一束束棕櫚果，
髮束在她頭冠上高堆成辮——
髮簪在直扭交錯的迷宮裡流連……[39]

「伊姆魯．蓋斯是詩人先行者，」烏瑪爾哈里發（Caliph 'Umar）如此說道，「他挖鑿了詩之井泉，使其流淌。」[40]哈里發腦中想的，並非古代的詛咒：戰鬥的吟遊詩人，而是很接近今日我們所知的詩人。

但伊姆魯．蓋斯身為詩人的名聲，卻也掩蓋了下面這項事實，那就是，他或許是「伊斯蘭之前，最後企圖團結半島上阿拉伯部落的那個國家的最後一位統治者」[41]。但把這宏偉的計畫歸功給他，或許超出他的自覺意識。無疑的是，他曾向拜占庭尋求支持，企圖重新取得權力。確切的日期雖然不詳，但離希木葉爾貴族薩義夫．本．迪．雅贊尋求並取得波斯協助，對抗與拜占庭結盟、占領他故鄉的衣索比亞人一事，應該早不了幾年。薩義夫發現，玩這種大博弈他要付出的代價——衣索比亞刺客的匕首以及隨後的波斯占領南部——無異於玩火。伊姆魯．蓋斯則是從未得到拜占庭襄助，最後在失望中死去——據說是一件毒袍發揮的效應，因為他不僅尋求拜占庭的政治支持，還跟一位拜占庭公主求愛，這就是他的報應。

很難將虛構與非虛構的情節區分開來（在缺乏具體證據的情況下，宣稱什麼是「事實」都太過）。薩義夫・本・迪・雅贊原本可能成為希木葉爾命運的中興之主，最後變成奇想式的民間故事英雄；而原本可能成為金達命運的中興之主，甚至可能統一阿拉伯部落的伊姆魯・蓋斯，今日卻幾乎只被視為一頭文學雄獅。就他們在政治上的努力而言，兩者都捲進了超級強權的爭奪戰，而那兩頭伺機潛行的帝國雄獅，最後也都與他們發生衝突。不過，在那位愛國者與那位詩人失敗的地方，很快將會有一位先知成功打造出一個嶄新且徹頭徹尾的阿拉伯超級強權。

塔哈・胡賽因認為，伊姆魯・蓋斯的生平有很多跟巴蘇絲戰爭一樣，都是後世的反投射，特別是來自一位伊斯蘭時代的流亡者，以及想要為父報仇的金達領袖：阿布杜勒・拉何曼・本・穆罕默德・本・阿什阿斯（ʿAbd ar-RaḤmān bn MuḤammad bn al-Ashʿath）。[42]再一次，胡賽因可能是對的。但就像巴蘇絲戰爭將六世紀的內部暴力濃縮成一起事件，伊姆魯・蓋斯這位最後無家可歸——變成所謂的「漫遊國王」（Wandering King）——的詩人王子，則是將前伊斯蘭時代動盪不安的眾多流離體現在一人身上。他在一首首頌歌、一個個女人之間流徙，從哈德拉毛到小亞細亞到巴林[43]。他就是顛沛流離、追尋無法企及之目標的一段人生，和一個世紀。

我尚未把坐騎累倒在每一次狂風吹打的虛耗，
遙遠的地平線，閃閃發亮的海市蜃樓嗎？[44]

極遠之界的推動者

有一段時間，年輕的伊姆魯．蓋斯——被他嚴厲父親攆出門的浪蕩子——身邊聚集了一幫ṣu῾lūk「盜匪」或「浪客」。值得花點時間快速看一下這個異類團夥。其中很多人和伊姆魯．蓋斯一樣，都是詩人；他們都象徵著一個不安定的原子時代；他們也都是絕對個人主義和多元主義最後的輝煌大爆發，並將熄滅在伊斯蘭的共產主義和一元主義之下，至少理論上如此。很容易把這幫「浪客」浪漫化[45]，現代阿拉伯知識分子也傾向這樣做。他們具有雙重自由，因為同時身為詩人——如同阿多尼斯所言，在阿拉伯人心裡，詩歌可對意識形態免疫[46]——以及部落的流放者。他們是「阿拉伯最著名的為了發現真理而反律法主義（antinomianism）的範例」之一（另一個範例是蘇菲主義[47]，伊斯蘭的靈性流派）。但是他們的個人主義、濃烈的情感，以及他們與大自然的親近，確實帶有一點浪漫主義成分，即便那種浪漫主義是屬於難以駕馭的流浪漢類型。當美國記者小說家韓特．湯普森（Hunter S. Thompson）冒著時代錯置的風險，建議他的崇拜者「昂首闊步，保持自信，學會講阿拉伯語，熱愛音樂，永遠不要忘記你來自真理追求者、愛人和戰士的行伍」時，他腦海裡可能浮現的是這些ṣu῾lūk。

這些ṣu῾lūk學會講的阿拉伯語，是修辭與詩的高級語言。使用這種文雅語詞的阿拉伯人，大多是部落裡的話語凝聚者、發言人和領導者；但ṣu῾lūk卻是異議分子，被視為流放者，他們犯了違反榮譽之罪，因此有礙於῾aṣabīyah「部落的凝聚團結」。其中有些人在拒斥規範這方面，表現得非常極端。西元六世紀初，盜匪詩人塔阿巴塔．沙崙（Ta'abbaṭa Sharran）在一次打鬥中被殺，他的親族騎馬到他陳屍之處，打算將屍體帶走埋葬。當他們抵達時，發現屍體四周都是咬了他血肉的野生動物、猛禽和鼠蝨的屍首。[48]

據說，因為他生前都是吃毒蛇和苦西瓜（colocynth）這類有毒的東西，所以渾身上下充滿毒性。拒斥部落價值最有名也最雄辯的代表作，是塔阿巴塔．沙崙的同代人尚法拉（ash-Shanfarā）所寫的一首嘹亮頌歌，沙崙形容尚法拉是

話語的訴說者
強勁有力，是極遠之界的推動者……[49]

尚法拉的頌歌是這樣開頭：

母親的兒子們，躍上你們的駱駝！
因為我選了其他伴侶取代你們。
……
我有了比你們更親近的家人：敏捷的狼，
光滑的豹，長毛的豺……[50]

他以同等強烈的拒絕口氣繼續下去。如同十九世紀的阿拉伯專家吉福德・帕格雷夫（Gifford Palgrave）所寫的，這首頌歌是「絕對的個人主義，全然蔑視它的時代和一切相關之物」。[51]

然而，許多su'lūk都是以幫夥的形式生活和劫掠，或如我們在烏爾瓦・本・瓦爾德[52]案例中所看到的，會聚集一些部落社會的邊緣弱勢者，率領他們一起劫掠，好養活自己。他們雖然拒斥自身部落，卻常常組成屬於他們自己的另類非部落團體。如果我們相信烏爾瓦詩歌裡的感嘆，他那個另類社會是建立在社會正義之上：

富有的酋長無一能單憑財富統治；
他們的統治只能建立在自身行為之上。
倘若朋友多金，我不會與他競富，
倘若他的財運改了，我也不會鄙視以待。
倘若我是富人，我的所得將是鄰居的
所得，我的財富就是他的，這是我的承諾。
倘若我窮了，你不會看到我向兄弟
求助——他將伸出援手在我開口之前。[53]

這些su'lūk是阿拉伯部落統治的例外——而且至少在某些案例和意義上，是另類、非部落和社會公平的共同體的先驅，而這樣的共同體正是先知穆罕默德想要建立的。

但也僅限於某些案例和意義。ṣuʿlūk所抱持的絕對個人主義，他們那種吉訶德式、惠特曼式的主張，一般被視為一種「現代」款的自私，終究會被即將來臨的那個在神學和政治上都屬於極權主義的社會給否定。它也會被伊斯蘭形式的as-sunnah（聖行）概念給否定——這概念認為，一個完美的個人其言行習慣必然會得到眾人仿效。不過，對六世紀的眾生而言，ṣuʿlūk的確在部落習俗與宗教規範之外提供了另類選擇，儘管並不怎麼理想。他們是以人為中心的宇宙的預言家和讚頌者。和惠特曼一樣，他們會「在凡夫俗女身上看到永恆」[54]。

政治學與詩學

伊斯蘭之前的那個世紀似乎常常給人一種巨人造反的感覺：偉大的戰士、偉大的詩人、遠古的英雄，在次大陸的遼闊舞台上大步馳騁，在戰鬥和詩歌的暴力中衝撞，既迷醉又奢豪。但這印象有部分是受到誤導，因為它其實是茶杯裡的造反：那些英雄主義幾乎都是跟駱駝之類的爭吵有關，而對聚光燈外不被看見的大多數人而言，人生就是存活問題：找到這些年來首次降雨的那片牧場；守住你微薄財產和女兒安全，不被阿克蘇姆人或薩珊人的軍隊搶走；不要被隔壁的部落劫掠或強姦；不要死得太痛苦。同樣的，那個時代的「英雄」戰鬥精神，確實也有某種程度的現實性。劫掠（以及隨之而來的戰鬥）是一種生活方式，一種主要的經濟活動，而慶祝它的詩歌也不像我們這個時代那樣奢侈而罕見：例如，阿姆爾·本·庫勒蘇姆（ʿAmr bn Kulthūm，因為被殺而引發巴蘇絲戰爭的那位庫萊布的姪孫）所寫的最著名頌歌，「在塔格里布部落備受尊重，無論老少，人人都能吟誦」[55]，這的確令人印象深刻，因為那首詩長達一百多節。

對當時的阿拉伯人而言，政治上的統一根本超乎狂想。但正是在這個第六世紀，阿拉伯人於詩學上統一了，而且在一個文化聯盟裡密不可分，這個聯盟熬過自那之後的所有會戰日，那無數的戰爭。正是在這樣的時間點，伊姆魯．蓋斯可以把他追求的女人們稱為「Arab」；這跟《古蘭經》說穆罕默德是「Arab」是同樣的意思——不是做為由他的游牧主義所界定的 aʿrāb，穆罕默德絕對不是那種——而是做為一個次大陸文化的成員，他們的成員全都由支配一切的高級阿拉伯語結合在一起。並非所有人都能以任何方式使用這種語言，甚至也不是所有人都了解它複雜的整體性；但所有人都能欣賞它、嚮往它和回應它。就是這種共享的回應，讓他們成為阿拉伯人。

今日，這種共享的回應依然連結著各地的阿拉伯人：他們棲居在同一個統一的**文化民族**（Kulturnation）裡；他們熱愛它的語言，即便他們痛恨學習它的文法。而政治統一依然是無法想像之事：如同阿拉伯勞倫斯（T. E. Lawrence）跟英國詩人羅伯．葛雷夫斯（Robert Graves）所說的：「阿拉伯統一是一個人造觀念——對這個〔二十〕世紀或大概下個世紀而言都是。比較正確的類比說法是，以英語為母語者的統一。」[56]不過阿拉伯人在修辭領域依然是一個單一民族，無論是國族主義的或伊斯蘭主義的，儘管在政治學和詩學之間仍隔著一道令人失望的鴻溝。

當然，我們的看法是偏向於詩歌有其重要地位：它幾乎是前伊斯蘭時代存活至今的唯一文物——包括字面或其他意涵（相對於定居的南阿拉伯文化的所有文物——大壩、偶像、瓣羊橫飾帶、碑文等等）。這對歷史學家而言未必不利。畢竟其他許多文化只留下極少的書寫文本，甚至完全沒有，只能透過考古，透過挖掘建築結構和檢視裡頭的殘存內容來了解過去。在ʿarab的阿拉伯半島，遠古的實體建築相當罕見；但阿拉伯語詩歌就是隱喻版的結構物，是用 asbāb（「營繩」）和 awtād（「營釘」）這種公制單位打造出來的居所，它們又反過來組成了稱為shuṭūr（「一半」）或maṣārīʿ（「雙開門的門扇」）的半行詩，兩個加在一起就構成一行詩句，bayt（「帳篷、房間、房子」）[57]。當這些古代的阿拉伯語詩歌聚集成群時，就是阿拉伯前伊斯蘭時代的諾薩斯和龐貝城。這點很早就被意識到：如賈希茲所寫的，波斯人將他們的過去永久記錄在建築上；阿拉伯人將他們的紀錄留存在詩歌裡，到頭來，詩歌或許能維持得更長久，因為後輩經常會把先祖的有形紀念物給摧毀掉[58]。除此之外，詩歌打造的結構物還迴盪了時代的聲音。「一行詩有如一棟屋，」十一世紀的詩學分析家伊本・拉希克（Ibn Rashīq）延伸了這個結構隱喻：「它的地基是天賦，它的屋頂是傳播〔早期詩人的〕詩的能力，它的柱子是知識，它的門扉是慣習，它的居民是意義。一棟沒人住的『屋子』是不好的。」[59]

有鑒於記憶的變動和日後傳播的偽造，這些古詩歌當然很可能只有極少部分是以原始狀態留存至今。有些評論家，例如塔哈・胡賽因，把少數幾行之外的所有詩歌都認為是後世偽造的：可以說，這類評論家把所有的經典一筆勾銷[60]。這實在有點太過了。事實上，閱讀前伊斯蘭時代的詩歌，比較像是觀看英國的哥德式教堂，兩者都在比較晚近以熱情而高妙的方式「修復過」：有些部分無疑保持了原狀，有些則經過阿拔斯王朝／維多利亞時代的精心仿製，而且你很難看出其中的接合之處。把這些無論是話語或石頭的結構物一筆勾銷，拆除殆盡，都是野蠻的行為。除了阿拉伯文最古老的書籍《古蘭經》，以及一些非阿拉伯觀察者的見解之外，這些詩歌考古學能提供我們最好——幾乎也是唯一——的圖像，讓我們了解前伊斯蘭時代的阿拉伯生活、信仰與事件。

想像一下天堂不存在

在這幅圖像裡，時間是短暫無常的，不像伊斯蘭時代是永恆的：我們來自空，死於無。我們根據自身的行為付出代價或得到報償——但是在我們被回憶的方式裡，而非天堂或地獄。少了永恆的模糊陰暈生活的邊界，生活通常會以最銳利的聚焦方式被描繪出來：

對大自然，對沙漠生活，對夜間行旅和日間行旅的描述，外加各式各樣的事件，打獵、盯梢、潛伏、照料駱駝、蒐集野生蜂蜜，以及諸如此類的活動，都是最受推崇的描述內容。[61]

例如，詩人伊姆魯．蓋斯曾回憶他如何朝一位朋友的火光走去，

> 飢餓冷冽的黃昏
> 當峰大老邁的母駱駝為垂降之夜加了軟墊，
> 瘖啞了圈舍擠奶人的輕軟呼喚。[62]

這是一個稀鬆平常的場景；但卻完好無缺地保留下來，一如中世紀歐洲時禱書（Books of Hours）裡的田野生活。

前伊斯蘭時代的詩人世界似乎相當野蠻，政治眼光也很狹隘，但卻同時具有驚人的移動力，不但涵

蓋了非常遼闊的物理距離，也跨越廣大的道德範圍，從情欲到酒醉到最嚴苛地追求murūʾah——榮譽（「今日豪飲醉；明日拚大業」）。有組織的宗教不存在，但有一套約束的禮教，要求慷慨、勇敢、好客，以及忠於家族、部落和祖先。遵守禮教者可得到後代緬懷，一如伊姆魯．蓋斯緬懷那些在他漫遊時提供保護的人，例如圖阿爾（Banū Thuʿal）氏族[63]。同樣的，違犯禮教者則會被詛咒生出不同種的後代：「希瑪雅里，」伊姆魯．蓋斯提到一位沒有盡力保護他叔叔免遭謀殺的男子，

> 並不忠心，烏達斯（ʿUdas）也不忠心——
> 馬屁股生出來的蠢驢屁孩也不忠心。[64]

詩人扮演伊斯蘭時代記錄天使的角色，雖然當時可能沒有天堂也沒有地獄，但依然有後世，在那裡，就算不是你的靈魂，至少你的記憶會得到賞罰。無論一個人的nasab「血統系譜」如何，言行舉止的高貴或不高貴都會添加到hasab這個平行概念裡，那是一種會傳給後代的善行或劣行系譜[65]。所有這些阿拉伯信仰的特色，在六世紀時都相當突出，也將延續下去，至今依然，至少在理想型的領域是如此。類似的概念還有dīn「踵繼先祖腳步的義務」[66]，以及sunnah「祖先的言行」。伊斯蘭把dīn轉移到一個不同層面，將它打造成對安拉的一整套義務——簡言之就是「宗教」（類似的是，拉丁文*religio*的首要意義就是「義務」）；as-sunnah則變成專指先知穆罕默德的言行。然而，對前伊斯蘭時代眾生而言，這兩個詞指的是舉止和義務，而非教條。如果想了解dīn在當時所指為何，你必須把從英文「宗教」一詞引申而出的所有聯想拋到腦後，因為它們和「猶太教—基督教—柏拉圖式」的思想一脈相

連——與「古雅的亞歷山大什錦水果」一脈相連，那是諾曼．道格拉斯對基督教的稱呼。dīn其實比較像佛教的dharma（法），最初並非和神學有關，而是和維持社會的正軌有關[67]；而那條正軌就是祖先的軌道。同樣錯誤的還包括把dīn這個詞的早期和後期意義合併起來，將它設想成前伊斯蘭時代的阿拉伯祖先「崇拜」；不過，當你想起古代薩法伊塗鴉的作者們將超過十五代以上的祖先名字記錄下來，以及當你發現穆罕默德出身的古萊什部落將他們所有祖先肖像懸掛在前伊斯蘭時代的卡巴裡[68]（是不是很像中國的祖先祠堂？）時，你或許就能開始理解其中蘊含的敬祖之意。

dīn和sunnah這兩個詞比較古老的意義，即便到今天，依然是許多（特別是阿拉伯）穆斯林的思想基礎：對祖先盡義務的想法，在過去根深柢固，牢不可破，如今同樣獻給了穆罕默德——這個人儘管堅稱自己只是一介凡夫，卻披著開國先祖的英雄斗篷，他打造出一個嶄新的超級部落：伊斯蘭ummah（共同體）。二十世紀詩人穆罕默德．伊克巴爾（Muhammad Iqbāl）甚至說出：「你可以否定神，但你無法否定先知」[69]——當神在伊斯蘭世界被刻意用「祂」來強調其非凡人的地位時，奉獻的情感自然會轉向比較可以親近的人物。否定神是神學問題；否定先知穆罕默德則是反對某個比神學更古老、更深刻的東西。用上古的角度來看「宗教」，或許能解釋許多事情。

集體的記憶

詩歌也一樣，直到今天依然大多植根於過去。六世紀奠下的文學傳統持續至今：其中包括qaṣīdah，一種押單韻的頌歌，它最完整的形式是以愛和失落為序曲，接著帶領聽眾踏上一段旅程，內容會描繪這位詩人騎士的坐騎，以及一路經過的風景，最後抵達「目的地」——頌讚或哀悼等等。這些傳統當中有一些的根基特別古老：伊姆魯．蓋斯在他最著名的頌歌中，一開始就這樣回想：

> 一段戀情和一處窩居
> 在旋沙邊緣介於愛德達克胡與
> 豪馬爾、圖第和艾米克拉特，他的痕跡尚未抹去
> 任憑旋吹的南風與北颶
> ……
> 在痕跡泯除處有何可資倚踞？[70]

但比這些詩句早上五百多年，在薩法伊的許許多多塗鴉裡，就有作者記錄下他們回到廢棄營地，發現愛人已逝但痕跡依舊而感到悲傷[71]。

懷舊鄉愁只是六世紀詩歌的一種心緒。我們在前面已看過伊姆魯．蓋斯歌頌當下之美與逝去之愛。前伊斯蘭時代的後期詩人艾沙（al-Aʿshā）則以他對女性美的描述聞名，甚至到了人們要求他成立「婚姻部門」的程度，以幫助長相平凡的女孩們生產一些經過噴霧修圖的詩意廣告[72]。隨著六世紀往前推進，詩人本身也躋身名流之列：到了六世紀末，穆罕默德的古萊什部落在從南方通往麥加的主要商路上，創立了烏卡茲（ʿUkāẓ）泛阿拉伯市集，而詩人之間的競賽就是市集的最大賣點。參賽者乘著最昂貴的坐騎、穿戴最華麗的服飾前往，以詩歌決鬥[73]。詩人就是當時的流行明星。而諸如烏卡茲之類場所，其重要性不只限於文學：它們是休戰之地，交戰部落可以去到那裡，將如影隨形的世仇和復仇壓力

暫時拋卻。在一塊長年分裂的土地上，這種部落之間的市集可說是和平與短暫團結的世外桃源。

即便到了今天，傳統派的詩人依然會撰寫 qaṣīdah。詩歌決鬥的想法從未死去，並在阿布達比的電視節目《百萬詩人》（*Shāʿir al-Milyūn*）裡，以名流版的形式復甦，該節目甚至有自己的專屬頻道。和烏卡茲一樣，這節目也不僅是唯美矯揉的詩人群英會：在一塊統治者會以頌歌攻擊敵人的土地上，詩歌依然擁有誘人而強大的力量。

不過，還有其他的話語揮舞者，這些宣講師在各大聚集地巡迴，而且他們將會證明，自己對阿拉伯的未來甚至更具影響力。就在伊斯蘭前夕那段時期，這類人物中最有領袖魅力的，首推奎斯・本・薩伊達（Qass bn Sāʿidah），他以押韻的白話宣講道德和死亡；他頻繁參與烏卡茲之類的市集和其他跨部落的聚會場所，例如納吉蘭——那裡跟麥加一樣，都是一處崇拜中心。他最常用的講經壇，就是他的駱駝背。「薩穆德和艾德今何在？」他如同《古蘭經》，問起那些滅絕已久的部落：

父祖和父祖的父祖今何在？
未獲褒揚的善行今何在？
未受批判的惡行今何在？
奎斯以安拉之名宣誓，
安拉有 dīn（法），dīn 令祂喜悅更勝於汝輩之 dīn。[74]

奎斯是個「自由工作的」khaṭīb，一個不隸屬於某特定部落的演說家或宣講家，馬蘇第為了凸顯他超越部落的重要地位，把他稱為Ḥakīm al-ʿarab「阿拉伯人的賢者」[75]。奎斯提到安拉這點，顯然也很重要，安拉是古萊什部落的最高神明，當時已擁有阿拉伯各地的追隨者。在奎斯的眾多崇拜者中，有一位特別狂熱：

> 那就是安拉的先知，〔穆罕默德〕願他安詳蒙福，他傳播奎斯的演說，奎斯在烏卡茲駱駝上的宣講，以及他的靈性諮詢；是他將這些東西傳播到古萊什，傳播給阿拉伯人，他啟發了阿拉伯人讚賞其中之美，揭露了其中的訊息有多正確……奎斯是所有阿拉伯人的宣講師，無一例外。[76]

而先知穆罕默德同樣會向所有阿拉伯部落和民族宣講，無一例外；他也將從駱駝背上，發布他自己的告別講道。

某些伊斯蘭時代的敘述，將穆罕默德描繪成耶穌，奎斯則是他的施洗者約翰。奎斯聲稱：「在地表上，最好的宗教莫過於它的時代已經到來，並以它的影子保護你……」[77]在伊斯蘭的看法裡，奎斯只是一位先驅，是即將來臨的天啟的傳令官，而不是它的一部分。用文學評論的角度，他那種格言式的押韻白話，和《古蘭經》最古老的部分非常近似。但從教義的角度看，奎斯的修辭是屬人的，穆罕默德的修辭則是屬神的，因此不可能有前身。波赫士說：「每位作家都會創造自己的前身。」但《古蘭經》例外，它——如果我們接受正統派對於《古蘭經》作者的說法——摧毀了自己的前身。

整體而言，伊斯蘭之前那個世紀的宣講和詩歌，所有浮誇的修辭，「奠下了一種集體記憶」[78]。如同詩人阿多尼斯所說的：「有一大部分的阿拉伯群體無意識儲存在那裡……那不僅是我們最初的記憶，更是我們想像力的第一泉源。」[79]少了這個集體的詩學和修辭語法，《古蘭經》（如果我們對它的永恆性先存疑）和伊斯蘭，或許還加上身為一個「民族」的阿拉伯人這整個概念，恐怕都不可能成立。這樣的記憶和語法，依然團結著被邊界、戰爭和教義分裂的阿拉伯人。

但這要付出代價。既然話語對認同如此重要，那些能夠控制話語之人，總是也能控制人民，因為話語構成了他們族群和宗教自我的核心。詩歌和宣講會受到政治利用，與宣傳一樣被用來情感動員。這種利用有時會到非常荒誕的程度：此刻，在我窗外，宣講家和詩人們正在激勵十四歲的男孩們奮起，讓自己被阿拉伯同胞炸成碎片；他們解釋，那些阿拉伯同胞其實是美國人和猶太人；當男孩們被殺，他們解釋這必然得發生，因為那是神意，之後再說服他們的父母，用歡喜心接受孩子的「殉道」，在埋葬孩子時破涕為笑，我鄰居剛剛就對著他兒子的殘骸這樣做了。**倘若對我們的死亡有任何疑問，／告訴他們，因為我們的父祖撒了謊**……但或許，撒謊並不足以說明這起悲劇。話語本身也可能有罪，比方shahādah這個字，它的意義就包括「殉道」、「〔伊斯蘭的〕念功」以及「學校證書」，真是殘酷的諷刺。當然，脈絡可釐清意義；但宣傳家會玩弄脈絡。他們在每所學校籌劃「shahādah日」，勸告學生勇於赴死：你在考場失去的，會在天堂得到回報。

這一切都告訴我們，阿拉伯歷史上最傑出的三大征服——武力、伊斯蘭和阿拉伯語——裡，最早也最持久的，是依他們所命名的那個語言的勝利，是他們自己戰勝了自己。

統一的願景

到了六世紀末，已經存在一個無可動搖的觀念：阿拉伯人是如同荷蘭語言學家基斯・維斯泰（Kees Versteegh）所說的，一個廣及阿拉伯半島的「超級部落……族裔—文化群體」[80]，遵守著相當一致的道德規範。阿拉伯人從其源頭走了很長一段路，先是身為閃族世界的荒野行旅者和叢林開路者、沙漠邊緣的流浪者、《創世紀》裡浪遊並劫掠的以實瑪利，以及生活在帝國夾縫間的鄉下人和運輸承包商。無論他們的起源有多繁雜，當時都已累積了足夠的共同價值和語言——以及簡單、足夠的共享歷史——有資格獲得統一的族裔身分。

他們已拿下的地方或許足夠了。他們可以待在自己的半獨立「島嶼」上，扮演歐非亞歷史主體的附屬物，以劫掠和頌歌挑戰彼此。他們的前進之路，從族裔和道德團結走向政治統一，從文化民族走向國家民族——更別提這條路的終極舞台，走向帝國——絕非必然。一千年前，希臘人已經成為文化上的獨立國度，擁有共同的高級語言，但他們從未有過包羅萬邦的政治統一體；在一千多年後的十九和二十世紀，我們將會看到一個重新誕生的阿拉伯文化統一體，並看到阿拉伯政治統一體的概念再次死去。

儘管如此，還是有一些時代，在民族與部落、ḥaḍar與badw、理想與利益之間找到了平衡，而部落本身也暫時集結在一起。先前提過金達努力促成的團結；合併在伽珊王朝和拉赫姆王朝之下的部落集團也是。但這些實驗或多或少都是建立在外部強權的存在或意志之下，即南阿拉伯、拜占庭和波斯。想要取得進一步的統一，這份意志必須來自內部。統一的阿拉伯次大陸就跟薩爾曼・魯西迪（Salman Rushdie）筆下戰後統一的印度相同，是「一塊神話之地，一個永遠不會存在的國度，除非出現一股稍縱即逝的集體意志——除非在一場我們全都同意一起作的大夢裡」[81]。對阿拉伯人而言，一個有可能更為強大的統一願景就在眼前：在六世紀即將結束之際，「ʿarab／ʿajam「阿拉伯人／非阿拉伯人」的對比已經是牢固無比的事實，加上「只有我們自己」的意識，共同將他者圍在外頭。當時欠缺的，就是在牆內凝聚起來的集體意志，少了這股意志，所有的願景終將是幻象。

有些時候，這類願景也會變成噩夢。例如伊斯蘭前夕這個漫長世紀，它隨著巴蘇絲戰爭開啟，並以更多的旋轉火輪結束。「當他們的後代逐漸富有興旺之後，」根據紀錄，部落之間企圖建立一個農業聚落，「他們全都忘了自己的好運，切斷彼此的忠誠關係，於是戰爭在他們之間飛竄，直到他們把彼此滅絕。」[82]還有更悲慘的，烏德旺（ʿUdwān）部落一度人口眾多、繁榮興盛，擁有「七萬名尚未舉行割禮的年輕人」，卻也陷入內部的劫掠和戰爭，最終摧毀了自身的統一。就像該部落的詩人所寫的：

威望、卓越與智慧皆屬他們
直到，最後，時代在它的致命迴轉時奪走一切：
部落分崩，手足離散，
人民流落四方。
荒蕪降臨他們土地，擴及婦女子宮；
命運的意外永遠摧毀他們。[83]

口語傳播的意外也可能將烏德旺氏族的人口數多加了一個零或兩個零。關於阿拉伯遭劫掠撕裂這點，比較個人或許因此也比較有力的紀錄，是哈里沙（Ḥārithah）這名男子哀嘆他失去了一個人——他的幼子札伊德（Zayd）在一次劫掠中消失：

我為札伊德哭泣，他下落不明：
他還活著，還可指望？或是死神已經找上？
太陽使我想他在每次日升；
他的記憶回返在每個日落；
他的往事隨著吹起的每一陣微風翻攪——
我對他的哀悼還要多久，多憂焦。[84]

（**在日落與清晨／我們將會記起他們。**）札伊德還真的活著，但已無法指望：那孩子因為無法贖回而淪為奴隸。這首詩的主題與哀悼光榮捐軀的戰士不同，它很罕見：孩童或許會在私下受到哀悼，但他們還沒累積Ḥasab，還沒有高貴的行為紀錄值得公眾緬懷。這首詩之所以能保留下來，或許得歸功於那男孩後來的主人和養父，一位沒沒無名的麥加公民，他正準備登上阿拉伯偉人的舞台——而且會搶盡鋒頭。

降臨

隨著六世紀結束，接下來的發展影響的不僅是個人或部落。拜占庭和波斯雙雙取消伽珊和拉赫姆這類附庸王國的服務，試著用從自家人民徵召而來的正規軍守護疆界[85]。然而這些丟了工作的國王們，卻依然受到頌歌歡迎，而且裡頭有一種逆反的新調子，和一種「國族」情感。哈珊・本・塔比特（Hassān bn Thābit）提到伽珊國王賈巴拉・本・艾罕（abalah bn al-Ayham）時說道：「您在敘利亞的統治，直抵拜占庭邊界，是每個葉門人的驕傲。」[86]

拉赫姆王朝的表現就比較差。西元六〇二年時，薩珊沙王讓拉赫姆國王——就是曾經拒絕薩珊沙王聯姻提案的那個努曼三世——遭大象踐踏至死。這裡頭似乎沒牽涉到什麼高端政治；只有私人恩怨，一種骯髒的宮廷陰謀和譴責[87]。然而，波斯以如此斷然的方式終止他們和拉赫姆王朝長達三百年的關係，卻是鑄下大錯。兩年後，他們和某些殘留下來的阿拉伯聯邦在祖卡爾（Dhū Qār）這個地方吃了大敗仗，對手是以巴克爾為首的阿拉伯部落聯盟，也就是那場駱駝乳房戰爭交戰的兩造之一。就其本身而言，這波部落團結的風潮看起來像是大規模的劫掠，最後在常見的爭執中結束；但這場失敗似乎讓薩珊人恢復理智——甚至讓他們決定先發制人。從六一〇年開始，他們為自家帝國發動一波遲來的最後擴張，痛擊拜占庭並進攻敘利亞，甚至埃及。但當時有個感覺，隨著波斯人在祖卡爾遭遇失敗，有個谷底已經反彈。穆罕默德——當時仍只是麥加一位沒沒無聞的公民——據說曾在那場遙遠的會戰之日大聲驚呼。「今天，ʿarab向ʿajam復仇，而且贏了。」[88]這段話究竟是心靈感應還歷史的後見之明，至今仍無定論；但毫無疑問的是，阿拉伯人即將贏得比這更大的勝利，而且不只打敗了波斯人。

回顧伊斯蘭出現之前的那個世紀，感覺上所有的遷徙、劫掠和戰鬥似乎都在施加壓力，那股精力必須找到出口，否則就會內爆。但那個出口即將出現，而且，那股精力將被疏導。阿拉伯的話語，還有阿拉伯的意志，將被凝聚；有那麼一段時間，阿拉伯人全都同意作同一場大夢，並讓它變成甦醒的現實。

詩人哈珊・本・塔比特很快就會歌頌一位新主人——不是國王，而是一位沒沒無聞但洞見十足的麥加人，那位毫無疑問的帝國創建者，而那個帝國將在他死後一代人的時間裡，含括遠北地區伽珊王朝那些驕傲的葉門外邦人、他們居住在被波斯殖民的南方的遠房表親、他們苟活下來的希拉對手，以及——令人驚訝地、短暫地——介於三者之間長年爭吵不停的所有部落。在穆罕默德身上，不僅部落的 kāhin、khaṭīb、shāʿir 和 sayyid ——神諭、演說家、吟遊詩人和領主——等修辭會以非凡的原創性與領袖魅力統合起來，而且這些修辭角色的統合將遠超過各部分的加總：變成先知。

先知指的是某位神明的「代言人」。在穆罕默德這個案例裡，這位神明將和古代南阿拉伯的神明一樣，執行並引導其崇拜者的集體意志。差別在於，這位神明沒有同伴，也沒有對手：「祂」的宗教是毫無妥協的神學唯一神論，而且在短暫但令人振奮的一個季度裡，它將帶來另一個統一體——不僅是語言和文化的統一，也是教義和甚至於武力的統一；而且那不僅建立在一個定居的共同體上，更是建立在半島的所有人口之上，包括 ḥaḍar 和 badw，還會把所有阿拉伯人送離他們的「島嶼」。「阿拉伯人的大時代」離結束還早；而且這一次，它們依然來得又猛又快。只不過，阿拉伯人將在更廣闊的世界歷史上，擁有他們的時代。

革命
600～630年

第5章

啟示與革命

穆罕默德與《古蘭經》

黑石

西元六〇八年，麥加的聖寺重建，因為一場暴洪摧毀了先前的建築，重建的故事是這樣展開：「當古萊什重建卡巴，

……工程進行到那塊〔黑〕石頭的所在地……但此時，古萊什人為了該由誰把石頭就定位起了爭執。最後，他們同意，由第一個碰巧走進謝巴氏門（Gate of Banū Shaybah）的人做決定。而第一個在他們眼前穿過那道門的人，就是〔不久之後的〕先知〔穆罕默德〕，願他安詳蒙福。他們已經知道他是個「al-Amīn」〔可信賴的人〕，因為他的嚴肅認真，判斷合理，加上言談真實，還有他會避免不潔和汙穢。他們請他為紛爭做出決定，並同意遵守他的裁決。此時，他脫下身上的斗篷……在地上攤開，拿起石頭，將它放在斗篷中央。接著，他告訴四名古萊什人，四人都是〔同一部落不同次氏族的〕酋長和領袖……抓住斗篷，一人抓一邊。他們將斗篷抬起，走到擺放石頭的位置，然後先知在所有古萊什人的注視下，將石頭就定位。這就是

他的第一次公開行動，展現出他的美德和智慧。[1]

那塊黑石今日依然是伊斯蘭焦點聖寺裡的焦點：是每位麥加朝聖者渴望親吻的聖物。但確切的原因並不清楚。在穆罕默德重新放置了那塊石頭之後約莫三十年，他的第二位繼承者烏瑪爾哈里發說，他知道「它無益也無害」。既然如此，他和其他信眾為什麼要去親吻那塊石頭呢？因為，哈里發說，那是先知的習慣[2]。因為某個動作代表了穆罕默德的某種as-sunnah（聖行），這理由就足以讓穆斯林仿效。但是，正如這則重新安置的故事所顯示的，這塊石頭也有它的過去，可能是非常久遠的過去，在零年之前，而零年是伊斯蘭時代的起點，據信，也是先前所有歷史的總結。

卡巴在前伊斯蘭時代最後一次進行重建時，裡頭有一大堆偶像，代表阿拉伯不同部落的各種神明。我們並不知道，安拉——穆罕默德所屬的古萊什部落的最高神明——究竟有沒有實體象徵物。如果當時祂就沒有任何象徵物，那祂確屬例外；反之，如果祂曾經有過某種象徵物，那麼到了伊斯蘭時代自然會想要掩蓋這個事實：伊斯蘭所呈現的卡巴，是嚴格反對偶像的一神教最古老的聖寺，時間可回溯到亞伯拉罕時代或某些敘述裡的亞當時代；甚至可能在人類創造之前，當時天使聚集在它的所在地祈禱。

認為黑石和安拉有某種關係，是很合理的假設，即便無法證明。他們用istalama這個不尋常的字眼來形容穆罕默德親吻黑石的動作，這點也可支持上述看法，因為在古代南阿拉伯的碑文中，這個字的意思是「因為某神明而得到安全」[3]。還有，同樣反對偶像崇拜的猶太教也與聖石有關——跟黑石一樣的那未加工石頭，也就是沒有任何具象「雕刻圖像」的石頭，例如《創世紀》裡位於伯特利（Bethel）的那顆[4]。（「Beth El」和「Bayt Allāh」都是「神之家」的意思，後者是卡巴的正式名稱。）大家也都知道，阿拉伯人常用未加工的石頭代表神明。古文物學家伊本・卡勒比在他的《偶像之書》(*Book of Idols*)中指出，阿拉伯人在旅途中歇息時，他們會選出四塊石頭，利用其中三塊撐起他們的煮鍋，另外一塊當成「神明」。他們會給這些碰巧找到的神明獻上犧牲，還會在四周繞行，一如他們在卡巴四周的巡繞[5]。最具約束力的誓言，就是在這些聖石前起誓的[6]，而在伊斯蘭之前另一則罕見的有關黑石的記載裡，有個古萊什氏族的結盟儀式，就是清洗黑石，將清洗的水喝了，然後立下誓言[7]。

還有幾個可信度稍低的記載：亞伯拉罕的兒子以實瑪利／易斯馬儀（Ismā'īl）在興建卡巴時，從大天使加百列手上接到黑石[8]（源自「天界」一說並非不可能——黑石可能是一顆隕石，儘管這點從未得到證實）；還有一說是，那顆石頭原本是白色的，後來因前伊斯蘭「蒙昧時代」（Age of Ignorane）的罪惡而黑化[9]。但是，無論黑石在前伊斯蘭時代已經失去的意義是什麼，從穆罕默德在他得到啟示前兩年的第一個公開行動之後，黑石在阿拉伯歷史上便將得到無數的象徵意涵。它是某個絕對嶄新之物的基石，但本質卻又來自遙遠的過去。當穆罕默德二十幾年後從他的新權力基地麥地那返鄉時，他第一個用來吸引麥加異教徒的行動，就是再次親吻黑石[10]；這個吻，封印了他與自身故鄉和阿拉伯傳統的和解。當他後來搗毀了卡巴裡的偶像，這顆黑石就是一個連續之點，讓大多數的異教過往可以滑入一神教的未來；而它向來的位置，也就是聖寺的東南角，就變成一個轉捩點。最重要的是，由於穆罕默德在先前所展現的智慧與領導，讓黑石不再是不團結的根源，不再是一顆絆腳石。相反的，它名副其實「中介」在爭吵的氏族之間，讓他們合力將它抬起；它變成不是任何氏族而是所有氏族的財產，一個並非爭執而是結合的點。穆罕默德凝聚了人民的話語和意志。

今日，千百萬名蜂擁而至、模仿穆罕默德親吻黑石的朝聖者們，幾乎沒有一個人曾經想過這塊石頭為何這樣重要；儘管如此，它的重要性還是隨著每一雙親吻的嘴唇而一點一點逐日增加。

諸城之母

和阿拉伯所有的永久性聚落一樣，麥加的位置也仰賴水源。在麥加，供水不是藉由人的合作，如同定居的南方，而是依靠大自然——或說依靠神，就像伊斯蘭時期夏甲和易斯馬儀的故事。故事是這樣，亞伯拉罕帶著年輕的易斯馬儀去了麥加，把易斯馬儀和他身為小妾的母親夏甲留在那裡（夏甲成功生下兒子，讓亞伯拉罕擁有自由民身分的妻子撒拉心生嫉妒，因為她試了好久始終無法懷孕）。在他們流亡的麥加，易斯馬儀非常口渴。母親拚命找水，但徒勞無功——直到神的使者讓神奇的滲滲泉（Zamzam）汩汩流出。後來，易斯馬儀透過聯姻成為朱爾洪部落（Jurhum）的一員，該部落控制了麥加；另一個版本是，朱爾洪部落源自南阿拉伯，當他們的南方家鄉毀於旱災時，夏甲允許他們住在滲滲泉旁邊。在這個故事的所有版本裡，易斯馬儀最初都是說「敘利亞語」或其他某種閃族語，阿拉伯語是後來跟朱爾洪人學的，或透過神的啟示學會的[11]。雖然這些故事線把人搞得頭昏眼花，但它們確實為麥加的歷史給出一點線索——這個城鎮和南阿拉伯有聯繫，氣候變遷導致遷徙，逐漸適應阿拉伯語。至於今日被視為聖泉的滲滲泉，可能早就是聖地了：據說穆罕默德的祖父阿布杜．穆塔里布（'Abd al-Muṭṭalib）在挖鑿該井時，曾在裡頭發現兩尊金瞪羚像[12]。它們可能是匆忙藏匿的寶物，也有可能是獻給井泉的供品。

看一下比較沒那樣模糊也比較沒神蹟的麥加過往，我們可清楚發現，做為一個qaryah「駱駝隊商城」（cravan-emporium），它是佩特拉、帕米拉和金達的達特卡赫爾的繼承者。它位於古老的南北貿易道路，地理上介於南北兩個肥沃月彎的中點；它也占據了一個文化中點，另外兩端分別是比較定居的阿拉伯西部和比較游牧的東部，介於hadar和badw中間。它的聖地角色可能也很古老：在托勒密（Ptolemy）二世紀的阿拉伯地圖裡，有個名為「馬可拉巴」（Maroraba）的地點，與麥加的位置大致相符[13]。那個地名可能代表一個示巴文字，mkrb，它的母音並不清楚，但似乎意指「神廟」[14]。不過，「馬可拉巴」同樣也可能代表「馬格拉巴」（Maghrabah），一個阿拉伯的地形名稱，指的是類似麥加這種位於山丘之間的地方[15]。可以肯定的是，無論我們是否要將麥加的神聖歷史回溯到易斯馬儀、亞當或甚至亞當之前的天使時代，至少在穆罕默德之前的好幾個世紀，麥加一直都是宗教崇拜中心。

和前穆罕默德時代的其他商城一樣，麥加似乎過著自己的商業生活，並在歷代部落的「保護」（帶有黑手黨的意味）下度過了不同時期。在傳統歷史裡，朱爾洪和其他部落曾為了控制權而戰[16]，然後，最晚大概在三世紀初之前，穆達爾（Muḍar）和伊亞德（Iyād）這兩個部落也在城裡爆發衝突[17]。此時，黑石已經登台，而且——無論當時它有何重要性——受人尊敬到足以為了它的安全而把它藏匿起來，藏得非常隱密，隱密到連藏匿點都被遺忘了。然後另一個部落登場：呼札阿（Khuzā’ah），他們碰巧發現了黑石……他們表示，該部落很樂意物歸原主，前提是要讓他們擔任黑石的守衛。這個守衛權想必和金錢的關係不亞於愛。無論如何，在後世唯一神論者的敘述裡，是呼札阿把偶像崇拜引進這個當時的一神之家（House of the One God）[18]，讓麥加的吸引力變得更多元。他們的領袖阿姆爾·本·盧哈義（ʿAmr bn Luḥay）[19]特別從敘利亞進口了一尊胡巴（Hubal，亞蘭語「精神、蒸汽」之意[20]）神的偶像。呼札阿一直掌權到西元五世紀，麥加歷史的新紀元就此展開。那是一個至今仍未結束的紀元。

新紀元是從一個名叫古賽伊（Quṣayy）的阿拉伯人抵達麥加開始。他的出身不詳，但自他之後，宣稱為他後裔的那些人始終是鎂光燈關注的焦點：他的部落稱為「古萊什」，據說是取自古賽伊先祖的名字，他們是阿拉伯歷史上最成功的家族，或許也是人類歷史上最成功的。關於那位先祖的名字，沒人能肯定；我們提過，系譜學往往是「某種想像之物，缺乏現實。它的用途只是為了拉關係」[21]，把這套用在古賽伊的系譜上，似乎是真的。古賽伊有時被稱為穆賈米（al-Mujammiʿ）「連結者，統一者」；而如同我們也提過的，「古萊什」，經常被認為是源自於動詞 taqarrasha「把人民聚集起來」[22]。以上種種透露出，古萊什可能是一個起源混雜的團體。不過，也有人認為，那個名字是源自於 qarsh「掙錢」[23]，這的確是古萊什人擅長的活動。然而，還有一些人從最字面的方向推導，認為它源自於 quraysh 這個常見的名詞，亦即「小鯊魚」。下面這首詩是前伊斯蘭時代希木葉爾詩人穆沙姆里吉・本・阿爾姆（al-Mushamrij bn Arm）所寫：

> quraysh 生活在海裡
> 因為牠，古萊什被稱為古萊什。
> 牠吃瘦肉也吃肥肉而且不放棄
> 兩翅動物的任何一根羽翼。
> 於是，在陸上，有了部落古萊什：
> 他們吃光土地，將之吞噬。
> 在時間終結時他們會有一位先知——
> 他將多所死殺掌摑辱斥。
> 他的騎士步兵將遍布大地

驅策坐騎以火之霹靂。

或者，也許，「……以蛇之滑移」[24]。無論這個詞源是否為真，這首詩都怪到幾乎像是真的。不管古賽伊是誰，他確實有辦法取得麥加聖寺的控制權。至於他是如何做到這點，傳統說法就跟上面那首詩一樣，不可思議到幾乎令人相信：當時相對潦倒的呼札阿族守衛正處於困境，古賽伊輕輕鬆鬆用一頭駱駝和少量葡萄酒說服他交出卡巴的鑰匙[25]。古萊什和麥加聖寺之間有著漫長且仍未中斷的連結，無論這連結的開端是不是真的這樣陳腔濫調，但根據傳統記載，古萊什做為卡巴守護者和麥加首領的地位，後來還是得到了阿拉伯三大強權的立約認證，分別是伽珊、拉赫姆和希木葉爾[26]。倘若這是真的，等於是把伊斯蘭國的終極源頭放置在阿拉伯與外國強權的古老網絡裡——伽珊的拜占庭上主，以及拉赫姆的波斯宗主。

可以確定的是，這些鄰國強權的命運將會直接影響到古萊什的命運，因為古萊什很快就在他們的活動組合裡把貿易加入聖寺管理的項目：朝聖之路就是現成的商業高速公路。他們的第三位擔保者希木葉爾人曾是自立自強的一方霸權，但是到了五世紀後半葉已開始走下坡。這個南方帝國的衰頹讓古萊什得到好處，因為新來者可取得阿拉伯商路的更多控制權[27]。到了六世紀末，拜占庭和波斯的鷸蚌相爭，又讓古萊什的貿易收坐漁利，因為這項衝突讓交通路線從阿拉比亞的東部商路轉移到西部商路，而後者正是由麥加所掌控[28]。在這整個過程中，古萊什一直忙著和 badw 部落建立一個聯盟網絡，用金錢或其他方式說服這些部落保護麥加商隊，同時阻止或劫掠可能的闖入者。這個網絡不斷擴大，涵蓋了半島的大部分地區[29]。這時，差不多也到了西元六世紀末，阿拉伯文的書寫新科技（對麥加人而言是新的）提高了他們的簿記能力，這對掌握大規模商業活動的進展至關緊要[30]。同樣在這個世紀，還興起了一種對商業擴張極為關鍵的業務——muḍārabah（盈利分享），以大規模合資投資更大的商隊去更遠的地方貿易[31]。以上所有發展使得麥加變成整個阿拉伯次大陸的商業樞紐。而且，就跟一千年後荷蘭人、英國人和法國人從他們的東印度公司和遠征艦隊所發現的，大規模的商業合作會播下帝國統治的種子。

最著名的麥加商隊，是《古蘭經》裡提到的那些踏上「冬季和夏季旅行」的商隊[32]。冬季商隊往南走到古老的亞丁港（Aden），夏季商隊則是往北走到利凡特和主港口加薩[33]，接著從那裡和印度洋與地中海領域的交通搭上線。這樣的連結恢復了當時已經相當古老的商業模式：早在上一個千年交替之前，來自南阿拉伯馬因（Maʿīn）國的商人就曾往北和往南貿易，還跟加薩建立了特別密切的關係。不過，麥加人也逐漸強化這個模式的另一面向——該城自身做為朝聖地對半島人的吸引力。貿易和朝聖相互拉抬，彼此提攜；例如，穆罕默德的叔叔阿拔斯（al-ʿAbbās）曾在葉門購買香膏，然後在朝聖時期於麥加銷售[34]。同樣重要的是，麥加的環球貿易也將塑造出未來帝國擴張的模式。埃及的最後征服者暨總督阿姆爾・本・阿斯（Amr bn al-ʿĀṣ）曾經在加薩做生意，這點並非偶然，該地正是通往尼羅河富庶之地的門戶[35]。我們也不驚訝，伊斯蘭第一個王朝烏瑪亞的第一位統治者會把首都從麥地那遷到大馬士革，至少在我們得知他的有錢父親阿布・蘇富楊曾在富庶的貝卡谷地（Bekaa Valley）投資過地產之後便不意外；那裡離大馬士革不遠，今日叫做黎巴嫩[36]。

麥加人靠著海外的商業以及自家的卡巴——異教朝聖的磁鐵——同時貿易商品和神明。他們也貿易話語。古萊什古老的日常方言可能和高級阿拉伯語相去甚遠[37]；甚至遲至六世紀末，他們的方言可能還跟古老的南阿拉伯語有些類似。[38]但隨著他們和世界的連結愈來愈廣，麥加人的言語也逐漸接近旅行和貿易用的阿拉伯通用語，而且愈來愈豐富。據說，古萊什人「會從（朝聖和其他代表團成員的）演說和詩歌中挑出最好的在地變體和最純粹的言詞，添加到他們與生俱來的語言能力裡」[39]。這讓演變的過程聽起來比向來的情況更有自覺；像是某種刻意為之的手段，準備在稍後幾個世紀將阿拉伯語標準化。但毫無疑問的是，當正式的公開發言需要高級演講時，某些麥加人確實對言詞很有一套：一位訪問詩人將他們的演說比喻成「雨打焦土」[40]。

　隨著麥加商人和麥加言語日益豐富，城鎮人口也跟著擴張。西元七世紀初，麥加人口約有一萬五千到兩萬人[41]，如果此說為真，那麼幾乎可以肯定，單憑它的規模就能贏得它在《古蘭經》裡的頭銜：umm al-qurā，即諸城之母，大都會商場。[42]但到了這時，它也正在揮舞身為一個宗教和商業城鎮的母權。這座小城市舒服、有利可圖、躊躇滿志；但從世界的角度而言，它依然只是個半島，是重大事件的附屬品。當時沒人知道，它正蓄勢待發，即將從一個以自我為中心的市集城市，蛻變成一個將衝擊波送往全球的震央。

大地之臍

　差不多在穆罕默德出生前後，麥加的神聖地位又因為一場奇蹟得到強化，那就是大象日，衣索比亞人被好幾群飛鳥轟炸機給擊退[43]；事件之後，麥加身為朝聖中心的魅力與日俱增。有線索指出，在前伊斯蘭時代，阿拉法特山（mountain of Arafat）——伊斯蘭版朝聖之旅最高潮的儀式場景——才是主角，卡巴則是某種在地配角[44]。朝聖者會以部落群體的形式抵達阿拉法特山，唱出每個部落專屬的儀式歌曲，並模仿該部落專屬的圖騰動物叫聲[45]。這資訊並不充分，可能的解釋之一是，卡巴附近的場址是

「都市」朝聖的中心，主要的對象是定居的ḥaḍar民族，而分散四方的badw，則是把朝聖焦點放在阿拉法特山附近[46]；日後的伊斯蘭將ḥaḍar和badw的儀式統整為單一的朝聖之旅。

我們不可能進入前伊斯蘭時代阿拉伯部落民的腦袋裡。但情況很可能是，就像屬靈（spiritual）與政治之間的界線總是充滿孔洞，在他們腦中，屬靈與商業之間的界線也一樣。對一個badw社會而言，主要的經濟機制就是劫掠，麥加在屬靈上的吸引力，或許和逛街的吸引力或烏卡茲之類市集的樂趣沒什麼差別。和平也是另一個吸引力：朝聖的時間落在每年三個月的停戰期中間[47]，在這段期間，貿易取代劫掠，被劫掠和復仇搞得筋疲力竭的戰士可以喘息一下，聆賞決鬥詩人和駱駝宣講家的演出。政治、商業和屬靈這三個領域彼此交織，而三者交錯的正中央，就是（至今仍是）麥加的神廟區。

今日神廟區的焦點卡巴（「立方體」之意）似乎是永恆的、原型的。穆斯林地理學家把它稱為「大地之臍」（the navel of the earth）[48]，希臘人也曾用同樣的詞來形容他們的朝聖中心德爾菲（Delphi，那裡的「肚臍」是用一塊聖石做象徵，也許並非巧合[49]）；也有人把麥加比喻為子宮，為了容納數量日增的朝聖者而膨脹[50]。卡巴似乎是抵達這裡的而非建造出來的，就像《2001太空漫遊》（*2001: A Space Odyssey*）裡那塊困擾人類的黑色外星石。但卡巴也經歷過改變、衰頹和重建，程度不下於其他任何紀念物。它也經歷過人口變遷。一般認為，偶像胡巴是在西元五世紀之前的某個時刻從敘利亞引進，牠統轄了當時流行而且有利可圖的占卜業：支付一百迪爾罕姆（dirham）或一匹駱駝，就可搖動位於神像前方聖箭筒裡刻有「是」、「不」和其他文字的箭，然後根據抽出的箭提供建議[51]。古萊什的創建者古賽伊為聖寺增添了居民，把拉特、瑪娜（Manāh）和烏札這三位最受歡迎的阿拉伯女神一起奉祀在裡頭[52]，這三位就是日後惡名昭彰的「魔鬼詩篇」裡的三女神。到了穆罕默德的時代，那裡有一座相當古老的萬神殿，而卡巴的吸睛重點還包括伊薩夫（Isāf）和娜伊拉（Nā’ilah）這對雕像，據說是一對在聖寺裡通姦然後被化為石頭的男女[53]。這時，卡巴還有另一個替身角色，就是做為古萊什祖先的肖像館[54]，四周圍繞著古萊什各氏族的聚會所，還有一棟會議廳供所有氏族齊聚一堂[55]。不僅如此，從六〇八年重建之後，甚至可能更早，聖寺裡就有一幅耶穌與瑪利亞的畫像，後來在穆罕默德全面摧毀前伊斯蘭時代宗教文物的運動中，被他拯救下來[56]。

不過，麥加的卡巴並非唯一。納吉蘭也有一座卡巴，由衣索比亞人贊助保護，做為遭受猶太教國王尤蘇夫．阿薩爾迫害的基督徒受難者的殉道堂[57]，而伊拉克南部的辛達德（Sindād）也有一座卡巴，只是知道的人似乎不多。但是到了西元六世紀末，麥加的卡巴逐漸成為最主要的崇拜和朝聖中心[58]。在那些分裂的歲月裡，卡巴為每個人提供某種慰藉，某種一站式的神店，以胡巴和祂的占卜做為主打商品。當時的安拉雖然廣為人知，但祂的活躍崇拜者似乎比較是地區性的。祂被視為古萊什的守護神或父神：「早自遠古，我們就是安拉的家人。」[59]據說穆罕默德的祖父阿布杜．穆塔里布曾如此宣稱。但這一切即將改變。

穆罕默德

穆罕默德的一生，正好跨越有記載的阿拉伯歷史的正中點。這歷史的前半部，也就是前伊斯蘭的部分，經常晦澀不明，穆罕默德的人生也是。一般認為，他是出生在西元五七〇年。這是瞎猜的，但又難以擺脫；我們前面提過，這是根據大象日那年，但那年的推算方式本身就問題重重，而且，就跟盲人摸象的故事一樣，我們能做的，也就是摸來摸去而已。而傳統上認為，他小時候曾在五八二年去過敘利亞，這事同樣值得商榷。一直要到六一〇年之後——一般把這年視為穆罕默德得到啟示的起點——時間才逐漸明確。比較可能的日期也開始明朗：穆罕默德的某些追隨者前往衣索比亞，大概是在六一六年；他的第一任妻子哈蒂嘉（Khadījah）約莫死於六一九年。穆罕默德於六二二年從麥加遷往麥地那一事，是他人生旅途中第一個毫無爭議的路標，也因此成為伊斯蘭曆法的起始年。從那之後，日期都是確定的：巴德爾（Badr）那場決定性征戰是六二四年；麥加人圍攻麥地那是六二七年；與異教的麥加人停戰是六二八年；六三〇年穆罕默德拿下麥加；六三二年他與世長辭。

死後的追悼不僅充實了屍骨半埋的人生，還以後見之明預見到生命開始之前很久以前的事。耶穌許諾會來撫慰世界的「保惠師」（Comforter）[60]，在伊斯蘭裡不是被詮釋為聖靈，而是穆罕默德[61]。先知的身分也是被預言的。據說，穆罕默德還是小男孩的時候，曾經和叔叔走了一趟貿易之旅，在敘利亞南部遇到一位信基督教的阿拉伯僧侶，他在穆罕默德身上看到神恩的徵象[62]。另一個故事是，他朋友阿布．巴克爾（Abū Bakr）去葉門時，碰到一位僧侶給他看了一張「先知穆罕默德的」畫像；阿布．巴克爾滿心困惑，沒想到回到麥加時，就發現穆罕默德真的宣稱他是先知[63]。

除了這些沒有明說與廣義猶太教—基督教歷史有關的案例之外，也有一些把穆罕默德與阿拉伯專屬的傳統連結起來。有個傳統是說，在六世紀中葉，先前提過那位沒有骨頭的預言家薩提賀[64]，被請去替一位波斯貴族解夢，他夢到「頑強的駱駝帶領阿拉伯駿馬」越過底格里斯河，散布在薩珊王朝四境。薩提賀預測，波斯帝國即將滅亡，阿拉伯人和他們無堅不摧的駱駝加馬匹組合即將入侵，這解釋並不令人意外；但他接著說道：「阿拉伯人的命運將會飆升：我相信穆罕默德的誕生日就快到了。」[65]

福音書與《古蘭經》的詮釋都和信仰有關，因此在某種意義上是超出懷疑論的範圍。但是，我們大可懷疑那位無骨預言家，以及那位可心電感應的僧侶肖像畫家。同樣的懷疑也可套用在穆罕默德的傳記上。即便它們不是憑空想像的，我們在參考時還是要有所保留：因為這些傳記幾乎都是伊斯蘭紀元一世紀之後寫的；裡頭有很多地方沒有共識；而其中最可疑的莫過於「資料的來源愈晚，愈會聲稱他們對先知的生平一清二楚。」[66] al-ḥadīth（聖訓）文獻也要謹慎應對。al-ḥadīth ——與穆罕默德言行相關的報導——的編纂者累積了多達一百萬則這類「傳統」（Traditions），等於是穆罕默德在身為先知醒著的人生裡，每八分鐘就有一則報導。在這一百萬則裡，約有五千則據說是可信的[67]——約莫每個禮拜有四到五則。後面這個數字聽起來似乎比較可能。但如果仔細想想，當不可靠證據和可信證據的比例高達兩百比一時，我們就該小心留意：崇敬之心（或說需求——需要先知所提供的前例）會如何製造過去。

穆罕默德本人在談到他的先祖時，倒是有意識到這點。後世透過易斯馬儀——在麥加尋求庇護的那個嬰兒——把穆罕默德嫁接到《聖經》裡的先知系譜上，但穆罕默德本人卻禁止任何人試圖將他的系譜回推到那麼遠[68]：他知道，比馬阿德（Maʿadd）這個公認的北方部落祖先更遠的紀錄，都是不可信的[69]。「系譜學家，」他直言不諱，「說謊。」[70]然而，這兩種說法還是都進了al-ḥadīth。你能相信什麼呢？

從他比較近世的先祖看來，穆罕默德不只是個孤兒，還是出身自古萊什比較貧窮的一個氏族[71]。沿襲容易分裂的部落傳統，古萊什創建之父古賽伊的兩個孫子爭吵失和：據某個說法，哈希姆（Hāshim）和阿布杜．沙姆斯（ʿAbd Shams）這兩兄弟出生時是連體雙胞胎，後來用劍血淋淋地切開[72]。如果上述說法不是真的，那麼情況應該是：他們的後代子孫哈希姆氏（Hashimis）和烏瑪亞氏（Umayyads）因為爭吵不休而把關係搞擰了（烏瑪亞是阿布杜．沙姆斯的兒子，這個名字——「太陽女神的奴隸」之意——將會怪異地變成未來伊斯蘭哈里發的朝代名）。分割之血至今仍從區隔遜尼派和什葉派的開放傷口中汩汩流出，可說是那場傳奇性首次分割的後續。兩代之後，麥加的經濟開始繁榮，在資本主義的自由競爭下，烏瑪亞氏發展得比哈希姆氏來得好[73]。財富同時意味著權力，在哈希姆的曾孫穆罕默德年輕時，烏瑪亞氏有效地將哈希姆氏排除在古萊什的統治菁英之外[74]。

孤兒穆罕默德是阿布杜拉·本·穆塔里布·本·哈希姆（ʿAbd Allāh bn ʿAbd al-Muṭṭalib bn Hāshim）的遺腹子，他的童年未遭剝奪。他由叔叔阿布·塔里布（Abū Ṭālib）深情養大，有家奴和一名衣索比亞保姆陪伴。根據某些記載，他會說衣索比亞語[75]，推測是跟保姆學的。這種可能的雙語能力，為麥加「雨打焦土」的演說風格增添了一層豐富性：遵照麥加傳統，穆罕默德很小就被送到bādiyah，也就是badw之地，該城的草原腹地，與薩德·本·巴克爾（Saʿd bn Bakr）的游牧部落一起生活[76]。這座貝都因幼稚園提供兩項服務：一是強健麥加幼兒的體力，二是增進他們的語言能力——沉浸式演講訓練。游牧民的移動性一直是阿拉伯全境的高級阿拉伯語之母，它幾乎被視為流動部落的內在天賦。相反的，城市——即便是比較能言善道的麥加——則被認為有害於純粹的言說，在城市裡，代表喉塞音（聲門閉塞）的hamzah肯定會枯萎凋零，就跟屬於倫敦東區工人階級的考克尼方言（Cockney）裡的H（唸為aitch），以及美國路易斯安那州法裔加拿大人後代的卡津語（Cajun）裡的尾音。因此，雖然貝都因人的教育習俗看起來似乎奇怪，但並不比把小男孩送去唸寄宿學校更奇怪。此習俗遠早於穆罕默德的時代，也不僅限於麥加：在南方開始廣泛阿語化的時期，有一件示巴碑文的作者提到，他把兒子們送去給游牧的ʿarab奶媽悉心照料[77]。後來，當烏瑪亞王朝的哈里發們搬遷到燈紅酒綠的敘利亞後，這項習俗依然延續不輟：唯一的例外是，哈里發阿布杜·馬立克（ʿAbd al-Malik）坦承，他毀了兒子瓦立德（al-Walīd），因為小時候沒把他送去bādiyah[78]。而比這更久之後，事實上是到了一九二〇年代，比較富裕的麥加人還是會把兒子送去bādiyah的寄宿學校[79]。

這次就學經驗似乎讓穆罕默德對鄰近游牧民留下積極正面的看法，以及他們與麥加共生的感覺。多年之後，當他妻子阿伊莎（ʿĀʾishah）把麥加內陸的游牧民稱為aʿrāb時，穆罕默德反駁說：「他們才不是aʿrāb。他們是我們的bādiyah人，我們則是他們的qaryah人。」[80]不過，從這裡也可清楚看出，穆罕默德對那些更粗暴、更狂野的游牧民，至少是有所警戒。如同我們將看到的，他和後者的關係會變得相當緊張。他樂意借用他們的戰術，但也始終意識到他們的危險性。

目前看來，穆罕默德那段短暫但似乎開心的游牧教育——或許可稱為阿拉伯語化，或甚至阿拉伯化——其重要性遠比個人層面大多了。從麥加的大環境和阿拉伯歷史的大潮流而言，穆罕默德的出身背景簡直太完美了，正好可在ḥadar和badw的長期對話中扮演中介角色，最後還試圖將他們的話語合而為一。他出身自都市的商業背景，但這個背景卻嵌在游牧環境中，必須仰賴游牧民幫他們販運。一直存在這種宣稱：在政治上、文化上和宗教上，麥加人和他們的游牧鄰居很像。[81]但他們是仕紳版——或者，你可以套用「城市」（city）一詞的詞源，說他們是溫文版（polite）或爾雅版（urbane）——的游牧民。如果可以把《古蘭經》裡的天堂願景當成指引，他們渴望享受的，正是那些文明遠鄰的生活方式。《古蘭經》裡描述的天堂，宛如永恆版的希臘式或帕米拉式饗宴，選民們錦羅綢緞，斜倚在高聳的寶座上，從銀杯或水晶杯啜飲著年輕御酒官不斷注入的佳釀。[82]花園裡的水來自川流不息的伏流[83]，例如波斯人發展出來的坎兒井（qanat）。但是麥加人透過他們的貝都因寄宿家庭，很小就體認到游牧的現實——裝在山羊皮裡的酸奶，以及從砂礫坑中撈出的微鹹水。他們的故鄉占據了一個中間位置，是bādiyah裡的qaryah，乾草原上的市集城鎮，水源則是來自受人尊敬——儘管帶一點苦味——的滲滲泉。

穆罕默德的其他早年生涯可說一片空白，除了童年時可能跟著從商的叔叔去過一次敘利亞。長大成人後，他又去過一次敘利亞，這次是代表一名比他年長的女性，一位古萊什的寡婦哈蒂嘉，她本身就是個女商人。這趟旅行很成功，而眾多的成果之一，就是他們步入禮堂。兩人生了五個孩子，三女兩男。兩個男孩很年輕就死了，和穆罕默德後來的兒子易卜拉辛（Ibrāhīm）一樣。那兩個男孩死後被追封了伊斯蘭化的名字：「卡希姆」（al-Qāsim）和「阿布杜拉」（ʿAbd Allāh），但根據穆罕默德的主要傳記，他曾把其中一位取名為「阿布杜・馬娜芙」（ʿAbd Manāf），意指「〔女神〕馬娜芙之奴」，是為了紀念他的叔叔暨監護人阿布・塔里布。[84]

如同這故事所顯示的，穆罕默德是他所屬的麥加異教環境的一部分。大家都知道，他曾為異教神明供奉祭品至少一次，那次他獻了一頭白羊給烏札女神[85]。但我們將會看到，過去三百年來，神界的大環境變化影響了該區的大多數地方，麥加也無法免疫。一神教已經沿著環地中海世界四處擴散，輾壓了古代萬神，甚至朝遙遠的不列顛群島泛湧而去（奧古斯丁〔Ausustine〕將基督教帶到坎特伯里〔Canterbury〕的時間，差不多是穆罕默德帶著哈蒂嘉的商隊去敘利亞的時候）。一神教同樣也占領了南北兩個肥沃月彎：例如，在示巴—希木葉爾統治的古老南方，一神教的各種形式——基督教、猶太教和一個原生、鮮為人知的當地演化產物，拉何曼教〔Rahmanism〕——為了爭奪霸權而有過爭吵，偶爾還兵戎相向。當時麥加依然是多神教的一小塊飛地，但烏札女神和她的同類已處於瀕危狀態。後面我們會再談到神界在這方面的演化。

在七世紀頭十年的某個時候，穆罕默德開始模仿其他靈修的麥加人去做避靜修行，當時深受歡迎的一個避靜地是俯瞰麥加的光明山希拉山洞（Jabal Ḥirā’）[86]。這差不多就是我們所知的全部。前幾個世紀，已經可見到基督教的修行者和隱士人數激增，特別是在敘利亞及半島北部的其他區域。推測他是受到這些人的激勵應該是合理的，但這只是推測。總之，在某次避靜時，啟示出現了。一開始，穆罕默德很害怕——他跟妻子哈蒂嘉說，他害怕自己就要變成kāhin「預言家」[87]；倘若當時他已經有一神教的傾向，那麼他可能落入古阿拉伯魔靈之手的想法，的確滿嚇人的。他最終的繼任者烏瑪爾和其他公正觀察家也是這樣認定[88]：後來，一名古萊什婦人聽他說他有一陣子沒感受到任何啟示，婦人脫口表示：「他的shayṭān（「撒旦」，或魔靈）」要他再等等！」[89]不過到了那時，穆罕默德已經了解，他的啟示和古阿拉伯預言家的並不相同。首先，將啟示帶給他的超自然仲介並非shayṭān，而是一名天使。

這些啟示加總起來，將會構成《古蘭經》。它不僅是有關穆罕默德生平唯一沒有爭議的紀錄，也是他身為先知最主要的奇蹟。《古蘭經》的修辭能量將點燃所有火輪的最大火力，那個至今仍在滾動的統一與裂解的循環。《古蘭經》是阿拉伯語的傑作，在某種意義上，也是阿拉伯故事的核心——那條隱藏的歷史之線，突然閃耀眼前。我們要暫時離開一下穆罕默德朦朧不明的早期生涯，看一下這本奇蹟之書。

唸誦！

根據後來的伊斯蘭傳說，易斯馬儀曾透過加百列從真主那裡收到黑石。現在，穆罕默德從真主那裡收到的不是一塊象徵性的石頭，而是一個活生生的字詞：iqraʾ！「唸誦！」，這是《古蘭經》（al-Qurʾān，「唸誦」之意）的第一個字，由加百列向穆罕默德揭示。[90]這證明了，如果需要的話，最重要的不僅是字詞，還包括字詞的聲音。「我不會唸誦。」[91]穆罕默德回答，滿心迷惑且恐懼。此時，根據伊本・西夏姆（Ibn Hishām）的傳記，加百列塞了一塊寫了字的布到穆罕默德嘴裡，差點把他噎死。經過三次嘗試，穆罕默德終於把那些字吐出來，兩種意義的吐。[92]在當時剛剛一神教化的不列顛，幾乎跟穆罕默德同時代的讚美詩人卡德蒙（Caedmon），也被一位神界訪客嚇到倒退三步（「唱！」「我不會唱！」）[93]；而痛苦的聖告一直被比喻成以賽亞的天使用紅炭沾他的嘴。[94]

「聖告」（Annunciation）透露出猶太教—基督教的脈絡，這有部分還滿恰當的：繼加百列向瑪利亞報喜之後，「神的話語」創造了肉身；而向穆罕默德通報之後，「話語」創造了聲音。瑪利亞和穆罕默德都是處女之身——瑪利亞是名副其實的處女，因為她那時還沒有生育的經驗，在這個意義上，穆罕默德則是沒有唸誦的經驗。但是這個脈絡掩蓋了下面的潛台詞：就像那位談論穆罕默德 shayṭān 的古萊什婦人所理解的，加百列同時也執行了某種「超級魔靈」（super-daemon）的功能，一如那些曾經給古代 kāhin 傳來啟示的魔靈。

對穆罕默德最早的聽眾而言，這些早期啟示最明顯的就是那種 kāhin 式的本質——甚至連穆罕默德本人都擔心會變成預言家。要說明箇中原因，只要比較以下兩則誓言即可：一是一名 kāhin 在仲裁哈希姆和烏瑪亞這兩個古萊什早期氏族間爭議時所發的誓言，二是《古蘭經》前面幾章裡的一則誓言。先看 kāhin 的誓言：

以閃耀光輝的月亮發誓，
以清晰顯現的星子發誓，
以降下雨水的雲朵發誓，

以空中的所有飛鳥發誓……[95]

接著是《古蘭經》的：

以太陽及其光輝發誓，
以追隨它的月亮發誓，
以顯示它的白晝發誓，
以遮掩它的黑夜發誓……[96]

不過，穆罕默德日後表示他不喜歡kāhin的押韻言語，想藉此拉開自己和他們的距離。[97]他終結並超越了他們的傳統，他宣稱：「先知之後不再有kāhin。」[98]穆罕默德除了被認為是kāhin之外，早期的誹謗者也指控他是嫻熟高級阿拉伯語的一員，也就是詩人。這兩項指控都在《古蘭經》裡被否認：

這確是尊貴使者的言詞。
並非詩人的言詞：你們絕少信仰！
也非kāhin的言詞：你們絕少參悟！[99]

就語言學而言，這些啟示毫無疑問是用同樣的高級阿拉伯語講述出來的，由預言家和詩歌所共享的押韻言語：對他的聽眾而言，也就是從穆罕默德親族向外擴散出去的一圈麥加人，以及對於把這種特殊言詞視為超自然信息保證的民眾，這點正是信息是否為真的證明之一。但《古蘭經》的主題顯然不同於古典詩歌的誇耀、讚美和愛情。「你沒看見」，《古蘭經》這樣詰問那些詩人夸談：

他們在各山谷盤桓，
徒尚空談而不力行？[100]

但是，主題的差異總是那麼大嗎？在穆罕默德那個時代的阿拉伯西部，正在浮現一種或許罕見但新興中的所謂「靈修」（devotion）詩。它最著名的指標人物是烏馬亞·本·阿比爾—薩特（Umayyah bn Abī aṣ-Ṣalt），此人出生於塔伊夫（aṭ-Ṭā'if），那是距離麥加六十公里的一個城鎮。他是一位熱心的 ḥanīf（歸正之意），這個詞在《古蘭經》裡是指某個奉行「原始」但有點含糊的前穆罕默德一神教者，這種一神教可回溯到亞伯拉罕，但沒有猶太教和基督教後來的添加。據說，這位烏馬亞會閱讀舊經典、穿舊衣服、戒絕酒精，並對摧毀偶像很感興趣。被認為是他所寫的那些詩句裡，也包含會出現在《古蘭經》裡的那類素材——關於主的獨一性、創世、天堂和地獄、古代先知、艾德族和薩穆德族的「滅絕」，還有一些在地人比較關心的事務，比方「大象日」[101]。他的一首詩這樣寫著：

在復活之日，安拉將認為每個 dīn——

除了hanīf的dīn——都是假的。[102]

拿這段和下面這段《古蘭經》文相比：

所以將你的臉朝向hanīf的正教……那是正教，但人們大半不知。[103]

關於烏馬亞，除了他是穆罕默德的同代人之外，其他相關的生卒年至今不詳。我們清楚的是，他曾經是而且依然是穆罕默德的對手[104]：在麥地那國創立之後，他曾為在穆罕默德劫掠戰中死去的人們撰寫輓歌。[105]

對信徒而言，《古蘭經》是安拉的永恆話語，而且不可能有任何前身。不過，如果我們願意暫時將信仰擱置，這裡確實有一個明顯的問題，那就是誰影響誰。克雷蒙・于雅樂（Clément Huart）這類東方主義者想要證明是烏馬亞影響了穆罕默德：穆斯林的自由思想家（你得是自由思想家才有辦法投入這場論辯）如塔哈・胡賽因等人，則想證明相反命題。[106]但兩者都不令人信服，事實上，只要我們無法回答生卒年和烏馬亞詩歌的原真性這兩個關鍵問題，誰的說法都無法令人信服。關於後者，一般大多同意，在那些被認為是他寫的詩作當中，「很可能有一些原真材料」[107]。但是也就這樣。唯一能肯定的就是，在異教後期的阿拉伯西部，有一種口述的巡迴圖書館——收藏著古代寓言、關於猶太教和基督教經文的片段知識，以及創世和一神教上帝本質的想法。所有的hanīf都是從中汲取想法，而企圖要判定他們之間的影響路徑，可能是徒勞。清楚的是，穆罕默德在他的信仰裡並不孤單。甚至連做為「順服」

（submission）於一神的動詞aslama和它的名詞islām，都是大家共享的。這點可以拿前面引用的那首《古蘭經》文的第一句和扎伊德・本・阿姆爾・本・努法伊爾（Zayd bn'Amr bn Nufayl）的詩句做比較，他是麥加的一位hanif，比穆罕默德早出生，但在世的時間可能有所重疊：

> 我將臉順服〔aslamtu〕於祂，對祂
> 大地順服，承負重石。
> 祂將大地播散開來，當祂見大地平穩躺在
> 水面，祂設山脈穩鎮其上。[108]

扎伊德和穆罕默德一樣，都會定期去光明山避靜，也和後來的al-islām信徒一樣，在祈禱時順服他的臉，並跪倒在一神安拉之前[109]，用白話文說，就是「面向」祂的家：卡巴。「伊斯蘭」（Islam）和「順服」（Submission）這兩個字，與同源的「穆斯林」（Muslims）和「順服者」（Submitters）這兩個體系，都是在遷往麥地那[110]以及焦點從屬靈轉向政治之後，才開始變成大寫字母的專有名詞。在那之前，穆罕默德和他的追隨者與前行者全都是hanīf。

不過，倘若《古蘭經》的內容和想法並非獨一無二，至少形式是絕無僅有的。它比任何詩歌（靈修或其他的詩）都走得更深更遠，也凌駕於古老的魔法演說之上。後者似乎多以片段形式說出。《古蘭經》也是以這種方式「降示」。但它累積成某種更持久的東西，就算與前伊斯蘭時代篇幅最長的頌歌（很少超過一百行）相比，《古蘭經》看起來也是道地的史詩：它累積成有史以來頭一本阿拉伯文書

籍，而且有很長的時間，也是唯一的一本。

話語製成書

有人說過：「帶著一套字母，一支民族……踏上旅程。」[111]而帶著一本書——特別是像《古蘭經》這種無所不包的書，它涵天蓋地，貫穿自創世以來的所有時間——你就有了旅行的載具。因此，《古蘭經》不僅是伊斯蘭的聖典；它還是我們所知的阿拉伯世界的奠基文本，具有《摩西五書》、《大憲章》和《獨立宣言》的所有歷史重量。

所有研究阿拉伯歷史的人，一定會時時想著《古蘭經》。它就像加百列的另一項禮物黑石一樣，是許多歷史銜接的轉捩點：乍看之下，「在世界歷史上留下印記的是一些戰爭、起義或改朝換代，」再次引用惠特曼（他確實很能切中要點），

> 然而，它也可能是一個新的想法、想像、抽象原則、甚至文學風格，由某個偉大文人塑造成形，並在人類之間投射，因而引發了變化、成長和移除，比最漫長、最血腥的戰爭影響更大……[112]

漫長血腥的戰爭也會來，而且來得很快。但促成改變的，卻是這本書以及據說是「文盲」文人的穆罕默德。

就像天使所啟示的第一個字——「唸誦！」——所顯示的，al-Qurʾān（古蘭）的真正意涵是一種口

述文本，是要讓你大聲誦讀和聆聽的。即便在今天，印刷和電子版本所複製、一九二〇年代於埃及制定的標準本，它本身所仰仗的也非手稿，而是口述傳統[113]。一直以來，人們都認為，個別抄寫員犯錯的可能性總是大於《古蘭經》唸誦者的集體記憶。但就像加百列把寫了字的布塞進穆罕默德的嘴裡，這個故事告訴我們，打從一開始，唸誦和書寫就密不可分。此外，第一則啟示如此繼續：

> **唸誦！**奉你的造物主之名……那教人用筆的主。[114]

唸誦和書寫從啟示之初就攜手合作，而書寫就跟唸誦一樣，是一種受神啟發的行為；而這不無可能同樣是受到南阿拉伯早期文明的影響，因為在那裡，書寫可能是祭司書記專屬的行為[115]。「筆章」（Chapter of the Pen）裡的另一個早期啟示，是從一則古老的神聖誓言開始，而立誓的憑證，就是這項現代性工具——

> 以筆和它們所寫的……[116]

kāhin那個古老、口述的魔法世界，就這樣和記錄科技的新時代走到一塊。

如果「記錄科技」一詞意味著和高傳真度（hi-fi）相關，其實也沒錯。在阿拉伯文裡，「書寫符號被認為和它所指稱的聲音完全相同」[117]。文字不僅是拼音的；它也是自然發音的，是聲學的；詩人穆太奈比（al-Mutanabbī）這樣形容：「……看到文字耳中就會出現聲音」[118]。英國旅行作家羅伯・拜倫

（Robert Byron）在談論阿拉伯文最早的庫法體（Kufic）時，他說庫法體「本身似乎就是一種演說形式，將演說從聽覺轉換成視覺」[119]，講得真好。在實務上這就表示，一個口述文本的書寫版本並非獨立實體，並非下一個階段；它比較被視為（或聽為）直接錄音，比較不是一種聽寫而是一種符號，有如音樂的符號。所以才會有這樣的俗諺：「筆是第二舌頭。」[120]

很早開始，《古蘭經》就有一種物質性的、書寫下來的存在體。那些啟示被草草記在手邊能取得的任何東西上——葉子、骨頭、獸皮碎片、木塊、陶片、石頭、進口莎草紙的再生廢料。[121]接著在某個階段，約莫是七世紀的第二個十年初期，書寫下來的部分開始流傳。據說，在某些敘述裡，原本認為穆罕默德不過是另一個kāhin的烏瑪爾，因為無意中在妹妹家裡讀到某片葉子上的文字，便因此皈依先知的志業。[122]這類葉片一開始可能是為了輔助記憶，在穆罕默德的家族和朋友圈裡幫助追隨者[123]唸誦。之後，在麥地那，記錄變成有系統的作業，穆罕默德會向「啟示的抄寫員」[124]口述唸誦詩句——通常是天堂廣播的最新內容。有一次，當某個啟示過的經文從穆罕默德的記憶溜走後，抄寫員就得給他提詞[125]，這是錄音版本與現場演出的合作案例。在另一個案例裡，有個抄寫員故意在他抄下的副本裡使用錯誤的字眼；東窗事發後，他只好逃回異教的麥加——而一段批評他的《古蘭經》文也適時降下。[126]啟示本身也考慮到這種由口述到書寫的轉變：早期的啟示比較常提到al-Qurʾānn「唸誦」，後來則是用al-kitāb「書寫，書」[127]。

《古蘭經》成為阿拉伯文的第一本書，這點不僅是文學史上的一個事實。《古蘭經》不光是把分散的紀錄裝幀成冊；它還遠遠超過這些部分的總和。穆罕默德反對異教麥加的論述裡，有一個主要部分就是麥加人沒有聖書可證明他們那種折衷派精神信仰的真實性。例如，異教徒認定天使之類的超自然生靈都是安拉的女兒，《古蘭經》對此提出挑戰：

> 還是你們有什麼明證？
> 如果你們所言屬實，就把你們的聖書拿出來！[128]

異教徒當然沒有聖書可以拿出來現。穆罕默德不僅生產出一種古老的神聖語言，他還生產出一部新的神聖經典，藉此打敗對手。

此外，《古蘭經》的魔力有部分來自於它的接收者穆罕默德是一位ummī，這個字經常被註解成「文盲」。但更好的註解或許是「gentile」（非猶太人，外邦人）：換句話說，穆罕默德是來自一個族群——阿拉伯文的ummah，拉丁文的gens（所以是「gentile」）——這個族群的人和猶太人或基督徒不一樣，他們沒有聖典。[129]有些跡象顯示，穆罕默德能寫字。前面提到一個故事，說有位僧侶秀出穆罕默德的肖像並預測他會成為先知[130]，阿布·巴克爾當時的第一反應是：「但穆罕默德字寫得不太好」，而不是他根本不會寫字。[131]一些來自麥地那的故事，或許可證明他確實具有一定的書寫能力。[132]

可以肯定的是，穆罕默德了解書寫的力量，而且會在日後於麥地那打造共同體和國家的過程中，廣泛使用這種力量。如同班納迪克·安德森（Benedict Anderson）在他的《想像的共同體》（*Imagined Communities*）中指出的，對一個共同體而言，最強大且根本的團結力量，莫過於語言。[133]如果這個語言又是來自神明，而且是第一次寫成書冊，絕對會讓它的力量倍數增加。因此，無論穆罕默德本人會不會寫字，他的天才之一，就是他能抓住書寫的潛力——筆可以和劍共同揮舞的塵世力量。至少在這方面，他很像南比克瓦拉族（Nambikwara）的酋長，人類學家克勞德・李維史陀（Claude Levi-Strauss）曾在巴西與該族住在一起：「我忍不住要推崇〔他的〕天才，立刻就看出書寫可提高他的威望，於是緊抓住這項機制的基礎，儘管根本不知如何使用它。」[134]或許，他跟希臘神話裡的卡德莫斯王（King Cadmus）也很像，據說他傳播了希臘字母——他還把龍牙埋在土裡，幫自己長出一支軍隊。（據說，這位國王就跟希臘與阿拉伯字母一樣，都有腓尼基的根源。）

那麼，誰知道在七世紀初的麥加，書寫是如何運用嗎？我們先前提過，當時書寫可能是一種新科技，在六世紀末從拉赫姆人統治的阿拉伯東北商路上流出。它對麥加的簿記工作帶來了革命性轉變，將商業提高到一個新層次。[135]據說有位詩人曾以詩作恭賀麥加人，因為他們新近得到的阿拉伯文字帶來了許多好處：

> 現在你可以靠它簿記
> 以往散亂失序的財富。
> ……
> 你沿著線條來回運筆
> 靈活如霍斯勞（Khusraw，波斯國王的頭銜）或凱撒（Caesar）的書記；
> 你不需要希木葉爾的古老文字……[136]

這些詩句讓這個歷史時點變得相當重要。重要性不僅在於麥加人發現了會計的樂趣，還包括阿拉伯人終於以獨立會員的身分加入識字文明的區域俱樂部——霍斯勞的波斯、凱撒的羅馬和拜占庭，以及老朽的希木葉爾治下的南阿拉伯。從今以後，阿拉伯人也可和這些帝國鄰居平起平坐，相互競爭。在上帝額外賜給他們（或至少是以安拉為基礎）的團結利多之下，他們很快就會超越那些鄰居。

總而言之，在穆罕默德的先知生涯初期，據說古萊什部落只有十七人識字，但這數量迅速激增，而且包括女性[137]。重要的是，這十七人當中，有一些是穆罕默德最親信的夥伴：其中五人擔任其祕書[138]，而最後也將由這五人輪流接替他，成為他創建的新國家領袖。等到第五位繼承者即位時，那個國家已經擴展成帝國。唯有建立在書寫基礎上的行政體系才足以撐起帝國，讓它運作擴張；單靠信仰和武力，永遠不夠。

在此之前，書寫能力僅限於拉赫姆王朝的希拉宮廷與伽珊王朝的敘利亞宮廷裡的附庸國王，書寫能力的擴散改造了阿拉伯人。他們學到如何在分類帳與聖典中形塑自己的阿拉伯字符，並在這過程中形塑自己身為一個民族的性格，然後將它銘記在一本更大的歷史書頁上。

押韻就是理由

在穆罕默德活著的時候，「聖典」指的是一部活頁、沒有裝幀的大量文本。把它們纂集成單一書冊，需要滿長一段時間，一直到他死後三十年才告完成。其中一個難題是編輯：編者必須將它們拼接起來，但因為這些素材本身的神聖性，他們不能剪裁。如此一來，最後編輯完成的書冊自然會充滿重複和內部回音。你不能期待在《古蘭經》裡讀到依序建構的敘述，你能聽到的會是一套主調和它的各種變奏。如果用視覺術語思考，它不是線性透視的習作，而是用複眼從多個角度看到宇宙主題的概觀圖像

（synoptic view）；它不僅是立體派，還是永無止盡的多面體。它意識到自己潛在的無限性：

假若用大地上所有的樹製成筆，用海作墨水，再加七海的補充（墨汁），終不能寫盡安拉的言語。[139]

這裡講的並不是《古蘭經》的經文很長：即便是用字數必然比原文長很多的翻譯版，它的長度都只是中等厚度的平裝本。但它會產生千百種評註，每個的長度都是主文的好幾倍，有評註者花了三十六年的時間想要闡述一則口語說明，但好像永遠都闡述不完，這故事雖然令人困惑，卻不意外。[140]這種過度解經的傾向，有部分是因為經文本身多重的內建歧義。愛德華・薩伊德（Edward Said）認為，覺得《古蘭經》無法說明是一種東方主義的陳腔濫調。[141]但那種無法說明性確實存在：

其中有許多明示的經文……另外一些則是隱晦的經文……除了安拉沒有人知道它的解釋。在知識上確有根基的人說：「我們確信它：這整部經典（明示的和隱晦的）都是來自我們的主。」[142]

到頭來，在《古蘭經》裡最重要的並非它說了什麼，而是怎麼把內容說出來。重點不是邏輯，而是魔力（magic）——這裡指的是magic最原初但如今已被遺忘的意思：對最早的希臘人而言，magoi就是米底王國（Media）口述傳統的守護者[143]。穆罕默德將接收啟示的經驗比喻成刺耳的鐘聲。[144]驚人的「抽象」聲音，這樣的譬喻相當合適：就像伊本・赫勒敦說的，觀念次於話語。[145]這是一個奇怪的說法：真理當然是蘊含於你說的內容，而非你說的方式……沒錯，但如果你說的內容直接來自於真神，這點就不適用了。對生活在後超自然（post-supernatural）環境裡的我們，或許可用視覺藝術做類比：例如，我們可以看著一幅法蘭西斯・培根（Francis Bacon）的肖像畫，即便它跟照片呈現的現實天差地遠，但我們還是可以感受到它揭露了某種現實——感受到它蘊含了和主角有關的某種更深沉的真實，感覺到那是無可模仿的，甚至有一種「得到啟發」的感覺。對七世紀的《古蘭經》聽眾而言，超自然存在是真實的，而話語是唯一的藝術，因此穆罕默德的啟示具有啟發性和無可模仿性是無庸置疑的。反諷的是，一如希爾・楊・范・蓋爾德（Geert Jan van Gelder）說過的，《古蘭經》源自於天神的這個教條，「否定了穆罕默德身為全世界最有天賦和最具原創性作者的地位」[146]。

《古蘭經》承繼了古代kāhin言詞的魔力。這份魔力如今是由天神推播，證明了這本書的真理性。到最後，真理將外顯在歷史事件中。

語言學家約書亞・菲斯曼（Joshua Fishman）指出，語言「不僅是內容的載具……語言本身就是內容……」[147]這並不是說，語言所攜帶的內容並不重要；完全不是。古往今來有許多穆斯林深思過它的內容，真心誠意消化它的信息。但也許無須這樣費力也能僥倖成功。九世紀時，伊斯蘭遜尼派漢巴利學派（Hanbali school）的創建者說過：

> 我在夢裡見到全能真主，我問：「喔，我主，接近你最好的路徑是什麼？」祂回答：「我的話〔也就是《古蘭經》〕，阿赫美德（Aḥmad）。」我追問：「要理解或無須理解？」祂回

答：「理解或無須理解。」[148]

話語住在我們之間，而我們住在話語裡

假以時日，《古蘭經》內建的模糊晦澀將招致矛盾的詮釋，進而引發激烈衝突；許多穆罕默德最崇高的屬靈信息，將被掩埋在經營國家和統治帝國的大業之下。但一開始，模糊晦澀並不構成問題。真正重要的——而且至今依然最重要的——並非邏輯，而是跳過腦子，對耳朵、對心、對靈魂的直接訴求。九世紀的博學家伊本·古泰拜（Ibn Qutaybah）表示，摩西的時代是「魔法的世紀」（將杖變成蛇，分開紅海）；耶穌的時代是「療癒的世紀」（治療病人，復活死者）；穆罕默德的時代則是「bayān 的世紀」，是《古蘭經》清晰流利的言說世紀[149]。早期的魔法是超自然的；穆罕默德的魔法則是超語言的。《古蘭經》是穆罕默德的主要神蹟。但對阿拉伯人而言，有它就夠了。這項神蹟的明證是，以往與今日都有大量人群因為信仰它而凝聚起來[150]。

> 即使你〔穆罕默德〕窮盡了大地上所有一切，你也不能團結他們的心。但安拉團結了他們。[151]

如同馬蘇第所說的，穆罕默德用《古蘭經》「挑戰最能言善道的民族〔阿拉伯人〕……震了他們的耳，撼了他們的心」[152]。不需要比這更清楚的證據：阿拉伯語不僅是繼武力和伊斯蘭之後，阿拉伯人對其他民族的第三大征

服，它更是最早的征服[153]，是阿拉伯人對自己的征服；少了它，其他兩項都不可能發生：阿拉伯人將只會是世界史上的一個註腳，無法成為連續且重要的篇章。以他們為名的這個語言，既令他們神移（ensorcelled，「入迷」〔enchanted〕一詞還不夠強烈），還令他們及未來的帝國得到力量。這點有必要再次強調，因為受到阿拉伯這個歷史篇章所啟發的眾多書籍，都沒把這點講清楚。我們之所以能用「阿拉伯世界」一詞——其實應該是「阿拉伯語世界」（the Arabic world, the Arabosphere）——就是因為阿拉伯語；也是因為這樣，阿拉伯世界還能存活到今天，不像羅馬世界已經跟著它的語言一同消亡。阿拉伯語就像它二十世紀的讚頌者穆斯塔法．薩迪克．拉費（Mustafā Ṣādiq ar-Rāfiʿī）所寫的：「是建立在一個神奇的基礎之上，這基礎讓它永保年輕，永不變老或死亡。」[154]永保年輕這點或許有爭議；但沒人能否認今天它依然活著。

簡．雷斯托甚至表示，穆罕默德和《古蘭經》復育了當時已瀕臨滅絕的阿拉伯性這個概念。[155]雷斯托談到他自己對ʿarab一詞的複合定義：地方崇拜的傳統靈媒和守護者。[156]但這樣說或許比較符合真實，那就是：無論ʿarab曾經是什麼或曾經變成什麼，穆罕默德都透過他賜與他們的那本書重新做了界定，它不再是邊緣的地方崇拜的守護者，而是全球文化的急先鋒。這文化將包含非穆斯林，也將擁抱非阿拉伯人。再次引用拉費的話：「《古蘭經》是一種語言學上的國族性，將離散的世系統一在阿拉伯語之下。」[157]

回到我自己先前的隱喻，前伊斯蘭詩歌的高級正式語言，給了阿拉伯人最醒目的「民族服飾」。如今，透過《古蘭經》，它還給超凡的神靈穿上衣服，讓祂可以被看見，儘管有所隱掩。（可以正確地說，《古蘭經》的對等物並非福音書，而是基督[158]，是邏各斯〔Logos，神的話〕：基督以肉身和降世為人隱掩他的神格；麥加古老的真神則以一部文本，一件由文字構成的織品，隱掩他的神性。）但《古蘭經》的影響遠超過神學。阿拉伯語，也就是那件民族服飾，以往一直很寬鬆。但隨著伊斯蘭紀元的推進，經注學者和辭典編纂者將會把它改造成更像制服的東西：這件制服可以把與阿拉伯相距遙遠的民族變成阿拉伯人。它曾經是正式衣著，至今依然：人們覺得把它穿在身上並不舒服，日常對話也還是使用五花八門的方言。但這個困難又八股、跟千年澱粉一般死硬的語言，至今依然是閱讀和書寫的媒介。它依然團結著「從海洋到海灣」的阿拉伯人。無論「阿拉伯」一詞以往意味著什麼——邊緣的駱駝牧人、地方崇拜的守護者、部落劫掠者——現在它的第一要義就是阿拉伯語的使用者。就像突尼西亞知識分子暨新近國家領袖孟席夫・馬佐基（al-Munṣif al-Marzūqī）所寫的：「我們的〔阿拉伯〕共同體和其他都不相同，我們不是活在一塊土地上；我們是活在一種語言裡。」[159]他指的那個古老的語言，可經由《古蘭經》回溯到前伊斯蘭時代阿拉伯的詩歌和魔法演說。阿拉伯語是某種可穿上的東西，是habit（衣服、行為、習慣）這個字的最古老意義，但它也是某種可以居住在裡頭（inhabit）的東西。

萬物非主，唯有安拉

就算《古蘭經》的材料次於它的風格，內容次於形式，但還是有某些信息特別突出，一個就勝過其他所有的。下面是伊斯蘭信條的第一句：

萬物非主，唯有安拉。

這句話翻成英文有點笨拙，但阿拉伯語唸起來很流暢，宛如咒語，還有催眠效果：

Lā ilāha illā llāh

不過，對偶像繁多的麥加人而言，當時經濟繁榮至少有部分是奠基在卡巴這座大受歡迎的神明超市上，因此這個傳道金句很難普及。在麥加，除了安拉之外還有眾多神明：那裡擠滿了來自阿拉伯半島內外的各種神明圖像。但從比較寬廣的脈絡來看，穆罕默德只不過是追隨當時的時代精神。漢志區是地中海—阿拉伯世界最後一塊異教大島[160]，而穆罕默德正準備與一神教共游。但他要走哪條路呢？

一神早就以祂的各種偽裝在阿拉伯西部以長而慢的鉗形攻勢推進。最早是在西元前第一個千年以猶太教的形式傳播到北部，而在那個千年的半途，還有一支早期的一神教在南阿拉伯試探，該教是崇拜天神祖沙馬（Dhū as-Samāʾ）[161]。到了西元後四世紀，基督教已牢牢控制了北部地區，而一支新的原生一神教則在南部擴散開來，崇拜的是「至仁之神」拉何曼[162]（對祂我們所知有限，只知道祂在碑文裡取代了先前的眾神）。我們之前提過，在六世紀統治者尤蘇夫·阿薩爾的協助下，猶太教也在南部取得了立足點；而隨著衣索比亞終結了尤蘇夫的統治，基督教徒的身影也日益增加。在同一個世紀，基督教也在伽珊和拉赫姆這兩個北部附庸王國裡擴散。漢志本身也有幾個主要的猶太教口袋區，最著名的是雅特里布，也就是穆罕默德未來的麥地那。即便在異教的麥加，基督教也開始入侵：我們知道好幾個麥加基督徒的名字[163]，而卡巴內殿裡最神聖的擺設莫過於卡巴聖母（Virgin of the Ka'bah）的聖像。

最值得注意的是，漢志是hanīf的故鄉，我們先前提過，他們的靈修詩歌與穆罕默德的信息有許多共通之處，也包括islām這個詞。這種共通共享甚至超過主題與個別字詞。哈立德·本·希南·阿布西（Khālid bn Sinān al-ʿAbsī）這位ḥanīf只比穆罕默德略早一輩，並被穆罕默德視為倒數第二位先知，據說他曾先發制人背了一整章《古蘭經》[164]，那章名為「忠誠」（Chapter of Purity）或「合一」（Unity）：「你說，」該章如此開始，

祂是安拉，獨一的……[165]

這是最短的一章，但也是繼首章之後最常被吟誦的一章，是《古蘭經》神學最純粹的蒸餾。

在這種內外夾攻、彼此結合的一神壓力下，異教主義顯得愈來愈狹隘；古代的眾神正在失去權力。如果祂們沒有恪盡職責，會受到相當粗暴的對待。例如，據說，六世紀中葉，詩人伊姆魯·蓋斯曾為了報父親的血仇尋求祖卡拉沙（Dhū al-Khalaṣah）神的批准，但神的占卜箭頭再三表示：「不要做。」詩人大發雷霆，把那些箭全部折斷。[166]類似的情形還有哈尼法氏（Banū Ḥanīfah）部落，他們有一個用椰棗、麵粉和酥油做成的偶像：當這位神明拒絕在饑荒期間回答祈禱者的請求，他們就把祂給吃了。[167]隨著古老的偶像日益無力，有些奇怪的組合也跟著出現。例如，伊本·卡勒比提到，有個誓言得到卜卦神祖卡拉沙、安拉和基督教上帝的三重保證。[168]在異教垂死那段期間，彈性和折衷是當時的秩序。

不過，對麥加人而言，安拉是大家默認的神。發誓要

以拉特和烏札和他們信仰的神明為名，

還有以安拉為名，祂的確比前兩者更偉大。[169]

假設上述說法為真，那麼這則誓言和其他類似誓言就可證明，麥加人雖然有拉特和烏札女神和其他神明當備胎，但還是將安拉視為最高神明。就像《古蘭經》提到異教徒麥加人時所說的：

如果你問他們，誰創造了他們，他們必定說，「安拉」。[170]

還有

如果你問他們，誰從天空降下雨水，使已死的大地復活，他們必定回答，「安拉」。[171]

安拉在麥加的至上地位還可從他們提供活人獻祭——在一個有紀錄的著名案例裡，雖然沒有真的執行——得到確認。穆罕默德的祖父阿布杜·穆塔里布曾向安拉起誓，如果他能生養出十個可長大成人的兒子，他願拿其中一位做為犧牲。祈禱得到應許，籤也抽出，而穆罕默德的父親阿布杜拉被選為受難者——但是在關鍵時刻將他贖回，改用一百頭駱駝替代。[172]亞伯拉罕的回聲依然響亮，即便贖金已經從一隻羔羊通膨到一百頭駱駝。

在伊斯蘭之前的那幾個世紀，安拉在麥加和該城聖殿裡已享有至高地位，這意味祂在整體阿拉伯人之中普遍擁有好名聲。我們無法為古阿拉伯半島變動不居的萬神殿做出排名，但安拉占據的地位可能類似宙斯／朱彼特和梵天在各自萬神殿裡享有的位置——一位普受承認但相對遙遠的董事長，大多數人都比較樂意透過靈媒[173]來接近祂。穆罕默德的成就在於，他不僅讓許許多多阿拉伯人將安拉視為最高天神，而且是唯一真神。而神學上的一神主義也帶來政治上的統一觀念以及達到政治統一的手段。但這或許也意味著，這項啟示並不如乍看之下那樣具有革命性。

最美的名字

我們先前提過，在古代的南阿拉伯，數百年來都有這樣的想法，認為政治統一來自於崇拜共同的神明。[174]例如，示巴是一個大國協的核心「民族」（sha'b）：其他想要加入這個大統一體的民族，都必須向示巴的「民族」神伊爾瑪卡致敬，每年要向祂朝聖一次。伊斯蘭的統一觀念似乎是這類舊觀念的承繼者，甚至就是它們的後裔，就算不是直系，至少也是旁系。而《古蘭經》裡「安拉的繩索」（Ḥabl Allāh）的概念，祂所提出的團結與繫連之約[175]，跟示巴人用來指稱與神的盟約的hbl是同一個字[176]，這就不只是旁證了。還有一個共通的觀念是，古代的sha'b是他們守護神的子女，麥加人則是al Allāh「安拉的族人或家人」，前伊斯蘭時代的阿布杜．穆塔里布和他的孫子穆罕默德都這樣認為。[177]

沒有肯定的證據可證明這項連結；但南阿拉伯與伊斯蘭體系之間的相似性，就算不是有意識的，當然也不會是巧合。不過，有個東西可能是有意識從南部進口來的，那就是安拉最重要的別名：拉何曼，約是在初次接收到啟示之後的兩年左右，接收到包含這個名字的經文。[178]一開始，麥加人並不開心，但後來降下一句經文，讓這個用語得到安拉親自認證：

你說：「你們稱呼『安拉』或稱呼『拉何曼』。無論用哪一個名字稱呼祂（都是一樣的），因為最美的名字都是屬於祂。」[179]

「拉何曼」（至仁主）和它同源的「拉希姆」（ar-Raḥīm，至慈主），在《古蘭經》開篇那句經文裡，被賦予最有利的位置：

奉至仁至慈的安拉之名。[180]

這個標準用語至今依然出現在所有想要假裝是正式或官方文本的開頭，以及各式各樣的行為之前，從結婚到吃早餐皆然。「拉何曼」（至仁主）這個神名最早是在阿拉伯使用，這點殆無疑義。同樣無可否認的，或許還有其他一些出現在《古蘭經》經文裡的「最美的名字」：「Al-Bāriʾ」（「創世主」）、「al-Mughīth」（「救濟主」）、「al-Khaliq」（也是「創世主」），以及其他出現在前伊斯蘭時代南阿拉伯碑文中用來代表一神的屬性。[181]麥加古老的至神採用祂南阿拉伯自我的名字和屬性，這是一種有意識的政策嗎？是想把南方人吸引到穆罕默德的統一大業裡嗎？這是合理的假設，但同樣無法證明。

甚至更有爭議的是，穆罕默德的大業有沒有可能是從北方鄰近帝國，從拜占庭和薩珊波斯那裡得到有意識的啟發。但應該記住，當時這兩大帝國也愈來愈常透過基督教和祆教這兩個正統宗教來促進政治聯盟。[182]穆罕默德不太可能察覺到這些趨勢的細節。但是在他死後沒幾年，他的追隨者將拿下這些帝國的廣大地區，以及它們的廣大人民，而這些人民以往都被告知，服從上帝和服從凱撒，或是服從阿胡拉馬茲達（Ahura Mazda）和服從沙王是同一件事。伊斯蘭遵守單一「聖—俗」規矩的想法，那對他們而言並不陌生；同樣的，當時依然彈性十足的伊斯蘭，也許本身還會進一步受到拜占庭和波斯有關正教、政治和神學觀念的形塑。

不過這一天還沒到來。就當時而言，未來的伊斯蘭中所有成分都是取材自當地。穆罕默德（或如果你高興話，也可說是安拉）的天才，就是把這些成分調和成一杯令人飄飄然的雞尾酒，裡頭有南阿拉伯政治神學混合了從基督教和猶太教那裡進口來的形上神學，然後把它們一起倒進古ʿarab詩人和預言家所使用、令人著魔的超自然語言。這個混合物沿著商業和劫掠的動脈傳輸到阿拉伯半島各地，並抵達沒有其他想法曾經抵達的地區。難怪那些民眾會如馬蘇第所說的，震了耳、撼了心。而這一切甚至又更進一步——達到天堂與俗世的終極統一。如同阿多尼斯所體認到的，一旦理解了唯一神論在這兩方面的作用，那麼就能掌握阿拉伯歷史的鑰匙[183]：穆罕默德凝聚的話語不僅是阿拉伯人的，還有天使的和安拉本人的。

人會成為他們現在的樣子，塵世的統一是注定的。「假若你的主意欲，」《古蘭經》坦承，

> 祂必使人類成為一族。但他們不會停止分歧。[184]

然而天堂理想與俗世現實之間的緊張，正是驅動人類歷史的一大力量。

第一支持者，第一仇敵

《古蘭經》的力量，可以從非常早期它磁化一小群狂熱且逐漸成長的信眾體的方式清楚看出。早在井然有序的禮拜儀式開始之前，這群信眾就會在祈禱守夜時保持清醒[185]。古萊什的舊政權一開始被這種過度狂熱給逗樂了，但接下來——當他們明白穆罕默德信息的言外之意後——就感到恐怖。麥加是因為擁有多元的信仰崇拜，所以能吸引到那麼多阿拉伯民眾——它是偶像崇拜者的一站式商店，並動用開發商的所有敏銳度大肆行銷。現在，有個人的傳道直接違反這種多元主義，跟先前那位ḥanīf宣傳家扎伊德一樣；他們已經把他攆出城。現在，穆罕默德的傳教甚至更進一步：《古蘭經》裡有許多「經濟」信息確實具有革命性。例如：

> 一切誹謗者和詆毀者有禍了
> 他聚斂了財富並數算它：
> 他以為他的財富能讓他永生不死。
> 絕不可能：他必將被投入粉身碎骨的火焰中！[186]

穆罕默德的傳記作者伊本・西夏姆談到古萊什當局如何警告鎮民同胞，他們說穆罕默德的啟示是siḥr「〔黑〕魔法」，會離間父子，摧毀共同體。[187]就後半段而言，他們是對的。穆罕默德這位遺腹子並沒有父親可以疏遠；但《古蘭經》的確降下一整章的內容詛咒他的叔父阿布・拉哈布（Abū Lahab）和他的妻子，並將他們交給地獄之火永遠隔離。[188]而阿布·巴克爾——穆罕默德最早的追隨者之一——的兒子在即將來臨的巴德爾征戰中與親生父親對抗[189]，也絕非唯一案例。古萊什的老衛隊們已經準確預見，他們的ʿaṣabīyah將如何被拆除，他們舒適繁榮的共同體又將如何被摧毀。

但另一個共同體將會誕生。火輪再次轉動，這將是它有史以來最大的一場革命。它的衍生物——比較小規模的統一、崩潰和重構的循環——直到今天仍在轉動，並以不同程度影響著我們所有人。

第6章 上帝與凱撒

麥地那國

斷絕

麥加的異教富商阿布・蘇富楊被麥地那的祈禱陣仗給嚇到。他從沒看過這樣的紀律，他說：「在波斯貴族裡沒有，在拜占庭和他們的鎖子甲裡也沒有！」另一名圍觀者烏爾瓦・本・馬紹德（ʿUrwah bn Masʿūd）也同樣震驚。他曾造訪過衣索比亞、波斯和拜占庭的統治者，他說：

> 但我從沒看過比他們更順從的人民……他們圍站在〔不用說，當然是穆罕默德〕四周，彷佛有鳥兒棲息在他們頭上。他只要比出一個命令的手勢，他們立刻就開始行動。當他執行洗禮儀式時，他們將〔用過的〕水分給彼此〔認為那水受到祝福〕。當他吐痰後，他們會用他的痰摩擦自己的臉、鬍子和皮膚。[2]

穆罕默德不再是一個無害的hanīf——一個唯一神論的靈修者——甚至也不是他新近在麥加人眼中的形象：一個異議顛覆份子；他不僅反對麥加的異教傳統，還反對他們的金權政治。他體認到自己是個先知，因為有一股在他自我之外而且非他能控制的力量催促他把話說出來。除此之外，他和所有先知一樣，發現他在自己家鄉得不到榮譽，於是他找到一個合理但或許極端的解決方案：hijrah「遷徙」他鄉。而在這個他鄉，他不僅得到榮譽，還有服從和恭維：他打造了一個超級ʿaṣabīyah，一種前所未有的團結和統一感。

在hijrah「遷徙」到遙遠的麥地那幾年之後，這股新的團結力量和潛能，對阿布．蘇富楊和烏爾瓦都顯而易見。不過一開始，穆罕默德的親戚們看著他如何摧毀舊有的ʿaṣabīyah——拆除異教麥加的社會結構——時，可談不上印象深刻。「喔！安拉，」麥加人阿布．賈赫爾（Abū Jahl）在對抗穆罕默德的巴德爾征戰時喊出：「把災禍降在他頭上，他斷絕血緣的聯繫，比我們任何人更嚴重！」[3] hijrah一詞日後會得到更多意涵；但「斷絕」才是它當時對麥加人的意義[4]，在部落的環境裡，真實或想像的親屬連結，是對抗社會崩解和無政府的最主要防衛力量，因此穆罕默德的決裂令人震驚。遷徙到遙遠他鄉這件事，是只有你在部落裡殺了人後才會做的。

這也是旅程的第一步，而這趟旅程將讓阿拉伯人在世界史的「文法」裡享有絕對主動的聲音。hijrah雖然意味著斷絕，但同時也代表了移動、努力和拯救——與反對部落主義的老派異議分子，也就是ṣuʿlūk或「浪客」的精神沒多大不同，差別只在於前者沒有轉變成一種群眾運動。hijrah很快就跟伊斯蘭畫上等號，有些早期行動主義者甚至認為，「如果沒參與hijrah，你就不可能是穆斯林」。穆罕默德本人駁斥這種想法，並說無論你住在哪裡，你都可以成為穆斯林。但是我們將會看到，在他去世不久遠征開始之後，hijrah又被再次提出——而且這次是由官方認可——做為進入伊斯蘭實質上的先決條件。反之，返回故鄉或恢復故有方式——taʿarrub，字面義是「（再次）阿拉伯化」（(re-)arabization）——則形同叛教[5]。「身為阿拉伯人」即將會有全面性的重新定義：阿拉伯的移動性將得到大肆宣揚；阿拉伯人將斷絕他們的部落、他們的根基、他們祖先的道路和牧場，甚至斷絕他們的阿拉伯「島嶼」，斷絕以往使他們成為阿拉伯人的所有一切。

至少，當時的理論是這樣。

雅特里布

然而，六二二年的hijrah，穆罕默德和他的少數核心追隨者其實是遵循古老的習慣，從自己的部落脫離並和另一個部落群組成聯盟。當情勢擺明了，麥加的老衛隊打算讓穆罕默德閉嘴（也許是藉由放逐，或更糟的手段）的時候，穆罕默德先是和塔伊夫的人民協商，希望能遷移到該地，只不過協商觸礁[6]。後來他跟位於麥加三百五十公里外的雅特里布居民協商，這次便成功了。穆罕默德和該地原本就有一個有用的連結：他的祖父阿布杜．穆特里布是在雅特里布長大的，祖父的母親出身自該地[7]。這項連結對雅特里布的居民或許很重要，他們有很多人（包括穆罕默德曾祖母一家）是源自南阿拉伯，而且不像麥加人那麼強調父系血緣；有證據顯示，女性在古代南阿拉伯的角色比在北部的部落社會來得獨立。雅特里布人對多神論可能也比較不狂熱。當然，這跟雅特里布的人口組成有關——裡頭有好幾個猶太化的阿拉伯人部落，也許該說是阿拉伯化的猶太人部落。

穆罕默德的hanīf追隨者組了一支先遣隊伍前往雅特里布，幾個月後，他本人也於六二二年九月抵達。這是他生平第一個日期明確的日子，一個名副其實的紀元（雖然正式的紀元是從六二二年七月十六日開始，陰曆年的開端）。這些移民發現，這個地方和他們的故鄉城鎮大不相同：麥加有環繞的群山、僵化的儀式和擁擠的神明與朝聖者；雅特里布就空曠多了，是一種鬆散的花園城市，形形色色的居民居住在小村裡，小村則是散布在他們賴以維生的田野和椰棗林間。這塊地景上沒有天然屏障或城牆，而是點綴了許多小塔樓，居民可以在裡頭躲避攻擊。[8]雅特里布也開放移民：它的兩大部落阿瓦斯（Aws）和卡茲拉吉（Khazraj），也都是源自南阿拉伯的移民；猶太人也是移民，起源可能各不相同，不過傳說故事都將他們視為難民，為了逃離西元前六世紀初巴比倫國王尼布賈尼撒（Nebuchadnezzar）所發動的戰役。[9]

虔信的傳統認定，穆罕默德在雅特里布受到英雄般的歡迎。「滿月在我們頭上升起！」雅特里布人如此高唱，就像人們今日去參加婚禮時對新郎唱的那樣。市民爭相搶著接待他，並立刻請他管理該城。至於他們為什麼要如此盛情款待一小群難民的領袖——更別提用他的口水塗抹自己——我們倒是無法一眼看出。當然，對虔信的傳統而言，穆罕默德就是穆罕默德，這理由就已足夠，不需要更多解釋。但穆罕默德本人倒是提供了一個說法，他說：「麥地那是被《古蘭經》征服的。」[10]這說法相當合理：雅特里布——或它即將改名的麥地那——是阿拉伯半島除了古拉赫姆和伽珊統治區外識字率最高的地方，穆罕默德的追隨者先遣隊很可能不只忙著將《古蘭經》麥加章節裡的催眠信息廣播給雅特里布人，或許還分給他們書寫版——史無前例的阿拉伯文聖經——替穆罕默德的抵達預做準備。但除了真主之外，雅特里布人恐怕也受到瑪門（Mammon，貪婪與財富之意）的影響，這想法並不全然是出於憤世嫉俗。畢竟，穆罕默德是麥加人，是來自阿拉伯商業最繁榮的城市。穆罕默德最早的行動之一，就是宣布雅特里布的市集為免稅區[11]；該地的傳統市集日是週五，他便指定那天為聚禱日。[12]聚禱日並未變成關店休息的「安息日」：反之，信眾的湧入將讓市集的週五貿易變得更活絡。穆罕默德設立的簡單清真寺，以棕櫚樹為柱，以棕櫚葉為蓬[13]，也變成雅特里布新的政治總部。和他們在異教麥加的情形一樣，政治、商業和屬靈領域交錯交織。

在雅特里布，上述第三個領域開始採用獨特的形式和顏色。穆罕默德一神論起初的印象式內容，開始有了比較確切的教條形狀；而且其形狀大致與基督教和特別是猶太教聖書裡的形狀相當。[14]《古蘭經》宣稱，它是一本可證實摩西經典的阿拉伯文經典。[15]摩西的子民顯然也同意：甚至遲至七世紀，在一份廣為流傳的猶太文件裡，依然「將穆罕默德的信息形容成上帝的慈愛之舉——也就是說，是真正的宗教」。[16]

然而，隨著時間過去以及雅特里布逐漸以「先知之城」（Madīnah an-Nabīy，或簡稱為al-Madīnah/Medina「那座城」）聞名，《古蘭經》也逐漸和其他的一神教信仰分道揚鑣。它需要建立一個新的共同體，並擁有自己的「品牌識別」，而最輕鬆的方法，就是強調這個共同體不是什麼——當然不是多神教；但也不太像猶太人或基督徒。伊斯蘭認同的堅定化就跟阿拉伯認同一樣，都是透過與他者的接觸；透過吸引，然後排斥。差不多就在這個時期，「穆斯林」一詞開始被當成穆罕默德一神論追隨者的正式名稱，取代包容各種派別的舊稱：ḥanīf。世俗統治的現實正在對抗一神教普世主義的理想：一神將人類聚集起來；但人類為了追求俗世的權利，必然會把自己——以及他們的神——扯得四分五裂。

在這個伊斯蘭與阿拉伯整體歷史密集成形的時期，有個問題懸在頭上：究竟是源自於南阿拉伯的哪個元素，在雅特里布／麥地那的人民裡發揮作用？阿瓦斯和卡茲拉吉這兩個部落一直被傳統歷史視為附屬角色，是安拉與穆罕默德的安薩爾（Anṣār），即「協助者」（Helper）。然而，有些跡象顯示，他們可能也影響了伊斯蘭的習俗發展。例如，淨禮儀式一直是古代南阿拉伯祭拜儀式的一部分，馬里布與其他地方的寺廟都包含了水渠和蓄水池[17]；似乎就是南方人將這項習俗帶到雅特里布。[18]這也可能是南阿拉伯古老習俗與伊斯蘭習俗相同或變成伊斯蘭習俗的另一個例子，就如同「拉何曼（至仁主）」這個神名，以及統一的「政治神學」概念，亦即 habl「與神建立盟約」。麥地那的伊斯蘭國是企圖統一阿拉伯人的所有嘗試中最成功的，而它最深的根基或許就是扎在古老南方的非阿拉伯過往裡，埋在伊曆零年（AH 0）這個新紀元的歸零地（ground zero）下方。

「東方主義者」通常認為，伊斯蘭在麥地那的阿拉伯化，是「直接回應猶太人拒絕接受」穆罕默德。[19]但這裡的阿拉伯化更精準的說法是一種去猶太化。伊斯蘭已經牢牢扎根在它的阿拉伯環境裡，而且一直是由它所塑造。

超級社會

麥地那的政治形狀也是由傳統的阿拉伯模型所塑造。這個新政體很像前伊斯蘭時代的部落聯盟，它賦予穆罕默德無上的權力，可解決糾紛和做出決定[20]。在此之前，這類聯盟大多是由部落圍著火堆發誓並舉行結盟儀式[21]；但深知書寫力量的穆罕默德則是讓雅特里布社會的舊團體和來自麥加的新移民簽下一份今日名為「麥地那憲章」（Constitution of Media）的文件。不過，即便在這點上，他也是遵循傳統：據說他的祖父阿布杜．穆特里布曾經和庫扎阿（Khuzā'ah）部落簽訂一份書面文件，還把它掛在卡巴裡面[22]。

但是穆罕默德建立的這個新 ummah「共同體」超越了部落聯盟的舊模式。它是一個超級部落，它的統一不是歸因於某個真實或想像中的祖先，而是歸因於那位超級神明：安拉。異教的麥加人曾經將自己視為「安拉的家人」[23]；古老的南阿拉伯人則是他們各自守護神的「子民」。安拉在祂的伊斯蘭裝扮裡是「創世主」（Creator），但——蒼天不容！——非「生育主」（Procreator）。這個新共同體的父親改以第一位一神主義者亞伯拉罕（易卜拉辛）為象徵[24]；穆罕默德的眾妻則是共同體的「母親」[25]，而其成員的個體性，就由穆罕默德這個人物取而代之，他

與信士的親近程度超過信士自身。[26]

不過，這裡頭還是有一些非兄弟血親的不團結。阿瓦斯和卡茲拉吉的部落民並不是人人都喜歡這些新移民，而這些異議分子也打造了自己的清真寺總部。他們的領袖阿布·阿米爾（Abū Amīr）很快就下台；他逃到異教麥加，再從那裡前往敘利亞，據說在那裡改信了基督教。[27]不過一開始，這個共同體大體而言相當務實包容：穆罕默德最初的憲章不僅接納麥地那的猶太人，甚至還接納裡頭的多神主義者。[28]

一個從紀元零年開始的新起點，單獨看這可能非常具有革命性。但檢視它的長時期脈絡，就可看出麥地那國是從它的阿拉伯背景中浮現出來的。沒錯，關於穆罕默德和他的共同體的每件事都是最超級的：他是一位由超級守護靈——天使長加百列，正是他本尊——給予啟示的超級預言家；安拉是超級神明；那個 ummah 是穆罕默德的超級部落，安拉的超級 sha῾b；他們有一個超級 ῾aṣabīyah，而且很快的，他們將會有一場超級征戰，要搶的不是駱駝而是帝國。但這個超級版的某物一直存在於阿拉伯的過往裡。是阿拉伯歷史學家都認得的某物：雖然非阿拉伯裔的歷史學家傾向讓他們的主角突然間大吼大叫，跟著新誕生的伊斯蘭現象一起登上歷史舞台，但阿拉伯裔的歷史學家則傾向把視野拉長，回推到穆罕默

德之前的那個千年，同時把「阿拉伯人之島」視為一組文化和帝國群島的一部分。事實上，他們通常會盡可能把時間拉到最長，最好是從創世開始。

不過，還是有一個重點背離了阿拉伯的歷史。我們不知道古代南阿拉伯shaʿb國協的領袖，也就是mkrb，究竟擁有多少權威，但他們的統治似乎不是很絕對。這個新共同體屬於北方部落傳統的直接繼承者，在北方傳統裡，酋長的統治很少是專制的——他們的統治是基於共識，根據長老們的協商做出決定。承攬獨裁權力——比方庫萊布，他射出致命的一箭，引爆那場駱駝乳房戰爭[29]——就會招來復仇女神。穆罕默德剛好相反，他代表安拉發言，不但可行使何止超級、簡直超超級的權威，而且很快就可清楚看出，這種權威沒有反對者。例如，當有人提出誰可使用傳統的部落牧場時，他就宣稱，從現在開始，那些牧地都屬於安拉和祂的先知；也就是說，他們是供整個共同體，整個ummah使用[30]。套用類似的現代語彙：他將這些牧地ʿammama「國有化」。

當總體控制確立之後，凡是拒絕它的一切力量都會變成對手，變成「他者」，藉由反射作用來塑造這個新共同體。ummah原本的多元主義式微，由一種反對文化甚至敵對主義取而代之。這裡的反對是字面上「反向對之」的意思：剛到雅特里布那段期間，穆罕默德和他的hanīf祈禱時是面向耶路撒冷。如今，在hijrah的第二年，卻有了近乎一百八十度的大轉向，新近被指定的穆斯林（「順服者」）們開始背向錫安，轉而將他們的臉順服於安拉，那位麥加卡巴之主。[31]這就是改宗（conversion）最基本的意思：轉向。但這也是一種轉回：這種新意識形態裡的阿拉伯半島特質正在重中自我。

敵對主義逐漸指向其他版本的一神教。相對於早期的和解聲明，安拉降下一些比較強硬的新《古蘭經》經文：

喔信士們，不要與猶太教徒和基督教徒結朋友。他們是彼此的朋友，你們當中誰凡與他們〔結朋友〕者，誰就是他們的一員。[32]

在麥地那的普通百姓當中，這種敵對主義在六二六年來到高點，他們驅逐了城裡的兩大猶太部落之一，納迪爾氏（Banū an-Naḍīr），還沒收了他們的財產。隔年，另一支猶太部落古萊氏（Banū Qurayẓah），也有六百人被殺害，因為涉嫌充當異教麥加人的第五縱隊，當時麥加人因為體認到麥地那即將變成危險的對手，於是派遣軍隊過來圍城；古萊扎赫氏剩餘的倖存者遭到驅逐[33]。《古蘭經》降下前述經文是有道理的。[34]

關於最後一點，可以清楚看出，雖然啟示的形式依然高高在上，但是麥地那時期的內容卻明顯下移到俗世。為了決定誰可屬於新共同體，以及如何打造新共同體，在在都需要請求神的介入。有些版本的《古蘭經》為各篇章貼上「麥加」或「麥地那」的標籤，藉此默認這種改變。蘇丹人馬哈茂德・穆罕默德・塔哈（Maḥmūd Muḥammad Ṭāha）是近世罕見的修正主義者暨靈視者，他甚至宣稱「後者顯然在性質和內容上都是歷史性的，與現代情境無關」[35]。一九八五年，七十幾歲的他在喀土木以叛教之名遭處絞刑。直到今日，他依然能激起強烈的迴響：他的行刑日，一月十八日，每年都被（某些人）當成阿拉伯人權日加以紀念；反之，我待的地方只要嗅到一點他的想法，人就會跑光。

從麥加轉移到麥地那的穆罕默德也開始面對挑戰：該如何建立一個共同體，並將它打造成由他本人所領導的國度。先前的宗教人物都曾拒絕誘人的俗世權力，例如曠野時代的耶穌這個著名案例。只有在十字架的嘲諷牌子上，才會看到耶穌是猶太人之王的說法；但在穆罕默德去世時，他就是阿拉伯半島事實上的領主——是他們的sayyid，這個尊稱直到今天他的後代還會自動冠上。而在麥地那打造權力和掌握權力必然會引發種種問題，這些也都由神的啟示回答了：也就是說，儘管《古蘭經》的核心信息配得上「和平的君」（Prince of Peace），但它也碰觸到馬基維利（Machiavelli）《君王論》（*The Prince*）那一類的內容。這點才是伊斯蘭與基督教最大的差別，而非拒絕相信耶穌受難或三位一體等。這也留下一個永恆的遺產。對大多數伊斯蘭的道德家而言，取得和保有權力這件事本身，從來不曾染上罪惡的色彩；他們聽任規矩延續，並默許那些看起來似乎道德含糊的東西。湯瑪斯・貝克特（Thomas Becket）和湯瑪斯・摩爾（Thomas More）之類的人物在基督教世界相當罕見；在伊斯蘭世界則是聞所未聞。

持劍而來

不過，隨著新國度逐漸擴張，穆罕默德很樂意見到其他地方的猶太人留在原地——特別是當他們可以佃農身分耕作土地時，例如在麥地那北方一百五十公里處的凱伊巴爾（Khaybar）的猶太人。[36]還有其他從以前延續下來的東西。其中之一是在經濟—軍事陣線上。一開始，穆罕默德的軍事力量還很微弱，安拉告訴他：

> 應該寬容他們〔非信士〕的過錯。[37]

但隨著他在麥地那掌握權力之後，這樣的態度隨即轉變。大衛・瓦里斯柯（David Varisco）指出：

「人類學……在證明伊斯蘭絕對不是來自於何處上發揮了作用」，答案是，絕對不是來自於「沙漠」，因為沙漠「永無休止的世仇和劫掠，會把這個新成立的一神教定義成暴力和非文明的」[38]。歷史確實證明了這點：伊斯蘭來自麥加的都市環境，而且我希望我已經證明了，裡頭有些部分得歸因於古老且絕頂文明（儘管不總是非暴力）的南阿拉伯歷史。伊斯蘭來自於所有這些，來自於它內部深刻的屬靈根源，來自於一種幾乎無法言喻的驚嘆，驚嘆於創世的宏偉、永恆的神祕，以及這一切神聖源頭的完美合一。哪怕是最極端的無神論者，也無法否認在最早期的啟示裡有某種超自然的存在；哪怕是最激烈的犬儒者，也會被它的神聖之美給卸除盔甲，犬儒大師李察．伯頓（Richrad Burton）第一次在卡巴冥想時宣稱：「從來沒有——任何地方——如這裡一般莊嚴，這般令人印象深刻。」[39]伊斯蘭就是源自於此，也將會歸到它源頭的完美合一：「地上的一切都將消亡，」《古蘭經》如此描述時間的盡頭：

而你主的面容將永存。[40]

然而，這段回歸的旅程到目前為止，已經歷過好幾個時期，在這些階段裡，做為一種信仰和一種社會政治意識形態，它也利用了軍事手段。而這些時期的其中一個，將在hijrah之後的數年裡展開。

除了《古蘭經》的力量、穆罕默德的個人魅力和使節的穿梭之外，成功運用劫掠戰術也是麥地那竄起成為強權的原因之一。最早的阿拉伯文資料來源，就是從這個角度看待這次竄起：穆罕默德最早的傳記被稱為kutub al-maghāzī「征戰之書」，以系列方式談論他的軍事遠征。裡頭差不多有三十場重大行動，穆罕默德積極參與了大約三分之一。[41]這些「征戰之書」的重點不只是英勇之舉，而是在本質上，它們屬於「阿拉伯人的大時代」傳統[42]；這些關於前伊斯蘭時代會戰日的敘述，構成了阿拉伯最古老的歷史敘事。

第一次的重要遭遇戰在很多方面都是命定的，正是因為穆罕默德成功以寡擊眾，讓他和他的人民確信，不管在道德上或軍事上，安拉是站在他們這邊的。有一支麥加商隊於伊曆二年在阿布・蘇富楊（就是那位即將被穆斯林紀律深深震撼的異教大公）帶領下從敘利亞回返。穆罕默德帶了大約三百人決定攻擊麥加人的痛腳——在他們最有利可圖的貿易主動脈上。他打算在一個叫做巴德爾的飲水處攔截商隊，該地位於從麥加到敘利亞的商路上，在麥地那西南邊；不過阿布・蘇富楊事先得到風聲，提前派人到麥加尋求支援。等到超過九百人的麥加武力抵達巴德爾時，阿布・蘇富楊已經帶著商隊走了另一條路；不過麥加的後援隊決定給麥地那的異議分子一點教訓。對他們而言，這決策真是錯得可怕。他們七十人被殺，七十人被俘；穆罕默德這邊則是死了十五人。麥地那人覺得正義得勝，那種感覺或許可以想像。伊曆零年是這個時期的開端；伊曆二年，也就是巴德爾之年，是穆罕默德命運的轉捩點，是這首史詩的真正起點。

大眾記憶對這類戰鬥的看法，多半是黑白、善惡之爭。但現實照例比較複雜。前面提過，穆罕默德的左右手阿布・巴克爾有一名兒子是站在異教麥加那邊。[43]阿拔斯也是，他是穆罕默德的叔叔，也是未來五百年的哈里發王朝的同名先祖。[44]在異教的過去與伊斯蘭的未來之間，還有很多被略而不提的東西。跟前伊斯蘭的「阿拉伯人的大時代」一樣，戰詩也在巴德爾會戰和日後衝突的雙方陣營裡扮演了部分角色。伊曆三年或四年的武侯德山（Uhud）遭遇戰是穆斯林少見的一次挫敗，異教麥加的成功有部分得歸功於阿布・蘇富楊的妻子幸德（Hind），她是未來的烏瑪亞王朝第一位哈里發的母親。「我們是塔立克（Ṭāriq）女孩，」（這裡的塔立克不確定所指為何）她如此吟唱，激勵麥加人上前：

我們在地毯上漫步
頸項掛著珍珠
麝香在髮絲間輕舞
你若前進我們將擁抱你
你若逃走我們將迴避你
不再愛你[45]

為了避免把她想像成少女辣妹啦啦隊長，這裡必須補充一個讓她看起來比較殘忍的伊斯蘭傳說：穆罕默德的另一個叔叔哈姆查（Ḥamzah）在武侯德山和自己的姪子對戰時被殺，據說幸德親手將屍體肢解還啃了他的肝。[46]在穆罕默德這方，最有名的詩人是哈珊·本·塔比特，我們已經提過他讚美伽珊國王的頌歌。就像先知和他的啟示，詩人和他的韻律：天使加百列是《古蘭經》的傳遞媒介，據說他還有另一個身分，就是在戰詩裡扮演詩人哈珊的詩歌守護靈或繆思，取代過時的jinnī（精靈）。[47]哈珊用傳統的美酒與親吻形象來歌頌穆罕默德[48]，我們不知道是否還有其他傳統塑造了穆罕默德，但據傳這位先知曾經說過：「拿沙子丟那些歌功頌德者的臉。」[49]另一位有潛力的歌功頌德者是艾沙·蓋斯（al-Aʿshā Qays）——先前我們提過他，就是可以用噴霧修圖般的詩意文字「美化」女孩們的婚姻前景那位——他被異教麥加人勸退，沒加入歌頌穆罕默德的行列，麥加人用駱駝收買他，還用麥地那人嚴禁喝酒的規定來恐嚇他[50]。

不過，還有另一個帶有阿拉伯過往的傳統延續下來。征戰劫掠的戰利品並非沒有生產性；身為一個傳統的劫掠再分配領袖，穆罕默德會控制五分之一的收益，並將該有的份額交給他的親族，即哈希姆的後代。據說他曾明白指出，他是唯一一個把戰利品合法化的先知[51]。但無論如何，這點都是受到阿拉伯傳統的認可，並進一步受到《古蘭經》的認可，例如有一章的章名就叫做「戰利品」（The Spoils of War）。[52]分享和分配這件事必須細心控制：《古蘭經》甚至降下火獄的警告，確保沒人敢欺騙。[53]聰明的穆罕默德還從屬於他的五分之一份額裡，撥出大量款項給他的對手，把他們籠絡在身邊，一起追求他的大業——

其心可得契合者，[54]

《古蘭經》是這樣形容他們。

「先知們是持劍而來嗎？」[55]九世紀一位信仰基督教的伊拉克評註者如此問道，他認為自己信仰的宗教在萌芽階段大體而言是偏向寂靜主義，並拿他們和另外兩大一神教做比較。那位作者的回答是明確的「不」。然而，在穆罕默德的案例裡，一開始他並非持劍而來，而是持著阿拉伯的過往先例、當下的壓力和未來的許諾，但這三者合謀，就擺了一把劍在他手上；至於其他乍看之下比較平和的先知們，如果他們也曾離開自己的故鄉，踏上他們尚未建立名聲的土地，如果他們也曾進行自己的hijrah——換句話說，如果他們也曾堅持走完自己的革命的話，他們或許也會拿起刀劍。因為hijrah是一種斷絕，也是從屬靈和道德的行動主義轉變成政治行動的過渡。在當時，政治行動意味著（至今這個詞在該區依然意味著）打造新的 ʿaṣabīyah：新的「團體主義」；拿起武器，取得你能取得的所有一切，並將它們緊握手中，能握多久就握多久。的確，hijrah 這個字，很快就會意味著將部落民安置在駐軍城鎮裡[56]。有位專家非常直白地把 hijrah 註解成「軍事服務」。[57]在某種意義上，宗教是一套禮拜儀式加上一支軍隊；不過大多數的宗教信仰都要花點時間才能握有一支軍隊，伊斯蘭則是幾乎立刻就有了自己的武力。

穆罕默德在麥地那將他的政治和軍事角色扮演得非常成功，但任何人——包括穆斯林和非穆斯林——都不該因此忘記穆罕默德使命裡的屬靈和道德基礎，不該忘記麥加的歲月。它們是伊斯蘭信念的核心；它們才是永垂不朽的本質。麥地那事件頻仍的那幾年，讓伊斯蘭發展成一種社會政治現象。但它們也構成了阿拉伯國族大河小說三部曲裡的第二部，另外兩部分別是古代南方的傳奇大遷徙，以及即將來臨的三大洲大征服。這是一齣分成三階段在三個舞台上演的大戲——馬里布、麥地那和全世界——而今日有些年輕的歐洲穆斯林，就是受到這齣大戲的激勵，決定離開異教徒的土地，並透過「伊斯蘭國」和征服世界的大夢，打造最後且永恆的第四階段與舞台：天堂。

我曾經提過，有個目標是要將阿拉伯史「去伊斯蘭化」。[58]根據巴勒斯坦作家薩米爾・卡希爾（Samir Kassir）的意見，這樣做將可解除阿拉伯人頸上的一塊「石磨」（millstone），讓他們從當前的不滿無奈中取回自己的歷史。[59]看著麥地那的穆罕默德，我了解要完全做到這點並不可能。就像某位論者所寫的：「伊斯蘭是一門宗教，但也是宗教國族主義的一種形式……有些人甚至已經把阿拉伯主義與伊斯蘭稱為『無法分割的暹羅連體嬰』。」[60]分割可能會非常血腥，就像麥加人的祖先哈希姆和阿布杜・沙姆斯的分割，或是穆罕默德的 hijrah。有些時候，阿拉伯和伊斯蘭歷史連體的部位不只是臀部，而是心臟。也就是說，我們能做且依然該做的，就是不要把伊斯蘭視為阿拉伯一切的起點，而是視為它的一部分。那塊「石磨」並非是一顆天然獨石；它是從最初看起來可能更古老更駁雜的岩層裡挖鑿出來的。

微笑的衛隊

麥加在六三〇年一月投降。麥地那占了軍事上風，但尚未取得決定性勝利；在過去兩年裡，有過和談與休戰，有過用劫掠的戰利品收買人心，真正的交戰次數很少。到最後，古萊什的老衛隊們知道，就算他們最後有能力打敗穆罕默德，但與他聯手可能更有利。在阿拉伯歷史上，這並非第一次有某個老政權為了延續壽命而投入年輕意識形態的懷抱。比較晚近的例子，馬上會想到紹德家族（Āl Suʿūd）和瓦哈比派（Wahhabis）。

麥加建制派加入穆罕默德的革命，他們並未真的劫持它；但他們的確駭進它的內部，而且很樂於看到革命為他們自身的目的服務。阿布．蘇富楊、他兒子暨未來的哈里發穆阿維亞（Muʿāwiyah），以及其他加入穆罕默德陣線者的真實意圖，只有安拉知道。但他們的決定除了受到屬靈信息（以及準備契合其心的金錢）的影響，謀求私利很可能也扮演了部分角色。畢竟，麥加歷史上的兩大人物曾經把這座城市打造為成功的朝聖中心——阿姆爾．本．盧哈義和古賽伊將利凡特與阿拉伯的眾神明並置一堂；在某種意義上，穆罕默德只是把他們的想法推進一步，把那些神明加總起來變成一神。麥加的老領袖們可能意識到，在這個一神信仰使古代眾神失色的時代，穆罕默德的計畫將可為他們的城市吸引到更多朝聖者——以及現金。麥加人顯然做了明智的決定：他們承認穆罕默德，以及穆罕默德認可卡巴的核心地位，雙雙確保了該城自此之後的繁榮，而且那將持續到可預見的永恆。

隨著麥加變成終極一神教的聖地，朝聖的目的地也做了流線化處理和品牌重塑，不過管理上依然沒變。從那之後，一直是由同一部門負責。古萊什的謝巴氏族最初是烏札女神的祭祀官[61]，後來得到授權掌管卡巴的鑰匙，直到今天，鑰匙依然握在他們手上[62]。有句麥加的古老諺語是這樣說：「如果謝巴氏族臉上掛滿微笑：那天肯定是卡巴開門日」[63]，因為他們可以理所當然地收取門票錢。久而久之，這種微笑肯定變成了他們遺傳組成的一部分：一種痙笑（risus sardonicus）。換句話說，穆罕默德的革命其實在本質上更接近演化。麥加的統治氏族經歷了一次大變革，城市的財富將會在某種程度上重新分配，範圍遍及古萊什家族的所有分枝。但生活繼續過下去，朝聖者還是在卡巴四周繞行，貿易也還是沿著麥加的商業動脈流淌。對該城的居民而言，伊曆〇年（Annus Hegirae）絕對不是紅色高棉風格的歷史重啟。

但是在另一個意義上，這場革命才剛開始。穆罕默德，那個將古老的kāhin、khaṭīb、shāʿir和sayyid等聲音集結在他身上、同時還超越它們的男人，現在將以前無古人後無來者的姿態，將長年不和諧的阿拉伯眾聲統一起來。

麥地那媒體

早在麥加投降之前，穆罕默德就於六二八年與這座異教城市簽訂休戰協議，讓他可以把自己新竄起的力量集中在阿拉伯更遙遠的地平線上。有時，這股力量是軍事性的。傳統的劫擊戰術有一定的限度；以塔伊夫為例，它是位於麥加東南方一塊肥沃區域的堡壘都市中心，也是薩基夫（Thaqīf）部落的權力基地，對抗它需要比較重的武器。六三一年，穆罕默德動用一部攻城投石車和一具牛皮dabbābah——龜甲盾（testudo）或工兵防護罩——圍攻該城。[64]它們顯示出麥地那國如何充滿自信，並對軍事創新抱持超開放態度（dabbābah的字面翻譯是「爬蟲，履帶」〔crawler〕，相當於今日軍事用語裡的「戰車」）。但其他類型的戰役也在上演，運用其他的戰術與科技。至少是暫時的，伊斯蘭無須運用武力征服大多數的阿拉伯半島。

在先前那個世紀，穆罕默德的古萊什祖先已經在半島上大部分地區織造出一張商業網。[65]這張網絡是由貿易道路構成經線，部落聯盟構成緯線；利益互補——一邊是游牧民的承運隊和護衛隊，另一邊是古萊什的商業操盤者——達到平衡，讓這套系統具有張拉力和耐久性。穆罕默德就是利用這張網絡來傳播他的信息，最後還讓這張網絡以他為準做調整，這種方式或許可和二十世紀初的布爾什維克（Bolshevik）相提並論，後者與在帝國鐵路線上工作的工人們密切聯繫，透過鐵路將它的意識形態拓展到沙皇轄下的俄國全境。

穆罕默德透過外交手段和科技協助完成這項調整。除了運用《古蘭經》外，這位據說是「文盲」的先知也正在駕馭媒體，特別是將阿拉伯文的書寫發展運用到極致，藉此與遙遠的部落和民族溝通。「總是與書寫如影相隨的唯一現象，」李維史陀寫道，「就是城市和帝國的創建，也就是將大量個體整合成一個政治體系。」[66]穆罕默德已經了解書寫做為一種控制工具的可能性：在他的麥加歲月裡，書面公告（例如他祖父的部落聯盟）有時會張貼在卡巴的牆上[67]——想必並不期待少數識字的麥加人之外還有誰會去讀它們，而是某種正式公告的形式，類似於政府公報。但對大多數阿拉伯人而言，特別是部落阿拉伯人，任何形式的書寫都是一種嶄新甚至更有力量的現象，裡頭注入了魔力和法力。它的政治潛能巨大無比，而穆罕默德則將它運用得淋漓盡致。

麥地那當時已經擁有識字的新傳統[68]，穆罕默德進一步著手強化。他自己的穆斯林麥加書記，當時已經在《古蘭經》啟示的講堂裡記錄安拉的話語，除此之外，穆罕默德也下令，在巴德爾征戰中俘虜到的識字異教徒，每個人都必須教會十個麥地那男孩學會寫字，藉此換取贖金。[69]相傳由他簽署且據信保存了好幾百年的原始文件，從中可一窺穆罕默德運用書寫的目的。這些內容除了神的啟示之外，有一件把他的智慧當場保留了下來——一段關於信仰本質的 al-hadith（聖訓），而且由他的堂弟暨女婿阿里聽寫下來。[70]但也有些文件比較平凡，像是寫在棕櫚樹枝上的土地撥贈[71]，要求某個猶太社群和度瑪的金迪統治者朝貢[72]，還有一封寫給哈德拉米人的信件，要他們向安拉祈禱並繳稅給麥地那。[73]類似最後一封信件的文本有很多留存至今，就算裡頭有些是信眾偽造的，但也反映出麥地那書記的產出情形。當這類公函用一種被認為具有超自然威嚴的文字撰寫下來，然後由雄辯滔滔的傳教人員唸誦出來，八成會讓接收者留下深刻印象。葉門人曾經使用過古老的南阿拉伯文字，但該文字據信在伊斯蘭時代就遭放棄[74]，因為穆罕默德送去的不僅是字母，還有一名教阿拉伯字母的老師：穆罕默德派遣他的使者穆亞茲・本・賈巴爾（Muʿādh bn Jabal）到葉門時，他這樣說：「我送了一名書記給你們。」[75]

比較不清楚的是，書寫下來的超自然最高範本《古蘭經》，在這個整合運動裡扮演了怎樣的角色。有人引用過穆罕默德的說法，指出麥地那是被《古蘭經》「征服」的。[76]顯然，《古蘭經》也以某種形式在更遠的地方廣播。它的語言是大多數阿拉伯人聽得懂的，不管他們的日常方言為何，就像詩歌的高級語言也滲透到半島的每一個角落長達好幾百年，也如同馬蘇第說的：它「震了他們的耳，撼了他們的心」[77]。不過一開始，它的震耳應該是點點滴滴、口頭傳播的，特別是一些最短、最早和最有力的章節。做為宣傳品，整部經典太過分散，往往也太過困難，除此之外，當時也不存在整部文本，合集版要到穆罕默德死後很久才告出現。但穆罕默德還有其他話語可用來打這場媒體戰。

觀察此刻在我窗外上演的事件，想著人們為什麼能以變臉的速度轉投向另一個新目標；顯然，讓他們震撼並奉為信仰的，並非又長又隱晦的聖典——當然也不是合乎邏輯的論證——而是一種比較直白的工具：口號。下面就是源自於伊朗的ṣarkhah「吶喊」：

安拉至大！
美國去死！
以色列去死！
安拉詛咒猶太人！
伊斯蘭勝利！

在公共場合大規模聚集——週五聚禱、群眾集會、喪禮——就是用蠻力「凝聚話語」。（「飛彈」〔missile〕的阿拉伯文ṣārūkh，「吶喊者，嘶吼者」，和ṣarkhah這個字同源。）

反向推論並不總是合理的做法，但我懷疑，就算麥地那是被《古蘭經》征服的，但大多數阿拉伯人應該是被比我今天所聽到更流利、更有意義的口號與金句給征服的。首先是：

Allāhu akbar
安拉至大

（也就是說，你們那些古老的部落神都很弱）。接著是流暢好記的：

Lā ilāha illā llāh

一切非主唯有安拉

（所以，事實上，你們的部落神根本不存在。）然後是：

Muhammadun rasūlu llāh

穆罕默德為其使者

（所以他說的每一句話都不可質疑）。魔鬼或許擁有一切最棒的曲調，但安拉有比那更好的歌詞。

歌詞的壽命長得驚人。同樣的口號直到今天依然運作完美，而這個共同體依然「建立在信息上」：穆斯林新生兒聽到的最初幾句話，就是上面引述的第二和第三句，輕輕在他右耳說出；而這些話也會輕輕飄進垂死穆斯林的耳中。基督徒是在鐘聲的召喚下出來禮拜，有趣但沒有意義；穆斯林則是由口才更流利的祈禱者用話語呼拜——包括上面引述的三句，現在還會用擴音放送（麥加的清真寺新近裝了四千具揚聲器在新系統裡，九公里遠的地方都可聽到）。[78]它們不斷被當成感嘆句說出。它們出現在沙烏地阿拉伯的國旗上，出現在所謂的伊斯蘭國那面看似海盜旗的黑白旗幟上。在穆斯林的一生裡，聽過和唸過它們無數次：就算某人聽力可及範圍內只有一座清真寺，假設他活到七十歲，他聽到「安拉至大」這句話也有七十五萬次。在這種情況下，要讓他停止相信，幾乎就跟要他停止呼息一樣困難。

因此，穆罕默德是安拉的使者，也是祂的傳令。他和他的追隨者以書寫傳播安拉的話語，也把話語提煉成口語的／聽覺的口號。這些創新方式在阿拉伯人當中創造出史無前例的集體精神，一種超級ʿaṣabīyah。口號的功能不僅維繫了ʿaṣabīyah，它還保存了ʿarabīyah「阿拉伯語言」。如同十一世紀非阿拉伯裔的觀察家比魯尼（al-Bayrūnī，他是伊朗裔）指出的：

> 臣民的部落得要多常聚集，才能將非阿拉伯文字傳授給這個國家。但他們的目標不可能成功，只要呼拜的聲音一天五次在他們耳中響起……他們必須順服。[79]

穆罕默德的媒體，說的、寫的和金句，源源不斷從麥地那流瀉而出。《古蘭經》的章節和神聖的口號傳遍了阿拉伯各網絡。識字的使節們也將書面邀請或召喚傳送給各部落酋長。酋長們受到吸引，回應召喚，去了麥地那。在那裡，他們跟阿布．蘇富楊與烏爾瓦一樣，被穆罕默德的力量和人格給迷住——在一個階層分明的社會裡，如果你能迷住酋長，你就能吸引整個部落。這一切或許比較不像是穆罕默德「凝聚話語」，而是他用自己的話語和自己的信息占領沉默。先前不曾有人聽過任何類似的內容。再次套用哈佛生物學家馬丁．諾瓦克（Martin Nowak）的說法，語言可透過插入想法來進行支配[80]，而如果碰到像七世紀初的阿拉伯半島，那裡沒有任何先入為主的觀念可和穆罕默德的想法對抗，在這種情況下，這些想法會有多強大。

代表團從更遙遠的地方朝穆罕默德蜂擁而來，特別是在六三〇到六三一年。有些並非來「皈依」，而是要表達他們對這個新興勢力的效忠，最著名的是來自納吉蘭和阿拉伯東北的阿拉伯基督徒[81]：islām不只是一種意義的「順服」，在當時（在某些方面至今依然）除了是教條問題也同樣是政治問題。麥地那也和信仰基督教的衣索比亞與君士坦丁堡建立外交接觸：拜占庭皇帝送了一件皮裘外套給穆罕默德，先知試穿之後就把它轉送給衣索比亞國王，在寒冷的阿比西尼亞高地可能比較需要。[82]遠道而來的部落與民族紛紛與穆罕默德結盟，方式包括無數的通婚[83]。阿拉伯新興與沒落強權之間的緊張關係，表現在穆罕默德與阿絲瑪（Asmā'）新婚之夜的一則軼事裡，阿絲瑪是古老的金達統治家族的女兒。據說當穆罕默德請她上婚床時，一開始她回答：「皇室豈會拿自己當交易品？」[84]但先知的魅力最後還是在她身上奏效。

似乎對每個人都奏效。有愈來愈多阿拉伯人簽訂了祈禱與賦稅的合同——向安拉祈禱，在地上則歸順於祂的先知，同時繳交會員稅。我們並不清楚，一開始的稅額是多少；有關az-zakāh「天課」的規則是後來制定的。但數量大概不多。對阿拉伯的許多民眾而言——對badw更是——繳交任何財務這個概念本身就很令人厭惡，從他們同意繳稅這點，就可看出穆罕默德的性格有多強大。就算這個力量本身不夠強大，他也總是能退而求其次，利用某個群體對另一群體施壓：尤其他會聘請長期在半島西部與中部漫遊的哈瓦辛（Hawāzin）等部落去當說客[85]。

需要說服的情況其實不多。成功孕育成功，接著是害怕被潮流的馬車甩在後頭——雖然在半島這個大體而言沒有車輪的世界裡，潮流馬車指的是駱駝商隊。一名酋長接著一名酋長，一個部落接著一個部落，他們尾隨著那條不斷加長、蜿蜒過阿拉伯各地的隊伍，他們知道，這條隊伍短期可得到數量上的安全，長期也有獲利的機會，無論是在俗世或天堂。駱駝商隊的效果驚人，阿拉伯半島有史以來頭一次團結在一起。而這恐怕也是最後一次。

波斯因素？

在這史無前例的團結背後，可能有一個誘人的終極理由：麥地那國是為了回應波斯對阿拉伯次大陸的侵犯[86]。至少有一位晚近的歷史學家曾提出這個論點，而且乍看之下非常合理。當時，波斯人在半島西南部的葉門地區是一個強有力的存在——地位不下於總督——在東部的巴林地區，他們長久以來也很活躍並深具影響力；近來在對抗拜占庭、利凡特和甚至埃及方面，也取得重大成功。這看起來就像是一種三叉攻擊——今日沙烏地阿拉伯與海灣國家的統治者，面對什葉派伊朗對黎巴嫩、伊拉克、巴林和今日葉門的影響，他們的感受約莫就是如此。還有一些進一步的零星證據，也可支持波斯廣泛滲透的看法，例如宣稱哈立德．本．希南．阿布西（穆罕默德所認可在他之前的最後一位先知[87]）拯救了阿拉伯，讓它免於集體改信波斯的國教祆教：他走遍半島境內數量日增的祆教拜火廟[88]，把做為他們禮拜焦點的神聖火焰給熄滅。

因此，認為在面對波斯的推進政策時，穆罕默德的統一國度扮演了將阿拉伯各陣線攏聚起來的角色，這樣的想法並非毫無根據。然而，這只能算是間接證據。就跟麥田圈一樣，這類地理政治的宏偉設計，往往只有在未來歷史學家居高俯瞰的角度下才能顯現出來；在那個當下的地面上，你根本看不到。和麥田圈還有一個類似之處，那個宏偉的設計可能從來就不是他們所宣稱的那樣。在穆罕默德心裡，站起來面對波斯人，很可能是他在設計新國度時的影響元素之一。他確實有個清楚的目標，就是要團結眾部落，一如金達嘗試要做的，他也想建立一個更大的統一體，將古老的南方文明納入。這個海納百川的阿拉伯新認同，有部分表現在將ʿarab與ʿajam相提並論，也就是把阿拉伯人與非阿拉伯人，特別是波斯人，擺在同等的地位上。在《古蘭經》這個主要證據裡，有一個暗示支持了麥地那是源自於反波斯的想法——裡頭有段聲明指出，穆斯林會替拜占庭即將來臨的勝利感到高興，想必是因為它擊敗了他們的主要仇敵：波斯的薩珊王朝。[89]不過，說到底，這也只是個暗示。此外，穆罕默德的繼承者阿布·巴克爾將會積極向葉門的波斯外來者求援，利用他們對抗他的阿拉伯對手：阿斯瓦德（al-Aswad）[90]。在俗世凡塵、在真實的時間裡，真正重要的不是宏偉的設計，而是實力政治。

最不信的

穆罕默德正在打造的這個史無前例的統一體裡，有著內建的危險。這個新共同體承繼了麥加泛阿拉伯網絡的力量，承繼了都市貿易商和游牧運輸者之間的協定；但也承繼了它的緊張。aʿrāb——更適切的說法是badw——向來以熱愛自治著稱：這是他們生活的基本前提。但這份熱愛顯然無法順利適應無所不包的嶄新ummah，以及它對穆罕默德所傳達的安拉意志的全面服從。

穆罕默德對aʿrāb心存提防。據信他曾說過：「我從沒聽過哪個aʿrāb講的話會讓我想正眼看他，除非那話是安塔拉（Antarah）說的」[91]；安塔拉是一位著名的詩人與英雄，一位黑奴母親的兒子。穆罕默德和他的ummah需要aʿrāb劫掠以幫助他們擴張；但這些才能也必須小心控制，以免威脅到ummah本身。換個方式來說明這種兩難，貝都因aʿrāb充滿活力，但也具有潛在的搗亂性和破壞性；ummah的定居成員貢獻了安全和穩定，但也有陷入停滯之虞。這兩股力量往不同方向拉，危險就是ummah可能會被扯碎。穆罕默德的密友暨第二位繼承者烏瑪爾曾把貝都因人形容為「阿拉伯人的根源，伊斯蘭的材料」[92]。但這些材料大多原始粗糙，而且很容易揮發。安拉本尊則在《古蘭經》裡這樣形容他們：

> 最不信的和最偽信的。[93]

相對的，穆罕默德表示：「信念是雅曼人（Yamān），智慧是雅曼人。」這裡的「雅曼人」幾乎可以肯定就是aʿrāb傳統上的對照組：定居、文明的「南方」（al-Yaman）民族。

歸屬和歸信

aʿrāb令穆罕默德惱怒，因為他們為他的統一大業添上另一層緊張——islām「順服」和īmān「信仰」之間的緊張。

> al-aʿrāb說：「我們歸信了。」（穆罕默德對他們）說：「你們沒有『歸信』。你們只是說，『我們歸順了』（aslamnā），因為信仰尚未進入你們心中。」[94]

在屬於伊斯蘭的那半部阿拉伯歷史裡，aʿrāb未歸信或無正信的想法不斷反覆出現。有時是以笑話的形式。例如，西元八世紀初，有一群貝都因人用詩歌祈雨時被偷聽到：

> 我們之間，主啊，情況理應更好的——

> 就像往日，你讓我們的天氣變濕了。
> 所以送雨給我們，喂，你這個沒老子的！[95]

在最後一句裡，粗魯的貝都因人罵了神的出身：「你這個沒老子的！」翻成大白話，就是「你這個渾蛋！」（他們當然也一針見血地攻擊了神學：神沒有創造力，沒有生育力。）近幾年來也有這種情況，都市穆斯林不再認為荒野生活可啟發永恆的沉思，反而普遍認定，荒野的阿拉伯游牧民名義上或許是穆斯林，但他們對神的意識可能跟野獸差不多。

回到《古蘭經》經文，雖然它揭示了對待貝都因人的態度，但裡頭還有更深刻且令人驚訝的意義：你可以在表面上當個muslim「順服者」，但無法成為muʾmin「歸信者」。islām的意涵是外向的、公共的、非個人的、與社會和政治相關；īmān，它存於心，是內向的、私人的、是你和安拉的私人關係。穆罕默德在打造共同體和國家的過程中，充分意識到宗教的雙軌本質。甚至有人說過：「很懷疑穆罕默德真的想過要把他在麥地那打造的社會宗教共同體當成一種普世宗教」[96]，這說法或許不失公允。《古蘭經》裡有很多經文顯示，當時的人認為猶太人和基督徒基於一神教的關係，與他們有共同的īmān「衷心信仰」；他們也可能變成伊斯蘭國的朝貢夥伴。但不信的貝都因人剛好相反，他們可以用muslim「順服者」的身分成為合格、「有證件的」國家成員，但無法在內心裡相信它的屬靈真理。不過，有鑑於英語「宗教」（religion）一詞所具有的共鳴性，或許用「社會宗教」（socioreligious）來形容麥地那的共同體就是一種誤導：學者在研究穆罕默德同時代詩人——最接近客觀的觀察者——對這場革命的反應時發現，大多數詩人都把伊斯蘭想成「一種社會和政治運動，而非一種深刻的屬靈經驗」。[97]

伊斯蘭一開始確實因為穆罕默德在麥加得到的啟示而成為一種深刻的屬靈經驗。如果給它時間和空間，它可以重新取得那種屬靈性。但在麥地那國家成形的第一個十年，物質的考量尤其勝過屬靈的考量：重點是要把每個人，包括麥加的貴族和aʿrāb，全部拉到你這邊，無論是征服他們、補貼他們，或用戰利品賄賂他們。只要肉體願意，屬靈就算很弱也沒關係。只要公共行為正確，加入祈禱行列，對俗世領袖說「遵命」，並對神說「阿門」，那麼良心就可留在私領域。這和今日個人主義的「西方」剛好相反；在西方，機制性宗教的地位暴跌，但個人仍保有深刻的屬靈性。社會學家葛莉絲．黛薇（Grace Davie）將他們的情況形容為「歸信而無歸屬」（believing without belonging）。在穆罕默德時代的阿拉伯，《古蘭經》裡的aʿrāb則是歸屬而無歸信[98]。

不過，七世紀的阿拉伯——或說整個世界的過往——和今日的「西方」之間，還有一個更大的差別。對前者而言，歸屬和歸信是對位但互補的詞，是同一個球體的兩極；在這兩極之間，擺了一根從政治到虔信的滑尺。阿拉伯文的dīn，梵文的dharma，拉丁文的religio，也許全都可以轉譯成英文的「religion」（宗教），但最後這個字，基於它的後新教特質，是把焦點放在個人的虔信之上，連帶使得英文讀者會偏向兩極中的一極，主要會把宗教視為一種信仰事務。但歸信只是它的一部分。歸屬是它的另一部分，只要神和凱撒存在，人就會同時對神說「阿門」，對凱撒說「遵命」。伊斯蘭，以及它那強調政治與神學tawḥīd「認主獨一」的教義[99]，只是這種現象的一個突出案例。

穆罕默德之死

然而，認主獨一的教義與可長可久的統一並不相同。穆罕默德留下的社會和政治凝聚程度，在阿拉伯已經過去的漫長歷史裡可說無與倫比。但他也留下一個懸而未決的問題——繼承者的問題。如果當初有明確不含糊的答案，或許能保證統一延續，至少能在繼他之後同樣漫長的阿拉伯歷史裡維持某段時間。但這問題至今仍無答案。

六三二年二月底，穆罕默德帶領他的追隨者從麥地那返回他的出生地麥加，這趟路程後來被稱為「告別朝聖」（Farewell Pilgrimage）。他在朝聖高峰發表的講道——延續他的祖師爺，巡迴宣道家奎斯・本・薩伊達的風格，從駱駝背上發布——是從預告他的死亡開始：「我不知道今年之後是否能在同一地方再次見到諸位。」他接著談到血緣與財產的神聖不可侵犯，談到婚姻關係與傳承之類的事情。但其中最打動人心的或許是這段：

> 我以安拉之名發誓，噢我的子民，你們的主只有一位，你們的父親也只有一位：因為你們都是亞當的子孫，而亞當是塵土的子孫。在安拉眼中，最虔信的就是最高貴的。安拉是全知的，無所不曉。沒有任何阿拉伯人優於非阿拉伯人，除了在虔信度上。[100]

某些版本還加了一句：「黑也不優於白」[101]。如果說穆罕默德並不總是將他創立的共同體視為普世性的，那麼這也許是另一個預感——他的信息總有一天會遍及全球。只不過，麥地那的共同體當時已經是異質性的，包括了波斯人、黑奴和自由人。無論這意味著什麼，它都清楚宣告了它的包容性。

穆罕默德的講道雖然首次暗示他的死亡，但並未觸及繼承人的問題。這問題出現得太早又太突然：在他返回麥地那兩個月後，他因熱病倒下，並因此喪命。在他生命的最後十天，已經無法領禱，只說應該由他的夥伴阿布・巴克爾代替。根據這點，加上前一年這同一位最親密的夥伴也曾帶領過朝聖之旅，於是大多數人把這視為證據，認為穆罕默德希望阿布・巴克爾繼承他擔任共同體的領袖。然而，並非每個人都立即同意這點，儘管共同體內部的最初爭論只造成毫米般的裂痕，並在達成共識後迅速弭平，但不到三十年的時間，這道裂痕將會擴大成鴻溝。

穆罕默德死在他的嫩妻懷裡，她是阿布・巴克爾的女兒阿伊莎。有鑑於所有虔信的回憶將在他死後急速爆升增——那些潛在的百萬傳統——很難為先知穆罕默德撰寫出一篇完全客觀的墓誌銘。而想要為凡人穆罕默德撰寫墓誌銘甚至更難，有也只是零星碎片：他是個賽馬迷，但不在乎輸；他會坐在地上吃飯，還會舔手指；他從來沒打過奴隸；沒人看過他咧嘴大笑[102]。關於最後一點，他並不缺幽默感，其實還滿冷面笑匠。曾經有位老婦問他，安拉是否會讓老婦人進天堂，當他回答「祂不會」時，老婦哭了——這時，穆罕默德開口：「祂會先把她們變成適婚年齡的處女！」[103]穆罕默德也有一種搞笑感，某次有人看到他趴在地板，背上坐了小孫子哈珊和胡賽因，他對兩人大喊：「瞧，你們得到多棒的駱駝！」[104]這些驚鴻一瞥的記載都有一種軼事感，是你無法或不會去編造的。但在這幅圖像裡，有些比較不搶眼的元素被遺漏掉了——甚至包括他到底多大年紀。關於他去世的年齡，各方說法不一，約莫是在虛歲六十到六十五之間[105]，但有關「大象日」的年代之疑[106]，意味著他應該比上述推測的更老。

據說，和某些著名的前伊斯蘭戰士一樣，穆罕默德很少在公眾面前露臉[107]，而且愈來愈隱形，掩蓋在一層又一層的虔信面紗之下。對大多數穆斯林而言，單是閃過想要描繪他肉身像的念頭，就是一種褻瀆。即便在比較寬鬆的什葉派伊朗傳統裡，描繪其他先知或許可以，但穆罕默德的臉永遠是一片空白。

遺產

有個長期研究該主題的學者宣稱，在穆罕默德之前，「ʿarab這個概念就已瀕臨滅絕」[108]。但那概念其實還沒消亡；它會定期出現在前伊斯蘭時代的詩歌裡，儘管不甚頻繁；它是一個很少陳述出來的概念，但絕非奄奄一息。ʿarab「部落游牧民」和一般所謂的阿拉伯半島人（Arabians），都已經變成阿拉伯人（Arabs），一個擁有單一語言和單一認同的族裔群體；他們與ʿajam「不說阿拉伯語的人」的接觸曾讓他們產生反射性的團結感；而現在，先知又——至少暫時性——給了他們統一感，一種集體的意志，由共同的神明所引導，和古代南阿拉伯的非部落民族相同。

穆罕默德的貢獻，就是賦予這種阿拉伯認同感，它最深的根柢是語言，是嶄新而耐久的顯著特色。他最偉大的遺產《古蘭經》一次又一次提醒聽眾，安拉給人類的最終定論是用阿拉伯語說出來的。穆罕默德已經「將阿拉伯人凝聚在伊斯蘭的話語上」[109]，他也凝聚了阿拉伯人的政治話語，前無古人後無來者。而這種統一的話語和統一的意志也反過來給了阿拉伯人最終統治其他人的潛力。但是，到目前為止，這潛力尚未實現；甚或還沒被認知到。據說穆罕默德曾為伽珊和金達的衰亡祈禱[110]，但並未對波斯和拜占庭的式微祈求。無論他的屬靈地平線有多寬廣，他的政治範圍似乎只局限於阿語世界。

現在的問題是，接下來會怎樣。和貝都因aʿrāb的情況一樣，並非所有回應穆罕默德召喚的人都擁抱了引發這項召喚的屬靈「信仰」——īmān。但他們都簽了社會契約。這並非啟蒙時代歐洲人所謂的世俗契約；在世俗契約裡，公民放棄部分自由交換國家機制的保護，但阿拉伯人簽的是與安拉的契約：祂會保護和指導祂的子民，會做為他們的集體意志，藉此換取子民對祂的順服——islām——交出他們的個人意志，並繳交以祈禱、朝聖和財產稅為形式的會費。

habl Allāh「神聖的社會契約或盟約」的概念，加上一位至高無上的神明，這種結合在古老的示巴南方理性運作了好幾個世紀。在那裡，簽下契約的結盟民族可以自身舊神的形式保有各自的認同和獨立：那是一個神權國家，但在神學上是寬鬆和去中心化的。猶太人和耶和華的盟約，也是在可忍受的效率下運作：神明毫無疑問就是那一個，但只要猶太人擁有獨立的政治國家，祂就會隨著時間和環境的改變，啟示一連串的代言男和代言女——先知們——把祂的意志揭露給祂的子民。但穆罕默德創立的盟約卻不一樣：那是一個神權國家，不僅是嚴格的一神，連先知也是獨一的。穆罕默德是「先知的封印」（Seal of the Prophets），如果說啟示是從亞當開始，那就是結束在穆罕默德。在這場啟示的接力賽中，他是最後一棒。裡頭沒有一個聖靈的概念可無止盡啟發此共同體，可以在連綿而多變的時代重新詮釋神的啟示。因此，穆罕默德的國度異常集中化，不是地理上的集中化，而是時間上的集中化。在某種意義上，歷史已經結束，或說進入一種永恆的現在，而這個永恆的現在將會變成永遠在場的過去。然而，就跟福山（Francis Fukuyama）晚近的宣稱一樣，歷史終結的謠言往往過於誇大。隨著啟示的結束，歷史的一個重要主題——神與其造物的關係——確實終結了。但俗世的活動依然持續。時鐘停止，但時間繼續。

伊本·赫勒敦以七百五十年後的後見之明寫道，「阿拉伯人只能透過先知的預言取得君權」[111]。儘管當時的條約關係網絡覆蓋了阿拉伯「島嶼」的大多數地區，但君權的範圍並未超出阿拉伯中西部的漢志地區。既然穆罕默德是終結所有先知預言的先知，那麼君權是不是也會跟著他的去世一併死去？的確差點就死了。不過在緊接下來的那個時期，事情還沒分崩離析。歷史也沒還終結。但可以說它已經屏住呼吸：因為很明顯的，變化已經降臨在阿拉伯世界，即便這項變化在當時看起來似乎不太激進，不似對日後的伊斯蘭發展者和定義者那樣激進。

這項變化的本質，某部分依然可在距離此刻我書寫處幾百公尺外的地方看到。

走出廢墟

六二七年，沙那大清真寺（The Great Mosque of Ṣan'ā'）在穆罕默德的明令下，於波斯總督的花園裡興建。總督的宅邸隱約可見——多層樓的示巴風甘丹宮（palace of Ghimdān），它本身已有四百年歷史，雪花石膏窗和女兒牆上空心的青銅鳥獸，在輕風吹拂下發出尖吼。大清真寺結合了從沙那大教堂拆下的材料，大教堂是由一個世紀之前占領該地的基督教衣索比亞所興建（從教堂拆下來的馬賽克和柱子，也會重新運用在麥加的卡巴裡[112]）。這些搶救下來的建築材料，有很多是受到拜占庭模式的啟發，帶有爵床葉的柱頭和其他古典圖案；其中一個柱頭依然留著一個樸素的基督十字。穆罕默德將沙那清真寺的邊界固定在一塊叫做姆拉姆拉馬（al-Mulamlamah）的石頭上，這塊石頭如今被日後的積聚或擴張掩埋在樓地板下，但依然可從一處界標中看出。這塊石頭想必有某種遠古意義，才會取了一個連麥加那麼遠都知道的名字。這座清真寺也容納了一位備受崇敬的當地唯一神論者之墓，即韓札拉·本·薩夫望（Ḥan alah bn Ṣafwān），據說是派去啟發示巴人的先知[113]。建築物和它朝向麥加的方位都是新的。但它卻是用帝國的殘餘物建造在帝國殘跡之上——包括與拜占庭結盟的衣索比亞及薩珊王朝的波斯。此外，它也奠基在悠久且原生的阿拉伯過往之上，由後者劃定界線並投下陰影。沙那清真寺像一個比例模型，展示出由穆罕默德所促成的改變：它是一個結構物，容納了一個全新的社會，但卻是使用古代的材料，而且還建造在一個熟悉的基地上。

回到麥地那，回到這座既新且舊的清真寺的原型，回到讓阿布・蘇富楊和烏爾瓦震驚的敬拜陣仗：讓他們大受驚嚇的，既非對外來儀式的陌生感，也不是它的背景素材，而是激勵和團結自家阿拉伯人——這支自存在以來始終分裂的民族——那種熱情。或許這兩位觀察者雙雙感受到，這些新近團結且活力四射的阿拉伯人，甚至有可能打造出自己的帝國，就在他們鄰居真真實實、有疆有土的帝國廢墟之上，在「那些波斯人和拜占庭人和他們的鎖子甲」的廢墟之上。如果真是如此，他倆感受到的是歷史的基本動力——共享的意識形態如何讓一個社會以超高效率征服其他社會。他們不可能猜到的是，這一切竟然發生得如此迅速，或者說，他們的地方神安拉竟然變成了一種文化，然後又變成一個壽命超越任何帝國的全球文化霸權。

稱霸
630～900年

第7章 彎月軍 開疆拓土

不用說，穆罕默德是阿拉伯歷史中點的主導人物，也是人類整體歷史的拔尖人物。必須說的是，他並非典型的阿拉伯人：他是自身背景的產物，但卻超越了背景；在日積月累幾十億追隨者的集體奉獻下，他甚至被帶到更遠的地方，遠到他一腳踩在歷史中，另一腳卻踩在假想裡。「典型的阿拉伯人」（typical Arabs）一詞很難界定，一方面是他們的起源相當紛雜，再加上他們的名字所指稱的內容也很流動。但是發生在穆罕默德生前死後的諸多事件，也襲捲了許多與他同代的阿拉伯人，把他們推送到通往新生活的類似道路，而且幾乎各方面都遠離了他們的根源。這類旅程將他們的形體分散開來，卻讓他們有了一致的體驗：就好比，蘇格蘭農舍裡的窮人兒子和英格蘭莊園裡的富人少爺，都共享了相同的大英帝國經驗。很難捕捉到那個歷程，但偶爾，似乎會有某個阿拉伯人以自己的一生概括這眾多旅程。

哈德拉毛的妓女

阿沙斯（al-Ashʿath）——「亂髮」（the Tousled）就是這類人物之一。他出生在南阿拉伯的哈德拉毛區，時間大約是六世紀末。和前一個世紀的偉大詩人伊姆魯．蓋斯一樣，阿沙斯（或比較正式但罕用的名字：馬迪．雅克里布．本．蓋斯〔Maʿd Yakrib bn Qays〕）屬於金達部落的統治世系。金達部落經歷過半島漫遊，經歷過長期半定居在阿拉伯中部的商隊城鎮達特卡赫爾和它附近，經歷過前伊斯蘭時代企圖焊接和領導一個阿拉伯部落聯盟，在這些努力終於失敗之後，大多數成員都遷徙到南方，定居在哈德拉毛。該地是由錯綜複雜的峽谷切割過一座貧瘠如月球的高原，金達人在這裡過著與世隔絕、不過問阿拉伯世事的生活——直到穆罕默德的使節抵達為止。阿沙斯受到先知宣教的感召，加入這個成長中的部落聯盟，並於六三一年，也就是所謂的「代表團之年」（Year of Delegations），跟著使節們返回麥地那，他是金達代表團的頭頭，並和其他許多人一樣，拜倒在先知的魅力之下。他也跟其他許多人一樣，同意把妹妹嫁給穆罕默德。可惜，新娘的駱駝隊都還沒離開哈德拉毛，先知就離開人世了。

我們不知道那位妹妹對自己未出嫁就守寡的消息有何反應。但是阿沙斯對穆罕默德去世的反應，就跟大多數阿拉伯人相同：他斷絕對麥地那的一切效忠。哈德拉毛的許多本地人也很開心：伊斯蘭歷史學家特別提到所謂的「哈德拉毛妓女」，一群女人又唱又跳歡慶這項斷絕。其中一位顯然是出身貴族家庭，據說是猶太人[1]；其他成員也許是古代宗教的女祭司，全都「嫁給了」他們的神明（所以有妓女的指控[2]）。她們和其他金達人認為，留在自家距離麥地那一千五百公里的僻靜旱谷比較安全——直到來自那座城市的一支軍隊以迅雷不及掩耳的速度從天而降，嚴懲這些不服從的哈德拉米人。那些「妓女們」的雙手被砍[3]，並以古時候懲罰顛覆演說家的酷刑[4]，將她們的門牙敲掉。阿沙斯本人遭到圍攻，但在對方保證給他安全通行權的條件下投降。這差點就變成他的最後一舉：他忘記在投降文件上簽名。他在最後一刻獲救，被帶到麥地那，穆罕默德的繼承者阿布・巴克爾決定原諒他，並根據上流社會的慣例，讓他娶了自己的妹妹。

經歷過這段宛如彎道滑雪的命運大扭轉後，阿沙斯進入遠離阿拉伯的長直坡道。這股衝勢將他帶往遠方。六三六年，他在耶爾穆克（al-Yarmūk）戰鬥（並失去一隻眼睛），這是阿拉伯對抗拜占庭的決定性光榮會戰。沒多久，他又在卡迪西亞（al-Qādisīyah）拚搏，那是阿拉伯對抗波斯人的決定性光榮會戰。他定居在庫法這個位於南伊拉克的駐軍城鎮，並於六四六到六四七年從該地展開遠征，拿下亞塞拜然，可能在該地當過一陣子總督。[5]在那場撕扯阿拉伯各陣線的大分裂後，阿沙斯加入穆罕默德堂弟暨女婿阿里的陣營，對抗麥加舊政權的領袖穆阿維亞，並在六五七年為阿里在錫芬（Ṣiffīn）打了一場不具決定性也不光榮的阿拉伯內戰。在那場大屠殺後，他和其他人一起說服阿里，接受第三方仲裁所提出的折衷處理。六六一年，阿沙斯死於庫法，由於上面那個災難性的建議，他一直遭到親阿里派——所謂的什葉派——的唾棄，直到至今。

因此，「典型」或許不適合用在「亂髮」馬迪．雅克里布身上；他比較像是阿拉伯世界最積極那段歷史時刻的縮影。沒有幾個阿拉伯人能把一輩子過得這般緊實；但在短短兩代人的時間裡，許多人的生活也變得面目全非。在伊斯蘭事件頻仍的第一個世紀結束時，老派的阿拉伯人還能把幸福定義成「一位漂亮的配偶，一棟寬敞的住宅，和院子裡的一匹好馬」。然而到他兒子那輩，對幸福卻有了新定義。幸福是「旗幟飄揚，寶座高聳，人民大喊：『向我主致敬！』」[6]阿拉伯人總是在他們企圖統治彼此時失敗，阿沙斯想要打造的金達大部落就是一個好例子；換句話說，當他們企圖將統一加諸自身時，就會失敗。統治非阿拉伯人似乎就容易多了，他們也很快就愛上這一味；這麼說並不表示他們會把美女和駿馬給忘了。不過在其他方面，生活確實變得更複雜。部落阿拉伯人總是坐在民主的地板上，或至少是齊平的地板上。坐在寶座上或許是新流行，但寶座必須競爭，而且寶座愈高，跌下來的危險就愈大。寶座一詞的阿拉伯文常用語是ʿarsh，它也有棺材的意思，這或許不是巧合。

由禿鷹包圍

穆罕默德是阿拉伯長久以來只要企圖統一就會失敗的一大例外。如今，他死了，他的夥伴只好設法將他的計畫堅持下去。

第一個問題，就是要挑選繼承先知的領導者，以及決定他的性質。穆罕默德所屬的古萊什部落集思廣益，從部落中選出一人：他們選中阿布·巴克爾，他的確不是古萊什建制派的一員，但他是穆罕默德最親密的夥伴，也是先知在病重期間親自挑選，帶領共同體祈禱的領袖（從非古萊什部落的麥地那當地人中挑出候選人，這個想法似乎遭到斷然拒絕）。阿布·巴克爾的「選舉」就跟其他許多事情一樣，都是延續了前伊斯蘭時代的部落慣例；而他做為仲裁者而非獨裁者的角色也是。[7]不過他的頭銜是新的——al-khalīfah，安拉使者的「繼承人」，英文寫作「caliph」（哈里發）——而在實務面上，他行使的權力將超過古代的部落 sayyid。事實上，阿布·巴克爾同樣先掌了權，然後才取得一致同意：這是既成事實後的選舉，是橡皮圖章，[8]而且是弄得髒兮兮的圖章。因為穆罕默德那些傑出的夥伴們，並非全都接受這結果：阿里和穆罕默德所屬的古萊什哈希姆氏的其他成員，有六個月的時間，不願批准非哈希姆氏的阿布·巴克爾接班。[9]這並不是阿拉伯歷史上第一次有爭議的改朝換代，當然也不會是最後一次。

第二個問題接踵而來，甚至更急迫：還有誰等著被領導嗎？在穆罕默德去世一兩個禮拜內，隨著消息開始在阿拉伯網絡裡傳送，由他發動且半島各地所有部落都展現出明顯熱情的前所未有的統一，那個偉大的社會—政治—宗教思想大行伍，開始分崩離析了。[10]其他部落跟阿沙斯及他所屬的哈德拉毛金達部落一樣，在穆罕默德死後，徹底拒絕任何中央統治的想法。

並不是因為他們特別想念自家的舊神。穆罕默德理解到，阿拉伯人退回異教過往的可能性確實有，但很小：「這世界不會消失，」據稱他曾說過，「直到道斯（Daws）婦女的臀部〔再次〕繞著〔偶像〕祖卡拉沙神擺動，而且以她們習慣的方式禮拜祂。」[11]在這同時，代表祖卡拉沙神的那塊石頭，已經被改成一座清真寺的門檻，被踩在腳底下。其他異教徒的小群落大體都被處理過。在類似《大法師》（*Exorcist*）的結尾裡，據說女神烏札化身成一位大吼大叫、蓬頭散髮的阿比西尼亞婦女，現身在穆斯林英雄哈立德．本．瓦立德（Khālid bn al-Walīd）面前。哈立德把她的頭劈成兩半，她在他眼前化為塵灰。[12]伊斯蘭的傳說不僅給了她致命一擊，還將她去阿拉伯化，把她說成阿比西尼亞人。在實際上和隱喻上都被抹黑了。

許多阿拉伯人滿享受與舊神之間的關係，一種務實偶爾還帶點騎士味道的關係。如果神明沒有履行諾言，你可以像詩人伊姆魯．蓋斯那樣，把占卜箭頭折斷[13]，你也可以罵祂們渾蛋，就像前一章那些褻瀆神明的貝都因人在祈雨詩中所罵的。[14]旅途中，你撿拾墊鍋石和一塊神石，拔了營就把它們留在身後。偶像和他們的崇拜者之間，不存在什麼愛。所以，穆罕默德死後所浮現的問題，並不是教義上的。那比較像是曾經連署支持穆罕默德大業的阿拉伯人，大多數根本沒搞懂這份合同所具有的政治意涵。舊神最重要的功能一直是祂們的政治角色：祂們扮演部落的「圖騰」，或者說，在一個更大也更正式的尺度上，扮演南方shaʿb「民族」的圖騰。如今，安拉變成一個超級部落、一個總體部落的圖騰，祂要求集權主義的紀律──和稅賦。就在這些意涵逐漸被意識到的同時，穆罕默德的死訊也傳播開來。於是，除了少數例外，阿拉伯的古老部落和民族全都重申他們幾個世紀以來的自主權，也就是前一兩年在穆罕默德說服下放棄的自主權。不過，他們多半還是繼續以穆斯林的方式祈禱；與至神保持良好關係顯然是個好主意。至於繳稅給祂的俗世代表，他們就默默當做沒這回事。

但是對繼承了穆罕默德大業的古萊什領袖而言，這顯然不適用。為了讓讀者對當時發生的事情有個概念，這裡有必要引述一下據說發生在伊曆十一年的一次交易，交易的雙方分別是驅逐了前伊斯蘭諸神明的英雄：哈立德．本．瓦立德，以及知名的所謂「叛教者」：馬立克．伊本．努瓦拉（Mālik bn Nuwayrah），亞爾布（Yarbūʿ）部落的領袖（也就是第二章提到的那位微笑領袖[15]）。這故事有一些不同版本[16]，但最常見的版本指出，馬立克是當初去拜訪先知的代表之一，先知指派他去收取該部落的天課。先知死後，包括馬立克在內的部落領袖紛紛把天課扣住，等於是「取消了〔他們的協議〕」（irtadda 這個字，後來就意指「叛教」）。哈立德受命去威脅那些違約者，並和馬立克面對面交涉。

「我依然奉行〔伊斯蘭的〕祈禱，」馬立克說，「雖然我沒有繳稅。」

哈立德說：「難道你不知道祈禱和繳稅是一起的嗎？缺一不可。」對於這點，馬立克說：

「這是你的夥伴〔穆罕默德〕以前說的。」

哈立德回答：「難道你不認為他也是你的夥伴嗎？安拉在上，你讓我想把你的頭砍下來！」他們就這樣一來一往吵了很久，直到哈立德說：

「我真的要殺了你。」這時，馬立克說：「我猜你那個夥伴也會命令你這樣做。」

哈立德說：「你這是在傷口上撒鹽！現在我真的要殺了你。」

在哈立德的一名手下砍掉馬立克的腦袋之前，馬立克轉頭看著妻子烏姆．塔敏（Umm Tamīm），然後對哈立德說：「她才是你非要我死的原因吧。」因為她是個絕色美女。

哈立德喊出：「行刑」；他把馬立克的頭顱當成墊鍋石，直到它被燒到面目全非（另一種死後抹黑）；而且，一如馬立克預見的，他娶了烏姆．慕塔敏當妻子。這起事件的確在麥地那變成醜聞：馬立克確實履行了他的敬拜，雖然他沒繳稅，但他直到斷氣之前，都認定自己是穆斯林。但哈里發阿布．巴克爾拒絕懲罰哈立德。他實在是個無可取代的傑出指揮官[17]，而且馬上就會在這個新生國度所面對的最大爭鬥中，證明自己的價值。

其他部落繼續祈禱但不繳稅。[18]他們早就習慣把宗教輕輕披在身上；但付出忠誠，更別提現金——或比較正確的說法，對阿拉伯大多數地區，指的是駱駝和其他動物——可是沉重許多且令人討厭的負擔。（如果你在部落劫掠中失去駱駝，至少還有機會把牠們搶回來；但一個中央集權還會把駱駝拿走的政府，不利於你的機率實在太高了。）他們在反叛時經常會出現強大且能激勵人心的領袖。這些人不僅局限於馬立克之類的老派部落酋長，還包括新近得到授權的領導人。就某方面而言，穆罕默德的宣教實在太成功了，以至於他的大業主要的危險並非來自古老的假偶像，而是來自新興的假先知。在某種意義上，他們是最真誠的阿諛者；但在另一個意義上，既然這些新「先知」必然是老派的 kāhin，那你只能想像，當那個被他們視為自家一分子的男人——穆罕默德——竟然表現得如此耀眼，會讓他們多嘔。由穆罕默德所驅動的那只明亮的大火輪，開始孕育出煽動人心的大量衍生物。

在這些山寨版中，最傑出的首推穆賽利瑪（Musaylimah），也就是伊斯蘭歷史學家口中的「騙子」——超優秀的假先知。他在半島東部吸引了大批追隨者；他和穆罕默德一樣，也有一位呼拜者（muezzin）負責召喚他的追隨者祈禱[19]，也有一部「古蘭經」可供他們唸誦。這部經典模仿原作獨特的節奏與散文詩風格，但內容截然不同。據說是從該部經典殘留下來的少數幾段內容，讀起來很有一種黑色宣傳的味道。例如：

> 蛙，兩蛙之娃！／呱！你呱什麼呱？／你的上半浸水底，／你的下半戳泥裡！／你不招惹酒鬼，／你不弄髒水。／我們有世上一半，古萊什有另一半，但古萊什是一幫敵對。[20]

最後這句經文，在那個時代，其實不算太違離真實，至少在半島這個狹小的世界是如此。一開始是穆賽利瑪的一廂情願，他曾在六三二年初建議穆罕默德，把阿拉伯土地二一添做五對分；又或者，如果他最後可以繼承穆罕默德，他就願意效忠[21]。考慮到穆罕默德意識形態的極權本質，這提議當然無效。然而，真先知去世對假先知的壯志起了激勵作用，在某個時刻，穆賽利瑪看起來就像是麥地那國無法輕忽也無法根除的對手。於是阿布．巴克爾派出他永不疲憊的麻煩終結者：哈立德。在最後決戰時，穆賽利瑪被殺，但許多穆斯林也命喪黃泉——根據不同的記載，人數從七百到一千七百不等[22]。

穆賽利瑪的志業也曾因為加入莎嘉（Sajāh）的力量而得到強化，莎嘉本身也是一位假先知，他們的合作不僅限於戰事也包括禮拜，根據某些記載，甚至還擴及婚姻。很難從勝利方歷史學家記錄這個聯盟的小報版細節裡解讀出大報版的事實，但莎嘉很可能是基督徒，至少有受到她部落裡的基督教影響。總之，她因為穆賽利瑪的失敗而變成一名好穆斯林。[23]圖來哈（Tulayḥah）也是，他是另一名所謂的先知，也有另一本「古蘭經」，他也被打敗了。[24]不過，圖來哈與其他「先知」夥伴不同的是，除了kāhin之外他也以游牧部落領袖的身分發跡；穆賽利瑪和莎嘉的背景都是定居的ḥaḍar，長久以來一直被灌輸一神論的想法。穆賽利瑪看不起游牧民，如果他的偽古蘭經可信的話：「你們更傑出，」他告訴追隨者，「比起住在毛皮帳篷裡的人……你們耕種田地，捍衛田地！」[25]反之，圖來哈假裝先知的行徑，卻被自己的貝都因人瞧不起，他們只是想逃避繳駱駝給麥地那的義務。[26]從這些失敗案例可再次清楚看出，穆罕默德的大業之所以成功，有很大程度是因為他凝聚了ḥaḍar和badw「定居民和部落民」，無論兩者之間的均勢有多脆弱。

半島南方也有他們自己的冒牌先知：kāhin阿斯瓦德．安西（al-Aswad al-ʿAnsī）。因為他的名字有爭議，所以一般都稱呼他的黑色暱稱（「al-Aswad」意指「黑佬」）。他也被稱為祖．基瑪爾（Dhū al-Khimār），「蒙面仔」——老派英雄領袖的衣著特色。伊斯蘭好辯之徒則刪了其中一個字母上面的點，變成祖．希瑪爾（Dhū al-ḥimār）：「驢主子」，還說這個名字的由來是他最傑出的追隨者是一頭自動跪伏在他面前的驢子[27]；這說明進一步把他的角色界定為咒語師，「用話語迷惑人心者」。[28]阿斯瓦德和穆賽利瑪一樣，贏得了一些耀眼成就：他驅逐穆斯林的代表，並起訴南方那些二下就接受伊斯蘭的波斯占領者。[29]（正因如此，短命的葉門人民民主共和國的馬克思主義意識形態家，才會在一九七〇年代恢復阿斯瓦德的名聲，將他奉為阿拉伯國族主義者。[30]某人的假先知變成另一人的自由鬥士；某人的迷惑人心變成另一人的震懾魂魄。）到最後，麥地那與南方的波斯人合作，阿斯瓦德失敗，隨即被他的波斯妻子以女間諜交際花瑪塔·哈莉（Mata Hari）的手法給殺了。

ar-Riddah，「背棄」與麥地那的協議（神學的說法是「叛教」），在阿拉伯各地如野火燎原。來自麥地那的武力也以同樣快的速度趕來將它撲滅。我們不該把這設想成廣義的武裝衝突：在我目前置身的這場戰爭裡，到目前為止，位於數千平方公里艱困國度中的千萬個部落民，已經擋住最新的空軍和雷射與GPS定位武器長達三年之久；對麥地那政權而言，這等於是要在兩年之內，以武力屈服不僅數千而是數百萬平方公里，以當時能夠取得的武器、交通和通訊，這根本是不可能的事。因此，當時的情況比較像是有一些高調的軍事勝利，例如擊敗穆賽利瑪；有一些殺雞儆猴的案例，像是「哈德拉毛的妓女」；有一些暗殺，比方阿斯瓦德；以及一些奇怪的白兵（stormtropper）戰術，譬如在巴林，用血腥的詩歌大做宣傳，恐嚇想要抵抗的人：

我們讓舒萊死在那裡，滿身血痕
宛如染了色的葉門袍子的紋飾。
我們讓佳德班的母親為兒子哭泣，
我們的矛戳斷在哈伯塔的眼窩。
我們把穆斯瑪扔到地上，
變成鬣狗的人質，由禿鷹包圍。[31]

要不，就是用威嚇或哄騙的方式，讓酋長簽下協議，其他就交給經過時間考驗但經常被遺忘的歷史要素——絕大多數人的冷漠和慣性——去處理。安拉顯然是站在他子民那邊。

那些伊斯蘭統一的衍生物從未離地起飛。穆罕默德的駱駝隊重新踏上軌道。此外，古萊什的領袖們如今既是千錘百鍊的將領，也是經驗豐富的談判高手，可將目光超越近身的「島嶼」，拓及次大陸北部，甚至放眼未來。阿布·巴克爾無疑感受到，新近制服的這些阿拉伯人需要一次快速的聯合行動，好鞏固他們剛形成的團結，於是他再次促進嶄新的通訊科技，將信件傳遍阿拉伯半島，號召人民起來對抗拜占庭。[32]他的號召將贏得無法想像的成功，可惜他活不到親眼目睹的那一天。他於六三四年八月壽終正寢。

如果說阿布·巴克爾的好友穆罕默德的告別講道遮掩掉那條可使伊斯蘭走上普世友愛信仰的道路，那麼，他本人的最後演說，則暗示了伊斯蘭可能發展成一個世俗帝國，只不過這個帝國將無法擺脫自身人民不團結的幽靈：

> 今日，你們生活在一個後先知的世紀，處在朝聖的分叉路口。在我之後，你們將看到專制統治、乖戾統治、一個無畏的共同體、流血虐殺……因此，請緊抱祈禱之所，以《古蘭經》為依歸。堅守順從，勿放棄團結……若能如此，除了開近地之疆，也能拓遠方之土。[33]

剪除未行割禮者

阿布·巴克爾的指揮官和使節們揮舉棍棒毆打、鞭笞和引導叛亂者回歸正途。阿布·巴克爾約莫在死前指派烏瑪爾當他的繼承者[34]，在烏瑪爾的統治之下，胡蘿蔔——征服——來了，這根胡蘿蔔會引誘駱駝商隊往前……再往前，進入更遙遠的土地。這支隊伍將走到世界盡頭，無論走到哪裡，都會不斷聚集旅行同伴。這些追隨者的數量很快就會遠遠超過原始的阿拉伯成員。但後者永遠不會把那些不太實用的行李完全丟掉——那些他們一路從阿拉伯半島帶出來的部落和種族包袱。對某些人而言，這些負擔害他們一直沉陷在俗務中，沒力氣抬頭仰望天堂。

不過，在烏瑪爾的哈里發初期，無論從哪個角度看，伊斯蘭都是很純粹的阿拉伯大業，它的主要政治目標就是團結講阿語的人——根據那個誘人但無法證明的理論，或許是因為面對波斯威脅的關係。[35]超越嚴格的半島之外的第一波戰役，當然是為了將使用阿語的人統一起來。[36]這塊次大陸的北部地區，也就是阿拉伯半島的邊緣，榫進了歐亞大陸的主體，以及該地的希臘、阿開民王朝（Achaemenid）、希臘化、羅馬、薩珊和拜占庭傳統。而這個交會點本身——北部肥沃月彎，也有它自己甚至更悠久、豐富的遺產；只不過最近幾個世紀，在伽珊和拉赫姆王朝的統治之下，阿拉伯語的使用者逐漸滲透到（或者，從漫長的移民史來看，是回返到）這些土地，與同屬表親的亞蘭語使用者交織共居。時間再拉近一點，麥加人因為貿易關係對這塊區域知之甚詳，麥加建制派的財柱之父阿布·蘇富楊，甚至曾在拜占庭的領土購入地產。[37]阿拉伯人或許有一座「島嶼」做為他們的主要居所；但這座島嶼，套用房地產仲介的術語，是車庫相連的獨棟住宅（link-detached），而且隔壁住的，大多是同一個語言大家庭的人。

拜占庭在月彎的西半部以及它的埃及延伸區，近來雙雙遭到短暫復興的波斯人侵略，並吞下尷尬敗仗。不過，到了六二〇年代，就在穆罕默德攻打異教麥加那十年，拜占庭皇帝赫拉克利烏斯

（Heraclius）也正在逼退波斯人，到那十年結束時，他已經收復了拜占庭的失土。[38] 然而，儘管這位帝國老巨人已經從彼此的爭鬥中滿身傷痕、疲憊不堪、皺緊眉頭地走了出來，但剛從自身衝突中浮現的年輕阿拉伯半島運動，卻比先前任何時刻都更強大。西元六三三年，整個半島終於由意識形態團結起來（至少理論上是如此），在世故老練、由商隊領袖轉型而成的戰術家領導下，滿心期待劫掠的阿拉伯人，已不再是當年惹惱亞述人和後續帝國的小牧童了。

這些發展當時還沒進入拜占庭人的意識裡，因此當一支兩萬四千人的軍隊出現在他們領土上時[39]——並非跟著波斯人跨越平常的東陣線而來，而是來自南邊的阿拉伯半島，那個沒有左鄰右舍的地方——他們根本不知所措。此外，雖然阿拉伯軍隊只有輕武裝，但駱駝加馬匹的組合讓他們擁有速度加機動性的無敵武器。分散各地的拜占庭駐軍灰飛煙滅；境內的阿拉伯部落民全都悄悄加入穆斯林這一方。[40] 說亞蘭語的「在地」農民，單是保持沉默就顯得格外醒目。

難道該區說阿拉伯語和亞蘭語的基督徒，是將穆斯林侵略者視為同宗教的弟兄，只是稍微有點怪異？很有可能。當時，伊斯蘭的教義可能彈性許多，不像後來那些食古不化的歷史學家誤導我們的那樣。除此之外，外在的祈禱形式在當時也不陌生；例如，穆斯林和該區的基督徒都有跪倒平伏的做法（至今依然是敘利亞正教會儀式的一部分[41]）。在大馬士革和霍姆斯（hims）之類的主要城市，以及內蓋夫之類的鄉野地區，他們還會共享教堂——如果雙方都把對方視為該下地獄的異教徒，肯定會不太舒服。在很快就會變成哈里發新首都的大馬士革，這種同居現象持續不下於七十年[42]：在該地的清真寺——巴西利卡，穆斯林和基督徒「從同一道門進入……基督徒朝西轉，走去他們的教堂，穆斯林則往右轉，抵達他們的清真寺」。[43] 這種同居現象還擴散到宗教地產之外的領域，例如，未來的大馬士革聖約翰（St

John of Damascus）不僅扮演穆斯林的稅務官，還成為哈里發家族的朝臣和酒友。同時，哈里發家族的一位王子聘請希臘僧侶馬里亞努斯（Marianus）來教他醫學與煉金術，一段漫長的知識交換史就此展開。[44]

毫無疑問，屬於該地區多數人口的基督一性論者，向來被君士坦丁堡視為異端，他們對穆斯林統治的偏好度遠勝過拜占庭。至於猶太人，據稱他們在霍姆斯按著律法書發誓，他們再也不要另一個拜占庭總督。[45]對他們所有人，以及對多數時代的多數人而言，最重要的是可以不受太多干擾繼續過日子。對波斯統治下的基督徒和其他居民，以及對埃及的科普特正教會信徒（Copts）而言，這也同樣重要，因為他們很快就會淪落麥地那國的統治之下。也許「淪落」（fall）並不是正確的字眼：防衛軍戰敗淪落，這是當然；但對非戰鬥的大多數人而言，他們只是屈服於新統治，抱怨一下新稅制，然後發現那些人沒那麼糟，接著就繼續過日子。

這並不表示阿拉伯的武力全都能輕鬆獲勝。還是有一些圍城事例：根據報導，阿拉伯人花了七年的時間才讓巴勒斯坦沿岸的凱撒利亞城（Caesarea）於六四〇年投降（該城確實防守得很好，但守衛城牆的「十萬」軍隊，無疑是多加了一個零或兩個零[46]；同理，「七年」可能比較接近七個月）。也有一些英雄事蹟和大開殺戒：一名新婚不久就因馬吉蘇法（Marj aṣ-Ṣuffar）會戰守寡的阿拉伯女子，發瘋似地拿起營柱殺死了七名拜占庭軍人。[47]還有耶爾穆克會戰。耶爾穆克指的是往西流向加利利海附近的約旦河谷的一條河流，在這場會戰裡，兩萬四千名的阿拉伯軍隊全部集結起來，面對至少同樣數量的拜占庭軍隊。在六三六年夏天長達一個月的時間裡，戈蘭高地山麓先是旋起旋滅地爆發了幾場嚴重但零星的戰鬥，接著在最後的決戰裡，哈立德——也就是叛教戰爭中那位成功但並非全然坦蕩的領袖——在耶爾穆克谷地擊敗拜占庭的隊伍，並親眼監看他們遭屠殺。[48]

阿拉伯的婦女再次盡了一己之力——包括阿布．蘇富楊那位歡呼、噴火、啃肝的詩人妻子幸德，這次她負責向穆斯林傳遞信息。她用呼喊鼓勵軍隊：「衝啊！用你們的劍剪除那些有包皮的！」[49]不過，如果在幸德心裡，這場戰爭的兩造是英國小學生所謂的「圓顱黨」（Roundheads）和「騎士黨」（Cavaliers）——有行割禮的和未行割禮的——那麼在現實裡，事情恐怕無法這樣乾乾淨淨一刀切。耶爾穆克並不是阿拉伯人和非阿拉伯人的會戰。差多了：拜占庭那邊仰仗的，是來自伽珊、拉赫姆、朱丹姆（Judhām）、塔努克（Tanūkh）、伊亞德和其他部落的阿拉伯特遣隊。[50]拜占庭先鋒隊的指揮官，是伽珊王朝的阿拉伯國王賈巴拉．本．艾罕，他祖先的宮殿營地查比葉，正俯瞰著當時的會戰場。讓事情更混亂的是，據說賈巴拉在衝突進行到一半時中途倒戈，理由是他的對手：來自麥地那的阿瓦斯和卡茲拉吉部落，其實是他的「兄弟」（他們都源自遙遠的南阿拉伯）。據說他還曾皈依伊斯蘭，後來因為掌摑某人，烏瑪爾哈里發威脅要懲罰他，於是他又回到君士坦丁堡和基督教的圈欄裡：「我不打算留在一塊其他人可以統治我地方，」他依然像個王似的如此宣稱。他和其他許多人一樣，尚未接受伊斯蘭的政治意涵。[51]對賈拉巴而言，血緣關係確實壓倒了古老的政治忠誠；但是到最後，個人的榮耀和獨立還是勝過其他一切，包括伊斯蘭。

東方的西方

在阿拉伯人與拜占廷人的早期交手中，他們有時會發現自己不得不面對前伊斯蘭時期的自我，例如賈拉巴這類。但是在同一時期與波斯的大衝突裡，阿拉伯人則是在與長期以來定義他們的那個「他者」

交戰。

這種他者性在下面這類故事裡明顯可見，阿拉伯酋長穆吉拉（al-Mughīrah）與登上寶座的薩珊將軍和實質攝政王拉斯坦（Rustam）會談時，用他的長矛在後者珍貴的波斯大地毯上無聊地戳洞——還試圖依偎在大驚失色坐在寶座上的攝政王旁邊。阿拉伯人或許是大老粗，他們的歷史學家想說的是，但寶座也有輪到他們的一天[52]；受協議支配的波斯人，就跟他們的帝國一樣廢。阿拉伯人在不知不覺間以這種態度分享了古希臘人和羅馬人對波斯人的看法，認為他們軟弱陰柔、荒淫放蕩；阿拉伯人和他們的前輩一樣，覺得自己是對抗東方陰陽人的史詩英雄。即便在這麼早期，他們就是東方裡的西方，一如李維史陀對伊斯蘭的描述[53]。

既然有穆吉拉這樣的談判者，我們自然不驚訝阿拉伯人進入波斯領土之後，會引發另一場大會戰，而且這場會戰對薩珊王朝的終極致命性，甚至超過耶爾穆克大潰敗對拜占庭的影響。拜占庭繼續存活了八個世紀，偶爾還曾反攻回去，其他時候的作為，則像是一個難纏好鬥的阿拉伯衛星國。波斯就不一樣了，薩珊王朝的最後一任沙王雅茲加德三世（Yazdgard III）確實抵抗了一陣子，但不到十年就被刺傷身亡，扔進中亞的一條河裡[54]。古老的波斯帝國跟著他一同覆亡。一切都是地理之賜：波斯的首都泰西封（Ctesiphon）位於帝國與阿拉伯半島相接那端，恰巧擋在阿拉伯的前進之路上；君士坦丁堡則是與阿拉伯次大陸絕緣，中間隔著一千公里的小亞細亞。[55]

那場決定性會戰的日期始終未獲共識，但應該是落在六三六到六三八年之間的某個時刻[56]。可以確定的是，對麥地那而言，要在幾乎同一時間挑戰這兩大超級強權，若不是瘋了，就是受到天啟。這場會戰的地點也沒爭議——是在一個名為卡迪西亞的地方，離拉赫姆首都希拉約一天左右的距離，就在肥沃月彎變成貧瘠乾草原那裡。從麥地那抵達的阿拉伯軍隊約有一萬兩千人。[57]在他們身後，是過於刺眼明亮的自家「島嶼」；在他們前方，則是傳說中的伊拉克黑地（Sawad of Iraq），有著墨綠棕櫚、潮濕土壤、蜿蜒運河，乃自古以來就吸引著阿拉伯劫掠者的「黑地」。他們前方還有一支由拉斯坦指揮的波斯軍隊，比阿拉伯自己的軍隊強大許多——有些人估計約有十二萬人[58]，雖然也有人懷疑，這是大衛對抗巨人歌利亞症候群又在伊斯蘭歷史學家之間發作的結果，就跟先前提過的凱撒利亞一樣。照例，速度和機動性在交戰之初依然重要，但最激烈的部分主要是以徒步方式進行，最後證明，真正的決勝關鍵是射箭。當一波又一波憤怒的阿拉伯箭雨朝他們飛去時，波斯人會大喊「紡錘！紡錘！」但那些紡錘「會劃破我們所穿的沉重胸甲和雙層鏈甲」。[59]卡迪西亞就是阿拉伯版的阿金庫爾（Agincourt，譯註：英法百年戰爭中，英國靠著長弓手以寡擊眾打敗法國的著名戰役所在地）。

自古以來，神射手在裸露遼闊的半島上所進行的狩獵比賽，把阿拉伯的箭術鍛鍊得爐火純青，他們的箭術或許長久以來在相當一段距離內都很致命，可惜大多數阿拉伯人過去的眼界只限於劫掠自己的鄰居。卡迪西亞只有一株棕櫚樹，受傷的阿拉伯戰士環顧四周然後問道：「我們還沒到黑地嗎？」[60]他們到了，而且那塊棕櫚之地如今是他們的了。但那個延伸到波斯心臟地帶法爾斯（Fars）的更大帝國，那些隆升成亞美尼亞高地然後翻滾過亞洲抵達阿姆河（Oxus）和信地（Sind）邊界的遙遠平原——一塊和整個阿拉伯次大陸一樣大的領土——上面這些全都超乎當時大多數阿拉伯人的想像。這讓雙方的反差顯得更大，也讓古老強權的沒落顯得更加突梯。會戰後的小插曲也一樣：被俘虜的波斯皇家烘焙師騎在騾子上，身穿絲綢錦緞，頭戴金布小帽，四周圍繞著裝滿奶油蛋糕和蜂巢的禮盒[61]；一名創業家買了波斯三十頭戰象裡的最後一頭，然後帶著不情不願的牠巡迴展出，秀給那些瞠目結舌的阿拉伯人看[62]。

薩珊家宅的崩塌，連帶也拖垮了它在阿拉伯的附屬老屋——拉赫姆王朝。他們的首都希拉也跟著淪陷，它曾經是古阿拉伯的詩歌和書寫之家，也可說是統一的阿拉伯認同的誕生地。努曼三世的女兒胡拉卡（al-ḥurqah）是詩人贊助者，以前她常騎馬沿著鋪了絲綢的道路巡視她的莊園，如今卻穿著麻布衣乞求卡迪西亞的阿拉伯戰勝者好心施捨。[63]希拉很快就變成僧侶出沒的廢墟；另一位公主欣德（Hind）如今成了瞎眼修女，以古阿拉伯專家的身分享受暮年名聲。[64]但是到了最後，即便是這些阿拉伯歷史的鬼魂也都消散了，這座古老的大都會只剩下貓頭鷹與ṣadā——一種從死者骷髏頭裡冒現的靈鳥[65]。被遺棄的希拉跟巴比倫或車諾比一樣，在時間裡腐朽。

擴張中的麥地那國，還會創造出其他廢墟和鬼魂。在阿拉伯的西南角，古老的示巴和希木葉爾文明先是落入衣索比亞人手中，然後是波斯人，但古老的示巴甘丹宮以及它的雪花石膏窗和銅獸依然倖存。它是在穆罕默德的時代遭到部分剷除，然後在他的第三位繼承者烏斯曼（ʿUthmān）手上夷為平地。[66]有時這類摧毀是私人性的，而且肆無忌憚。一位年輕、狂熱的伊斯蘭新兵，碰到一位年長的戰士英雄杜拉伊德·本·希馬（Durayd bn aṣ-Ṣammah）[67]，他還死守著自己的異教行徑。年輕人想要殺了他，打了他好幾拳，但一點也不專業。「用我的劍好了。」杜拉伊德說。那位英雄的劍瞬間就殺死了自己的主人。杜拉伊德死了，而且曝屍示眾，他的臀部和大腿看起來宛如莎草紙，那是長年無鞍騎馬的結果。「你殺死的那個人，」那位狂熱者的母親事後告訴他，「曾讓你三代身為俘虜的祖先重獲自由。」[68]希拉和希木葉爾這些部落英雄的鬼魂，都是家族的鬼魂；但伊斯蘭的新生代卻毫不惋惜地離開他們鬧鬼的祖宅。他們背棄過往，因為這段過往被伊斯蘭烙上al-Jāhilīyah「蒙昧時代」的標誌。Jahl是孩童時期的蒙昧，但阿拉伯人已經長大了。

後來，雖然其實並未相隔太久，等到伊斯蘭那股年輕狂熱開始傳給其他民族——復興的波斯人、起義的土耳其人——阿拉伯人才會回顧過往，把那段蒙昧時代視為幸福的「黃金時代」，是伊斯蘭的普世啟蒙之前，屬於他們自己黎明前的榮光。正是對這份榮光的記憶，讓阿拉伯性得以持續閃爍，度過伊斯蘭火炬交到其他民族手上的漫長千年。也是這同樣的閃爍火光，在十九世紀重新點燃阿拉伯的偉大感和團結感，點燃一種「覺醒」（Awakening）。但在這個初潮階段，年輕的阿拉伯人頭也不回走出阿拉伯土地，彷彿如果遵從前伊斯蘭時期的信念，你就會像出發時回頭看的旅人，永遠無法完成旅途[69]。這種前瞻不羈——桀驁不馴——發揮了作用：波斯和拜占庭之所以迅速崩解，實在是因為這兩個對手太過懶散，以及那個一直被低估的軍事力量：運氣（或用伊斯蘭的術語：安拉）。阿拉伯的勝利無法歸功於傳統上的明智策略，除非一次攻打兩個帝國能說是明智之舉。不過那股純粹的氣勢也功不可沒。古萊什的將軍們的確在叛教戰爭裡累積了豐富實戰經驗，但他們也擁有豐沛的膽量。例如，哈立德據說曾帶領手下穿越敘利亞沙漠，並在過程中屠殺駱駝，飲用牠們的胃液。[70]

不過，到最後，這種不懈向前的政策卻變成不得不為的做法。伊斯蘭第一個世紀的阿拉伯征服戰，也就是所謂的 al-futūḥāt——最基本的意思是「開疆拓土」——其實是掠奪成癮者的超級劫掠，這群如今團結統一的掠奪者再也無法彼此劫掠，或是劫掠他們定居的阿拉伯同胞。如果你們為彼此祈禱，就無法以彼此為獵物；至少理論上是這樣。你可能會問，阿拉伯部落民能否找到除了劫掠之外的另一種生存經濟。似乎沒辦法；或說還沒辦法。除此之外，麥加的將領們實在太樂於運用這種掠奪天賦。就像休·甘乃迪（Hugh Kennedy）所說的：「這個新國家的領導人非常清楚，國家必須擴張，不然就會崩潰。」[71]一般多認為，帝國應該像詩人馬爾維（Marvell）的「蔬菜之愛」一樣，長得遼闊，長得緩慢。但阿拉伯帝國的興起卻像是充氣膨脹的舒芙蕾。

阿拔斯的兒子們

阿拉伯強權的興起並未依循帝國成長的治理規則；如同伊本・赫勒敦說的，它是例外和奇蹟[72]。天時地利的結合當然促成了它的擴張——鄰近帝國的厭戰心態、阿拉伯人的驍勇善戰、受拜占庭和波斯統治之民眾的不滿和不團結、阿拉伯人團結在伊斯蘭意識形態無可抵擋的修辭之下——以上這些，全都超過任何人所夢寐以求的。但這也是有代價的：帝國、奇蹟或其他之類的東西，似乎有個規則，那就是贏得愈快，撐得愈短（馬其頓、蒙古和拿破崙）；同樣是根據舒芙蕾原則，就算它們沒被其他渴望權力之人狼吞虎嚥吞掉，也很快就會塌陷。反之，緩慢成長的帝國（羅馬、中國、俄羅斯），通常活得比較久。阿拉伯人控制自身統一帝國的時間，約莫就是兩百年。（當然，受它激勵而形成的文化帝國，依然生龍活虎地運轉著。）

前一百年左右，阿拉伯人運勢當頭，混合了劫掠戰術和比較正規的戰爭。贏得一場激烈的會戰之後，他們會派出sarāyā「貝都因式的突擊隊」去追趕潰逃的對手，同時向非戰鬥的農民展示誰才是當家的老大。[73]這是一道勝利公式，結合纏鬥與活力，一如古老的駱駝加馬匹組合。這也是另一個同時運用haḍar「定居」和badw「移動」社會的特色——在這裡，指的是雙方各自的軍事戰術——創造出強大效果的案例。不過，整體而言，這裡的重點還是輕便性與機動性，不會被笨重的行李車給拖累。騎在駱駝背上的縱隊就是它自身的行李車；而且在任何情況下，一名阿拉伯戰士的行李箱永遠都很基本：一面盾、一副鎖子甲、一頂頭盔、一支大針和五支小針、麻線、大刀、剪刀、飼料袋和用棕櫚葉編的籃子，外加他的其他武器——通常是矛和弓——以及他的馬。[74]隨著新近搜刮和徵稅省分的財富流入麥地那的中央國庫，烏瑪爾哈里發也想辦法付錢給上前線的戰士，一人四千迪爾罕姆（超過十公克的銀）——差旅、武器和坐騎各一千，另外一千當做安家費。[75]

最後這點凸顯出一個事實，那就是阿拉伯士兵一開始並不會帶他們的女人上路。有個貝都因人的妻子問他可否帶她一起上路，他用下面這首詩回答：

> 如果妳上了路，馬鞍的瘦痛會讓妳斷了智慧線。
> 一里里的路程會令妳腿軟還得劈成一字線。
> 妳還會覺得有根陰莖正在妳的下體衝陷。[76]

指揮官有時會帶著妻子同行，特別是如同我們在阿布．蘇富楊的妻子幸德這個案例裡看到的，她們能寫出一兩首好詩鼓舞沙場士兵。不過一般而言，征服者會把他們的女人留在家鄉。他們不需要帶上路：外面的世界有很多。

阿拉伯的軍隊輕裝簡從，人數上顯然也很輕簡。比方卡迪西亞會戰就被說成比例懸殊的十比一甚至二十比一，這種巨人殺手症候群往往會讓伊斯蘭歷史學家誇大敵軍的數量。事實上，阿拉伯的戰略家得去解決相應而來且非常實際的問題，就是他們自己這方持續且普遍的缺兵。波斯的主要軍隊在卡迪西亞潰敗之後，阿拉伯的武力稍稍喘息了幾年。他們為自己保住了黑地和伊拉克的其他低地；但是上到伊朗高原之後，不屈不撓的雅茲加德沙王正在努力集結支持力量，守衛他的殘餘帝國。第二次決定性的攤牌將發生在尼哈萬德（Nihāwand），一個可解鎖伊朗高原和東方遠地的關鍵要衝；最後證明，六四二年發生在該地的會戰的確是開啟阿拉伯武力更深入亞洲的重大勝利。[77]但是有一段時間，烏瑪爾哈里發對於該如何與另一支大陣仗波斯軍隊較量，他感到不知所措。他考慮從敘利亞和葉門調動人馬，但也知道，此舉會讓這兩塊地方門戶洞開——分別被拜占庭和衣索比亞奪回。最後，他從新近征服的伊拉克駐軍城鎮裡搜刮足夠的戰士。[78]這是向外擴張這些年來的長期問題，人口稀少的半島人去對抗人口眾多之地的軍隊：地上永遠沒有足夠的阿拉伯靴子，沙裡也沒有足夠的阿拉伯涼鞋。軍營都是建立在新領土的主要中心，但阿拉伯人在其他地方的存在感，就算有，通常也很稀薄。如同我們將會看到的，解決的方法就是透過各種手段製造更多阿拉伯人。但即便如此，還是不夠支應。就是因為這樣，那些號稱石破天驚的征服，往往只是一些從未整合的突襲，這也是俗世阿拉伯帝國終將是一時帝國的部分原因。

菲利浦・希提說得好，一個世代的阿拉伯人就這樣以「扇狀」分布在六千公里長的舊世界上[79]；但那面扇子的材質卻薄得可怕。根據一項「非常試驗性的」估算，在征服運動頭一個十二年期間，大約有五十萬人從半島移出。[80]這數字聽起來很高。伊本・赫勒敦對於穆罕默德時代阿拉伯半島南北部落民的總數，給出十五萬這個數字。[81]也許比較精準的說法，是指成年男子的數量，但可能並未把南部所有的定居人口計算進去。話說回來，這些數量不可能全部移出去。如果烏瑪爾真的設法在尼哈萬德會戰部署了三萬兵力[82]，而且他真的從伊拉克的駐軍城鎮裡把他能搜刮到的人馬都丟了進去，那麼很顯然，他並沒有龐大的軍隊。幾乎可以肯定，這些早期的征服牽涉到總計六位數的半島人口流出，而且差不多都是男人。比這更高的數字，就很難說了。

真正出色的，是這個扇形的規模和它「啪」一聲就展開的速度。穆罕默德的五個堂兄弟全都是他叔叔阿拔斯的兒子，也都是同一個母親烏姆．法朵（Umm al-Fadl）所生，他們分別死於麥地那、塔伊夫、敘利亞、突尼西亞和撒馬爾罕[83]，而這絕非孤例。「他們的出生地和死亡地也隔太遠了[84]。」說這話的是他們比較少旅行的么弟庫桑（Qutham）。（庫桑也有一個千里之外的身後存在體：當地人口中的Shah-i-Zinda「活王」，他的陵墓群至今依然是金光大道終點那座城市（撒馬爾罕）的主要觀光景點）。阿拔斯的兒子們不僅勇往直前，從西阿拉伯去到北非和中亞，而且還人數倍增：到了伊曆二〇〇年，已知的阿拔斯後裔共有三萬三千人[85]——一個可敬而且可信的數字。在伊斯蘭最初那幾個世紀裡，阿拉伯人彌補了他們在人數上的缺乏。但他們幾乎都是靠與征服地的女子姘居或結婚達到這點——柏柏人、科普特人、亞美尼亞人、伊朗人、庫德族、土耳其人，以及其他許許多多人。「阿拉伯」的標籤透過父系一代一代傳承下去，但那面「扇子」的材質甚至變得愈來愈薄。

阿拔斯家族的五位兄弟特別容易記住：他們畢竟是一個長達五百年的未來王朝的父系源頭。但就算是分散在這塊遼闊地區裡的其他人，我們也能遵循某種「足跡」追蹤到他們。最常用的軌跡是血緣，這些被牢牢謹記的系譜，可以將如今住在婆羅洲或波士頓的這一代人，與七世紀的麥加串聯起來。有時得要借助比較微弱的一些痕跡：語言學的能量線（ley lines），比方說在今日講阿拉伯語的烏茲別克和相隔遙遠的查德湖（Lake Chad）附近，竟然發現同樣罕見的方言特色，兩者的源頭都是來自阿拉伯半島東部的一個小區，而且幾乎可以肯定，都是來自七世紀的移民。[86]

遷徙幾乎全部發生在旱地：烏瑪爾哈里發警告他的將軍們不要前往駱駝無法抵達的地方。[87]但偶爾還是有一些海上遠征，包括六三〇年代末，抄捷徑從阿曼越過阿拉伯海前往信地，而信地是今日巴基斯坦的低地區。這消息讓烏瑪爾不快，說那些船上的人都是一些「dūd ʿalā ʿūd」「棍子上的蟲子」。[88]拿下信地的首次嘗試遭到擊退，不過到了八世紀初，阿拉伯人就會站穩腳跟。[89]而那把薄如蟬翼的阿拉伯扇，將會在其他地方持續展開，直到八世紀中葉，它的尖端抵達中亞和中國的邊界以及短暫滲透到法國為止。

阿拉伯人的機動性或許近乎奇蹟，但他們並非無懈可擊。西元六六〇年代，一支萬人的阿拉伯軍隊在裏海南方的塔巴里斯坦（Tabaristan）峽谷遭到殲滅。[90]六十年後，一支阿拉伯遠征軍在中亞贏得著名一仗，打敗土耳其軍，但無法乘勝追擊，反而遭到擊退。根據一首諷刺阿拉伯指揮官的詩作（諷刺理由在於他和手下忙著跟女俘虜溫存）：

> 你與敵人戰鬥，隨後的樂趣和遊戲令你倍速衝跑：
> 你把劍留在鞘裡，反而拔出了你的屌。[91]

阿拉伯在中亞失敗的終極原因，其實是不團結，是彼此拔刀相向。儘管有這些短暫的休息和娛樂，但是在第一波樂昏頭的擴張高潮中，在當時已知世界的最西端，唯一的嚴重障礙是將是物理性的。「喔主啊，」據說古萊什的將領烏克巴．本．納菲（ʿUqbah bn Nāfiʿ）在六八〇年縱馬躍入摩洛哥的大西洋波浪時，曾這樣大喊，「倘若大海沒阻擋我，我將像祖蓋爾奈英（Dhū al-Qarnayn）一樣踏遍大地，捍衛你的信仰，痛擊那些不信者！」[92]祖蓋爾奈英（「雙角人」的意思）是《古蘭經》裡一個隱晦人物，有時被視為某個南阿拉伯國王，完成過傳奇性的遠征，有時則是和亞歷山大大帝有關。無論他的真實身分為何，那位七世紀的指揮官都是在從輝煌的過往裡汲取靈感——那個支撐伊斯蘭的南阿拉伯過往，或許還包括希臘化時代的過往，因為阿拉伯人正在從地理上和文化上變身為它的繼承人。

在阿拉伯帝國最強盛的時候，版圖和亞歷山大的短命帝國一般大；也跟羅馬帝國一般大，甚至還更大[93]。它也變成了在形式上比希提所謂展開的扇子更複雜但在性質上更有機的某種東西：它已經長成旺盛蓬勃、植物性的「阿拉伯花紋」，不斷拋出新的藤蔓，卻也同時將新的根鬚扎進其他文化裡，在舊世界各地四處混種。[94]

解讀巴拉祖里

這種豐產的複雜性和混種性稍後才會到來。在這個時刻，雖然烏克巴在他的「無法逾越的大西洋」裡有這樣的修辭，但在阿拉伯大迸發的早期記載裡，很少和信仰有關，對於不信者，阿拉伯人更想收稅而非痛擊。

在穆罕默德大業的初始階段，書寫曾經扮演了重要角色。但偉大的世俗書寫革命要到伊斯蘭的第二個世紀才會登場，因此我們幾乎找不到與征服同時代的阿拉伯文文獻紀錄。不過，伊斯蘭第三世紀的歷史學家們宣稱他們保留了口述紀錄。而其中最深入仔細的代表之一，就是巴拉祖里（al-Balādhurī），他於西元八九二年死於巴格達（他的名字由來是他嗜吃balādhur，那是一種據說可增加記憶力的熱帶堅果）。他的目錄頁始於穆罕默德從麥加遷往麥地那，接著是先知自己的戰役，然後是後穆罕默德時代的叛教戰爭如漩渦般在半島各地橫掃而過，最後是在兩大洲與第三洲一個角落的扇狀拓展：利凡特、美索不達米亞、亞美尼亞、埃及、北非、西班牙，然後是往東開展到波斯帝國、亞塞拜然、呼羅珊和信地。

當烏克巴說他是在「捍衛信仰」時，其實是在歪曲事實：畢竟，他講這話的地點，是自一千年前的亞歷山大之後，最長的一次聯合進攻戰的最西端。「宣傳信仰」可能還比較接近；但當你進入巴拉祖里的文本之後，你會發現，幾乎看不到什麼痛擊不信者的目的是為了將其團結在正宗的普世宗教之下，絕大多數都為了劫掠和徵稅。這些征服比較不是關於心靈與頭腦，而是關於口袋和錢包。憑良心說，在四個多世紀的時間裡，以十字架為象徵的道德體系和歐洲國家所謂的「十字軍」（Crusades）幾乎沒什麼關係。（貝都因阿拉伯人並未壟斷劫掠和戰利品。在一二〇四年的第四次十字軍東征裡，是文明的威尼斯商人洗劫他們在君士坦丁堡的基督教同胞，指揮官傑佛瑞・維勒阿杜安〔Geoffrey of Villehardouin〕寫道：「自從創世以來，從沒在任何城市得到這麼多戰利品」[95]——而這恐怕不是誇大之詞。）同樣的情形也可套用在以彎月為象徵的道德體系和所謂的「彎月軍」（Crescades）身上——雖然有點時代錯置，因為彎月要到日後才會和伊斯蘭緊連在一起。[96]

六三九或六四〇年，由伊亞德・本・甘姆（'Iyāḍ bn Ghanm）針對敘利亞北部拉卡（ar-Raqqah）基督徒所發布的所謂保護協議，可看出這些征服者心中的優先順序：

> 以至仁至慈安拉之名。以下是伊亞德・本・甘姆進城時對拉卡居民的應允：他同意保護他們的人身安全，他們的財產和教堂同樣不會遭受摧毀或占領，只要他們繳交人頭稅，不要出現背叛行為，不要興建任何新教堂或修道院，不要公開做出合十手勢，或慶祝復活節，或展示十字架。安拉為證。「而且安拉是夠資格的見證人。」[97]

巴拉祖里加了一句，每位成年男子每年的人頭稅是四個金迪納爾（dīnār）。（二〇一四年所謂的

「伊斯蘭國」也對該區的基督徒徵收一模一樣的稅率——四個迪納爾等於十七公克的黃金，相當於六百五十美元。[98]他們也讀過巴拉祖里，只不過他們對保證安全這點做得並不周到。）同意付稅後的預扣稅，通常稱為kafara。[99]這個動詞更普遍的意思是「當個非穆斯林」（這個字也是南非的貶義詞「Kaffir」〔非洲黑人〕的詞源）。不過，從這些早期敘述通常是和沒繳稅而非沒改宗有關，就可看出征服者關注的重點為何。

這套系統的務實主義可以從偶爾的豁免繳稅清楚看出。例如，北敘利亞的馬代特基督徒（Mardaite Christians）同意跟著穆斯林一起征戰，因而免繳人頭稅。[100]塔格里布的基督徒阿拉伯部落也是，他們成功地辯稱，身為阿拉伯人，他們應該不用繳交專為被征服的野蠻人所設的賦稅。[101]伊斯蘭在它的擴張時期，除了道德之外，也與經濟和族裔息息相關。阿拉伯人在施行他們的規則時，多半是「虔誠的」（religious）——這裡指的是另一個比較古老的意思：「敬謹」——比方說，要從信仰基督教的希拉取用磚石去興建附近的庫法新城，那些磚石就可以抵稅。[102]同樣的，對公民施加身體暴力（相對於因為抗拒繳稅或沒繳稅而遭受的經濟暴力，包括降為奴隸）也很罕見。而這罕見的例外之一，發生在波斯心臟地區法爾斯的首都伊什塔克爾。[103]但整體而言，阿拉伯人非常了解要把鵝留下來下金蛋這個道理。

把這些征服行動稱為大規模版的流氓收取保護費，並不公平。不過，這有很大一部分確實是征服和帝國的本質。說得犬儒一點，這也是啟蒙主義社會契約的本質：你繳稅，政府就保護你；你不繳稅，政府就懲罰你（但大概不會殺了你和奴役你）。此外，阿拉伯文的術語也很貼合實情，因為嚴格說來，繳人頭稅的非穆斯林是ahl adh-dhimmah「受保護的人」。就這方面而言，發達「政治」形式的宗教，是建立在天課和繳稅的觀念上：dīn「宗教」和dayn「債務」語出同源。

不過除了徵收人頭稅外，還有許多更老練的手法可以從征服行動裡弄到錢。當時還有kharāj，一種農地稅。這類稅收比較大規模的案例，是落在伊拉克生產椰棗的有錢黑地，當地有古老且悉心維護的灌溉系統，加上五十萬非阿拉伯的「納巴泰」農民[104]——這數字或許和阿拉伯的總人口相去不遠。打從巴比倫時代一直到卡迪西亞會戰，黑地向來是一塊吸引劫掠者的磁石，因此得到特殊對待，被當成公共的kharāj地。烏瑪爾哈里發對部落阿拉伯人的習性心知肚明，他說：「我擔心如果我把黑地分割開來，你們會為了爭奪水源起爭執。」阿里・本・阿比・塔里布（ʿAlī bn Abī Ṭālib）甚至說得更露骨：「如果你們不會把彼此的臉打爛，我就把黑地平分給你們。」[105]這個地區的年稅收的確從剛征服時的一億迪爾罕姆，一路下降到七世紀末的四千萬。[106]

征服者也用更永續的其他手段來創造收入並使利潤最大化。「打開」——征服——一座城鎮之後的第一要務，往往就是與鎮民開設一個市集。例如，魯哈（ar-Ruhā）——也就是今日土耳其西南部的烏爾法（Urfa）——的民眾「開啟眾城門，並在〔主〕城門替穆斯林設了一個市集」。[107]如同我們稍後將會看到的，在新阿拉伯城鎮的打造過程中，這是漫長且仍在進行的社會工程一個重要的階段，透過這個過程，浪游牧民轉變成定居商人，貝都因人變身為生意人。而這個過程至少從三世紀的貝都因商城達特卡赫爾建立之後，就已啟動。此刻它得到新的動能，這可說是伊斯蘭帶來的另一種「改宗」，沒宗教性的改宗那樣明顯，但重要性不遑多讓。穆罕默德畢竟是來自商業的麥加——《古蘭經》裡的umm al-qurā「諸城之母」——而且他本身就是個商人，一個了解利潤的先知。從麥地那以降，市集和清真寺始終形影不離。

戰利品的重要性依然巨大。烏瑪爾哈里發為了伊拉克戰役設法調動額外的部落武力時，就是用分紅誘惑他們：他同意給巴吉拉（Bajīlah）部落的酋長賈里爾（Jarīr）三分之一的劫掠品（當然，按照慣例，屬於哈里發的五分之一要先扣掉）。這同一位賈里爾和另一名阿拉伯酋長將會為了誰在納克希拉（an-Nakhīlah）會戰中給了波斯指揮官致命一拳而吵得不可開交——因為殺人者有權利搶奪屍體。[108]偶爾偶爾，有人會提出比較高尚的動機：戳破拉斯坦珍貴地毯的那位穆吉拉，據說曾告訴波斯將軍，他不要他的錢——只要拉斯坦和他的手下能擁抱伊斯蘭；但如果拒絕，他接著又說，他們就會遭受攻擊，「直到他們願意卑躬屈膝地繳交人頭稅」。[109]戰利品往往是以人的形式來到，例如在伊朗的希斯坦（Sistan）地區，三十個月的時間裡斬獲了多達「四萬頭」奴隸[110]。至於征戰這門生意究竟從它地方性的半島起源地向外拓展到多遠，則可從第二次成功的信地遠征一窺端倪，該場遠征是在八世紀初由伊拉克總督哈賈吉（al-Hajjāj）策畫的。他坦承那場戰役花了六千萬迪爾罕姆，但淨賺了兩倍。「我們消了氣，」他說，「報了仇，還賺到六千萬迪爾罕姆和達希爾（Dahir）的人頭」，[111]達希爾是被擊敗的信地統治者。征戰已經變成了跨國產業；報仇的重要性比不上報酬。

今日，阿拉伯孩童在學習al-futūhāt，征服或「開疆拓土」時，都說那是為了「拓展伊斯蘭」。這是今日的修辭，而在當時，確實也是那非凡年代的成果之一。不過當時真正的情況是，拓展伊斯蘭並不是主要的動機，至少就讓其他民族改宗信仰這點而言；伊斯蘭其實更像一種團結的意識形態，讓阿拉伯人有力量繼續征服和殖民。熱中於在世上而非天堂積攢財富的哈賈吉，還積極勸阻黑地的農民別改宗。[112]有一次，他甚至把改宗者從阿拉伯的新城鎮驅逐出去，目的就是要逼他們繳交不信者的人頭稅。[113]誠然，像哈賈吉這類特別可怕的案例，在伊斯蘭的第一個世紀並非行政官的典型做法。不過，像烏瑪亞王朝哈里發烏瑪爾·本·阿布杜·阿濟茲（ʿUmar bnʿAbd al-ʿAzīz）那樣的聖人，也同樣是非典型的，他的謙卑、虔誠和善選總督，在征服後的信地[114]與北非柏柏人這兩個地方，都吸引了眾多改宗者。[115]他們都是特例，是例外；介於他們之間的常規是，貿易緊接在劫掠之後，信仰則是遠落後頭。根據一項數字，到了七五〇年時，被征服地區大約只有一成的居民改信伊斯蘭。[116]這個數字的確是推測的。但毫無疑問的是，如果你去搜尋巴拉祖里厚達四百五十頁的征服史，想要從中找到出自道德或屬靈動機的案例，大多會是白費力氣。或許是那樣的動機被視為想當然爾；也或許它根本不存在。

麥地那新娘

開拓行動是雙向的。如同一位論者耍弄阿拉伯雙關語所說的，它們不僅是對土地的 fath「征服」[117]；它們也是阿拉伯心智對那些土地上知識傳統的 fath「開啟」。但逆向或互補的征服可不僅限於大腦。麥地那這座伊斯蘭阿拉伯的新堡壘，遭到波斯新娘的「入侵」——最早也最著名的，是最後一任薩珊統治者的三名女兒，她們都嫁給了第一代新貴：她們的丈夫分別是阿布．巴克爾、烏瑪爾和阿里三人的兒子，而這三位分別是第一任、第二任和第四任哈里發。這結果影響深遠。比方說，穆罕默德的兩個支系分別透過孫子哈珊和胡賽因（阿里的兒子）往下傳，其中胡賽因這支，現在總共有百萬多人，都可回溯到同一位波斯母親。新血似乎讓日益衰弱的古萊什世系回了春，因為第一波聯姻所生的子女，最後都變成麥地那「最正直和博學」的一群。此外，這些通婚也立即引發了一股潮流，阿拉伯男人紛紛找被俘虜的波斯女人生養孩子[118]；在此之前，這類子嗣在社會上一直被視為次等階級。[119]反面的影響是，麥地那甚至麥加的純淨阿拉伯語，幾乎立刻就因為母親語言的介入而被波斯主義入侵。[120]不僅是波斯的語素和波斯的母親開始接掌這些阿拉伯聖地中的聖地，還有波斯人的舉止習性——那些頂尖「東方人」的熱愛奢華以及缺乏男子氣概的怠惰：

> 當烏瑪爾看到〔來自麥加的〕移民和麥地那當地人過著奢華生活，而且有很多人模仿波斯的生活方式，他告誡他們：「你們必須當個正統的馬阿德阿拉伯人，要讓自己保持粗獷。」[121]

（馬阿德是「北部」部落的總稱，主要是貝都因人。）烏瑪爾的懇求終將是徒勞。他在麥地那看到的文化混雜是一種預兆，一個世紀之後，阿拉伯與波斯在文化上的大量聯姻即將登場。

然而，即便在這個時候，另一種反侵略也已展開——對阿拉伯部落的滲透[122]，而且不僅是透過被俘虜的女人，還透過改宗的男人。在伊斯蘭早期階段，有個非常普遍的現象：一個非阿拉伯人想要變成穆斯林，首先得成為某個阿拉伯部落的mawlā，通常翻譯成「附庸」（client），但比較精準的意思是附從（alliliate）。得到自由的奴隸，一般會變成原先主人所屬部落的mawlā，但這種關係任何人都可以加入，只要雙方同意就好。由於阿拉伯部落民的數量和他們征服地的人口不成比例，因此mawlā的數量很快就超過原本的阿拉伯人。到了七世紀末，伊拉克新城庫法的阿拉伯人前往正式場所時，每位旁邊大約都有十到十二個mawlā相隨。[123]理論上，mawlā是全面同化於部落這個政治結構，分享它的ʿaṣabīyah「群體團結」。但血緣的區分還是嚴格維持著。沒錯，這種區分據說會自我維繫：一群夏巴尼（Shaybānī）部落民和他們的mawlā被敵人俘虜並遭砍頭，有位目擊者發誓說，部落民和mawlā的血泊拒絕混在一起[124]。然而，隨著時間過去，混血的情況必然發生，甚至還混得一蹋糊塗；mawlā和部落民畢竟有著同一類名字：比如「夏巴尼……C的兒子B的兒子A」。阿拉伯人這個身分——做為一個不僅有自身獨特語言，還有一種書寫文字、一種使命和無限能量的群體——在它定義最清晰、能見度也最高的巔峰時刻過後不到兩三百年，竟然又再次陷入變動。如同伊本．赫勒敦指出的，南阿拉伯的sha'b民族從一開始就是混合的。至於一般認為血緣純粹的北部阿拉伯人，那些部落樹的嫩枝和父系的修剪，隨著伊斯蘭成長以及他們與波斯和其他民族通婚，「部落也消失了」[125]。

有時，將非阿拉伯人嫁接到阿拉伯家族樹的過程明顯可見，例如那位臭名遠播、可能是波斯裔的雅赫亞．本．胡巴拉（Yaḥyā bn Hubayrah）所偽造的純阿拉伯血統書，在他登上阿拔斯王朝穆克塔菲（al-Muqtafī）哈里發的wazīr「宰相」一職時，他想用那張血統書給自己一個仕紳身分。[126]不過，在大多數的案例裡，這過程是隱形的——除了在一些諷刺詩的閃光之下；例如詩人阿布．努瓦斯（Abū Nuwās）就曾取笑一名「在市場裡製造的阿拉伯人」，他在鎮裡是個卑微的mawlā，但到了鄉下，就扮演起「道地的」貝都因人，而且扮演得唯妙唯肖。[127]偶爾，某位「阿拉伯人的」非阿拉伯根源是在意外情況下曝光：當語法學家法拉（al-Farrā'）在他同僚希基特（as-Sikkīt）的祖先裡發現「一件令人震驚的事情」時——那可憐男人的先祖竟然是出生於有失身分的波斯胡齊斯坦省（Khuzistan）——他把自己關禁閉四十天，以免看到對方[128]（這是另一個五十步笑百步的例子：法拉本人也非阿拉伯裔，他出身於德萊木〔Daylamite〕[129]）。不過，整體而言，在當時，身為阿拉伯人比較像是身為羅馬公民（cives romanus）或美國公民；而假以時日，當「他者」——德萊木人、土耳其人、蒙古人——接掌了阿拉伯人打下的帝國江山之後，身為道地阿拉伯人這件事就愈來愈不重要了。至少從薩法伊沙漠塗鴉的時代以降，阿拉伯人就對系譜學投注了極大熱情，但這門學問將變得更接近藝術而非科學，而且是一種相當抽象的藝術。

不過，特別是阿拉伯和波斯的通婚，以及阿拉伯人和其他民族的整體關係，始終並不輕鬆或平等。

將來那些「開拓」伊斯蘭，孵化它、養育它、讓它成為世界信仰的，大多是非阿拉伯人。在某種意義上，阿拉伯人永遠得對抗這種反身性的開拓，得奮力維持某種想像的種族「純粹性」，雖然他們在現實中從未有擁有過這種東西，但至少可保護他們的至上地位和父權制——維持他們的傳教士地位和傳教士體位。比方波斯沙王想要娶希拉的阿拉伯國王妹妹一事[130]，絕對不可以讓非阿拉伯人成為兩人關係裡的上位者。阿拉伯男子娶非阿拉伯女子的專有名詞是hujnah，這個字只有「混種」的意思。但如果非阿拉伯男子娶阿拉伯女子，專有名詞就變成iqrāf[131]，裡頭多了「令人作嘔的感染」[132]之意。在耶爾穆克會戰時，幸德曾激勵阿拉伯軍隊用他們的劍「剪除」那些有包皮的拜占庭人。另一位阿拉伯戰爭女詩人阿茲妲（Azdah），在對抗波斯的一場會戰裡更進一步，「如果你們輸了，」她哭喊道，「那些有包皮的就會插入我們！」[133]她正在挑動一種古老而可怕的恐懼，一種從未安息的恐懼。

棗椰之天，黃金之地

與他者的密切接觸並非唯一正在改變阿拉伯人的因素。更深遠的改變來自內部，而且是有計畫的。伊斯蘭在偉大的阿拉伯半島「叛教戰爭」於六三三年落幕之後，一種有意識的社會工程政策開始上演。伊斯蘭共同體是一個阿拉伯超級部落（一開始是），類似古代南阿拉伯的sha'b「民族」，是藉由對同一神明的效忠而團結統一。接著，hijrah變成一種超級遷徙，不僅與自己的出生地斷絕，還把阿拉伯的根柢整個拔起。這種斷絕是為了遠征，或說超級劫掠。這就是穆罕默德當初遷移到麥地那的那股動力，只是更加明顯。

事實上，是明顯很多。hijrah的概念有點類似現代錫安主義者大規模遷移到某個應許之地的想法。

但真正大肆吹捧的想法是這個：所有土地都是應許之地。漫遊的錫安主義者最後是定居在他們眼中的祖先之地；漫遊的阿拉伯人則是放棄他的祖先之地，而且很有可能永遠處在移動狀態。因為《古蘭經》在許多段落裡都鼓勵行旅：

> 安拉為你們將大地鋪展開來，
> 以便你們行走在寬闊的道路之上。[134]

在某種意義上，這個嶄新遼闊的hijrah擴張，是前伊斯蘭時代部落遷徙的某種延續；它是地毯攤開時那個古老且不斷延伸的圖像的一部分。它不是隨意無計畫，而是緩慢的、有經過中央設計和控制的。控制有賴於書寫的使用度日益頻繁，以及逐漸成長的驛站網絡。最重要的是，中央政策的目的是要創造一大群聽話且可以迅速移到駐軍城鎮定居的民眾。如同我們所見的，hijrah受到大力推廣，而它的相反——也就是taʿarrub，「再阿拉伯化」——則等同於叛教。[135]當時甚至有人聲稱，穆罕默德曾詛咒那些在hijrah後「轉為貝都因」（badā）的人。[136]而這一切的結果之一，就是身為阿拉伯人的某個古老面向開始凋萎。你從你古老的dār aʿrābīyah「貝都因之家」遷移到嶄新的dār hijrah「遷徙之家」[137]：這麼做的同時，你放棄了原本的生活方式，停止成為最古老意義的、放牧—劫掠的ʿarab。在語言學的意義上，你依然是ʿarabī，講阿拉伯語的。但就如同我們將會看到的，即便在這方面也是岌岌可危。

六三六年征服敘利亞後，有計畫、大規模的遷徙安置隨即展開。前伊斯蘭時期就住在那裡的阿拉伯人重新搬遷到該國他處，新的游牧民則從半島遷往定居區。[138]不過，這種移動是隨著新城市的建立而真正起飛，這種新城市名為amṣār，它的基本意義是「邊防哨所」。但裡頭還有一個附加目的，就是要進一步平衡ḥaḍar／badw這道方程式。方法有二。第一，將貝都因人連同其他半島移民一起送到新城鎮，讓貝都因人「被集體化」，並將他們的shawkah——他們的「刺螯」或好戰潛質——指向麥地那以外的地方。烏瑪爾和其他阿拉伯首都的領袖們，經歷過叛教戰爭差點毀了他們大業的惡夢之後，看到麻煩的部落民遠離權力中心，消失在遙遠地平線外的新征服地，無不大大鬆一口氣。（這項政策當然也替未來帝國散播了破壞的種子；總是無法計畫得面面俱到。）

第二，定居在新城鎮不僅把貝都因部落從劫掠轉向正規從軍（至少是劫掠其他人而不是彼此劫掠），還把他們轉去做生意（或至少是逼其他人去做生意然後向他們收稅）。我們先前提過，al-futūḥāt其中一個意思就是「開拓」新市場。對部落阿拉伯人而言，現在有比偷駱駝更有利可圖也更悠閒的謀生方式。口述宣傳文學就利用了這點：根據某個熱情報導，創建於六三八年的新城巴斯拉和比它稍年輕的妹妹城庫法，這些amṣār的街道上都鋪滿黃金：「我們的灌木叢是甘蔗，我們的河流是奇蹟，頭上的天空是新鮮棗椰，腳下的大地是澄澄黃金。」[139]跟簡陋的半島比起來，沒有更天差地遠的地方了。你當然不可能什麼都不做就徜徉在富裕之海；還不行。amṣār也許是黃金，但外表鍍了軍營。你得嚴格教導兒子游泳和騎馬[140]，而且任何時候，你和他們都有可能從相對怡人的庫法被送到濕熱的信地赴死[141]，或是從盈眼棕櫚的巴斯拉被送到遙遠中亞的松樹林。偶爾，這類重新安置會以軍事工業的規模進行：其中最大的一次，總計有六千七百一十五萬人從過度擁擠、資源不足的巴斯拉遷移到將近兩千公里外的馬爾夫（Marw）[142]。

重新安置、集體化與大規模動員都充滿史達林風味。但這些新城鎮的精神——軍事主義結合市場自由，全都受雇於一個年輕帝國——還有其他相似之處。伯納．路易斯（Bernard Lewis）很適切地將庫法、巴斯拉和其他的主要駐軍城市——埃及的福斯塔特（al-Fusṭāṭ）和突尼西亞的開羅安（al-Qayrawān）——視為阿拉伯人的「直布羅陀和新加坡」，他們對「沙漠權」[143]的仰仗一如英國對海權的倚賴：不列顛人統治海浪；阿拉伯人統治荒野。不過，光榮的東印度公司或許再次提供了更近似的類比：amṣār也是內陸的孟買或馬德拉斯（Madrase），功能類似於在印度洋海岸如雨後春筍般興起的英國工廠暨堡壘。在阿拉伯大征服開始的前一個世紀，古萊什商人就已想到muḍārabah（盈利分享）的概念，而這正是未來歐洲商業冒險的資金來源和基礎。此刻，靠著amṣār和附加的軍事力量，擴張得以進入嶄新的帝國階段，就像未來它們將對光榮公司（Honourable Company）所做的那樣。

對七世紀的阿拉伯領袖而言，這是badw和ḥaḍar「游牧民和定居者」長久對話的勝利成果。有誰比來自諸城之母的麥加人更了解，aʿrāb劫掠者的砍燒法固然可在短時間內帶來豐盛的戰利品，但要取得永續收入，你就得耕耘都市市場。甚至有人認為，已開發的伊斯蘭對hijrah這個字的用法——遷徙到新城鎮——很可能是受到南阿拉伯的影響：示巴語的字根hjr指的不是「斷絕」，而是「城鎮」[144]。這說法很誘人，但沒資料佐證：我們使用的每一個字，都受到語義學鬼魂的纏繞，但其中有些特別縹緲。這些影響——經濟的而非語言學的——比較可能的來源，是其他古老的帝國鄰居。麥加的商人菁英如今改換品牌變成伊斯蘭麥地那國的領袖，他們指揮著穆罕默德革命所釋出的巨大能量，以及它所產生的空前團結，將部落的阿拉伯世界重新塑造成在經濟上、政治上、甚至社會上都更類似羅馬／拜占庭和波斯極盛時代的強權。如今，波斯覆亡，拜占庭受到重挫，阿拉伯人將同時繼承二者。

藉著展望未來的其他帝國冒險，我們可在阿拉伯與大英帝國之間看到相似的路徑，特別是後者的股份制度與商業開端。甚至再往前望——誠然，裡頭必須做許多細節調整——也許伊斯蘭阿拉伯的路徑和共產主義中國也並非全然不同，後者更改了其意識形態革命以便容納市場運作，重新調整自己的定位以便承繼更晚近的強權。

分裂之家

最初一切都運作良好。amṣār在戰略要地紛紛冒出。在伊拉克，巴斯拉的興建位置離波斯灣頭不遠，庫法則是位於沙漠和耕地長期鬥爭的邊界地區，離古代的巴比倫和稍晚的希拉廢墟都很近。在敘利亞，當地有奠基許久的阿拉伯人口，在前伊斯蘭時代與麥加的貴族也有所聯繫，諸如大馬士革之類的舊城市，繼續做為當地的行政中心，土地則劃分成不同的軍事區。在埃及，拜占庭人才剛於六三一年從波斯人手中把埃及拿回來，隨即就被敘利亞同袍的命運嚇得呆若木雞，士氣低落；於是，當阿拉伯人在六三九年入侵時，他們沒做多少抵抗就放棄了。亞歷山卓這個海上大都會堅守得比較久，但內陸的巴比倫城堡（舊開羅）六四一年便落入阿拉伯手中。阿拉伯人在附近，在上下埃及交會的尼羅河旁邊以及楔形三角洲最深入內陸的那個地方，也建立了另一座miṣr（單一的amṣār）——福斯塔特，阿拉伯文的「帳篷」，也可能是源自希臘文的fossaton「溝渠」。（miṣr一字也是阿拉伯文對埃及的指稱，雖然這裡頭有雞生蛋還是蛋生雞的問題；miṣr是一個古老的閃族文字，基本的意思是「邊界」，早在阿拉伯人與該地建立自己的misr「邊界（城鎮）」之前，埃及就一直是閃族語裡的miṣr「邊界（地）」。[145]）阿拉伯的征戰幾乎立刻就從埃及往西穿透，直到「羅馬的非洲」（Roman Africa，今日的突尼西亞），但第四個偉大的邊境城市要到六七〇年才建立。它的名字是開羅安（al-Qayrawān，源自於波斯文的karwān），在阿拉伯語裡通常是「軍營」的意思；不過隨著英文同源字「caravan」（商隊、駱駝隊伍）響起的商業鐘聲，也完全適合這裡。

沒有任何一個amṣār是典型的；它們全都在各自不同的環境裡發展出不同的樣貌。不過，簡略介紹一下其中的第一個案例，仍可讓人對其他案例有個概念。巴斯拉一開始是一座大軍營，一座可以「拔營」的城市：甚至連公共建築都是用大量蘆葦束蓋成（類似附近「沼澤阿拉伯人」的屋子），一旦駐軍要開拔征戰，便可快速拆除。[146]但那座城市很快就變得更為永久性，人口也快速膨脹且紛雜：早期，它的人口不僅有波斯人，還有許多前伊斯蘭時代的印度裔移民，特別是「祖特人」（Zutt）或賈哈特人（Jhats），他們是阿拉伯部落的盟友。有一段時間，這些亟需補充的作戰武力享有和阿拉伯人同樣的權利和軍事酬勞；到了七世紀後期，隨著阿拉伯的人口成長，沙文主義日益強硬，再加上國庫空虛，他們就遭到了驅逐。[147]到了這時，巴斯拉已經有八萬名戰士和十二萬名家屬[148]——就當時的世界標準而言，可說相當龐大。儘管該城總督的「小阿拉伯」心態日益滋長，對非阿拉伯人也漸不寬容，不過它還是逐漸變成一座視覺上的大都會：來自阿富汗的俘虜以「喀布爾風格」[149]建造出一座清真寺，在當時，這種風格意味著它曾受到來自佛教建築的影響。巴斯拉位於底格里斯河與幼發拉底河的水道交會處，並從那裡通往波斯灣頭，這樣的地理位置尤其有助於它的商業大都會風格。一位日後的巴斯拉人曾吹噓「我們的柚木和象牙，我們的錦緞和地稅，以及我們的滾滾河水」[150]。這段話簡要指出該城的財富來自半個地球：印度的森林、非洲的大象、中國的絲綢，以及自家黑地的廣袤棕櫚叢——而這些產物全都由它的水運大動脈負責輸送。

巴斯拉有地利之福。但它和其他的amṣār也有共同的特色——一開始的臨時性外觀、阿拉伯和其他居民之間的緊張、不可避免的多樣性、雨後春筍般的成長。它也共享了一個設計上的缺陷，這項缺陷將會阻礙這些城市的有機發展，以及更糟的是，那還會扼殺城內阿拉伯居民的凝聚力。首先，游牧出身的阿拉伯人只是變成表淺的「鎮民」：例如，當饑荒攻擊庫法時，他們會馬上掄起棍杖，分散到草原上養牲畜。[151]這是古老的生存機制開啟，無須大驚小怪。但更具宿命性的是，他們也只是表淺的共同體：集體化從未徹底到足以抹除差異。早在阿布．巴克爾推動敘利亞戰役時，軍隊就打著部落的旗幟作戰：他「命令指揮官給每個部落分配一面旗幟，要讓旗幟飄揚在他們正中央」[152]。那些旗幟在最後的征服行動裡依然停留在他們中間：每個部落都在自身的旗幟下前進，最小的一些部落則集合在一面聯合旗幟之下[153]——某種「小郡」（Minor Counties）板球隊，或「黑衛士」（Black Watch）格紋隊。這類比絕非隨便；但是有瑕疵。伊斯蘭的超級部落當時是一種理想型，至今依然如此；這等於是把部落旗幟轉化成軍團色彩，把部落主義昇華為體育精神——這類轉變在歐洲疆域型民族國家興起時也將發生。不過阿拉伯人從未全面達成這種轉化。（的確，隨著比較晚近的理想型——從外面輸入的民族國家——明顯失敗，再部落化〔retribalization〕成了當前潮流，至少正在我的窗外進行。）部落的旗幟不僅飄揚在征途上。amṣār 本身在實體上是分裂的：例如，在庫法，葉門人（Yeminis，「南方人」），雖然經過幾百年的面目模糊，他們還是這樣被看待）定居在城東；尼撒爾人（Nizaris，「北方人」）定居在城西；而這兩大分區本身又細分成不同的部落小區，每個部落都有自己的清真寺。[154]因此，即便是在伊斯蘭理想型的核心基礎——聚禱——上，分裂還是恆久不變。上帝之家有很多房間，而且彼此之間不溝通。

塔哈．胡賽因簡要列出一些嫌隙，在首次團結一致的短暫擴張後沒多久，這些嫌隙隨即分裂了阿拉伯世界：

阿德納人（Adnanis，「北方人」的另一種說法）聯合起來對抗葉門人，慕達爾人則是對抗其他的阿德納人，然後拉比亞人又對抗慕達爾人。慕達爾人本身也分裂，蓋伊、達敏（Tamīm）和古萊什各有自己的ʿaṣabīyah。拉比亞也有嫌隙，塔格里布和巴克爾形成他們各自的ʿaṣabīyah。同樣的情況也可套用在葉門人身上——阿茲德、希木葉爾和奎達（Quḍāʿah）各有自己的ʿaṣabīyah。[155]

結果就是，「在伊斯蘭的所有amṣār裡，阿拉伯人全都回復到敵對與競爭狀態，甚至比〔前伊斯蘭時期的〕蒙昧時代更嚴重。[156]阿拉伯的團結更像是一種懸浮液而非溶液：好比在沙拉醬裡，各種成分只要不停攪拌就能開開心心地混合在一起，攪拌的方法就是劫掠與征服。一旦攪拌的動作停止，混合固定，各種成分就會開始分離。

這問題有部分是因為整體的道德精神依然屬於部落的和前伊斯蘭的。伊斯蘭的道德基礎工程將會在新城鎮和新土地上發展出來，但要等到隨後幾個世紀才告出現。此刻，阿拉伯人正忙著把他們咬下來的領土慢慢嚼爛，根本沒時間去攝取伊斯蘭的道德意涵，更別提消化了——尤其是穆罕默德在「告別講道」裡極力強調的阿拉伯與非阿拉伯本質上平等這一種。用基督教的歷史做比方，這就好比十字軍在第一個使徒還活著的時候就啟程東征了。這些因素——延續的部落主義，打造城市和打造市民社會的時間差——意味著老派的半島阿拉伯人將會散落並消失在他們創建的帝國裡，在所有意義上被邊緣化。

即便這樣，阿拉伯的故事離結束還遠得很。新種阿拉伯人將從帝國的多樣性中興起，它是一種混合物，就跟一直以來的阿拉伯人一樣——然後在古老語言的催化下團結統一，包括彼此之間的統一，以及與過往的統一。除了其他各種角色之外，這些在征服過程中新創建的城市也是語言學的熱點，阿拉伯語從這些熱點向外輻射，變成商業、文化和日常生活的媒介。許多征服者——例如哥德人、汪達爾人、蒙古人——本身，都被他們所占據的文化給征服了。阿拉伯人的情況剛好相反：他們本身「消失了」，但他們的語言和文化依然凱旋。因此，詩人阿赫美德．蕭紀（Ahmad Shawqī）得以在二十世紀初回顧並讚嘆道：

> 不知有其他哪個種族、哪個語言如同這般：
> 民族消逝了，但他們的語言活著！
> 哈希姆的世系磨散了，尼撒爾的世系消退了；
> 但他們的口音依然以滔滔不絕的流利訴說著。[157]

如何穩居寶座

嶄新、調適過的阿拉伯人尚未到來。此刻，舊阿拉伯人從阿拉伯出走，不僅是一支民族斷絕了一塊土地，還斷絕了更為遙遠的過往。它也是伊斯蘭自身遠離阿拉伯母體的旅程起點。如同我們看到的，阿拉伯和伊斯蘭將會以截然不同的速度旅行。一開始，伊斯蘭落在後頭；但它將迎頭趕上，最後會在兩者之中走得更遠。

回到故鄉，出走的效果立即而直接。半島變成一個被留下來的地方，一個因為距離更增添其神聖感的聖地。似乎早在烏瑪爾哈里發於六四四年去世之際，阿拉伯半島本身最大的移民潮就已結束；後來的移民都是次級的，以伊拉克和埃及的amṣār做為墊腳石。毫無疑問，阿拉伯半島本身在不到十年的時間裡失去它大量的「人才」，文化淪為荒漠。當六五〇年代哈里發將首都遷移到阿拉伯次大陸最北端的大馬士革之後，情況還會惡化。瀏覽一下十三世紀伊本・哈里坎（Ibn Khallikān）偉大的傳記辭典《已故名人》（Wafayāt al-aʿyān wa anbāʾ abnāʾ az-zamān, Notable Deaths），你會驚訝地發現，在伊斯蘭第一個世紀之後去世的名人裡，半島在他們的生命中除了做為朝聖地之外，幾乎沒有任何特色。反倒是amṣār——特別是巴斯拉和庫法——變成了新的軍事和文化中心：「在這兩個城市之外，阿拉伯人幾乎沒有學術傳統。」[158]這是十世紀一位評論者的抱怨。甚至在九世紀初，古文物研究者和文學評論家阿斯瑪儀就可這樣形容麥地那：「我花了很長的時間待在那裡，但連一首正確的古代頌歌都找不到。全都錯誤連篇，要不就是偽造的。」[159]甚至更早期，而且最該死的，是八世紀的庫法學者伊本・舒布魯瑪（Ibn Shubrumah）如此回應一位麥地那學者的吹噓：

> 「學問出自我們的城市！」
> 「是的，」伊本・舒布魯瑪說，「但永遠不會回到你身上。」[160]

阿拉伯半島顯然遭逢嚴重的文化枯竭。出走對阿拉伯基因庫造成的影響，只能想像，無法量化。「雄心之魂，」一位匿名詩人說道：

努力攀高位，
不幸之人努力留故里。[161]

另一位詩人更進一步：他說，留在故鄉的人就像「墳墓裡的居民」[162]。在第一波征服的浪潮中，波斯新娘曾帶來新血，但從七世紀末開始，阿拉伯之島上的大多數人都變得愈來愈隔絕。麥加因為朝聖的關係有一些基因上的混融，另外是阿拉伯半島往外看的海岸線上，那塊古老的沃土上也有。但是南部和東部的高山峽谷以及內陸的草原，則逐漸趨向近親繁殖與內向性。半島阿拉伯將在接下來的一千多年裡，滑出歷史主流。

至於那些雄心之魂，激發他們雄心的臨門一腳，在烏瑪爾哈里發制定一套福利系統並用豐富的征服所得支付薪資和年金之後，瞬間縮回。因為這些錢全都分配給曾在麥地那國創建過程中、在「叛教戰爭」中，以及在大擴張階段的征服行動中扮演過任何角色的穆斯林。金額大多介於一年五百到一千迪爾罕姆，而且可以繼承。[163]很難把這筆錢的價值換算成今日的金額，但要靠它維持生活不成問題。我們並不驚訝，有人警告烏瑪爾，這樣做會讓人民逐漸倚靠救濟過活，對於這點，他也解除心防誠實回說：「這是必然的。」[164]他的福利國願景涵蓋很廣，還包括子女撫養費[165]；經濟創新則前衛到考慮發行用駱駝皮製作的迪爾罕姆「鈔票」[166]。如果烏瑪爾給繼任者的建議是真的，那麼他的意圖極佳：其中顯示出他打算推動穆罕默德大業裡的革命性社會與經濟面向，透過投資新城市，向有錢人收稅，重新分配給窮人。他以一段《古蘭經》的引言做為結尾：

「切勿讓財富變成富人之間的傳遞之物。」切勿拒人於門外，切勿弱肉強食。[167]

烏瑪爾的建議當然遭到漠視。弱肉或許沒全部被強者吃掉——總是要留一些人替強者做牛做馬；但有錢人確實開始玩起他們必玩的傳遞包裹（pass-the-parcel）遊戲，用的是從征服地流入帝國首都麥地那的財富。（引文那段「傳遞之物」的阿拉伯文是dūlah，它跟隨即將用來形容「朝代，政府」的dawlah，幾乎一模一樣。）既然牽涉到這麼多戰利品和權力，贓物的分配自然也會影響到忠誠的分配，同時腐蝕掉古老的慷慨文化。阿拉伯人一定能夠永保強盛，就像智者阿赫納夫所說的，「只要他們繫上刀劍、綁上頭巾、跳上馬背。以及，」他繼續說道，「只要……他們永不把對彼此的慷慨視為罪惡。」[168]但誘惑的數量實在太大，將會讓這些古老美德蒙受其害。在被征服的土地上，寶藏已經「去寶藏化」[169]——已經從金庫裡取出轉成硬幣——流回阿拉伯的現金非常之多，而且只流進少數人的口袋。「在烏斯曼被殺那天，」馬蘇第如此記錄烏瑪爾的哈里發繼承者，

有十五萬〔金〕迪納爾和一百萬〔銀〕迪爾罕姆在他的司庫手上。他的莊園價值……二十萬迪納爾。祖拜爾（az-Zubayr）死後，他莊園的八分之一價值五萬迪納爾。他還留下一千匹馬和一千名女僕。塔爾海（Ṭalḥah）從伊拉克得到的收入是一千迪納爾，而他從夏拉赫（ash-Sharāh）區得到的收入甚至更多……[170]

清單就這樣繼續列下去。誠然，烏斯曼早年就是一位事業有成的商人。但裡頭有些革命者一開始就

參與了穆罕默德的大業，把這些人換到不同的社會環境裡，可能會被稱為「香檳社會主義者」（champagne socialism，譯註：英國政治術語，指那些一方面過著上層奢侈生活，一方面又自認為是社會主義者的人）。（相對的，我們必須說，烏瑪爾確實也沾染先知對財富的鄙視。有一次，身為哈里發的他花了六十迪納爾去朝聖，並認為自己太過奢侈。[171]）

財富的參數隨著帝國的地平線向外擴展。有位九世紀的法官並不屬於伊斯蘭早期和日後的權貴，但他曾從某位哈里發的妻子手上接收到金銀餽贈。他的態度說明了阿拉伯人的改變。這名法官的一位朋友告訴他，先知說過，禮物餽贈必須和親近的朋友分享。「啊，」法官緊握著自己的禮物說道，「那是因為那個時代的禮物都是酸奶和椰棗。」[172]這種一毛不拔的態度實在不聰明，特別是當你的朋友是位詩人時，因為他會留下紀錄給後代：

「萬福，偉大的埃米爾！」這些字眼我永遠不會
對你說，薩伊德。不；你很快就會發現我死了。
你在私室大啖豐盛甜點，
卻給賓客吃窮人的大麥麵包。
一件羊皮外套和牛皮涼鞋曾經是
你希望擁有的所有華服。
所有榮耀皆屬於祂，祂賜予你權力
並教你如何穩居寶座！[173]

萬書歸一

如果說古代阿拉伯和近代伊斯蘭的平等理想是這些新時尚的受害者，那麼最大的受災戶恐怕是穆罕默德曾經帶來的團結統一。火輪將繼續滾動，而且將由阿拉伯歷史上有所記載、屬於伊斯蘭那一半的首位財閥狠推一把，那就是烏斯曼。

烏瑪爾是在隱晦不明的情況中被一名奴隸所殺。[174]這位遭謀殺的哈里發比他的前任者有遠見，他已經任命一個委員會，負責提名繼任者。[175]委員會選出烏斯曼，他是烏瑪亞的後裔，烏瑪亞是該氏族六世紀的一位先祖，曾在「蒙昧時代」的最後幾十年經營過麥加。於是他成為第一位烏瑪亞王朝的哈里發，但至少在遜尼派的圈子裡，他逃過了即將籠罩在烏瑪亞王朝身上的汙名。如同我們將看到的，烏瑪亞王朝的狼藉名聲他自然有其貢獻；但他最主要的名聲，以及他讓阿拉伯文化得以團結的莫大貢獻之一，是他讓《古蘭經》成為我們今日看到的形式。

第一任哈里發阿布．巴克爾曾經「蒐集不同版本的《古蘭經》」[176]——蒐集，但未加以組織。烏斯曼和一個所有成員都認識穆罕默德的核心編輯小組，現在著手排列、編輯、正典化並廣傳一個統一的經文文本。起初，那些曾在一代人的時間裡扮演《古蘭經》唸誦者的人並不開心。這些人曾經靠著自己的記憶力（無疑有得到未集結、未正典化的書寫文本的輔助）控制「神的話語」（Word of God）。「古蘭經是很多本書。」他們表示。而今，他們抱怨道：「你〔烏斯曼〕放棄一切只取一本。」[177]他們的抱怨不被理會。複製用的原本（master-copy）約莫是大開本，當然是用富有紀念性、有稜角、日後稱為「庫法體」（Kufic）的文字寫在羊皮紙上，再送往帝國各地；根據這些複製用原本轉抄而成的輔助副本，則分送到各清真寺，個人可以帶著散裝紙頁去清真寺請內部抄寫員謄寫。[178]到當時為止，阿拉伯的出版業只生產過一本書。但它對識字率的促進，今日只能憑空想像。同樣重要的是，單一的權威文本可以發揮就算無法統一阿拉伯人也能統一阿拉伯文的核心角色：無論他們彼此之間有多少歧見，但這個ummah，這個超級部落，如今有了一部標準化的書寫版本，可以在他們的超級方言裡進行口語會戰。

這一切都有其必要，如同我們先前提過的，阿拉伯語正在失去它的「純粹性」——或老實說，正在持續改變——即便是在雄辯堡壘的麥加和麥地那。[179]這種改變對離散的阿拉伯人甚至造成更大的威脅。語言曾經給了他們身分認同，然後透過穆罕默德和《古蘭經》，又給了他們團結統一。但這項統一的成就，卻把他們分散得又遠又廣——而且薄：他們因為自身的移動性而有溶化之虞。前面提過阿拔斯那三萬三千個子嗣，就父系而言都是阿拉伯人，但在母系方面則是令人困惑的多種族；母語的繁複性一代多過一代——亞蘭語、波斯語、土耳其語、科普特語、希臘語、柏柏語等等。（我們會回頭討論母語分枝和普遍混種這個問題。）烏斯曼欽定的《古蘭經》版本，至少確保了一種統一的阿拉伯文書寫形式，也因此確保了統一的阿拉伯文化，它們不僅存活下去，還會繁榮興盛。如同伊本．赫勒敦所說的：「《古蘭經》和聖訓……保存了阿拉伯語言。」[180]不過要保存離散阿拉伯人的政治統一，到目前為止都是一項更艱難的挑戰。不過在那個當下，麥地那最大的挑戰，將是如何維繫後方故鄉的團結統一。

破裂

當阿拉伯軍隊勢如破竹殺遍各大洲時，他們的麥地那領袖卻在共識上出現破裂。用諸如遜尼派對抗什葉派這樣的二分法來看事情，或是歸結到單一根源，例如那對傳奇連體嬰阿布杜．沙姆斯和哈希姆的血腥分割，看起來似乎是聰明又簡單的做法。[181]但在現實中，當然是有無數支流匯聚成即將到來的分裂；同樣的，俐落的二分法也會枝岔成爭論的三角洲。然後，仔細觀察穆罕默德剛過世那些年，主要的問題並非政策或虔誠，教義或教條；所有這一切，都由安拉的仁慈意志所控制。真正的問題是關於權力和威信，關於城堡的國王該由誰來當。

有個故事是關於穆罕默德的第一位繼承者：成熟虔信的阿布·巴克爾，這故事透露出即將來臨的權力競爭本質。阿布·巴克爾在他的哈里發任內初期，因為某個原因責備阿布·蘇富楊。阿布·巴克爾的父親當時還活著，是位九旬老人。聽到兒子提高聲量，於是問道：

> 「我兒子在吼誰？」有人告訴他，「吼阿布·蘇富楊。」聽到這答案，老人隨即起身去找阿布·巴克爾，說：「所以，阿提克·阿拉〔他父親總是這樣叫他〕，你提高聲量是對著阿布·蘇富楊？在不久前的『蒙昧時代』還是古萊什領袖那位？你逾越了優良品行的界線，僭越了你的地位！」聽到這些話，阿布·巴克爾和他身邊的麥加人和麥地那人都笑了，阿布·巴克爾說：「父親，隨著伊斯蘭降臨，安拉高升了某些人，卑微了其他人。」[182]

事實證明，那個暫時卑微的烏瑪亞家族很快就會再次高升，回到他們先前的地位。不過此刻，看起來彷彿伊斯蘭整平了球場，儘管所有的球員都是來自穆罕默德的古萊什部落。

阿布·巴克爾屬於比較遠房的古萊什泰姆（Taym）氏族，在他為期兩年的哈里發任內，並未特別與烏瑪亞氏為敵，也沒特別偏好哈希姆氏；事實上，他還疏遠了後者，因為他將穆罕默德的近親排除在哈里發五分之一戰利品的持分之外。[183]烏瑪爾屬於古萊什的另一個旁系，他也是一位不偏不倚的統治者。但隨著富有的烏斯曼繼位，也就是古萊什的烏瑪亞氏重新掌權，事情開始轉變。

烏斯曼雖然是「受到正確指引的」哈里發（Rightly Guided caliphs，也譯為「正統」哈里發，穆罕默德前四位繼承者的稱呼）之一，但他的方向感似乎在十二年任期的半途出了差錯：他在同一時間把穆罕默德用來蓋印政府文件的國璽掉到一口水井裡[184]，這次失手，一直被認為是他失去方位感的象徵。撇開預兆不論，他讓腐敗擴散，將吹哨者驅逐。[185]更糟的是，他把肥缺都給了烏瑪亞的自家親屬。敘利亞的統治權原本就屬於烏瑪亞家族，在阿布．蘇富楊的兒子穆阿維亞手上；烏斯曼還把伊拉克的權力基地巴斯拉和庫法，以及埃及的統治權交給他的親戚。至於在麥地那，他身邊圍繞的顧問也都是烏瑪亞氏族的人。或許有人想替他辯解，說他可能認為透過自己的近親比較可以確實掌控，但他的前兩任哈里發並不認為有此必要，而且在許多人眼中，這就是明目張膽的裙帶關係。征服埃及的策畫者阿姆爾．本．阿斯的諷刺評論，總結了當時的整體態度。阿姆爾先前因為奢華無度遭到烏瑪爾免去埃及總督的職務，如今烏斯曼給了他尼羅河軍事指揮官的工作，但同時把烏瑪亞氏族擺在可控制錢包的職位上。「也就是說，」阿姆爾道，「我是那個在你的總督擠牛奶時幫他抓住牛角的人。」[186]偉大的阿拉伯征服行動，看起來開始像是在替某一個阿拉伯部落裡的某一小支前伊斯蘭統治氏族打下封地。當烏斯曼的某位伊拉克總督將黑地那片遼闊且令人渴望已久的棕櫚樹林稱為「古萊什的花園」時，你幾乎無法糾正他的說法。

六五六年，外省的許多阿拉伯軍隊爆發叛變，抱怨腐敗不公，並有許多人行軍到麥地那；他們希望把自己的情況上告哈里發，他畢竟是穆罕默德最早的信徒之一，而且以虔誠聞名——雖然日後的辯護者會說，那是他「情有可原的錯誤」。行軍者中最顯眼的，就是來自埃及乳牛場那群。烏斯曼接受他們的要求，並送他們回家。故事從這裡急轉直下：烏斯曼託行軍者給埃及的阿拉伯領袖捎去一封信，據說他們打開信件時發現，烏斯曼下令等他們這些帶信者回到尼羅河之地後，要把他們抓起來處死。於是他們又掉頭，朝麥地那前進，而且不僅如此，他們還包圍了烏斯曼的宅邸，最後在六五六年六月殺了他。

諸如這樣的一連串事件——不斷蔓延的腐敗和裙帶關係；大多數人的慣性和沉默；少數人的喧鬧不滿；對抗、安撫、兩手策略；以暴力終結但又引發更多暴力……並不是阿拉伯歷史的專利。但伊斯蘭極端一元主義的本質，給了它一個額外的面向：安拉是獨一，安拉是真理，所以真理是獨一。這是個直截了當的三段論，每個爭論者都用這套三段論痛擊彼此，每個人都堅信自己是完完全全、無可動搖地正確。這模式貫穿阿拉伯歷史，至今依然可在阿拉伯世界看到，而且數量倍增；我也可以在這裡看到，在我寄居的這塊土地上。

「烏斯曼哈里發被殺，」阿多尼斯寫道：

> 是伊斯蘭進入爭鬥的信號，〔爭論的〕每一方都拒絕另一方。政治和文化的特色不是來自論辯……而是來自否定，每一方都相信自己是根據絕對的「真理」行動，對手則是處在完全錯誤那邊。[187]

但如果說宣稱自己屬於「絕對真理」這點是新的，那導致烏斯曼被殺的那些事件，也是遵照傳統的火輪循環：為了戰利品吵架，輪轂出現裂痕，裂痕向外輻射，統一畫上句點。在這個案例裡，穆罕默德鍛造出來的第一次大一統愈成功，那道裂痕就愈被放大。那道裂痕一直持續到今日，而當我們把目光放在諸如遜尼／什葉這種一刀切的二分法教條時，我們檢視的只是症狀。問題的根源是誰取得權力——以及金錢、榮譽和其他隨權力而來的一切。

這些問題主導了接下來四年的阿拉伯歷史。問題之一是，新任哈里發——穆罕默德的堂弟暨女婿阿里——顯然對金錢或權力都興趣缺缺。阿里和烏瑪爾一樣，制定了公平的財富再分配，但和烏瑪爾不一樣的是，他是散盡國庫去執行；他還撤銷了烏斯曼撥贈給親信的土地。[188]又一次和烏瑪爾一樣的是，他明確掌握到伊斯蘭的神聖意涵；但比他同代人更棒的是，他可以將這些意涵用話語表現出來。「人間與天堂相距多遠？」有人問他。「一次得到回應的祈禱。」「那東方與西方相距多遠？」「對太陽是一天的路程。」[189]阿里的意思是，伊斯蘭將天堂拉近了，而且揭示出在伊斯蘭的宇宙脈絡裡，世界有多微小。但伊斯蘭也點燃了一個龐大且日益成長的世界帝國，其中遍地黃金，但在這個帝國裡，天堂之事似乎沒列入政治目的之首。阿里是個完美的人選，可統治伊本．赫勒敦所謂的「極其罕見的……命題」，那個哲學家的理想城市。[190]然而其他人渴望經營的，看起來比較像是古萊什公共有限公司。

那些其他人裡，有兩個是塔爾海和祖拜爾，他們在馬蘇第的穆罕默德殷富夥伴富豪排行榜裡，名列前茅。[191]第三位是穆罕默德最愛的妻子阿伊莎，即阿布．巴克爾的女兒。他們先前對烏斯曼的統治並不開心，但與反對他的暴力行動保持距離。現在，他們可以揮舞著共謀殺死前任領袖的指控來對抗阿里，因為阿里相當不智地被一群人選上哈里發，而在那群人裡，就包括殺死他前任的凶手。阿伊莎、塔爾海和祖拜爾高呼islāh「改革」——自古以來團結創造者最愛用的口號，模糊但有力——並聚集了一群追隨者前往伊拉克，在那裡建立一個權力基地。阿里追殺他們，結果只是帶來更多暴力，「相互毀滅」（internecine）一詞可能就是用來形容這種暴力。

在這場暴力的最高潮，也就是西元六五六年十二月所謂的「駱駝日」（Day of the Camel），穆罕默德最愛的堂弟暨他最愛女兒的鰥夫，對抗穆罕默德最愛的妻子暨他最好朋友的女兒。「駱駝日」的原由，是阿伊莎在戰火最熾的時刻現身，以前伊斯蘭時代女預言家的傳統[192]，「坐在駱駝背上的轎子裡，轎子用木板製成，上方鋪了厚毛呢和牛皮，下方有一層氈毯，整頂轎子再用鎖子甲裹住」。[193]會戰尾聲，「有七十個男人的手因為想去抓駱駝的韁繩而被砍斷……而那頂轎子則是插滿了箭矢，看起來有如一頭豪豬。」[194]會戰消息飛回麥地那——據說是名副其實地「飛回」，用其中一隻斷手帶著斷手主人的印環，由一隻禿鷹攜飛回去。[195]但首都的人們對結果表示懷疑。然而在戰場上，情勢相當明顯：七千名死者中——這是「保守」估計[196]——包括塔爾海和祖拜爾。精力充沛的阿伊莎活了下來，但並未再起戰端。（不過在會戰結束後沒多久，她又企圖介入另一場爭議，乘著騾子朝激烈處衝去。但一位麥地那人輕輕把她帶到旁邊說：「安拉在上，我們都還沒把駱駝日的灰塵從頭上洗掉，他們很快又要談論騾子日了。」阿伊莎聞言大笑，騎著騾子離開[197]。）

暫時，勝利屬於阿里；或許也屬於伊斯蘭裡比較平等主義那派，他們勝過既得利益集團。但這難道也是女性權威可能復活的一次敗北嗎？當然，女性在前伊斯蘭時代的確揮舞過比較大的公權力；甚至在「叛教」戰爭期間，女先知莎嘉也曾聚集過驚人的追隨者。在阿伊莎這個案例裡，這個問題只不過是臆測。但那臆測在當時似乎頗流行：有篇報導指出，有個阿伊莎方的鬥士在他死前表示，他「被那個想當信士指揮官（Commander of Faithful）的女人給騙了」。[198]

一位女性哈里發……如果當時曾經有過，現在會怎樣。

長矛上的《古蘭經》

到最後，贏得統治頭銜的並非前伊斯蘭時代的母系精神，而是前伊斯蘭時代麥加寡頭最寵愛的兒子，穆阿維亞——也就是老一代諄諄提醒下一代「不久前……還是古萊什領袖」的阿布・蘇富楊的兒子——他已經穩坐敘利亞總督的寶座之上。現在，他要求為他遭到殺害的烏瑪亞親戚烏斯曼復仇，而且他認為阿里是復仇對象之一。現在，讓我們暫時忘記遜尼派和什葉派日後的教條和教義：這是老派的氏族血仇的放大版——超級氏族的超級血仇。這也是穆罕默德奇蹟不好的那一面：來聚的力量愈大，分崩的影響就愈糟。跟爭奪哈里發頭銜的這場戰鬥比起來，「阿拉伯大時代」最慘烈的戰鬥全顯得彬彬有禮，創建伊斯蘭國的關鍵會戰和劫掠則像是沙坑裡的打架。此外，「駱駝日」看起來像是一場熱身賽。甚至連耶爾穆克和卡迪西亞這類打爆帝國的決定性會戰，相較之下都沒那樣血腥。

六五七年的錫芬會戰打了將近四個月，地點位於幼發拉底河右岸的拉卡地區（ar-Raqqah）。[199] 一開始像是古老的小爭吵，伴隨著小衝突和詩歌互嗆。比方說，阿里是這樣嘲諷穆阿維亞（和他那位惡名昭彰的啃肝母親幸德）：

穆阿維亞在何方？我攻打並立志
擊敗他；但他不見蹤跡。
那個瞇眼肥腸的傢伙在何方？沒人知悉：
他老媽把他和自己拋向地獄！[200]

但情勢很快陷入絕望：這場戰鬥的涵蓋範圍是一個廣袤帝國。「這樣一場戰鬥，」馬蘇第說：

……前所未有。我在某些有關錫芬事件的書寫敘述中發現，哈希姆．米爾夸（Hāshim al-Mirqāl）被甩倒在地……他看見烏拜德．阿拉．本．烏瑪爾（Ubayd Allāh bn ʿUmar）受傷倒臥在他附近。被卸掉武裝和氣力的哈希姆死命爬到他身上，開始咬他的奶頭，直到深陷其中。最後，他被人發現，死在烏拜德．阿拉上頭。[201]

這是那種很難杜撰的細節。其他細節——例如阿里在一天一夜內親手殺了五百二十三名敵人[202]——聽起來就比較可疑。但是隨著會戰肆虐到最高潮，所有細節都消失在降下的黑暗中：

黎明破曉，他們仍在戰鬥。接著太陽消蝕，塵灰揚起，旌旗倒落，他們再也不知祈禱時間到了沒。[203]

隨著「色彩」（旗幟）和光線消失，部落甚至個人的識別也迅速消解。信仰的啟蒙和時間本身的流逝，都變得枉然。黑暗依然盤踞在那：這裡是戰爭的千年劇場，從巴比倫和亞述人之間的衝突一路搬演，不久前，阿里和穆阿維亞那些遠房的突變後代——一個是什葉派主導的伊拉克國，另一個是極度遜尼派的「伊斯蘭國」——才在塵土無邊的平原上一決雌雄，飛彈如雨猛擊拉卡這個「伊斯蘭國」位於敘利亞的首都。

地方，當你反思時，它們就跟人一樣：
有的容易幸福，有的有容易哀傷。[204]

很難看穿黝黑，但穆阿維亞大概處於劣勢。然後，他想起軍械庫裡一項還沒用過的武器：安拉之書。支持穆阿維亞那邊的每個人都把一本《古蘭經》——五百本——綁在長矛上然後舉高。[205]（這想法在阿拉伯領導人上身上一再出現，無論他們的信仰有多淺薄。今天你依然能找到一些破舊褪色的照片，上面可看到我們葉門的前總統揮舞著一本《古蘭經》。）在穆阿維亞的案例裡，從留存至今的早期《古蘭經》都是大開本看來，那個時候應該不存在「口袋版」，可以讓戰士們將整本經書綁在武器上。比較合理的情況是單頁或單節，以護身符的形式，懸吊在長矛上。無論如何，阿里不為所動：「他們並非宗教和《古蘭經》的子民。」[206]他如此指出。不過他的人馬卻打算提交給安拉之書仲裁，阿里尊重他們。[207]如同往例，征服的阿拉伯話語贏了：它擊敗阿里那方的武力，以及論證力。而錫芬戰場上的景象也預告了，有關真理的衝突主張，終有一天會被遜尼和什葉派拿出來揮舞：其中一邊是修辭上的真理，是神聖的言詞，護身符的比重和意義不相上下；另一邊則是使徒的真理，他的威望歸屬於一個活人，一個在世的伊瑪目（imām）。

當錫芬之塵終於落定後，在超過一百一十天的戰鬥中總計有七萬人被殺——最常見的數字——四萬五千人是穆阿維亞這方，兩萬五千是阿里那邊。[208]然而某些權威指出，屠殺的總數應該超過一倍半[209]。照例，所有數字都可能有問題；但毫無疑問的是，錫芬會戰的血腥程度十分驚人，也是對手之間一連串長期交戰的最高潮。[210]據稱，是穆阿維亞部署的安拉聖言終結了這場戰鬥；但也很可能是那位永不疲憊的和平推動者，也就是「筋疲力盡」促成了終戰。

阿里承受了己方的眾多壓力，這些人都相信他所宣稱的真理默許仲裁的想法：由兩名法官以《古蘭經》為指引，決定誰將成為哈里發[211]。整件事情並無定論：「仲裁者，」如同最簡潔的判決所說的，「沒有達成協議。」[212]敘利亞阿拉伯人承認穆阿維亞是哈里發；伊拉克人火冒三丈，有些人開始反抗阿里，指控他出賣大家。由於反對陣營分裂，穆阿維亞的哈里發地位變得普獲接受。

至少，屠殺暫時結束了。但那個奇蹟，也就是靠著伊斯蘭的賦權所取得的第一次也是最後一次的阿拉伯統一，就此遭到永久性破壞。裂痕將順著部落和宗派的路線擴展——這兩者並非總是能夠區別：一個宗派往往就是一個部落的隱喻。據說穆罕默德曾經預言，他的共同體將分裂成七十三個宗派。[213]這是個保守的數字：有一首失傳的九世紀頌歌，可能是阿拉伯篇幅最長的一首詩，共有四千行，每一行都以令人心煩的單音韻 nā 收尾，那首詩就是宗派和宗派主義者的編目。[214]悲哀的是，這可能是另一首可角逐國族史詩的作品。

穆阿維亞戰略性部署安拉聖言，讓他在錫芬會戰贏得了緩刑；他在哈里發會戰的最終勝利，與信仰、真理、正確或甚至能力都沒任何關係。那是舊戰勝新，是古萊什的舊王朝戰勝稍微不那麼古老的政權分枝；那是——如同一句阿拉伯語版的英國諺語會說的——你知道的 jinnī「精靈」戰勝你不知道的人類。穆阿維亞知道阿拉伯歷史上這次關鍵擺盪背後的簡單事實：「古萊什，」他說，「喜歡我勝過阿里。」[215]

不到三十年前，穆阿維亞的父親在麥地那目睹了非凡的統一。現在，伊斯蘭這具身體經歷了它的第一次細胞大分裂，開啟了一段衰變與再生的歷程，隨著時間發展一直有突變產生，但整體的輪廓大致相同，並也為阿拉伯—伊斯蘭歷史（如果不是為阿拉伯人本身）賦予其自身的統一性。閱讀馬蘇第之類的早期敘述有時會讓你納悶，你讀的到底是歷史還是眼下事件。當年的遜尼派和什葉派就跟今日一樣在同一塊土地上為了同樣的理由交戰。對立的雙方，無論旗幟下是黑或白，是綠或條紋，都宣稱自己壟斷了本真、壟斷了真理。受苦和受死的，都是平民老百姓。

喬治．桑塔亞納（George Santayana）著名格言是這樣說的：「無法銘記過去之人注定要重蹈覆轍。」然而有些時候，問題是忘不了歷史；或一直專注在它最不具啟發性的章節。這問題不僅出現在美索不達米亞，也出現在厄爾斯特（Ulster）和科索沃（Kosovo）；旗幟可能是橘色，或有白色老鷹和黑色字體。然而，另一個選項——把過去的汙垢掃到地毯下——也可能並不健康。阿拉伯孩童知道耶爾穆克和卡迪西亞，但提到駱駝日和錫芬會戰可能就一臉茫然。光明的信念得到宣傳，黑暗的真相就地掩埋。

在許多地方，遺產是旅遊景點；但在阿拉伯世界，「遺產……是社會政治問題」。[216]它很少以超然、以反諷的方式檢視；你怎麼給一個還活著的人驗屍呢？在美國和不列顛這類國家，歷史據說已經死了，狂熱者可以放心讓它再生：「重現」團體（‘re-enactment’ groups）、新騎士黨（neo-Cavaliers）和新邦聯黨（neo-Confederates）、新聯邦黨（neo-Unionists）和新圓顱黨（neo-Roundheads），全都配備了那個時期的武器和肯辛頓假血（Kensington Gore），打著過去的內戰會戰。錫芬會戰的狂熱分子也是——只不過血是真的，而且武器是最新款的。

第8章 大馬士革王國

烏瑪亞統治

眾頭聚集

六九一年接近年底時，穆阿維亞的第四位烏瑪亞哈里發繼承人阿布杜・馬立克，從他位於大馬士革的首都旅行到伊拉克城市庫法。阿布杜拉・本・祖拜爾（ʿAbd Allāh bn az-Zubayr）是烏瑪亞氏族長期的對手、麥加的反哈里發領袖，他的兄弟暨將軍穆薩卜（Muṣʿab）死於庫法附近一場會戰。現在，阿布杜・馬立克站在那位總督的宮殿大廳裡，沉思著穆薩卜被砍下的頭。一位陪伴他身邊的庫法人日後回憶道：

> 阿布杜・馬立克留意到我很忐忑，問我原由。「喔，信士的指揮官啊，」我說，「我來過這座宮殿，就在同一地點看到胡笙（al- Ḥusayn）的頭擺在伊本・濟亞德（Ibn Ziyād）面前。之後，我又來了一次，在同一位置看到伊本・濟亞德的頭擺在穆卡塔（al-Mukhtār）面前。然後，我又來了，看到穆卡塔的頭擺在穆薩卜・本・祖拜爾面前。現在，是穆薩卜的頭擺在你面前——也許安拉能保護你免於災厄，喔，信士的指揮官啊！」聽到這裡，哈里發突然下令將大

廳上方的拱頂毀掉。[1]

這則軼事將一堆烏瑪亞的重要歷史塞進一只堅果殼（into a nutshell，譯註：該片語是「言簡意賅」「一言以蔽之」的意思，這裡保留堅果殼的字面直譯，以便和上下文的「頭殼」呼應）裡；或者說，四只堅果殼。第一顆頭顱的所有人胡笙，是哈里發阿里的兒子；他死於六八〇年一次計畫不周企圖爭取支持以對抗烏瑪亞王朝的活動，他的死為他已故父親的「黨派」shīʿah ʿAlī——簡稱什葉派——充當了最偉大的殉道者。當胡笙的剋星：烏瑪亞總督烏拜德．阿拉．本．濟亞德（Ubayd Allāh bn Ziyād）在六八六年由什葉派早期極端分子穆卡塔領導的一次起義中迎向自己的死亡時，胡笙的仇報了。隔年，當伊拉克大部分地區落入阿布杜拉．本．祖拜爾的統治後，穆卡塔被殺，阿布杜拉．本．祖拜爾曾在麥加扶植了一位哈里發，和烏瑪亞王朝的哈里發對抗。到了六九一年十月，阿布杜拉的兄弟暨伊拉克總督穆薩卜雖然與大馬士革達成和解，卻還是繼續交戰。當時的情況較諸三十年前，烏瑪亞王朝首位哈里發穆阿維亞終於從難纏的血腥爭鬥中脫穎而出，成為最廣為人知的阿拉伯世界領袖，已不可同日而語。那一年，六六一年，在人們記憶裡是ʿĀm al-Jamāʿah「統一之年」（Year of Unity）[2]——現在看來十分反諷。

阿拉伯人的鼻子

「統一之年」打從一開始就是妄想。它意味著前穆罕默德時期的麥加建制派重新復活，並在異教麥加最傑出領袖的兒子穆阿維亞身上重振雄風，儘管首都搬到了大馬士革；它也意味著，這種回歸到事物原本的狀態，大多數民眾都表示默許。一代人之前，穆罕默德曾經逆轉勝。如今，情勢又再次逆轉回去；伊斯蘭的革命經歷了三百六十度大旋轉，阿拉伯人正在朝自己的過往前進。

穆阿維亞指定他兒子擔任繼承者，重新維護了他家族的世襲優勢。王儲的想法與伊斯蘭的前例有所衝突，雖然前例也不怎麼好（到當時為止，儘管有不同的選舉或指定形式，但沒有一位是前任的近親）。然而，反對指定派所訴求的並非當時還很朦朧的伊斯蘭理想型，而是堅若磐石的老派貴族觀念。「於是，」那位最終反哈里發的阿布杜拉·本·祖拜爾向穆阿維亞抱怨：

「你要提拔自己的兒子勝過比他更優秀的其他人？」

「你是指你自己吧，我猜。」穆阿維亞說。

「嗯，在麥加的眾多世系裡，我兒子的世系可是比你兒子的好。」

「但是，」伊本·祖拜爾回答，「隨著伊斯蘭降臨，安拉擢升了某些世系。我的世系就是蒙祂擢升的其中之一。」

「這倒是真的，」穆阿維亞說，「連同哈提布·本·阿比·巴塔亞（Ḥāṭib bn Abī Balta'ah）的世系一起。」[3]

穆阿維亞的最後回嘴有三重譏諷：一，這個哈提布是南阿拉伯出身，在古萊什眼中其社會地位首先就受到挑戰；二，哈提布知道自己居於劣勢，所以讓自己變成阿布杜拉·本·祖拜爾父親的附庸和依賴者。然而最尖銳的還是他的名字，這名字的阿拉伯語聽起來比英語翻譯更愚蠢：「撿柴的，罵街老子的兒子。」

理論上——至少在後來的理論上——穆罕默德的革命已將阿拉伯社會的整體基礎和焦點從部落轉向神權。dīn的意義也從榮耀祖先和部落神明轉變成崇拜唯一真神，sunnah則從模仿部落英雄轉變成模仿神的先知。革命也啟動了大遷徙和大勝利。它將南阿拉伯的民族納入保護，讓波斯人和埃及人成為伊斯蘭家庭的成員。它讓這些民族與阿拉伯人平起平坐，也讓阿拉伯各族彼此平等。優越和高貴只能來自於虔誠，而非親子血緣。然而，這裡卻是同一個小部落的兩名成員在爭辯誰的直系家族更高人一等。這跟古萊什祖先哈希姆和烏瑪亞的爭論是一樣的，回到前伊斯蘭的「蒙昧時代」，這個連綿數世紀的爭議也曾助長了表親之間的煽動詩歌和血仇。[4]這和奈波爾筆下那種涂爾幹式（Durkheimian）的「不變的內在世界」並無不同——奈波爾的案例是印度，雖然蒙兀兒和英國人、佛教和帝國主義來來去去，那裡的整體存在依然是相同的。[5]那裡也有許多內在世界裡的內在世界，最內層的那個世界可能很小，而且可以突然開啟誰是貴族誰是平民這類問題。

穆罕默德預見了他的革命後續。「在我之後，」據說他曾這樣表示，「會有一位哈里發在位三十年，然後會有一個國王或很多國王。」[6]這類據稱的說法，當然有可能是受到後世作家反烏瑪亞情緒的影響。（歷史書寫要到阿拔斯王朝時才起飛，他們對自己的烏瑪亞表親和前輩極盡嘲弄與妖魔化之能事。）但無法否認的是，穆阿維亞接收了穆罕默德創造的ʿasabīyah，重新將它集中到自己身上，不是做為包容、平等的神權共同體的領袖，而是做為一個老派的阿拉伯國王。烏瑪亞誠然是伊斯蘭的第一個王朝，但同樣可被視為前伊斯蘭阿拉伯的最後一個王朝。這種省略可從一則關於穆阿維亞母親幸德的傳說中看出，也就是那個啃肝的凶暴老女人：她的第一任丈夫指控她通姦，一位kāhin宣稱她無罪，那位kāhin接著預測她會生出一位國王。[7]事實證明這則報喜是真的；它只是沒提到這個王位的處境，以及伊斯蘭的介入。

穆阿維亞國王從前伊斯蘭伽珊王朝中止的地方接續起來。（在這同時，最後一任伽珊國王賈巴拉，我們先前看過他擁抱伊斯蘭然後又放棄伊斯蘭，這時則躲進拜占庭：他繁衍出一個將出現皇帝尼基弗魯斯一世〔Nicephorus I〕的世系。[8]）穆阿維亞在敘利亞的臣民，也和伽珊王朝在拜占庭宗主國下所統治的人民相同，大多是說亞蘭語的，大多是基督徒；更往東走，有的同樣是未伊斯蘭化和未阿拉伯化的民眾。穆阿維亞和他的繼承者踮踩著穆罕默德的意識形態線，這是當然：畢竟是這個意識形態為帝國的整體大業賦予權力，同時給了烏瑪亞王朝身為領導人的合法性。但這條意識形態線極富彈性，而且許多烏瑪亞王朝的統治者都很享受非伊斯蘭的歡樂，像是「葡萄的女兒」——例如，據說瓦立德．本．雅季德（al-Walīd bn Yazīd）在某個場合聽了一首歌後，酒精與情緒同時發作，堅持要親吻那名歌手身體的每個部位，包括他的陰莖。[9]不過，當瓦立德對著一本《古蘭經》射出箭矢，並罵穆罕默德是個騙子時，他終於跨過那條禮儀之線。[10]他被稱為烏瑪亞氏族的khalī並非毫無道理，一個已經很黑暗的王朝的黑羊。

當我們在評判烏瑪亞王朝時，總是要把他們後來被妖魔化的因素考慮進去。但毫無疑問的是，總的來說，他們統治的世俗面確實壓過了屬靈面。宗教在他們的統治裡有其位置，但是一種義務而非樂趣。例如，在哈里發的雜務裡，有一項是在星期五的聚禱中講道，阿布杜．馬立克——前面沉思穆薩卜斷頭那位——曾抱怨每週一次向民眾「暴露他的才智」害他太早白頭[11]，而你會覺得他是在實話實說。（如果說宗教曾經在哪個領域確實變成一種樂趣——甚至一種熱情——那肯定是〔如同我們將會看到的〕在興建烏瑪亞伊斯蘭合法性的紀念碑時。）

和他的繼承者們比起來，穆阿維亞對他扮演的公共角色更感開心；但那是傳統阿拉伯領袖而非屬靈國家領袖的角色。瞧不起烏瑪亞王朝的史學家無法否認，該王朝的第一位哈里發確實是個有能力且勤政的統治者。他睡得很少，不斷聽取阿拉伯古代歷史上具有啟發性的故事；甚至會在吃飯時聆聽臣民抱怨；而且他有一種只能在最成功領袖身上發現的特質——hilm[12]，那是一種由忍耐、正義、智慧、沉著和節制調成的雞尾酒，有點類似羅馬人的gravitas（莊嚴莊重）。穆阿維亞的統治不僅擺脫了前伊斯蘭的阿拉伯過往，對一位來自美索不達米亞的基督教僧侶而言，他還帶回人們對拜占庭美好統治的往日記憶：

> 正義在他的時代得以彰顯，而且有偉大的和平……和平遍及全世界，這是我們無論從父輩或祖父輩那裡都不曾聽聞的。[13]

如同派翠西雅．克隆（Patricia Crone）指出的，人們對烏瑪亞王朝最主要的記憶點，是他們「不敬地偏離既定傳統」[14]，亦即伊斯蘭的傳統。然而這個「既定傳統」在穆阿維亞掌權時出現還不到三十年；當時它還在摸索自己的方向。至於阿拉伯王權的傳統，他和他的家族都不曾偏離，這傳統已有三百多年的歷史，可回溯到希拉的拉赫姆王朝開始之際。他同時也是一個壽命更久的連續體的一部分。穆阿維亞或許是第一個穆斯林王朝和第五位哈里發或穆罕默德繼承者；但他也是anf al-ʿarab「阿拉伯人的鼻子」[15]——他們最傑出的人物、他們的領袖——在他統治下的阿拉伯歷史淵遠流長，跟隨他就和跟隨自己的鼻子一樣自然。

以無花果和橄欖發誓

和伽珊王朝一樣，烏瑪亞王朝也是腳踏兩條船，在badw和ḥaḍar這兩個世界各踩了一隻腳。伽珊王朝位於戈蘭高地的帳篷首都查比葉，也變成烏瑪亞的權力基地之一[16]；同一群住在敘利亞的阿拉伯游牧部落，在伊斯蘭之前是為伽珊打仗[17]，在耶爾穆克會戰是對抗穆斯林，現在則替烏瑪亞王朝提供軍事骨幹。烏瑪亞的休閒娛樂包含貝都因人對賽馬和追逐的喜好。在他們興建的紀念物裡，有一些滿足感官的「獵舍」（hunting-box），有配備浴場和壁畫（偶爾還有裸女）的小型歡樂宮，彷彿有一位實現願望的精靈在敘利亞大草原上四處投放這些場所。而這些，伽珊人先前也示範過了。[18]但是，從阿姆拉城堡（Qusayr' Amrah）這類烏瑪亞沙漠宮殿，可看出當時的眼界已寬廣許多。該城堡是八世紀前半葉由阿布杜·馬立克的兒子和繼承人瓦立德興建，壁畫上同時有阿拉伯文和希臘文的標記；上面不僅展示了代表「歷史」、「詩歌」、「哲學」和「勝利」的寓言人物，還有拜占庭和阿比西尼亞的皇帝、早已不復存在的波斯沙王，以及新近在西班牙被擊敗的西哥德國王羅德里克（Roderick）。[19]浴場熱浴池上方圓頂的展示甚至更無邊際，因為它描繪了天堂穹宇。阿姆拉城堡是一座人造綠洲，可以一邊打獵一邊宴飲和入浴。但它也扮演某種暗箱的角色，因為它將阿拉伯帝國在漫長擴張過程中的全景投射出來，顯示出阿拉伯人如今是天堂下方、古往今來的國王與文化國際俱樂部的一員。

然而，烏瑪亞王朝的重量卻是擺在另一隻都市腳上——擺在大馬士革；這個古老的大都會坐落在遼闊的姑塔（al-Ghūṭah）綠洲之上。據說，穆罕默德曾在某趟貿易旅程中抵達這座城市的外圍，但因不想涉足它的奢華生活而退縮。[20]現在，它的khalīfah，他的繼承者們，卻衝進先知當初害怕踩入之地。和穆罕默德的麥地那相比，大馬士革可說是安樂鄉（Cockaigne）或拉斯維加斯，一座人間諧擬的天堂。努曼·本·賈巴拉（an-Nu'mān bn Jabalah）是在錫芬會戰中幫穆阿維亞對抗阿里的指揮官之一，他自我解嘲地引用《古蘭經》的典故：「以無花果和橄欖發誓……」《古蘭經》在麥加早期的一個篇章裡如此發誓：

我確已把人類造化成做好的形態，
然後我把他貶降為最低中的最低；
除了那些歸信和行善之人。
他們將獲得無盡的報酬。[21]

努曼意識到自己站在這兩個對手的世俗那方，可能會失去天堂的無盡報酬，於是對穆阿維亞說：「我們會為姑塔的無花果和橄欖而戰，因為我們失去了天堂的果實和河流。」[22]另一位垂涎烏瑪亞王朝所提供的世俗誘惑之人，是阿姆爾·本·阿斯，亦即征服了埃及乳牛但隨即被解除總督職務那位。

「我絕對不會為了你放棄我的天堂報酬，」他對穆阿維亞說，穆阿維亞正在跟他討價還價尋求支持，「除非我能拿到一份你的世俗財富。」

穆阿維亞請他講得具體一點。阿姆爾回答：「用埃及當你的誘餌。」[23]

他的總督身分得到恢復。

帝國總督知道，他們必須讓錢財不斷流向大馬士革。穆阿維亞的伊拉克總督濟雅德（Ziyād）告訴那位哈里發：「我已經替你制伏了伊拉克，替你收了土地稅和海洋稅，還把核心的物質和寶藏都拿給你了。」[24]必須用那些寶藏來換取宮廷的生活風格，那種風格和穆罕默德與他的前幾位繼承者所領導的簡約生活大相逕庭。一位前伊斯蘭詩歌的專家哈馬德．拉威雅（Hammād ar-Rāwiyah）回想起被希沙姆哈里發從伊拉克召回大馬士革的過程：

我在一座鋪了大理石的寬敞宮殿裡碰見他，每塊大理石板的邊緣都鑲了一條金子。希沙姆坐在紅色地毯上，身穿紅色絲袍，滴了麝香和龍涎香。我問候他，他也問候我，然後叫我靠近一點。我走上前，親吻了他的腳，他有兩位奴隸女孩，模樣是我從沒見過的，每隻耳朵各戴了兩只耳環，每只耳環上有一顆珍珠閃爍……哈里發說：「你知道我為何請你過來嗎？」「不知道。」他說：「我請你過來是因為我突然想到一句詩，但我不知道寫的詩人是誰。」我說：「哪一句呢？」他背誦如下：

「有天他們說要早晨啤酒，隨即來了
一名哼著歌的女奴右手拿著水罐。」[25]

雖然哈里發的一時興起害哈馬德兩個禮拜風塵僕僕，但幸運的是，他不僅知道那位詩人的名字，還知道接下來的詩句。（就算他不知道，博學的哈馬德也會當場編出來。）

遵照古代阿拉伯的皇家傳統，烏瑪亞王朝也是當代詩人的贊助者；有些還變成實質上的桂冠詩人，例如嚴重酗酒的貝都因基督徒阿克塔（al-Akhṭal），他是阿布杜．馬立克的宮廷詩人。[26]充滿活力的傳統詩歌蓬勃發展；但烏瑪亞時代也是一個轉變的過渡期。轉變的代表人物之一，是長期為愛所苦的賈米爾（Jamīl）。他可以譜出一首詩歌，前半段描述「一位aʿrābī穿著破爛纏腰布，住在遙遠偏鄉」——

快點，你這沉睡的駱駝騎士，起身了！

——接著後半段是，

我能否問你：男子漢可不可能被殺——被愛所殺？

如同「傻呼呼的娘娘腔」。[27]並非所有詩人都能這樣毫不費力從軍營（campsite）滑坡「娘炮」（camp）；但阿拉伯的整體文化的確開始從嚴酷的bādiyah遷徙到軟調的都市場景。

除了詩歌這個主要的阿拉伯文化遺產之外，烏瑪亞王朝也透過收養而成為其他傳統的繼承人。其中最傑出的，是我們先前提過的，由哈里發在他們的沙漠宮殿裡所接管的建築和象徵傳統。但這種藝術改編是在烏瑪亞王朝的宗教紀念物中達到最高峰，其中最偉大的就是大馬士革的烏瑪亞清真寺。那個基地——先前是大馬士革朱彼特神廟；更早之前，則是朱彼特的在地對應組：哈達德（Hadad）的神廟──新近變成了該城的主要教堂。隨著拜占庭戰敗，穆斯林和基督徒祈禱者共享那個聖所不下七十年的時間。不過，到了七〇八年，基督徒遷移到附近一座新教堂，瓦立德．本．阿布杜．馬立克哈里發展開為期七年的建造工程。它的高潮所在，是圍繞著清真寺巨大中庭的牆面馬賽克，總共雇用了數千名拜占庭的藝術家和工匠來打造。數以萬計的閃爍嵌片──由金、綠、紫和其他眾多顏色組成的像素──將牆面幻化成有著別墅鄉村、溪水草原的璀璨夢境。由於伊斯蘭對圖像的嚴格限制，至少在祈禱場所特別嚴格，因此裡頭沒有人像和動物，而是植滿了大量樹木。在模擬人間天堂的馬賽克無花果與橄欖中，馬立克創造了一個現世與來世的交會所。

清真寺落成幾年後，一個造訪大馬士革的拜占庭使節團對裡頭的世俗面向感到印象深刻。據說在七一七年，虔誠苦修的新哈里發烏瑪爾．本．阿布杜．阿濟茲（我們先前在南亞與北非人改信伊斯蘭的討論中看過他[28]）在他的登基典禮上已決定要移除那些馬賽克，並將上面的大量黃金用於慈善工作。這些拜占庭使者及時趕上，並在導覽下參觀了清真寺四周。他們的反應讓烏瑪爾改變心意：「他們的領袖看了之後臉色發白。『我們拜占庭人原本覺得你們阿拉伯人撐不了多久。但現在我改觀了。』」[29]新來者已經被大多數人所接受。此外，帶有拜占庭風格但反偶像崇拜的伊斯蘭，可能也對鄰居的品味產生了反饋作用。我們並不清楚，拜占庭的搗毀偶像（iconoclasm）時期跟伊斯蘭不愛描繪活物的習慣是否直接相關，但在八世紀中葉，搗毀偶像派的皇帝君士坦丁五世確實將布拉赫奈（Blachernae）教堂裡有人像的馬賽克移除，改換成很可能是直接從大馬士革移植來的樹木和景色。[30]

大馬士革的馬賽克金碧輝煌，同時也顯現出烏瑪亞與伊斯蘭關係的徵狀：它受到公開且過度的讚揚，因為伊斯蘭使王朝據有其所在的高度；但說到底，那些輝煌終究是膚淺的，是閃亮亮的一層虛飾。

一位晚近評論者說得更精準，他說烏瑪亞王朝的成分是由「伊斯蘭表層和前伊斯蘭本體」構成，「而且全都添了一抹拜占庭帝國金光」。[31]如果說烏瑪爾·本·阿布杜·阿濟茲這位例外的聖者看穿了信仰的真實價值，知道是黃金讓那個華而不實的表面閃閃發亮，那麼他也必定了解，對多數人民而言，表面才重要。

烏瑪爾的聖潔哈里發王國並未堅持下去。他派了一支回訪使節團到君士坦丁堡，他虔誠的名聲在那裡廣為人知。當阿拉伯的使節們還在拜占庭首都時，消息傳到皇帝耳中，說哈里發死了。阿拉伯的大使們還沒得到消息；皇帝傳喚他們也接見他們——「他從寶座上走下來，取下皇冠」——然後把消息告知他們。聽到消息時，使節們都哭了。「別為烏瑪爾哭泣，」皇帝說：

> 為你們自己和接下來降臨的命運哭泣。因為他去了一個比他留下的位置更好的地方……讓我驚訝的是：當世界明明可以踩在他腳下時，他卻依然遠離它，還變得宛如僧侶。好人只能在惡人當中短暫停留。[32]

烏瑪爾修士般的哈里發任期只維持了兩年多一點，幾乎沒有改變烏瑪亞統治的世俗趨勢。雖然這篇贊辭是不是真的逐字報導還有疑問，但它顯示了，在烏瑪爾的短暫任期內，這兩個帝國鄰居似乎真的存在一種特別的相互尊重。也有其他敘述捕捉到烏瑪爾宛如僧侶的舉止。有位在現場觀察烏瑪爾執行某次週五講道的人，留意到他的衣著質地，哈里發身上的長袍、頭巾、襯衫、襯褲、肩布、軟靴、軟帽全部加總，估計不超過十二迪爾罕姆的低廉價格。[33]這跟希沙姆的紅絲綢形成莫大反差；還有哈里發蘇萊曼．本．阿布杜．馬立克（Sulaymān bn ʿAbd al-Malik），他曾花了一個早上的時間考慮要戴哪一條頭巾去講道，甚至給他的廚子穿上色彩鮮豔的制服。約莫兩個世紀後，阿拔斯王朝的哈倫．拉須德（Hārūn ar-Rashīd）哈里發收藏了一整組烏瑪亞哈里發的袍子：屬於蘇萊曼的那幾件，袖口還可看到油漬痕跡，因為他喜歡把手伸進烤公羊的肚子裡把腰子挖出來吃。[34]

照例，我們必須提防事後的抹黑或汙名化。同樣危險的是，把聖潔的烏瑪爾視為白羊，用這個例外來證明烏瑪亞的其他哈里發都偏離伊斯蘭傳統。再說一次：那個傳統當時尚未成形。《古蘭經》是以正典文本的地位存在；但以它為基礎的一整套神學、法律和道德方面的上層結構，當時尚未建立。伊斯蘭的基本「支柱」——信仰、祈禱、朝聖、禁食和施捨——在宗教上受到捍衛；它既存的知識與傳說也在口語上得到精心保存，有時還書寫下來；但穆罕默德與其同伴的言行舉止，則是還沒經過任何整理，遑論綜合成一套倫理系統。偉大的伊斯蘭律法博士馬立克．本．阿納斯（Mālik bn Anas）是最早的統合者之一，他出生在烏瑪亞清真寺興建之際，一直到該王朝沒落之後才脫穎而出。和那些引人注意、有助於建立阿拉伯人國際上存在感的高調建築一樣，烏瑪亞王朝更關心的是可稱為倫理建築的東西——打造可契合其新角色和新環境的阿拉伯身分認同——而非推廣可能讓這種身分流失的倫理結構。

如同我們在前一章看到的，阿拉伯人如今已變成一大塊文明世界的主人，範圍從葡萄牙到帕米爾，從亞丁到亞塞拜然；他們需要的不只是伊斯蘭意識形態這個新近的統一要素，甚至也不只是高級阿拉伯語這個古老許多的統一因素。它還需要穩固且古老的建國神話，讓他們可以在更悠久的文明中證明自己的主張。來自前伊斯蘭遙遠過往的種種故事，在這個時代得到全面講述：穆阿維亞聆聽的敘述不僅限於ayyām al-ʿarab——古老的貝都因「會戰日」，還包括來自古老的定居南方的口述歷史學家，例如烏拜德・本・夏萊亞（ʿUbayd bn Shariyah）。烏拜德敘述了馬里布的大壩崩裂，以及隨後的遷徙將南方人強拉進更廣大的阿拉伯——現在的阿拉伯——歷史裡。做為這個協同過程的一部分，在他詳細闡述的神話裡，南阿拉伯半島的征服範圍遠超過當初的真實界線（阿拉伯半島東部和中部），而是擴展到撒馬爾罕與中國邊界。於是，這個想像的古代帝國反映了真實的亞歷山大帝國，同時預先映照出後來的伊斯蘭帝國。聽著烏拜德精雕細琢地講述希木葉爾人如何抵達喀布爾和更遠的他方，穆阿維亞說：「安拉讓我們成為所有帝國的繼承人。現在，它是我們的。」[35]

易斯馬儀的傳說

阿拉伯人不僅變成其他民族的帝國繼承人，也變成其他民族的祖先繼承人。其中之一注定——如果可以事後注定的話——要來團結阿拉伯人，讓他們變成一支「種族」（race）。我們講過，ʿarab 最早的意思很可能是「一支混合的民族」。[36]這似乎相當能反映現實；就遺傳學而言，阿拉伯人並非從單一根莖長出的家族樹，而是它的水中倒影；或該說是河水本身，是由多條支流匯聚而成。在烏瑪亞王朝統治下，開始尋找這條河流的最源頭。他們在易斯馬儀身上找到了，也就是那位漫遊的流亡者。

帝國新時代的羅馬人也曾需要一個起源、一個國父。他們找到埃涅阿斯（Aeneas）這個來自特洛伊的移民，這位流亡者和另一個更古老的文化既有關聯又有區隔，他在一塊異國之地開展了一支新世系和一種新團結[37]。同樣的，阿拉伯人也需要遷徙的故事，需要開國元老、同化和統一的故事，以便合理化他們自身的歷史多樣性。就跟奧古斯都宣稱他是埃涅阿斯的後裔一樣[38]，穆罕默德的根源也被追溯到易斯馬儀。

在烏瑪亞統治時期，這則傳說的所有元素終於湊齊。它告訴我們，北方的阿拉伯人是源自於易斯馬儀／以實瑪利，他是易卜拉辛／亞伯拉罕和他的奴妾夏甲生的兒子；根據傳統說法，夏甲本身來自於西奈一個叫做烏姆阿拉伯（Umm al-ʿarab）「阿拉伯人之母」[39]的村莊。我們已經看過，在伊斯蘭的傳說裡，夏甲和易斯馬儀如何流亡到麥加，他們差點渴死在那裡，最後被神奇的滲滲泉拯救。我們也看過，原本不是講阿拉伯語的易斯馬儀，如何從居住在麥加的南阿拉伯人那裡學會這種語言，以及他如何透過婚配進入南方人的共同體。[40]到目前為止，這個故事的靈感都是來自《古蘭經》裡那個模糊的易斯馬儀形象，為麥加聖地裡的幾個景點回推出一個出處。然而，到了烏瑪亞時代，這則敘述不但發展完全，還額外替阿拉伯人本身和他們的重要先知提供了一個出處；我們已經看到，那位先知並不鼓勵人們臆測他的遠祖[41]。到了這時——約莫是在烏瑪爾．本．阿布杜．阿濟茲短暫的哈里發任期當中或前後的某個時段——完整的系譜已經鋪排好了[42]，直接把穆罕默德和北方部落比較晚近的祖先阿德納，以及《聖經》／《古蘭經》的易斯馬儀連結起來。

這張系譜從易斯馬儀到阿德納的部分至少有三個不同版本，很難讓人對其產生信心。[43]然而易斯馬儀的傳說之所以起作用，原因很多：它將穆罕默德嫁接到一神論的家族樹上；它將南阿拉伯人嫁接到這株語言樹上（從而避開了他們其實不說阿拉伯語這個問題）；它回溯了幾千來年南北阿拉伯各民族之間的聯盟；它用易斯馬儀為定居的漫遊者提供一個範式（在貝都因人開始變身為殖民者的時代相當有用）；最重要的是，它同化的不僅是民族，還包括所有的過去——猶太教和一神教——統統都成了阿拉伯的。倘若阿拉伯人想在瓦立德沙漠宮殿所描繪那個更廣大的國王和文化社群裡主張自己的地位，那麼易斯馬儀就是一個可認養的完美祖先人物。

其他祖先則是無中生有變出來的。它給了南阿拉伯人一個幽靈祖宗，名叫亞魯布（Yaʿru），意思是「他說阿拉伯語」。它的原始母語據說就跟易斯馬儀一樣，是「敘利亞語」，但被一陣從巴別塔吹來的強風神奇地改變成天堂的語言[44]：真實世界的南阿拉伯整個語族，就這樣被吹得無影無蹤。此外，亞魯布被指定為《古蘭經》人物胡德（Hud）的孫子，胡德是古阿拉伯的一位先知，真主派他去警告不敬的艾德部落，說他們即將滅絕；南方人也得到他們自己那份遺傳而來的先知榮耀。[45]最後，為了把這個鈕帶綁得更齊整，易斯馬儀和亞魯布這兩個支系都往回接到諾亞的兒子：閃。

以上這些很難說是歷史；而是得到啟示和虛構的自傳。但它已變成深層的阿拉伯集體記憶的一部分。如今，在一般阿拉伯人的意識裡，易斯馬儀只是《古蘭經》裡一位小先知；亞魯布——如果有人記得的話——也只被視為早期系譜學家的可疑杜撰產物。但是在這中間，它們體現了打造並凝聚一個擴張的阿拉伯世界的那些力量。因此，儘管它們是傳說甚至於幻想，對阿拉伯統一這則故事而言，其重要性就跟穆罕默德或晚近的埃及總統納瑟（Nasser）等歷史人物一樣堅實。一位晚近的評論家在強調易斯馬儀傳說的重要性時指出，它為阿拉伯人創造了「統一的『族裔』認同，這在先前並不存在」。[46]說得更精確一點，它為早在西元前第一個千年就開始成形的族裔認同，提供了所謂的生物學基礎。這就像是由來已久的外來者同化到某個以世系為基礎的部落，只是規模非常龐大；也像是，比方說，先前某個波斯血緣的前奴隸可以同化到某個阿拉伯部落，先是採用該部落的語言和習俗，然後採用他們的祖先名字。同理，其他的非阿拉伯民族也可以照辦——定居的希木葉爾人、示巴人和南部其他民族，都是這種情形。早在伊斯蘭出現的好幾百年前，這種透過語言和文化變成阿拉伯人的過程就已開始；而現在，他們得到了終極許可證，可以在部落版的德倍禮（Debrett’s）或柏克（Burke’s）貴族年鑑中享有一席之地。

但是在這過程中，這些民族的歷史語言和多樣性卻遭到否定；他們被「部落化」，硬塞進一套系統，而在這套系統裡，政治統一不僅源自共同的神明，還源自於共同的人類祖先。在某種意義上，這是qabīlah戰勝sha'b——「部落戰勝民族」。

這等於也否認了穆罕默德革命的基本理念——多元統一，或至少是二元統一：

人類啊，我確由一男一女造化了你們，並使你們成為民族和部落，以便你們能互相認識……[47]

為控制世俗的阿拉伯帝國所需要的阿拉伯國族統一，違背了穆罕默德所期盼的超部落、超國族的伊斯蘭統一。但無論是哪一種，統一都注定失敗。家族樹的分枝必然會逐漸散開，以競奪光線。同理，條條大路都可能通向麥加，通向獨一的安拉，但當朝聖結束，朝聖者就會踏上各自的殊途，人間的現實逆轉了天堂的理想。

不過至少，在烏瑪亞時代後期，所有的阿拉伯半島人都自動變成阿拉伯人。他們必須如此：雖然在伊斯蘭之下各種族照理是平等的，但在現實中，阿拉伯人就是這個膨脹帝國的主人種族（master-race），而如果少了南方人，就沒有足夠的主人可走訪各方；如同我們提過的，第一任哈里發烏瑪爾曾痛苦地意識到這種短缺。[48]有位詩人這樣談論南方人：

若不是有亞魯布的刀劍和長矛，

耳朵將永遠聽不到人們呼喊：安拉至大！[49]

他或許沒有太過誇大。亞魯布的子孫——那些南阿拉伯人是至關緊要的增援力量，少了他們，整個帝國大業將會失敗。

快衝之筆

藉由傳說故事的精心闡述，阿拉伯半島人在烏瑪亞王朝統治下阿拉伯化和阿拉伯語化。但還有其他事情也同樣具有影響深遠的後果。

烏瑪亞王朝從前伊斯蘭時代伽珊王朝中斷的地方接續起來。但這裡有個主要差異：烏瑪亞王朝和伽珊王朝或附屬於舊波斯的拉赫姆王朝不同，他們並非附庸國王——他們大權在握。一開始，他們從拜占庭和波斯的系統裡採用帝國治理的具體方法。他們的行政以希臘文進行，在前薩珊王朝的地區採用古波斯的語言：巴列維語（Pahlavi）；通貨則沿用拜占庭和波斯錢幣。不過，他們並不滿足，並不想永遠在前任的官僚廢墟上野營。他們有願景、有使命——就算不是伊斯蘭化的使命，也是阿拉伯語化的使命。

西元七〇〇年[50]，阿布杜．馬立克哈里發——雖然有庫法那些斬首詛咒，但他的頭還是穩穩立在肩膀上，自信沉著地經營帝國——做了一個影響深遠的決定：他鑄造了鐫有阿拉伯文說明的新錢幣，而且更重要的是，他下令帝國的行政不得使用在地語言，而要改用阿拉伯語。自此之後，在橫跨兩大洲的一大塊地區，如果想飛黃騰達，你就得開始用功，學習那個無比困難卻有無限回報的語言。

有個乍聽可疑但很難杜撰的故事，它是這樣解釋為何要改換行政語言：

原因是，有個拜占庭書記需要寫東西時，卻發現沒有水（可稀釋墨汁），於是他就在墨水罐裡尿了尿。阿布杜．馬立克聽說之後，除了懲罰那名書記，還下令……把記錄改用（阿拉伯文）。[51]

究竟阿拉伯文的寫手是不是比希臘文的寫手更不可能在墨水罐裡尿尿，這是個爭論不休的問題；此外，要尿在墨水罐裡想必也很困難。但我們不該因為這故事不合邏輯或太過瑣碎而忽視它：渾沌理論也可運用在歷史學上，就跟其他學科一樣。（也許波赫士是對的，他說：「無論多末微，沒有任何事件不包含在世界史以及它的無限因果連鎖裡。」[52]）沒有疑問的是，阿布杜．馬立克這項飭令所造成的反響。伊本．赫勒敦寫道——其中有一定程度的真實性，雖然他把一段更為長久的歷程簡略、壓縮和概略化——就在這個時候，「人民從低水準的沙漠生活轉向輝煌的案頭文化，從文盲的單純轉向識字的複雜。」[53]如同一位晚近論者所說的，哈里發的飭令「使一個屬於詩歌、演說和諺語的語言既受到約束也更形豐富，並將它改造成文明與科學的語言」[54]。

然而，並不是所有人都得到好處。當阿布杜．馬立克告訴他的書記長瑟吉爾斯（Sergius）這項決定時，

他感到困擾，沮喪地離開哈里發的處所。有些拜占庭的書記找到他，於是他跟他們說：「去找一些其他的謀生方式，因為上帝已經把你們從這個行業除名了。」[55]

其他人調適得比較好，並能融入這個新系統：當時在北肥沃月彎——那裡是語言和文化的交會處——已經有些人具有多語言和多文化的背景，例如年輕的哈珊·塔努基（Ḥassān at-Tanūkhī），他是一位阿拉伯基督徒，能流利說、寫波斯文、敘利亞文和阿拉伯文，可以書記和翻譯的身分為政府服務。[56]你就是得改變，不然就遭淘汰。

改變來得很快。比較古老、比較有稜角的阿拉伯文書寫體，也就是後世所謂的「庫法體」，原本比較類似它的納巴泰雙親。[57]如今，因為突然需要寫得更多、更快，於是誕生出一種比較圓角的草書體[58]，本質上和今日大多數的手寫和印刷體是同一種。「它可以迅速書寫，這是其他書體做不到的。」[59]哲學家金狄（al-Kindī）如此描述這種嶄新又快衝的風格。為了讓閱讀更輕鬆快速，變音符號也開始廣泛運用；這種符號是從敘利亞文字承繼過來，至遲在伊曆二十二年／西元六四三年的一份莎草紙文件上就出現在阿拉伯文裡了。[60]

我們將會看到，行政上的阿拉伯語化還造成了其他反響。因為有大量的人突然得學習這種非常棘手的複雜語言，連帶開啟了對於該語言的形式分析語法學、句法學和哲學。這些是阿拉伯最早的正規科學[61]，它們塑造了阿拉伯整體的「科學方法」——觀看和理解複雜系統的整體方式。這和古典科學方法的開端恰成對比，從古希臘前蘇格拉底時期的阿那克西曼德（Anaximander）以降，古典科學就是在觀察和推測「事物的本質」[62]，場景則是為歧異而打造的：這等於是從兩個不同的角度看待宇宙，一個是修辭的，建立在文字和文本的權威性上；另一個是實證的，建立在英國皇家協會的座右銘「不隨他人之言」（*Nullius In Verba*）上。

至於鑄幣這點，阿布杜·馬立克發行了一種新的阿拉伯文古風貨幣，上面鑄有虔誠的短句，以此取代拜占庭先前使用的硬幣。伊本．赫勒敦說，他的決定「是因為單獨存在的動人語詞比圖像更令阿拉伯人愉悅」[63]——彷彿對阿拉伯人而言，語詞與圖像的相對價值剛好跟俗諺的說法相反。令人愉悅的圖像當然也覆滿了烏瑪亞宮殿和清真寺的牆面；但一直有人認為，六九五年由拜占庭所發行、上面鑄有耶穌面容的金幣，顯然和伊斯蘭禁止描繪先知容貌的教條相牴觸。不過，巴拉祖里解釋說，新發行的錢幣有另一個可疑但並非完全不可置信的故事。在阿拉伯入侵之前，從埃及出口到君士坦丁堡做為書寫材料的莎草紙捲，在軸桿或說看得見的外部兩端，總是印了十字架和其他的基督教象徵與文字。埃及的阿拉伯新統治者把這些都改換成伊斯蘭的訊息，例如反三位一體的《古蘭經》文：

> 你說：「祂是安拉，是獨一的……」[64]

為了反制，拜占庭人威脅要把反穆罕默德的傳說鐫在他們提供給大馬士革的迪納爾上——於是阿布杜．馬立克決定鑄他自己的硬幣[65]。

神聖語，通用語

阿布杜．馬立克將官僚體系和鑄幣阿拉伯語化，對於創建一個和《古蘭經》一樣可長可久的阿拉伯文化而言，這相當重要：這是書寫革命的第二章。《古蘭經》是第一章：它是第一本書籍，而幾乎可以肯定的是，在八世紀初時，也是唯一的一本實體書。然而到了此刻，書寫——以唯一普遍通行的書面阿拉伯語為基礎，也就是《古蘭經》的高級阿拉伯語——將隨著繁縟的官僚文書不斷拉出而大量倍增。

（第三章是八世紀後期開始的紙張革命，昂貴的羊皮紙和莎草紙被源自中國、便宜許多的新書寫材料取而代之。）少了阿布杜．馬立克那紙飭令，《古蘭經》依然會是受人尊敬的神聖文本，但將會逐漸和當初它協助建立的那個共同體的主流生活脫節。這個語言的高級《古蘭經》和詩歌版本將會和拉丁文一樣，承受漫長且必然的式微——最後就算沒變成真正的死去語言，頂多也就是美麗的殭屍，和梵文一樣，專屬於某個祭司階級。的確，少了這突然且強力的阿拉伯語化，今天的阿拉伯世界——其實是阿拉伯語的世界，一個用語文界定的世界——恐怕永遠不會出現。堅持以帝國主人的語言來管理行政的帝國，可以擁有很長的壽命，例如中國，或是可以擁有健康的來世，例如大英帝國；而那些用臣子的語言管理行政的帝國，往往容易動搖溶解，例如蒙古帝國。

阿拉伯世界——阿拉伯語世界——的長壽相當驚人。沒有其他類似的離散群體——西徐亞人（Scythians）、土耳其人（Turks）、蒙古人——擁有這麼強力且長效的社會語言「黏膠」。希臘世界的希臘文以及羅馬（和羅馬天主教）的拉丁文都在時間中消解了。大英帝國的標準英文也在消解當中。今日一位住在牙買加金斯頓（Kingston）的居民，無論在語言上或其他方面，大概都跟七世紀諾森伯里亞王國（Northumbria）的盎格魯撒克遜部落民沒什麼共通點；相對的，雖然時間和空間的距離差不多，但一位住在坦吉爾（Tangier）識字的摩洛哥格納瓦（Gnaoua）黑人，卻可以和一位七世紀的麥加人對話。語言的聯繫比遺傳更有力量；墨水比血液來得濃。這點我們得感謝伊斯蘭，它從沒有過五旬節（Pentecost）[66]這種以多個方言發布的神示。我們也得感謝amṣār，那些扮演語言學熱點的殖民新城鎮。或許我們也該感謝那位缺墨水的拜占庭無名書記，因尿急而被逮。

阿拉伯的神聖語言也變成通用語言，而且遍布於一個日益拓廣的區域。然而，各種曾經長壽、廣布的文化，也可能要你付出代價：如同我們稍後會仔細討論的，被征服者往往會挪用征服者的語言，滲透他們的陣線，最後反過來壓制他們。哈馬德・拉威雅（「滔滔背誦機」哈馬德）就是這樣一位早期的傑出滲透者，他出身於裏海南部的德萊木（Daylam），前面我們已經看過他替希沙姆哈里發辨識出某首前伊斯蘭詩歌的作者。碰到古代阿拉伯語詩歌和阿拉伯會戰日這類領域的問題，哈馬德就像一台人體搜尋引擎，據說他可以背誦兩千九百首前伊斯蘭的頌歌——字母表中的每個字母都有一百首[67]（意思是，押alif韻的有一百首，押bāʾ韻的有一百首，依此類推）。但究竟是否有這麼多貨真價實的古代詩歌保存下來，值得懷疑。不過更重要的是，當傳統的阿拉伯傳播者只保存自家部落的詩歌時，哈馬德和其他非阿拉伯人則是把所有部落的詩歌都一起保存了。反諷的是，在這麼做的同時，非阿拉伯人進一步發展出把阿拉伯人視為一個文化整體的想法。[68]就像在前伊斯蘭的那段成形期，非阿拉伯的帝國鄰居塑造了阿拉伯人自身的認同；此刻，「他者」也正在塑造「自我」。（但也許這並不反諷，因為可以說，正是由於他者的存在才讓我們——身為人且身為民族——意識到自己是誰。）

那些適應了新文化的人，正在定義他們加入的那個文化。但他們也開始為它增色。非阿拉伯人不僅扮演詩歌的傳播者，也開始當起詩人。甚至連來自信地的奴隸阿布・阿塔（Abū ʿAṭāʾ），也學會古老的魔法，變成受到烏瑪亞後期哈里發贊助的一位詩人。[69]在他冷不防的情況下，他的發音可能會把人嚇傻。但即便發音不準，阿拉伯語還是彌補了沒有阿拉伯世系的缺憾。一如黑奴詩人努賽伯・本・拉班（Nuṣayb bn Rabāḥ）所說的：

有人受拉拔是靠他們的世系；

我的詩行就是我的世系。[70]

當時，並不是只有南阿拉伯人正在透過阿拉伯語進行涵化。al-futūḥāt ——「開拓」或征服——的方向正在逆轉；阿拉伯人的文化帝國正被外來者占據。而如同我們將會看到的，阿拉伯人從未真正緊密團結這點，對他們也沒幫助：儘管統一了伊斯蘭的修辭，並努力把分歧多樣的阿拉伯半島人合成阿拉伯人，但古老的分裂傾向又會回來作祟。

「南北」嫌隙

對照組向來是描繪事情的一種方便手段，「北阿拉伯人」和「南阿拉伯人」這組到目前為止都很好用。不過，碰到比較複雜的事情，這種方法就會失於簡略。就系譜學的角度而言，這樣的對照幾乎毫無根據。如同我們前面看過的，當時已經發展出一個兩大世系群的理論——一個是易斯馬儀的後裔（經常稱為「阿德納人」或「尼撒爾人」，以家族樹上的大人物命名，將真實的部落人格化），另一支是亞魯布的後裔（通常稱為「卡坦人」〔Qahtanis〕，理由同上）。但這其實是把牽連廣遠許多的現實給合理化，而且到了伊斯蘭的時代，企圖將阿拉伯人歸類成「北方的」阿德納人或「南方的」卡坦人，就跟試圖將二十一世紀的英國人口區分成塞爾特人或盎格魯撒克遜人一樣徒勞無功。裡頭當然有語言上的分裂，但隨著阿拉伯語緩慢而穩定地贏過南阿拉伯的各種語言，這種分裂也跟著消失了。以純地理的角度來說，這種南北嫌隙並沒什麼根據：在阿拉伯次大陸的北部，有像伽珊人這樣的南阿拉伯群體，而北阿拉伯人也早就滲透到南部並在該地定居。無論如何，他們似乎都是源自於北部肥沃月彎，時間大概是在有紀錄的阿拉伯史之前不久——也就是西元前第二個千年的尾聲。

南北嫌隙最具現實性的地方，是地形和氣候從一開始對社會的影響，結果就是形成badw和ḥaḍar，qabā'il「部落」和shuʿūb「民族」的二元對立[71]。這種社會學上的嫌隙在伊斯蘭時代重新浮上檯面。「你們葉門人是什麼？」在八世紀巴格達的一場爭執裡，一名北方人問南方人。

> 我來告訴你。你們什麼也不是，就是些鞣皮革的、織條紋襯衫的、訓練猴子的和騎駑馬的。你們被一隻老鼠淹了，被一個女人統治，然後根本沒人聽過什麼葉門，直到一隻戴勝鳥告訴他們。[72]

這裡的老鼠應該就是咬破馬里布大壩那隻。女人是示巴女王，在《古蘭經》的敘述裡，所羅門王因為一隻會講話的戴勝鳥而注意到她。猴子是南方高地常見的狒狒；「駑馬」是粗劣的馬，比較適合山中行旅，比不上阿拉伯草原的純種馬。至於鞣革和編織這兩個南方著名的奢侈產業，一直是披裹生皮毛呢的劫掠者愛嘲笑的對象，但卻是由消費者和出口商所組成的定居社會標誌。至於南方人這邊，他們則是把北部的部落阿拉伯人視為鬼吼鬼叫的gimāl——「希木葉爾人」對jimāl的唸法（在我住的南部至今依然如此）——「駱駝」，他們總是不停想要差使駱駝：「我們受不了這些大嘴駱駝：他們認為自己頭頭是道，我們卻是要說到做到。」[73]「貿易」看不起「劫掠」，反之亦然。

古老的ḥaḍar-badw對話似乎沒有超越互相侮辱的程度。最晚近也最驚人的是，穆罕默德曾把南北兩方拉在一起：在神學上，他證明古萊什的安拉和南方人的至仁之神拉何曼都是同一個神[74]；在政治和社會上，他透過讓古萊什移民與源自南方安薩爾的麥地那在地居民「義結金蘭」來團結這兩個族群。但穆罕默德死後，安薩爾人就被排除在新共同體的所有領導權之外。這種排他性令人憤恨難消。[75]往日嫌隙在最初的征服過程中得到強化，因為敘利亞和伊拉克的要塞城市全都是根據前伊斯蘭時代的部落世系分割出去。如今，在烏瑪亞王朝統治下，所有的阿拉伯半島人都是阿拉伯人——badw和ḥaḍar，南方人和北方人；但還是有些人比其他人更阿拉伯，比方高傲勢利的北方詩人法拉茲達克（al-Farazdaq）就瞧不起來自半島南部的哈德拉米人，說他們只不過是古萊什的附庸[76]，是二等部落民，一如穆拉維亞所說的，是不幸的「撿柴的」。面對這種北方的ʿaṣabīyah，南方人也維持了他們自身的古老團結和社會結構：例如，祖．卡拉的氏族出身於前伊斯蘭時代晚期的qwls「軍頭」，在烏瑪亞統治的敘利亞扮演南方的統一核心。[77]不過北方部落的社會模式在當時享有優勢，來自舊南方的倖存者很快就消失了。

如果說伊斯蘭時代的南北嫌隙開啟了古老的——有時是傳說中的——斷層線，那麼這些斷層線裡的運動則是由當下的力量所造成。這跟二十一世紀此刻的情況差別不大，比方蘇格蘭的邊界依然恰巧大致沿著哈德良長城（Hadrian's Wall）走，但蘇格蘭國族主義卻是跟石油收入、稅收和歐盟有關，而不是某人的祖先是不是皮克特人（Picts）、塞爾特人、羅馬人、英格蘭人（Sassenachs）、說蓋爾語的、詹姆斯黨的（Jacobites）或其他等等。南北嫌隙是一種超氏族的爭議，而這種一分為二的古老趨勢最重要的新範例，就是哈希姆和烏瑪亞的對抗。如同我們將看到的，它加劇了烏瑪亞時代的權力鬥爭，又反過來因鬥爭加劇了嫌隙。它還點燃了戰火，在相隔遙遠的地點和時間引爆——即刻發生的是呼羅珊，接著有九世紀的印度[78]，十八世紀的黎巴嫩[79]，以及二十世紀的阿曼。[80]

不過，當時還有其他更即時、更致命的斷層線。

心與劍

有道裂縫一開始只對阿里家族和追隨者——ash-shīʿah「阿里黨派」——當中的某些人是致命的。（然而，七十年過去之後，這道裂縫將會擴大並吞噬掉烏瑪亞王朝；一千兩百七十年後的今年，它依然在侵蝕阿拉伯和伊斯蘭的團結，致命性不下於以往。）

在那場搪塞含混的仲裁終結了穆阿維亞與阿里的戰爭之後，穆阿維亞取得了關鍵多數的支持，讓他得以自稱為實質上而非只是理論上的哈里發。這群人持續成長，並因大多數人日益沉默而趾高氣昂——這些零本身並沒任何意義，但卻可讓前頭那個「一」變成一百萬。相對的，阿里那個敵對的哈里發國卻逐漸縮小，到了西元六六〇年，它只局限在比庫法區大不了多少的一塊疆界裡。隔年，他被一名揮舞著毒劍的哈里吉（Khārijī，又稱哈瓦立吉派〔al-Khawārij〕）刺殺：受到藐視的同志將比受到輕賤的女人更火大，意指「分離派」（Quitters）的哈里吉正是因為阿里不對抗穆阿維亞而痛惡他。然而，二十年後，庫法依然是阿里什葉派的硬核。穆阿維亞過世，他的兒子雅季德繼位，這寶座看起來顯然是世襲的，於是什葉派決定把剛萌芽的那個王朝掐死，然後開創自己的王朝。最後，他們邀請胡笙從麥地那過來領導起義，胡笙是阿里和穆罕默德女兒法蒂瑪（Fāṭimah）所生的兩個兒子之一。

胡笙在麥地那的朋友們勸告他，在親自冒險前往之前，最好先派代理人到伊拉克預作準備。但胡笙信任他的支持者，於是在六八〇年九月幾乎沒準備的情況下動身，只帶了一小群追隨者。[81] 萬一發生事情，道德支持會有，但軍事支持恐將蒸發。據說胡笙曾問詩人法拉茲達（al-Farazdaq）當地的輿論情況，法拉茲達告訴他：「心與你同在，但劍指著你。勝利在天堂。」[82]一如既往，劍才是重點。

胡笙和他的一小群支持者被烏瑪亞王朝伊拉克總督派出的一支軍隊消滅；這位先知孫子的人頭，變成本章一開始在總督宮殿裡看到的那四個令人不快的戰利品裡的第一個。這顆人頭隨即被遊街示眾，做為叛亂已遭剿滅的證據，同時殺雞儆猴。當這顆人頭抵達大馬士革時，據說雅季德．本．穆阿維亞哈里發曾以詩歌向它陳述：

我們劈了那些男人的頭，我們深愛
他們——卻遭到暴虐反叛！

他一邊吟誦，一邊將他的權杖戳進那顆頭顱嘴裡。但是其中一位在場者，一名認識穆罕默德——以及小時候的他孫子胡笙——的老人責備哈里發：「把你的權杖拿開！安拉在上，過去我常見到安拉的使者，願他安詳蒙福，用他的嘴抵著那張嘴親吻它。」[83]

有心並不足夠。唆使胡笙起義的庫法什葉派，反而讓他陷入絕境：

他們覺得自己犯了大罪：胡笙曾號召他們協助，他們並未響應；他就在他們身旁被殺，他們卻沒有過去幫忙。[84]

阿里黨（ash-shīʿah）還在為他們的創立者和第一任伊瑪目哀悼；而他光榮戰死沙場的兒子胡笙，

則給了他們該派的原型烈士，為該派提供最偉大、最持久的宣傳素材。當我認識的男孩們在眼下的戰爭——「烈士統一家園！」的口號像一杯以國族主義和伊斯蘭調成的雞尾酒，在電視螢幕和簡訊裡不斷倒出——被炸得粉碎時，完全就是六八〇年那場犧牲的重演。什葉派綿延不斷的悲劇感不僅是因為失利，也因為一種類似於彼得在最後一次雞鳴前背叛耶穌的愧疚。例如，在大馬士革的烏瑪亞清真寺[85]，目睹伊朗朝聖者對著據說是胡笙頭顱在其漫長苦路（苦路或許是通向開羅，或許是回到伊拉克；沒人能確定）的安息之所親吻哭泣時，等於是看著一齣持久不墜的激動與情感戲，裡頭有無法抹滅的罪惡感。

哈里發—反哈里發

集體的罪惡感激發出集體的復仇心，最後就是烏瑪亞總督的人頭擺在他自己的宮殿裡展示。但對烏瑪亞統治的另一個挑戰，正在遙遠西南方的麥加興起。長期而言，這威脅的致命性比阿里的支持者來得小，但在它興起的那個當下，卻是危險許多。在穆罕默德死後五十年——此人的革命曾帶來擺脫「蒙昧」過往的自由、在安拉之下的平等，以及涵括所有人類的博愛——阿拉伯人又回到他們的古老循環：火輪。更糟的是，如今這只輪子的動力來自於爭奪唯一的終極真理，一位正確之神——聲明的各方隨著六五六年烏斯曼被殺而開始起衝突，在隔年的錫芬會戰血腥對撞；此外，阿拉伯文的「真理」（truth）和「正確」（right）還是同一個字：haqq。胡笙只對領導權做了一次誤判的喊價；阿布杜拉・本・祖拜爾——也就是穆阿維亞用「撿柴的，罵街老子的兒子」想奚落的對象——則是實際採取行動，設法把自己拱成一個敵對的哈里發，並以麥加做為首都。他還設法控制了帝國的一大塊面積，包括最關鍵的伊拉克的大半土地——阿拉伯半島和波斯之間以及次大陸和歐亞大陸之間的樞紐；他的哈里發地位甚至在烏瑪亞的心臟地帶敘利亞的某些地區得到承認。之所以能做到這點，有很大一部分是因為他巧妙利用介於「南」「北」之間的那條斷層線：穆阿維亞的權力大半來自於敘利亞的南方人；阿布拉．本．祖拜爾則是向北方人求助，並贏得他們的支持。[86]

躺於死榻上的穆阿維亞承認，光是嘲笑並無法壓制伊本．祖拜爾。儲君雅季德當時並不在場，但穆阿維亞說：

告訴雅季德是我說的……伊本．祖拜爾是個khabb wa-dabb：他會像巫師一樣欺騙你，像蜥蜴一樣躲避你……如果你逮住他，要把他剁成肉泥。[87]

這就是那位哈里發國王的最後遺言。

伊本．祖拜爾的爬蟲類對應組dabb，是老派阿拉伯人會吃的一種蜥蜴，但以難捉聞名：牠會頭朝前地退進洞裡，只能拉到牠多刺亂甩的尾巴，那是牠討人厭的武器。[88]那位反哈里發也將證明，要把他從麥加要塞裡逼出來同樣很困難。穆阿維亞已經派了一支軍隊去攻打聖城，領導人就是那位反哈里發的兄弟，阿姆爾．本．祖拜爾。這支軍隊被打敗，阿姆爾在卡巴聖域的大門前被脫下衣服鞭打致死。[89]大馬士革的新哈里發雅季德又派了一支人數多很多的軍隊。麥加再次遭到圍攻；這一次，卡巴本身成了受害者，先是遭投石機炸成碎片，之後還被人放火燒毀。在這同時，雅季德和他的兒子兼繼承人穆阿維亞二世，以很快的速度相繼死亡[90]，兩人都死於自然因素。烏瑪亞家族沒受到這些不祥事件的影響，他們召開祕密會議，選出一位比較遠房但強而有力的堂表親馬爾萬．本．哈坎（Marwān bn al-Ḥakam）擔任新王朝的領袖，而那位反哈里發則重建了伊斯蘭的聖寺。[91]然而，馬爾萬的哈里發任期只維持了幾個月：謠傳他死於中毒，下毒者是他的妻子法克希塔（Fakhitah，「斑鳩」）——她先前曾嫁給雅季德，而她和雅季德生的兒子被排除在繼承行列之外。[92]就算這是真的，這起謀殺也無濟於事：烏瑪亞王朝後來的所有哈里發都是馬爾萬的後裔，因此也經常被稱為馬爾萬王朝（Marwanids）。

有一段時間，失序就是當時的秩序。穆罕默德革命所完成的統一就跟其象徵卡巴一樣，再次化為瓦礫。即便那位反哈里發正在重建「大地之臍」[93]，但這個象徵似乎再也無法反映現實：例如，六八八年時，總共有四次分開進行的麥加朝聖，分別是哈里發、反哈里發、一支尊崇阿里的親什葉派團體，和一支譴責阿里的哈里吉團體的支持者。[94]當馬爾萬的兒子，即新任大馬士革哈里發阿布杜・馬立克嚴禁民眾前往麥加朝聖時，最後一根棍子戳進了團結之心：據說，反哈里發開始強迫朝聖者必須宣誓向他本人效忠。阿布杜・馬立克宣布以耶路撒冷做為替代之地，並開始興建圓頂清真寺（Dome of the Rock）[95]做為重新定向的朝聖焦點，清真寺於六九一年落成。這座伊斯蘭黃金建築的代表，奠基在猶太人空曠的聖殿山上，並由信仰基督教的拜占庭匠人負責裝飾，從阿拉伯的分裂中矗立。

然而，圓頂清真寺幾乎一開始就注定要成為一個華而不實的蠢建築。因為六九二年，阿布杜・馬立克又對躲在麥加巢穴裡的那隻蜥蜴發動另一次大規模進攻。卡巴再次遭到轟炸，但這次連城市也陷落，阿布杜拉・本・祖拜爾的人頭正式踏上通往大馬士革之路[96]。統一的麥加朝聖再次回復常軌。反諷的是，雖然半島再次成為虔誠朝聖的唯一焦點，但它在政治和其他方面卻都遭到邊緣化，直到一千三百年後當地發現石油為止。

反哈里發失敗那年，被當成烏瑪亞第二個「統一之年」加以紀念[97]……和三十年前的第一個「統一之年」一樣，都是把願望寄託在名稱裡。因為麥加反哈里發政權孕育出來的不團結，在它受到壓制之後依然會持續很長一段時間。特別是，它還加深了所謂「南北」嫌隙，這道裂痕很快就會在遙遠的東方呼羅珊省再度出現，而且會帶來更具災難性的後果。

不過，已經有一堆問題在自家附近汩汩沸騰了，在那塊關鍵之地——那個伊拉克大熔爐。

舌燦蓮花的暴君

第一次大分裂後重新在伊拉克凝聚力量的，不僅有當時的主要輸家，也就是阿里的什葉派。還有甚至更左翼的大魔王：哈里吉派——那些曾支持阿里後來又反對他的「分離派」。這兩個群體的存在，不僅讓統一變成魅影，還對烏瑪亞哈里發的穩定構成了直接威脅。於是阿布杜·馬立克放出他的皇家羅威納犬——總督哈賈吉（al-Hajjāj）——去對付他們，不管是被他咬到或被他狂吠都很慘。

哈賈吉·本·尤蘇夫（al-Ḥajjāj bn Yūsuf）是以主張體罰的教師起家；後來，他發現當軍人和狗腿才是他真正的天職。雖然他的嚴酷惡名昭彰，但的確是他策畫了打敗反哈里發的那場戰役。隨後那幾年，他扮演巡迴各地的紛爭終結者，在半島不同地方壓制反對烏瑪亞的力量。到了六九四年底，阿布杜·馬立克派他去解決最最麻煩的地方：伊拉克。[98]

這位新總督也以他的修辭聞名。講經壇——清真寺向來是政治的樞紐——上的哈賈吉可以讓希特勒和紐倫堡大審看起來像是拐彎抹角。他的基調演講是在他匿名抵達庫法時發表的，該地也是當時哈里吉異議分子的中心之一。他走上講經壇，戴著一頂哈里吉風格的紅色頭巾，環視眼前其他的紅色頭巾，用一行詩句破題：

我是光明之子，重山峻嶺的隘道攀爬者：

當我揭開面紗——你們就會認識我！

他以路西法（Lucifer）的身分現身，是黑暗的光明使者，他繼續說道：

我來這裡以惡制惡，等量奉還。我根據腳印衡量惡的涼鞋。我以惡還惡。我看見熟到可以摘掉的頭顱，是我要去摘的頭顱。我看到鮮血從頭巾和鬍子中間汩汩流出。[99]

武裝人員守著出口，等待濺血。

演說時他常用輕柔到幾乎聽不見的聲調開場，然後漸漸提高，直到嚇壞清真寺最遠的角落的那些人[100]。但演說不完全是血啊雷的。他也可以讓人感覺又輕柔又充滿說服力，他的一位聽眾如此說道，你聽完之後可能會覺得，他才是那個被伊拉克人虐待的可憐人，他到處砍頭也是合理的。[101]換句話說，他擁有終極版的修辭師資格：可以讓你相信一種修辭的真相，即便它和眼見的事實相反。「安拉的敵人，」另一位同代人在他下台後指出：

會穿上妓女的華服，登上講經壇，說著好人會說的好話——然後，等他走下講經壇，他就會扮演法老。他在演說中撒的謊比反基督還糟。[102]

在伊拉克扮演法老的工作之一，就是冷血處死（根據某些估計）十二萬名哈里吉派和其他烏瑪亞反對者。然後，有些受害者——五萬名男子和三萬名女子——死在他的監獄裡，並有無數人在戰鬥中遭殺害。[103]這些數字沒有誇大嗎？就算除以十，結果還是很驚人。

跟其他一些教師和獨裁者一樣，哈賈吉對於夜魔人這樣的名聲樂在其中：「我就是鐵石心腸惡毒鬼，殘酷又嫉妒」[104]，他有次坦承。身為演說家暨暴君，他是古代部落以言詞進行統治的 sayyid 和 khaṭīb 的暗黑版本，而他將巧舌與暴力歡歡喜喜地混融起來，也施展出一種黑色魅力：伊本．哈里坎那本偉大的十三世紀阿語世界傳記辭典在第十三頁列出哈賈吉條目，他是一位你樂於痛恨之人，這個辭典條目長度也數一數二。[105]他的魅力也一直長存。他是晚近的伊拉克統治者薩達姆．海珊（Ṣaddām Ḥusayn）的角色模型，今日，他就跟那位二十世紀的弟子一樣，擁有一堆崇拜者。「唯有哈賈吉和薩達姆可以讓該死的伊拉克人乖乖聽話！」這種看法我聽過不只一次。

哈賈吉無論多麼殘忍，他都是歷史上最偉大的阿拉伯演說家之一。紀錄中只有一人曾讓他閉嘴——瓦立德．本．阿布杜．馬立克哈里發的妻子，當哈賈吉和她丈夫舒舒服服坐在一起時，她差了一位女僕帶口信給她丈夫：「你怎麼可以只穿一件薄外衣和一名手持武器的 aʿrābī 坐在一起？」哈里發傳了口信回去，說那位 aʿrābī 其實是他的伊拉克總督哈賈吉，「她嚇死了，並告訴他：『安拉在上，我不喜歡你和那個殺人魔王單獨在一起！』」哈賈吉偷聽到女僕的口信往返，於是給哈里發上了一課，告訴他不聽女人嘮叨的重要性。這事傳回到瓦立德妻子耳中，隔天，她召哈賈吉前來請安。他等了很久；終於等到她蒙著面紗出現，他繼續站著——然後她講了一堂課做為回禮，一開始是這樣：

要是安拉沒把你造成他最悲慘的造物，他也不會選你去轟炸卡巴！

課堂繼續下去，最後是以中傷他的男子氣概收尾。哈賈吉逃回哈里發那裡並承認：

「她講個不停，我真希望大地把她給吞了。」瓦立德笑到不可遏抑，還用腳在地上猛踩。[106]

這男子害死這麼多人，本人倒是壽終正寢。但他的結局令人不寒而慄。哈賈吉感覺到自己大限將至，據說他召了一名占星師前來，問他是否卜到有位統治者即將去世。

「我確實卜到，」占星師說，「但不是你……因為那個要去世的人叫做『庫萊布。』」哈賈吉回道：「不，那就是我。因為我媽就是這樣喊我的。」[107]

倘若另一則軼事可信的話，正是庫萊布（「小狗」之意）的嬰兒期影響了他的未來生涯。小庫萊布拒絕吸他母親或保姆的奶，於是接連幾天讓他舔了兩頭黑羔羊、一隻黑狗和一條黑蛇的血。這個補救方法奏效，「但他再也抗拒不了汩汩鮮血，因為那是在他生命之初就降臨在他身上的東西。」[108]

哈賈吉在伊拉克留下一條血債，加在穆阿維亞與阿里遺贈的那場戰爭頭上。他還留下一條分裂債。如同我們先前看到的，伊拉克這些原本的大都會新城市，這些amṣār，在他的命令之下轉變成種族隔離的保留地，禁止非阿語人士進入。[109]在哈賈吉創建他自己的新城瓦希特（Wāsiṭ，「中途」之意）時——因為該城位在巴斯拉和庫法中間——據說有個傻瓜講出沒人敢講的真話：

哈賈吉是個笨蛋，他在納巴特人（原住民）的國家蓋了瓦希特城，然後叫他們不准進去！[110]

這些都是企圖維持阿拉伯人的統治種性卻注定失敗的社會工程的一部分。但哈賈吉和他的烏瑪亞霸主們，仍在努力阻擋無法違逆的洪潮。

混種語

這股洪潮最顯而易見——或該說，顯而易聽——的地方，莫過於講阿拉伯語的方式正在改變。非阿拉伯人正在學習古老的高級語言的祕密；在這同時，阿拉伯人本身卻正在失聲，那個聲音曾經在他們歷史上最長的一段時間裡給了他們最接近統一的東西。一開始，在amṣār裡維持阿拉伯人的團結連帶也確保了他們能維持自己的語言：在伊拉克、埃及和突尼西亞，有一些嶄新繁榮的城市成為阿拉伯性的集中核心。這一點意味著，假以時日，外人都將阿拉伯語化，而非阿拉伯人被波斯化、科普特化或柏柏化。在地人採用了強勢族群的語言。相反的情形則發生在沒有amṣār的區域：例如，在遼闊的東部省分呼羅珊，到了八世紀中葉時，大多數的阿拉伯族裔人口卻是講波斯語。[111]

但是在amṣār的心臟地帶，在它們最內在的心房裡，阿拉伯語正在起變化。除了詩歌和《古蘭經》的高級阿拉伯語之外，日常的阿拉伯語總是存在不同的變體，不過這些變體在阿拉伯境內很容易相互理解。現在發生的問題是，語言變得muwallad「混種」——因為就算你能將在地男人排除在amṣār之外，也無法將在地女人排除出去。阿拉伯血統來自父系，但阿拉伯語的走向卻往往來自家族樹的另一邊；「母語」一詞說明了一切。讓糟亂的姨娘語雪上加霜的是保姆和家奴的廚房阿拉伯語，原本的天使語言終將落入凡塵。

賈希茲集錄了一整章的不當用法。裡頭包括詩人賈里爾（Jarīr）兒子們的波斯母親試圖告訴其中一位兒子，說老鼠（jirdhān）碰了她的麵團（ʿajīn）——但卻說成「帶蹄的陰莖在我的會陰裡」。兒子們於是請她在客人來訪時保持沉默。另一個著名的錯誤是，穆阿維亞的伊拉克總督濟雅德（Ziyād）的一名波斯客人需要一頭驢子（ḥimār），但卻掉入ḥ／h這個長年陷阱裡，遂變成請求濟雅德給他一個沒有意義的「himār」。

「你到底在說什麼鬼？」濟雅德問。

「我請你給我一個ʿayr，」那人回答。

他很高興自己想出了一個同義詞；只可惜他說的不是帶有ʿayn鼻音字母的ʿayr「一頭毛驢」，而是沒有鼻音的ayr「陰莖」：

「第二個比第一個更糟。」濟雅德說。[112]

的確，阿拉伯語確實從糟變得更糟。性別本身正在拐彎：賈里爾的小妾可能會在賓客來晚餐時管住自己的舌頭，但他嘆氣道：

> 當我隨著日出起床，從她那裡聽到的第一句話，
> 就是陰性變成陽性，以及陰性化的陽性。[113]

這就像是在印度的英國人，原本都說著他們自家地區的變體英文——蘇格蘭語、愛爾蘭語、考克尼語等等——但他們都了解彼此在說什麼，也都書寫標準的國王英文，但他們既沒把小孩送回家去唸英國學校，也沒讓自己不受到當地女人的影響。金姆（Kim，英印作家吉卜齡〔Rudyard Kipling〕同名小說的主角）們的後代膚色會變得愈來愈深，並愈來愈沉溺在霍布森—喬布森（Hobson-Jobson）的英屬印度語裡，在這種語言裡，被本土化及方言化的不僅是詞彙，還包括最基本的文法。

甚至連國王的阿拉伯語也漸漸不行了。瓦立德·本·阿布杜·馬立克就很容易講錯，因為我們前面提過，他沒依循慣例在貝都因精修學校上過演說課。[114]有位聽眾抱怨，他的失誤有損威嚴[115]。下面是他最著名的失誤案例，可能沒有誇大，他原意是要問某人：

> '*Man khatanuka?*'「你的岳父是誰？」

但卻說成：

ʻMan khatanaka?ʼ「幫你割包皮的是誰？」[116]

比孤兒更迷惘

如果說阿拉伯人正對自己巧妙但容易打滑的舌頭失去控制力，那麼非阿拉伯人則是正在磨尖他們銳筆，敏捷歡快地沉溺在與日俱增的高級書寫語言裡。阿拉伯語正在加入偉大世界語言的專屬俱樂部。就地理分布而言，它把希臘文和拉丁文這兩個疲憊的會友遠遠拋到後頭。它也把阿拉伯人拋在後頭；不僅如此，甚至連身為阿拉伯人這整件事，也開始跟著它一起失控。

阿拉伯語化並不總是等於伊斯蘭化：不管以前或現在，都有許多講阿拉伯語的非穆斯林。然而，一開始，成為穆斯林通常都意味著成為「阿拉伯人」，也就是以mawlā的身分附屬於某個阿拉伯部落。[117]但成為某個部落的附從，並不會突然讓你變成某個阿拉伯部落的人：mawlā有他們自己「不變的內在世界」——再次引用奈波爾的話，而且mawlā是多數。當時的發展是，阿拉伯語和伊斯蘭帶來一種新的文化統一，但卻是美國的古老格言（以及《紳士雜誌》〔*Gentleman's Magazine*〕）所渴望的那種——「合眾為一」（*E Pluribus Unum*）。長久以來，阿拉伯人都是以與他人之別來界定自我，特別是在語言這方面——ʿarab vs. ʿajam——但現在，那些「他人」也把自己包含在這個定義裡，用附加的涵義來困惑它。一個早期的困惑案例是濟雅德，也就是我們前面提過的烏瑪亞王朝的伊拉克總督。歷史學家通常稱他為「濟雅德・本・阿比希」（Ziyād bn Abīhi）——「他父親的兒子」（暗示不管他父親是誰）。他名義上的父親是一名波斯奴隸；據說他的生父是麥加那位異教老首領穆阿維亞的父親：阿布・蘇富楊，而穆阿維亞後來也的確承認濟雅德是他的同父異母兄弟。無論這指證是否為真，在濟雅德的案例裡，是他的演說天賦給了他日後得以揮舞的權力：

安拉在上，如果這小伙子是古萊什人，他會用棍杖把阿拉伯人趕在他前面。

講這話的是一位古萊什人，他聽過濟雅德年輕時的演說。到最後，濟雅德不僅設法把自己弄進先知的部落，還成為哈里發的兄弟和總督——而他最重要的本錢，就是「他的貴族性格和雄辯長才」。[118] 早在穆罕默德於政治上凝聚了阿拉伯人的話語之前，阿拉伯語就已經在族裔上統一了阿拉伯人；繼穆罕默德之後，阿拉伯語又開始溶解他們。套用一句古老的預言，sayyid al-kalām ——阿拉伯語的「言語的主人」——正在打造其人民的主人[119]；但它也將權力賦予他者。傳統的解決方案是將這些他者收納到部落系統裡，就算不是當成真兄弟，也可當成附從的 mawlā。當受到征服的土地上新近被賦予權力之人數量超過征服者時，這個方案就無法奏效。隨著主人種族本身的分裂，加上它的統治王朝決定維持傳統的阿拉伯性和親屬觀念，在這種情況下，他們該如何應付帝國的多元性呢？

許多都應付不來，於是便躲進四面楚歌的帝國掩體裡，也就是沙文主義。雖然穆罕默德在他的告別講道裡明白宣告，除了在虔信度上，沒有任何阿拉伯人優於非阿拉伯人[120]，但有些並非特別不虔誠的民族，卻特別招到褻瀆的罵名：

柏柏人和斯拉夫人〔barābirah wa saqālibah〕、賈爾馬人（Jarmaqis）和賈吉姆人

（Jarjumis）〔jarāmiqah wa jarājimah：波斯沙漠民和安條克沼地人（Antiochian marshmen）〕、科普特人和納巴泰人〔aqbāṭ wa anbāṭ〕，都是人渣……[121]

一位阿拉伯戰士以連珠炮的沙文主義如此貶低他們。這是傲慢之語，但也是恐懼之語。

這恐懼理由十足。帝國愈來愈大，愈來愈多元：超級劫掠已經發展出自己的衝力，一種征服的連鎖反應，而且劫掠者愈來愈多是非阿拉伯人。給個特別誇張的例子，西班牙的征服者是塔里克·本·濟雅德（Ṭāriq bn Ziyād），他是一位 mawlā 的 mawlā。他的故事間接始於六三〇年代，古萊什指揮官哈立德·伊本·瓦立德劫掠了伊拉克的一座教堂，斬獲一堆俘虜：裡頭包括穆罕默德最有名的傳記作者的祖父，他是伊斯蘭解夢藝術的未來奠基者；還有一位名叫努塞爾（Nuṣayr）的阿拉伯基督徒。[122]努塞爾變成奴隸，後來得到自由，成為烏瑪亞氏族的 mawlā[123]；他的兒子，慕薩·本·努塞爾（Mūsā bn Nuṣayr）也透過繼承成為 mawlā。慕薩率領軍隊劫掠了整個非洲北端，並於八世紀第一個十年抵達最遠的坦吉爾。他的阿拉伯戰士似乎銳不可擋——只除了現在，他們已經抵達已知世界的盡頭；此外，他們沿路捉捕到太多柏柏人，多到那支武力再也無法稱為「阿拉伯」軍隊。這時還有另一個問題：這些額外的劫掠者都必須付錢，至少得給他們床褥、食物和贓物（還有床伴）。慕薩無可避免地將目光轉向北方，越過海峽望向西班牙，於是他在七一一年派出他的柏柏中尉和 mawlā 塔里克·本·濟雅德，渡海從西哥德人手中搶奪伊比利半島（路途中，塔里克以自己的名字將那座海上魚翅山命名為「Jabal Ṭāriq」，用西班牙語亂唸一通之後，就變成了「Gibraltar」：直布羅陀。）安達魯斯阿拉伯穆斯林那漫長而輝煌的歷史，就是由一位基督徒前奴隸之子的柏柏前奴隸揭開序幕。今日波斯灣國家的阿拉伯少數族群將國家運作和經濟擴張的工作委託給多數來自於南亞的非阿拉伯群眾，烏瑪亞時代的阿拉伯人則是將帝國擴張的工作分包出去。

今日被放進柏柏人塔里克嘴裡的那場高級阿拉伯語演說，雖然並非毫無可能，但發表的時間似乎不太會在他與西哥德國王羅德里克（烏瑪亞沙漠宮殿阿姆拉城堡所描繪的統治者之一）那場決定性的會戰之前。但還是值得引述一下，因為它讓我們看到，歷史學家如何回溯性地將征服西班牙一事阿拉伯化：

> 兄弟們，當大海在後，敵人在前時，你能飛到何處呢？你們能做的，就是堅定不移。因為你們想必知道，在這座島嶼上（也就是伊比利半島），你們比惡人饗宴上的孤兒更迷惘……

演說很快就滑向最遠古的阿拉伯高級演說形式，有節奏、有押韻的散文：

> ……你們聽過這座島嶼帶來的可愛天堂處女，／天生的希臘之女，／少女垂曳著寶石珍珠，／金色布疋從頭到足，／在國王戴冕的宮殿裡幽住。／（哈里發）瓦立德·本·阿布杜·馬立德從他的戰鬥冠軍裡／選中你們擔任阿拉伯兵騎／樂見你們與島嶼上的皇家女士合而為一／相信這突破會令你們欣喜……[124]

最後那句一語雙關，一是指在戰場上冷酷突破羅德里克的人馬，二是指在戰後的床上突破「希臘之女」。這句雙關語就算真的說了，那些柏柏軍隊想必會丈二金剛摸不著頭腦；那整場演說也同樣會讓他們困惑。但這場演說與現實無關：它是一種想像的阿拉伯化，不僅針對塔里克，把他想像成一位老派的阿拉伯領導人暨演說家；另外還包括他的柏柏軍隊，要把他們想像成「阿拉伯兵騎」。為了征服和控制帝國，南阿拉伯人已轉化成阿拉伯人；歷史學家則以回顧手法製造了更多阿拉伯人，而且是用來自更遠方的材料。

對阿拉伯人而言，能將進一步的征服工作外包出去，並將帝國的推動力轉嫁給他者，確實是不錯的主意：隨著前線愈擴愈廣，本來就不會有足夠的阿拉伯人可以把他們不停往前推。在征服的頭幾年，面對最初的敘利亞前線加上第二條波斯前線時，短缺的壓力就已浮現。但這也意味著，阿拉伯人在他們自己的擴張帝國中變得愈來愈孤立。在隨後幾個世紀，當**歸化**阿拉伯人與**純正**阿拉伯人的界線日益模糊，以及當囂張的非阿拉伯人——德萊木人和土耳其人——不僅接掌了推動力甚至接掌了統治權本身時，純正阿拉伯人在他們打造出來的新世界裡，就不僅是孤立而已：他們將會迷惘，比孤兒更迷惘。

烏瑪亞家族的沒落

在八世紀前半葉，隨著西班牙的征服，阿語世界已經根據一條全新的軸線完成重新定位的工作。它不再是南—北向，從一個肥沃月彎貫穿到另一個肥沃月彎。取而代之的是東—西向，從馬什里克（Mashriq）延展到馬格里布（Maghrib），從日出之地橫越到日落之鄉。這是一個更浩大、更古老的歷史舞台的方位，事件的劇場是遼闊的歐亞非大陸，演員的卡司也同樣是洲際等級。它的統治者：烏瑪亞家族，正處於他們的權力最巔峰——但他們很快就會從尖頂跌落，而且是頭朝下。因為威脅正在倍增：麥加的反哈里發或許解決了，但在怒火將爆發的伊拉克低地，親阿里與反阿里的陣營對大馬士革的統治構成雙重危險，甚至連心狠手辣的哈賈吉也無法遏制他們。而一路往東，越過中部的伊朗沙漠到阿富汗邊境，在另一個叛亂的溫床：呼羅珊省，熱度也正在上升。

早在穆阿維亞的哈里發任內，呼羅珊的阿拉伯人就不願意交出堆積如山的征服戰利品。[125]呼羅珊似乎自成一格，由河流、沙漠和山脈團團圍住，一位心懷獨立意識的領袖確實可以把那塊土地當成自己的巨大采邑加以統治。如果你像七世紀末的總督穆哈拉布（al-Muhallab）一樣，生養出三百名子女，也有助於打造一個效忠支持的核心群；他們構成一整個阿拉伯次部落：馬哈里巴（al-Mahālibah）[126]。隨後，庫泰拜・伊本・穆斯林（Qutaybah bn Muslim）這位總督發現，進口支持者比自己生養支持者輕鬆一些。庫泰拜和穆哈拉布一樣，但和帝國西部比較具有可塑性的同時代指揮官不同，他的出身是半島阿拉伯人，而他手下的人馬，很多都是來自波斯灣地區的生猛新來者——庫泰拜把他們稱為「Aʿrāb」，並以打罵手段將他們塑造成一支戰鬥武力。

> 那麼aʿrāb是什麼？安拉詛咒的aʿrāb！我把你們當成收穫季節的粗糠一般聚集起來，從生長苦艾與青蒿之地，從生長阿勃勒之處，從阿巴卡萬島（Abarkawān）。你們原本騎在牛背上，靠動物飼料過活。而我讓你們馳騁馬背、佩帶武器，靠著你們的努力，安拉或許會讓這塊土地不容侵犯，堆滿戰利品！[127]

這段打造團隊的修辭奏效，在八世紀的前半葉，庫泰拜帶領他的武力越過阿姆河，進入豐饒的河間地帶（Transoxania）。最後，成功沖昏了他的腦袋：他寫信給新登基的蘇萊曼・本・阿布杜・馬立克哈里發，威脅要「拋棄效忠一如拋棄一雙涼鞋」，並派軍隊去對抗他。[128]但他的手下沒人支持他，庫泰拜在七一五年被殺。[129]

呼羅珊的下一位總督雅季德·本·馬哈拉布（Yazid bn al-Muhallab）是先前那位總督的三百個子嗣之一。他能力驚人，曾經成功當過一次總督，但後來失去恩典，下獄監禁，隨後脫逃。如今官復原職，他打算藉由擴張領土重振聲譽，特別是在與裏海相鄰的區域。和常見的情況一樣，問題在於如何分贓：大馬士革指控他扣住戰利品，於是再次將他囚禁，而他又再次脫逃——這次，他決定回擊，跟庫泰拜一樣拋棄對烏瑪亞王朝的效忠。雅季德在七二〇年遭到擊退，根據某些敘述，他原本還打算搶奪哈里發的位置。[130]無論效忠是真是假，這都不是呼羅珊最後一次被當成起義的跳板。不過，下一次的起義將會以大勝收場，而且會建立一個新的統治王朝。

阿拔斯新王朝的開始和烏瑪亞王朝的結束，都跟庫法大廳裡被砍掉的第三顆頭顱相繫，那是親什葉派的穆卡塔的頭。穆卡塔在他短暫但血腥的起義中，曾將殉道的胡笙·本·阿里同父異母的兄弟穆罕默德拔擢為伊瑪目，穆罕默德是從母名：伊本·哈娜菲雅（Ibn al-Ḥanafiyah）。他在西元八世紀的第一個十年過世，伊瑪目的身分傳給他兒子：阿布·哈希姆（Abū Hāshim）。哈希姆派（al-Hāshimiyah）革命運動就是以他為名，該派在帝國東部扎下根基，特別是呼羅珊這塊自古以來的派系沃土。阿布·哈希姆死於七一六或七一七年，沒留下任何子嗣；不過他將伊瑪目的身分慷慨遺贈給家族另一支系的在世領頭人——阿拔斯家的後代之一，阿拔斯是他祖父阿里和先知穆罕默德的叔叔……至少，阿拔斯家族的統治者日後如此聲稱。「遺贈」一詞可能是企圖用一塊合法的遮羞布來掩蓋通常赤裸裸的權力爭奪。

無論真相為何，阿拔斯戰役就是打著哈希姆派之名於七四七年在呼羅珊展開。那是一場革命，匯聚了一整鍋的不滿——強硬的哈希姆派、波斯農民和貴族（大多依然未伊斯蘭化）、第二和第三代波斯化的阿拉伯人、晚近從另一個溫床伊拉克移來的阿拉伯人，他們全都受夠了住在遙遠大馬士革的那位缺席領主——而它的策畫者是一位mawlā：阿布·穆斯林（Abū Muslim）。阿布·穆斯林的出身可能是波斯、阿拉伯或庫德族[131]，但他是阿拉伯語和波斯語雙聲帶[132]，很可能一開始是一名波斯奴隸。總而言之，他是帝國混融的另一個複雜產物，是繼承阿拉伯衝力與古老阿拉伯口才的混種演員之一。當最終成為阿拔斯王朝第一位哈里發的阿布·阿拔斯（Abū al-ʿAbbās）稱讚阿布·穆斯林在革命中扮演的角色時，阿布·穆斯林總是用無懈可擊的阿語詩歌回覆：

我透過決議和裁量權實現了
所有聚集在此的馬爾萬系國王無法達成之事。
一直以來，我用我的努力謀求他們的毀滅，
而他們，那些在敘利亞掉以輕心的一幫人，則在沉睡。
直到最後，我用劍戳刺他們——他們才從
絕無僅有的沉睡中甦醒。
讓牧羊人在獅子監管的土地上放他的羊
然後打盹：他將發現，最後是獅子在牧羊。[133]

當時，烏瑪亞王朝派駐呼羅珊的總督曾試圖搖醒他的主人，要他注意危險——他也是採用詩歌這個最尖銳的媒材，同樣運用了羊的比喻，但混合了火：

在火灰中，我看見餘燼閃爍
那，很可能，誘發成火。
火燃靠火把兩支，
戰爭靠語詞——
倘若無人意識要撲滅，
它的燃料將是屍體和首級。
我說，驚訝於烏瑪亞王朝：要是我知道
他們是清醒或沉睡就好。
如果尚在沉睡，那就告訴他們
是時候該醒來起身！[134]

這個喚醒服務沒被聽到。然而，馬爾萬二世．本．穆罕默德並不是在沉睡，而是忙著熄滅卡里吉派在北伊拉克的起義，以及應付那塊怒火大地上的好幾起其他爆炸。與此同時，來自呼羅珊那把更大的革命之火也在蔓延，想要撲滅，為時已晚。

在兩年多一點的時間裡，叛亂軍在波斯和伊拉克趕走了烏瑪亞的統治。馬爾萬二世最後一次試圖挽救他的領土，於七五〇年一月和叛軍在底格里斯支流大扎卜河（Greater Zab）交鋒。烏瑪亞王朝的第一位哈里發穆阿維亞在幼發拉底河的錫芬對戰阿里，並在那場世界末日的黑暗戰鬥中勝出。如今，冷酷的對稱場面出現，在美索不達米亞平原另一邊的河流戰場上，黑暗降臨在穆阿維亞的最後一位繼承者頭上。革命者選擇黑色當他們的旗幟，而且

騎在雙峰駱駝上的人馬握著先鋒隊飄揚的黑色旗幟……馬爾萬對他身邊的人說：「你們有看到他們的長矛跟棕櫚樹幹一般粗嗎？你們有看到他們駱駝上的軍旗跟烏雲一般黑嗎？」他說的時候，正好有一群黑鳥從附近的花園飛來，整齊地降落在阿布杜拉．本．阿里（ʿAbd Allah bn Alī）（阿拔斯家族的將領）的第一面旗幟上……馬爾萬覺得這是個惡兆，他說：「你們沒看到黑上加黑，沒看到那些鳥跟雷雲一般黑嗎？」然後他轉向他的戰士們，他們也感受到那股悲傷、可怕和厄運。「你們的確是一支精良隊伍，」他說，「但當天行其道時，一支隊伍又有什麼用呢？」[135]

一切都在顛覆：黑暗已從東方降臨，而從騎在雙峰駱駝上那些模樣怪異之人，就可看出反對馬爾萬的力量有多外國。阿拉伯人一直是分裂成南北兩塊，有時是因為現實，有時是基於宣傳。然而他們的帝國卻是順著歐亞非這個不同的軸線運作：衝突往往是東方反對西方——伊拉克的阿里反對敘利亞的穆阿維亞，呼羅珊的阿拔斯對抗利凡特的烏瑪亞；之後，則是巴格達的阿拔斯對抗埃及和安達魯斯的新反哈里發勢力。阿拉伯帝國最終的剋星將來自東西兩方——先是小剋星十字軍，接著是來自東方、逐漸顯現的更黑暗的命運：蒙古人。即便是今日的衝突，無論是真實或想像的，往往也是沿著東西軸線運行。烏

瑪亞王朝從未重新調整方位，去面對那些新的威脅——那令人害怕的多元性。

他們的覆亡當然有多重原因。家族的倖存者之一坦率列出其中一些原因：熱愛奢華、壓迫百姓，導致人民不願納稅；國庫空虛，沒拿到薪餉的軍隊倒戈到革命陣營……這些加總起來，就是王朝衰落滅亡的模板。但那位匿名的倖存者坦承，烏瑪亞崩潰的最重要原因，是他們與現實脫節：「導致我們衰亡的最重大原因，就是沒人告訴我們正在發生什麼事。」[136]又或者，其實有人講了，用了那些火和首級與屍體的警告；只是太遲了。

現實以扎卜河戰敗的形式迎頭趕上馬爾萬二世。接著追趕他到埃及，他在那裡試圖把哈里發的所有配備——皇袍、權杖和王棍——埋掉，但沒有成功；它們都被找到了，他也是[137]。他的頭顱被送到阿布．阿拔斯跟前，當時他已在庫法宣布他的哈里發國成立。另一顆頭顱；另一次對稱。在這同時，阿布．阿拔斯做了許多與過去決裂的舉措，其中第一個就是採用一個哈里發稱號：薩法赫（as-Saffāh）。這是一個奇怪又恰當的頭銜，因為它預告了該王朝所有的不對稱和自我矛盾，這個頭銜的意思有二：「贈禮者」和「濺血者」。（阿拉伯語就是這樣，它也表示「語詞的行使者」。）

在某些方面可說是阿拉伯歷史上最「阿拉伯」的時期——烏瑪亞王朝——卻也是最短暫的時期，只比人的一生略長一點。但也是在這個時期，透過系譜的戲法，把南阿拉伯人嫁接到部落樹上，讓所有阿拉伯半島人最終且不可挽回地被界定成阿拉伯人；在這個時期，他們巨大的帝國依然植基在他們次大陸故鄉中多樣的風景裡。因為烏瑪亞王朝本身，

他們是王朝的母脈，而唯有

在他們統治之下，阿拉伯人才能活得像個堂堂正正的阿拉伯人。[138]

引用這首詩的偉大「阿拉伯學家」賈希茲應該有資格為烏瑪亞王朝蓋棺論定。他所屬的阿拔斯王朝，是

ajamīyah khurāsānīyah —— 非阿拉伯的和呼羅珊的。那個〔烏瑪亞〕王朝……則是 'arabīyah a'rābīyah，阿拉伯的和貝都因阿拉伯的。[139]

沒什麼比這更阿拉伯了。

希沙姆宮

烏瑪亞也是個深深分裂的王朝，一如本章開頭那四顆頭顱所見證的；更別提在他們掌權那九十年相繼落地的幾萬顆甚至幾十萬顆腦袋。這分裂將會擴延深入到未來。

巴勒斯坦北部城鎮耶利哥是另一個狩獵別宮或鄉間宮殿，就跟有著天堂拱頂和帝王濕壁畫的阿姆拉城堡一樣。耶利哥的紀念建築稱為馬夫佳離宮（Khirbah al-Mafjar），俗稱「希沙姆宮」（Hishām Palace）。沒有任何碑文或文件可將該座宮殿與希沙姆扯上關係，但它的華麗裝飾很適合那位愛詩歌好奢華的哈里發，可以從前面有關他身穿大紅絲袍、滴灑麝香、四周都是大理石和黃金圍繞的敘述窺見一斑。今天，那座宮殿廢墟面對著更為晚近的結構物 —— 一座巴勒斯坦難民營，努威伊瑪（an-

Nuwayʿimah）。這或許就是歷史滄海桑田的完美例證。觀察家沙里夫・艾爾穆沙（Sharif S. Elmusa）就是這樣看待它的：「再狂野的詩人都想像不出比當年阿拉伯人和今日阿拉伯人反差更大、更尖刻的景象。」[140]艾爾穆沙是知道的：他本身就是詩人，而且就是在努威伊瑪難民營長大。但是衰亡的芽孢——家族、氏族、部落、宗派敵對——早在那座宮殿建立之前就已存在。營帳在建築上或許是一種反差，在歷史上它卻屬於一個分裂的連續體，那座宮殿也是連續體的一部分。烏瑪亞王朝打造宮殿；但他們也打造政治陣營，包括那些「南北」團塊，他們很樂意運用和濫用他們的敵對關係。玩弄雙邊對立有助於建立他們的王朝。它曾從麥加的反哈里發那裡保住王朝，但終究還是助長了呼羅珊的動盪及他們的失敗。事實證明，「南北」分裂比任何王朝都來得長壽，而且和其他敵對組一樣有破壞力，有時還會與東西向的敵對串聯。「在黎巴嫩和巴勒斯坦，」希提指出：

> 〔南北〕議題似乎直到現代都還活著，因為我們知道雙方的激烈戰鬥遲至十八世紀初都還在進行。[141]

這議題到現在也還沒消失。它活在其他名目之下，而最深層的根本議題——badw和ḥaḍar的對話——離結束還很遠。希沙姆宮和努威伊瑪難民營是一組反差影像，但也是連續性的影像，是從奢華到悲慘這根滑尺上的兩個點。

第9章

巴格達帝國

阿拔斯王朝

位於世界中點

西元八七一年，巴斯拉一位有冒險精神的公民伊本・瓦赫卜（Ibn Wahb）「被一股突如其來的欲望攫住」，航行到了中國。抵達時，另一股欲望又攫住他，於是他前往帝國首都長安，去拜訪唐朝的皇帝。經過漫長等待，寫了無數請願書後，帝國宮廷終於對他發出詢問，伊本・瓦赫卜的堅持有了回報，他獲准覲見皇帝。皇室執著於它自身的優越地位，皇帝對訪客提出的第一個問題是，

「根據你們阿拉伯人的看法，世界萬王的等級是如何排列？」伊本・瓦赫卜狡猾地故作無知，並回答說：

「我對他們一無所知。」

然後國王跟他的翻譯說：「告訴他，我們將五位國王視為偉大人物。我們認為領土最廣的是統治伊拉克那位，因為他位於世界的中央，其他國王排在他四周；我們知道他叫『萬王之王』。接下來就是我們的這位國王……」[1]

也就是指他自己。再下來是土耳其、印度和拜占庭國王。

皇帝的回答令人震驚。難道中國不是中間王國，長安不是文明世界的中點？唐朝皇帝真心覺得野蠻「班格達」（Bangda）——巴格達——的阿拔斯哈里發比他本人重要？似乎太不可能。此外，對自身社會做出尖銳評論的異教睿智國王是一種反覆出現的文學人物[2]：例如，馬蘇第本人也重述過上面這則中國軼事，還有一位努比亞的基督教國王，他曾批評阿拔斯王朝之前的烏瑪亞王朝，以及他們的不虔誠。[3]但無論長安面聖那件事是否真實，都無損於他所提出的重點。巴格達控制了全世界最大的帝國；而它的確是位於從遠西的非洲到遠東的中國——歐亞非這塊超大陸上人口和貿易最繁忙地帶的兩個端點，這個氣候區包括埃及、利凡特、波斯、北印度和中國本身——這條線的正中央。巴格達的海港——伊本・瓦赫卜出身的巴斯拉，位於底格里斯河下游，緊接在波斯灣頭的內陸上，而波斯灣就坐落在環印度洋的中途，由豐饒沿海地區所形成的舊世界最大貿易「池塘」（pond），就是在那裡最深入其陸塊。

有個來自世界西北端的具體小證據，可證明阿拉伯帝國在當時的確位於舊世界的中心，而且不僅是地理上的中心。西元七七四年在英格蘭，歐法國王（King Offa）發行了一枚金幣，形式是模仿阿拔斯王朝第一位偉大哈里發曼蘇爾（al-Manṣūr）發行的迪納爾：除了其他的阿拉伯文銘文之外，錢幣中央還鐫了「歐法國王」（OFFA REX）幾個大字，以羅馬字母上下顛倒地夾在阿拉伯字母中間。

محمد رسول الله

「穆罕默德是安拉的使者。」伊斯蘭的格言在英格蘭人的錢包裡叮噹作響；甚至連錢幣的拉丁文名稱mancus可能都來自於阿拉伯文的manqūsh「銘刻的，鑄造的」。這並不表示麥西亞王國（Mercia）的盎格魯撒克遜人突然改信了伊斯蘭；而是在圖像上承認，阿拔斯王朝的迪納爾就是今日的美元——承認當時有一個新的強權、一種新的超級文化，古老的古典時代（Classic age）終於結束。[4]當然，上下顛倒的很可能是阿拉伯文：一名住在英格蘭密德蘭地區的鑄幣匠，恐怕不知道阿拉伯文的正反寫法，更別提文字的意思了。但倘若這反映出當時人對於這個新文化強權普遍的不理解，這種反映也是準確的。

圓形世界，圓形城市

西元七四〇年代，阿拔斯家族和所有的權力追求者一樣，開始鍛造一種新的ʿasabīyah，一只新火輪。呼羅珊是阿拔斯王朝的權力基礎，如同該地的烏瑪亞總督警告過的：

火燃靠火把兩支，
戰爭靠語詞——
倘若無人意識要撲滅，
它的燃料將是屍體和首級。[5]

那把火曾經從東方以扇形方式向外蔓延，並燒掉沿路的一切。然而，這把火很快也會開始燒掉自己：打從遠古的泰坦巨人克洛諾斯（Crnous）閹割了父親，然後吃掉自己的子嗣之後，革命就常常會吞噬自己的子女。阿拔斯家族果然就把他們的革命夥伴——哈希姆派和親阿里的陣營——排除在權力之外，甚至還轉過頭來猛攻他們。再一次，麥加古萊什部落的一支小次氏族，接受了伊斯蘭打破陳規的訊息，並為了達到自身目的而重塑規則，讓自己可以大權獨攬。又一次，理想的、普世的伊斯蘭統一，被效忠於某個世俗權力的特定統一給顛覆了。

然而，有一點不同。烏瑪亞家族在穆罕默德之前一直是建制派，而且在將近一百年的新伊斯蘭時代裡，他們的統治大半是依循古阿拉伯國王的方式；他們的僵化守舊，以及對多元性的抗拒，都是失敗的主因。阿拔斯王朝的成分就比較有彈性。他們的祖先和名祖是穆罕默德的父系叔伯阿拔斯，他曾經是先知的反對者之一，還曾在巴德爾會戰攻打他。然而，當穆罕默德的勝利態勢顯而易見時，阿拔斯的兒子們便全心全意投身到先知不斷擴張的冒險大業裡：結果就像我們看到的，他們散布在從北非到中亞的土地上。[6]至於那位留守家鄉的兒子阿布杜拉，也就是阿拔斯王朝頭兩位哈里發的父親，則是以伊斯蘭經文的第一位詮釋者身分受人緬懷。阿拔斯家族不僅遵從伊斯蘭的命令，他們還一路跟隨，無論它領導他們走的是學術之路或征服之途。他們的彈性具有耐受力，同時確保了自家世系的活路——即便（弔詭的是）這意味著阿拉伯權力的盡頭。這也意味著，身為一個王朝，他們將會繁殖自我矛盾。雖然他們緊抓哈里發之位長達七百五十年，但他們的統治只維持了一個世紀；他們會繼續在朝四個多世紀，剩下的時間則是住在開羅的一只鍍金籠子裡。他們是最偉大的阿拉伯王朝，卻也是最後一個偉大的阿拉伯王朝，而且在許多方面，都是最不具阿拉伯特質的。

阿拔斯王朝的可適性幾乎從統治之初就能見到。烏瑪亞王朝保住了他們在歐亞非—地中海世界的位置，但他們從未把自己抽離阿拉伯半島和悠久的阿拉伯過往。他們選中的首都是過往的延伸：大馬士革是阿拉伯夢想的綠洲，是坐落在無花果與橄欖大地上的溫帶人間天堂。它也是一座二手城市，是歷時千年的大風吹遊戲裡的眾多政府所在地之一。阿拔斯王朝則創造了嶄新的起點。他們開始有系統以最齷齪的方式抹消他們的前輩，把他們的遺體挖出來鞭屍。熱愛詩歌的希沙姆遭到特別嚴厲的死後酷刑，以報他將阿里家族（Alid）的革命者宰德．本．阿里（Zayd bn'Alī）釘上十字架燒死之仇：希沙姆當時還算完整的屍體，遭到八十下鞭刑，然後燒掉。[7] 對未來的伊斯蘭藝術愛好者而言，幸運的是，這隻記憶抹煞（damnatio memoriae）的毒手放過了烏瑪亞王朝偉大的宗教紀念物和比較偏僻的鄉村別宮。

阿拔斯王朝背向敘利亞，一開始是由薩法赫從庫法進行統治，薩法赫是阿拔斯運動名義上的領袖和該王朝的第一位哈里發。但那座城市是什葉派激進分子的中心，就算阿里的黨派當時依然是革命同志，這份情誼恐怕維持不了太久：他們已經被利用完了，很快就會被剷除。因此，薩法赫在舒適的距離之外，打造一座新首都——靠近安巴爾（al-Anbār），位於幼發拉底河上游兩百公里處。不過，這位哈里發還來不及搬到那裡，就在七五四年死於天花。所以，真正的新阿拔斯王朝是從薩法赫的兄弟和繼承人阿布．賈法（Abū Ja'far）開始，他的頭銜是曼蘇爾（al-Manṣūr）——「勝利者」。

曼蘇爾留給人最深的記憶點，是他創建了塞拉姆城（Madīnah as-Salām），即「和平之城」，也是夢想與夢魘之城；但一般人比較熟知的名稱，是來自基地上比較早期的小聚落：巴格達。它是阿拉伯和波斯之間那塊樞紐地上的另一座新城；但它所在位置注定讓它走向不同的命運。巴格達和附近的波斯首都泰西封一樣，是建在底格里斯河畔，也就是美索不達米亞兩大河流東邊那條；和泰西封不同的是，它跨越河流兩岸，東邊的左岸郊區占據著通往呼羅珊的道路起點。直到當時為止，阿拉伯的主要城市——古代的希拉、晚近的庫法，以及南方很遠的巴斯拉——都是建立在西邊那條幼發拉底河靠阿拉伯半島那側。曼蘇爾的新首都在地理上、政治上和心理上都重新將帝國的方向做了調整，在西邊之外也轉向東邊。阿拉伯人在最初的大征服時，曾經移入這條歐亞的主要河流；但隨著烏瑪亞王朝搬遷到大馬士革，他們也將目光望向北邊和西邊，望向舊日的古典世界，同時將餘光瞥向南邊，瞥向古老的阿拉伯半島。然而，從巴格達，阿拉伯人也看到東邊，並看進未來。

巴格達是國際性的、帝國的和特異的：它的全球傾向反映在城市設計上，以偉大的圓城（Round City）為中心。以同心圓為規畫，宛如靶子，靶心就是哈里發的宮殿，由五萬名工人同時興建[8]。曼蘇爾秉持優良的麥加商人傳統，很快就命令商人前來開設商店；他們形成一個商業郊區，稱為卡爾克區（al-Karkh）。[9]大馬士革曾是古老的「香路」（Incense Road）城鎮；巴格達則快速變成跨越海陸好幾條絲綢和香料之路的樞紐。圓城是哈里發的首都，但它並非內向性的紫禁城：位於東西南北四個基點上的大門可通往帝國的四個象限，曼蘇爾在每座大門上都建了一座通風的亭子[10]，可從上方探查往來出入。他也了解更廣闊的世界，知道他自己的巨大疆域在其中占據的位置。盎格魯撒克遜人的麥西亞王國除了做為籠統的「法蘭克佬」（Frankish）的一部分之外，或許沒什麼特色，但巴格達可是超級有特色：「這裡是底格里斯河，」有一天他看著巴格達河流上的交通這樣說，「在它和中國之間沒有任何障礙。」[11]

然而，巴格達一直要到七六二年才建好，當時曼蘇爾已經即位八年了。在那段時間，他忙於整平政治地基，移除所有會阻擋專制的障礙物。頭號障礙物就是阿拔斯革命時的軍事指揮官：大扎卜河會戰和他的雙峰駱駝與黑色旗幟的勝利者——曼蘇爾本人的叔叔阿布杜拉．本．阿里。他也想要爭取哈里發的位置，於是便遭到圍攻、逮捕、軟禁——然後，就像不受約束的統治者掌權時會出現的巧合，他的房子塌了，活活將他壓死（還會有可信之人出面證明這真的是意外）。[12]曼蘇爾為了對付他叔叔，轉而去向曾逮捕他的忠誠大將——那位革命策畫者阿布・穆斯林求助。種種跡象表明，古老的故事將會重演，阿布・穆斯林將會在自己出身的那個豐饒、遙遠的麻煩省分：呼羅珊要求獨立。曼蘇爾把他殺了，而且以血腥手段對付一支打著阿拔斯版托洛斯基派名義興起的革命分裂團體。[13]接下來，就在曼蘇爾終於開始籌畫他的新首都時，阿拔斯前革命聯盟裡一支阿里派分子開始叛亂。他們的領袖是阿里的兩個曾曾孫，兩人都很快被消滅，一個在麥地那，另一個在庫法附近；在那個斷頭之地，後者當然也遭到斬首。[14]阿拔斯王朝以鞭屍報復烏瑪亞王朝對阿里後代的所作所為，等於名副其實把歷史教訓打在他們前輩身上。而從他們自己學到的所有教訓看來，他們大可不必白費力氣。

巴格達和更廣大的阿拔斯帝國儘管是建立在虛偽、刻意健忘、背叛和殺死叔叔的基礎上，但至少穩定了一段時日。al-Futūḥāt——阿拉伯的武力「開拓」，在阿拔斯政變之前二十年，就已抵達它們最遠的極限了。現在，帝國的邊界得到鞏固，也建立了一套控制和交通的網絡。伊斯蘭第一代四散分離的五位阿拔斯兄弟，最後落腳在北非與撒馬爾罕等不同地方。同樣的，阿拔斯王朝早期的兩位兄弟：雅季德・本・哈提姆（Yazīd bn Ḥātim）和羅赫・本・哈提姆（Rawḥ bn Ḥātim），也會發現他們各自在北非與信地擔任總督；差別在於，當第一位去世之後，第二位會被派去接替他的位置——也就是要從帝國的這一端轉職到另一端，跨越當時已知世界的一半寬度。[15]在這個巨大但流動的帝國裡，圓城就是它的控制和交通樞紐：有人偷聽到曼蘇爾的孫子拉須德（ar-Rashīd）對一朵雲說：「去你想去的地方下雨，你的莊稼稅會來到我這裡。」這命令可沒半點異想天開的成分。稅收、報告和官員將以日益增快的速度從益發遙遠的距離前來。例如，從呼羅珊最遠那端郵遞到巴格達——距離超過一千五百公里——如果用快郵，只需十二天的時間。[16]即便是莊稼本身，也是用相當於聯邦快遞的系統寄送：欖仁果（一種類似李子的果實）可以從喀布爾運送二千五百公里抵達巴格達，而且保鮮。[17]

有鑑於這個精心養護的通聯系統，加上郵政部門也是哈里發最有效的情報部門，你得走上很長一段路，才有辦法避開阿拔斯王朝的眼線。因此，倖存下來的阿里後代異議分子，最終是零星分散在從印度邊界到大西洋沿岸這塊遼闊的拱形地帶裡。[18]許多人依然過著與世隔絕的生活：我曾經造訪過一支阿里家族位於茅利塔尼亞的古老要塞，那是撒哈拉沙漠最遠離巴格達那端的一座泥堡[19]，當地氏族成員依然在與距離他們三千五百公里和一千兩百五十年前的迫害者對抗。不過，有些倒是建立了獨立政府，例如創建於七八八年的摩洛哥伊德里斯王朝（Idrisids）。而其中最傑出的，是一位充滿冒險精神的年輕人，他是遭到驅逐的烏瑪亞王朝倖存者，他飛快去到西班牙，在那裡建立舊王朝的西部分支；當時，巴格達的圓城甚至連第一塊磚頭都還沒砌上。

巴格達的「萬王之王」或許統治了全世界最大的領土，但他很快就會發現，領土愈大，邊界愈容易剝落。

度量世界

如果說阿拔斯的前朝烏瑪亞不清楚這點，但阿拔斯倒是打從一開始就知道，像阿拉伯這樣的帝國，是不可能單靠武力結為一體的。它需要更中心、更強力的東西——重力，而非壓力。

烏瑪亞王朝在統治他們日益寬廣的帝國時，一直是採取獨占和冷淡的態度。當帝國金字塔的底部愈變愈多元時，它的頂端卻也高升到與地基失去接觸。這時就需要一種新的帝國建築——一種圓形結構，把多元性包納進來，這個圓形以哈里發為中心，並將歌頌他，但它是建造在同一高度上；那是一種跟圓城很像的結構。當然，這不代表阿拔斯帝國具有任何政治涵義的平等；而是說，哈里發被視為與他的臣民共享同樣的文化地基，無論臣民是波斯貴族、黑奴、印度移民過來的農民或貝都因阿拉伯人後代。在烏瑪亞統治期間，優勢文化一直是阿拉伯語、阿拉伯半島，並僅限於菁英。如今則是阿拉伯語、伊斯蘭，而文化則讓人愈漸易於接觸。身為「道地的」部落阿拉伯人或附屬於部落的 mawlā，變得愈來愈不重要；就像在古老、非部落的南阿拉伯社會，歸順於那位統一的神明才是成為社會一分子的關鍵。

很久以前，阿拉伯語曾讓它的使用者有種一體感。因為穆罕默德，阿拉伯語的修辭給了阿拉伯人一種目的性，激勵阿拉伯人在他的繼承人帶領下，從事打造帝國的超級劫掠行動。而現在，好不容易，繼語言與武力的征服之後，終於開啟了第三波征服——伊斯蘭的征服。一直到薩法赫和曼蘇爾的時代，改宗的比例依然非常低：例如，大多數的波斯人依然是祆教徒。[20]在他倆的後繼者時期，情況有了改變：伊斯蘭將完成它的轉化，從信仰崇拜變成文化霸權。在這過程中，接下來幾位哈里發扮演的角色相當核心，但那種角色較接近身為英國教會理所當然的領袖：英國國王，而非實際擔任俗世親王的中世紀教皇，或身為絕對正確的神意詮釋者的近世教宗。哈里發是信仰的捍衛者，但未必是信仰實踐的典範。以酒精為例，和烏瑪亞王朝一樣，阿拔斯王朝也沒有幾位哈里發能通過呼氣酒測。該王朝的偉大思想家馬蒙（al-Ma'mūn）言簡意賅表述出這種態度：

> 喝酒，但心知肚明這是一種罪，
> 於是尋求親切之主的諒解。[21]

對他們的臣民而言，他們在那裡，在事物的中心，而且他們的名字和血統是來自穆罕默德的叔叔，這樣就夠了。

與此同時，這些臣民則涵蓋了各異其趣的帝國全貌。他們的分歧多樣，有些出現在九世紀末巴格達喜劇作家伊本．瑪格哈季里（Ibn al-Maghāzilī）的模擬和嘲諷清單上：aʿrābī貝都因人、土耳其人、麥加人、來自阿拉伯半島中部的內志人、來自美索不達米亞的本土納巴泰農民、黑色的贊吉人（Zanjis）、來自印度河谷的信地人、印度賈特人（Jat Indians），以及各種「類型」，比如同性戀者、法官、哈里發的宦官、語法學家等。[22]阿拉伯人只是這些人物裡的一小部分，若說他們享有任何優越性，主要也只是他們自以為的。在九世紀的巴格達身為一名阿拉伯人，就跟在二十一世紀的紐約身為白種盎格魯撒克遜清教徒差不了多少：也許對他自身很重要，但跟「地鐵上的巴格達」（Baghdad on the Subway，如同歐．亨利〔O. Henry〕對他自身城市的正確描述）的人口分布愈來愈無關。

在早期阿拔斯王朝的統治下，這種多樣性助長了知識的發酵，讓各種問題紛紛冒出——特別是關於那股遲來的凝聚力：伊斯蘭。巴格達本身並非主要的學習中心：它的居民被一名學者斥為「哈里發軍隊的追隨者」。[23]反而是庫法和巴斯拉扮演攣生但敵對的知識首都，阿拔斯版的牛津劍橋或哈佛耶魯。辯論熱烈，思想自由。根據一位近代作家的說法：

> 阿拉伯知識成長最重要的階段是在阿拔斯時期。當時提出的大多數問題今日依然有人質問。當時的辯論特色就是毫無畏懼到不可思議，即便是異端分子也能提出他們的看法。今日，我們敢提出的問題根本不及我們前輩的一小部分，就這點而言，我們可說是退步了。[24]

那些問題當中，有一些是關於神的本質、預定論與自由意志、罪與悔改。在阿拔斯王朝早期的論辯中，最著名的學者是所謂的穆爾太齊賴派（al-Muʿtazilah，分離派的意思），該派傾向強調個體的角色，特別是個體的道德責任[25]以及對經文做出個人詮釋的能力。他們強調 ijtihād，指的是「掙扎」（struggle）和各種不同意涵——的重要性，但是，對穆爾太齊賴派而言，這個字指的是個人掙扎、努力想理解安拉透過使者穆罕默德傳遞給人類的訊息到底是什麼。當他們的想法受到馬蒙哈里發的支持時，他們得到巨大的鼓勵；但他們也在八三三年，馬蒙去世前四個月，遭受到致命的危害，因為馬蒙做了個「教皇式」轉向，將他們奉為官方教條，於是一直以來的看法觀點就成了是非對錯的問題。尤其重要的是，馬蒙支持穆爾太齊賴派的看法，認為《古蘭經》是安拉創造的，而非與祂永恆共存。乍看之下，這觀點像是一種神學上的細微差異。但當你想到，拜占庭早期基督教曾為了同樣的問題所掀起的神學與政治交戰——關於神和祂的邏各斯耶穌的關係，以及三位一體的本質——你就會理解，激烈的爭執、指控、異端的反指控，乃至於宗教裁判的舞台，都已經架好了。

伊斯蘭花了兩個世紀的時間生產出它的第一個正統。然而，到那個時候，安拉離祂身為古萊什部落神的原型已經很遠了；不過話說回來，古萊什也是。它那些烏瑪亞氏族的哈里發們在宮牆上描繪偉大的世界統治者，藉此表明他們已經在國王的世界地圖上插旗宣告他們的領土所有權。對阿拔斯氏族的哈里發而言，這項宣告如今很安全：除了在土地上插旗，他們也想在知識上插旗；除了打造地圖上的帝國，也要打造心智上的帝國。如同帝國時代的羅馬人環顧四周並回望希臘，帝國時代的俄羅斯人望向法蘭西，阿拉伯帝國的統治者也開始參考他們此刻和過往的鄰居，看他們如何建立自己的知識財產組合。因此，那個時代的神學論辯是整體知識開拓的一部分，這場開拓在馬蒙哈里發統治初期達到最廣遠的範圍。有則軼事企圖解釋箇中原由。「哲學書和其他古代科學在這塊土地上倍增的原因」——巴格達書商暨目錄學者伊本．納迪姆（Ibn an-Nadīm）在上述標題下寫道：

有天晚上，馬蒙夢到一個男人……坐在他的哈里發寶座上。「感覺就像是我正站在他前面，」他說，「對他充滿敬畏。我問他是何方神聖，他說：『我是亞里斯多德。』我大喜過望，說道：『大聖者，我可以問您一個問題嗎？』『請說，』他回答。於是我問他：『善是什麼？』他回答：『那些注定是善的理性。』我說：『然後呢？』他回答：『那些注定是善的法律。』我說：『然後呢？』他回答：『那些注定是善的大眾。』我問：『然後呢？』他回答：『然後就沒有「然後」了。』」[26]

至少，在馬蒙的夢裡面，巴格達似乎有可能變成哲學家的假想城市。[27]為了追求那個理想，馬蒙「寫信給拜占庭皇帝〔亞美尼亞人里奧（Leo the Armenian）〕，請他同意並寄送一套保存且流傳在拜占庭土地上的古科學作品精選集。最初有些不情願的皇帝最後同意這項情求」。[28]

這個夢境本身或許是為了合理化馬蒙的興趣而夢的，但興趣是真實的，而他將某些夢境付諸實現的方式也沒任何假設成分。「馬蒙迷戀古代科學，並希望能證明它們的理論。」一本有關穆薩．本．沙基爾（Mūsā bn Shākir）三個兒子的傳記如此寫道，那三位兒子共同撰寫了一本討論機械發明的名著。比方說，這位哈里發在鑽研「古代」科學——換言之，希臘和希臘化時代對於物理世界的研究——的過程中，曾經讀到地球的周長是兩萬四千英里，於是他委託穆薩家的兄弟去驗證那個數字。他們到處探查哪些地區最平坦又最遼闊，最後選定辛賈爾（Sinjār）附近的沙漠。他們在那裡測量了北極星的高度，然後往正北方走，直到抵達某一點，那裡的海拔增加了一度。他們用釘子和繩索測量行進的距離，得到六十六又三分之二英里的數字。接著他們重複同樣的實驗，朝正南方走，直到北極星的海拔降了一度，並發現距離相同。他們後來又在庫法附近的沙漠再次確認了他們的數字。這數字乘以三百六十度，答案就是兩萬四千英里——證明完畢。[29]

這裡的重點並非實驗的原創性，因為「古代計量學家已經執行過了」；重點在於，穆薩家的兄弟在馬蒙贊助下，「是伊斯蘭共同體裡唯一專注於這項研究的，並將它從理論領域帶到實踐的領域」[30]。這項實驗就該書作者所知，在伊斯蘭土地上從未重複進行過，而該作者是在那次實驗的四百五十年後撰寫該書。在那位作者之後，蒙古和蒙兀兒伊斯蘭的統治者會變成應用科學的狂熱支持者，但在阿拉伯統治者當中，馬蒙哈里發時期可說是實踐研究的最高峰。

與非阿拉伯科學[31]（通常稱為al-ʿulūm al-ʿaqlīyah，「理性科學」）齊頭並進的，還有興盛蓬勃的阿拉伯科學（al-ʿulūm al-naqlīyah，或說「傳統科學」）。後者其實是阿拉伯文的科學，因為都圍繞著文本打轉——《古蘭經》的書寫文本，以及穆罕默德與其同伴的大量言行錄，後者以口語文本或筆記形式存在。在阿拔斯王朝早期，這些二手語料庫開始編纂，並轉錄到莎草紙和日益增加的紙張上。根據這些資料，正式的道德和法律結構——終於——開始為了伊斯蘭而浮現。遜尼派法理學——以as-sunnah或穆罕默德及其追隨者的言行為基礎——主要的「學派」有四位奠基者，其中三位是「血統純正的」阿拉伯人；第四位，阿布·哈尼法（Abū Ḥanīfah）則是一名mawlā，他是喀布爾奴隸的孫子。然而，到了下一代，那些闡述和傳播奠基者想法的人，往往都和帝國一樣具有世界性。比方卡希姆·本·撒冷（al-Qāsim bn Salām），他出生於阿富汗的赫拉特（Herat），父親是拜占庭奴隸，他最後成為地中海塔蘇斯（Tarsus）地方的法官，並在馬蒙時代之後不久死於麥加，像他這樣的經歷並不算非典型的例外[32]。什葉派的道德和法理學也類似，是由阿里家族的伊瑪目奠下基礎，但由他們的非阿拉伯追隨者打造完成。是這些「外人」用《古蘭經》的內核和不定形的周邊材料，將它塑造成完整的宗教。

馬蒙也是傳統阿拉伯科學的受益人，因為他年輕時曾接受過哈納菲（al-Ḥanafī）法理學派的初階訓練。[33]這樣的背景加上他的亞里斯多德之夢和度量地球的行為，可看出他顯然有資格成為心胸開闊的思想家，即便他在生命後期會做出武斷的結論。不過，帝國並未對他的另一場實驗預做任何準備——一場直到二十世紀為止，似乎從未在其他任何地方以任何形式重複過的實驗。那是一場政治實驗，企圖橋接阿拉伯與伊斯蘭統一的巨大裂谷：介於什葉阿里派和其他之間的裂谷。這道裂谷一開始只是有關阿拉伯權力基礎的一條簡單裂縫，但是從錫芬會戰起，已經吞噬了許多人的生命和忠誠。它也開始取得新面向——成為哈里發與伊瑪目之間權威性質的分裂；前者的權威是存在於文本之中以及透過學術共識所做出的詮釋之上，後者則僅限於小圈子、使徒式的權威，繼承了殉道者阿里和胡笙的血脈。

馬蒙的幾位前任，也就是阿拔斯最初的幾位哈里發，對於改善這兩個集團之間的感情幾乎沒有任何幫助，因為他們先是利用什葉派的門票取得權力，然後將權力僭奪到自己手上，把那張門票撕成碎片。不過到了八一六年，馬蒙看來是決定放棄阿拔斯家族對統治權的獨攬：他指派什葉派的第八位伊瑪目阿里·利達（ʿAlī ar-Riḍā）做為哈里發的繼承人，並將自己的女兒嫁給他。[34]這決定令人昏頭，但還是得到順從，哈里發最親近的人士遵行照辦；有些什葉派覺得他們的目標終於令人嗅到成功的香味，其他人則認為其中有詐；至於阿拔斯王朝的強硬派則感到震驚。結果是，阿里．利達兩年後就死了，於是大家默默把這件事給忘了——除了什葉派之外，他們把他的死歸咎為一樁陰謀和一顆有毒的石榴。他們也許是對的。無論真相如何，哈里發將阿里．利達埋在他父親、已故的拉須德哈里發身旁，拉須德當時是在遠征呼羅珊時死於該地。那個地點後來變成伊朗什葉派口中的馬什哈德（al-Mashhad），「聖所」之意，至今依然是伊朗最神聖的所在。

陰謀論大量盛產，至今不息。甚至有個瑣碎的謠言表示，馬蒙曾偷偷把兩具屍體挖出來並交換位置。[35]如果這是真的，那表示當什葉派的朝聖者站在他們第八位伊瑪目的墓前，為他的靈魂祈禱，然後越過他的墓朝拉須德的墓詛咒時[36]，他們的祈禱和詛咒對象根本就反了。一切只有天知道。

下一次官方企圖讓遜尼派與什葉派和解，要等到一九四〇年代，一個合一組織「和解會社」（Jamāʿah at-Taqrīb）的建立；但不到二十年，這個組織也成為泡影，停止運作。[37]不過在九世紀初的一小段時間裡，那個在阿拉伯半島孕育、在穆罕默德時代出生、占據了半個地球的偉大有機體，終於長大成熟，將嬰兒期的爭執拋到腦後。但是，伊斯蘭這個共同體又一次像先知剛過世那幾年一樣，站在

朝聖之路的分岔點上。[38]

這一次，在過了兩個世紀之後，他們得在不同的知識道路間做選擇：一條是傳統的文本和修辭的真理，另一條是理性的實證主義真理；還要在不同的政治道路間做選擇——一條是遜尼派阿拔斯哈里發的權威，另一條是什葉派伊瑪目的權威……或者，如同機智的馬蒙指定伊瑪目擔任哈里發繼承人所顯示

的，其實還有一些可以開拓的中道，一些妥協但可通向統一之道。不過，一如既往，承認有分歧總是比妥協更容易，讓未來承擔後果也總是更簡單。

在翻譯中發現

儘管有這麼多知識和政治上的分歧，但還是有個最重要的紐帶，給了這個巨大複雜的有機體團結和身分：那就是它依然是以古老的高級阿拉伯語書寫，儘管很少用於口說。口說阿拉伯語可能已經拆散成新的方言，但隨著伊斯蘭擴張成世界宗教和世界文化，阿拉伯文確實為這個世界提供了文字。在《古蘭經》版的《聖經》故事裡，安拉告訴亞當所有造物的阿拉伯語名稱[39]；如今，隨著伊斯蘭用它自身的形象重新創造世界，阿拉伯語也再次提供了詞彙。它可透過自然生成提供絕大部分的詞：阿拉伯語向來是柔順、微妙和萬用的，它的根系可自然長出分枝。但是，就像與征服地的女子通婚催生出新的混種阿拉伯人和新的混種阿拉伯語，這語言也因其他的口語而變豐富。阿拉伯語自身的單詞世界也擴張了。

在這波擴張裡，正規翻譯所扮演的重要性不下於日常溝通。翻譯運動在烏瑪亞王朝就已緩慢展開，拜一位狂熱的烏瑪亞親王之賜，亞歷山卓搶先把一些與化學相關的文本從希臘文和科普特文翻成阿拉伯文。[40]到了阿拔斯王朝，計畫加速進行，而且隨著阿拔斯的東向政策，翻譯也有了新的語言來源：除了需要注意的前三種語言之外——希臘文、科普特文和肥沃月彎學術圈的敘利亞文——又增加了波斯語、巴列維語和梵語。科學的範圍也跟著擴張，翻譯的內容包括醫學、植物學、藥理學、天文學、占星術、地理學、幾何學、工程學、音樂、數學等等。這不僅讓阿拉伯語和阿拉伯語的思考心智變豐富，整個世界的知識也跟著獲益。別的不提，單是阿拉伯人採用 ṣifr「零」這個數字——在此之前僅局限於印度——並將零透過「阿拉伯數字」傳播到世界其餘地方，就貢獻良多，將世界帶入了現代世紀。

然而，阿語文明本身並不是零，也不僅是東方與西方之間、古代與現代之間的連字號。講阿拉伯語的科學家本身就對古代知識貢獻良多，特別是在醫藥、三角學、數學和天文學等方面——這點可從「al-」開頭的一些字詞得到證明，例如「alcohol」（酒精）、「algebra」（代數）、「algorithm」（算術），以及星球的名稱，例如「Altair」（牛郎星，aṭ-ṭāʾir「鳥」）。還有比較不明顯的一些：當好萊塢借用「Betelgeuse」（參宿四）這顆星星的名字為電影《Beetlejuice》（《陰間大法師》）命名時，該部電影的工作人員可知道那其實是阿拉伯文的 ibṭ al-jawzāʾ「獵戶座的腋窩」？

如同馬蒙之夢所顯示的，哲學是他熱烈想消化吸收的，特別是亞里斯多德的哲學，但也包括柏拉圖及新柏拉圖主義。馬蒙是翻譯和科學事業的最大贊助者，他還在城裡設立了一所類似皇家學會的智慧宮（Bayt al-Ḥikmah），直接打臉那個說「巴格達只是一座臃腫的駐軍城鎮」的謊言。這所阿拔斯學會除了聚焦翻譯之外，也瞄準天界，在巴格達和大馬士革都設有天文台。贊助活動也在不若皇室那樣顯赫的層級裡進行，儘管沒幾個人比得上穆薩家三兄弟付給全職翻譯者的費用——一個月五百金迪納爾[41]。在當時，一名步兵一個月的費用只有二十迪爾罕姆，相當於二迪納爾。[42]最後，如同迪米崔．古塔斯（Dimitri Gutas）所寫的：「異教希臘人關於科學和哲學的大多數書籍……只要在上古晚期於東拜占庭帝國和近東可以找到的，全都翻成了阿拉伯文。」這場翻譯運動並未耗盡能量，而是耗盡了文本。

然而，即便如此，文學的驅動力也還沒結束。它換了檔；因為翻譯開始激發人們以阿拉伯文進行更廣泛的原創思考，而這種思考被記載下來的方式，對阿拉伯文而言是全新的——白話散文，既沒節奏也沒有押韻，直接以文字組合：跟我此刻寫的散文一樣。一種全新的表達媒介開展了。阿拉伯文的使用者除了可以用聲音思考之外，終於也可以用墨水思考。這語言除了為詩人、演說家和帝國簿記員服務之外，也能為知識分子服務。誠然，沒有多少知識分子是「純正的」阿拉伯人；他們涵蓋了帝國所有的遺傳光譜。但在哲學上，第一位也是最偉大的一位，是九世紀的「阿拉伯人哲學家」金迪，他是一位多產作家和各種科學的捍衛者。他屬於由親王、詩人和開拓者所組成的那個才華無邊的氏族，亦即古老的金達部落的統治家族；該家族出過四世紀的伊姆魯．蓋斯國王這位目前所知最早的阿拉伯文本的作者、與他同名的六世紀浪客暨前伊斯蘭時代最偉大的詩人，還有七世紀與伊斯蘭和解的那位反叛者：遠遊戰士阿沙斯。

常言道，如果沒有阿拉伯人，歐洲人就不會有文藝復興。比較好的說法：馬蒙是比梅賽納斯（Maecenas）或麥地奇家族（Medici）更偉大的堅定贊助者，他的年代剛好介於兩人中間。至於其中屬他最為特出的阿拔斯王朝本身就是由文藝復興的王者所組成，後來的歐洲情節只是長期中斷後的一次延續。

紙張革命

阿拔斯文藝復興及隨之而來的阿拉伯文書寫學術的誕生，都得到紙張的加持。這是書寫革命的第三階段，這場革命由記錄《古蘭經》揭開序幕，然後隨著以其統治者的語言經營帝國的需求而外擴。

從少量且緩慢書寫在昂貴的羊皮紙和莎草紙上，轉變成大量且快速書寫在便宜的紙張上，這是資訊科技的一次大躍進，重要的程度不下於我們這個時代從紙張轉變到螢幕：它也生產出字詞，雖然並非所有字詞都值得生產出來，但它們全都增加了那些時代的文學聲量。傳統說法告訴我們，西元七五一年阿拉伯人於錫爾河東岸的塔拉斯（Talas）或塔拉茲（Taraz）會戰俘虜了中國的製紙工人，紙就因此跟著他們西傳——那場衝突是阿拉伯武力伸入亞洲的最遠端。幾乎可以肯定，這個故事是一段更漫長、更模糊歷程的簡化版；例如，目錄學者伊本．納迪姆說，亞麻製的「呼羅珊紙」在烏瑪亞時代的西方眾所皆知。[43]毫無疑問的是，紙張確實是在阿拔斯時代迅速散布。據說，馬蒙的父親拉須德曾下令政府辦公室要使用這種材料，以避免「做假帳」[44]：寫在紙上很難擦拭，不像羊皮紙或莎草紙比較容易刮除。目前所知阿拉伯帝國留存至今的最古老紙張，就來自拉須德時代，是一份寫於大馬士革的希臘文手稿，時間約莫是西元八〇〇年[45]。不清楚那些紙張是在哪裡製造的，但在那個時代，伊拉克已經有了造紙產業，而且正準備往西擴張。

紙的平滑和其他書寫表面比起來，更有助於比較圓潤彎曲的阿拉伯草書體[46]，草書體最早是由烏瑪亞的帝國書記發展出來的，好幫助他們快速寫完愈堆愈高的副本。而且，一如紙張在其原生地中國，它也提高了整體的書法美學，這種美學將會統一伊斯蘭世界，讓它繼續植根在它的阿拉伯語起源地：許多「伊斯蘭」藝術其實就是阿拉伯文的書法藝術。一如雕刻之於古希臘，電影之於現代美國，書法在阿拉伯人漫長歷史的後半段也占有同樣地位。即便當阿拉伯人從後半段「消失」，當他們的角色從主動轉向被動，阿拉伯文字還是不斷地自我題寫——也許沒說什麼新東西，但提供了一條連續線，一條阿拉伯認同的生命線，引導阿拉伯人在十九世紀於世界史上復出。

書法的美學無所不包：它如實描述和銘刻了《古蘭經》所揭示的神性以及人性——字母 wāw 是愛人垂在前額的鬈髮[47]：

交纏的愛人lām-alif[48]用精緻講究的「庫法體」寫成：

為了讓這種美學功德圓滿，最後從人體美的角度來描繪廣義的字母：

> 只用最好的墨水為你的文學增添香味，
> 因為文學作品是甜美的女孩，墨水是她們珍貴的氣味。[49]

不過，在書寫革命的阿拔斯階段，大多數的寫作者可沒時間去耍弄這類風花雪月。有一堆學術等著人來書寫，這階段也開始用工業量產的方式去達成。例如，伊朗內沙布爾（Nishapur）的一名學者舉行了有關al-hadīth（聖訓）的公開講座，過程中分送了五百瓶墨水罐，供參與者記下他講的話[50]。當時似乎有一股無法阻擋的墨水流：到了西元十世紀初，wazīr（高級顧問和大臣）伊本・富拉特（Ibn al-Furāt）病假後返回辦公室時，竟然發現案頭有上千封信件等著他處理，另有一千份票據等著他簽名——相當於今日爆炸的電郵信箱。[51]有時，官僚文書會繁複到失控，有個故事是一名拉肚子的官員，居然得寫書面申請書才能使用僅有的一間廁所。等到申請書批准送回來後，看守廁所的文盲還得去找人把它唸出來，那名官員差點就要拉在褲子上了[52]：屁話連篇和腹瀉不止相互扞格。

在這個書寫社會的另一個識字極端，圖書館林立並發揮它們確保文化凝聚力的作用。例如，九世紀的詩人阿布·塔馬姆（Abū Tamām）在伊朗城市哈馬丹（Hamadhān）遭到大雪阻絕，於是把自己禁閉在當地貴族的圖書館裡，潛心研究前伊斯蘭時代的韻文。[53]以下場景是這個文化帝國的縮影：一名出身不詳但可能是希臘的阿拉伯語詩人走遍波斯境內，閱讀阿拉伯古老前輩的作品。圖書館隨著字詞的傾瀉快速成長。十世紀最偉大的政治家薩希卜·本·阿巴德（aṣ-Ṣāḥib bn ʿAbbād）曾有過一次誘人的生涯轉換機會，但他最後拒絕了，有部分是因為，單是他圖書館裡的書就需要四百頭駱駝才有辦法運送。[54]這也是重量級的個人作品紛紛出現的階段，它們本身就是想要容納並控制那源源不絕的墨水流的一種嘗試——這些著作包括十世紀的塔巴里和馬蘇第的歷史，兩者都卷帙浩繁。馬蘇第的歷史已經失傳，殘存下來的四冊刪節版——《黃金草原》（Murūj adh-dhahab）——只能算是摘要。那是我最重要的資料來源之一：它提供了阿拔斯世界觀的歷史，其中，阿拉伯帝國既是一個從由亞當開始的連續體的一部分，也是一個包含科普特人、波斯人、法蘭克人和中國人的人類地理的核心（如同那位唐朝皇帝所觀察到的）。

馬蘇第本人觀察過那塊地理上的很大一部分，因此非常有資格呈現阿拔斯時代的觀點。他是穆罕默德博學的夥伴阿布杜拉·本·馬紹德（ʿAbd Allāh bn Masʾūd）的後代，在巴格達長大，但造訪過許多地方——埃及、波斯、信地、印度、薩蘭迪布（Sarandīb，斯里蘭卡），可能還有中南半島、中國、東印度群島，然後在他返回阿拉伯半島途中，順道經過馬達加斯加和東非。之後他還遊覽了現在的伊朗北部和西部，以及利凡特等地[55]。身為一個讀萬卷書行萬里路時代的體現，他一直被拿來和希羅多德相提並論。但他也體現出一種躁動，那一直是阿拉伯半島特有的地方病，這股躁動在穆罕默德死後阿拉伯人開始拓展政治帝國時被釋放出來，此刻則在遊歷求知這方面找到出口。如同愛德華・薩伊德在他的《東方主義》（*Orientalism*）裡所描繪的，領土與資訊的雙重帝國並不僅限於日後的西方征服者。

很少有人可以和馬蘇第的探險媲美，無論是在地面上或紙面上。但他和其他人所使用、輸出的阿拉伯語言及文化，甚至走得比他更廣更遠。我們提過，早在馬蘇第的時代之前，詩人伊本・阿拉比——「貝都因之子」，但其實是信地出身——的沙龍就曾讓來自帝國兩端的安達魯斯和土耳其斯坦訪客齊聚一堂。[56]而這樣的相遇並唯一。「有天我在家裡的門廳背誦時，」後來的巴格達詩人伊本・努巴塔（Ibn Nubātah）如此回憶：

出現敲門聲。「請問哪位？」我說。

「來自馬什里克〔帝國東邊〕的訪客。」對方回答。

「有我能效勞之處嗎？」我問。

他說：「這首詩是您寫的，是嗎：

『未死於劍下之人，死亡依然將至：

原因或許繁多，但疾病是其一。』」

「是的，」我說，「是我寫的。」

「我可以在您的授權下唸誦它嗎？」他問。

「當然。」我答。他就走了。那天快結束時，敲門聲又響起。

「請問哪位？」我說。

「來自馬格里布〔阿爾及利亞〕塔哈特（Tahart）的訪客。」對方回答。

「有我能效勞之處嗎？」我問。

他說：「這首詩是您寫的，是嗎：

『未死於劍下之人，死亡依然將至：

原因或許繁多，但疾病是其一。』」

「是的，」我說，「是我寫的。」

「我可以在您的授權下唸誦它嗎？」他問。

「當然。」我答。然後我嚇到了，這首詩竟然能流傳到東西兩端。[57]

另一位詩人布赫圖里（al-Buḥturī）則是捕捉到那個時代橫越世界的氛圍：

我那廣行遍旅的詩歌車隊，肯定將永遠

追隨你……[58]

阿拔斯時代的移動性是包括物理上、藝術上和知識上的。那位名門後代：金迪的家族早在伊斯蘭出現之前很久，就已經是阿拉伯最有才華的家族，他強力反對知識分子墨守成規，反對以宗教之名攻擊哲學的蒙昧主義者。[59]「對我們而言，這是正確而合適的，」他寫道：

永遠不要畏避承認真理（al-haqq），並要為我們自己取得真理，無論它來自何處——即便是來自與我們相隔遙遠的種族和與我們截然不同的社會。[60]

唯有在一個肯定自身力量的社會和文化裡，才會去思考這樣的想法，更別提將它表達出來。這種嶄新而且國際性的超文化散布，不僅影響到中國的皇帝和盎格魯撒克遜的硬幣。在日漸萎縮的古典世界，在君士坦丁堡，他們也模仿起巴格達的建築和服裝：曾在八三〇年代與阿拉伯人交戰的東羅馬皇帝希奧菲勒斯（Theophilus）在博斯普魯斯海峽旁邊蓋了一棟巴格達風格的宮殿，而有錢的拜占庭人則開始走阿拉伯風，他們綁頭巾和穿寬袍[61]。甚至在唐朝的廣州，阿拉伯風格的寬袍或「胡服」也很流行[62]。但是，雖然世界變得愈來愈小，愈來愈阿拉伯式——包括說與寫的字詞，以及生活和服裝的樣式——但至少在傳統派眼中，它也變得愈來愈不阿拉伯。

漫長式微的開端

烏瑪亞王朝的最後一任呼羅珊總督曾警告大馬士革的主人留意阿拔斯的革命[63]，如果他們現在沒撲滅它，他那充滿詩火的警告如此總結：「就要向伊斯蘭及阿拉伯人——告別！」[64]阿拔斯的勝利並沒讓伊斯蘭終結；它反而在許多方面都讓伊斯蘭更豐富。但阿拉伯性呢？如同我們看到的，偉大的阿拉伯學家賈希茲在阿拔斯掌權後的一個世紀，將阿拔斯這個品牌界定為'ajamīyah khurāsānīyah「非阿拉伯的和呼羅珊的」[65]。當然，他們的革命是從呼羅珊起步，也總是使用來自該區的軍隊；他們是這個意義上的

「呼羅珊人」。但ʿajamī（非阿拉伯）？賈希茲肯定是誇大了一種修辭觀點：ʿajamī永遠是扮演ʿarabī自我界定的反面——在語言上，但也包括先祖起源、生活風格以及想像得到的每一方面。

阿拔斯王朝在語言和最重要的男性世系上當然還是阿拉伯人。但在生活風格上，他們確實在很短的時間內有了長足改變。在阿拔斯興起前一個多世紀，曾與沙王總督談判的穆吉拉可說是粗魯的貝都因阿拉伯性的縮影，他野蠻地毀壞了波斯珍貴的地毯，還硬擠到寶座上的攝政王身邊。[66]如今，阿拔斯王朝變成擁有地毯和寶座的那一方。這些中國皇帝口中的阿拉伯「萬王之王」即便未正式採用波斯式的頭銜，卻已擁抱了波斯的「裝飾主義」。[67]古阿拉伯和最早期伊斯蘭的統治者都很可親，但阿拔斯的第一任哈里發薩法赫就採用了波斯習俗，出現在公眾之前時會坐在簾幕後方。[68]的確，有些烏瑪亞王朝的統治者也這樣做[69]。但後來的阿拔斯哈里發變本加厲，他們開始戴上tāj，這是波斯文的「皇冠」，但或許對阿拔斯王朝而言，指的是一種綴有珍寶的頭巾[70]。他們雇用了宮廷占星家——在曼蘇爾時代是一位祆教徒，他讓曼蘇爾在大多數民眾依然堅守舊宗教的「賢士」（Magi）之地[71]，享有一層合法的外表。他們的政策也波斯化了：據說曼蘇爾暗殺阿布．穆斯林的念頭就來自於有一位薩珊沙王曾在類似情況下殺了深受他信任的大將。[72]這種行為在烏瑪亞王朝統治期間幾乎無法想像，雖然他們會跟敵人打到你死我活，但對朋友普遍都很忠誠。

在統治者和他們的出身之間，以及在嶄新的國際化阿拉伯人和老派的aʿrāb之間，有一道隱喻性的簾幕正在降下。這種斷裂顯現在一則和阿拔斯第三任哈里發馬赫迪（al-Mahdī）相關的故事裡，他在荒野打獵時迷路，於是在一位貝都因人那裡避難。那位貝都因人用酒款待他，一杯接一杯之後，哈里發逐漸透露他的身分：一開始，他說他是來自宮廷之人；接著，他說他是哈里發的指揮官；最後，他說他是哈里發本人。在這同時，那位貝都因人斜睨著他。

「貝都因，」馬赫迪說，「再倒一杯。」

那人回答：「不，安拉在上，我不能讓你再喝了。」

「為什麼？」哈里發問。

「因為我怕你再喝第四杯的話，你會告訴我你是安拉的先知。」馬赫迪聽到這句話時，大笑起來。

這時，哈里發心急如焚的侍衛終於找到他。那位貝都因人一開始嚇壞了，冷靜之後，他對哈里發說：

「所以你**剛才**講的都是真的。但如果你說出第四聲明——**還有第五聲明**——的話，那就太超過了。」馬赫迪聽到「第四聲明——**還有第五聲明**」時，笑到差點從馬上摔下來。

他假定，那個第五聲明會是，哈里發是神……故事的結尾是，

馬赫迪下令給那位貝都因人一筆賞金，並把他納入自己的密友圈。[73]

這讀起來有如一則和轉型有關的寓言，轉型從伊斯蘭開始，現在又加緊腳步，從老派的阿拉伯人轉型成都市居民：a‘rābī這些來自荒野的外圍邊緣人（雖然是一口可提供很多酒的荒野之井），被帶進圈子的最核心——在哈里發的簾幕後方得到允准，然後送進新都市社會的心臟地帶。這聽起來也像是一個時代的結束。未來的哈里發將不會是在荒野中無人知曉的馬赫迪，而會是在《天方夜譚》這本寓言故事裡的他兒子拉須德；此人隱身在巴格達的都市叢林中，不是在沙漠裡受人懷疑，而是在城市裡偽裝。

至於生活風格，賈希茲的看法是對的：在漫長統治期間身為阿拉伯第一家族和阿拉伯團結首要象徵的阿拔斯王朝，他們與傳統的阿拉伯人相去甚遠。即便在語言與世系這兩個看似還算純阿拉伯的領域，他們的阿拉伯性也受到侵蝕：或說得精準一點，他們的語言和世系也逐漸遠離了舊日環境。烏瑪亞王朝的哈里發或許曾在高級阿拉伯語的格詞尾上犯了錯誤；但馬赫迪的孫子穆塔西姆（al-Mu‘taṣim）更糟糕，他坦承自己是「文盲」，因為他不知道kala‘這個字是什麼意思[74]——那是傳統阿拉伯生活裡繼mā’「水」之後最重要的一個字，因為它的意思是「牧地」。雖然父系血統在當時很重要，但母親這邊的世系在古阿拉伯社會幾乎同等重要。在前伊斯蘭時代，奴隸的兒子往往不被父親承認[75]，除非那些兒子能生出自己的後代。但在阿拔斯王朝被蒙古滅掉之前的五百多年間，總計三十七位哈里發中，只有三位的母親是自由人出身的阿拉伯人。其他的母親都是奴妾，出身千奇百樣，包括阿富汗、花剌子模（Khwarizmian）、拜占庭、斯拉夫、柏柏、波斯、土耳其、亞美尼亞和阿比西尼亞[76]。「世界混雜了，」十一世紀詩人馬阿里（al-Ma‘arrī）指出，「平原的人民和山裡的女兒；努馬爾（Numayr）族的母親是土耳其人；烏凱勒（‘Uqayl）的母親是來自撒馬爾罕的奴隸。」[77]這精準反映出帝國的複雜多樣性，但和昔日阿拉伯次大陸的故鄉生活卻是天壤之別。

Ḥaḍārah——成功的、定居的多樣共存，在那個時代凌駕於badāwah「貝都因主義」之上；shaʿb「民族」在它最廣泛、最國際性的伊斯蘭意義上，已經讓qabīlah「部落」淪落成少數和邊緣角色。社會——重要的那部分社會——不再是部落性的；族譜對某些人而言也許還很重要，但帶有各種不同基因的人民，依然可以在伊斯蘭這個大家族裡共同生活。關建是，非阿拉伯人不再只能是附從或文員或小妾，也可以靠自己的力量變成重要人物。

在阿拔斯王朝統治下，帝國的實際運作逐漸由wazīr或「維齊爾」（vizier）負責。阿拔斯家族早期的wazīr裡，最重要的首推波斯的巴馬克（Barmak）家族，他們的祖先是位於今日阿富汗北部的巴爾赫（Balkh）納瓦巴哈爾（Nawbahar）神廟的世襲司事（「Barmak」是梵文的parmak「優越、領袖」，納瓦巴哈爾是新的vihāra「佛教伽藍」）。[78]該家族一連三代以不同能力為阿拔斯王朝服務，其中最著名的是賈法（Jaʿfar）——《天方夜譚》故事裡哈倫．拉須德（Hārūn ar-Rashīd）的友伴。兩人的關係相當親密；根據傳說，兩人親密到拉須德有一件特別的「暹羅連體嬰」袍，可以把兩個人一起裹在袍子裡，讓頭從不同的衣領中伸出來。[79]（形容關係親密的諺語「穿同一條開襠褲」，難道就是從這裡來的？）

傳說還沒結束：據說波斯人和阿拉伯人未來的結合將會親密到打破古老的禁忌（它和前伊斯蘭時代的拉赫姆國王一般古老[80]）：拉須德將妹妹阿芭莎（al-ʿAbbāsah）許配給賈法。然後，故事繼續下去，但事情出了差錯：這個結合原意只是有名無實的假結婚，沒想到非常圓滿，還生了一個兒子。[81]拉須德被那位波斯「紙新郎」——不管他是不是貼胸膛的好友——玷汙他妹妹阿拉伯純潔性這件事給激怒了，遂下令處死賈法，還把家族裡的其他人都關進牢裡，並將他們驚人的家產全部充公。

這故事是真的嗎？大概不是。比方說，伊本．赫勒敦就把這故事斥為荒謬；但他接下來對阿芭莎的提問反而削弱了自己的立論：「她怎麼可能……讓一個波斯附從來玷汙她的阿拉伯貴族血統。」[82]伊本·赫勒敦或許是社會學之父，但在閨房之樂這方面，他可就沒那麼可靠了。他接著暗示，比較有說服力的是，其實巴馬克家族正在策畫一場推翻拉須德的政變[83]。沒有清楚的證據可支持這點，不過留存至今的一些親巴馬克的輓歌，可能有些密碼指向這點。例如，有首輓歌包含下面這幾行：

當你在這兒，全世界就是一位新娘；

而如今它少了丈夫，和孩子。[84]

這首詩暗示，賈法娶的不僅是哈里發的妹妹，還包括他的領土。如今，波斯與世界的聯姻泡湯了。巴馬克家族的沒落一直沒有得到解釋[85]。惡性的宮廷競爭正在上演，特別是巴馬克家族和拉須德的另一個密友：法德爾·本·拉比（al-Faḍl bn ar-Rabīʿ）。[86]但也許到最後，是古老的恐懼在拉須德身上重現——ʿajamī位於上位的恐懼，無論是在床上或寶座上。在阿拉伯語裡，這兩種家具可以用同一個字表達：sarīr（我們前面提過，寶座的另一個字是ʿarsh，也有「靈柩」的意思），這點恐怕並非微不足道。同樣並非微不足道的是，就在哈里發動手拔除巴馬克家族之前沒多久，他才剛去麥加朝聖，在儀式上與阿拉伯的根柢重新連結。他是最後一任還曾更新過這古老連結的哈里發。[87]

對他者的恐懼縱然古老，也很合理：畢竟阿拉伯的優越性很快就要流失。波斯人——甚至土耳其人——不久後就要主張他們的支配地位，不僅是對阿拉伯女人的身體及隨之而來的阿拉伯「榮譽」，還包括整個阿拉伯的身體政治。他們朝權力之階向上攀爬，會在下一任哈里發的世代熱烈展開；在那之後，短短一代多一點的時間，非阿拉伯人就會化成千年魔魘。

君王是孤寡

大衰亡與沒落——也許恐龍例外——總是有許多原因，經常瑣碎到無法偵測；但有時在這些原因裡，悲劇的缺陷、性格的扭曲和環境的擰絞，正是災難盤旋而出的根源。「當全能的安拉打算讓一個民族毀滅，」烏拜德．阿拉．本．蘇利曼（'Ubayd Allāh bn Sulaymān）寫道，「並讓他們的幸福終止時，祂會提出理由。」[88]換句話說，祂不會擲骰子。對阿拉伯人而言，那個常見的嫌疑犯——他們從阿拉伯半島隨身帶出來、長期自相殘殺的不團結——有助於解釋他們的失勢。

無須多說，統治家族之間的敵對本來就不是阿拉伯人特有的缺陷：庫德人的阿尤布王朝（Ayyubid）「因團結而興盛，因分裂而覆亡」[89]，這是該王朝創建者薩拉丁（Ṣalāḥ ad-dīn）的知己所言；同樣的，和他們時代差不多、位於印度的突厥德里蘇丹國（Turkic Delhi Sultans）——「團結摧毀了他們的敵人，然後分裂摧毀了他們自身」。[90]這缺陷也不局限於穆斯林的統治家族：卡斯提爾（Castile）家族的佩德羅（Pedro）和他的非嫡系兄弟特拉斯馬拉家族的亨利（Henry of Trastamara）在西班牙彼此對抗；約克和蘭開斯特這兩個堂表家族的攻訐，演變成薔薇戰爭。內鬥是王朝的動力之一。但一夫多妻制、納妾制，以及由此產生的多重繼母和同父異母兄弟，又加劇了上述情況。在阿拔斯王朝的例子裡，由於阿拉伯人這個整體已經離散分裂，於是當最後一個代表他們團結與連續的偉大象徵——哈里發家族——又因兄弟反目而四分五裂時，結果將會比先前任何時候都更糟糕。

哲學家哈里發暨科學贊助者馬蒙，是靠著那個經過歷史考驗的手段才爬到他的位置，也就是與他最親近——就算不是最親愛——之人纏鬥到死；無論是阿拔斯王朝或阿拉伯人，都沒從中恢復。在哈倫·拉須德的「黃金盛世」（golden prime）與他兒子馬蒙的黃金知識中間，經歷過一場震動整個帝國統一的戰爭。哈希姆和阿布杜·沙姆斯這對孿生連體嬰血淋淋分割的傳說故事，預告了阿拔斯先祖古萊什的內部分裂，而一則有關年輕的阿布杜拉（馬蒙）和他兄弟穆罕默德（阿敏〔al-Amīn〕）的軼事，也成了他們日後不合的預兆。學者齊薩伊（al-Kisā'ī）去拜訪拉須德，這位寵溺孩子的哈里發把兩個兒子叫出來，要他們背誦《古蘭經》與詩歌，藉此炫耀。穆罕默德背了一些關於財富、慷慨和榮耀的八股對句。阿布杜拉背誦的內容則不相同。是關於命運和逆境中的忍耐，並以一個奇異的畫面作結：

> 你將看到我的矛身，當它被
> 矯直鉗咬住時，緩緩裂開。

齊薩伊盛讚這兩名男孩並為他們祈禱。但他事後回想：

> 拉須德將兩人一起拉到身邊，緊緊抱住。當他鬆開他們時，我看見眼淚順著他的胸膛流下。他將男孩們送走，等他們離開後，他走近我跟我說：「彷彿你的出現為他們帶來命運，將他們注定好的東西從天堂召喚下來，讓已經寫下的東西走向它的結局。他們的話語曾經凝聚，但現在分開了，他們的道路分岔了，他們的仇恨明白攤開了。他們將維持這樣，直到血濺了，直到許多人死了，直到女人的面紗被撕毀，直到許多人希望他們不曾誕生。」[91]

無論這故事——以及謠傳有一本據說是哈須德寫的書，裡頭預言了整個阿拔斯王朝的命運——其中真相如何，確實有些因素讓這兩位王子的不和似乎無可避免。穆罕默德・阿敏的母親朱拜妲（Zubaydah「奶油塊」）是一位女慈善家也是寶石的愛好者（她甚至穿過鑲了寶石的靴子[92]），屬於非常少數出身自阿拉伯自由人的哈里發妻子；她本人就是阿拔斯家族的成員。當她日漸長大的兒子展現出對奴隸男孩和奴隸女孩的偏好時，她對王朝的未來感到憂慮，於是她開始讓後者穿上男孩服裝——並因此在鑲亮片高跟鞋外又點燃一波對ghulāmīyah「男孩氣女孩」的風尚。[93]這兩個男孩中年紀稍長的阿布拉・馬蒙出身就比較尋常，是奴妾的子嗣。這兩位母親對彼此沒有任何好感：撒拉vs.夏甲和以撒vs.以實瑪利症候群正在上演[94]。如同在阿拉伯歷史上經常可見的情況，敵對母親的存在，加上缺乏粗暴但有用的長子繼承制，使得權力的轉移變得複雜。在這個案例裡，拉須德選中一個災難性的「解決方案」，那是李爾王等級的災難：他指定阿敏當哈里發的第一繼承人，馬蒙是第二繼承人，但又把帝國的責任分攤給兩人和第三位兄弟：穆塔敏（al-Mu'tamin）。阿敏得到巴格達和整體權力；馬蒙受命經營阿拔斯的起家地呼羅珊；穆塔敏則負責拜占庭區。[95]接著，他採取具有高度象徵性而且類似阿拔斯古萊什部落前伊斯蘭時代的做法，將頒布帝國分治的文件懸掛在麥加的卡巴裡頭。[96]但此時出現另一個不祥的徵兆，據說那張公告一掛上去就掉了下來。[97]

拉須德的帝國分治法根本不需預兆就必定走向失敗。拉須德死後，阿敏繼承了哈里發，然後（男孩氣女孩發揮了她們的功效）指定他還是小嬰孩的兒子擔任繼承人，取代他哥哥馬蒙的地位。這違背父親的期許，許多人大受震驚。長子繼承制和嬰兒皇儲的觀念對他們而言實在太過陌生，於是有位詩人表示：

最震驚的是，我們竟然得
向一名小小孩宣誓效忠
他連擤鼻子都還沒學會！[98]

馬蒙在戰爭孕育地呼羅珊準備就緒，他的軍隊從那裡向巴格達進軍，他那位同父異母兄弟的軍武能力很差（他對室內裝潢和觀賞魚比較感興，他會用金鰓環裝飾他最喜歡的魚[99]）。漫長而殘酷的都市戰爭就此展開。戰爭持續了一年多：「兄弟互戰，父子相殘，阿敏派對抗馬蒙派。房屋摧毀，宮殿焚燒，貨物遭劫。」[100]詩人（那個時代的戰爭藝術家）記錄了整個社會瓦解崩潰的赤裸景象：「斬斷的，」一首頌歌如此起頭：

是將親屬牽繫起來的出生紐帶。

……

巴格達或許從來不是吸睛的最佳景點，
最可愛的度假勝地。
它就是這樣；但現在它的美麗消失了，
它的和諧被命運的飭令摧毀。

他們今日的命運也曾降臨在過去民族頭上：
他們如今也成了故事講給遠近他者聽。[101]

那些「過去民族」全都注定要分裂——詩人暗示，這可以回溯到示巴人，他們在《古蘭經》裡變成「被談論的故事」。[102]看著今日的巴格達、大馬士革，以及我的窗外，故事顯然還沒結束。

最後，阿敏在搭船逃走時遭到俘虜。他的最後時刻由一名俘虜同伴記錄下來，那是一名年長的mawlā，名叫阿赫美德（Aḥmad）：

阿敏說：「來我身邊。抱住我。我感覺到一種可怕的寂寞。」
我抱住他，感覺到他的心臟猛跳……他告訴我：
「阿赫美德，我不懷疑他們會把我送給我兄長。你覺得我兄長會殺了我嗎？」
我回答：「不會，基於親屬的紐帶他會憐憫你。」
他說：「算了吧。君王無親屬。君王是孤寡。」[103]

在某種字面意而言，他是正確的：代表「親屬」——在上面那首詩裡是翻譯成複數的「出生紐帶」——的字是raḥim，這個字也代表「子宮」：因為他們母親不同，這兩位兄弟不曾共享的，恰恰是同一個子宮，同一條出生紐帶。某些反阿敏派的歷史學家甚至「抹除掉」他們共同的父系血統，用他母親的名字將他稱為「穆罕默德．本．朱拜妲」。[104]阿敏並沒送去給他兄長。他遭就地處決；被送去的是常見的戰利品，他的頭顱。（第三位兄弟暨聯合統治者穆塔敏十分明智地收兵認輸，默默度過餘生。）

馬蒙是勝利者，也將成為一位哲學家；但那個家族——更別提氏族或部落或種族了——的連結就像詩人和哈里發所理解的，已經不幸斬斷了。從現在開始，統治者會日益靠金錢購買忠誠，日益倚賴非阿拉伯的追隨者和雇傭兵。這趨勢早從阿拔斯第二任哈里發曼蘇爾的時代就已開始，他仰賴他的奴隸和自由人更勝於阿拉伯人。[105]但馬蒙將河間地區的軍隊進口到巴格達，並將他們列入官方給薪行列，大大加速了這個趨勢。[106]我們將會看到，先是軍事接著是政治權力，這些很快就會從阿拉伯人的雙手溜走。在所有的反向 al-futūḥāt ——由土地遭阿拉伯人征服之人民對阿拉伯人展開的回報式「侵略」——之中，這是最具決定性的，因為它將永遠終結阿拉伯人的優勢地位，以及任何政治統一的假象。

這一點加上非阿拉伯人對阿拉伯語的語言滲透，以及社會各階層透過奴妾這支龐然軍團所進行的遺傳入侵，在在意味著阿拉伯身分認同正漸漸失控。不過在此之前，一個官方版的阿拉伯過往——關於阿拉伯過去是什麼，以及將來可能再次成為什麼——已經保存下來了。

安頓下來，記錄下來

自西元六三〇年代開始，在那個世紀與更為凌亂的帝國擴張時期，阿拉伯的願景一直被他們十足的運動速度給模糊了。阿拉伯的能量被維持衝力和較不成功的維持凝聚的需求給吸收了。如今，有那麼一段時間，阿拉伯人終於可以休養生息；就像太空人在經歷發射的刺激與危險，進入軌道之後，就能觀察他們接下來要去哪裡，觀察他們來自何方，以及最重要的——觀察自己。

阿拉伯人為了掌控他們所知的世界，會做他們日後將做以及現在許多人依然在做的事：他們將死抱住過往。這過往不僅是穆罕默德時代那個比較新近的革命，還包括伊斯蘭從中浮現的更為早期的阿拉伯過往——他們祖先那個古老的、自給自足的「島嶼」過往。鄉愁在歷史裡是一股被低估的力量：時間往前走；但人們經常往後逃，從危機和複雜逃回想像中的簡單和純粹。過往可能是另一個國度，但也可能是家園。

對阿拔斯時代的阿拉伯人而言，首先得把過往尋回並記錄下來。此運動一直被稱為asr at-tadwīn「記錄的年代」。它是翻譯運動的某種箔膜（foil）——幾乎就是襯在鏡子後面那種箔膜的字面義，因為翻譯不是來自外部，而是向內回到阿拉伯自身。它也是至今依然影響著伊斯蘭生活的一種滑移之始——一邊是內省，另一邊是對阿拉伯之外的世界抱持更大的開放性。對更廣大世界抱持開放心態的人，利用阿拉伯語這個媒介和伊斯蘭這個素材創造出一個全球文明；在這個文明裡，承繼下來的阿拉伯老規矩因為其他土地被征服之前的原生智慧而更形豐富，此結果可與希臘化文明相提並論。[107]但在這個文明中，無論以往或現在，都有許多人渴望返回到它的阿拉伯過往，進行朝聖。

創造遺產

麻煩的是，很多過往都已消失。代表連續性的記憶之鏡破碎了：在定居的新社會裡，忘記「牧場」何所指的不只有哈里發一人。為了撥亂反正，學者們求助於那些依然圍繞牧場生活的人——貝都因人。

自八世紀後半以降，來自城鎮的語文學家、辭典編纂者和民族學家，開始就教於據說生活還沒受到都市的風俗與言說汙染的阿拉伯人。他們的目標是蒐集民俗，而且是指最廣泛、最詞源意義的民俗，也就是一個民族整體傳承下來的知識。這運動有時會人讓想起一個多世紀前改變歐洲的那場運動：當時，英國民謠復興運動者塞西爾・夏普（Cecil Sharp）和匈牙利作曲家貝拉・巴爾托克（Béla Bartók）蒐集了許多舞蹈和曲子。不過阿拉伯的版本不僅受到藝術家的好奇心或民俗風格的激勵：它是一種搶救性的考古挖掘，只不過挖掘的對象是該民族過往的活遺物，而在一個移動的社會裡，話語永遠比場所或文物更加重要，這個運動的焦點是語言。和其他的後世考古學一樣——比方說，錫安主義或印度國族主義——它也有計畫綱領，並樂於呈現特定的歷史觀。在阿拉伯這個案例裡，它指的是貝都因歷史，或至少是當時還存活在半島北部游牧民當中的那部分，最靠近庫法和巴斯拉這兩個伊拉克版牛津、劍橋的那部分。至於阿拉伯半島其他重要的歷史，包括非部落定居社會的歷史，以及大壩和神廟的歷史，則是躺在遙遠且被遺忘的深南方，躺在神祕而未知的阿拉伯半島之月的暗面。

這些研究裡的貝都因受訪者經常對問題感到困惑：例如，說「Isrāʾīl」時是聲門塞音，還是帶有 *y* 的Isrāyīl，以及「Filasṭīn」、「Palestine」是否有屬格……[108]有個aʿrābī報導人問道：「你問我這些無聊的東西到底要問多久？我還要好好回答你多久？你沒發現你的鬍子漸漸白了嗎？」[109]有位辭典編纂者因為被一支貝都因部落綁架好幾年而獲益。[110]有些研究者會備好錢財去購買這些資訊[111]，有些報導人則會搬到城裡去販賣他們的知識。[112]研究者對報導人通常不會謹慎過濾。就像詩人馬阿里說的，

> 有多少文法學家曾引用根本不認識字母的小小孩的話？或需要男人來捍衛的女性的話？[113]

當然，重點是要能找到不認識字母的受訪者；此外，女性往往是最棒的報導人，因為在言說上會比男人更保守。

祖輩留傳下的知識傳說本質上就屬於語言學。但研究語言往往需要蒐集詩歌，而要理解詩歌，又需要去蒐集有關地形學和前伊斯蘭過往的系譜學資訊。而這些研究產生的反響，會比古物學家的興趣以及保存豐富有趣的傳統遺產的範疇還廣遠：事實上，它將不停界定和精煉阿拉伯這整個「品牌」。這品牌至今依然與我們同在，就戳印在從茅利塔尼亞到馬斯喀特（Muscat）等千奇百樣人民身上。一如將近三千年前那些來源不同的早期漫遊者與他們的鄰人聚集在相同的名號之下，「阿拉伯」這個標籤再次證明了它的強度和耐久性。

回歸游牧民

阿拔斯王朝面對的現實是，一個大半是都市、農業和定居的社會，逐漸變得多元和紛繁。貝都因阿拉伯人曾為了他們的目標充當征服的急先鋒；從此之後，他們若非不斷被吸收到新的社會裡，再不然就是維持住自身的古老生存方式，但隱退到政治和地理上的邊緣。當他們出現時，若不是做為語言學上的報導人，就是扮演顛覆的力量——比方說，在拉須德時代於敘利亞加入為期兩年的「北」「南」部落之戰[114]，或是劫掠麥加的朝聖隊伍，例如八九八年一支由塔義（Ṭayy'）游牧民所組成的六千人武力。[115]後面這種模式在未來的一千多年裡，將斷斷續續維持下去，直到中央集權的紹德家族興起為止。阿拉伯海盜攻擊穆斯林朝聖者……沒有比這更能描繪古老的放牧—劫掠歷史的延續性，或伊斯蘭與其半島根源的斷裂。

與此同時，在為後世記錄過往的過程中，正是這段放牧—劫掠的歷史被凸顯出來，並賦予其英雄般的光彩。badw 精神深深插進了阿拉伯人集體的文化記憶裡。它變成一種理想型，無論現實如何。換句話說，它變成某種人格面具（national persona）。如同一位晚近評論家指出的，在這個安頓下來的世紀，「阿拉伯人格（Arab personality）開始意識到自己」。[116] 但就算這是自我意識的開端，它也是長期發展的最後階段。胚胎裡的阿拉伯人格早已存在了好幾個世紀；在基督紀元之前就具有可辨識的特徵；在伊斯蘭之前的拉赫姆諸王時代就誕生了，並進一步由它的環境塑造而成——特別是受到非阿拉伯的強鄰所形塑；它在後穆罕默德的征服過程中斷奶，然後在烏瑪亞時代透過南阿拉伯的血液輸入得到滋養。如今，在帝國的多樣性裡，它面對一個比此前所知更複雜也更具威脅性的世界，為了自衛，它著手以回溯性的方式，建立它自己的身分認同。事實上，這個人格已經長大成人，如果它有某種自我意識，便會有某種程度的自我欺騙，成年人就是透過這種轉換來面對世界。

被認定為未曾改變的貝都因世界充滿了不斷擴充的圖書館，裡頭有詩學評論、語文學和歷史作品，以及最早的一批辭典。然而，在阿拔斯社會那個「非阿拉伯的呼羅珊」現實裡，都市阿拉伯人如果真的採取行動回歸他們的aʿrābī根源，卻會受到嘲笑。其中包括詩人海斯拜斯（Hays Bays），他愛好古老的貝都因言語：他的暱稱本身就是他常使用的一個過時很久的貝都因語詞，意思是「恐怖的海峽」（Dire Straits）。他宣稱自己是塔米姆大部落的成員，然後別人告訴他，

你頭上沒有半根塔米姆的頭髮！
但可以去吃蜥蜴，去啃乾掉的苦西瓜，
還有，如果你真的想要，還可以去喝鴕鳥尿……[117]

但老派的貝都因人堅守這個休眠的身分、這個默認的人格。從九世紀到十九世紀，從「記錄的年代」到「阿拉伯文藝復興」，有將近一千年的時間，「阿拉伯」的意義一分為二：一方面，所有使用阿拉伯語的都是文化語言學意義的阿拉伯人；另一方面，在通常的情況下，阿拉伯人是不文明的吃蜥蜴游牧民，哪怕他們祖先是英雄也一樣。這同樣的分裂也可在今日的葉門看到：「喔，他們只是qabili部落民」——有些人可能會以不屑的口吻這樣說那些不文明的持槍鄉下人。這個分裂人格裡不同的兩半之間的關係，是hadar和badw持續對話的一部分。

貝都因歷史的非凡大增值，意味著凡胸懷文學壯志或想在官僚機構謀職的人，都必須對「阿拉伯人的大時代」、劫掠及前伊斯蘭時代的部落會戰有所了解。[118]這類會戰日很多：伊斯法哈尼（al-Iṣfahānī）的文集描述了其中一千七百件。[119]這種癡迷跨越時空延續至今。十四世紀安達魯斯的都會詩人將歌頌貝都因特質，黎巴嫩移民巴西的詩人伊利亞斯·法哈特（Iliyās Farḥāt）將會在二十世紀的聖保羅謳歌帳篷和駱駝。[120]這種貝都因民風精神往往會凌駕在伊斯蘭道德之上；劫掠麥加朝聖者只是一大堆較不明顯的案例中比較極端的一個，在這類案例裡，習慣法和習俗都勝過《古蘭經》的規範。它也常受到嚴厲抨擊。「這也許並非誇大，」已故摩洛哥哲學家穆罕默德·賈比里（Muḥammad al-Jābirī）表示：

> 可以說aʿrābī是阿拉伯「世界」的創造者，阿拉伯人在話語、表達、視覺和想像層面，或在真實的心智、價值和情感上，就居住在那個世界；而那個世界是困乏、貧窮、淺薄和無趣的，那是一個感官的、自然的、反歷史的、反映了阿拉伯人「史前史」的世界——那個在大征服與國家建立之前的蒙昧時代。[121]

今日，可見的世界就是建立在這個另一世界之上。即便是在杜哈和杜拜這類阿拉伯版的高譚市都會場景，詩人親王依然在歌頌英雄氣概的貝都因。福阿德．阿賈米曾說，沙漠鄉愁「對這文化來說很陌生」[122]，這種說法令人震驚：沙漠鄉愁早從阿拔斯時代就內嵌在文化裡了。「傳統的」阿拉伯自我形象其實更接近那一千七百個「會戰日」的時代，而非《天方夜譚》裡那個都市化和波斯化的版本。

自阿拔斯時代以降，阿拉伯歷史一直被一種與世界其他地方脫節和將來要走向何方的感覺給縈繞，它被一種老愛回想當年的慢性病給糾纏——有時是回想起伊斯蘭離開阿拉伯半島之前那種想像中的單純不複雜，有時則是狹隘、鄉愁式緬懷起更古老的阿拉伯過往。這種大量的鄉愁不全然是壞的；它也提供了某種團結，延長了文化民族的壽命。也是因為這樣，今日我們可以書寫「阿拉伯人的歷史」，而無法書寫英語世界的歷史（這世界恐怕已放棄它的國族神話，轉向掌握全球）。但是就跟語言一樣，鄉愁這根紐帶也有雙重意義：一是手足情誼，二是奴役束縛。正因如此，詩人尼撒爾．卡巴尼會說：

……我的阿拉伯性把我搞得筋疲力盡。
難道阿拉伯性是一種詛咒、一種懲罰？[123]

辭典守護者

在阿拔斯統治下，伊斯蘭正在向前看，看向更廣闊的地平線；回首阿拉伯過往的視野則持續收窄。阿拉伯人的擴張活力耗盡了，開始把焦點放在自身的國族神話上。於是，阿拉伯的人格快速從成年進展到中年，進展到更年期，也就是一切開始衰弱走下坡的階段。就像大英帝國的「大虛張聲勢」[124]一樣，當一個邊緣島嶼（或在阿拉伯的例子裡，半島）的一小撮烏合人口突然統治了一大塊世界長達一兩百年，他們就需要英勇的歷史故事——特別是當他們的統治面臨他者的威脅時。

我們不該驚訝，這些回顧過往的語文學家等等，大多都是非阿拉伯人。最近有個評論者直白表示：透過蒐集和組織過往的知識，「非阿拉伯的mawālin〔mawlas〕成了為阿拉伯共同體建構（constructed）阿拉伯認同的實際執行者。」[125]「重構」（reconstructed）或許是更精準的用語。但無論何者，這段陳述都是伊本・赫勒敦認可的：他用了一整章的篇幅討論非阿拉伯人對學術的獨占。[126]然而再一次，就像古老的非阿拉伯帝國藉由扶植「阿拉伯人的國王」打造出最早的阿拉伯自我意識，此時的阿拉伯認同也正在由他者塑造中。

這種塑造也影響了阿拉伯歷史上那不變且重要的角色：阿拉伯語。阿拉伯語因翻譯運動大大豐富了內涵，但這種豐富性很少進入當時開始編纂的字典裡。都會知識分子向外看向帝國其他民族，以及位於印度、中國和君士坦丁堡的遠鄰；語言學家則往後回望貝都因的世界，貝都因人不太談論來自梵文的數學詞彙，或諸如sūlūjismus「三段論」之類的希臘思潮，而是忙著擠他們的駱駝奶。此外，語文學家和其他辭典守護者還消除了存在於不同部落間的口語變體，讓這語言更窄化。這類變體的範例之一是由阿斯瑪儀給予的，他是阿拉伯部落出身的古文物家和語文學家，以驚人的記憶聞名，八二八年去世：

> 兩名〔貝都因〕男子對「隼」有不同的用詞。一個說是ṣaqr，開頭是〔強調語氣的〕ṣ；另一個說是saqr，開頭是〔沒有強調語氣的〕s。兩人同意由第一位恰巧經過的人仲裁。當有人出現時，他們將爭議告訴他。他說：「我兩個都不同意。應該是zaqr。」[127]

到最後，只有 ṣaqr 收入辭典。因為語言學家的政策是採用多數人的用法，然後將它定於一尊。[128]

在真實世界裡，阿拉伯語正在擴張與改變：它原本就存在許多不同部落變體，還有詩人和先知所使用的高級語言；隨著征服和種族融合，它進一步分支出新的方言；而知識分子的書寫詞彙也因翻譯和新科學的成長而擴張。但高級阿拉伯文的書面語卻正在收縮。形容這件事的專有名詞是 fuṣḥā，源自於 faṣīḥ，指的是無泡沫的純牛奶。這牛奶依然營養，但自從記錄的年代開始，它就已均質化且經過滅菌處理。

因此，阿拉伯書面語是一種建構，而且語言學家藉由合成這種泛阿拉伯語，進一步強化了「多元的部落和民族其實是單一種族」的觀念——「阿拉伯人」（the Arabs）。那個種族就跟那個語言一樣，都是建構出來的。

用字母組成的神

有一段時間，那件古老的民族語言服裝曾經因為新色彩而顯得斑斕。但語言學者卻違反潮流，把阿拉伯語弄成一件只限於貝都因大地色的制服。假以時日，它將變成一件緊身衣，不但限制了文學運動，甚至還會箝制思想本身。

烏瑪亞王朝藉由將政府阿拉伯語化，激勵一大群非阿拉伯人去學習他們困難的語言。這意味著這種語言必須被分析；因此語法、句法和其他的語言學研究變成了阿拉伯最早的正式科學[129]。現在，當阿拉伯暨伊斯蘭的——相對於進口的——其他研究在阿拔斯統治下發展起來時，也是順著語言科學的路線前進，而非曾經啟發馬蒙的非阿拉伯「古人」的物理學和思辨科學。語法學的規則特別應用在 al-fiqh「伊斯蘭的法理學」上，而且將形塑它的整體思想世界。馬蒙、金迪等人曾經投入全人類的思想世界[130]；馬蒙甚至真真切切測量過世界。然而在他們之後，面對知識道路上的分岔，阿拉伯文明走上了文本真理之路，而且一直留在上頭。當然，還是有許多偉大的阿拉伯實證心靈沒受到他們賴以思考的語言局限，但他們只能單打獨鬥或在邊緣作業。[131]整體而言，思想仍將受到文本研究束縛，真理是修辭的而非實證的。例如，阿布杜·薩瑪德·本·法德爾（ʿAbd aṣ-Ṣamad bn al-Faḍl）的祖先是波斯宮廷的世襲演說家，他可以針對蚊子進行三場精采的長篇講座；但精采之處是他的舌燦蓮花，而非觀察內容。[132]觀察的部分就得等待胡克（Hook）和他的顯微鏡。

如果有誰懷疑阿拉伯語言對阿拉伯思想所具有的強烈、內向和自我沉溺的核心地位，可以反思一下這個事實，「從西元七五〇年到一五〇〇年這段期間，我們知道的語法家姓名超過四千位。」[133]即便是豐富如阿拉伯語，他們裡頭也沒有幾個人提出過什麼新見解：大多數人只是重複以前說過的那些——一種話語之輪。同一時期，所有的博物學家、物理學家、化學家、天文學家、地理學家和其他學者加總起來，可能多達三位數；但還是遠遠落後於語法學家。前面提到薩希卜·本·阿巴德那座需要四百頭駱駝搬運的圖書館[134]，其中有關阿拉伯語文學的書，就有六十頭駱駝的載運量。[135]為何要如此癡迷呢？

到了阿拔斯時代，大多數人都得付出巨大努力才有辦法使用高級阿拉伯語——除了少數依然在語言學上「未受汙染」並經過大量研究的貝都因人[136]，而且只限於他們背誦詩歌的時候。即便在文雅的宮廷圈裡，這類努力也在差不多九〇〇年時遭到放棄。[137]至於在沒那樣高雅的環境裡，高級阿拉伯語根本無人知曉：有位語文學家在市場裡賣弄了一些高級浮誇的字眼，旁人以為他是被講「印度語」的精靈給施了魔法[138]；有位詩人在尼羅河畔朗誦他的高級阿拉伯語詩歌，結果被一名粗魯的年輕人推進河裡淹死，因為他以為詩人在給河水下咒[139]；有位文法學家在棕櫚樹林裡大聲說出一個罕見動詞的祈使式詞形變化，結果遭到撿拾椰棗的農民攻擊，他們以為他在戲謔《古蘭經》。[140]最後這則軼事給了我們一個線索，了解為何當時會有這麼多語法學家。在這個文化裡，即便是教育程度最低的人，也被灌輸真理寄存在文本中的想法，而《古蘭經》這部特別的文本據信包含了所有真理：現在，由於高級和低俗阿拉伯語分道揚鑣，語言學者就成了唯一能進入高級阿拉伯語的人。於是，「語法學家」壟斷了真理，變成以文本為基礎的真神的唯一中介者，開始占據一個類似基督教神職人員的地位。的確，從阿拔斯時代以降，學者像個神職人員一樣被區分為一個階級，以服裝做區隔[141]，包括特別大的頭巾以及腰帶，腰帶可以讓筆盒像匕首一樣以特定角度卡在裡頭。他們並非屬靈上的神職人員，而是文字的。考慮到阿拔斯王朝本身就是第一位偉大的《古蘭經》經注學者阿布杜拉．本．阿拔斯的後代，這樣的發展似乎也很恰當。

對這個新「階層」（hierarchy）的成長——以及對整個阿拉伯知識史的未來——最重要的是，在馬蒙的第三任繼承者穆塔瓦基爾（al-Mutawakkil）時期所發生的教義大倒轉。在他的統治下，大概是想透過傳統學者所享有的支持來贏得大眾青睞，於是穆爾太齊賴派的知識分子和他們的論辯與討論都受到禁止，《古蘭經》做為一種可開放詮釋的創作書籍這個概念本身，遭到厭惡，並硬將taqlīd「仿效」原則套在《古蘭經》上；從此之後，人們只能根據官方認可的詮釋去理解神的話語。Nazar或ra’y——這兩個字都意指「看」（looking），但漸漸變成「思辨和形成一種意見」——如今都帶有異端之嫌。[142]這是另一個窄化的案例：就像辭典編纂者充當口語保鑣將他們認為不得體的東西逐出字典，此舉也等於關閉了「al-ijtihād的大門」，關閉了個人想從神的話語中推斷其意義的努力。而且，如同晚近一位評論者指出的，「關閉意義之門等於關閉思想之門」。[143]和常見的情況一樣，他們也搬出所謂的穆罕默德的說法，來支持這項政策轉變。下面就是這類陳述之一：

根據自身意見來詮釋《古蘭經》是錯的，即便他的詮釋碰巧是對的。[144]

一些詩人、蘇菲派和宗派主義者總是會在教義雷達的下面或上方流動，企圖在沒有詮釋者和沒有中介者的情況下，自行去理解安拉的話語。但總的來說，伊斯蘭共同體雖然老以沒有神職人員自傲，但其實自阿拔斯時代中葉開始，就是透過語言學家經注學者和其他權威來趨近神意，而這些人多半都作古了千年之久。意義成了木乃伊。

這些古老的權威通常都是勤奮而精微的學者。但上帝藏在細節裡，精微之處會隨著時間和重複而消失。有個範例是關於《古蘭經》的開端章，「法諦海」(al-Fātiḥah)。這章在某方面相當於基督教的主禱文，會由信眾在每天五次的祈禱和其他許多場合中複誦多次，該章的結尾是請安拉

指引我們正道。

那是蒙祢施恩者的道，不是受譴怒者和迷誤者的道。[145]

我的《古蘭經》版本附了一段英文的經文和評註——不懂阿拉伯文的穆斯林（即便他們能朗誦出那段語音）相當仰賴的版本——內容是這樣：

指引我們「正道」。

那是蒙祢施恩者的道，不是受譴怒者（例如猶太人）和迷誤者（例如基督徒）的道。[146]

有個註腳指出，有關猶太人和基督徒的評註是源自於穆罕默德的說法，引用來源是九世紀兩位權威：提爾密基（at-Tirmidhī）和阿布・達伍德（Abū Dāwūd）。這也很好：這兩位權威都很傑出。但這個評註悄悄進入《古蘭經》的英文版——雖然加了括弧——這點，就賦予它們近乎神意的地位。實際上，根據我對穆斯林朋友的詢問，那兩個括弧經常都被忘記，甚至連「例如」也是。即便對純阿拉伯語的穆斯林而言，這個評註其實也涵蓋了這個根本事實：這兩個群體指的就是猶太人和基督徒。例如，如果你說以伊斯蘭之名殺人的恐怖主義者也該屬於安拉的受譴怒者和迷誤者，通常會得到困惑的吃驚表情。

從記錄的年代開始，特別是從穆塔瓦基爾的教義大倒轉之後，書寫下來的文本和它們的意義守護者就開始對阿拉伯文明的心智取得日益增強的控制力。阿拉伯歷史上的三大征服，其中第一個——阿拉伯語——也被證明是最無情的，可說是一意孤「寫」地橫掃過在它協助之下贏來的帝國。至於那第一也是獨一的《古蘭經》文本現在則被官方視為非創作的，而且和安拉一樣古老，是邏各斯（Logos）的字面原義logoi（話語）——話語在時間開始之前就鐫刻在《古蘭經》提到的「受護之牌」（Preserved Tablet）上。[147]《古蘭經》神格化概念的最極端支持者，是一位有隱世傾向的八世紀什葉派教徒，名為穆吉拉・本・薩伊德・巴賈里（al-Mughīrah bn Saʿīd al-Bajalī），他甚至把不可思議的神祇想像成有著「用（阿拉伯文〕字母的數與形所組成的身體各部位」。[148]「話語」與「真神」同在，正如福音所言，話語就是真神。這是公認極端且令人震驚的觀點。但在十世紀的新阿拔斯正統裡，「文字」勝過「聖靈」。那些過去被「聖靈」感動之人，必須提防聖靈會將他們帶到多遠之外。

哈拉智之死

為期兩百年的阿拉伯大洪水已經退潮，或說被它曾覆蓋的土地吸收了。但它留下了肥沃的語言層。而這個語言層，正是阿拔斯政府想要控制的。他們的控制是「凝聚話語」這項舊政策的新版本，而它想統一的不僅是聲音，還包括意義與思想。

異議的聲音和心智起而對抗新近凝聚的話語，其中之一，是十世紀初的不服從分子哈拉智（al-Ḥallāj），他將在九二二年遭處死刑。胡賽因・本・曼蘇爾・哈拉智（al-Ḥusayn bn Manṣūr al-Ḥallāj）在好幾方面都是他那個時代的代表人物。他於八五七或八五八年出生於法爾斯（Fars），他的第一語言似乎是阿拉伯語，但他的祖系曖昧不明——他或許是阿拉伯人，但沒人能肯定。和他的同代人馬蘇第一樣，他利用那個時代的流動性行萬里路，把時間花在印度；他也跟馬蘇第一樣展開文化冒險，觀察佛教和印度教社會。[149]

那麼，為何哈拉智會遭處極刑呢？他那句著名的宣言：「我就是真理！」（I am al-Ḥaqq!）——被視為宣告真主以 al-Ḥaqq 尊名 Ḥulūl「內住」（indwelling）他身上——當然足以讓教條主義者睜大眼睛。不過，哈拉智的喟嘆或許除了有一種潛意識、詞源上的暗示之外，更是在斷言自己有訴說 al-Ḥaqq「真理」

的Haqq「權利」，因為他親自經驗到它——這等於是在打破統治者和學者對何謂真理的壟斷。在九二〇年代時，真理不再以某位哈里發關於亞里斯多德的夢境來揭示，或如金迪曾建議的，可從「與我們相隔遙遠的種族和與我們截然不同的社會」所取得。在一百年前，這曾經是可能的，當時的阿拉伯認同比較不成問題；如今，隨著認同消解，使它更加抓緊日益窄化的各種界定，包括它的語言、它的歷史、它的宗教，甚至真理本身。真理獨存於al-Haqq，那個真實存在的神要在嚴格管控之下才能接近。孤寂的聲音和想法是危險的。「內住」意味著無政府。

不過，哈拉智激怒權威當局還有另一個原因。他倡導一種象徵性、替代性的朝聖，凡是無法前往麥加之人，都可在自己家裡執行，可自行選擇一樣物件（一如舊日貝都因人挑選的神石）繞行，然後給三十名孤兒提供食物和衣服。[150]雖然這聽起來很務實，值得讚揚，但在某種意義上，這卻是終極的異端，因為和他那句惡名昭彰的「內住」宣言一樣，他斷言個體勝過集體：它破壞了統一在神之下的身體演出，這種演出可透過麥加回溯到最古老的前伊斯蘭時代的朝聖，[151]例如在穆罕默德之前好幾百年，南阿拉伯人到馬里布的朝聖。基督徒以擘餅聚會展現他們的團結統一，穆斯林和前穆斯林則是以一起旅行做為他們最強有力的聖事。哈拉智對個體的提倡——神可以「造訪」某一個人，以及人民可以透過個人的靈性朝聖造訪「祂」——被視為最危險的一種顛覆。[152]

哈拉智在死後很久依然是個爭議人物：伊本・哈里坎在三百五十年後寫道，對他的不同看法就像對耶穌一樣[153]。有時，他也是個千變萬化的人物。在他最後一次監禁時，照顧他的奴隸回憶說：

「有一天，我拿他的餐盤給他，和平日一樣，但是當我走進他的牢房時，我發現他的身體充滿整個牢房，從天花板到地板，從這面牆到另一面牆，沒留下任何空間。我嚇死了，丟下餐盤拔腿就跑。那名奴隸看到的恐怖景象讓他發了高燒，而且持續了好長一段時間，但沒人相信他……[154]

這聽起來似乎太荒誕，除非套用《愛麗絲夢遊仙境》那種變了樣的物理學。或者是哈拉智擁有催眠能力？「某天，」馬阿里寫道，「哈拉智移動他的手，就把麝香的氣味傳給人們。另一次，他移動他的手，迪爾罕姆便從天撒落……」[155]，就跟印度「神人」一樣，我們可以猜想，他曾觀察過那些神人。

不管是謝赫或郎中，烈士或法師，哈拉智都侵蝕了阿拔斯的秩序。身為一個發出聲音的個體，他在前伊斯蘭的 aṣ-ṣuʿlūk 或「浪客」詩人的時代[156]，似乎沒那樣危險。但如果他生活在今日的阿語世界，同樣會被視為顛覆者，因為真理依然是當局指示的，而那些獨立發聲之人——例如蘇丹人馬哈茂德．穆罕默德．塔哈——[157]依然得付出他們的生命。

真理總是被視為會干擾社會秩序，會藉由伊底帕斯解決斯芬尼斯克（Sphinx）的謎題而回到偷摘知識樹的原點。不過當時的阿拔斯社會，其實還有比特立獨行的先知更即時的危險。回到本章開頭，伊本．瓦赫卜——那位晉見中國皇帝的巴斯拉人——的旅行完全不是一時興起，不是「一股突如其來的欲望」：事實上，他是來自帝國心臟地區的一位難民。那位阿拉伯萬王之王或許已爬到國際皇家等級的巔峰，但他的帝國卻不只是邊緣正在崩落：它已經從內部腐壞了。

衰落
900~1350年

第10章

反正統文化，反正統哈里發

帝國崩解

獎章人

九三八年九月底，靈視家哈拉智遭處死的十六年後，拉迪（ar-Rāḍī）哈里發的導師準備去向他的前學生致敬。那天是米哈拉占日（day of Mihrajan），前伊斯蘭時代的波斯節慶，由喜愛歡樂的巴格達人慶祝。「我乘船順著底格里斯河而下，」那位導師回憶：

經過土耳其人巴吉坎（Bajkam the Turk）的住所時，我看到前所未見的放肆輕浮、尋歡作樂。我去見拉迪比拉（ar-Rāḍī bi-Allāh，比拉是「蒙主庇佑」之意），發現他獨自一人，鬱鬱寡歡。我猶豫是否該往前；但他叫我靠近，靠近後，我看到他握著一枚金迪納爾和一枚銀迪爾罕姆。兩枚都是平常的好幾倍重，上面都鐫了巴吉坎揮舞武器的圖像，並環繞著一圈文字：

知否：所有權力皆虛幻，
除了我——埃米爾（Amīr）是俺，
人民的大主宰，巴吉坎。

> 錢幣反面是另一幅巴吉坎的肖像，呈現出他坐在他大廳裡的模樣，看起來沉思冥想，高深莫測。拉迪說：「你沒看到這個……這個人在做什麼？他的野心飆到多高？他的傲慢又讓他變得多放肆？」我無法回答半句。[1]

無話可說。那兩枚錢幣，以及巴吉坎宅邸的米哈拉占日場景，說明了一切：提防帶禮物的土耳其人。這不僅是一名土耳其奴隸軍——本該要在那裡護衛哈里發——把自己硬放到君權專屬的貨幣上。他還親身登場，以肖像的形式，與端正高潔的書法鑄幣形成對比。兩百五十年來，後者一直是阿拉伯權力的象徵，甚至連英格蘭的密德蘭地區都曾模仿過。他把錢幣放大，轉變成華麗的獎章。在視覺傷害之外，他還添加了聽覺侮辱，把阿拉伯貨幣的虔敬銘文改換成歌頌他自己的愚蠢短歌，巴吉坎……那個怪異的外國名字讓押韻的阿拉伯語砰然而止：對阿拉伯語的聽眾而言，這聲音聽起來既滑稽又帶點邪惡——有點類似英國人聽到「Boojum」（一種虛構的可怕怪物）或「Bogyman」（一種妖怪）的感覺。這個名字在土耳其語裡指的是「馬尾」或「犛牛尾」。[2]相對的，哈里發的執政名號「拉迪比拉」則是——很適合沒有其他人可求助的人——「他是安拉滿意的人」。

從阿拉伯人和身為非阿拉伯人原型的波斯人共同歡慶米哈拉占節一事，就可看出他們已經和解共融了。然而，土耳其人似乎還是屬於可接受的邊緣群體之外。從早期土耳其武士鐫在現存獎章上的肖像，可看出他們全副武裝，用狹長的外國眼睛打量著觀看者：akhzar「瞇縫眼」是非阿拉伯人生理上最大的特徵，而所有土耳其人都被認定是瞇縫眼。[3]土耳其人不僅是另一種非阿拉伯人，還是一種反阿拉伯人，而且歷史上迴盪著有關他們的警告。據說，阿拔斯王朝的祖先阿里．本．阿布杜拉．本．阿拔斯曾經預言，他的後代將會繼承阿拉伯統治權，但只「到他們的奴隸擁有他們之時，這些奴隸有著小眼睛和大臉龐，臉龐宛如錘打的盾牌」。[4]

甚至在更早的時候，有句據說是穆罕默德說的話：「utrukū at-turka mā tarakūkum」，「只要土耳其人不來管你，別管土耳其人」。[5] 這跟諺語「讓睡著的狗躺著」（別去招惹麻煩）的意思有點像。但是，阿拉伯的帝國統治者非但沒有不去管他們，甚至還鼓動他們，把他們當成哈里發的護衛犬帶在身邊，把他們帶入權力核心，帶入圓城的中心——然後當他們奪權時只能無力乾瞪眼。從那之後，在接下來一千年的大半時間裡，土耳其人都將以某種形式主導阿拉伯世界的大多數地區。

米哈拉占日那天，哈里發的導師試圖用一些歷史前例來安慰他，說有些統治者也曾被自己的追隨者推到一邊，但後來又重新掌權；這說法並未減輕拉迪的沮喪。直到他導師用詩歌提醒他，今天畢竟是個節日，就算他無法打敗巴吉坎，至少可以像巴吉坎看齊，找幾個朋友，開一兩瓶美酒歡慶一下，他才終於振作起來。朋友和美酒不斷增加，直到他的派對可以和土耳其人在底格里斯河畔狂歡會分庭抗禮[6]。但是對拉迪、他的阿拔斯王朝和帝國的阿拉伯主人而言，這場派對是對現實權力的最後道別。

「於是，」歷史學家馬蘇第說，這回他寫的並非歷史而是當下事件，「阿拉伯人沒落了，亡故了。他們的權力消逝了，他們的地位失去了。」[7] 距離他們從本家島嶼出發並在短短幾年拿下兩個帝國的奇蹟年代，才不過三個世紀。

黯淡之輝

在阿拔斯王朝統治下，那只火輪——統一與分裂的古老循環，每隔幾百年就會把阿拉伯人重新熔鑄在一起，然後又點燃他們彼此對抗的火焰——長大許多，而且有段時間，看起來也更穩定：有點類似太陽系，把更多民族推進阿語文化和伊斯蘭的引力場。在這同時，阿拉伯統治的整體性質也改變了。穆罕默德最初的繼承者，是用前伊斯蘭時代阿拉伯謝赫的態度統治國家，烏瑪亞王朝的方式較類似前伊斯蘭時代的阿拉伯國王。阿拔斯王朝則是更接近前伊斯蘭時代的波斯shāhanshāh「萬王之王」——加冠、即位、登基、垂簾，宛如一齣皇家大戲裡的演員，然而他們統治的帝國卻巨大到即便加上伊斯蘭的重力，也無法將它們長久聚攏在一起。因此，穩定的狀態相當短暫：位於圓城中心的哈里發光輝漸漸黯淡，阿拉伯人本身則是被外推到更遙遠的軌道上。我們將會看到，某些位於邊緣的阿拉伯人取得了力量，把自己打造成新系統的核心。

在這同時，原始的中心力量，也就是哈里發的地位，正被當初帶進來保護它的那個民族給掏空——土耳其奴隸禁衛軍，例如巴吉坎。土耳其人正在證明，自己是最成功的阿拉伯權力挑戰者。但更早的一些威脅已經侵蝕掉阿拉伯至上的觀念，這個觀念的基礎是阿拉伯人認為統治的權利屬於他們：他們辯稱，阿拉伯半島孕育出先知，他的啟示和革命率先點燃帝國，阿拉伯半島也誕生出將帝國凝聚起來的語言。然而，阿拔斯統治下的帝國複雜性，讓阿拉伯人與其他民族之間的摩擦變得無可避免。有時，這種摩擦會以話語表現；有時，戰鬥會充滿血腥。

奴隸和農夫

對阿拉伯至上觀念而言，最早且就某些方面也最震撼的一擊，是八六九至八八三年所謂的贊吉叛亂（Zanj Rebellion）。若是阿拉伯人彼此互打倒還好；反正他們從很早以前就這樣，而且似乎會鬥到世界末日。但贊吉——東非黑人的俗稱——的掠奪，可就是違逆天理。他們是奴隸，甚至不是土耳其人那種軍事奴隸，而是種植園的奴隸；然而他們竟對帝國的伊拉克心臟地帶造成可怕破壞。我們前一章提過那位覲見中國皇帝的伊本・瓦哈卜其實是一位難民，從他出生長大的巴斯拉逃走，因為該城遭到贊吉蹂躪。

在內政層次上，奴隸制一直是阿拉伯社會的特色之一。這些問題源自於征服，以及想要用理論上很容易控制的廉價人力來開發大片土地。在烏瑪亞統治時期，來自南伊拉克的農業稅收大幅下降[8]，奴工被視為可再次增加利潤最快速的手段。於是，巴斯拉的有錢商人投資了數萬名東非奴隸，派他們去汲乾該城鄰近的沼澤地。但剝削土地就意味著剝削人力：他們的處境令人震驚，日積月累終於揭竿而起。其他人也加入他們，一起反對阿拉伯人對權力、金錢、土地和生命的壟斷，並團結在阿里・本・穆罕默德（ʿAlī bn MuḤammad）這位神祕人物的領導之下；他或許是伊朗人，或許是阿拉伯人，甚至如同他所宣稱的，可能是先知堂弟暨女婿阿里的後代。上述說法似乎沒有一個得到確認。但毫無疑問的是，他將該區沸騰的不滿情緒導引成暴力和成功的騷亂。

這場叛亂造成的破壞並沒有明確的統計數字。馬蘇第推測傷亡總數為五十萬人，單是巴斯拉這一區就有三十萬人，而這個數字被認為是保守估計；但他也承認，沒人知道確實的數字[9]，或許不小心就可能多一個零。可以肯定的是，贊吉暫時讓萬物秩序都顛倒了：奴隸變成了奴隸主，只要少量錢幣就可買賣阿拉伯自由人，可以把穆罕默德的女性後代當成小妾，命她們當自家女性同胞的女僕。當其中一位阿拉伯 sharīfah「貴族婦女」大膽抱怨她被自己先前的奴隸虐待時，她得到的回應是：「他現在是你的 mawlā！」[10]——一個很棒的反諷，因為 mawlā 是一個「同型反義詞」，同時意指「依賴者，扈從」和「主人」。社會對於奴隸和主人的用語依然沒變；但它的極性顛倒了。

這場叛亂最後被來自巴格達的武力撲滅，指揮官出身哈里發家族，但為此付出的生命和財產代價相當慘重。然而，不滿的情緒似乎瀰漫在伊拉克南部的低平地區——這塊地區早在伊斯蘭之前就飽受阿拉伯人長期劫掠，在伊斯蘭的第一個世紀又遭到血腥統治與農業摧毀，最近則是受到叛亂折磨。贊吉叛亂平定才沒幾年，該區受苦許久的「納巴泰」原住民農人就在另一位煽動家哈姆丹．卡爾馬特（Hamdān Qarmaṭ）的領導下起義。卡爾馬特大概是伊朗出身，他也反對阿拉伯至上以及他們對帝國生命財產的壟斷；他在什葉派的分支伊斯瑪儀派（al-Ismāʿīlīyah）裡找到激進革命的載具，該派是在八世紀末從主流的 shīʿah ʿAlī（阿里黨）中分裂出來的，原因是他們不同意阿里的後裔應該繼承領導權。他在賦稅沉重與邊緣化的農民之間找到叛亂的動力，這股動力因為奴隸起義的示範而擺脫了幾百年來的束縛。他的追隨者聚集了更多團體，包括阿拉伯半島東部的阿拉伯人，他們覺得自己長久以來都被帝國大業排擠。卡爾馬特派也是在阿拉伯半島東部建立他們的共和國，宣稱並可能實現了某種程度的平等主義，而平等主義在帝國其他地方根本聞所未聞：訪客推崇它的民政機制，包括對公民提供社會安全的保障。「那裡有磨坊，」一位十一世紀來自伊朗的訪客寫道，「屬於政府當局，可免費為民眾磨穀物。當局會負擔維護費用和磨坊主的工資。」[11] 後世可能不會推崇這種做法，因為該系統仰仗的是從非洲進口的奴隸勞動力。

這個共和國一直存活到十一世紀。但在早期最主動的幾十年裡，卡爾馬特派從九世紀末開始，就一直設法將破壞推廣到更遠的地方——伊拉克、利凡特及阿拉伯半島的多數地區。他們最大膽的行動（或最卑鄙的犯罪）是九三〇年劫掠麥加，還把卡巴裡的黑石偷走[12]，亦即那顆位於創世之臍上的黑色寶石。黑石留在他們手上二十年，直到反哈里發的法蒂瑪派興起，才說服他們歸還原地。（我們將會看到，法蒂瑪派和卡爾馬特派都屬於伊斯瑪儀什葉派，但法蒂瑪派宣稱他們是穆罕默德的後裔，並因為據說他們是源自古萊什的某一支系，所以必須尊敬他們祖祠在麥加的神聖重要性。對他們而言，卡爾馬特派是任性的分離派，是伊斯瑪儀派裡的「瘋狂左派」。）但重點已經很清楚：黑石被搶／解放已動搖了帝國的基礎，因為它意味著——即便是象徵性和暫時性的——祭祀和文化系統的古萊什軸線並非不可侵犯。

此外，卡爾馬特派所引發的質疑，不僅是古萊什對伊斯蘭的重要性，還包括最近才在記錄的年代裡被永久供奉的文化精神體系裡的阿拉伯性。在卡爾馬特派的支持保護下，有個名為「忠誠兄弟會」（Ikhwān aṣ-Ṣafā）的團體在十世紀的最後三十幾年編纂了一本百科全書式的論文集，企圖將已知世界現存的所有科學匯整起來。這些論文——或說「使徒書」（epistles）——目的是為卡爾馬特派和他們同宗的伊斯瑪儀派提供更高階的指導。兄弟會的興趣類似於上個世紀那位思想開放的馬蒙哈里發，但援引的知識範圍甚至更多元。在哲學方面，希臘的知識來源占主導地位，包括畢達哥拉斯派、亞里斯多德、柏拉圖和新柏拉圖主義；但在其他領域，知識的來源就比較廣：比方說，天文學的想法來自波斯、印度和古巴比倫，而與神的啟示有關的論文則包括希伯來的《聖經》和《新約》；同時也可察覺到密特拉教（Mithraism）崇拜的餘韻[13]。兄弟會的表達模式是阿拉伯語，但他們的知識來源卻是全世界。就和他們劫持了黑石一樣，卡爾馬特派這次透過他們的智識側翼證明了，以阿拉伯為中心的舊世界也可能產生軸線晃動的情形。

平等派

在整個九世紀到十世紀，還有其他力量挑戰阿拉伯至上的觀念。和贊吉與卡爾馬特派不同的是，這些挑戰大體而言並不血腥；但它們依然苦澀，而且將以各種形式在從西班牙到河間地帶的帝國全境冒竄，危害到新近在全球三大洲植入的阿拉伯性。

不滿首先起於波斯人。自從伊斯蘭開始，他們與阿拉伯人曾經有過一段特殊的愛—恨—愛關係：緊接在穆罕默德革命後的那段大征服期，阿拉伯人與波斯人以某種婚姻形態相互結合——通常就是指字面上的婚姻，例如三位被俘虜的波斯公主嫁給麥地那新貴裡最有前途的三位年輕人。[14]但這關係是不平等的，是征服者與俘虜，主導的男性與據稱是順從的女性相互結合，而且這種狀態將維持下去。哈倫・拉須德的故事把慣常的角色做了對調，他把妹妹嫁給他的波斯知己賈法，沒想到這對夫妻竟敢圓房，於是他下令處死賈法[15]，這故事或許沒有事實基礎，但它是一則強而有力的寓言，說明了阿拉伯與波斯的關係，以及阿拉伯人的恐懼。

因此，起來反抗阿拉伯人威權的，不只是在身體上受剝削以及在經濟上受虐待的奴隸和農民：還包括受過教育的伊朗人，他們很快就受夠了阿拉伯人總是踞於上位。隨著阿拔斯時代的推進，先是阿拉伯文接著是伊斯蘭開始廣布，遍及舊薩珊王朝的領域，波斯人的不滿也隨之升高。畢竟，當時有愈來愈多波斯人是透過一種文字、一部經文和一種宣稱所有信眾一律平等的信仰而與阿拉伯人結合。先知本人不是在告別朝聖的講道（或許可說是穆罕默德版的耶穌登山寶訓）裡宣稱：「沒有任何阿拉伯人優於非阿拉伯人，除了在虔信度上」？[16]

反彈始於阿拔斯早期。巴須沙・本・伯德（Bashshār bn Burd）是第一位非阿拉伯出身的阿拉伯語大詩人，他曾以下列詩句歡慶自己的非阿拉伯性：

我父親從未用歌曲
敦促下賤的駱駝。
……
我從未挖掘，從未吃下
岩石裡的蜥蜴。

在更多這類挖苦貝都因的詩句之後，他以歌頌伊斯蘭結尾——但同時是以身為波斯穆斯林的身分和他自身的光榮過往作結：

我們的憤怒是最值得的憤怒
對真主，對伊斯蘭。
我，雙系波斯人之子，
熱切捍衛它。
我們擁有自己的皇冠，擁有我們強大、
驕傲的主權。[17]

在八世紀與九世紀之交，這類感傷四處傳播，並激起了一場運動，名稱是：Ahl at-Taswiyah「平等派」[18]，因為他們要求與阿拉伯人平起平坐。但他們很快就以另一個名字為人所知，一個帶有更多面向的名字：ash-Shuʿūbīyah（舒歐布運動，意思為民族運動）。這個單詞會讓人直接聯想到《古蘭經》的一段經文，訴說安拉如何

> 由一男一女造化了你們，並使你們成為民族〔shuʿūb〕和部落〔qabāʾil〕，以便你們能互相認識。

秉持與穆罕默德最後講道的同一精神，該文接著表示：

> 在安拉看來，你們當中最高貴者就是最虔誠者。[19]

舒歐布運動透過自己的名稱讓人聯想起這段經文，進而把自己界定成「多民族」（peoples），是類似古代南阿拉伯人由共同的地理位置所結合而成的社會，而非像部落的北阿拉伯人是以血統為依歸。但其他的聯想也在盤旋：他們是定居的民族，最基本的意思就是「文明的」；但他們的「文明」也是基於他們不會對著下賤的駱駝唱小夜曲，也不會嚙食蜥蜴。

當阿拉伯人忙著將自我形象打磨成從粗壯、強韌、與生俱來的高貴血脈中湧現出來的天生領袖（相較之下，帝國羅馬的驕傲是寄存在自身早期的鄉野英雄；好萊塢的驕傲則是美國的西部拓荒者）時，舒歐布派則盡最大努力去抹黑它。他們說，阿拉伯的祖先是不高尚的野蠻人；簡單說，他們都是野蠻人，他們的粗野就跟動物的氣味一樣緊黏著他們：

你們是活在駱駝、綿羊和山羊群裡的放牧人……因為你們長久以來太習慣和駱駝說話，所以你們的言談變得刺耳，發聲器官也變得粗糙。現在，即便你們是和同一個房間裡的人講話，你們的聲音也大到像在和聾子說話。[20]

舒歐布派自己的說法很少留存至今；但就像上面這段引文（由他們的一位主要仇敵保存下來）所顯示的，有大量的抨擊重點集中在阿拉伯語上，那個深深形塑了阿拉伯歷史的力量。舒歐布派是個文學運動：成員大多來自於「可讀寫阿拉伯文的非阿拉伯人」，這是一個龐大且日益成長的階級，他們對這種書寫語言的使用幾乎就跟母語一樣流利。阿拉伯人形構了這種口說語言和它的修辭，並讓自身受到它的形塑，並且團結在它之下。但如同我們看到的，是非阿拉伯人接納這種嬰兒階段的書寫語言——一個還在學習自身字母的語言——並湊合著使用，好為帝國的主人服務。一個幾乎都是詩歌和咒語的口說文化，隨著《古蘭經》而化為筆墨，那是最早也是唯一被頻繁書寫的阿拉伯語；接著，在烏瑪亞王朝統治下，多數為非阿拉伯人的書記開始利用書寫下來的阿拉伯文保存紀錄。一直要到阿拔斯時代，阿拉伯語的白話才開始以書寫文學的形式出現。它最重要的先驅是一名波斯人：伊本・穆卡法（Ibn al-Muqaffaʿ），而波斯人和其他非阿拉伯人也將推動它的發展。因此，這些識字的非阿拉伯人覺得，一如他們也是伊斯蘭的共享者一樣，他們在阿拉伯文這方面也該享有和它的原始擁有者同等的地位。但阿拉伯人不同意。於是爭鬥開打，雖然沒有濺血，但噴了超多墨水。

阿拉伯人被指控為落後，又被貼上大嗓門和吃蜥蜴貝都因人的標籤，終於不堪困擾決定反擊。或者比較準確的說法是，由其他非阿拉伯人替他們反擊：除了少數例外，「遺傳上的」阿拉伯人依然沒有習慣磨尖他們的筆力；就像他們愈來愈仰仗土耳其軍人在軍事上捍衛他們，在與舒歐布派的論戰中，他們也倚賴那些非阿拉伯的附從。於是我們看到，阿拉伯性的最偉大意識形態家以及多產作家賈希茲，並非古老的阿拉伯部落望族子弟，而是一名「凸眼睛的」（jāḥiẓ）巴斯拉黑奴的孫子。

賈希茲認為，舒歐布運動是在煽動對阿拉伯人的公然仇恨，而這會危害到帝國與伊斯蘭。[21]他最強力的大反擊，是先前提過的〈棍杖之書〉。[22]在那篇論著裡，他抓住舒歐布派對自命不凡、揮舞棍杖和要弄話語的貝都因的鄙視，以子之矛攻子之盾。他和舒歐布運動都以棍杖打中一個強有力的形象。棍杖是阿拉伯傳統裝備裡的基本要件：它們出現在前伊斯蘭時代的浮雕裡[23]，出現在西元前九世紀駱駝騎士的手裡[24]，也出現在西元前末尾幾個世紀的儀式舞蹈裡；今天，它們依然握在保守的部落民手中，有如輕便的手杖；你可能在最新款運動休旅車的儀表板上方發現一根駱駝杖（也許還能在排檔頭上發現一只鷹隼頭盔）。但棍杖也是阿拉伯統治和阿拉伯語修辭的工具，是代表控制的字謎圖。在舒歐布派眼中，阿拉伯人用棍杖和大吼大叫來放牧他們的駱駝，而且他們認為也可以用同樣的方式來對待人民。

然而，賈希茲以他那種奇怪的意識流風格捍衛棍杖——因而捍衛了身為阿拉伯人這整件事。他表示，棍杖確實可用來放牧動物，但也可指引人們走向真正的宗教，一如阿拉伯人透過穆罕默德的信息指引波斯人（在基督教的脈絡裡，牧羊人的曲柄杖也是主教的牧杖）。但對賈希茲而言最重要的是，棍杖是阿拉伯演說家的工具，是修辭的象徵。如同樂隊指揮的棒子是演說家手部的延伸，可用來強調他的手勢。[25]它是阿拉伯語公開演說的必備附件，而且最重要的是，它也是只有阿拉伯人渴望掌握的那種修辭的必備附件。「在波斯人之中也能找到演說家，」他承認，差別在於，對他們而言所有的言說，以及對一般非阿拉伯人而言所有的意義，都只能源自於長久的思考和心智鍛鍊；只能源自於單獨沉思的時期以及與他人討論交換想法的時期；只能源自於冥想和書本學習……然而對阿拉伯人而言，這完全是直覺和即興的問題：也就是說，是靈感的問題……[26]

難道賈希茲掌握到「阿拉伯心智」（the Arab mind）某個最內在的部分？不，因為這樣的單一體從未存在過。賈希茲對於古代高級語言和它做為一種超自然特殊用語的起源當然很清楚，也掌握了許多詩人和預言家的「靈感」證據。但他認定阿拉伯人的流利口才有某種先天的、準遺傳學的傾向，那是他對他所擁抱的阿拉伯語文化的一廂情願；是源自於他對該文化未來的擔憂。隨著阿拉伯人逐漸失去政治控制權，他和阿拉伯性的其他捍衛者似乎也變得更加激烈[27]。這種失勢全無遮掩：諸如巴吉坎這樣的土耳其人明目張膽地接掌權力，把自己從奴隸軍人轉變成禁衛軍親王。但阿拉伯人從沒承認他們的語言失落到別人手上；那是讓阿拉伯人成為阿拉伯人並讓阿拉伯人在歷史上得以延續的最重要因素。有句俗語據說是穆罕默德為了捍衛他的波斯同伴薩爾曼（Salmān）時說的，也經常被舒歐布派所引用：「講阿拉伯語的就是阿拉伯人。」[28]對大多數阿拉伯人而言，這句話起不了作用。他們很樂意看到非阿拉伯人使用他們的語言祈禱、簿記，讓阿拉伯的英勇過往永誌不朽，但要像舒歐布派那樣進一步宣稱自己擁有它，則是試圖要偷走被他們視為阿拉伯靈魂的東西。

阿拉伯人對阿拉伯語的態度至今依然帶點占有欲。我發現，一開始講阿拉伯語會得到讚美和鼓勵——直到你的阿拉伯語好到足以跟它的所有權人意見不一為止。許多人並不把這視為論辯，而是視為背叛——是「折斷棍杖」[29]，折斷凝聚的話語。這種感覺很少形諸字詞；一個罕見的例子是當代摩洛哥學者阿卜杜勒法塔・基利托（Abdelfattah Kilito），他在一本著作中坦承，他不喜歡外國人了解他的語言[30]，感覺他們會把它「搶走」。[31]那本書的英文名稱簡潔明瞭：《你不該講我的語言》（*Thou Shalt Not Speak My Language*）。（基利托教授本人是教法文的，想必會說那種語言。）而有句西班牙古諺如此警告：「別在摩爾人家裡說阿拉伯語。」[32]

晃動的基座

在其他地方，不平等的感覺也在阿拉伯人和其他民族之間產生了類似的衝突。在埃及和北非，有科普特和柏柏版的舒歐布派[33]。在遠西的西班牙，對改信伊斯蘭的當地人的歧視，時不時會引發起義和流血。非阿拉伯裔的穆斯林通常會保留他們古老的家姓，但將它阿拉伯語化，例如巴須庫瓦爾氏（Banū Bashkuwāl，源自Pascual）、賈西亞氏（Banū Bashkuwāl，源自Garcia）和古茲曼氏（Banū Quzmān，源自Guzman）；然而，有些阿拉伯至上主義者會用一些帶有嘲弄意味的詞來指稱他們，例如banū al-ʿabīd「奴隸之子」。當這類歧視持續到阿拉伯統治的第二個世紀時，一些土生土長的穆斯林起而叛變，並設法成立他們自己短命的獨立小國[34]。隨著時間過去，叛亂受到遏止，叛徒也得到安撫，但伊斯蘭的平等理想再一次無法實現；阿拉伯沙文主義總是壓倒一切。到了十一世紀，一場遲來的舒歐布文學運動在柏柏裔與歐洲裔的西班牙穆斯林間興起，和早期發生在東方的運動十分類似[35]。

在帝國的最南端，也就是阿拉伯自身「島嶼」的最遠端，阿拉伯人發現，甚至連他們認為早就阿拉伯化的南阿拉伯人，竟然也起來反對他們——至少是反對由「記錄的年代」所推銷的狹隘、貝都因化的阿拉伯觀點。我們已經聽過詩人阿布・努瓦斯如何斥責落後的貝都因人，阿布・努瓦斯本人並非血統上的南方人，而是南方人的mawlā[36]。有時他的攻擊令人髮指：阿布・努瓦斯以他的同性戀詩聞名，他對aʿrāb大老粗的諷刺有時充滿變裝皇后的惡意，例如他宣稱，如果古時候那些有男子氣概的貝都因詩人活在他那個時代的巴格達，恐怕會跟香噴噴的波斯人一樣，在美少男身邊打轉，對著他們流口水[37]。阿布・努瓦斯的嘲諷也沒放過古萊什，也就是先知和他的阿拔斯家族繼承者的部落。於是我們看到，這位詩人在哈倫・拉須德哈里發的命令下，於牢裡蹲了很長一段時間[38]。《天方夜譚》把書中那位虛構化的阿布・努瓦斯、那位哈倫・拉須德的有趣同伴，拔除了銳刺。

阿布・努瓦斯的攻擊屬於「南北嫌隙」症候群的一部分，烏瑪亞時代的爭奪嚴重深化了這些嫌隙[39]。如今，隨著時序推進到九世紀，加上波斯舒歐布運動強化了他們自身的文學攻擊，南阿拉伯也重燃起對於古代示巴及其姊妹文明的驕傲，那是最原初的shuʿūb。當地統治者提出兩項主張：一是他們的政治獨立於遠在巴格達的哈里發之外，二是他們的血統乃源自於土長土長、前伊斯蘭時代的貴族。當地作家——例如十世紀的古文物家和地理學者哈姆達尼——試圖讓遭人遺忘的南部榮光重新閃亮起來。但他們的努力對阿拉伯世界的文化圖像幾乎沒產生任何撞擊：他們是在當時人眼中的偏鄉緬懷廢墟。就像部落游牧民曾經在伊斯蘭前夕那幾個世紀滲透到舊南方並使該地阿拉伯化，在伊斯蘭隨後那幾個世紀，特別是在阿拔斯王朝的「記錄的年代」，歷史敘述本身其實就是貝都因化。

在企圖與阿拉伯人平起平坐這方面，各地的舒歐布平等派都給自己設下一個不可能的目標。阿拉伯人已經替自己打造了一個基座，並以先知族人和《古蘭經》語言的最初所有權人之姿高踞在上頭，平等派從沒成功將他們推下基座。在政治上也是，阿拉伯人曾經是——當時名義上還是——城堡的國王；他們站在自己的岩石上，而且在那個當下，潛伏的獅子遁走了。儘管如此，阿拉伯的這塊棲石在政治上和文化上都不穩固，而阿拉伯人聲稱要統治的那些民族，都在盡最大的努力想要搖晃它。

舒歐布派的情感會隨著時間重現。挖苦部落民嚼蜥蜴的都市諷刺文章，將持續好幾個世紀。[40]在阿拉伯這邊，他們十九世紀的「覺醒運動」將會復興這個論辯的語言：鄂圖曼國族主義者[41]和阿拉伯國族主義日後的對手[42]，甚至馬克思主義者[43]，都會被指控是舒歐布主義。在一九八〇年代那場戰爭中，薩達姆·海珊的伊朗對手也會被貼上舒歐布派的標籤。[44]此刻在我窗外上演的衝突也是，受到伊朗影響的胡塞派（Huthis）一直被指控是在追求舒歐布派的政治目的。從時序的角度來看，這跟把第一次世界大戰的德國人稱為「匈奴人」一樣不合時宜。但它也不是完全不準確，就跟所有的衝突一樣，此刻在我眼前上演的這一場，也是身分認同之戰的一部分。胡塞派已經從宗派性、文化性和政治性不服從分子的歷史碎片上，打造出自己的獨特認同。他們的對手：紹德家族和其他人則將自己視為貝都因—阿拉伯歷史敘述的一部分。他們依然昂首闊步，揮轉著他們的棍杖。

（不過話說回來，在二〇一六年底，胡塞派被指控朝麥加方向發射一枚飛彈，於是被進一步比喻成搶走黑石的卡爾馬特派[45]，甚至被比喻成更早的聖城襲擊者，也就是六世紀的衣索比亞將軍阿布拉哈。[46]歷史有太多主題曲和變奏曲，多到無法準確概括。是修辭在自我重複。）

鳩占鵲巢

阿拉伯人使盡全力捍衛自己的文化帝國，但似乎無法做任何事情來阻止他們在政治權力上的失血。土耳其人巴吉坎的肖像獎章曾讓拉迪哈里發深感沮喪，他就是新掌權者的一個範式：他以外省低階奴隸士兵的身分竄起，一路爬升到拉迪哈里發的警務總監之位，然後在九三八年以自封總指揮的身分凌駕於哈里發之上，成為實際上的統治者。他可能是第一個真的把自己描繪成坐在權力寶座上的外來者；但其他人也早就虎視眈眈了。差不多兩百年前，阿拔斯王朝的第二任哈里發曼蘇爾就曾樹立先例，倚賴奴隸和前奴隸擔任禁衛軍，程度更甚於依賴阿拉伯自由人；到了九世紀初，馬蒙又從他位於東方的權力基地呼羅珊，將更多非阿拉伯人的軍隊帶入巴格達。[47]馬蒙的兄弟穆塔西姆讓這趨勢更進一步發展。從八三三年開始，他引進愈來愈多的奴隸士兵，特別是土耳其人。這批龐大且不斷增加的武裝人員肯定會開始在政治上施展壓力，只是時間早晚罷了。

奴隸士兵是合理的安排：在缺乏一個強大、抽象的國家做為效忠對象的時候，出價最高者和最有說服力的演說者，就能購買到自由士兵的效忠——特別是那些具有現成武裝部落背景的士兵，阿拉伯的士兵通常就從這些部落徵募。（我正在目睹一個國家因為這點分崩離析：名義上的葉門軍隊在一夜之間淪為一堆烏合的私人民兵；也許他們從未超越這程度。）但奴隸的忠誠沒有商量餘地，至少理論上是這樣。

對穆塔西姆而言，土耳其人是奴隸士兵裡的菁英分子：「土耳其人……是非阿拉伯人裡的貝都因人。」[48]同時代的賈希茲寫道；對他而言，這是高度讚美。身為騎士和弓箭手，他們的技術堪稱傳奇，他們的警戒能力更是近乎超自然：「土耳其人有兩雙眼睛，一雙在前面，另一雙在後腦勺。」[49]我們並不知道，穆塔西姆對土耳其人的偏好是否受到他母親的影響，他母親就是土耳其的奴妾出身[50]，但這恐怕很難不是一個因素。他囤積第一流的土耳其戰士，就跟當代的紹德家族囤積雷達導彈一樣；才統治三年，就累積了四千名。不過，這些瞇縫眼的半人馬拒絕在他們的軍營裡搶快急衝，反而在巴格達附近小跑步，造成破壞。穆塔西姆的解決方法結合了橫向思考和大設計：為他們打造另一個巴格達。

穆塔西姆於八三六年創建了他的新首都薩邁拉（Sāmarrā'），地點位於巴格達一百二十五公里外的底格里斯河上游，然後讓他的土耳其裔和其他外國軍隊移駐該地[51]。薩邁拉有點類似凡爾賽[52]；但它也是一座誇張版的奧爾德肖特（Aldershot）或胡德堡（Fort Hood）——一座由泥磚灰塵組成的軍事大都會，住滿了中亞騎兵和哈里發的隨營人員，例如穆塔西姆的弄臣補鞋匠阿里（Ali the Cobbler），他會把屁收在寬袖裡，然後走到一本正經的朝臣前面揮散[53]。軍隊——不只有土耳其人，還包括呼羅珊人、從天山山脈長途跋涉而來的法迦南人（Farghanans）、北非人等等——是根據血統出身分成不同營區，營區的相對位置則與不同種族的地理分布相呼應：薩邁拉是帝國的縮尺模型。[54]它很快就如雨後春筍般迅速變成全世界最大的城市之一，至少在面積上是如此。不過它身為首都的歲月，在時間尺度上倒是很小——持續不到六十年就遭廢棄。在阿拉伯文裡，它的名字有六種不同的寫法[55]，似乎也反映出它的無常。然而反諷的是，阿拔斯巴格達的所有遺跡長久以來都深埋在後世的居住層底下，但薩邁拉的大清真寺卻存留至今，至少輪廓保留了。它那座螺旋之字形的呼拜塔，依然如螺旋滑梯般聳立在沙塵之上，標誌著如今已然沉默的巴別塔中心。

軍隊壓倒性的土耳其化，帶來了其他反諷。例如，八三八年，穆塔西姆劫掠到遙遠的拜占庭領土，摧毀了安卡拉西南邊的阿莫里烏姆城（Amorium），獲取了許多俘虜。這起英勇行為得到阿布・塔瑪姆・本・阿瓦斯（Abū Tamām bn Aws）的歌頌，他是當時阿語詩歌界最有名且聲量最高的詩人之一，那首頌歌宛如柴可夫斯基的最後樂章。它是這樣開頭：

刀劍訴說的真理多於書本；它的刀鋒從浮華中切出智慧：
以閃閃發亮的刀葉，而非蒙塵書卷的字行，打消不確定與疑惑的文本。
知識發現於長矛的火花中，閃爍在對陣的行伍間，而非天堂的七道光芒裡……[56]

這完全是一首頌揚貝都因阿拉伯勇武的讚歌——一場閃亮的刀矛修辭讓平淡的書寫真理（當然是由波斯人和其他潦倒的外國人所寫）黯淡無光的雄辯。它也是對另一個更尖銳的古老真理的致敬。如同一位近代評論者所說的，「詩人……將他〔穆塔西姆〕異教部落祖先的倫理價值轉變成伊斯蘭國的道德基礎。」[57]但深入研究之後，卻可看出它滑離了現實。那位詩人出生時並不叫「伊本・阿瓦斯」這個聽起來超阿拉伯的名字，而是伊本・塔道斯（Ibn Thadaws）——塔道斯（Thaddeus）的兒子，而塔道斯是一位大馬士革信仰基督教的酒店老闆。他不願意承認的是，古代阿拉伯的英雄主義正被一支土耳其軍隊重演[58]。他也沒提到，穆塔西姆回到家後，他的姪子阿拔斯・本・馬蒙正用既不英勇又偷偷摸摸的手段買下哈里發這個位置，破壞他叔叔想要乘勝追擊揮兵君士坦丁堡的計畫。[59]

征戰鄰邦——前伊斯蘭時代部落戰爭的放大版——是輝煌的傳統；家族裡的敵人則不相同。但在前者的案例裡，阿拉伯的傳統已經外包給外國人了；只是到頭來，那些外國人、那些土耳其人，根本不甩那該死的傳統。他們在乎的當然只有權力。他們有武器，有人數，還有與日俱增的ʿaṣabīyah，也就是曾經賦予阿拉伯人權力的「群體團結感」；而無論正確與否，權力使人畏縮——即便是哈里發也一樣。

瞎眼鼓聲

危機隨著穆塔西姆哈里發的兒子暨第二位繼承者穆塔瓦基爾而來。在他的時代，土耳其的小卒已經越過楚河漢界，變成主要玩家；而身為榮譽及阿拉伯性源頭的阿拔斯家族本身，則是連小卒都不如。從此之後，會有一連串哈里發以類似到令人頭昏的王號展開他們的寶座任期，而且多數會以類似的狂暴結局收場。

穆塔瓦基爾想要讓兒子穆塔茲（al-Mu’tazz）繼位；另一個兒子（出自另一位母親）蒙塔希爾（al-Muntaṣir）於是勾結土耳其禁衛軍，以確保自己登上王座。密謀者選定八六一年十二月的一個晚上行動。當時哈里發正和他最親密的朝臣們一起喝酒。「他喝得酩酊大醉，」當時在場的詩人布赫圖里（al-Buḥturī）如此回憶：

> 那天晚上過了大約三小時後，巴佳（Bughā，一名土耳其指揮官）突然和其他土耳其人一起出現，全都蒙著臉握著劍，寶劍在燭光下閃爍。他們朝我們衝來，襲擊穆塔瓦基爾。巴佳和另一名土耳其人跳上哈里發的高台。法塔（al-Fatḥ〔bn Khāqān〕，穆塔瓦基爾的宰相，他本身是個阿語化的土耳其人）大叫：「禍哉！這是你們的主！」在場的斟酒人、朝臣和酒友們看到土耳其人時，全都拔腿就跑。只有法塔留在大廳，試圖擊退他們。突然間，我聽到穆塔瓦基爾大聲哀號：巴佳刺中他的右側——用穆塔瓦基爾送他的那柄劍——一路開剖到腰間；他接著對左側做了類似一擊。法塔衝上去，企圖將土耳其人從哈里發身邊推開，但其中一人揮劍刺入法

塔的肚子，直到劍尖從他的背部穿出。但法塔還是站穩腳步，沒有退縮。我從沒看過比他更勇敢的靈魂、比他更高貴的人。他撲在穆塔瓦基爾身上想要保護他；最後死在一起。土耳其人用他們被殺的那塊地毯把他們捲起來。當天晚上剩下的時間以及隔天的大部分時間，他們就這樣留在原地，直到蒙塔希爾確定登上哈里發寶座。他後來下令將兩人埋在一起。[60]

這故事還有續集。可怕的是，蒙塔希爾坐在那塊地毯上，也就是他父親的第一塊裹屍布——直到有人向他指出，那塊地毯上的文字描述了一則古代波斯王子殺死自己沙王父親的故事；其中一段文字說，那位比較早期的弒父凶手在犯行之後只活了六個月。蒙塔希爾也是。公開的說法是，他在馬球比賽後大汗淋漓地睡在風塔裡的房間，導致受寒去世。但謠傳，另一起土耳其陰謀——因為他很不聰明地想要獨攬大權，以壓制他的密謀同伴——和一把塗了毒藥的手術刀加速了他的死亡。[61]

蒙塔希爾的旁系兄弟穆塔茲就比較聰明，他避免捲入繼承權之戰。儘管他母親將染了他父親鮮血的襯衫丟到他臉上，激他去向土耳其人復仇，他也不為所動，只說：「母親，放棄吧，否則妳就會有兩件襯衫而不是一件。」[62]——而那第二件，當然就是他自己的。一位堂兄穆斯塔因（al-Musta'īn）暫且被安置在哈里發的位置上。權力則是掌握在兩位土耳其指揮官手上：小巴佳——穆塔瓦基爾謀殺案的主腦，以及一位同僚將軍瓦希夫（Waṣīf）。一位同時代的詩人如此描繪這兩人：

> 巴佳和瓦希夫
> 使所有信仰成為貧戶：

他們是時代的主腦；
哈里發成了籠中鳥！
他乖乖說著他們說的，
如鸚鵡一樣學舌。[63]

但鮮血很快又流淌了，阿拔斯王朝的年鑑變成了莎翁悲劇《泰特斯·安特洛尼克斯》（*Titus Andronicus*）結局的拖沓版。馬蘇第是在這齣大戲的中段出生於巴格達，並親眼目睹了最後幾幕，他並沒忽略那些聳人聽聞的細節和謠傳。然而，特別有價值的是他所引用的同時代詩歌：詩人就是那個時代的小冊作家，反映並形塑了事件的迴響。當土耳其人終於逼穆斯塔因退位[64]（並額外砍了他的腦袋）時，馬蘇第引用了另一首直言不諱的詩歌：

多神奇能見到土耳其幫夥
用劍抵禦殘酷的命運進展——
然後用同一把劍進行下一次殺戮，
將害怕與恐怖廣遠散布！
他們也瓜分了一塊領土，而它統治者的命運
是在他自己的哈里發國當他們的客人。[65]

暴力招來暴力。穆塔茲那位弒父凶手蒙塔希爾的弟弟，最終仍被土耳其人說服，克服了他對高位的謹慎恐懼。他們將他裝進鍍金的哈里發鳥籠，但沒多久就考慮用另一位兄弟穆阿雅德（al-Mu'ayyad）取代他，穆阿雅德當時正待在監獄這個安全的地方。穆塔茲火速行動，讓這位兄弟窒息在一張毒床單裡。[66]穆塔茲擔心土耳其人巴佳會「從天而降逮住他或鑽地而出抓住他」，於是雇了一幫北非奴隸士兵去暗殺他。一開始，其他土耳其人似乎嚇到了。但他們終於重新集結，把穆塔茲也罷黜了；幾天後，他在監牢裡遇害。[67]

下一個哈里發也是倒在土耳其人手下，但理由不同。穆塔茲的堂兄穆赫塔迪（al-Muhtadī）雖然也是（或正因為是）瓦提克（al-Wāthiq）——威廉．貝德福德（William Bedford）哥德薩拉森小說《瓦瑟克》（*Vathek*）裡那位品行不端的反英雄——的兒子，但他在阿拔斯王朝裡算是稀有動物，一位禁欲主義者；他試圖以烏瑪亞黑羊王朝裡的虔誠代表烏瑪爾．本．阿布杜．阿濟茲，當做自己的典範。登上寶座之後，他立刻就去衝撞大眾的不道德行為。他要把宮殿裡的具象圖畫刷白並解散樂團，廢止哈里發的鬥雞和鬥羊，以及將私人動物園裡的野獸殺掉。這些都沒關係；就算他選擇和以前一樣睡在用毛髮縫製的苦行衣上，那也是他家的事。[68]但要在帝國全境禁止酒精和唱歌的女奴，那可就太過分了；只提一點：除了名義上之外，那些領土根本不是他的。根據馬蘇第的說法，他那些耽於逸樂的臣子和真正掌權的土耳其禁衛軍協調出當時常見的解決之道。[69]事實上，這位哈里發和不同的土耳其派系之間似乎一直有複雜的權力鬥爭。[70]但不管是什麼原因，結局都一樣：這位禁欲的哈里發被一名喝醉的土耳其人殺死，據說他喝受害者的血。[71]

稍早，有人問穆赫塔迪為何要推行這類不受歡迎的改革。

他回答：「我希望引導人民走上安拉的先知——願他安詳蒙福——和他家族以及那四位受到正確指引的哈里發的道路。」對於這項回答，對方的回應是：「安拉的先知——願他安詳蒙福——身邊都是一些放棄現世、渴望來世之人……但你的人民是土耳其人、可薩人（Khazars）、法迦南人、馬格里布人和其他非阿拉伯人……他們的唯一目標就是從現世取得他們能取得的一切，而且愈快愈好。」[72]

這回嘴犬儒但真實，再次證明阿拉伯人在不到兩百五十年前離開他們的「島嶼」之後已經走了多遠，而他們當中某些人如今在這更廣大的世界裡又有多迷惘——以及那個古老的小世界本身，又是怎樣一種失落的理想。穆赫塔迪並不是最後一個想要重建那個理想的阿拉伯人。

接著是一段相對穩定的時間。穆赫塔迪的堂弟穆塔米德（al-Muʿtamid）異乎尋常地以哈里發的身分倖存了二十二年。後者的姪子穆塔迪德（al-Muʿtadid）也撐了十年，並恢復了在贊吉和卡爾馬特派騷亂時失去的部分領土與威望，但只限於伊拉克境內。任何更遠的地方——波斯、埃及等等——到這個時候，如同我們將看到的，都永遠脫離了巴格達的統治。然而，在穆塔迪德兒子的六年統治期間，繼承問題又因一場復仇捲土重來。某些土耳其禁衛軍不滿意官方指派的人選：穆塔迪德的孫子，於是控制了他的叔叔，也就是穆塔茲的兒子阿布杜拉，並推舉他擔任他們的候選人。伊本・穆塔茲（他在位的時間不夠長，所以沒取得王號）是位稀世古玩和優美詩歌的鑑賞家，本身也是第一流的現代主義詩人。你可以想像他於清晨時分從象牙塔裡緩緩發出抱怨：

再來一杯！
一聲雞啼埋葬黑夜。
赤裸的地平線升起掠奪的清晨。
夜路上方：老人星卡諾普斯，
星辰的後宮守門員。[73]

對伊本・穆塔茲而言，哈里發這個職位是被下了毒的聖杯，但他至少有能力一飲而盡：彷彿是為了中和他前兩任的長任期，他登基還不到幾天，就被他姪子的黨羽勒死了。[74]反諷的是，伊本・穆塔茲曾以他精緻的詩歌之聲評論了哈里發的衰頹。[75]其他更草根的聲音也持續表達他們對宮廷混亂的想法。伊本・巴薩姆（Ibn Bassām）是其中之一，他不兜圈子。在一首嚴厲的頌歌裡，他點名抨擊攝政王穆瓦法克（al-Muwaffaq）和每一位國之重臣，最後他只能下這樣的結論：
讓我們拋棄這個時代：讓惡棍們收割滿盈——
直到真主用祂的詛咒，將他們丟進火坑。[76]

這或許也是今日市井民眾的心聲：我們想要正義！但我們知道正義總被推遲，總在死後才降臨。土耳其人和其他外國掌權者並未逃離巴薩姆詩歌的毒咒。這些人包括：

我們的外國埃米爾，
名叫驢子，屁蛋之子。
當他接掌此地，
伊斯蘭飛逃，嗚呼哀哉！[77]

儘管如此，那些驢子還是大權牢握。到了那位鑄造獎章的巴吉坎時代，已經可以從他的頭銜印證事實：amīr al-umarāʾ「埃米爾中的埃米爾」，或大元帥（Generalissimo）。他名義上的主人拉迪，在三十一歲的年紀就因水腫而逐漸隱退。[78]但隨著拉迪的兄弟和繼承者穆塔基（al-Muttaqī）上任，與土耳其人之間的關係再次變得骯髒，大木偶戲又開始上演。上任幾年後他遭到罷黜且被弄瞎，震天價響的鼓聲淹沒了他的尖叫[79]。他的叔叔卡希爾（al-Qāhir）是另一位也遭到罷黜和弄瞎的前任哈里發，他說：「那鼓聲弄瞎了我們兩個。現在我們需要第三個。」[80]果然，穆塔基的堂兄和繼承人穆斯塔克菲（al-Mustakfī）也被趕下寶座和瞎了眼睛——雖然這次不是土耳其人弄的，而是一幫伊朗山民下的手。[81]在阿拔斯衰亡階段反覆上演的編年史中，這幾乎算是令人耳目一新的變化。

土耳其人掌權的局勢看起來似乎終於被打破了。但情況很快明朗，鳩占鵲巢的情形依然沒變，只不過先前在哈里發巢裡下蛋的杜鵑鳥換成另一種罷了，同樣渴求權力的另一種。

伊朗間奏曲

白益王朝（Buwayhid）三兄弟接掌了伊朗西部和伊拉克大片地區，並從九四五年起拿下哈里發的首都巴格達，他們是來自裏海南部的德萊木山區。然而在政治上，他們似乎是憑空乍現。一堆故事相繼傳出，想要解釋他們突然竄起的來由。最常見的說法是，他們出身卑微——該王朝的名字來自他們父親白益（Buwayh or Buyah），他是個漁夫——但因為發現一處囤埋的寶藏，命運有了轉變。[82]無論傳說有哪些是真的，總之這三兄弟後來皈依伊斯蘭，並把這個標籤當成統治的門票，先在伊朗興起的當地政權裡從軍，然後運用手段取得更多權力。[83]

他們所屬的什葉派伊斯蘭當時頗受期待。陡峭的德萊木和環繞四周、潮濕泥濘的裏海沿岸，對什葉派傳教士而言是一塊沃土，可讓他們的信仰宣傳跨出比較同質性的舒適區。白益王朝最痛恨的敵人之一是位於北伊拉克和敘利亞的阿拉伯王朝：哈姆丹王朝（Hamdanids），他們本身大體也是親什葉派的。[84]此外，白益王朝並不試圖將他們的宗派信仰——充其量也是模糊不清——硬加在巴格達頭上，對他們而言，那裡始終是第三城市；他們的主要首都是位於伊朗西南部的設拉子（Shīrāz）。事實上，身為遜尼派中心的異端主子，他們處在一個極完美的位置：他們可以讓哈里發享受他掌控了正統派遜尼伊斯蘭世界的假象，而身為什葉派，他們也不覺得自己有什麼道德責任得去尊敬哈里發的權威——畢竟他的權威在當時只是純理論性的。到頭來，宗派的標籤變得無關緊要。宗教就如同常見的情況，只是一條膨脹的紅鯡魚（轉移焦點的東西），裡頭其實藏著一隻細瘦嗜權的鯊魚。

對於阿拉伯統治的最後一個偉大象徵，也就是阿拔斯王朝哈里發，白益王朝採取的政策就是沿用土耳其人的做法。他們馴服的第一位哈里發是拉迪的另一位弟弟，他的王號很貼切地取為「穆提」（al-Mutīʿ），「服從者」之意——名義上是服從安拉，但其實是服從安拉派來管理他的任何人。在這個案例裡，那位管理者是法納呼斯羅．本．白益（Fanakhusraw bn Buwayh），哈里發給他的頭銜是穆伊茲．道拉（Muʿizz ad-Dawlah），即「國之強化者」。事實上，哈里發並沒有權力不同意這個頭銜，「榮譽泉源」（fount of honour，英國國王在授勳時的身分）負責頒授頭銜，但流程則由其他人控制。馬蘇第在他歷史叢書的一篇晚期後記中寫道：「穆提在穆伊茲．道拉的手掌心裡，沒有權力下令或禁止。」[85]

德萊木人穆伊茲．道拉和他之前大多數的土耳其埃米爾一樣，不會說阿拉伯語。[86]但如同他們的-id字尾所顯示的，白益家族還是建立了一個王朝，並如同一位學者指出的，變成土耳其軍閥和即將來臨的土耳其王朝之間的「伊朗間奏曲」的一部分。[87]他們和其他許多民族一樣，有夠長的時間可以被阿拉伯語征服：到了阿杜德．道拉（「國之強臂」），也就是白益王朝第二代巴格達統治者時，他的阿拉伯語已流利到足以譜出讚頌美酒的詩歌。[88]闖入地盤的權力掠奪者再次透過語言凝膠鞏固了既存社會。但這關係是短命的：在白益王朝取得巴格達政權不到一代人的時間，新一波的土耳其人隱隱從東北部現身。這次他們不是以奴隸士兵的身分前來，這次來的都是自己的人馬，而且正以自身不斷成長的力量往前進。

世界的皇帝

塞爾柱人（Saljuqs）是突厥大烏古斯（Oghuz）超級部落的一個氏族，可追溯到西元八世紀的貝加爾湖區。十世紀初，他們在窩瓦河（the Volga）與鹹海（Aral Sea）之間過著游牧生活。然後，和白益王朝一樣，他們也在同一時間接受了伊斯蘭，利用它做為從軍的門票，進入正在興起的南方穆斯林國——並做為替自己取得權力的護照。然而，和白益王朝不同的是，他們不急：他們在九七〇年左右進入哈里發的領土，一直要到一〇五五年才抵達巴格達。和白益王朝還有一個不同點，就是他們的伊斯蘭是貼了遜尼派的標籤。因此，他們可大肆放送宗派主義這條日益腐敗的紅鯡魚，藉此合理化奪取哈里發城的行為。他們說，他們是良好的正教信徒，可以把哈里發從白益王朝的什葉派手中拯救下來。

他們與那些身為哈里發「保護者」的前輩還有一項差別。塞爾柱的第一位巴格達統治者圖格里勒（Tughril）和他的白益王朝前輩穆伊茲．道拉一樣，要透過翻譯才能與哈里發交談。[89]不過，在塞爾柱人緩慢但徹底接掌伊朗昔日領域的過程中，他們採納了新近重生的波斯語做為他們文化上的第一語言。看起來，古老的高級阿拉伯語，這個阿拉伯至上主義在日益擴張的伊斯蘭世界裡的最後遺跡，除了做為遠古的儀式語言之外，它的時日恐怕屈指可數。出人意料的是，我們將會看到，阿拉伯語和它的整個文化帝國，竟然是在塞爾柱人的統治下出現所能想像到的最大躍進。

不過，一開始，阿拉伯的威望還會再往下探底。圖格里勒強大到有本事跨越古老的紅線，那條紅線至少從五百年前，從前伊斯蘭時代的拉赫姆國王起，就一直堅不可摧：他——一個瞇縫眼、大餅臉的土耳其人——強迫自己與哈里發的女兒結婚[90]，後者是一位血統純粹的古萊什少女，是穆罕默德的堂親，儘管比較遠房（這裡指的是父系；至於母系方面，經過四百年來自舊世界奴妾制度後，她的母系當然也具有跨洲際的精采度）。如果有任何東西可以象徵阿拉伯世界的衰頹，這個就是。即便連圖格里勒的姪子和最後的繼承者阿爾普．阿爾斯蘭（Alp Arslan）都感到尷尬；在他叔叔過世後，他就不好意思地將那位女兒送回去給他父親。[91]然而，阿爾普．阿爾斯蘭本人也越過另一道同時具有象徵性和實質性的障礙：他是第一個跨越幼發拉底河的土耳其人[92]——那條河是阿拉伯人未受褻瀆的「島嶼」邊界，是他們心理上的處女膜。對於這個所向披靡、來自遙遠亞洲草原的強權，如果還有任何懷疑，阿爾普．阿爾斯蘭的兒子和繼承人將會驅散它們。馬立克沙（Malikshah）——這位土耳其人的名字恰如其分結合了阿拉伯文與波斯文的「國王」一詞——得到阿布．法特赫（Abū al-Fatḥ）的尊稱，即「勝利之父」。

他統治的帝國是自哈里發時代以來沒有任何一位伊斯蘭國王曾經統治過的。這個帝國包含整個河間地區，包括阿姆河的白匈奴人（White Huns，即嚈噠人）土地，包括門中之門（Gate of Gates〔東高加索山脈〕），包括安納托利亞和迪亞巴克爾（Diyār Bakr），包括美索不達米亞和利凡特。伊斯蘭的所有講經壇都將他奉為統治者，為他祈禱，只有馬格里布除外，他統治的領域在長度方面從土耳其人最遠的城市喀什（Kāshghar）延伸到耶路撒冷，在寬度方面從君士坦丁堡延伸到可薩人的土地和印度洋沿岸。統治的範圍之大，使他被視為全世界的皇帝。[93]

如果先前對於阿拉伯人已經交出帝國指揮棒這點還有任何疑問，現在全都煙消雲散。至於哈里發，他「一無所有只剩頭銜」。[94]然而，跟先前的土耳其禁衛軍相較，在塞爾柱人統治下，哈里發通常也能保住自己的性命（只有一個例外，一一三八年被塞爾柱蘇丹吉亞斯．丁〔Ghīyāth ad-Dīn〕殺害的穆斯塔西德〔al-Mustarshid〕哈里發[95]）。但無論握有khalīfah這個職位──與阿拉伯過往的連結都繫於這個位置，因為它是khalīfah「繼承」自穆罕默德──的人多麼微不足道或可受操控，這個職位依然具有重要的象徵性。是這個頭銜讓哈里發可以為塞爾柱親王加冕，並將其他暫時性的權威象徵授予他們，包括歐洲王室也都有的儀禮用臂釧。[96]在類似的情況下，來自日耳曼遠北的奧圖（Otto）也曾在九六二年由一位無能的教皇加冕為聖神羅馬帝國皇帝。但這種類比不太精確：塞爾柱人自身的頭銜──此刻的官方頭銜是sulṭān，「權力」之意──並沒有任何神聖意涵。蘇丹們，特別是來自草原的外國蘇丹，需要來自阿拉伯先知的準使徒繼承人授予神聖感。

哈里發和阿拉伯世界失去了世俗權力。但殘存的屬靈權力仍在。在後來的遠地——十二世紀土耳其尚吉王朝（Zangids）和庫德族薩拉丁王朝（Ṣalāḥ ad-dīn）統治下的敘利亞和埃及，甚至十四世紀突厥化蒙兀兒（Turco-Mongol）德里蘇丹統治下的印度——阿拔斯王朝還有身為阿拉伯—伊斯蘭吉祥物的用處，是與古代麥加的活連結。但也就是這樣了。「非阿拉伯統治者，」伊本·赫勒敦寫道，「……對哈里發表示順從，以便享有〔與這相關的〕賜福，但包括頭銜和屬性的皇家權威都屬於他們。哈里發一點份也沒有。」此外，哈里發失去世俗權力是另一個徵兆，或許還是最具決定性的一個，不下於「阿拉伯群體團結感ʿaṣabīyah的消失，以及種族滅絕和阿拉伯性的徹底摧毀」。[97]不過，在其他地方，伊本·赫勒敦修改了這種通俗劇式的診斷：塞爾柱人接掌政權的改變在於，「阿拉伯人埋首於自身事務」。[98]從伊本·赫勒敦去世後很長一段時間所發生的事件證明，這是比較公正的評斷。此外，這種「轉向內在」是最新一波的內省轉折，這轉折從阿拔斯王朝的第一個世紀開始發生；當時，迷失在他們創造的帝國裡的阿拉伯人，第一次回頭觀看自身和他們的歷史。反向的al-futūḥāt：反向征服，此刻似乎完成了：被征服的民族，特別是土耳其人，已經回過頭來報復他們。只不過，那古老的阿拉伯征服、那所有征服中的第一場，尚未結束。

抵達神座的箭

從十一世紀中葉開始，波斯化的塞爾柱土耳其人是舊阿拉伯帝國中心及其廣大的亞洲側翼大多地區的主人。在塞爾柱統治的邊緣之外，伊朗文化也開始重建自我。波斯詩人菲爾多西（Firdawsi）將他十世紀末撰寫的《列王紀》（*Shahnameh*）獻給位於今日阿富汗加色尼（Ghaznah）的馬哈茂德

（Mahmud）。但阿拉伯的語言和文化也即將擁有自己的復興——這場運動同樣始於東方，但將在接下來幾個世紀擴散到先前阿拉伯帝國的全境和境外。這場運動將會確保殘存下來的古老高級阿拉伯語不會只是一種祭祀語言。在伊本．赫勒敦死後的四百多年，若回頭檢視被滅絕的阿拉伯性，那麼便會發現，這個休眠的語言其實還活著，而它的文化也將激發阿拉伯人這個「種族」復活。

今日的阿拉伯人或許會因此感激伊朗人尼札姆．穆勒克（Ni ām al-Mulk），他是塞爾柱土耳其兩大偉人阿爾普．阿斯蘭和馬立克沙的大臣（也是奧瑪開儼〔ʿUmar al-Khayyām〕的贊助者，他是偉大的數學家，但在西方是以他的波斯詩歌聞名）。尼札姆．穆勒克在一〇一九或一〇二〇年出生於呼羅珊，他很早就對聖訓研究深感著迷，該門學科是以穆罕默德的話語發展而成。他並未自稱專家，但還是打進了口說聖訓傳播者的菁英圈子：「我希望，」他說，「把自己和傳送安拉先知——願他安詳蒙福——話語的駱駝隊綁在一起。」[99]透過不斷增長的傳送者鏈結——尼札姆．穆勒克口中的「駱駝隊」——去世四百年的穆罕默德依然在凝聚話語。尼札姆．穆勒克的重要性在於，他創建了第一批偉大的madrasah「阿拉伯文和伊斯蘭研究的學院」，藉此確保這支駱駝隊可以延續到未來。不過，當他為了替新機構籌措資金而去遊說他的主人馬立克沙時，他用了另一個更適合好戰土耳其人的比喻：

> 「你軍隊裡最棒的神槍手恐怕射不到一英里的距離……但用這筆錢，我可以替你調集一支軍隊，那些祈禱者的箭可以直達安拉的神座……」蘇丹哭著說：「我父，讓這支軍隊更偉大……你可以擁有這世間的所有財富。」[100]

madrasah的起源可回溯到比尼札姆・穆勒克更早的時候。[101]但根據傳統說法，是他採行阿拉伯文和伊斯蘭研究的教學，將它放在一棟專屬的建築物裡，給它一套正規課程，而且最重要的是，並賦予它不可剝奪的豐富收入。尼札姆・穆勒克的第一所學院是以他為名的巴格達尼札姆學院，創立於一〇六五到一〇六七年間，會提供學生食宿，教授的是《古蘭經》和異教時期的古典學——前伊斯蘭詩歌，並以此做為所有學習的基礎[102]。尼札姆學院也教授以沙斐儀遜尼派為主的法理學，但後來的madrasah往往會將四大遜尼派和其他學科的教學都納入，有時還包括蘇菲主義（Sufism）[103]；madrasah建築群總會包括一處祈禱所，往往還會有創立者的墓。學院資金很快就變成大慈善事業的理想載具：巴里奧家族（Balliols）、耶魯家族（Yales）和瓦菲克・賽德（Wafic Saïds）家族，可在伊斯蘭中段那幾個世紀的madrasah創建者中，找到他們的前輩（甚至有人暗示，歐洲大學系統的某些面向就是有意識地模仿madrasah）[104]。對世俗權力的掌握者而言，建造一座madrasah也是拯救靈魂的理想途徑，一種屬靈版的洗錢。因此，開羅的一名詩人在薩拉丁阿尤布王朝一名成員所興建的madrasah裡，可以半言不由衷地對著他的墓說：

> 你建造了學院來維護學問；
> 或許你也拯救了你自己，在世界末日來臨時，免於下地獄。[105]

事實證明，madrasah連同清真寺正是阿拉伯—伊斯蘭世界裡最耐久的營造紀念物。比方說，阿拔斯王朝的巴格達在它身為舊世界中心的全盛時期，幾乎沒有什麼可見的地面物留存至今。少數的例外之一，就是穆斯坦綏爾（Mustanṣiriyah）madrasah，它是由一位十三世紀的哈里發根據尼札姆學院的傳統興建的。它經過大規模重建，但依然挺立，儘管歷經八百年來間或發生了許多事件的歷史，今天它依然在一處新址上以穆斯坦綏爾大學的身分繼續提供教學。或許更重要的是，madrasah的課程也留存至今。傳統的法理學依然是根據舊madrasah立下的路線教導；至於al-qawāʿid，也就是支撐住阿拉伯世界唯一實質統一的高級阿拉伯語的「基礎」或語法，「今日大學生上的阿拉伯語法課程，基本上和阿拔斯王朝madrasah的學生是一樣的。」[106]然後再想一想，這個偉大且持久的傳統竟是由一位伊朗人建立，而且是由一位土耳其人出資。

或許那就是尼札姆．穆勒克最偉大的遺產——這些madrasah將付出許多努力來維護舊阿拉伯帝國的文化統一和連續性[107]，那個舊帝國在尼札姆．穆勒克的時代崩落得如此明顯，卻又變形成日益擴張的伊斯蘭共同體。但如果說madrasah提供了碇泊之錨，它也施加了阻力：因為它把焦點放在前伊斯蘭時代的古典學，隨著時間過去，那會讓已逐漸變成阿拉伯人格面具的阿拉伯貝都因古老傳統更顯突出。而且，它們也以另一種方式陷入分裂。在規畫上，madrasah刻意親遜尼派，反什葉派[108]，而在它內部，在學習殿堂就跟在戰場上一樣，這種二分法會變得更加強固。

阿拉伯的印度之夏

阿拉伯人的帝國將他們帶進一個東西向、從馬格里布到馬什里克的事件劇場。但伊本．赫勒敦認為，阿拉伯的統治只是一部更長歷史的一個階段。從七世紀到他自身所處的十四世紀，這段時間也可用另一條軸線來衡量，也就是介於阿拉伯人和土耳其人之間的南北向大擺盪，前者位於南方土地，後者位於北方。隨著時間流逝，他們輪流統治世界，所以有一段時期，阿拉伯人控制並取代了最北邊的非阿拉伯人，而在另一段時期，阿拉伯人則是被土耳其人和其他非阿拉伯人取代，讓他們統治到最南端。[109]

伊本．赫勒敦寫下這段話時，鄂圖曼帝國還處於嬰兒期，他不知道鐘擺會一路擺向土耳其那邊，而且會停住不動。但即便是在將近五百年前土耳其主導的最初階段，當時的圖像其實就複雜許多了：不僅有一些巨大的帝國擺盪，還有許多在地的權力振動。在其中一些在地強權裡，阿拉伯人依然保有他們昔日的至上地位。

哈姆丹王朝就是這樣的家族之一，在十世紀大多數時候，他們是伊拉克北部和敘利亞北部的顯赫勢力。他們的祖先可回溯到塔格里布這個遷徙部落，也就是為期四十年的巴蘇絲衝突——古代阿拉伯版的特洛伊戰爭——的交戰雙方之一；塔格里布的其中一個分支，就包括哈姆丹家族的祖先，他們在伊斯蘭出現之前很久就遷徙到北伊拉克。後來，這個家族曾經蒙上什葉派的影子，但這點並不非常緊要：例如，拉迪哈里發的兄弟和繼承人穆塔基是遜尼派的魁儡領袖，他願意將權力移交給他們，以便擺脫他的土耳其保護者／禁衛軍。[110]反之，和什葉派的白益王朝打最凶的，正是哈姆丹王朝。

哈姆丹王朝以古阿拉伯所追求的劫擊和詩歌聞名。他們最有名的領袖塞義夫．道拉（Sayf ad-Dawlah）——「國之刀劍」，據說入葬時是把臉頰枕在一只磚塊上，那只磚塊是用他劫掠拜占庭領土後從他衣服上抖落的灰塵製成的[111]。他和古老的異教戰士一樣，對語詞和刀劍同樣擅長。不過，語詞對他展現了比較溫柔的一面，因為他可以將彩虹比喻成：

美麗女孩拖曳的襯裙，
一列七彩斑斕從下方迤邐的長隊。[112]

正如那幅複雜圖像所顯示的，哈姆丹王朝既是阿拔斯時代的都會產物，也是古老的毛氈帳篷的傳人；他們既是文士也是騎士。身為大都會學者的贊助人，他們寵愛法拉比（al-Fārābī）之類的人物，那是一位才華橫溢的土耳其人，來自遙遠的天山山脈，他曾跟隨巴格達亞里斯多德派的基督徒學習，寫過關於哲學和音樂的文章。塞義夫．道拉位於阿勒坡的宮廷，變成

作家的聚會所、詩人的競技場。據說，在哈里發之後，沒有其他統治者能讓這麼多詩歌謝赫和其他文學明星聚集在他們的宮殿門口。[113]

最值得稱道的是，塞義夫．道拉是穆太奈比（al-Mutanabbī）的贊助者——直到今天，穆太奈比依然是伊斯蘭時代以降最著名的阿語詩人。這位親王的慷慨大方和這位詩人的貪愛錢財恰好匹配，那筆金錢的數量之大，還得用秤的而非用算的。有位訪客回憶說，他看到穆太奈比，

身邊有大量來自塞義夫．道拉的現金和禮物。錢幣倒在他已攤開的棕櫚墊上；秤完重量之後放回袋子裡。不過，有一枚錢幣，是那一大堆錢幣裡的最小一枚，不小心卡在墊子的縫隙

裡，那位詩人竟然自己動手想把它挖出來，而且全神貫注，完全把客人拋在腦後。[114]

或許不用驚訝，嫉妒的對手向宮廷抹黑他，逼使他逃向另一位統治者。我們將會看到，這位新贊助者在出身方面與阿拉伯的哈姆丹是天壤之別，但卻也是阿拉伯人所奠基的文化帝國的典型。

波斯帷幕

中央的權威空洞化是一回事；但在邊緣，權力正以驚人的速度轉向。在最遙遠的東方，阿拉伯的地位一直是試探性的。我們曾經看過，定居在呼羅珊的阿拉伯部落民後代很快就融入環境，變成講波斯語的人[115]。在阿姆河布哈拉以外的地方，阿拉伯入侵者不得不讓當地的統治者掌管大權；在伊斯蘭於該地扎根之前，阿拉伯人甚至試過，以每人兩個迪爾罕姆的條件交換他們去參加週五聚禱，並允許他們使用波斯文版的《古蘭經》[116]。在祈禱和書寫上，阿拉伯文很快就襲捲各地。但是在口語上，從伊拉克往東延伸的舊波斯領地內多數人民依然使用伊朗語言。

伊朗人的不滿情緒很早就在舒歐布運動裡以阿拉伯文找到他們的文學之聲，而且相當普遍。稍後，這股聲音開始以獨立建國的形式在政治上傳達出來。其中特別成功的，首推希斯坦的薩法爾王朝（Saffarids），那是一塊跨越今日伊朗和阿富汗的區域。約莫在八六一年土耳其禁衛軍殺死穆塔瓦基爾的同時——阿拉伯命運的致命轉捩點——耶古布·本·萊伊斯·薩法爾（Ya'qūb bn al-Layth as-Saffār）自命為希斯坦總督。當總督一職變成耶古布家族的世襲禁臠時，巴格達並無力爭論或反對；在接下來一個半世紀，薩法爾王朝對哈里發只給了口惠，沒繳出任何稅金。不過，耶古布確實送了穆塔茲哈里發一座扁平版的移動清真寺，大到足以容納十五位祈禱者，而且是用銀做的[117]。這或許是一種潛意識的象徵——彷彿伊斯蘭曾經去旅行，現在帶著附加價值回到它的起點。但耶古布的另一個行為就沒任何隱含意義：他派了一支軍隊深入哈里發領地的心臟地帶，並宣稱要統治波斯和伊拉克全境[118]。這則聲明除了造成一次征戰之外沒有其他後果；但耶古布的威脅這件事，就像贊吉奴隸蹂躪伊拉克南部一樣，隱約顯示出巴格達的阿拔斯圓城已不再是一座堡壘，反而成了靶子——阿拉伯哈里發就是那個靶心。

巴格達最後被白益王朝拿下，而它的地位次於白益王朝的波斯首都設拉子這點，成為伊朗復興的進一步徵兆。隨著統治「世界」且壽命長久的塞爾柱人隨後的波斯化，帝國的整個東翼不僅脫離了阿拉伯人的控制，長久看來，也將脫離阿語文化的控制。神職人員和其他學者當然還是流利地使用阿拉伯語這個宗教語言；新成立的 madrasah 也將確保這一點。新興的波斯語將和阿拉伯語的字詞彼此交織，形成一張紋路豐富的地毯。但做為基礎的經線，是伊朗的。從裏海到波斯灣，有一道文化的簾幕，一道波斯帷幕，垂降在東方的所有門戶上。越過這道帷幕將可看到旺盛蓬勃的菲爾多西、薩迪（Saʿdi）和哈菲茲（Hafiz），而一整個波斯化的未來，將一路綿延到薩菲王朝的伊朗（Safavid Iran）、蒙兀兒王朝的印度和阿亞圖拉何梅尼（Ayatollah Khomeini）。

在帝國的西翼，阿拉伯性堅持不墜，甚至還得到強化。然而，這並不表示阿拉伯在政治上是團結的；差遠了。

阿拉伯性的煉金術

正因為阿拉伯的帝國連通發達，這助長了「腐敗」透過他們的統治大肆蔓延。即便在埃及，也是由那些來自遙遠中亞、流動且麻煩的土耳其人率先挑戰巴格達的主權。八六八年，當薩法爾王朝正在東方鞏固他們的統治，以及當贊吉的憤怒即將在南伊拉克沸騰之際，埃及的副總督宣布將自行脫離哈里發獨立。[119]阿赫美德·本·圖倫（Ahmad bn Tūlūn）的父親是來自法迦南的奴隸士兵，在馬蒙哈里發旗下服務；現在，阿拉伯人再次將維安工作外包出去，這意味著他們的奴隸和自由人正在取得統治他們的力量。更糟的是，在一、二十年內，圖倫王朝的軍隊占領了敘利亞，並與哈里發在伊拉克本家爆發衝突。[120]面對東方的伊朗薩法爾王朝、西方的土耳其圖倫王朝、南方的東非贊吉人，以及中央危險的禁衛軍，凡此種種都無助於阿拔斯王朝成為——如同唐朝皇帝曾指出的——萬物的中心。[121]

然而，圖倫家族的迷你王朝並未長久持續，有一段時間，哈里發甚至重申他本人對埃及和敘利亞的治權。[122]但在九三五年，當另一名埃及總督不履行稅務和效忠時，遙遠的法迦南人便提供了第二支短命的獨立統治世系：和圖倫王朝一樣，伊赫希德王朝（Ikhshidids）也接掌了敘利亞，甚至還把西阿拉伯的部分地區納入領土。巧的是，他們也是一個微王朝（micro-dynasty）——是當時整體歷史的縮影，因為他們也是被自家版的鳩占鵲巢給取代，這裡的鳩是卡富爾（Kafur）。

阿布·米斯克·卡富爾（Abū al-Misk Kāfūr，「麝香樟腦之父」）是一位黑奴太監，隱身在埃及伊赫希德王朝幕後掌權二十幾年，然後又單獨統治了兩年，從九六六到九六八年。在埃及漫長歷史的阿拉伯篇章裡，他的角色被放大了不少，主要是拜詩歌之賜，特別是穆太奈比所寫的大量頌歌，我們上次看到穆太奈比，是他從阿勒坡的老東家那裡逃走。卡富爾——這是黑奴常見的姓氏，但其實很不合邏輯，因為樟腦明明是白的[123]——似乎是個不太可能的新東家人選。他是以八十迪納爾的低價被買下來[124]，但他在伊赫希德王朝裡竄升得十分快速，而在取得埃及的控制權後，他也開始展現出真正的價值。對一個名字遭到黑白顛倒的人而言，他很清楚杜撰的力量，並且也不惜一切代價運用它。例如，當埃及發生地震時，一位聰明的打油詩人便宣稱——

你以為埃及大地的震動是因為災難？
不！是因為埃及在卡富爾的正義之下快樂地跳起肚皮舞……[125]

——卡富爾付了他一千迪納爾。據說就是那些閃閃發亮的金子，讓穆太奈比奔向那塊尼羅河之地，隨後就有了一連串讚美卡富爾的頌歌。然而，儘管穆太奈比曾經是詩界的首席女高音，但他很快就跟新的讚頌對象不合拍，就像他當初跟塞義夫．道拉起爭執一樣。他祕密安排好自己的逃亡事宜，並在最後一刻把詩風從讚美轉向嘲諷，對卡富爾發出終極的挖苦揶揄：

連大屌富白人的感激都很快令人厭；
你還能期待一個沒睪黑人說出什麼謝？[126]

帝國的分崩或許掐死了大一統的阿拉伯統治，但卻為阿語文化賦予了新生命：它意味著會有更多贊助者，更多像穆太奈比這樣的遊方詩人，以及更多像法拉比這樣的巡迴學者。正因為這種文化的力量和靈活——從穆太奈比所使用強力語言，以及他本人迅速從這個宮廷飛到另一個宮廷，從讚美跳到嘲諷，便可見一斑——讓我們今日得以從阿拉伯語的角度去記住卡富爾和其他許多人。或許可以說，是伊斯蘭的力量團結了這些離散民族，團結了所有不同出身的詩人和親王，學者和蘇丹。理論上，的確是。然而實際上，伊斯蘭扮演分裂者的機會往往和團結者不相上下；也就是說，它最重要的功能之一，就是做為一艘船，去保存和傳播阿拉伯的語言和文化。這是阿拉伯人的勝利；他們失去了自己的帝國，但最後他們的文化贏了。

埃及就是這場勝利的傑出範例，圖倫王朝和伊赫希德王朝來自今日的烏茲別克、塔吉克和吉爾吉斯交界處，卡富爾則是來自撒拉哈以南的非洲，他們並不是唯一融入到阿拉伯歷史裡的外國統治者。這場煉金術將持續對接下來的入侵者發揮作用，包括法蒂瑪王朝（出身可疑的阿拉伯人，我們稍後將會看到）、庫德族的阿尤布王朝、欽察汗國和其他土耳其人的馬木路克王國（Mamluks）、來自巴爾幹的鄂圖曼人。到了十九世紀，阿爾巴尼亞裔的總督穆罕默德．阿里帕夏（Muhammad'Alī Bāshā）的兒子宣稱：「埃及的太陽改變了我的血液，把它變成全阿拉伯的。」[127]等到阿拉伯人在一九五二年革命再次取得埃及的統治權時，身為阿拉伯人將變成一個比以往任何時期都更複雜的問題，那是一座層層疊疊的認同小丘或草皮迷宮（Troy-town）。大表演家納瑟（Nasser）無懼於這樣的複雜性，大肆推動將埃及當成ʿurūbah「阿拉伯性」的心臟地帶。在某個意義上，他是對的：埃及是一座千年大熔爐，一只腓尼基—托勒密—希臘化—羅馬—拜占庭—科普特大釜，裡頭的成分來自環地中海世界加上肥沃月彎北部與黑色非洲。但在納瑟之前那一千年的時間裡，主要的風味一直是強烈的阿拉伯味。

因此，當卡富爾的統治結束，又一個新強權襲捲埃及（這次有點改變，是從西邊過來的），這時候，此一新來者曖昧不清的阿拉伯性，似乎也不成太大問題。

血統與潮流

卡富爾其實並不缺隱喻上的睪丸：在埃及的諸多威脅裡，他成功抵擋住法蒂瑪王朝，這個伊斯瑪儀派的王朝已經在突尼西亞奠基了幾十年。他的不動如山，讓法蒂瑪派在埃及的特務給他取了一個綽號：「黑石」。[128]跟法蒂瑪派同屬伊斯瑪儀派的極端夥伴卡爾馬特派，剛剛把真正的黑石從麥加搬走；法蒂瑪派則得等到九六八年由死神將卡富爾移除。對法蒂瑪王朝的總指揮而言，他的死訊就是前進埃及的信號。總指揮本名喬哈爾（Jawhar），名字是「珠寶」之意，他是一位自由人，大概來自東部歐洲，可能是西西里人。他屬於一支歷史悠久的外國人世系，法蒂瑪王朝和阿拔斯王朝一樣，把國防和總督職務委任給這些外國人。他們的新城市開羅是由喬哈爾於九六九年建立，並由其他外國人——庫德人、土耳其人和阿爾巴尼亞人——統治下一個千年歷史裡的後八百年。開羅將繼承巴格達成為阿拉伯世界的大都會，並成為阿語文化煉金術的另一明證：它吸收，然後轉化。

至於法蒂瑪王朝，甚至連他們祖先的阿拉伯性都受到懷疑。他們的王朝名稱顯示，他們不僅是阿拉伯人，還是古萊什族以及穆罕默德女兒法蒂瑪與堂弟阿里的後代。不過，在他們的統治區外，很少有人相信這個系譜。那些批評者心知肚明，阿拉伯性——特別是古萊什家的成員——是另一條有用的紅鯡魚；它就像宗派從屬關係一樣，是可以釣到權力的餌。現存的掌權者自然會盡其可能想顛覆對方宣稱的血統世系，藉此解開權力之鉤，這就是發生在法蒂瑪王朝身上的事。流傳的故事如下，他們的祖先不只是波斯人，除此之外還來自阿瓦士（al-Ahwāz）——那是最靠近阿拉伯的ʿajam王國，因為對該地居民熟悉已久，特別容易引起阿拉伯人的鄙視。另一個版本宣稱，法蒂瑪王朝的創立者烏拜德．阿拉

（'Ubayd Allāh）其實是他傳說中父親的繼子，他的生父是猶太人[129]。還有另一則軼事（如果屬實的話）暗示了，法蒂瑪家族對這個主題相當敏感。法蒂瑪的統治者穆伊茲抵達新創建的開羅——al-Qāhirah（意即「勝利的」）——後，很快就留意到有關他家系譜的耳語：

當他安全入駐城寨後，他召集民眾參加全體大會……他將劍抽出一半說道：「這就是我的系譜」。然後，他在民眾之間撒下大量黃金，並說：「這是我貴族舉止的紀錄。」民眾齊聲大喊：「我們聽到且遵從！」[130]

當然，這故事本身很可能就是抹黑宣傳的一部分。到最後，想要澄清法蒂瑪這個名字——或讓這個名字永遠蒙上陰影——唯一可令人信服的方式，大概就是神奇地發現某個消失的法蒂瑪陵墓（目前所知沒有一座留存至今），而且裡面還得保有遺傳物質，然後拿它和還活著而且（據信）毫無疑問的阿里——法蒂瑪家族的後代做基因比對。但是，誰敢去打開那個麻煩的DNA罐頭呢？

法蒂瑪王朝在開羅立穩腳跟之後，刀劍與黃金、控制與現金可比他們的名字重要多了。有了權力、一群服從的民眾，以及最重要的埃及的財富和商業，他們就可以把自己提升成不幸被土耳其人纏身的阿拔斯王朝的對手。他們影響了哈里發的整體外觀，以珠寶頭巾讓它變完整。[131]他們從烏拜德·阿拉的突尼西亞時代就使用哈里發的頭銜。我們將會看到，當時這個職位還有另一個聲索人——以牙還牙以呼應烏拜德·阿拉的僭稱；因此在帝國的遠西這端，同時有三位哈里發。有一段時間，法蒂瑪王朝似乎輕輕鬆鬆就成為三者中最積極活躍的；然而，在法蒂瑪王朝得到安樂萎靡的埃及之後，他們的前進政策也停滯了。他們退化成一個半吊子王朝，沉溺在書本、美食、酒精、賽鴿、怪異另類醫藥、非正統性愛和徹頭徹尾的虐待狂裡。[132]日常的統治事務，全都交給一連串不同族裔出身的維齊爾。在宗派事務方面，雖然他們本身是伊斯瑪儀什葉派，但他們並不嚴苛，讓占多數的遜尼派繼續過他們的日子。這種輕鬆隨和的態度，甚至延伸到其他信仰的信眾：例如，他們的一名維齊爾是亞美尼亞人，同時兼任總指揮，最後還得到「伊斯蘭刀劍」（Sayf al-Islām）的頭銜，雖然他是一位基督徒。[133]

儘管法蒂瑪王朝的來歷備受質疑，但他們對阿語文明的未來倒是做出了持久貢獻。他們創建了開羅，直到今天，該城依然被稱為Umm ad-Dunyā——阿拉伯文的「世界之母」，儘管這是位有點瘋癲的女士。不僅如此，他們還成立了偉大的教學清真寺：阿茲哈爾（al-Azhar），這是沒有神職人員的遜尼派伊斯蘭中最接近梵諦岡的機構。但他們對阿語世界的未來最重要的貢獻，卻是無心插柳的結果。在他們比較不聽話的臣民裡，有一支龐大、半游牧和粗暴的阿拉伯部落：希拉爾氏族（Banū Hilāl）。很久以前，他們曾在阿拉伯中部的內志漫遊，但在八世紀的某個時刻遷徙到埃及。後來證明他們深具破壞力，會去唆使那些流動又麻煩的分離主義者：卡爾馬特派。於是希拉爾氏族被沿著河流送到上埃及。對法蒂瑪王朝而言，這樣還不夠遠。到了十一世紀，法蒂瑪王朝把他們放逐到更遠的地方，流放到更西部的幾個地點[134]。這次強迫遷徙，加上另一支難駕馭的蘇萊姆氏族（Banū Sulaym）也遭到流放，為北非地區帶來遲到但影響深遠的阿拉伯化，在那之前，北非地區除了阿拉伯人建立的城鎮之外，在口語和文化上幾乎都是柏柏人的天下。[135]如同伊本．赫勒敦指出的，「阿拉伯人在數量和權力上都壓過了柏柏人，還奪走他們大部分的土地。」[136]「在數量上壓過」柏柏人是誇大之詞：就算如當代一些來源所宣稱的，大量遷徙的阿拉伯人總數達一百萬（非常不可能）[137]——包括伊斯蘭時代早期的零星遷徙者——柏柏人的數量還是有更多。但阿拉伯人的確在權力上輾壓該區，包括軍事權力和語言權力，以一股緩慢但不止息的潮流花了兩三百年的時間襲捲到阿爾及利亞的最西端；柏柏人的語言倖存下來，但只限於阿拉伯人和阿拉伯語無法抵達的高地區域。[138]相對於七世紀征服的猛爆洪流，這次的情況剛好相反，比較接近阿拉伯半島南部在伊斯蘭之前那幾個世紀的牛步式阿拉伯（語）化。但事實證明，在這三個案例裡，阿拉伯語就跟阿拉伯軍隊一樣，都是徹頭徹尾的征服者。如果適者生存的原則可以套用在語言上，那麼阿拉伯語肯定是最適者之一：它將非洲大陸的鈍頭端整個納入它的征服範圍。

隨著希拉爾氏族、蘇萊姆氏族和其他群體的出現，北非舊日的定居生活受到永久性破壞。伊本・赫勒敦指出：

> 形式上，介於黑色之地和地中海世界之間的所有區域都是定居的。這點可以從該地的文明遺址得到印證，例如紀念碑、建築性雕刻，以及村莊和小聚落的可見遺跡。

然而，隨著阿拉伯游牧民的到來，該區「人口大減且化為廢墟」[139]。這種赫勒敦式的判決相當嚴厲。諸如氣候變遷之類的因素也曾影響該區。儘管如此，毫無疑問的是，這群新來者除了帶進他們的語言之外，也引入了古老的劫掠之禍。例如，十三世紀末的摩洛哥朝聖者阿布達里（al-ʿAbdarī）抱怨說：「旅行者從離開摩洛哥到抵達亞歷山卓這段期間，得不停面對死於壞人之手的危險。」[140]這些壞人就是阿拉伯的部落劫掠者。儘管地中海世界同樣有危險——據說該區在創造之初，就因威脅要淹死敬神的旅行者而受到安拉詛咒[141]——但那些在遠西與阿拉伯中部旅行之人要面對的，卻是霍伯森的選擇（Hobson's choice，沒有選擇中的選擇），要在badw和深不見底的藍海中做選擇。伊本·赫勒敦的家人從西部出發準備到開羅與他相聚時，他選擇把家人託付給大海：結果船沉了，妻子和五個女兒都遭沒頂。[142]

這股往西襲捲的長濤將持續滾動。另一個大型的游牧集團馬基爾（al-Maʿqil）也是先穿越埃及，然後走上希拉爾和蘇萊姆部落之路。但他們走得更遠：從十四世紀開始，他們滲透到茅利塔尼亞，並很快統治了該地。阿拉伯遷徙就這樣在舊世界的最遠端達到最高潮，而同一時間，歐洲人則是開始越洋遷徙，去打造他們的新世界：另一支帝國指揮棒又傳了下去。阿拉伯世界這最後一波的邊界拓展，完成了一道地理拋物線和一條歷史弧線。馬基爾族的後代在茅利塔尼亞稱為哈桑尼人（Hassanis），他們的祖先最遠可回溯到馬德西吉[143]這個阿拉伯大族群——一個遠古的流動部落，在南阿拉伯的銘文和納馬拉影響深遠的阿拉伯文碑文中都很有名。對我來說，他們講的阿拉伯語繞了一個語言圈：我得使勁才能聽懂摩洛哥的都市土話；但茅利塔尼亞哈桑尼人的口語，雖然用柏柏語和沃洛夫（Wolof）語調了味道，但當我聽到阿拉伯半島的節奏和音色時，我就知道我聽得懂。

不過，在馬基爾人hijrah到遠西的時候，大規模部落遷徙的時代已經過去了。取代的是另一種不同的移動性：商人和傳教士的移動性——在阿拉伯內向化的那幾個世紀，這種移動性有助於讓文化民族保持活力，並以嶄新且出人意表的方向擴張。不過在西方還有一個另類之地，另一座「島嶼」，可讓阿拉伯文化蓬勃發展。

獵鷹和孔雀

如果說，法蒂瑪王朝的古萊什出身備受質疑，那麼他們位於遠西的對手，其出身則毫無疑問。在十世紀的後半葉，三位哈里發當中的第三個，也就是哥多華（Cordova）和伊比利半島大半地區的統治者，收到開羅對手法蒂瑪王朝捎來的一封信。那是最欠缺外交禮儀的一封信，充滿了刻薄和鄙視。哥多華的哈里發在回信時也沒浪費唇舌：「閣下，你知道我們是誰，並嘲諷了我們。如果我們知道你是誰，我們也會以同樣方式回敬，致上。」[144]這段話用阿拉伯語唸起來非常爽颯，長度只有英譯的一半。也許比較好的翻法，是用英國勢力鬼瞧不起人的輕蔑口氣說：「我們認識嗎？」

的確，在阿拉伯世界的西半部，如果說誰有資格瞧不起人，肯定就是哥多華的烏瑪亞哈里發。約莫兩百五十年前，他的祖先幾乎被阿拔斯王朝清算殆盡。不過有位年輕的倖存者阿布杜．拉何曼——敘利亞愛好絲綢與麝香的烏瑪亞哈里發希沙姆的孫子——保住一條命逃走，並在帝國邊緣的西班牙重建勢力。他的勇氣和遠走贏得推崇，甚至連敵人都表示欽佩：阿拔斯王朝的第二位哈里發曼蘇爾將這位年輕王子稱為「古萊什的獵鷹」。將近兩百年後，獵鷹的後代正忙著擴大和裝飾他們的西方窩巢。然而，到了九二〇年代，依然以突尼西亞為基地的法蒂瑪王朝開始威脅西班牙：為了回應這項挑釁以及法蒂瑪妄自尊大地使用「哈里發」頭銜，哥多華烏瑪亞世系的阿布杜．拉何曼三世也對這空洞的職位提出自己的聲索權[145]。這表示有三個哈里發國同時存在——而複數的哈里發國（khilāfāt）這個字，在阿拉伯文裡是個雙關語，也意味「歧異、紛爭」。

看在仍將自己視為帝國之眼的巴格達眼中，安達魯斯就是個遙遠偏鄉。此外，當時有一種老派觀念認為，有人居住的世界地圖是「一隻鳥的形狀，東方土地是鳥頭，南方和北方是牠的雙翅，介於中間的土地是牠的身體，西方則是牠的尾巴。」旅行到東方的西部阿拉伯人，特別是從安達魯斯來的，時時會被提醒他們來自鳥背。不過受到貶低取笑的受害者，會如此回應：「你們才該丟臉哩！你們知道這世界被比喻成什麼鳥嗎？是孔雀，而孔雀最漂亮的地方就是尾巴。」[146]

他講到重點了：這隻古萊什獵鷹的後代，是以孔雀的驕傲在炫耀他們的阿語文化。就跟英屬哥倫比亞和大英帝國的其他尾端保留了更多的故鄉精華一樣，在某些方面，安達魯斯也變得比阿拉伯半島更阿拉伯。這種阿拉伯性非常道地：相對於大多數北非地區，肥沃的西班牙在伊斯蘭早期就吸引了許多移動的阿拉伯人，而在塔里克．本．濟雅德那支大半屬於柏柏人的軍隊入侵之後[147]，隨即有一波阿拉伯定居者尾隨而至。[148]因此，在安達魯斯的阿拉伯語著作索引中，有許多部落或民族的名字是來自半島，特別是來自曾經殖民西班牙的南方——只要看一下這類清單中的前幾個阿拉伯字母，就會看到阿茲德、阿瓦斯、哈里斯、希木葉爾、卡茲拉吉、柯瓦蘭（Khawlān）等等。[149]就像加拿大吸引了蘇格蘭的移民，阿拉伯新世界也吸引到來自阿拉伯半島南方「塞爾特」邊緣地區的殖民者。

和希拉爾氏族的大規模移動不同，遷徙到西班牙的阿拉伯移民通常是一陣一陣間歇進行。伊本．赫勒敦自家的歷史就可說明這種移動的模式。他的遠祖瓦伊．本．胡札爾（Wā'il bn Ḥujr）是來自南阿拉伯的哈德拉毛，也就是傳說中的南方始祖卡坦的後代。這位瓦伊隨著伊斯蘭的第一波遷徙落腳於伊拉克南部的新城庫法；一支第七代的子孫從那裡遷徙到西班牙，他自己的後代又跟西班牙同屬哈德拉米人的遠房親戚共組社群，先是在卡莫那（Carmona），然後在塞維亞（Serville）附近。他們還透過錯綜複雜的政治談判，以公僕身分在幾次政權更迭中存活下來。後來，隨著基督徒在一二四八年拿下塞維亞，伊本・赫勒敦的近祖快速轉進北非[150]。這就是歷時六世紀、橫跨三大洲的阿拉伯遷徙的縮影。

受到日益繁榮的安達魯斯的吸引，阿語化的其他民族也來了。裡頭包括將嶄新阿拔斯式波斯風阿拉伯都市文化的種子移植到西方的人，例如齊亞卜（Ziryāb），名字為「金水」之意，他是九世紀當紅的波斯琵琶演奏家和創意音樂人，即那個時代的莫札特或王子普林斯（Prince），他便是從巴格達的宮廷遷徙到哥多華。（熱愛音樂的哥多華國王阿布杜・拉何曼二世，曾送他的樂團女指揮夸蘭〔Qalam，「蘆筆」之意〕去麥地那的音樂學院研習，她是出身那瓦爾〔Navarre〕的一名奴隸。[151]）這個在十世紀新宣告的哈里發國因為魅力日增，吸引許多國際知名人物湧向西班牙。其中之一是著名的語文學家卡利（al-Qālī），他出生於亞美尼亞，在巴格達接受教育，對於高級阿拉伯語和阿拉伯半島所有部落的阿拉伯口語都有百科全書般的知識。[152]他的學識大受歡迎：西班牙阿拉伯人對他們祖先的土地和語言的興趣永不饜足，並因此帶動了遠距出版與購書的非凡成就。範例之一是，哥多華的哈里發委託巴格達的學者伊斯法哈尼（al-Iṣfahānī）撰寫有關古阿拉伯歷史與系譜的作品，書籍和付款在兩個哈里發國相距四千五百公里的路程中往返[153]。但他們在學術上的品味也具有世界性：和早期巴格達的馬蒙一樣，西班牙的第二位哈里發哈卡姆（al-Ḥakam）也從拜占庭訂書，書單包括迪奧斯科里德斯（Dioscorides）名著《藥物論》（*De material medica*）的善本。[154]此外，

他在開羅、巴格達、大馬士革和亞歷山卓都有代理商，任務是委託複製所有具價值的書籍，不分古今。他的宮殿裡到處都是書和製書人，感覺就像一家工廠，裡頭除了抄寫員、裝幀師和照明器之外，別無他物。[155]

據說，哈卡姆的圖書館最後收藏了四十萬冊[156]，如果此說為真，這數字非常驚人：舉例來說，大英圖書館的藏書到十九世紀下半葉都還沒達到這個數量。書癡也非哈里發專屬。在哥多華這座擁有十一萬三千戶家庭的城市裡，據說有多不勝數的書店和不下於七十座的圖書館。[157]

這波知識全盛期甚至延續到哥多華的哈里發國滅亡，以及約莫一〇三〇年起取而代之的一堆穆斯林小國，這些小國是由五花八門所謂的派系國王（Party Kings）所統治。事實上，就像東方早期的情況一樣，敵對統治者的競爭有助於提高文學贊助的水平。[158]然而與東方成對比的是，在馬蒙和接下來幾任繼承者的短暫統治後，自由思想在東方並不受鼓勵，但開放的學術風氣倒是瀰漫於西班牙。比方說，理性主義和個人主義蓬勃發展，這點可以在十一世紀伊本．哈茲姆（Ibn Ḥazm）的思想和著作中看到，他認為「每個個人都有權利根據自己特定能力做出自己的判斷」，甚至連沒有受訓練的「普通人」也沒義務得遵從公認的權威。[159]在接下來那個世紀，革命性思想家伊本．魯世德（Ibn Rushd）研究了古老的真理二元論——信仰的真理和理性的真理——並接受它們可以和平共存。他的拉丁化名字是阿威羅伊（Averroes），在基督教歐洲有不少追隨者，他的想法將迴響好幾個世紀，並融入歐洲的文藝復興。[160]

阿拉伯人在西班牙的歷史持續將近八百年，從mawlā將軍塔里克．本．濟雅德的足聲在與他同名的直布羅陀岩石上響起開始，一直到失去他們在格拉那達（Granada）的立足點之後。在這段期間，對阿拉伯次大陸故國的懷舊之情，一直在深層的靜脈裡流淌。據說「古萊什的獵鷹」曾向一位「放逐」的夥伴——他西班牙花園裡孤零零的一株棗椰——傾訴。「喔，棗椰，」尼柯爾森的版本是這樣寫：

你是西方的異鄉客，
遠離你的東方家鄉，如我一般受詛剋。
哭泣！但你不能。笨拙、黯然之樹，
你不是生來與我同哭。
啊，你將哭泣，如果你有淚可彈，
為你在幼發拉底河岸的友伴；
但你不記得那邊的高樹叢，
如同我，在仇恨敵人中，忘卻了老友朋。[161]

安達魯斯人的鄉愁流露在無數緬懷阿拉伯過往的詩歌當中，流露在專門寫給麥地那墓地裡的穆罕默德的書信裡[162]，是一種虛擬的時空穿越；而西班牙穆斯林親自前往阿拉伯半島的朝聖之旅，將會誕生出豐富的旅行文學。然而，可以負擔朝聖旅程的人畢竟是少數，於是伊比利半島的阿拉伯人承受著對另一座半島的長期渴望，他們渴望它的神聖和它的知識。他們的世界之尾或許華麗，但在它之外別無他物，除了其中一端是法蘭克人的土地，而另一端是環繞之洋。在危險與未知的束縛下，他們深情回望那些古老而熟悉的事物。

鄉愁加上一種身居前哨的心態，使安達魯斯變成阿拉伯性的堡壘。儘管一般群眾在種族和宗派上是混合的，但還是有一種阿拉伯化的煉金術在發揮作用，效果甚至比埃及及阪更強烈。歐法國王的阿拉伯文錢幣在這裡出現奇怪的反轉，西班牙穆斯林最早鑄造的金幣上[163]，竟出現一句拉丁文：*In Nomine*

Domini: Non Deus Nisi Deus Solus，「奉主之名」[164]——也就是阿拉伯文祈禱詞裡的Bismi allāh——然後加上下面這句所有口號中最偉大的一句，用拉丁語和英文感覺都有點笨拙，但用阿拉伯語就有催眠效果：

> *Lā ilāha illā allāh,*
> 一切非主唯有安拉。

然而，到了九世紀中葉，情況徹底反轉：基督徒已經完全阿拉伯語化，如同其中一位所寫的：「陶醉於阿拉伯的口才」[165]，他們也跟著穆斯林在宏偉的哥多華新清真寺裡研讀。[166]很快的，他們再也無法閱讀自己的拉丁文經典，甚至還得為信仰基督教的「莫札拉布」（Mozarab）人口生產阿拉伯文《聖經》[167]。「莫札拉布」一詞是西班牙文從 mustaʿrib 這個阿拉伯文竄改而成，意思是「阿拉伯（語）化的」，這個詞也曾用來形容古代阿拉伯半島上阿拉伯語化的民族。[168]阿拉伯語正在繼續征服，繼續吸收。

事實證明，阿拉伯語對西班牙的征服具有持久性。伊斯蘭被放逐了，但它的神聖語言依然縈繞在這塊土地和它的話語裡。西班牙語除了有約莫四千個詞毫無疑問是從阿拉伯語借來的之外[169]，古萊什那位古老部落神的名字，甚至一直出現在最刻板印象的西班牙場景裡。當鬥牛士（matador，這個字源自西班牙文的matar，「殺死」之意，也許是從阿拉伯文的māta「死」一詞轉過來的）和他的受害者一起舞動，而群眾高聲大喊「Ole!」時，聽在我耳中像是聽到另一個字的回聲——音節幾乎一樣，語調和敬畏感也如出一轍，就像阿拉伯足球群眾被某個前鋒好手嚇到呆若木雞然後高聲喊出的：「Allāh!」。祂在詞源學上和其他所有方面都是全知的。

時間性質的轉變

阿拉伯認同在西班牙和埃及依然強烈；但它是一種新認同，是都市的、語言上的、國際性的。老派的阿拉伯人——也就是那些劫掠、放牧的badw——曾經是帝國的酵母。那個帝國曾經興起，而現在已然分裂。舊阿拉伯性的氣息在每個部分流連，但它的本質已經複雜多、也重要多了。國際化的阿語世界的數百萬成員不再稱呼自己是「阿拉伯人」：這個詞已回歸它的古老意義，指的是一個邊緣的、部落的少數族群，通常過著或多或少的游牧生活。它已經失去它的大寫字母，再次變成ʿarab。

這些邊緣的ʿarab和文明中心的關係也還原了，比較像是它在前帝國時期與亞述人、巴比倫人、羅馬人和波斯人的關係。ʿarab再次根據他們與定居生活的疏遠程度被界定成一個不同族群。倘若，你像阿拔斯王朝的哈里發卡伊姆（al-Qāʾim）一樣，當你手下的土耳其奴隸士兵正在跟你的法蒂瑪敵人做交易，你卻發現自己被排除在自家首都之外，這時身在曠野中的你，會去向誰尋求庇護呢？當然是向當地的ʿarab埃米爾：穆哈里須．本．穆賈里．本．阿里斯．本．卡邦（al-Muḥārish bn al-Mujallī bn ʿAlīth bn Qabbān）。[170]甚至連他的名字——意思約莫是「桿秤的兒子全麥麵包的兒子牽馬者（或鷹眼）的兒子愛吵架的（或鬥狗者）」——都可看出他對哈里發出身的那個國際化的、伊斯蘭的、波斯化的文明有多陌生。在廣大的多數，也就是「語言學上的」Arabs，和邊緣的少數，也就是「生活風格上的」ʿarab之間，如今存在著一塊空隙。此外，雖然Arabs的首要意義依然是一個強而有力的文化帝國的構成者，但他們如今幾乎在每個地方都被政治權力拒於門外：他們是文化上的中心，但卻居於政治上的邊緣。換句話說，阿拉伯這個「國家民族」已經轉變成「文化民族」[171]——而文化，根據埃米爾・昂里奧（Emile Enriot）的解釋，是人民在失去其他一切之後所緊抓的東西。[172]

此外，阿拉伯人已進入一種新時間——一種被動的、永恆的現在，與前伊斯蘭時代部落生活那種遙遠、轉瞬即逝的現在大不相同，後者是一種粗暴而短暫的現在；但與早期伊斯蘭那種主動、動態的現在也不一樣，那種現在曾經滿載對未來的可能性。七世紀擴張時期的能量和速度已經無法跟上：阿拉伯人已經從減速到失速，再到——如同馬蘇第所說的——墜落[173]。並不是墜入遺忘，而是墜入凡塵，變成務實的一般人。如同薩爾曼・魯西迪所說的，「國族和虛構人物……都可能突然失去氣力」[174]，在某種意義上，國族本身就是一本虛構小說。

但是，一本虛構小說當然可能不只有一個章節。而在中間的過渡期裡，就算那只火輪暫時把自己燒毀了，那個文化帝國還是會從灰燼中不斷向外生長。

卡布斯的巍峨宮殿

這種成長可順著阿拉伯文字以連綿不斷的阿拉伯花紋在各大洲擴散的路線加以追蹤。這種擴散不僅是在書面上，也展現在陶器、織品、石膏、木頭、磚頭、石頭、金屬工藝品、錢幣、珠寶、武器、甲冑、護身符、裝幀品和建築物上。它保留了舊日的節奏和韻律：詩歌被鐫刻和刺繡在所有事物上，從墨水罐到馬鞍到長袍的袖子。[175]它讓阿語文化看得到摸得著。阿拉伯文字用字串將非阿拉伯人與早期的阿拉伯半島繫了起來：就像尼札姆・穆勒克追隨著聖訓傳播者的「駱駝隊」，書法家也會將自己銘記在弟子與書寫大師的「系譜」裡，藉此將他們的文字與穆罕默德的麥加書記和友伴連結起來，另也與前伊斯蘭時代的希拉抄寫員相連。這類非由血緣而由墨水串接而成的世系依然可從現在往回追溯一千五百年。[176]

書寫阿拉伯文這項技藝，有一些意料之外的從業者。其中之一是卡布斯・本・伍須馬吉爾（Qābūs bn Wushmagīr），他是十世紀末裏海南部朱爾占（Jurjan）地區的伊朗統治者，在暴政、詩歌、占星和書法這幾門藝術上都很專精。他譜寫阿拉伯文詩歌就跟扭斷別人脖子一樣熟練；但他最耀眼的長才，還是能寫出一手漂亮的阿拉伯文書法。有個例證是薩希卜・本・阿巴德——就是自家圖書館手稿需要四百頭駱駝載運的那位先生，他絕對有資格做裁判[177]——驚叫道：「這是卡布斯的手還是ṭāwūs〔孔雀〕的翅膀？」[178]他的書法目前沒有留存在紙面上的，但他有一座宏偉的磚造紀念物——卡布斯塔（Gunbadh-i Qabus），一座高聳的墓塔，據說他的遺體在裡頭懸空「飄浮」，保存在從天花板垂吊下來的一具玻璃棺中。懸浮的遺體已經消失，但墓塔仍在。嚴厲又出色的建築評論家羅伯・拜倫（Robert Byron）形容它「氣勢非凡……不同於其他任何建築……可和世界第一流的建築物並駕齊驅」。[179]

一座五十公尺高的喪葬火箭在裏海大草原呈永恆的起飛貌，這一切都離阿拉伯半島非常遙遠，離比較晚近的大馬士革或巴格達，又或者開羅或哥多華的阿拉伯都市世界也很遙遠。但它以大門上方和更上方位於簷下的兩行庫法體加入了前面那個世界，那兩行字幾乎可以肯定是由卡布斯本人設計的。比較下方的那行銘文說，這座塔是卡布斯的「巍峨宮殿」，建於伊曆三九七年，或伊朗太陽曆三七五年。相當於西元一〇〇六年。

卡布斯和比他稍早一點的同代哲學家法拉比（以及其他許多人）一樣，都是融入阿語世界的傑出範例。但這趟旅程有著不同的方向：法拉比是來自邊緣然後被吸收到文化中心；卡布斯之流則是帶著文化走向邊緣。鑲嵌在他安眠之所上的那兩行書法，是一個浩大且不斷加寬的文化圓周的一部分。

那條圓周將持續擴張，從阿拉伯古代魔力詩歌的口說文化為起點，不斷延伸加長。在某種意義上，本章開頭那位無力的拉迪哈里發是最後一位與這個起點有直接連結的：阿拉伯歷史學家將他稱為「最後一位真哈里發」[180]，意思是，他是最後一位能夠在帝國首都的聚禱中講道的哈里發。隨著他的死亡，演說家型的領導者——khalīfah 除了是先知穆罕默德的繼承者，也是前伊斯蘭時代 khaṭīb 和 kāhin「宣講家和預言家」的繼承者——將會有很長一段時間陷入沉默。這正是阿拉伯沒落細微而動人的徵兆之一。

古老的修辭將會發出迴響——但這次會從磚石砌成的宏偉塔樓響起，從卡布斯的「巍峨宮殿」響起，從阿富汗山脈的賈姆呼拜塔（Minaret of Jam）響起，從德里的顧特卜尖塔（Qutb Minar）響起——宛如阿拉伯語穿越整塊大陸的一個個驚嘆號。

第11章 瓶中精靈
蒙古人逼近

皮影戲

開羅一直是阿語世界的銀幕首都。以伊斯蘭早期為背景的高級阿拉伯語古裝劇，讓它成為穆斯林版的好萊塢，或者摩萊塢（Mollywood）。埃及的肥皂劇長久以來都是該區主要的電視飼料。而且，令人驚訝的是，埃及的銀幕歷史竟然可回溯到十三和十四世紀馬木路克統治初期。為現場觀眾演出的《天方夜譚》和其他連環故事就是在那段時期塑造出今日我們所知的模樣。也是在那段時期，名為khayāl a-ill「皮影戲」的街頭娛樂開始興起。這種關節組合式的二維皮影戲，和當時在東南亞已知的皮影戲相當類似（也許就是它們的原鄉），都是在一道光亮的銀幕背後操作，讓它們的影子投映在銀幕上。留存至今的腳本是用高級阿拉伯語撰寫，但卻沉醉在低俗幽默、尖銳諷刺和淫穢的影射裡[1]。我們就是在這樣的銀幕上，觀看那個時代的哈里發。

如果說十世紀阿拔斯王朝的拉迪哈里發是「最後一位真哈里發」[2]，是真主在凡間的影子，那麼他十四世紀的繼承人穆斯塔克菲・蘇萊曼（al-Mustakfī Sulaymān）就幾乎連影子的影子都稱不上。他是道道地地的阿拔斯家族，但是如同我們將看到的，蒙古人於一二五八年攻進巴格達，他的家族會流亡到埃及。如今，阿拔斯王朝只是由更土耳其的馬木路克軍事王朝在幕後操控的皮偶。更糟的是，蘇萊曼還跟開羅的馬木路克蘇丹鬧翻，結果被二次流放，送到了尼羅河上游靠近路克索（Luxor）的古斯（Qus）。他對自己的處境沒有不切實際的幻想，在一首可能是由某位開羅版潘趣先生（Mr Punch，英國著名的偶戲主角）發出的押韻抱怨文裡，他說：

做人如我／死才算活。／世界是一則笑話／直到我們呱呱叫。／馬木路克不會支付／我的皇家私庫。／他們祈禱：「真主拯救哈里發陛下！」／我說：「真主拯救拙劣模仿我的管家。」／蘇丹登寶座擁華麗；／蘇萊曼從王座上得到的只有胃脹氣。[3]

拉迪和其他後期的巴格達哈里發也很無能，但至少是待在自己的主場。蘇萊曼則是遭到雙重流放，他與家人手頭拮据到必須典賣衣服。[4]

當時的伊斯蘭正逢風起雲湧之時；它已經走了很長一段時間，如今正在跨越新的邊界，特別是在熱帶氣候區，從撒哈拉沙漠以南的西非，延伸到東印度香料群島。阿拉伯語是伊斯蘭《聖經》的語言，阿拉伯半島的麥加則成為穆斯林朝聖的世界之臍。在這同時，伊斯蘭也切斷了它與阿拉伯父母相連的臍帶：它必須長大，變成一種世界信仰。阿語文化有了一位嶄新且混種的養母——開羅，那個肥沃的「世界之母」。先前那兩個反正統的哈里發國早就滅絕；但阿拔斯王朝的蘇萊曼依然被一些人視為伊斯蘭信仰和阿拉伯世界第一家庭名義上的領袖——是從穆罕默德那位麥加叔父傳承下去的六百年王朝的領袖。儘管如此，他還是淪落到無關緊要的程度，可以身無分文被打包送去尼羅河版的西伯利亞。這一切究竟是怎麼發生的？

多重威脅

在阿拔斯王朝淪為尋求庇護者之前的兩百多年，阿拉伯帝國的殘餘部分（雖然四分五裂，但大多數至少在名義上仍效忠於阿拉伯創始者的後代，無論是真後代還是號稱的後代）從各方新勢力那邊承受了日益增強的壓力。在阿語世界兩端有來自基督世界的威脅：利凡特的十字軍運動和西班牙的收復失地運動（Reconquista）。此外，西班牙的阿拉伯人也承受了雙重壓力——來自北邊的拉丁基督徒，和來自南邊的柏柏穆斯林。十字軍也侵犯埃及，自從東方再波斯化以及法蒂瑪王朝興起後，埃及就變成阿語世界新的中心。十字軍和收復失地運動不同，他們會被擊退，但其所造成的動盪卻讓另一支非阿拉伯民族脫穎而出：薩拉丁的庫德王朝。庫德人是一支很迷你的少數統治族群，但他們似乎不顯侷促：利凡特和特別是埃及，早就習慣各種膚色的穆斯林統治者。從一二五〇年以降的兩百五十年中，這種生生不息的軍事種姓將成為該區的主導力量。他們的影響甚至持續到其遠房表親鄂圖曼土耳其變成偉大的帝國強權之後（的確，一直要等到拿破崙和穆罕默德·阿里帕夏時，他們才一勞永逸將馬木路克從埃及移除）。但即便是把馬木路克加進去，這張新勢力的清單也還不完整：就在他們接掌之後沒多久，蒙古人就隱約從東方現身。

等到影子哈里發蘇萊曼的祖父為此逃離巴格達和蒙古人時，阿拉伯人在政治上的價值幾乎歸零。反諷的是，對整體阿拉伯人而言，身陷在尼羅河上游、距離開羅與文明世界六百公里遠的馬木路克版古拉格裡的蘇萊曼，反而變成最合適的傀儡領袖。當他們的歷史有移動性，是馬蹄上的歷史時，它就是偉大的歷史。但如今，他們被其他移動的民族包圍住，那些民族似乎全都匯聚到這個千年要衝，這個非洲與歐洲、非洲與亞洲，以及亞洲與阿拉伯次大陸的交會點。隨著他們的天才／精靈被裝瓶，被塞住，那個主動的阿拉伯大時代似乎終於走到盡頭，他們現在只是被動的歷史旁觀者，也是它的受害者。

亦敵亦友法蘭克

快速看一下其他的移動民族，最讓人驚訝的是歐洲入侵者，他們日後會被稱為十字軍，在阿拉伯語中通稱為ifranj「法蘭克人」。以土耳其人為大宗的一波波游牧入侵者都是從廣袤的亞洲內陸為了北肥沃月彎朝西奔馳，法蘭克人就不一樣，他們是來自一塊底端封閉的狹仄大陸，海灣與山脈將大陸碎解成一個個小國家，人民則因為地理與需求的限制，被綁縛在土地上。時間拉回到十一世紀末，當時，他們當中的一些人第一次移動起來，打著宗教之名往東前進，我們很容易把這場運動視為對阿拉伯擴張的遲來回應，將十字軍視為對新月軍的反射。歐洲人自己給的理由——將基督教的聖地從穆斯林統治下解放出來——似乎也確認了上述觀點。彷彿阿拉伯人儘管不再是歷史的主要驅動力，卻因啟動了一個大小相等、方向相反的反作用力，而在一段距離以外推了歷史一把。

實際的情況是，十字軍本身根本不能和阿拉伯擴張畫上等號。那些在利凡特因十字軍興起的短命小國，並非阿拉伯帝國的重演；也許比較正確的說法是，它們是日後歐洲帝國主義的預演。同樣重要的是，七、八世紀的阿拉伯歷史和十二、十三世紀的歐洲歷史有些相似之處，當時的歐洲也正在鍛鑄它自己的火輪。十字軍和新月軍同樣利用了「對立論」（oppositionalism）來團結自身並終止男爵戰爭[5]，歐洲男爵戰爭就相當於（照例是要做一些細部修正）前伊斯蘭時代阿拉伯半島的部落戰爭。如同十字軍的教父，也就是教宗烏爾班二世（Pope Urban II）在一〇九五年所說的，最好重新調整方向「攻擊異教徒，因為直到目前為止，戰鬥通常都是基督徒彼此互打」。[6]對烏爾班而言，耶路撒冷就像麥加，是「世界之臍」，而那裡的財富應該由十字軍來收割，一如先前曾由新月軍贏得一樣：「敵人的財富也將是你們的，因為你們將洗劫他們的財庫。」[7]宗教再次為打造大一統而服務，儘管這大一統是暫時的，此外，宗教還替赤裸裸的野心提供遮羞布，也就是對土地、掠奪和權力的野心。然而，十字軍洗劫財庫的手段往往比新月軍殘暴許多。比方說，歐洲的編年史家坦承，一〇九八年底十字軍拿下位於敘利亞北部的瑪拉（al-Maʿarrah），該場戰役不僅有大屠殺，甚至還有食人事件。[8]隔年在耶路撒冷對穆斯林和猶太人的大屠殺，與三百六十年前阿拉伯軍隊的和平占領形成驚人對比。[9]

穆斯林之間的不團結阻礙了抵抗運動。大馬士革的人民在耶路撒冷陷落那年派了代表去巴格達，當時塞爾柱的蘇丹正在伊朗與自家親兄弟戰鬥：「兩位蘇丹相互抵制，造成法蘭克人占領該國。」[10]哈里發發出同情之聲，但無能為力。然而，這場衝突絕非基督徒對抗穆斯林那樣簡單。十二年後的一一一一年，另一則請願抵達巴格達，這次是來自與十字軍同宗教的拜占庭皇帝亞歷克修斯（Alexius）：法蘭克人也占據他的領土，亞歷克修斯希望穆斯林與他攜手驅逐他們。[11]這一次，塞爾柱蘇丹決定動員，但他的戰役受到阻撓，因為他的另一位兄弟——阿勒坡的統治者——拒絕加入。[12]一個世紀過去，威尼斯總督恩里柯．丹多諾（Doge Enrico Dandolo）在眾所周知的第四次十字軍東征時，再次將矛頭指向他在君士坦丁堡的基督教友，用拜占庭的黃金填滿了威尼斯的國庫。遮羞布掉落：欲望直挺挺暴露出來。

十字軍除了收割人頭、土地和金銀之外，也設法收割新市場的種子。歐洲人和他們殖民地的出現，以及外國商人對利凡特貿易的滲透，導致地中海的交通流量激增。戰士的拚鬥生死，商人買賣有無，這些衝突——除了早期一些可怕的大屠殺外——未必會破壞文明生活：「戰爭的人忙著他們的戰爭，其他人則開心無比，世俗統治歸於勝利者」[13]，伊本・朱拜爾（Ibn Jubayr）指出；他是十二世紀一位去麥加朝聖（據說是因為蘇丹逼迫他飲酒，他為贖罪而去朝聖[14]）的西班牙觀察家。伊本・朱拜爾也提到，當地基督徒和穆斯林的關係大體是友善的，甚至不乏互惠互助。[15]他的同代人哈拉維（al-Harawī）在編纂朝聖指南時，也很樂意向十字軍騎士們尋求建議。[16]

關於法蘭克人這個主題，最坦率的阿拉伯觀察家是烏薩馬・本・蒙奇德（Usāmah bn Munqidh），跟這群入侵者亦敵亦友的他出身自敘利亞地方掌權者的家庭。十字軍的英勇戰鬥讓他印象深刻，但對於其他特質就不敢恭維：「他們擁有英勇特質而且善於戰鬥，但也就是這樣了——就像馱獸們擁有力量的特質而且善於載貨。」[17]不過，他承認，有些曾經和穆斯林混在一起的法蘭克老手，的確顯露出他們高雅的一面。[18]烏薩馬開始跟這些騎士裡的一兩個走得比較近，雖然有時友誼會因為太過親近而不太舒服。他的一位法蘭克朋友

> 稱呼我為「老兄」，我們很享受彼此的陪伴。當他終於決定乘船返家時，他告訴我，「老兄，我準備回故鄉了，我希望你能送你兒子」——當時我兒子在我身邊，十四歲大——「跟我一起回我的國家，見見我們的騎士，學習理性和騎士精神。等他返家後就會變成一位理性之人。」然而，在我耳中響起的這些話，並不像出自一位理性之人的腦袋。就算我兒子在戰鬥中遭到俘虜，當俘虜的命運也不會比這更糟——被帶到法蘭克人之地。所以我回覆他：「我以你的性命發誓，這正是我希望的，但有件事讓我無法開口。你知道的，這男孩的祖母如此愛他，

愛到甚至不讓他跟我出門，除非我鄭重向她保證，會把兒子安全帶回她身邊。」那位騎士說：「所以令堂還活著？」我說：「是的。」於是他說：「那就不要違逆她。」[19]

不過，大多數的法蘭克人依然是遙遠的民族，肉體上存在但超出文化圍籬之外。烏薩馬將其中一些人的名字轉換成阿拉伯語：班乃迪克（Benedict）變成「Ibn ad-Daqīq」——「瘦子的兒子」；博希蒙（Bohemond）變成「Abū al-Maymūn」——「幸運者的父親」（也可能是「猿猴的父親」）。[20]偶爾，他們也會讓自己阿語化：例如，靠近敘利亞海岸的夏基夫（ash-Shaqīf）的法蘭克領主，逐漸可流利使用阿拉伯語，他會研讀阿拉伯歷史，甚至穆罕默德的聖訓。[21]有些法蘭克人會留下來，世世代代阿語化，這些家族的姓氏還保留了他們身為外國人的記憶，像是黎巴嫩的狄基茲（Dikiz，源自de Guise）家族、香布爾（Shanbur，源自Chambord）家族[22]、法蘭吉葉（Franjieh，源自ifranjīyah「法蘭克女人」）家族、沙里比（Ṣalībī，源自「Crusader」，ṣalīb這個字根是「十字」之意）家族和巴達威爾（Bardawīl，源自Baldwin）家族[23]。但到了十三世紀末，他們大多都走了。

阿拉伯語和它的文化已經征服、吸收並強力擁抱了一個又一個民族。然而，在這些來自拉丁基督世界的入侵者身上，它遇的到若不是相吸的異極，就是相斥的同極。如同我們將看到的，法蘭克人將帶著這段命定關係裡的語言和文化紀念品，回到他們北方的寒冷宮殿。或許對擁抱的拒斥就跟敵對的記憶一樣，都是這段關係所留下的重要印記。

收復失地運動

在這同時，在地中海的另一端，另一批拉丁基督徒正在對四分五裂的穆斯林西班牙施加壓力。哥多華的烏瑪亞王朝哈里發——古萊什的獵鷹後代，已經被自己鵲巢裡的鳩給擠出權力之外；在他們的案例裡，那隻鳩是不斷湧入的柏柏傭兵。烏瑪亞統治結束於一〇三一年一場風起雲湧的人民起義，被稱為「派系國王」的各色強人瓜分了安達魯斯這塊哈里發蛋糕。這些統治者裡有些具有阿拉伯血脈：例如統治塞維亞的阿拔斯迷你王朝，就是前伊斯蘭時代希拉地區拉赫姆國王的後代。[24]其他則是柏柏出身，或薩卡里巴（Ṣaqālibah）——「奴隸」，這個詞在西班牙指的是具有歐洲血緣的奴隸。但是，或許可以預見的是，當這些派系國王開始爭吵時，派系就轉變成鬥毆。在這同時，收復失地運動推進到伊比利亞。一〇八五年，托雷多（Toledo）淪陷，眼看哥多華就是下一個，西班牙的穆斯林學者召開緊急會議，提出他們直白的宣言：「法蘭克人已經征服了伊斯蘭城市，我們的國王卻忙著互相打鬥。」[25]同樣的衷心懇求很快也會在利凡特聽到。只不過，在西班牙這裡，已經不再有可以懇求的哈里發，甚至連虛弱版的都沒有。所以，這項求救的呼籲是指向該區唯一維持統一的穆斯林強權，也就是橫跨北非海峽兩岸的桑哈賈（Ṣanhājah）柏柏部落集團。他們自稱為穆拉比特（al-Murābiṭūn）——「邊境堡壘捍衛者」，這和稍晚的十字軍聖殿武士一樣，同時帶有神聖和軍閥的意味。

穆拉比特王朝在英文裡是以他們西班牙化的名字阿穆拉維王朝（Almoravids）為人所知，對西班牙的穆斯林而言，他們是兩害相權取其輕中的小害。他們的蠻夷缺舌和男人蒙面的習俗，看在阿拉伯人眼裡，聽在阿拉伯人耳中，就跟法蘭克人一樣怪異。但是就像塞維亞的阿拉伯統治者穆塔米德・本・阿布巴德（al-Muʿtamid bnʿAbbād）說的：「讓我們的小孩去放牧蒙面者的駱駝，總是好過畜養法蘭克人的豬。」[26]第二個選項可是真有其事：根據一位日耳曼訪客的記載，在收復失地運動後期，西班牙的基督徒經常拿強迫養豬這點，來威脅他們的穆斯林臣民就範。[27]到頭來，當阿穆拉維王朝推翻了派系國王之後，等待著穆塔米德繼承人的，卻是截然不同的命運。他年輕的孫子，那位擁有法克赫・道拉（Fakhr ad-Dawlah）「國之榮光」稱號的國王，最後淪為摩洛哥難民，在一名金匠手下操作風箱，養活家人。[28]從古代拉赫姆統治者伊姆魯・蓋斯・本・阿姆爾——第一位「全阿拉伯人的國王」[29]開枝散葉長達八百年、範圍橫跨四千公里的這株家族樹，又有一個分枝隨著這名男孩凋零殞落。

西班牙曾經是阿拉伯帝國最後一個依然由無可爭議的阿拉伯人所統治的主要據點。伊本・赫勒敦寫到阿穆拉維王朝掌權之後，隨之而來的是「阿拉伯統治化為烏有，阿拉伯部落逐漸奄奄一息」。[30]這似乎是阿拉伯在東方沒落的鏡像。[31]但事實上，這波退卻將以一個小而偉大的終局結束：在這世界的尾端，古萊什獵鷹的繼承人將發出他們的天鵝絕唱。

不過，在這個時刻，不是只有拉丁基督徒和柏柏穆斯林兩方夾擊要把阿拉伯人擠出西班牙。在十一世紀最後三分之一的時間裡，在阿拉伯帝國的另一個外站：「安達魯斯的女兒」[32]西西里島，阿拉伯人所受的壓力也愈來愈大。西西里的晚近歷史的確就像是西班牙的縮影，隨著阿拉伯卡勒比王朝（Kalbids）凋落衰頹，糾結叢生的軍閥取而代之。這次他們的壓力來自於機動性超凡絕倫的劫掠民族——或許可視為海上歐洲版的阿拉伯人——諾曼人（Normans），即先前的諾斯人（Norsemen，他們在同一時間接掌了一個更邊緣的歐洲島嶼：不列顛）。結果就是加速了反向遷徙，讓尋求庇護者從西班牙和西西里橫渡海洋前往阿拉伯同胞集中的北非都市中心。這些移民帶著幾乎無法忍受的鄉愁離開，特

別是對他們失去的安達魯斯天堂的鄉愁，

> 全世界的草地，因為其他地方都是荒野……[33]

不過，即便阿拉伯人本身撤退了，但他們的文化和語言仍持續跨越舊帝國的西半部前進。

轉型與掘墓

柏柏人的阿穆拉維王朝不僅占據了阿拉伯人的領土，他們還透過系譜將自己阿拉伯化，連帶接收了阿拉伯的歷史。阿拉伯人的政治能力已然縮退，但身為一個偉大信仰和文化的奠基者，他們依然享有強大的光環：屬於歷史 B 隊球員的柏柏人可藉由將這個巨大力量轉接到自己身上，讓自己看起來更有聲望也更具合法性。前伊斯蘭時代的希木葉爾遠征曾和亞歷山大大帝的征服甚至更古老的腓尼基人在北非的殖民扯上關係，柏柏人就利用這些傳說的鬆散尾線，織出一張神話大網。在這個神話裡，他們宣稱自已出身南阿拉伯。於是，阿穆拉維王朝的征服者尤蘇夫・本・塔舒芬（Yūsuf bn Tāshfīn）在傳統歷史裡總被稱為「希木葉爾人」。[34]伊本・赫勒敦這類比較清醒的歷史學家不會理睬此等宣稱[35]，但阿拉伯半島——柏柏的連結，依然活在我們這個比較不清醒的現在。[36]

在隨後那個世紀，阿穆拉維王朝將進入西班牙，然後在那裡被另一個強大的柏柏集團取而代之，該集團通常以西班牙語名為人所知，也就是阿穆哈德王朝（Almohads）。如同它的阿拉伯名字——穆瓦希德（al-Muwaḥḥidūn）「合一者」——所顯示的，他們也利用宗教來打造強大的政治集團：如同伊斯蘭早期，和《古蘭經》有關at-tawḥīd「認主獨一」的訊息，為他們的世俗生活提供了極權主義的模板。阿穆哈德王朝的創建者穆罕默德・本・圖馬爾特（Muḥammad bn Tūmart）藉由將合一性強加在神學和政治之上，在柏柏人之間鍛造出一個超級部落統一體，企圖重演先知穆罕默德以降的阿拉伯歷史。[37]（這個模板，甚至連「穆瓦希德」這個名字，未來將由阿拉伯改革家穆罕默德・本・阿布杜・瓦哈比（Muḥammad bn ʿAbd al-Wahhāb）再次使用六百年：他自己的唯一神論派目前依然相當活躍，今日一般根據創建者的名字通稱為瓦哈比派〔Wahhabis〕。）

在一代人的時間裡，阿穆哈德運動就變成一個王朝，而且是一個新的反哈里發王朝：在它五百年的歷史裡，「哈里發」這個頭銜第一次由明明白白的非阿拉伯人和非古萊什族承擔。不過，阿穆哈德王朝也迅速從北非柏柏部落的粗野出身，轉變成安達魯斯阿拉伯語都市文化裡自然而然的居民。特別是阿穆哈德王朝的第二位哈里發尤蘇夫・本・阿布杜・穆敏（Yūsuf bn ʿAbd al-Muʾmin），他從一一六三年統治到一一八四年，也是聖訓和哲學學者，往來人物都是當時最偉大、最自由的聰明之士。[38]因此，阿穆哈德王朝重演的不僅是早期伊斯蘭，更是阿拉伯三百年的歷史：從阿拉伯半島的部落要塞到巴格達馬蒙哈里發的國際化文雅宮廷——只不過是以最急板的速度重播。這次轉型速度和力道對柏柏人本身似乎不可思議。某日，以阿拉伯文寫作的柏柏詩人賈拉威（al-Jarāwī），和柏柏物理學家古馬里（al-Ghumārī）去拜訪尤蘇夫。哈里發聽說他們在他宮殿門口，不禁叫道：

「啊，世界奇觀：一名來自〔柏柏部落〕賈拉瓦（Jarāwah）的詩人，和一位來自〔柏柏部落〕古馬拉（Ghumārah）的物理學家。」這評論傳到賈拉威耳中，他說〔引用自《古蘭經》〕：「『他為我們打設比喻，並忘了自己的造化——』安拉所造，比我們兩個更奇觀的，是一位來自〔柏柏部落〕庫姆亞（Kūmyah）的哈里發。」[39]

阿拉伯人或許已變成被動的歷史旁觀者，但他們自身的偉大過往將在他們的帝國廢墟中一再被剽竊。

在一一六九年阿穆哈德王朝尤蘇夫統治期間，於地中海的另一端，他那位勢力強大的庫德族同名者：尤蘇夫．本．阿尤布（Yūsuf bn Ayyūb）進入阿拉伯都市文化另一個大中心——開羅。一開始，是他的叔父謝爾庫赫（Shīrkūh）成為法蒂瑪哈里發名義上的維齊爾，在謝爾庫赫猝死後，改由尤蘇夫本人——更為人熟知的名字是薩拉丁——擔任。不過，這只是禮貌性的。庫德人和他們的前輩一樣，也打出了宗派卡：他們是正統的遜尼派，他們的紙牌花色和占多數的遜尼派人口相符，他們很快就勝過非正統的伊斯瑪儀派法蒂瑪王朝。一一七一年，薩拉丁罷黜法蒂瑪王朝的哈里發，重新在名義上確認巴格達阿拔斯哈里發的主權。

法蒂瑪王朝備受質疑的阿拉伯血統始終是該王朝不可外揚的家醜。不過薩拉丁對自己的來歷倒是毫不掩飾：和阿穆拉維王朝一樣，當時也有人企圖將阿尤布王朝的譜系阿拉伯化，但薩拉丁本人不予理會。[40]這位偉大的指揮官對阿拉伯語知之甚詳，還能引用詩句[41]；他的小弟還擅寫阿拉伯語詩歌。[42]但是，對這些後阿拉伯新時代的庫德王朝而言，就像對前阿拉伯帝國的大多數民族一樣，阿拉伯血統再也無關緊要。重要的是腦子裡的阿拉伯性，那是由來自《古蘭經》的聖杯和來自不斷擴張的伊斯蘭文學的語言之酒源源灌輸；經常也來自前伊斯蘭詩歌這個更古老的容器。更早期、比較粗野的暴發戶，如柏柏人的阿穆拉維王朝，可能會宣稱一種虛構的輸血，想像自己輸入了可以變高貴的阿拉伯血統，但現在，祖宗八代已經沒那麼重要了。這點清楚顯現在《已故名人》一書裡，這本在十三世紀由伊本・哈里坎（他本人是伊朗出身）編纂的阿語世界傳記大辭典裡，許多著名的死者都在本章受到挖掘：偶爾，這本書會替較早期的詞條提供可回溯到阿拉伯半島的長譜系，但隨著時間推移，這類條目愈來愈少。阿拉伯出身就跟阿拉伯哈里發一樣，變得無關緊要。

同樣的，阿拉伯半島本身依然是聖地。薩拉丁將他叔父謝爾庫赫和他父親阿尤布的屍體從開羅的墓地中挖出來，重新埋葬於麥地那。[43]這兩位死去的庫德人在這趟旅程中並不孤單。甚至有些屍體會先帶去卡巴繞行並舉行過其他的麥加儀式之後，才入土埋葬。[44]這類死後朝聖反映出阿拉伯世界和伊斯蘭的變化。在這之前，埃及人曾努力想保住娜菲莎（Nafīsah）的遺體，她是穆罕默德的第五代子孫，當時她丈夫希望讓她的遺體落葉歸根，回到麥地那[45]：埃及人的目的是想將他們這塊外國土地變成永遠的阿拉伯半島——永遠的聖地。但如今，情況反了過來，埋葬在埃及的庫德族屍體正朝著穆罕默德的城市前進，阿拉伯半島的塵土正在國際化。這是反向征服的另一面，向他者開放的不僅是阿拉伯的心靈和阿拉伯的基因，甚至包括他們「島嶼」的泥土。

然而，庫德族活人在半島上卻不得安寧。阿尤布王朝設法在葉門成立一個王朝分枝；它的統治者：薩拉丁的兄弟圖蘭沙（Tūrānshāh）很快就對開羅起了思鄉病，他抱怨在這個活受罪的職位上根本弄不到冰塊。[46]另一位派駐葉門的阿尤布統治者，則是得了失心瘋。[47]除了做為朝聖地之外，阿拉伯人的「島嶼」已經隱退到一種孤立狀態，其中一些地區一直到非常晚近才浮現出來。（我是從開羅人那裡聽到圖蘭沙的抱怨，那些人曾經在一九六〇和一九七〇年代於葉門當過兵或教過書。）這波退縮很早以前就開始了，阿拉伯的權力轉移到大馬士革，然後是巴格達。但當阿拉伯人完全失去權力並如同伊本・赫勒敦所說的「埋首於自身事務」之後[48]，這股趨勢也隨之加速。然而到了此刻，這種內向性已感染了世界各地的阿拉伯人。這點可以從法蘭克的十字軍歷史學家很少提到阿拉伯人窺見一斑：他們總是稱呼對手為薩拉森人（Saracens）——這是一個起源有爭議的字，在詞源學上有各種相反說法，但也使用了好幾個世紀。

對法蘭克人而言，最值得稱頌的薩拉森人不是遺傳意義上的阿拉伯人，而是後阿拉伯人時代的阿語帝國無疆界的產物：薩拉丁。在他死後一個半世紀，在歐洲人的記憶中，他依然是薩拉森騎士精神的典範：英格蘭的黑王子把薩拉丁的功勳繡在他的床幕上[49]，薄伽邱（Boccaccio）則是用文字把他的生平表現在《十日談》（*Decameron*）裡。[50]在故鄉，他矗立於舊阿拉伯帝國心臟地帶的歷史中點上——出生於伊拉克的伊朗人，在敘利亞的土耳其統治者旗下成長，本人統治了埃及和敘利亞，在利凡特四處征戰，最後死於大馬士革。他是《已故名人》裡篇幅最長的詞條，超過任何血統純正的阿拉伯親王或詩人、哈里發或指揮官。[51]跟兩個世紀之前統治埃及的黑宦官卡富爾一樣，我們也是從阿拉伯語的角度去記憶薩拉丁。他不需要輸入虛構的阿拉伯血脈；他本身就是由穆罕默德革命所催化，或甚至是由更古老的語言所催化的那場融合的完美產物。

Tally-ho（來這裡！）

所有這些外來者：法蘭克人、庫德人、柏柏人，或許終結了阿拉伯**國家民族**的殘餘，但阿拉伯語的文化民族依然完好，並繼續成長。它的影響不僅擴及到薩拉丁這樣的穆斯林，也跨越到基督世界。西班牙、西西里，以及義大利本土南端長久以來一直是阿語文化傳遞的轉接口。這點可從阿語字詞滲透到他們語言的數量窺見一斑。我們已經提過，西班牙文裡有大約四千個字詞是從阿拉伯文借來的。[52]而且不僅限於異國情調的詞彙：甚至連非常基本的「你」這個字的敬語usted，也來自於阿拉伯文的ustādh——「師傅、教授」之意；而這個阿拉伯文語詞本身，則來自波斯文的ustad。在傳統的西西里對話中，有許多農民所使用的另類底層詞彙是從阿拉伯語借來的[53]；在那些怪異的西西里阿拉伯語中，有一個是巴勒摩的巴拉洛廣場（Piazza Ballaro），這裡一度是阿拉伯的巴哈拉市集（Suq Balhara），是專賣外國奢侈品的市集，名字來自於印度一個知名王朝的阿拉伯文稱法。[54]

十字軍加速了傳播過程，讓阿拉伯語和利凡特的思想擴散到歐洲更內陸區域。我們並不驚訝，許多軍事和相關創新是從東方進口的，例如十字弓、信鴿，或許連紋徽盾牌也是。但這類啟發更進一步。歐洲最早有組織的醫院，可能就是受到利凡特模式的影響，而整體生活也因進口物資變得更加豐富——例如米穀、檸檬和甘蔗，還有許多新款的織品和染料。[55]連位於周邊的歐洲人也參與了十字軍的整體動員，意味著這類科技和詞彙已傳遍歐陸各地。因此，甚至連英文裡也有兩千多個源自阿拉伯語的字彙。[56]如果你簽下支票（cheque，sakk，書面同意）購買一卡夫拉瓶（carafe，ghirāf，舀穀物的量器）的酒精（alcohol，al-kuḥl），或一杯咖啡（coffee，qahwah，咖啡確實是比十字軍晚了很久的東西，但這個字的確是古阿拉伯語，意指葡萄酒）、一杯雪寶（sherbet）、一杯加了糖漿（syrup）的雪酪（sorbet）或老派的果汁甜酒（shrub）（這四個字都是來自shariba這個字根，啜飲之意）；如果你穿上雪紡（chiffon，shiff，透薄布料）、馬海毛（mohair，mukhayyar，「精選」布料）、平紋細布（muslin，mawṣilī，來自摩蘇爾的布料）、緞子（satin，zaytūnī，來自Citong〔刺桐城〕，中國泉州的舊名），甚至一件夾克

（jacket，shakkah，鎖子甲上衣）或套頭毛衣（jumper，jubbah，袍子），如果你坐在沙發（sofa，suffah，長椅）上或床墊（mattress，matraḥ 墊子、睡墊）上撫摸你的虎斑貓（tabby cat，ʿattābī，條紋布，名稱來自於巴格達的一區[57]），那麼你就正在使用阿拉伯語。大多數阿拉伯語都是在那愛恨交織、又抱又打的交手時期，透過十字軍、收復失地運動者、商人、朝聖者和學者傳到歐洲。或許是——當你去打獵時大喊「tally-ho!」時，你也正在使用敘利亞方言，taʿāli hun「來這裡！」……或許：因為如同在詞源學上常見的，我們並沒有任何證據可以證明。

我們把目光從字典轉向地圖集，阿拉伯文在這方面的影響甚至更深遠。而且不僅局限於西班牙和該地許多阿拉伯地名（例如瓜達幾維〔Guadalquivir〕—— al-Wādī al-Kabīr，大峽谷）。阿拉伯文經由伊比利半島去到倫敦的特拉法加廣場（Trafalgar Square，aṭ-Ṭaraf al-Agharr，閃耀之點），也去到新世界和舊金山灣，那裡的惡魔島（Alcatraz）是 al-ghaṭṭās 之島：神鳥鵜之島（那個字進一步變形為「信天翁」〔albatross〕）。巴西海岸上的勒西菲（Recife）源自阿拉伯文的 raṣīf，碼頭，沿著亞馬遜河而上，你會遇到葡萄牙人和原住民的混血民族，被貶稱為馬馬路柯斯（mamalucos，mamlūk，奴隸）。[58]越過安地斯山，再次來到大海，甚至智利的魯賓遜克魯索島（Robinson Crusoe Island）[59]，也有一種在地行政官員名為 alcalde（al-qāḍī，法官），還有一種民宿叫做 aldea（aḍ-ḍayʿah，莊園）。

穿上庫法體的國王

這種語言的滲透是有機而緩慢的。但也有人以快速且經過高度組織的方式將阿語文化和知識傳播到歐洲。當萊昂與卡斯提爾（Leon and Castile）的阿方索六世（Alfonso VI）在一〇八五年拿下托雷多時，他保證讓舊日的阿語學習持續下去，甚至自稱為「兩種信仰的國王」[60]；英國王位的現任繼承者查爾斯親王，應該會認可這點（他曾宣稱自己想要成為「多種信仰的捍衛者」）。類似的情況還有，當亞拉岡國王在將近兩個世紀後拿下慕夕亞（Murcia）時，該城的學者穆罕默德・本・阿赫美德・拉古提（Muḥammad bn Aḥmad ar-Raqūṭī）也讓他印象深刻：

一位血統高貴的學者，精通古代的邏輯、幾何、計算、音樂和醫藥，他也是一位哲學家、有經驗的醫生，對語言具有神的天賦〔直譯是在語言上有「安拉的記號」——āyah Allāh 或「Ayatollah」〕……那位羅馬人的暴君〔也就是亞拉岡國王〕在拿下慕夕亞時看出他的價值，為他建了一所學校，讓他在裡頭教導穆斯林、基督徒和猶太人，國王一直對他禮遇有加。[61]

收復失地的基督徒知道，他們贏得領土的同時，卻失去先前慢慢篩濾給他們的知識。因此，他們制定阿拉伯文的翻譯計畫，並維持古老的阿拉伯學院傳統，後者將持續滲透到歐洲的更內陸。因為這樣，巴黎大學的醫藥學生將會研讀拉丁文翻譯的阿拉伯文醫學文本，有時還能從真人教師——在那個人才外流時代往北走的「摩爾人」；他們的學生稱為 arabizantes[62]——那裡得到助益。阿語知識在歐洲醫學院所贏得的壟斷地位，讓佩脫拉克（Petrarch）嘲笑義大利人是親阿拉伯者：

我們〔義大利人〕也許經常和希臘人和所有民族平起平坐，偶爾還能超越他們——除了阿拉伯人，如你所說！噢，真是瘋了！噢，真是昏了頭！噢，麻木無望的義大利天才！[63]

據說佩脫拉克的阿拉伯恐懼症極端到他拒絕吃有阿語名稱的藥品。[64]

如同佩脫拉克的哀嘆所顯示的，義大利和西班牙一樣，都是阿語科學傳播到歐洲內陸的重要管道。這點在變動不定的諾曼與霍亨斯陶芬（Hohenstaufen）諸王統治下的西西里與義大利南部，格外真確。尤其西西里諾曼王朝的重要性在空間和時間上，都比它自身有限的範圍廣遠許多：它不是義大利本島的續貂狗尾，而是一個相互連結、名副其實的**地中海**中心——是各個領土和各種文化的中介者。其中一個具體例子，就是航海者所使用的希臘—義大利古風向圖。它的中心「似乎就在西西里的某處，地中海的中心」，因為它混合了拉丁文字源的詞彙，像是代表東風的「利凡特」（Levante，「（日）升」），以及阿拉伯文字源的詞彙，例如代表東南風的蘇洛可（Souroko，shurūq，也是「日升」之意；參見scirocco）。[65]另一個可觸可見的案例，是為西西里諾曼國王羅傑二世（Roger II，一一三〇至一一五四年在位）製作的華麗斗篷，上頭繡了獅子、駱駝和一棵棕櫚樹，並用充滿紀念性的庫法體滾了一圈阿拉伯文字，說明它是由皇家作坊製造，時間是伊曆五二八年或西元一一三三—三四年。那件斗篷如今收藏在維也納，曾由羅傑的繼承者，也就是神聖羅馬帝國的皇帝們當成加冕袍使用了不下五百年。在他們人生中最神聖的時刻，身上穿的是有阿拉伯文的衣服。

有好幾十年的時間，西西里似乎變成一個近乎無疆界的世界中心。它的中心性在一幅巨大的平面球形圖（planisphere）——壓平的球體——上得到讚頌，那是北非學者伊德里西（al-Idrīsī）為羅傑二世製作的，重達四百磅，上面有密密麻麻的地名。這個平面球形圖可說是當時的地理知識大全，可惜本身並未留存下來，但伊德里西隨圖附帶的那本書，倒是保留至今，是一本文字地圖。例如，安基爾塔拉赫島

（Island of Anqiltarrah，英格蘭）像一隻鴕鳥頭的形狀（康瓦爾位於「鳥喙」的位置）。裡頭還有人文地理學，像是「它的人民堅定、平穩、有決心。該地老是下雨」。[66]（即便在那個時代，咬緊牙根和潮濕天氣就已經是英格蘭的特色所在。）為了用阿拉伯文呈現它們，伊德里西必須調整一下地名，例如哈斯汀卡須（Hastinkash，哈斯汀斯〔Hastings〕），而我在英國時居住的當地大都會則成了阿格里瑪斯（Aghrimas，格林斯比〔Grimsby〕）。[67]更值得注意的是，他也將他的諾曼贊助者阿拉伯化，靠的是押韻的散文，以及從阿拔斯王朝和他們的蘇丹同夥那裡借來的帝王稱號，頌揚「Rūjar al-Muʿtazz bi-allāh wa al-Muqtadir bi-qudratihi…Muʿizz Imām Rūmīyah」，即「羅傑，安拉力量的榮耀者，安拉威望的授與者……羅馬伊瑪目〔教皇〕的強化者」。[68]

諾曼西西里的另一位阿拉伯名人，是前文談十字軍時引用過的伊本．朱拜爾。他算是某種烏薩馬．本．蒙奇德鏡中奇遇：烏薩馬是在自家領土上按照自家規矩對抗、觀察和結交基督世界的居民；伊本．朱拜爾則是旅行到他們的平行世界。他在西西里的時間是羅傑二世之孫威廉二世（William II，一一六六至一一八九年在位）的統治時期，威廉二世的阿拉伯文讀寫能力都很棒，還有滿朝的穆斯林機要人員，包括他的主廚[69]。在伊本．朱拜爾眼中，西西里這個地方充滿「高聳宮殿和優雅花園，特別是皇室所在的巴勒摩」。而威廉也和曾吸引伊德里西的祖父羅傑一樣，是許多阿拉伯語飽學之士的贊助者：

> 每當他經別人告知，說有某位醫生或天文學家行經他的國度，他就會下令將那人扣留下來——給他豐厚到足以忘記故鄉的薪水！願安拉以祂的恩慈保護穆斯林免於這類誘惑……[70]

也許最後一句是在嘲諷伊德里西這類受到哄騙為拿撒勒人服務者；也許裡頭也有一點羨慕的成分，畢竟在伊本・朱拜爾的時代，阿拉伯故鄉的衰敗是那樣令人絕望。相較於他對巴勒摩略帶保留的熱情，這位旅人是這樣總結巴格達：

這座古老城市儘管依然是阿拔斯哈里發的王座所在，是古萊什哈希姆氏族的伊瑪目子孫的宣道基地，但這些痕跡大多消失了，除了響亮的名字之外，什麼也沒留下。[71]

九世紀時，巴格達是早期那個無邊界世界的中點，後來，它的中心地位讓給了開羅和哥多華這兩個新樞紐。而現在，半球的重力中心再次偏移，移往文藝復興前的歐洲；它在地中海的中點西西里盤旋了一段時間，交通開闊的海路吸引了心胸開闊的人物——伊德里西之類的地理學家、伊本・朱拜爾之類的旅行者、敘利亞人伊本・瓦西爾（Ibn Wāṣil）之類的博學家[72]，甚至包括埃及人伊本・卡拉基斯（Ibn Qalāqis）這類技藝高超的頌歌詩人[73]——他們紛紛從阿語世界前往巴勒摩的宮廷和它位在卡拉布里亞（Calabria）的分部。與此同時，在伊本・朱拜爾眼中或諂媚、或貪婪、或傲慢的巴格達人，卻還沒意識到自己已被邊緣化的事實，「彷彿他們並不相信還有其他任何地方和任何人存在於真主的大地之上」。[74]他一直對當時的哈里發納西爾（an-Nāṣir）比較友善，他曾見過他穿越底格里斯河：

一名留著修剪整齊的鬍子的年輕男子，英俊帥氣，皮膚白皙，身材中等，有一張明亮討喜的臉龐，大約二十五歲，身穿宛如禮服的金色條紋白袍，頭上戴著繡金小帽，帽上滾了一圈類似貂皮之類的優質昂貴皮草。他採用這身土耳其裝扮，試圖不引起注意。[75]

這樣的文字描繪在阿語散文裡相當罕見，它讓這位明亮的哈里發在巴格達的陰沉背景中顯得更加突出。但無論如何，這畢竟是一位命運已定的青年在一座垂死城市裡的描繪，你得要穿上土耳其外來者的服裝才能不為人知地前往該城。而在一輩子的時間內，比這糟糕許多的命運，將會降臨在巴格達和它的阿拉伯哈里發頭上。

一個吞噬所有故事的故事

如果說法蘭克觀察家伊本・朱拜爾是烏薩馬的某種反射，那麼時代稍晚的雅谷特・路米（Yāqūt ar-Rūmī，「羅馬人」的意思，也就是拜占庭）就是伊德里西的某種反面，因為他也是一位描述型的地理學家——這是他的諸多技能之一——但卻是從基督世界跨越到伊斯蘭世界。不過，和伊德里西不同的是，雅谷特的遷移身不由己，他是在五、六歲的時候以奴隸身分從拜占庭領土被帶到巴格達。一位不識字的商人買了他，商人很快就發現雅谷特天資聰穎，於是讓他接受教育。這名年輕奴隸代替自家主人從事商務旅行，特別是在波斯灣四周；後來，他們失和，雅谷特取得了自由身。在那之後，他開始走上自己的旅行和寫作生涯。在阿拉伯政治權力結束之後很久，阿拉伯的語言和文化依然對雅谷特這樣的外人發揮同化作用，並使他們積極投入到阿拉伯人先前創建的移動世界裡。

雅谷特就是這類流浪學者的縮影，他可以打從心底引用那句祝福移動的古諺：Fī al- ḥarakah barakah wa al-ightirāb dāʿīyah al-iktisāb：「神賜恩典給四處移動之人；離鄉背井可帶來收穫。」[76]雅谷特在位於今日土庫曼境內、藏書豐富的梅爾夫（Marw）圖書館裡，發現書本「讓我忘記家與故鄉，最親近的和最親愛的……我如最貪婪的饕餮沉醉其中……」[77]他旅行了一輩子，並恰如其所地在阿勒坡城外的一處驛站度過他最後的時光。[78]然而，他從未踏上那個可讓他擺脫出身的旅程：他渴望將自己的名字從意味「紅寶石」的雅谷特——只有奴隸才會取的名字——翻譯成代表「雅各」的雅谷布（Yaʿqūb），但那個新名字從未扎下根柢[79]。不過到最後，他贏得的文學名號偉大許多。他所編纂的阿語詩人和散文作家辭典，在他死後八百年依然是不可或缺的經典。而對這樣一位行萬里路的學者而言，最棒的莫過於大家最記得他那本偉大的阿語地理辭書：《地名辭典》（Muʿjam al-buldān）。然而，雅谷特那種移動性——在很大程度上是阿語文化得以持續散布的一大特色和理由——卻突然面臨到致命威脅。

一二一九年，雙重災難降臨：一是十字軍拿下埃及的重要港口達米埃塔（Damietta）；二是——「所有災難中的最大災難」[80]——蒙古人來到伊斯蘭的土地。關於成吉思汗和他的蒙古騎兵出現在呼羅珊一事，歷來有許多不同解釋，呼羅珊當時是花剌子模的一部分，首都位於鹹海南部。解釋之一：採取擴張主義的突厥花剌子模沙王摧毀了位於中亞東邊的緩衝國，因此讓蒙古人得以長驅直入。[81]另一說法則是聽敏年輕的阿拔斯哈里發納西爾犯了傻，激勵蒙古人入侵花剌子模，好轉移掉花剌子模對伊拉克的入侵。[82]還有另一個解釋：花剌子模的將軍擊退了前進的蒙古人，但後來因為戰利品失和，開門迎蒙古人入關。[83]其實無論理由為何，蒙古人大概都是會來。

他們的到來宛如世界末日。「韃靼人的新聞，」阿拉伯作家如此稱呼他們（在他們讓一支突厥人屈服之後，那支突厥人隨後也加入蒙古陣營），「是吞噬所有故事的故事，襲捲所有敘述的敘述，讓人忘記所有歷史的歷史」[84]。對巴格達醫生阿布杜．拉提夫（ʿAbd al-Laṭīf）而言，似乎就是如此。相反的，與他同年代的偉大編年史家伊本・艾希爾（Ibn al-Athīr），則是從未來一片黑暗的角度看待蒙古人：「可能要到時間終了之際，才會再次看到如此這般的大災難。」[85]雅谷特也是遭逢這起大災難的人物之一。一二二〇年他在從摩蘇爾寫給阿勒坡一位贊助者的信中提到，他在裏海東部中亞地區旅居的書呆歲月，因為蒙古人的推進而結束，這場災害

> 白了少年頭，裂了英雄膽，黑了心肝，亂了人的核心……我剛抵達安全的摩蘇爾，一路遭受諸多危險磨難，艱苦考驗，牘了我的罪過。我經常目睹死亡與破壞，因為我的道路穿梭於劍拔弩張，跨穿過各路行伍……跋涉在呼喊報仇的噴湧鮮血……簡言之，若不是我生死簿上的壽命還沒跑完，我恐怕已經成為無神韃靼人刀下那千千千千千萬的冤魂之一。[86]

無論真實的死者人數包含多少個零，即便是蒙古人的辯護者也不會否認曾發生過這些可怕的都市大屠殺。在這同時，鄉村銳減的人口，加上由此所致對敏感灌溉系統的疏忽，也造成鄉村的破壞；甚至可以說，中亞某些地區一直不曾從這起災難中恢復。至於曾一路襲捲並將所到之地盡皆吸收的阿拉伯世界舊浪潮，似乎終於轉向了；或者該說，終於被一股比它更大的浪潮給推了回去。

傀儡的殞落

蒙古入侵東部之後，他們的推進有一段滿長的暫停期。不過到了一二五八年，在成吉思汗孫子旭烈兀的率領下，蒙古人襲捲到阿拉伯帝國的古都，將它最後的活象徵一舉淹沒。

伊拉克當時已身陷麻煩。那裡不僅如伊本·朱拜爾在巴格達觀察到的，呈現從偉大走向沒落的普遍現象；甚至連社會本身也衰敗了。這同一位旅行者經過庫法時，發現在卡法賈（Khafājah）部落的劫掠之下，[87]該城一半以上的地方都處於廢墟狀態。接著在十三世紀，巴格達市民經常發生暴力騷亂，不同的城區彼此械鬥。[88]但這一切跟蒙古人造成的破壞比起來，只是小巫見大巫。根據最常見的說法，是巴格達最後一任哈里發穆斯塔西姆（al-Mustaʿṣim）——鬍子很美的納西爾的曾孫——的維齊爾煽動蒙古人拿下巴格達：起因是哈里發對某個什葉派城鎮做了懲罰性掠奪，此舉激怒了同為什葉派的維齊爾。[89]如果此說為真，這就是最血淋淋的「不團結則毀滅」的明證：分裂即滅亡。但這也很可能是反什葉派的宣傳。無論如何，蒙古人的衝力現在似乎無可阻擋。他們比較不像歷史因素，而是自然力量。

穆斯塔西姆的下場並不明確。可能是先被被勒死然後丟進底格里斯河，或是被裝進麻布袋裡踢到斷氣。[90]說阿拔斯哈里發國終於因此擺脫了苦難，聽起來可能有點刺耳，但它的壽命早就是借來的。早在五百年前，該王朝定都巴格達的三十六位哈里發中的第一位，以及該城的創建者曼蘇爾，早就開始仰賴向奴隸軍隊借時間了；在那之後不到兩百年，外國禁衛軍扼殺了阿拉伯人的權力；自此之後，哈里發便處於植物人狀態，只能靠它自己的土耳其或伊朗照護者提供維生系統。然而，即便是在它最顛峰的時期，也存在著死亡的暗示。在拉須德和馬蒙時期，阿拉伯的哲學家暨天文學家金迪

據說曾對阿拔斯王朝提出過通盤預言。他暗示阿拔斯的毀滅和巴格達的殞落將發生在七世紀（西元十三世紀）中葉。我們沒找到任何相關的金迪書籍，也沒看到任何人曾經看過它。或許它已經跟著韃靼統治者旭烈兀丟進底格里斯河裡的那些書一起亡佚了。[91]

「只有在戰時，」如同俄國詩人曼德爾施塔姆（Mandelstam）知道的：

我們的命運已經完結，
占卜也將隨之湮滅。[92]

阿拔斯王朝將在埃及得到皮影般的來生。但穆斯塔西姆和巴格達的毀滅對阿拉伯世界是心理上的一大重擊：做為人們關注焦點和地理場域焦點的阿拉伯，都從地圖上遭抹除。不僅如此：雖然阿拉伯人的政治力量早已消失，但阿拉伯語的文化力量其實愈來愈強大。如今，隨著這群蒙古人的到來，這股前進的運動似乎倒退了六百年。蒙古人趕走了雅谷特和其他阿拉伯語的文化旗手，把他們往西推；蒙古人鎮壓了那個文化的都市中心，把曾讓雅谷特忘卻自身──以及他奴隸出身──的圖書館夷為平地。他們抹除了歷史本身。

蒙古汗國似乎也將hadārah「定居文明」超越badāwah「部落游牧」那六百年歲月抹除殆盡。比方說，從那之後，部落阿拉伯人持續劫掠定居的伊拉克心臟地區[93]，在農場與村莊獵捕。這類變化都是一股更大浪潮的一部分。伊本・赫勒敦不僅將烏瑪亞和阿拔斯視為個別的古萊什王朝，也將它們視為一系列的政治連續體，這個連續體始於史前定居的南阿拉伯，接著滑入伊斯蘭時代──這起運動團結了定居者與游牧者、民族與部落：

〔先有〕艾德族和薩穆德族，亞瑪力人（Amalekites）、希木葉爾人和圖巴人（Tubba'）〔後來的希木葉爾諸王〕……接著，有伊斯蘭的慕達爾〔北阿拉伯〕王朝、烏瑪亞王朝和阿拔斯王朝。

但隨著後者的覆亡，「阿拉伯人忘記了他們的宗教，不再與政治領導有任何關聯，重新回歸他們的沙漠源頭。」[94]令人驚訝的是，伊本・赫勒敦認為阿拉伯人正在失去他們的「宗教」……他指的並非所有阿拉伯人突然停止自稱為穆斯林，或放棄祈禱（雖然至少在都市人眼裡，貝都因人一直就是實質上的不信者），而是伊斯蘭曾經在阿拉伯半島諸民族與阿拉伯諸部落之間建立起來的均衡關係被打亂了。此外，因為對整體阿拉伯人而言，伊斯蘭除了始終是一種信仰之外，也是一種社會政治現象，所以他們還失去了另一樣東西——不僅是上面提到的均衡，還包括構成均衡的那個支點。三百年前去世的拉迪是「最後一位真哈里發」，也就是說，是最後一位在週五聚禱時講道的哈里發。但伊瑪目一職，也就是祈禱的領袖[95]，則是只要巴格達的哈里發世系還在就一直持續著。對廣大的遜尼多數派而言，阿拔斯家族始終是「古萊什哈希姆氏族的伊瑪目子孫」[96]——如同伊本・朱拜爾所指出的。伊瑪目（在各方面）都是聚禱的最重要領袖。現在，隨著穆斯塔西姆被殺，伊瑪目的世系也跟著中斷。自從阿布・蘇富楊在麥地那目睹他的哈希姆堂兄弟穆罕默德帶領的鞠躬行伍，並震驚於從未在阿拉伯人當中見識過這樣的紀律之後[97]，這是他們首次沒有團結的領袖，哪怕這領袖只是象徵性的。幾百年來，哈里發的重要性充其量就是個傀儡。如今他們走了，人們才理解到，無論祈禱者的行有多寬，列有多深，構成的分子有多雜，一直以來都是這位傀儡、這位門面、這位伊瑪目，將他們團結在一起。

失親男孩

在巴格達和阿拔斯王朝滅亡後，蒙古人似乎打算一鼓作氣把伊斯蘭從地圖上掃除，即便沒有十字軍和收復失地運動之助。那麼，這個可怕時代的救世主在哪裡？它的薩拉丁在哪裡？

薩拉丁後代的作為，跟他們之前的每個朝代幾乎如出一轍：他們也將維安工作轉包給土耳其軍事奴隸，然後自家人打到你死我活。當鳩占鵲巢症候群再次上演，並由土耳其人接掌之後，是土耳其人在一二六〇年拯救了伊斯蘭：他們在非洲的門戶，也就是巴勒斯坦的艾因札魯特（ʿAyn Jālūt）及時阻擋住蒙古的推進。此外，他們進一步做了先前那些純軍事性的土耳其掌權者不曾做過的事，他們建立了自己的王朝，或說一套體制——馬木路克王朝，或奴隸軍人王朝。這套體制可以永續循環，比冒險生一堆兒子更能確保國祚綿延：馬木路克的埃米爾會不斷引進精挑細選的年輕新兵，主要來自定居在黑海北部與東部的欽察（Qipchaq）突厥部落，後來則是來自高加索山區的切爾克斯人（Circassian）。這些新兵會升職，然後招募自己的替代兵，以此類推，直到永遠；或至少延續了接下來的五百多年，直到最後的馬木路克於一七九八年被拿破崙的士兵擊敗，然後在一八一二年由穆罕默德・阿里帕夏終結。

和所有成功的統治集團一樣，這個體制也是建立在菁英教育以及爭取榮耀獎章的機會上。新兵會被安置在營房學校，分成不同的「宿舍」加上宦官「舍監」，上的是阿拉伯文和伊斯蘭的基礎課程。另有一些專門課程鎖定射箭、馬球之類的團隊比賽，當然還有場外演習。他們的想法是，馬木路克將從這樣的訓練中浮現，自然薰陶成統治者和紳士，王國的行政主人，在安拉道路上為美好之戰奮勇的領導者，知道如何統治，如何盡其所能表現良好舉止，以及如何阻擋暴虐和侵犯之人。[98]

這也可能是英國人在帝國鼎盛時期的自我形象。欽察人的父親排隊將兒子送進開羅的馬木路克拉格比中學（Rugby）和威靈頓中學（Wellington）。而且那裡不用繳學費！反而是父親們可以拿到錢（但有一個缺點：他們將永遠看不到兒子）。權力的繼承的確時不時會變成基因王朝。最首要的案例，是馬木路克蘇丹納希爾（an-Nāṣir，一二九三至一三四〇年在位，中間有幾次間隔）長期的統治，他的八個兒子、兩個孫子和一個曾孫都繼他之後登上大位[99]。不過，這些年輕世代的平均統治時間只有三年左右，而且大多數都受制於來自家族之外的馬木路克埃米爾之手。

這是一個單向系統。但確實有效，因為在馬木路克統治下的埃及和敘利亞擁有合理的穩定性，開羅甚至蓬勃發展，「各式建築無邊無際」，如同伊本・巴圖塔（Ibn Baṭṭūṭah）在《旅行》（*Travels*）一書中對一三二〇年代納希爾蘇丹統治期間的描述：「美麗輝煌無與倫比……她隨著海浪與人潮奔騰，就快無法容納。」[100]事實上，開羅大概是當時世界上除了中國之外最大的城市。繁榮歸功於她是一個雙重大都會——既是馬木路克的國家民族，也是阿拉伯語的文化民族。政治上是由土耳其的士兵和他們的切爾克斯繼承者主導，但文化上的壓倒性力量始終屬於高級阿拉伯語，那個最早且尚未被擊敗的征服者。埃及的阿拉伯語煉金術也對馬木路克王朝發揮作用：土耳其人和其他民族相繼阿拉伯語化，永遠無法回頭。然而，與被統治民族混在一起的阿拉伯語化者，失去了高高在上的超然地位，也不再屬於統治階級。不過菁英階層總是會有年輕的新兵補滿——那些來自克里米亞後方和高加索的失親男孩，他們的後裔終將在新世界找到一席之地，那是日漸多元但永遠由阿拉伯語統一的新世界。

與此同時，「純正的」阿拉伯人並未徹底從圖像中消失，有些還是保留了某種程度的政治獨立。但他們的確退回到當初的起點：「卡在兩頭獅子中間的一塊岩石上」[101]。在馬木路克擋住蒙古人馬蹄一段時間之後，兩大軍事強權隔著北肥沃月彎互瞪：一是埃及和敘利亞的馬木路克王朝，二是伊拉克的蒙古人。在這同時，該區和鄰近荒野的部落阿拉伯人，則是還原到古代（以及即將來臨的殖民時代）狀態，由敵對帝國挑選「阿拉伯人的國王」。範例之一是穆哈納・本・伊薩（Muhannā bn ʿĪsā）——馬木路克在敘利亞貝都因區所指定的ʿarab埃米爾。穆哈納是泰伊部落（Ṭayʾ）的領袖，早在伊斯蘭興起之前就在該區的稱霸一方。如今，他就和古代希拉的拉赫姆王朝，或甚至更久遠的肥沃月彎周邊地帶的傭兵部落一樣，打算耍弄強權，任其狗咬狗一嘴毛，自己則見風轉舵：他替馬木路克攻打蒙古人；與馬木路克翻臉之後就倒向蒙古人，帶領兩萬五千個部落民去攻打阿勒坡。接著，在獨立自外於兩方一段時間之後，他靠著古代泰伊人在沙漠打劫朝聖者的古老勾當存活下來，最後又回到馬木路克的懷抱。[102]他的兒子和繼承人法雅德（Fayyāḍ）因為掠奪商人和馬木路克起了爭執，於是又飛回蒙古人那邊。「他的行為卑鄙。」[103]他的傳記做出一針見血的結論。蒙古人或許將大多數阿拉伯人封瓶禁錮了，但還是有些人保留了他們的移動性，至少在效忠對象這方面是如此。

蒙古人和微生物

身穿鱗狀盔甲往前進的蒙古陣列看起來就像一隻吞噬歐亞大陸的鱷魚。然而，在宗教上，他們卻像變色龍。早期，至少在名義上他們是佛教徒，還堅守一些甚至更古老的薩滿儀式；到了成吉思汗之後的時期，他們經歷了各種信仰光譜，包括各式各樣的基督教。但是接近十三世紀末，雖然他們遠東那翼蛻變成信仰佛教—儒教的中國元朝，但西部的三個分支都開始染上伊斯蘭色彩。和來自阿拉伯半島的第一代征服者一樣，阿拉伯語和伊斯蘭本身似乎不屈不撓，即便當初專精此道之人正從失敗中退場。不過蒙古人和上一波來自東方的塞爾柱土耳其人，都是採用波斯語而非阿拉伯語做為他們文化上的第一語言。[104]因此，成吉思汗和旭列兀的營帳汗國等於是在伊斯蘭世界裡的阿語區和波斯語區中間，又加了一道壁壘：塞爾柱人在通往亞洲的西南入口處拉了一道語言簾幕；蒙古人則是把簾幕改成百葉遮板，進一步削弱阿拉伯語在伊斯蘭世界第一至尊的地位。[105]不過，在這同時，他們也開了一扇門。蒙古人將勝利消化之後，漸漸安定下來，經營相對和平的統治，主持了所謂的「蒙古和平」（Pax Mongolica）。阿拉伯帝國繼九世紀阿拔斯王朝的短暫高峰之後，第一次重新啟動並運行真正的跨半球貿易和旅行……然後，就在你覺得再次踏上絲路很安全之際，黑死病來襲。

黑死病的第一波肆虐發生在一三四〇和一三五〇年代，橫掃掉歐亞和北非大陸約三分之一人口，而這慘況至少有部分是因為新近開闢的海陸交通為人類和微生物所提供的流動性。黑死病似乎就像另一支來自東方的蒙古大軍：

> 啊，它造訪的人有禍了！它在中國城牆上找到裂隙——／他們沒機會阻擋它前進。／它大搖大擺走進契丹，在印地抓緊良機／在信地斷人心魂。／它砍殺金帳汗國，刺穿河間地區，戳死波斯。／克里米亞縮成一團……[106]

敘利亞學者伊本・瓦爾迪（Ibn al-Wardī）如此寫道；原文裡也有一抹輕浮，一種面對黑色恐怖的黑色幽默。這段引文出處的那部歷史是以許許多多的訃聞收尾，而且未寫完就結束：死神也殺死了那位作者。絲路或許再次鋪展開來，但如同伊本・赫勒敦所說的，沿著絲路，也滾動著「吞噬一切的瘟疫，襲捲了大地之毯，以及上面的每樣東西。」[107]世界似乎就像哈里發的命運一樣，已走到終點。

但還有更多東西即將到來——與成吉思汗擁有同樣祖先的帖木兒在十四世紀末以延遲的蒙古餘震之勢現身。他的入侵是另一次死亡大收割，特別對利凡特那些習慣久坐的阿語人口而言。例如，在阿勒坡，他把砍下的腦袋排成漂亮的金字塔，總共有兩萬張臉孔往外看。（嗚呼阿勒坡：一二六〇年來了旭烈兀，一三〇一年穆哈納，一四〇〇年帖木兒；晚近，在二〇一六年，還出現巴沙爾・阿塞德〔Bashshār al-Asad〕。）接下來是大馬士革。蒙古人逼近時，伊本・赫勒敦就在城裡，但被逃走的蘇丹撇下不管；所幸，帖木兒對學者特別心軟，饒了這位歷史學家一命。但有一項交換條件：伊本・赫勒敦得幫帖木兒寫一本北非指南，並翻成蒙古文。[108]對一個企圖超越成吉思汗的男人而言，這等於是邀他寫一本劫掠伊蘭斯世界整個西翼的貝德克爾指南（Baedecker）。不過，伊本・赫勒敦隨後寫了一封信給摩洛哥的柏柏蘇丹，對帖木兒和他的大軍做了相當實用的描述，讓蘇丹可以事先防範，藉此減輕自己的良心不安。[109]

這位歷史後見之明的大師，因為離事件太近而無法捕捉到更整體的圖像。但他的確讓我們從兩個地方瞥見阿拉伯人在這可怕時刻可能遭遇的命運。在社會階級的其中一端，有位阿拔斯王朝的投機者在帖木兒身邊打轉，試圖取得這位軍閥的認可，把他當成馬木路克傀儡哈里發的競爭對手。[110]在另一端，當伊本・赫勒敦僥倖從蒙古人手中脫險之後，在返回埃及的途中，竟然遭到貝都因阿拉伯人搶劫，最後被赤條條留在荒野中。[111]

表面的時代

就算帖木兒計畫過入侵馬格里布，而且手上有伊本・赫勒敦的指南，他也不曾付諸執行。倘若當初真的執行了，他將會發現，在馬木路克和柏柏人統治之外的遠西地區，阿拉伯人正在唱著他們的天鵝之歌，同時沐浴在漫長帝國時代的最後餘暉中，這餘暉正灑在西班牙的太陽海岸（Costa del Sol）和內華達山脈（Sierra Nevada）的大腿部。西班牙的柏柏人阿穆拉維統治者已經讓位給他們的柏柏同胞：阿穆哈德王朝。但不斷推進的收復失地運動也將他們驅趕出去，只在格拉那達留下一小口袋的阿拉伯文化。

或許因為格拉那達是阿拉伯次大陸以外廣大離散群裡最後一個阿拉伯邦國，是帝國在安達魯斯這隻孔雀尾巴上所留下的殘餘老繭，是拔掉獨立羽毛且經常得向卡斯提爾鄰居朝貢的雞屁股，所以也只好緊抓它的阿拉伯性不放。它的納斯爾王朝（Nasrid）統治者誇耀自己是卡茲拉吉的後裔，那是變成穆罕默德的麥地那之前的雅特里布兩大部落之一，而當地歷史學家也特別強調人民的阿拉伯性。[112]但事實上，格拉那達是由柏柏人建立的；儘管如此，且就算你的家族早在九代之前就已經徹底阿拉伯化，你還是會被該死的傳記作者們歸類為「〔阿拉伯半島古萊什氏族〕馬赫祖姆氏（Banū Makhzūm）的〔柏柏〕馬斯穆迪（Masmudi）扈從」。[113]這種系譜上的種族隔離在其他地方大多廢棄了：它不再能反映混種的現實，即便在格拉那達也無法，那裡根本就是一盤種族海鮮飯，食材有柏柏人、哥德人、來自歐洲各地的前奴隸「斯拉夫人」，以及各式各樣從收復失地運動中逃走的猶太人和穆斯林。在十四世紀的格拉那達，伊本・巴圖塔甚至遇到來自西非和印度的移民。[114]儘管如此，「純正的」阿拉伯人（也就是父系阿拉伯人，無論他們的母系祖先有多異國）還是為這道菜餚提供了裝飾和主要風味；在這層意義上，格拉那達除了是阿拉伯帝國的最後堡壘之外，也是它的精煉縮影。它的最終結局也很典型，當一位叔叔和姪子為了蘇丹的所有權開打時，卡斯提爾的軍隊趁機攻入[115]。格拉那達是團結的西班牙基督徒和自身分裂的受害者。

一四九二年，格拉那達陷落，距離它在地中海東端的鏡像，也就是君士坦丁堡落入穆斯林鄂圖曼手中，也只晚了幾十年而已。在那裡，東羅馬帝國已經縮小成一個殘餘的城邦，巴列奧略王朝（Palaeologue）的皇帝主持了最後一小波藝術高潮。同樣的情形也發生在格拉那達的納斯爾王朝統治期間，而他們最著名的紀念物則是再合適也不過。不規則伸展的阿罕布拉宮（Alhambra）相當重要，因為它是這類處所中唯一留存至今的；但它也是一座完美的紀念館，可當成格拉那達那種阿拉伯邦國的舞台場景。那是一棟由眾多立面組成的建築，一座用美麗、浮誇的阿拉伯文所裝飾的彈出式宮殿（pop-up plalce）。如果我們要找的是強固的建築氣勢，我們會在馬木路克埃及帶有粗獷美的建築物中找到，例如十世紀中葉哈桑蘇丹的清真寺學院。相對的，阿罕布拉宮屬於一個表面的時代（age of surfaces），它是一棟建築，也是一部文本和一件織品。如同格拉那達詩人暨維齊爾伊本·札姆拉克（Ibn Zamrak）在一首雕於宮殿雙姊妹廳（Hall of Two Sisters）、自我誇讚的頌歌所寫的：

命運渴望
我勝過其他所有紀念物。
我為雙眼提供的觀看多愉悅！

……

穿上精細若此的編織服

你可忘卻葉門的繁忙織杼。[116]

建築成了布料，而這詩句本身——它的聲音也經過精編細織；只不過葉門織杼這個比喻實在太老套——早在八百年前，伊姆魯．蓋斯就曾經為他的〈懸置頌歌〉（Suspended Ode）裹上葉門布疋的意象，而他的徒子徒孫自此之後就拿這同樣的明喻粗製濫造，大量生產。當然，主題的原創性是高級阿拉伯語詩歌裡最不受看重的東西；阿拉伯語詩歌是關於形式，而非內容，但即便是和藹的評論家也必須承認，阿拉伯語這個永保新鮮的第一征服者，看起來是開始有些疲憊了。它曾經跨越三大洲；如今卻在做女紅。

廢墟上的碑銘

文學活力的流失早在幾世紀前就已開始，隨著統治權的喪失，劍與筆一起變鈍。詩歌是阿拉伯最偉大的藝術形式之一，非阿拉伯的評論者經常說，自從詩人馬阿里於一〇五八年去世後，幾乎就不曾看過什麼銳利閃亮的東西。[117]一位來自阿語世界的飽學評論家也坦承，「如果要我舉出一個（十二世紀以降）詩人的名字，我恐怕會張口結舌。」[118]詩歌總是多如過江之鯽；但可以激勵人心、「具有魔法般」語調的古老詩歌則日益稀少。如同一位觀察家指出的，詩歌「跑不贏自己的影子」[119]。事實是影子贏了。

整體而言，阿語文學界的舊日火焰也正燃燒殆盡。這個時期通常被稱為ʿaṣr al-inhiṭāṭ「衰落時代」；

也有人稱之為ʿasr at-tarājuʿ「退化時代」。[120]但無論是往下落或往後退，它也是一個不停打轉的時代，最後的結果就是一個下降的螺旋，一只沒有火焰只有胡扯的輪子：「這是一個濃縮和註解的時代，一個濃縮的濃縮、註解的註解的時代，以及對這所有一切做出評論的時代。」[121]這個螺旋幾世紀來不斷加速。現在，隨著蒙古人的震懾與哈里發的覆亡，阿拉伯人失去的不僅是他們偉大的團結象徵，還失去他們的文學守護神，失去他們的舌頭守護精靈；內向性——伊本·赫勒敦口中的「轉向內在」[122]——已經達到螺旋的空心，在文化上和政治上皆是如此。在伊本·赫勒敦死後一個世紀，這種衰亡甚至明顯到令人心痛。薩希卜·本·阿巴德那座偉大的十世紀圖書館，裡頭光是阿拉伯語文學的書籍，就需要六十匹駱駝才夠承載[123]，十五世紀的文學史家蘇育提（as-Suyūṭī）回想起這點時寫道：「大多數書籍都在韃靼人和其他民族帶來的動盪中消失，殘存至今的語文學書籍……還不到一頭駱駝的承載量。」[124]

這個螺旋將持續下降；有些觀察家認為直到今日依然如此。根據阿多尼斯的診斷，從巴格達陷落之後，阿語世界便從現代性撤退了[125]；根據賈比里的看法，這幾百年來，阿語世界都是由他所謂「聽天由命的心態」所統治。[126]詩人尼撒爾·卡巴尼所談的或許是同一個連續體——從巴格達的廢墟，經過格拉那達的陷落，到當今的貝魯特，再一次輪到巴格達，然後是摩蘇爾、帕米拉、阿勒坡廢墟……他是這麼說的：

> 我們的詩歌半數是碑銘……然而當
> 建築倒了，碑銘又有何用？[127]

或者應該說，當它被自己的居民摧毀時，又有何用？

告別的號角

但並非所有東西都倒了。倘若出生於九七三年的馬阿里是最後一位偉大的阿拉伯語詩人，那麼他的人生恰好碰上了一個新文類的誕生。al-Maqāmāt：以押韻散文講述浪人英雄的傳奇故事，這種文體可說是古代預言家和《古蘭經》那種魔法語言的後代，但轉向一個截然不同的目的——講故事；裡頭還塞滿了各種語言技巧，有些花俏到讀起來宛如《芬尼根守靈夜》（*Finnegans Wake*）。這些故事和裡頭那些狡猾放蕩的角色，迅速傳播到阿語世界最偏遠的角落；那種鬼靈精怪的白話可以在隨後許多阿拉伯文書寫中聽到迴響——比方前面引用那段有關瘟疫進展叮叮噹噹的描述——而且很難完全自外於它而存在，即便是傾向極簡主義的現代作家也不例外。

al-Maqāmāt 在波斯文甚至於希伯來文裡，都引發了模仿。[128]它們的魔幻寫實主義也催生出另一種東西：平面插畫，這在早期阿拉伯文書籍（科學文本例外）裡可說前所未見。最受稱道的範例是哈里里（al-Harīrī）的《馬卡瑪特》（al-Maqāmāt）手稿，應該是在巴格達畫的，時間是一二三七年，也就是該城落入蒙古人之手前幾十年。裡面的所有圖像都很精采，宛如珠寶；但其中最強大也最令人難忘的，是緊緊靠在一起的一群騎兵，他們是騎在馬上的哈里發掌旗手。他們直立的旗幟由斜角的喇叭和旌旗框住；雙眼凝視著頁緣之外，彷彿隨時準備出發；馬匹嘶牙，馬蹄拍打。帝國舊日的活力似乎全都被捕捉到畫面裡。

這景象華麗壯盛，卻也注定失敗。它所歌頌的哈里發、宮廷和首都，都由前進中的蒙古人決定了命運；更廣大的阿拉伯世界也是如此，那個世界依然將哈里發的旗幟視為它的集結點。這幅圖像本身注定成為它自身成功的俘虜。它一次又一次被複製到有關阿拉伯歷史與文化書籍的封面和書衣上（包括我的一本著作）。這當然顯示出它有多耀眼；但這般耀眼卻更凸顯出即將來臨的漫長黯蝕。這就好比每一本談論西方歷史和文化的阿拉伯文書籍（並沒有很多），封面上都有（比方說）《蒙娜麗莎》。當然，接下來會有許許多多精采絕倫的「伊斯蘭」細密畫問世，但那其實是波斯的、鄂圖曼的和蒙兀兒的。阿拉伯土地上的繪畫未曾再取得那些掌旗手的力量和輝煌；它很快就消褪得無影無蹤。那些騎兵注定要開拔行軍、揮舞旗幟、毫無進展。

在政治權力、白話、詩歌與繪畫領域裡，阿拉伯人似乎卡在一個周而復始的當下，順著朝聖之路，卻從未離開畫面。它的確無能為力，無法阻止蒙古人、馬木路克人、柏柏人和法蘭克人所構築那道無法逃脫的邊界，擋住他們進入更廣闊的歐亞事件舞台；更別提阻止帖木兒和鄂圖曼人出現在黑死病第一次肆虐後逐漸康復的同一塊歐亞大陸。但他們會有一條逃生路線，有一扇經由阿拉伯半島肥沃海岸的後門。即便大陸的前景一片漆黑，依然有一面海洋從阿拉伯人之島的最南端敞開：那是一整個季風世界，從莫三比克到麻六甲海峽，再到更遠的地方。

哈里里《馬卡瑪特》的主角阿布．札伊德（Abū Zayd），就是從後門出去冒險。在這本著名手稿的一幅插圖中，他是一艘看似漏水的單桅帆船上眾多不安的臉孔之一。另一張圖裡可看到那艘單桅帆船旁邊的小島上，住著猿猴和鸚鵡，還有一些有著人臉的奇幻生物。這座島嶼是虛構的，但確實有許多堅實的島嶼和海岸線被真實生活中的冒險家、貿易商、學者、蘇菲派信眾、機會主義者和流浪者探險過：這些個別人物是七、八世紀阿拉伯大離散的遲來追隨者。他們匯集起來，將推動第二波緩慢和平的征服浪潮，也推動阿拉伯文化的跨洋膨脹。這波征服沒有什麼英雄，因為冒險家往往有去無回；伊本・巴圖塔是罕見的例外之一，他不僅踏上征服之路，還將它撰寫下來。其他非凡旅程大多佚失了，但偶爾還是可以零零星星將它們拼湊起來。

黯蝕
1350~1800年

第12章

季風大亨
環印度洋地區的阿拉伯人

壁龕之燈

伊本．巴圖塔在十四世紀初誕生於摩洛哥，他走了一趟麥加朝聖，並繼續在舊世界縱橫穿梭——從尼日到中國大運河，從窩瓦河到坦尚尼亞南部，堪稱蒸汽時代之前遊歷最廣之人。他的真實人生版《奧德賽》是阿語旅行文學的史詩，他自己則是那個意外連連但永保樂觀的英雄。在「基因上」他是個柏柏人，這點並沒關係；因為在文化上，他是徹頭徹尾的阿拉伯人，他沉浸在《古蘭經》與伊斯蘭法理學的阿拉伯語裡，將開羅與麥加奉為自身世界的知識北極與精神南極。

不過，伊本．巴圖塔對他的子女而言可不是英雄。他結婚超過十次，小妾更是多到數不清，從大馬士革到馬爾地夫都有他生養和拋棄過的子嗣。例如，一三四一年要離開德里時，他將兒子阿赫美德託給一名友人照顧，後來他坦承，「我完全不知道老天爺怎麼對待他們兩人。」[1] 這位不負責任的父親是個孜孜不倦努力想往上流爬的人，而在所有印度阿拉伯僑民眼中，吉亞斯．丁（Ghīyāth ad-Dīn）這位朋友，就是你能找到的最體面「教父」：他是巴格達倒數第二位阿拔斯哈里發的曾曾孫，也就是埃及馬木路克王朝傀儡哈里發的雙重「遠」親[2]。吉亞斯．丁和伊本．巴圖塔一樣，也受到德里蘇丹為吸引阿拉伯人並藉此強化其合法性的宣傳而來到德里。那遙遠的阿拔斯血統證明對一名監護人而言就沒那樣顯眼：伊本・巴圖塔在他的書裡貢獻了兩頁篇幅，用一些軼事來說明此人的貪婪。[3]

至今，我們依然不知道老天爺在吉亞斯・丁和那個被拋棄的阿赫美德身上降下怎樣的命運。但基於某種因緣際會，我們的確知道吉亞斯・丁自己的兒子阿布杜拉（'Abd Allah）後來發生了什麼事：後人在蘇門答臘北部巴賽河（Pasai River）臨海河岸附近的一處皇家古墓裡，找到他的墳。那裡是蘇木都剌國（Samudra-Pasai）的首都，是伊斯蘭在今日全世界最大穆斯林人口國：印尼所建立的第一個邦國，失根的阿布杜拉就死於當地。他墓碑上的阿拉伯銘文標示了日期：八〇九／一四〇六—七，還有五代人的祖先，可回溯到穆斯坦綏爾哈里發與巴格達。[4]這座墓碑結合了譜系的華麗與流亡的悲劇；阿布杜拉可說是二十世紀白俄羅斯流浪親王的原型，從他們的故鄉流亡，但依然在交易他們的貴族血緣。在阿布杜拉的案例裡，這樣的交易似乎很值得：他隔壁的墓可能是他妻子的，她是一位蘇丹的女兒。[5]

倘若阿布杜拉・伊本・吉亞斯・丁最後的結局是娶了一位公主，那麼他同父異母且回到巴格達的兄弟命運就大不相同了。在伊本・巴圖塔從東方返家途中，有個場景讓他動容，在那座當時宛如鬼域的城市裡，有位清真寺伊瑪目正在懇求寺方支付他的未付薪資——只是微不足道的一天一迪爾罕姆。沒想到這位年輕人竟然是旅行者那位出身阿拔斯家族的德里友人的長子。「老天在上，」伊本・巴圖塔寫道：

> 要是〔他父親〕能把從〔德里〕蘇丹那裡獲賜的禮袍上眾多的裝飾珍珠寄一顆給他，這男孩就能過著小康生活。願真主保護我們免於落到這般田地！[6]

問題是，伊本．巴圖塔本身就是個不及格的父親，不禁讓人興起「五十步笑百步」之嘆。

這兩位同父異母兄弟的懸殊命運，正好說明了阿拉伯人在後蒙古時代的處境：故鄉停滯不前，但出外闖蕩就有無窮機會。那些印度人只是整體圖像的一部分。阿布杜拉這位在蘇門答臘無拘無束的阿拔斯後裔，看起來似乎是個特例。但他其實是在長達一萬兩千公里海洋弧線上的漫遊者之一，而將他們連結在一起的一樣東西，就是他的墓——那塊寫了阿拉伯文的墓碑。我們幾乎可以肯定，那塊墓碑是來自印度，特別是來自位於印度西海岸北部角落的坎貝港（Cambay）。這裡是歷史上最成功的墓葬石匠工作坊的所在地。坎貝的工匠們利用當地精細的大理石（有些是從古代建築物上挖下來的，從一些墓葬的底面可看出），打造出刻有阿拉伯銘文的墓碑、墓石和其他墓葬品，再出口至從東非到東南亞等地的環印度洋沿岸。坎貝的墓葬品曾在坦尚尼亞南部海岸外的基爾瓦基斯瓦尼（Kilwa Kisiwani）、亞丁、阿曼南部的左法爾（Ẓufār）、伊朗的拉爾（Lār）、坎貝本身、臥亞（Goa）、喀拉拉邦（Kerala）的奎隆（Kollam）、斯里蘭卡的亭可馬里（Trincomalee）、馬爾地夫的基諾哈斯島（Kinolhas）（我在那裡挖掘過一個，它半埋在一片矮樹叢中）、蘇門答臘，以及爪哇的錦石（Gresik）等地被人發現。[7]

一開始我們並不清楚，為了麼一個比方說坦尚尼亞的家族，要花費龐大的金錢和時間，為他們死去的親戚從五千公里外、隔著大洋的印度訂購墓碑；直到我們了解，所有以這種方式被緬懷的人其實都負擔得起（基爾瓦的家族控制了南部非洲的黃金出口），以及每年的季風交替意味著海運其實就跟時鐘一樣規律——雖然是走得比較慢的時鐘，而且是根據太陽年定時。你將墓誌銘的內容順著西南季風送出；墓碑則跟著東北季風回來。你摯愛的親人離開了，便以阿拉伯文字無法磨滅地供人紀念，而這種文字已經在整個中亞地區蓬勃成長，甚至跨越到印度北部，如今則在整個環印度洋的熱帶海岸扎根。訂製這樣的墓碑，等於是宣告自己是一個富有的國際文化的一員。今日，中國富豪訂購奧斯頓馬丁跑車（Aston Martins）；當年，海洋蘇丹和商業鉅子則會訂購坎貝墓碑。跟薩拉丁將他父親和叔叔送回阿拉伯半島重新埋葬比起來，這一點也不麻煩：只要一塊坎貝墓碑，阿拉伯半島就會以你選擇的《古蘭經》經文和印度工匠最細緻的刻工，來到你面前。

坎貝墓石上不只有阿拉伯文字。最引人注目的，是墓碑的尖拱狀頂部，通常會有一個球莖狀、花瓶似的玻璃燈懸在壁龕裡。[8]幾乎可以肯定，這是為了讓人聯想起《古蘭經》裡一個醒目的意象：

> 安拉是天地的光明。
> 祂的光明好比壁龕中一盞明燈——
> 那盞明燈在一個玻璃罩內，那個玻璃罩猶如一顆燦爛的明星——
> 那盞明燈是用一棵吉祥的橄欖樹油燃著的，
> 它既不是東方的，也不是西方的
> ……
> 安拉引導祂所意欲者走向祂的光明。[9]

這些墓石上的文字有時也會傳達出意想不到的信息，例如引用波斯詩人薩迪的詩句[10]；還有一些裝飾元素是從坎貝的藝術大環境裡借來的，特別是來自耆那教（Jain）的寺廟。[11]加總起來，這些墓石紀念了各式各樣的死者：有阿布杜拉．本．吉亞斯．丁這樣的阿拉伯人，也有新近伊斯蘭化的史瓦希里人

（Swahili）、索馬利人、北印度人、泰米爾人（Tamil）和印度尼西亞人。

阿拉伯的火輪或許早就燃燒殆盡。但從十三世紀末到十四世紀，這道海洋弧線本身就是一座小壁龕，以阿拉伯半島為中心，向外輻射伊斯蘭之光，將阿拉伯人和他們的話語往東西兩方擴散。阿拉伯的黯蝕邊緣有著光亮。

偶像、大象與阿拉伯文

前阿拉伯帝國心臟地帶的阿拉伯人或許已遭來自亞洲和歐洲內地的營帳大軍團團包圍。但在它的邊緣，如同伊本．巴圖塔的《旅行》所呈現的，依然不乏移動和擴張；在十三世紀第一波蒙古大征服之後，阿拉伯人和阿拉伯化的民眾甚至外推到更遠的地方，只是這次並非以軍事征服者的身分，而是以商人、傳教者和冒險家的身分。他們是被渴望所驅動。穆罕默德說過：「有兩種飢渴永遠無法饜足：對知識的飢渴，以及對世俗的飢渴。」[12]在這兩股驅力加乘之下，這批新拓荒者在海洋弧周圍建立了一個非正式的商業和文化帝國，在這個帝國裡，主導的文化是阿拉伯文和伊斯蘭。最古老也最長壽的阿拉伯政體：巴格達的阿拔斯王朝在一二五八年覆亡，阿拉伯統一的最後一個假面也隨之陪葬。但是，在接下來兩百五十年，直到歐洲人進入印度洋之前，阿拉伯—伊斯蘭的離散移民也以他們低調的方式，發揮了重要且深遠的影響力，而且還不遜於七、八世紀的軍事大爆發：它形塑出今日的伊斯蘭世界地圖。這其實就是那個動態分裂的老故事，你要打破雞蛋才能做出歐姆蛋。

這波新擴張也為一大塊的世界人口塑造出他們說話、書寫和思考的方式，因為具有征服力量的阿拉伯語言也隨之擴散，而且不僅擴散到穆斯林的墓碑上。即便是伊本．巴圖塔這位大離散時代的偉大探險家也對阿拉伯文的無遠弗屆感到震驚。有個奇怪的例子：約莫一三四六年，在他離開蘇木都剌國去造訪中國南部的阿拉伯和波斯僑社途中，他在一個叫做凱路卡里（Kaylukari）的地方登陸。那裡的人民崇拜偶像、飼養大象，並由烏爾杜加（Urduja）這位公主統治，公主有一群女戰士護衛。她本人也是一名戰士，曾發誓只嫁給可以一戰擊敗她的男人；到巴圖塔登陸為止，公主始終沒嘗過敗績（沒人敢挑戰她），並因此保持處女之身。[13]烏爾杜加也擊敗了所有評論者。有人認為，凱路卡里只存在於伊本・巴圖塔的興奮幻想中；其他人則認為她是半真半假，類似哈里里傳奇中的島嶼——那個鸚鵡、猿猴與鳥身女妖和獅身人面共居的島嶼。[14]顯然，愛講故事的水手也要負一些責任：關於那位公主最羶色腥的內容都是伊本・巴圖塔的船長提供的。不過伊本・巴圖塔也提供了另一些細節，這些細節雖然沒有羶色腥的成分，但依然出人意表：「Dawāh wa batak kāṭūz」，公主對一名隨從說了這句話，想要讓那位旅者留下印象，那句話的意思是：「拿墨水罐和紙過來。」他們拿了過來，公主接著寫下：Bismi Allāh ar-raḥmān ar-raḥīm「奉至仁至慈真主之名」。[15]第一個出人意料的細節是，她用某種土耳其語跟伊本・巴圖塔講話，這點很難解釋。但第二個細節，「她的阿拉伯文寫得很好」，就比較不那麼莫名其妙。

就算這次會面真有其事，我們目前還不知道那是在哪裡進行。菲律賓人宣稱烏爾杜加是他們的；越南南部或婆羅洲的其他地點可能離那個地標還更近。但無論凱路卡里位於何處，它很可能是遼闊的海岸帝國滿者伯夷（Majapahit）的殖民地，該帝國的首都位於爪哇東部。倘若真是如此，那麼公主懂一點阿拉伯文就不無可能。阿拉伯文當時已被當成古馬來語的書寫文字[16]，而滿者伯夷的某些屬地就是講古馬來語。同樣充滿暗示的是，當地有滿者伯夷的錢幣——也或許是令牌或護身符——其中一面鐫了爪哇人的守護神塞馬（Sema）和克里希納神與一頭大象，全都以皮影戲偶的風格描繪；另一面則是阿拉伯文字，內容是伊斯蘭的信仰宣言：

一切非主，唯有安拉：穆罕默德，為其使者。[17]

這是一種輝煌的融合。它證明了——撇開其他不談——實在的考古證據也可能和水手故事與旅人傳奇一樣，令人驚豔。

祝福之海

阿拉伯人和阿拉伯文的旅行受惠於規律的季風，也受到海洋財富和周遭土地的激勵。與被神詛咒的惡毒地中海不同，印度洋是受到祝福之海，擁有許多珍貴物產。[18]根據最古老的阿拉伯文旅遊書，印度洋是

印度和中國之海，在它的海底深處有珍珠和龍涎香；在它的岩石小島上有珍寶和金礦；在它的野獸嘴裡有象牙；它的森林裡長了烏木、蘇木、藤，以及孕育沉香、樟腦、肉豆蔻和丁香的樹木，還有所有種類的芬芳香料；它的禽鳥是fafagha（鸚鵡）和孔雀，在地上走跳的動物是麝香貓和麝香羚，以及其他無法逐一列舉的種種，它得到的祝福如此之多。[19]

此外，如同十三世紀波斯詩人薩迪理解到的，海洋與更廣闊的網絡相互交融。他自己的詩歌就是沿

著那個網絡出現在意外之地：不僅出現在蘇門答臘一座坎貝墓碑上[20]，還出現在伊本·巴圖塔於中國杭州船上聽到的一首歌曲裡。[21]薩迪描寫了他本人在波斯灣的基什（Kish）島上與一位商人碰面，他做了一個和終極貿易之旅有關的白日夢：

我打算把波斯硫磺賣到中國……把中國瓷器賣到希臘，把希臘錦緞賣到印度，把印度鋼鐵賣到阿勒坡，把阿勒坡的鏡子賣到葉門，把葉門的條紋布賣到波斯，之後我就會放棄貿易。[22]

事實上，這位商人再也無法在基石島上享有最佳地位：蒙古人的劫掠讓西方的貿易終點從波斯灣、波斯和伊拉克轉移到紅海與埃及。不過，除此之外，十三世紀後期確實是國際商業鴻運當頭的時代。首先，蒙古人在陸地上的蹂躪「刺激了」海洋貿易。[23]接著，當成吉思汗的繼承人冷靜安頓下來之後，它所帶來的和平也為陸路貿易注入一波爆炸性的能量。在蒙古人的統治下，遼闊的亞洲大陸鬆散地結合在一起，從北肥沃月彎一路綿延到黃海。個體戶利用這嶄新的半球潮流；貿易公司亦然，獲利最豐的首推以埃及和利凡特為基地的卡利姆公司（Karim）。這個名稱的涵義並不清楚：他們是穆斯林，但起源或許很兼容；他們經常被形容為「香料商」，但這些人的興趣比這廣多了。他們已經存在好幾百年；如今也拜「蒙古和平」之賜重新復活，他們開始實現薩迪筆下的商人之夢，甚至野心更大：打算經營一個半球貿易網絡，從大西洋一路延伸到太平洋。[24]

有時，例如在阿拉伯早期帝國史和即將來臨的歐洲帝國史裡，旗幟會追隨著貿易而來。在那道海洋弧最西南的一個遙遠角落，那個訂製過坎貝墓碑的家族統治著一個迷你蘇丹島國：基爾瓦基斯瓦尼。自從十三世紀最後二十五年開始，他們就在此地安頓下來，他們是來自葉門的阿拉伯僑民，或許跟穆罕默德的哈希姆氏有著同樣的起源[25]。不過在基爾瓦，他們加入了環印度洋區的無邊界文化：他們的墓碑來自印度；他們的餐具——最精緻的青白瓷器，和標準青瓷一樣棒——來自中國；他們的財富源頭：黃金，則來自南非內陸。關於黃金出口，他們可說是塞西爾．羅德斯家族（Cecil Rhodes）的先驅。但他們的蘇丹國不是羅德西亞：非但沒有在種族或文化上遭受隔離，反而快速與當地混融，加入早已多元化的非洲—阿拉伯 sawāhil「海岸」熔爐。基爾瓦只有幾公里長，但同時屬於東非的「史瓦希里」領域和整個大洋弧，也屬於一個能孕育出尚吉巴（Zanzibar）、新加坡和香港的未來。

然而，基爾瓦對黃金近乎壟斷這件事則非典型；海洋貿易是開放和有機的。流進這座島嶼的財富意味著島上的蘇丹可以打造長青的基業，包括數百年來始終是撒哈拉沙漠以南非洲規模最大的石造清真寺，以及一座龐大的倉庫兼宮殿。該座宮殿融合了十足的富豪氣質，至今依然完好無缺：一座無邊無際的池水俯瞰著蒙受祝福之海。

魅影帝國

和七、八世紀的真實帝國一樣，對後蒙古時期這個虛擬的文化帝國有所貢獻的，不僅限於阿拉伯人，還包括波斯人、柏柏人和土耳其人等。也和早期的軍事擴張一樣，這個文化帝國同樣取得了自身的衝力。穆斯林商人和其他人等，將伊斯蘭地區世故老練的文明知識傳播出去；在一些更遙遠的土地上，統治者——特別是新近掌權、除了槍桿子沒有其他資格可言的統治者——採納了伊斯蘭信仰；他們鼓勵阿拉伯人和其他民族——特別是穆斯林學者——依附到他們的宮廷，藉由他們知識方面的魅力和聖地氣息來提高自身的正當性。商人和傳教士絡繹於途，伊斯蘭橫向跨越半個地球，並慢慢往下深入社會。

麻六甲海峽周圍地區就是一個好案例，可說明這個文化帝國在十四和十五世紀的擴散情形。我們已經看過，北蘇門答臘（名稱來自於蘇木都剌國）的蘇木都剌國統治者早就接納了伊斯蘭，最遲不晚於十三世紀末。一個世紀後，該國的蘇丹家族很高興能得到一個血統純正的阿拔斯人當他們的女婿。更後來，據說來自蘇木都剌國的商人建議麻六甲的首領也成為穆斯林，藉此吸引貿易。[26]東印度群島的伊斯蘭化一開始究竟如何發生，目前並不清楚。當地歷史宣稱，傳教士是直接從麥加派往蘇木都剌國[27]；然而伊斯蘭和阿拉伯人並不是一步就跳到東南亞，而是透過印度這塊海洋墊腳石。

印度還扮演從內陸亞洲進入印度洋弧的門戶。德里在十二世紀末就落入土耳其穆斯林冒險家手中。不久之後，蒙古的大災難將一波主要由中亞穆斯林構成的大潮推向印度次大陸。這股潮流在整個十三世紀日益澎湃[28]；印度商機的消息傳遍個商業網絡，而且是透過麥加朝聖這支傳聲筒。到了十四世紀六〇年代左右，在德里蘇丹暨伊本·巴圖塔和吉亞斯·丁的東道主穆罕默德·沙·本·圖格魯克（Muhammad Shāh bn Tughluq）的統治下，那股潮流氾濫成洪。

穆罕默德·沙（Muhammad Shāh）有突厥化蒙古人的混血背景，和出身蒙古的印度日後統治者「蒙兀兒」一樣，他將目光放在征服整個次大陸。南方的戰役讓德里變成當時世界上最富有的穆斯林國，充斥著黃金與奴隸，而當時所發生的移民潮，正好是近日印度人湧向波灣國家的鏡像。[29]穆罕默德·沙不定期派遣艦隊去波灣地區徵募阿拉伯人。當時的一位人士寫道，他們聚集在穆罕默德·沙四周，「宛如撲火飛蛾」。[30]為皇家「千柱廳」（Hall of a Thousand Columns）增色的阿拉伯朝臣可以積聚驚人財富；吉亞斯·丁在他的德里宮殿裡擁有終極的富豪炫耀擺設：一座黃金浴缸[31]；他外套的鈕扣是用大如榛果的珍珠製成[32]——只要一顆就足以讓他住在巴格達的兒子脫離困境。吉亞斯．丁這位哈里發的子孫特別受到喜愛；但穆罕默德．沙被各種背景的阿拉伯人包圍著，一律稱他們為「我的主人」[33]，並向他們展示各種禮物。

然而，有個人總會在那裡等待陛下發落。在那群於一三三〇年代來到德里的阿拉伯顯貴中，有一個年輕人叫做加達（Ghadā），他是穆哈納．本．伊薩的孫子，穆哈納是敘利亞阿拉伯人的埃米爾[34]，依違在馬木路克和蒙古這兩個強權之間。穆罕默德．沙將幾個大省——相當於現代的古吉拉特邦（Gujerat），甚至更大——的收入分派給他，並以豪門婚禮的排場將自己的妹妹嫁給他。

蘇丹給了他巨大的榮耀，但〔加達〕是個粗野的貝都因人，根本配不上這樣的待遇；沙漠人的無禮就是他最大的特色，婚後才二十幾天就給他帶來大災難。[35]

這位貝都因小王子開始毆打出身高貴的官員，搞到被關進蘇丹監獄。[36]還好最後被判了緩刑和「學習良好的舉止與教養」。[37]

但原本就很有教養的阿拔斯家族的吉亞斯．丁，當然不會犯這種錯。蘇丹把自己的檳榔跟吉亞斯．丁分享，這可是別人沒有過的待遇[38]；而吉亞斯．丁在德里居住的那區，還改名為「哈里發住所」[39]；有一次，穆罕默德．沙無意間輕慢了他，隨即匍匐在地，請他用他的哈里發尊腳踩在他的蘇丹脖子上。[40]不過這位蘇丹對阿拉伯人，特別是對阿拔斯家族近乎躁狂的執迷，甚至還有更誇張的事。在吉亞斯．丁抵達德里之前，當時地球上最富有的穆斯林國王穆罕默德．沙就曾放棄他的帝國——打算讓給那位出走到埃及的貧窮流亡者，那個得靠典當衣服維生、被馬木路克當成皮影傀儡的穆斯塔克菲・蘇萊曼哈里發。[41]

蘇萊曼無疑滿心困惑。但他還是正式發了一份文件給穆罕默德・沙，宣布德里蘇丹是他的附庸國，還送了一套代表阿拔斯王朝的黑色禮袍。擔任印度名義上的新霸主並沒什麼好處：當穆罕默德・沙終於在一三四三年收到憑證，然後在錢幣上用蘇萊曼的名字取代自己的名號時，那位哈里發已經離開人世了。但穆罕默德・沙不屈不撓，又派人去向蘇萊曼的兒子和繼承者取得新的憑證。[42]就實務面而言，這一切的意義，甚至比不上伊莉莎白二世女王是澳洲名義上的領袖。但是對穆罕默德・沙而言，它很有意義；或代表了一切。畢竟他在物質上已經擁有一切。但身為新近皈依伊斯蘭的突厥化蒙古王朝第二任掠奪者，除了自身的世俗權力之外，他沒有任何正當性。雖然大多數統治者並不會操心這個問題，但它的確困擾了穆罕默德・沙，困擾了這個世界史上最迷人、最可怕、也最複雜的王朝之一。從下面這段自傳內容可以看出，他真的深陷在嚴重的精神抑鬱狀態，幾乎可說是一種生存危機：

> 父親阻止我尋找合適的伊瑪目……我的情況變得很糟，以致所有設計都無法真正實踐……〔而我〕寧願（儘管是伊斯蘭）變成一個偶像崇拜者。[43]

穆罕默德・沙就是靠著在那些如影子般朦朧空洞的埃及哈里發當中尋找合適的伊瑪目，才免於淪為偶像崇拜者。靠著他們，靠著那些黑色禮袍，以及踩著他脖子的阿拔斯尊腳，古老的阿拉伯帝國在這位舉世最富有的統治者身上維持著一種魅影般的存在。

離心世紀

就算高深莫測又有阿拉伯癖的穆罕默德·沙是個特例，他的德里也只是阿拉伯人半球移動的目的地之一。並非所有環球旅行者或尋寶者都是阿拔斯或大部落埃米爾的後裔。柏柏血統的伊本·巴圖塔是來自受人尊敬但卑微的坦吉爾家族；在德里及後來的中國，他遇到一位名叫布胥里（al-Bushrī）的摩洛哥同鄉，這名旅行者有和他類似的中等背景，來自薩巴塔（Sabtah，今日隸屬於西班牙的休達〔Ceuta〕），他從自己的出生地踏上旅途。[44] 後來，巴圖塔跟布胥里的兄弟住在撒哈拉沙漠的西北邊緣。[45]「他們相隔多遙遠啊！」[46] 他驚呼（大約直線距離一萬兩千五百公里）。七、八世紀的那波大遷徙曾讓阿拉伯家庭四散分飛，比方阿拔斯那五兄弟就分散在從突尼西亞到撒馬爾罕之間[47]，還有分別擔任突尼西亞和信地總督的兩兄弟[48]，而在蒙古蹂躪之後的那個離心世紀也是如此。現在，也有兩個地區對冒險家開放，而且不僅限於環印度洋地區。伊本·巴圖塔發現，在撒哈拉沙漠以南的薩赫勒（Sahel）——as-sāhil，或所謂的沙漠「海岸線」——有一個偉大的西非馬利帝國（範圍比現代的馬利國遼闊許多），那裡是許多阿拉伯僑民的家。其中大部分來自北非；有些來自更遠的地方，例如傑出的格拉那達學者和建築師薩希里（as-Sāhilī），以及出身伊拉克的商人庫懷克（al-Kuwayk），伊本·巴圖塔提過他們的墳墓都在廷布克圖（Timbuktu）。[49]

當然，大多數阿拉伯人待在故鄉；和伊斯蘭頭幾個世紀的大遷徙不同，這次是邊緣人和少數冒險家的離散。我們無法估算數量；但從其中一個遠東目的地——泉州，也是那個時代的香港，位於中國福建省——留存至今的伊斯蘭墓碑上的姓名判斷，阿拉伯人（特別是葉門人）在大多是波斯人和突厥人的穆斯林當中顯得相當突出。[50]在這裡，在這個中國人所謂「天堂之下最富有的城市」裡[51]，蒙古元朝的二十二位總督當中，至少有十二位是穆斯林。[52]阿拉伯或阿拉伯化的流浪者並非全是穆斯林。比方說，在高加索北部，也就是今日的俄羅斯南部，伊本・巴圖塔遇到一位來自安達魯斯的猶太人，他從君士坦丁堡花了四個月的時間跋涉到此地；但當地報導人認為這樣的旅程沒什麼了不起。[53]遠距旅行或貿易也定期出現在開羅儲藏室（Cairo Geniza）的文件裡，那是開羅一座猶太會堂專門放置廢棄文件的儲藏室。這個巨大的廢紙簍後來變成有關十一世紀之後埃及和猶太社群的資訊大寶窟。耐心在裡頭追索文件，可以讓研究者追蹤到被正規歷史忽略之人的生活：例如，亞伯拉罕・本・易朱（Abraham bn Yiju）——一位在印度做生意的突尼西亞猶太商人[54]，以及阿布・奇克里・哈寇亨（Abu Zikri ha-Kohen）——來自摩洛哥南部的錫吉勒馬薩（Sijilmāsah），他在開羅處理印度洋的貨物，而且有一位連襟在蘇丹的撒瓦金（Sawākin）當他的代理人。[55]

這些長途旅行者或許沒有相同的信仰或遺傳血緣；但他們確實共享了一種全球性的胸懷，或至少是半球性的，而且對其主要語言能流利說寫。因為伊斯蘭及阿拉伯語的廣布，伊本・巴圖塔這樣的人物便能在天差地遠的西非馬利與馬爾地夫的馬列（Male）均舒適自若，甚至也能在已知世界的邊緣與烏爾杜加那位好戰的公主自在相處。

男子氣概的詞彙

對今日的旅行者而言，英語加上一點法語和一點西班牙語，約莫就能搞定大部分事情，十四世紀的環球旅行者則是靠阿拉伯語外加零星幾句波斯語或土耳其語走遍天下；在當時，說阿拉伯語就像今天說英語一樣，會讓旅行容易一些。反諷的是，回到故鄉後，這個古老的語言卻正在式微。一三二七年，伊本・巴圖塔在巴斯拉聆聽週五聚禱的講道；巴斯拉是伊拉克版的常春藤聯盟城市，語言的律法先前就是在該地制定的，但伊本・巴圖塔非常驚訝地發現，「當講道者站起來誦讀他的論述時，竟然犯了許多嚴重的語法錯誤」。[56]他向當地一位學者抱怨，對方直率告訴他：「在這座城鎮裡，沒有任何一個懂語法學的人留下來。」政治和社會崩潰已經讓這個古老的心臟地帶飽受數百年折磨，接著又來了蒙古人的大襲擊，似乎連阿拉伯團結最古老也最穩固的基礎，亦即阿拉伯語，也受到破壞。同時具有「基礎」和「語法」之意的 al-qawāʿid，正以令人吃驚的速度腐壞中。

彷彿是為了補償般，阿拉伯語正在不斷擴大其海外帝國。它原本就殖民了波斯和土耳其；後來，阿拉伯語又透過借貸詞彙侵蝕了歐洲語言。如今，它正在撒哈拉以南的非洲、印度和南亞征服新土地和新語言。阿拉伯書寫文字也隨著貿易和伊斯蘭和它們攜帶的物質文化向外擴張：它就是該文化的如實表現。在蘇門答臘最早刻了阿拉伯文的坎貝墓碑出現之後沒多久，就可見到阿拉伯字母擴張到古馬來文的書寫文本中：在跨越海峽的馬來半島上，最早發現的文本可回溯到一三二六年[57]。以阿拉伯字母書寫的語言清單不斷加長，涵蓋了舊世界的大半地區：除了阿拉伯語本身之外，還有波斯語、土耳其語，接著又加上馬來語、庫德語、普什圖語（Pashtu）、信地語、喀什米爾語和烏爾都語（Urdu）、東突厥斯坦的維吾爾語、東非的史瓦希里語、西非的富拉尼語（Fulani）和豪薩語（Hausa）；甚至有一段時間，還包括巴爾幹的克羅埃西亞語（Croat）[58]、「開普馬來語」（Cape Malay）——確實是十九世紀南非穆斯林所使用的一種南非語，以阿拉伯字母書寫——當然還有馬達加斯加南部氏族所使用的「神祕」語言[59]。通常它們都需要增加一些字母，有時也會設計一整套新的書體風格，例如波斯文的 nastaʿlīq（波斯懸體）——據說靈感是來自一個夢境；在夢裡，穆罕默德的女婿暨書記阿里・本・阿比・塔里布（Alī bn Abī Ṭālib）告訴書法家，可從鴨子的解剖學構造尋找靈感。[60]在這同時，從稜角分明、碑文鑿刻的納巴泰體和庫法體過渡到哈里發文官的圓弧蘆筆體的古老趨勢，也在遠東地區的中國阿拉伯文字中進一步有所發展，以毛筆書寫的該種文字看起來宛如從天而降的連雲紋。

阿拉伯語對某一語言的滲透有多深，可以從借貸的文字數量來判斷。在一九三二年後鄂圖曼時代的土耳其文裡，有百分之五十一的新聞字彙是阿拉伯語；即便在去阿拉伯語化整整一代人後的一九六五年，這個比例也還是高達百分之二十六。[61]在波斯語方面，十九世紀曾多次企圖將辭典波斯語化[62]，但至少還是有三成的阿拉伯詞彙延續至今。[63]阿拉伯語經由波斯旅行到印度次大陸，那裡除了印地語和尤其烏爾都語之外，還有許多相關語言保有豐富的阿拉伯詞彙；於是我們看到，連錫克教khalsa（全部由錫克教組成的社群）這麼本土的一個概念，竟然都有一個阿拉伯文的名字——khāliṣah，「純粹」之意。[64]印度晚近的殖民史也意味著，規模較小的第二波阿拉伯字彙又千里迢迢進入歐洲，尤其跟著富豪們（nabob，源自nawāb，阿拉伯語的「副手」）回到「英國老家」（Blighty，英軍俚語）——Blighty這個字是源自阿拉伯語的wilāyah，「領土、領域」之意，經由波斯語轉變成印度語的bilayati，指的是「外國土地，特別是歐洲／英國」。[65]今日，阿拉伯語化至少在印度次大陸的一個地區仍在持續當中，因為孟加拉共和國的孟加拉語正在用源自阿拉伯語的新詞彙取代梵文這個外來語。[66]

順著印度洋弧繼續往南往東，阿拉伯語餽贈給現代印尼文多達三千個語詞。[67]阿拉伯語甚至從東印度群島繼續往前推進——不僅走到伊本・巴圖塔筆下朦朧不清的凱路卡里，還推進到澳洲阿納姆地（Arnhem Land）的埃爾科島（Elcho Island）：當地原住民將神命名為「Walitha ʿwalitha」，這個名字顯然是早期與望加錫穆斯林（Makassar Muslims）接觸時從「Allāhu taʿālā」這個句子得來的，意思是「安拉，至高的是祂」。[68]在反方向的非洲，希拉爾氏族等阿拉伯部落遲來的遷徙，從十一世紀開始讓這些低地阿拉伯語化[69]，但阿拉伯語也偷偷溜進柏柏語言中，今日柏柏語約有四分之三的詞彙是阿拉伯語。[70]貿易商、傳教者和部落民也將阿拉伯語本身從馬格里布帶到奈及利亞北部博爾努（Bornu）那麼遠的地方，該地的阿拉伯裔居民至今仍在使用該語言的某種形式。[71]同樣重要的是，從as-sawāḥil，也就是印度洋弧西臂的海岸區，史瓦希里語透過貿易向內陸擴散，最後變成肯亞和坦尚尼亞的國語。史瓦希里語是班圖語的一支，但有半數詞彙是從阿拉伯語借來的。[72]和土耳其語還有長久使用阿拉伯文字的其他許多語言一樣，史瓦希里語也已經羅馬化。但就跟孟加拉語一樣，這種詞彙的滲透還在持續：例如，希臘語源的saikolojia變成阿拉伯語源的elimunafsi（ʿilmu an-nafsi.，「靈魂科學」）。[73]

有鑑於語言已經以其他方式被性別化——特別是「陽性」和「陰性」——下面這個說法或許不算有錯，或稱不上無禮，那就是：將上述整個過程視為充滿男子氣概的阿拉伯詞彙（始終是詞彙，從不是文法）刺穿一連串的語法母體，包括印歐語系、突厥語系、含閃語系、南島語系、班圖語系。就像七、八世紀的阿拉伯男子散布海外，生育出才華橫溢的muwallad後代，他們的語言也在日後不斷生養出一個豐富且向外擴張的混血世界。事後回顧，這算是彌補了他們在政治上的陽痿。

遠眺麥加

隨著伊斯蘭擴散，它也滲透並豐富了一個又一個文化。它早就長大了，超過它的阿拉伯出身。但是幾百年來，也生長出一個依附網，將更廣大的伊斯蘭世界與阿拉伯和麥加這個世界之臍連結起來。其中最強有力的紐帶，就是《古蘭經》和祈禱用的不可侵犯的阿拉伯語。朝聖是另一個有形的連結，它是伊斯蘭的「五柱」之一，因此是一種義務，但只限於在體力上和財力上有辦法負擔之人。人數原本就很稀少；而真正做到的又更少。

不過還有其他各式各樣的依附模式。有時是肉體的和個人的，例如僑居海外的阿拉伯男女族長的墓：例如先前提過開羅娜菲莎墓[74]，以及阿拔斯家五兄弟之一的庫桑在撒馬爾罕的墓[75]（有一段時間，墓祠的負責人是真正的阿拔斯家族人士——也就是前往德里途中的吉亞斯·丁[76]）。有時，那個願望是想收養屍體。於是我們看到，「阿布·瓦卡斯」（Abū Waqqāṣ）——推測是薩德·本·阿比·瓦卡斯（Sa'd bn Abī Waqqāṣ）——這位穆罕默德的友伴，如今被埋在印度泰米爾納德邦（Tamil Nadu）[77]和廣州兩地，像基督教的聖托馬斯（St Thomas）一樣，過著死後的雙重人生——或其實是三重人生，因為真正的薩德是埋在麥地那。非人類的殘餘物也可將阿拉伯半島拉近。位於馬利康加巴（Kangaba）的聖屋就是一例。以卡巴波倫（Kababolon）「卡巴的前廳」[78]為人所知的這棟聖屋，據說收藏了一個未明示且具有神祕性質的遺物，是在十四世紀中葉從麥加帶來，送給了馬利帝國的統治者。

就算無法透過尋常方式抵達阿拉伯半島，那麼也可透過壓縮時空的超自然手段，將自己帶到那裡。德里偉大的蘇菲派聖人尼札姆·丁（Nī ām ad-Dīn）就是一個極端案例：據說他每天晚上都騎著飛翔的駱駝造訪卡巴[79]。不過，有時，比較微小的凡人也能共享同樣的經歷。在一個位於斯里蘭卡叢林深處、名為達夫塔傑拉尼（Daftar Jaylani）的遺址，有一處洞穴，它在十二世紀有十年的時間是巴格達聖人阿布杜·卡迪爾·傑拉尼（'Abd al-Qādir al-Jaylānī）的家；他也將延續超自然的朝聖之旅。即便到了今天，當數千名貴賓爬進洞穴最狹窄的地方，透過某種像是精神望遠鏡的窺視孔往外看時，他們都相信，自己已經看到五千公里外的麥加。[80]

儘管有各式各樣與阿拉伯半島的依附之點，但伊斯蘭還是跟那些被阿拉伯語豐富過的語言一樣「混合化了」（creolized）。在九世紀馬蒙統治下的巴格達，伊斯蘭開始從一種阿拉伯半島的religio（宗教）、從一種繼承下來的義務，發展成一種國際信仰，在崇拜之外加入了哲學和倫理。如今，在後蒙古的世紀，它甚至擴散到更廣闊的世界，並一路適應風土，孳長生息。伊斯蘭走向全球，但也不可避免地走向在地。

翻譯伊斯蘭

在舊阿拉伯帝國的故鄉，伊斯蘭往往還是扮演早已不再統一的統一意識形態。它的生動話語，也就是《古蘭經》，已經用神聖來防腐，並籠罩在一層又一層的釋經文字之下；聖訓也是。除了蘇菲派和密教派，公共儀式往往比私人靈修更重要；價值不高的辯論全都集中在文本細節——集中在個別的字詞、音節、字母、打點——然後衍生出愈來愈多文本。伊本．赫勒敦寫到自己身處的十四世紀時，採用這樣的篇名：「現有的大量學術著作是通往學術聖堂的一大障礙」。他接著譴責這種學術氾濫是「無法治癒的邪惡，因為它已藉由習俗變得根深柢固」。[81]許多學者變得見樹不見林——或說聞聲不解語。但對非阿拉伯的穆斯林而言，光有聖音並不足夠：他們必須尋找更大的意涵、尋找它的意義，就像一個人在翻譯時必然得做的。這種好奇的結果，就是一些非阿拉伯穆斯林對阿拉伯文《古蘭經》信息的了解，就算沒有勝過與他們同宗教的阿拉伯人，至少也不相上下。如同晚近一位社會語言學研究者所聽聞的，後者「是原本就會講阿拉伯語的阿拉伯人，〔所以〕不需要翻譯」。[82]但阿拉伯人其實並不「說阿拉伯語」——

意思是，他們講的並非《古蘭經》的高級阿拉伯語；他們從來沒講過這種語言，或說從未把它當成日常生活的「母」語。這正是《古蘭經》的重點：它超越人類的表達能力。但這無法改變無數的釋經學者試圖取得和他們正在詮釋的文本同樣高級的語言能力。說阿拉伯語的人對《古蘭經》這個神祕媒介的心領神會，或許和其他語言的聽眾都不相同；但有時，裡頭的信息卻會將他們排除在外。

在這同時，儘管伊斯蘭的基礎文本、儀式和教義原封不動穿越了海洋與沙漠，並透過翻譯得到解釋，但它們幾乎總是重新安置在當地原有的信仰基礎之上。這些基礎可能隱而不見，但絕少被根除；在這些基礎之上，新的上層結構——文化的、倫理的、哲學的、神話的——出現，而這些結構比較不屬於七世紀的阿拉伯半島或九世紀的巴格達，而是屬於伊斯蘭的新環境。比方說，馬利迪耶納（Dienne）尖刺狀的泥造清真寺；印度喀拉拉邦寺廟風格的清真寺；馬爾地夫興建在佛寺地基上、雕樑畫棟的木造清真寺；以及中國清真寺的月門和飛簷，凡此種種皆與它們的在地歷史和諧共融。因此，儘管這些地方的話語和祈禱與阿拉伯人相同，但周邊實務與基礎信念的在地「建築」卻可能不同。不同的上層結構很容易看到，例如印度穆斯林禁欲主義者從佛教前輩那裡採用的洞穴隱居生活[83]，或是他們從瑜珈士那裡學到的能量呼吸法（pranayama）。[84]伊本．巴圖塔在十四世紀觀察到，印度半島上有許多穆斯林跟卡修拉荷（Khajuraho）的濕婆教徒（Shaivite）研習苦行技巧[85]；他也看到海達里（Ḥaydarī）托缽僧從泰北那伽（Naga）出家人（sanyasis）[86]那裡接收了陰莖穿洞的做法。[87]至於早期信仰的基礎結構就比較難看到，但十三世紀初勸人改宗皈依的孟加拉穆斯林賈拉爾．丁（Jalāl ad-Dīn）的案例，大概也不是獨一無二：他將一座印度教神廟改建成他的主要祈禱中心，給它取了一個印度—阿拉伯的名字——「德瓦馬哈」（Deva Mahall），並直接接收了住在當地的印度教祭祀者，他們「想必」就是跟著該棟建築一起改宗[88]。在接下來的兩百年，伊斯瑪儀派在印度的傳教者會把伊斯蘭的人物與印度教的萬神拉上關係：亞當相當於濕婆神，穆罕默德相當於梵天神，阿里相當於濕奴神。[89]不可避免的是，這類「翻譯」總是有得有失。

這有助於蘇菲派在伊斯蘭擴張的這幾個世紀猛衝一波。其中最令人難忘的，是十三世紀初偉大的安達魯斯聖人伊本·阿拉比（Ibn ʿArabī）——以他的名字而言或許有些反諷——將伊斯蘭從它的母體阿拉伯半島解放出來。對他而言，麥加依然是摯愛的母城，卡巴依然是世界之臍[90]，但你不需時時凝視肚臍，或排除其他的愛：

如今我心接納每一形式：
瞪羚的牧場，僧侶的修院，
偶像的神廟，繞行的卡巴，
妥拉的小桌，古蘭的經文。
我的宗教是愛的宗教：她的駱駝
轉到哪裡，那宗教就是我的宗教，我的信仰。[91]

有時，伊斯蘭混合化與在地化的程度，會孕育出被主流穆斯林摒棄的信仰，或被歸類為新宗教的信仰，像是錫克教與巴哈伊信仰（Baha'is）。有時，伊斯蘭的象徵和神聖性流連不去，但儀式脈絡整個改換，例如幾內亞波羅祕密會社（Poro society）成員所戴的變形面具。其中一款是人臉加上犀鳥的鳥喙，裡頭襯了一張紙，上面寫了阿拉伯字母以及穆罕默德叔叔遭詛咒的《古蘭經》典故。[92]還有其他驚人的共居情形：在西非收藏了伊斯蘭遺物的卡巴波倫的一個角落，有一間前伊斯蘭時代傳統的物神小屋，模仿卡巴波倫但規模較小，據說是由造訪麥加的那位馬利皇帝的一名僕人所興建。有人告訴我，外人「來到這裡並帶來伊斯蘭，我們的國王去了麥加也帶回伊斯蘭，但人民還是維持他們原本的信仰」。[93]混雜，但務實。

其他民族的帝國

儘管伊本．巴圖塔和其他旅行者與貿易商的足跡已經來到莫三比克這麼南邊的地方，但尚未抵達的非洲依然極度朦朧。由伊德里西地圖所描繪出的共識是，那塊大陸將向東彎轉，幾乎要碰到歐亞大陸的最遠端，而且會把印度洋整個包圍起來，讓印度洋變成擴大版的地中海鏡像。一直要到十六世紀初，才會由阿拉伯航海家蘇萊曼．馬赫里（Sulaymān al-Mahrī）將他的同行水手們導正。他報導了法蘭克人新近的發現，指出非洲向南延伸的距離比人們當時以為的更遠——到大熊星座的海拔高度在地平線以下七個「手指」的地方——而且並非往東延展，它的海岸線反而是在外國人命名為布納斯法蘭斯岬（Cape of Bunasfarans，今日的好望角[94]）的地方往北邊和西邊急轉。非洲沒有彎曲；印度洋並不像湖。突然之間，阿拉伯半島和印度群島之間那片親切之海，就這樣向闖入者開放。

一三六八年，明朝革命終結了蒙古在中國的統治，而中國對外交通的港口也跟著關閉[95]：西方和遠東之間的海洋直接貿易在一個多世紀之前就停止了。在一四八八年的此刻，葡萄牙已經從意料之外的西南航線現身，他們想要把先前的「自由海」（mare liberum）轉變成另一種「我們的海」（mare nostrum）。這片海洋將會證明，它的範圍大到超乎他們能力所及；但他們的確想盡辦法阻撓阿拉伯人扮演中間人的角色，沿著印度洋弧興建了一圈堡壘，並用他們奇怪的新型船艦負責巡邏，新型船艦是橫帆、方艉，而且是用釘子結合在一起（在印度洋的西半部，船艦依然是用椰殼線「縫」在一起）。

歐洲人也阻撓其他更靠近的鄰居。一四五三年，鄂圖曼土耳其已經把他們歐亞帝國最重要的幾個點串聯起來，而且拿下了君士坦丁堡，那個歐亞大陸最關鍵、也是他們渴望已久的交會點。君士坦丁堡的陷落或許在象徵上的重要性大過戰略上的；儘管如此，它還是給了鄂圖曼人一個宏偉的新首都，是蘇丹頭巾上的珠寶，而且還蓄勢待發，要對舊（也是當時唯一的）世界主要的東西交通施加無可匹敵的控制力。然後，在不到一輩子的時間裡，隨著葡萄牙人繞過好望角，繞過通往印度群島的財富後門，東西之間的內陸交通整個崩潰……就像在遙遠的西方，有兩塊二合一的大陸出乎意料從一片汪洋中隆起。鄂圖曼被排除在美洲貿易之外——只能做為消費者，用美洲的煙草安慰自己。

鄂圖曼人或許因為世界貿易潮流的改變而陷入困境，但他們仍承受著帝國之癢。然而現在，他們似乎也和阿拉伯人以往常見的那樣，卡在兩頭成長中的獅子之間——西邊是財富與權勢雙雙成長的歐洲諸國，東邊則是新興的國族主義者薩法維王朝（Safavid）的波斯。因此，鄂圖曼想要滿足帝國之癢的唯一出路，就是進入舊阿拉伯帝國的廢墟。阿拉伯的權力舊寶座以飛快的速度接連落入鄂圖曼手中：一五一六年是大馬士革；一五一七年是開羅和它的阿拉伯屬地麥地那和麥加；一五三四年是巴格達。而且不僅限於古老的首都，還包括阿拉伯世界最遠的幾個支翼：阿爾及爾在開羅陷落之後很快就將自己奉上；葉門的每道隘口則都得用打來的。在過去六百年裡，鄂圖曼的土耳其遠親持續把阿拉伯人從最重要的幾個寶座上趕下來並取而代之，他們在長期上演的權力寶座爭霸戰中把自己弄上去。但這次並不一樣。現在的土耳其人在博斯普魯斯有自己的寶座：他們不再是占了阿拉伯鵲巢的鳩，而是可以盡情展翅的帝國鷹。

最新型的火力也加快了征服速度。馬木路克歷史學家伊本・伊里亞斯（Ibn Ilyās）回想起土耳其人突然從開羅現身，「如雲朵般從四面八方前來……他們的槍聲震耳欲聾，他們的攻擊強不可遏」。[96]短短幾個月，鄂圖曼人就終結了馬木路克在埃及與敘利亞長達兩百五十年的統治。很快的，一個延續更久的紀元也跟著結束。馬木路克有一個駐於當地的阿拔斯傀儡哈里發：穆塔瓦基三世（他們很久以前就把新王號用完了）；征服者把他抓到君士坦丁堡，也就是今日的伊斯坦堡，「斬斷了哈里發以及對它的宣誓效忠」。[97]在鄂圖曼首都，穆塔瓦基一開始還得到應有的尊重；但後來，他被指控挪用宗教信託基金，然後顏面無光被送回開羅，一五四三年死於該地。這時，距離呼羅珊革命讓他的祖先登上王座已過了八百年，但距離這個寶座有真實統治意涵的時間已有六百年，而有三百年的時間，這寶座基本上只是一則笑話。朝代並非總能當成最棒的觀看歷史的透鏡。但阿拔斯王朝的家族傳奇似乎總結了阿拉伯歷史的整個中段時期：兩個世紀的掌權後接著三個世紀的感傷，然後是三個世紀的陳腐。

土耳其人對於阿拔斯王朝的長期衰頹原本就功不可沒，如今也是土耳其人為它畫下句點。因此，由鄂圖曼蘇丹接下哈里發這個頭銜，可說再適當也不過。他們小心翼翼接了下來[98]：你可以是蘇丹，是padishah「世界主人」，是亞歷山大第二，但「哈里發」並不是一個可以輕鬆冠上的頭銜。它有沉重的歷史，以及不管怎麼說都最重要的阿拉伯法力。

然而此刻，似乎連那些僅剩的超自然連結也已消散。

外族兄弟

鄂圖曼與講阿拉伯語的臣民之間的關係，一言難盡。西起地中海、南抵紅海的這塊疆域，五花八門到難以概述，而且這種情形維持了太久——有大約三到四世紀的時間，境內的人民就是相互容忍或冷漠以對，偶爾穿插幾陣激情。阿拉伯人和土耳其人有共同的宗教、共同的書寫文字，以及許多共同的詞彙；但他們沒有共同的語言，無論是字面上或隱喻上的語言。和早期的塞爾柱土耳其人一樣，鄂圖曼人在他們從東方過來的路程中就已經先波斯化了，而波斯化早於他們的阿拉伯化。和塞爾柱人與其他曾被阿拉伯統治過的民族不同，鄂圖曼人現在是從舊阿拉伯帝國之外的地方統治他們，是從一個承襲自羅馬的首都施行統治。

對大多數阿拉伯人而言，鄂圖曼人是名義上的伊斯蘭兄弟，但始終是外族——可以視情況與之合作、忍受或反叛。土耳其的有效掌控往往只及於城鎮，其他就放手給當地菁英去管。當阿拉伯首領在占領者身上看到弱點時，可能會點燃一只在地火輪。但整體而言，據說是穆罕默德講的那句話還是很管用：「只要土耳其人不來管你，別管土耳其人。」[99]個別的土耳其人和切爾克斯人、阿爾巴尼亞人及其他服役者，偶爾會在帝國的前哨定居，並被講阿拉伯語的鄰居同化。但鄂圖曼帝國做為一個整體，它的範圍太大、異質性又太高，所以從來不曾屈服於阿語文化的力量，不像西邊的柏柏統治者或埃及與利凡特的庫德族統治者。此外，在一五〇〇年時，也就是鄂圖曼拿下阿拉伯的前夕，阿語文化的力量正處於有史以來的最低點，文學史家蘇育提曾用一個令人難忘的意象來形容，那就是用來承載阿語知識的古老車隊已經縮減到只剩下一匹駱駝，而且只載了微不足道的一些三流書籍[100]。阿拉伯人雖然可以和土耳其人合作或替他們工作，但要打進鄂圖曼王國這個外人的心臟，唯一的途徑就是當他們的奴隸——但對大多數阿拉伯人而言，這在法律上是行不通的，因為他們的統治者是穆斯林同伴。鄂圖曼的最高軍職或文職是開放給以devshirme「男孩稅」（levy of boys）形式抵押為奴的人，比方說保加利亞基督徒，但男孩稅只向非穆斯林的臣民徵收。[101]對大多數的阿拉伯人而言，這條路等於是封死的。

有三百多年的時間，阿拉伯人一輩子都在抱怨鄂圖曼的收稅員，週五聚禱時則是不停在嘴上敷衍住在博斯普魯斯高門（Sublime Porte）內的缺席蘇丹—哈里發，他們從沒有一秒鐘想過其他地方的其他阿拉伯人，更別提動過任何團結他們的念頭。的確，大多數阿拉伯人從沒把自己想成阿拉伯人：他們是穆斯林或基督徒或猶太人；他們是菲斯人或大馬士革人或馬斯喀特人，依賴該城鎮鄉間地區的人；然後他們是高門的臣民。這和某位權威人士所說的：「阿拉伯人陷入昏睡，不再察覺到他們的阿拉伯性」[102]並不全然相同。他們還是講阿拉伯語、寫阿拉伯文，而少數想過這類事情的知識分子，則特別意識到ʿarab與ʿajam的對立，說阿拉伯語的相對於不說阿拉伯語的。[103]但在通俗的用法裡，ʿarab一詞又再次用來指稱那些化外之民，那些依靠放牧和劫掠維生、敬畏上帝的亞當子孫。一位在鄂圖曼統治下的阿拉伯歷史學家提到土耳其征服埃及時表示：「此時要談論一種會反對『外人』統治的阿拉伯獨特認同，為時尚早。」[104]如果從那個時候只往前看，他是對的。但如果也往後看，那麼談論這種認同就為時已晚——這種認同在基督時代之前就開始成形，在拉赫姆與伽珊國王統治下結合，靠著伊斯蘭團結，並在烏瑪亞與阿拔斯早期達到最穩固的形狀，但在十世紀中葉隨著最後一位「真正的」哈里發去世而走向衰頹。之後的發展，是阿拉伯認同還原到放牧劫掠的最初狀態。ʿurūbah「阿拉伯性」這個概念幾乎跟它所依附的民族和部落一樣流動，一樣隨著時間而紛然多樣；在鄂圖曼統治下，它進入為期三百年的低谷，變得隱形。

然而，有一樣東西維持住阿拉伯性的衝力，度過了這段低潮。這樣東西不管對菲斯或馬斯喀特的居民，對敬畏神明的市鎮居民或看似無神的貝都因人，對葉門猶太人或敘利亞的基督徒而言，都是共通的：他們都說某種阿拉伯語，而如果他們會寫字，至少裡頭的穆斯林會試著書寫古老的高級阿拉伯文。阿拉伯語曾經殖民了自身帝國內的大多數臣民，但與這形成鮮明對比的，是鄂圖曼帝國境內只有不到一個百分點的阿拉伯語臣民曾學過土耳其其語。[105]

帝國的反諷

在葡萄牙人繞過好望角的第一波衝擊之後，古老的衝力再度於印度洋聚積。有機的遷徙和販運模式受到歐洲人擴張的干擾和扭曲，但阿拉伯人很快就適應了新潮流，開始與時俱進：如果說阿拉伯性在舊帝國的心臟地帶處於低谷，那麼在這片海洋上則是爬升到另一個波峰。新浪潮的先驅人數不多，且限於某些出身背景，但就跟他們七、八世紀的前輩一樣靈活又富冒險精神。有一次他們參考了歐洲帝國建立者的做法，在十七世紀末，阿曼的統治者投資打造海軍，然後在東非海岸畫出一塊阿拉伯的迷你新帝國。後來以尚吉巴為中心，它收服了四百年前所建立的基爾瓦沿海邦國，並將延續到一九六〇年代；它的經濟基礎不是出口黃金而是出口奴隸，以及後來的丁香。

在其他地方，非正式的文化帝國也恢復它的擴張。在這波復甦成長中尤其突出的，是來自阿拉伯半島南部哈德拉毛的 sayyids ——穆罕穆德的後代。他們共同的祖先十世紀就來到這裡；他們的人數倍增，並成為當地重要的調解者和權力掮客。如今，在葡萄牙人如暴風雨般抵達印度洋之後的平靜時期，他們以商人的身分掀起另一波浪潮，但也以宗教領導者有時兼具政治領導者的身分，建立了自己的微型帝國。朱福里（al-Jufrī）家族是特別成功的代表，至今在某些地方依然強大。十八世紀他們在印度的馬拉巴（Malabar）海岸奠下基礎，很快就在當地的穆斯林社群脫穎而出（並因此恢復一種古老的連結：在普林尼的時代，阿拉伯人曾經是這裡的「海岸主人」[106]）。再往東走且進入十九世紀之後，賽義德．穆赫辛．朱福里（Sayyid Muḥsin al-Jufrī）將變成新加坡萌芽期的大亨之一，代理商散布在從蘇伊士到泗水的洋弧沿岸；約瑟夫．康拉德（Joseph Conrad）就是在一艘朱福里（或拼成「Joofree」）船艦上服務，並將該家族寫進他的小說裡。至今依然可在婆羅洲東北部發現這個氏族的成員，他們居住在「甘榜阿拉伯」（Kampong Arab）[107]這類名字的聚落裡，從事藤條和珍貴沉香的貿易[108]——這些海洋產物也曾出現在最早期的阿拉伯旅行敘述中。[109]其他哈德拉米人的sayyid家族最後落腳在印度洋弧上的不同地點：卡夫（Kaff）家族和薩卡夫（Saqqaf）家族在史瓦希里海岸和新加坡這兩個端點；艾迪德（Aydid）家族在摩加迪休；艾達魯塞（Aydaruse）家族在亞美達巴得（Ahmadabad）和喀拉拉邦；巴法基（Ba Faquih）家族在加爾各答和可倫坡。[110]

也是在十八世紀，哈德拉米人的傳教士持續將伊斯蘭明燈的光芒照耀到東印度群島更遠的角落，例如蘇拉威西島（Sulawesi）和周遭地區的海上武吉斯人（Bugis）。[111]在這同時，葉門南方的部落戰士開始背棄自己的祖先土地，以雇傭兵身分賺取更多外快，特別是在富有的海德拉巴德（Hyderabad）印度邦國。有時，阿拉伯人會成為海外獨立的統治者：來自北方敘利亞哈馬城（Ḥamāh）的一位稀有冒險家賽義德．穆罕默德．沙姆斯．丁（Sayyid Muḥammad Shams ad-Dīn）在十七世紀末前往馬爾地夫，並透過婚姻登上島嶼蘇丹的寶座。可惜他來不及在死前建立王朝[112]，但其他僑民蘇丹將延續更長的時間。其中之一是以賈馬爾・萊爾（Jamal al-Layl）「夜駱駝」為姓的哈德拉米 sayyid 家族，這個姓氏的由來是他們的祖先會虔誠地在黑夜到處運水注滿清真寺的淨洗池。夜駱駝的不同支系一直是非洲東南部科摩羅群島（Comoros）和蘇門答臘亞齊（Aceh）（他們就跟三百年前沿著海岸幾英里外建立蘇木都剌國的阿拔斯家族流浪成員一樣，與當地的統治家族通婚）及馬來西亞玻璃港（Perlis）的統治者，至今他們依然以拉賈（rajas）的身分統治玻璃港。[113]

這些海洋離散族群的數量始終不算巨大：例如，一九〇五年時，印尼的哈德拉米人約莫只有三萬人。[114]但這些阿拉伯僑民的故鄉南阿拉伯本來就人口稀疏，他們前往的目的地則十分遼闊，所享有的經濟、精神甚至短暫的世俗權力，其實都跟他們的人口普查數字不成比例。雖然很多都與在地人混血了，但心裡的認同依然是阿拉伯人。終結這個非正式海洋帝國的力量，並非葡萄牙人入侵印度洋，而是在第二次世界大戰結束後，這些正式和非正式的帝國領土分裂成不同的民族國家。你再也不能當一個混血兒、一個海洋沿岸的公民：你必須有一個國籍。但阿拉伯的血脈無論稀釋到多低，總是比水濃；事實將會證明，到最後，血源這個通行證還是比其他東西更強固。

有三個多世紀的時間，這些地理幅員遼闊但往往不受注意的阿拉伯遷徙，讓始於十三世紀後蒙古時代的移動模式得到拓展，進一步形塑了今日的伊斯蘭世界。然而，這一次的遷徙卻是在其他民族的帝國陰影下進行——包括葡萄牙人，以及亂七八糟緊接而來的其他歐洲人，其中英國人以至尊身分崛起於印度，荷蘭人則是在東印度群島發跡。而由此產生的帝國反諷之一，是英國溫莎皇室——在它控制開羅、耶路撒冷、大馬士革、巴格達和印度期間，即便距離它在一九一七年結束時只維持了幾年——變成了史上最大的「伊斯蘭」王朝[115]，至少就伊斯蘭臣民的數量而言是如此。

在這幾個世紀，還有另一個帝國反諷：阿拉伯統一的高點——這裡指的是最大人口處於單一統治之下，且歷經最長時間並涵蓋最廣地域——竟然是由鄂圖曼帝國達成。阿拉伯的統一是以阿拉伯的獨立為代價，在許多方面也是以阿拉伯的認同為代價。這種認同有時似乎太過強大，那是一種可鍛造合金、鍛造統一然後又使之汽化的自燃火焰。在阿拉伯話語和阿語世界能聽度最低的時候——或說正因為它的能聽度最低——它最能有效且持久地凝聚。就像幾千年來的獨裁者都知道的，唯有當你能高聲表達時，爭論和分裂才會出現。

不過，這段時期的新世界還包含另一個帝國。這個帝國沒出現在任何地圖上，但重要性卻和所有大陸一樣。在這個帝國裡，不僅阿拉伯人，還包括他們的鄂圖曼主人及所有使用阿拉伯文字的人，幾乎都沉默無聲。

不利於印刷

這個新領域是印刷文字的帝國。印刷術與地理學的發展都是突然竄起而且同步演進。一四五五年，古騰堡（Gutenberg）的《聖經》問世，比君士坦丁堡落入土耳其人手中只晚了兩年。等到一四八八年葡萄牙人繞過好望角，緊接著一四九二年格拉那達淪陷、哥倫布踏上新大陸時，印刷品已經傳遍整個歐洲；拉丁活字和歐洲海上帝國主義攜手前進。阿拉伯文這第一位征服者已經搶在歐洲人之前抵達舊世界的邊界——寫在《古蘭經》裡，刻在墓碑之上，做為非阿拉伯語言的書寫字母，甚至傳到好戰公主烏爾杜加的土地——但它沒有跨進這趟旅程下一個關鍵階段：印刷。

打從一開始，阿拉伯文字的使用者裡就有人反對印刷。在宗教學者施壓下，鄂圖曼早在一四八五年就禁止以阿拉伯文印刷，並在之後多次重申這項禁令。[116]這當然會讓抄寫員感到開心，據說單是君士坦丁堡一地，抄寫員的數量就有上萬人。[117]但除了有關抄寫員工作權的爭論，或是阿拉伯字母做為傳遞真主信息之媒介所具有的內在神聖性外，印製阿拉伯文也是一場美學與技術上的大災難。根本的問題很單純：草書體和活字搭配不起來。再加上阿拉伯文的母音不是個別字母，而是寫在子音上方或下方的符號，這點很難用活字呈現，因為它意味著，一組完整的阿拉伯文字體得包含九百多個不同字符。[118]相較之下，英文排字員的標準鉛字盤，只需這個數量的十分之一。

隨手舉個例子，阿拉伯字母 ṣād，因為連字和母音會有以下幾十種不同形式：

ص صَ صُ صِ صْ صَ صّ صِ صَّ صُ صِ صَّ صٌّ صِ ـص ـصَ ـصُ ـصِ ـصْ
ـصَ ـصّ ـصِ ـصَ ـصْ ـصِ ـصٌّ ـصَّ ـصِ ـصـ ـصُـ ـصِـ ـصْـ ـصَّـ ـصُّـ ـصِـ

mīm是最常使用的阿拉伯字母之一，它本身像個低調的蝌蚪

م

這個字母有多達七十三種不同的姿勢[119]；而拉丁文版的mīm只需兩個活字：m和M。拉丁文從希臘字母那裡繼承了分離的字符和單獨的母音字母，約莫在西元前八世紀中葉發展成形。[120]希臘字符則是和阿拉伯文一樣，源自於沒有母音的腓尼基文；但一些聰明的希臘頭腦想到，可以從母本裡取用一些字符，利用它們把聲音送進子音列——只加了額外五個字母，馬上就讓文本有了聲音。與此同時，要處理沒有母音的閃語文字還是有點困難，有點類似讀唇語和耳朵聽的差別。這可說是混沌理論在歷史上發揮效用的另一範例。荷馬時代愛琴海地區的一陣腦力激盪，竟然對兩千多年後出現的活字印刷發揮了深遠影響；或許也如我們將看到的，在印刷術發明的五百年後，影響甚至會更加深遠。

石版印刷可以用相同的手寫版印刷出許多副本，避開阿拉伯文排版的技術難題——並可節省抄寫員的工作——可是這項技術要到一七九八年才發明出來。而也正是在一七九八這年，凸版印刷終於在阿語世界站穩腳跟——拿破崙在開羅到處張貼海報。然後，當印刷終於起飛，老問題又出現了，由於印刷文本通常會省略母音，因此比手稿更難閱讀：印刷品的目的是要文本更加廣布，沒想到反而讓阿拉伯文的閱讀變得比之前更「不民主化」。我的小書房裡有一些多卷本的印刷作品，裡頭就算有標出母音，數量也很稀少。因為失去母音，也連帶失去了詞性變化，失去了「邏輯」；閱讀起來有點吃力，像是在玩解謎遊戲，不像有母音標示的手稿本讀起來那麼「快」。至於用打字機打出來的阿拉伯文，更是既難看又難讀，非常可怕，有如跛腳甲蟲留下的破碎足跡。它甚至沒有將拉丁文字打字出來那種迷人的蒸汽龐克

風，而且打起來非常要人命。

十九和二十世紀曾有過幾次努力，試著只用分開的字符形式讓阿拉伯文更利於印刷[121]，但一無所成。也曾試圖發明類似大寫字母的東西[122]，大寫字母對導航拉丁文本幫助甚大（請快速瀏覽一下這個頁面：你幾乎一眼就可找到類似「Arabic」這樣的專有名詞，因為它有大寫這個路標）。一九二八年，土耳其提出他們的解決方案，廢棄阿拉伯字母改用拉丁字母，此舉在阿語世界的某些地區激起眾怒。這比破壞文物的野蠻行為更糟糕：在一個不可崇拜偶像的文化裡，這是最接近搗毀神像的事了。「阿拉伯字母，」當時的一位傑出參與者怒氣沖沖表示：

> 又沒惹到他們〔即土耳其人〕。這只是他們想支持假「文明」的方式罷了……這決定並非基於堅實理論或邏輯理性……不過就是在他們偉大領導者腦袋裡發酵的自得其樂想法而已……[123]

凱末爾恐怕會有不同意見：這位土耳其領導人的理性，是要把後鄂圖曼時代的土耳其文化軸從阿拉伯文─伊斯蘭的世界拉開，重新定位，將它的時間軸從伊曆十四世紀重新定位成西元二十世紀。至於他的理論是否堅實，現在下定論恐怕還太早。

不過，在凱末爾之後，還有另一場革命，而且這場革命終於摧毀了抄寫員這行——但也令人懷疑阿拉伯文字在當代世界的可行性。才不過二十年前，為了讓我的第一本著作的題詞看起來漂亮一點，我要求助的不是印刷人員而是書法家。但隨著文書軟體的出現，一切都改變了：現在，人人都可成為書法家，我們可以一秒印出，還可加上母音、連字，以及各種華麗裝飾：

但從古騰堡到微軟這整整五百年的時間，不利於印刷一直是阿拉伯文的根本問題。還有其他一些和美學與技術無關的問題。阿拉伯文的活字光是要在自己的故鄉裡移動，就花掉那五百年裡超過三分之二的時間。留存至今最古老的阿拉伯文印刷書籍，是基督徒的祈禱文，一五一四年在義大利印製[124]；自此之後，東方主義者就在歐洲印製阿拉伯文本。至於在阿拉伯文自己的本鄉，黎巴嫩的基督徒要到一百年後才開始實驗印刷[125]，阿勒坡則是要再等上一百年[126]，但在這兩個案例裡，這項科技都沒在穆斯林的主流群體裡傳開。君士坦丁堡最早的印刷廠成立於一七二二年[127]，但在阿語世界只有兩次失敗的嘗試，一直要到一七九八年拿破崙遠征埃及，宣傳海報才出現在寫滿書法的開羅牆面上：

> 軍隊的埃米爾，BŪNĀBĀRTAH〔Bonaparte，波拿巴，即拿破崙〕……是個理性完美之人，對穆斯林仁慈親切，對貧窮需要救助之人充滿愛心！[128]

穆罕默德．阿里帕夏隨後於一八二二年在開羅設立了由政府經營的大印刷廠[129]。一直到那時，排版印刷才在阿拉伯語的土地上取得永久的立足點。也就是說，在印刷術遍布歐洲各角落約莫三百五十年這段時間裡，大多數的阿拉伯文使用者都是與印刷品完全隔絕。很難以量化方式呈現這種效應；但毫無疑問的是，這種延遲強力阻礙了科學與科技的發展。此外，這種阻礙減慢的不僅是新思想的傳播速度。一直有人主張，歐洲的印刷革命支撐了以事實為證據的新觀念——相對於以修辭和以神意或以人的權威為「證據」；而這種新觀念又反過來鞏固了整個科學革命。[130]如果此說為真，那麼這就是阿語世界錯過的東西。

包括培根（Bacon）和卡萊爾（Carlyle）都將印刷術與槍砲列為現代三大發現之一——至於另一項，兩人的主張分別是羅盤和新教主義。[131]卡萊爾在別處寫道：

> 那位率先透過活字縮減抄寫員勞力之人，等於是在解散雇傭兵，撤銷大多數的國王和元老院，以及打造一個全新的民主世界：他發明了印刷藝術。[132]

對相當可觀的一部分人類而言，這個全新的民主世界延遲了。對阿拉伯文的使用者而言，延遲的理由不僅是抄寫員和國王死抱著保守心態，還包括他們精美絕倫但不利於印刷的文字。想像一下，如果阿拉伯文的使用者有三百多年的時間無法使用網際網路，那會是何種景況。

當然，上述假設並未發生。阿拉伯人是網際網路的狂熱使用者，特別是智慧型手機出現之後。這是自三千年前希臘人發明母音之後的另一次大轉折。也許這麼說也沒錯，大多數的阿語世界已跳過印刷，直接登陸到資訊科技的世界——或者該說，假資訊科技的世界，因為可以同時得到多種版本的「真相」，而這些版本除了仰賴經驗事實，也再次倚靠修辭以及人或神的權威。於是，許多阿拉伯人就這樣直接從「前真相」的時代跳到「後真相」的時代，完全略過了中間階段。

最邪惡的種族

如果說鄂圖曼人到來後那三百多年可能阻礙了科學在阿語世界的進展，那麼他們對阿拉伯的認同似乎也沒幫助。在這波鄂圖曼低谷開始之前，伊本·巴圖塔（遺傳上的柏柏人，文化上的阿拉伯人）在他的遊記（英文全譯本將近一千頁）裡提到「阿拉伯人」的次數只有六次左右，儘管該書橫跨了三十三年的時間和大約十二萬公里的路途，涵蓋所有講阿拉伯語的土地。書中提到阿拉伯人的地方又可分為三類：其中三分之一是把「阿拉伯」當成一種族裔─語言標記或文化標記，例如「阿拉伯人、波斯人、土耳其人和安那托利亞人的faqir（蘇菲禁欲主義）」[133]；另外三分之一把阿拉伯人當成沙漠衛隊和嚮導，是伊本·巴圖塔足跡所至的文明世界的邊緣人，例如埃及東部沙漠的阿拉伯人[134]；最後三分之一則是將阿拉伯人視為一種危險，例如包圍突尼斯打家劫舍的阿拉伯部落民。[135]

到了那三百年低谷的尾聲，也就是十九世紀初，當時最有名的阿拉伯歷史學家——埃及人賈巴爾提（al-Jabartī，遺傳上的衣索比亞人，文化上的阿拉伯人）——在他將近兩千頁的埃及編年史中提到阿拉伯人的次數，比伊本·巴圖塔來得頻繁，但很少是指他們的「文化」甚或語言角色。他們幾乎總是歌革和瑪各（Gog and Magog，傳說中帶來世界末日的人物），是定居區外的危險分子。比方說，「那些討厭的ʿarab是最邪惡的種族，是困擾人們最大的惡魔。」[136]當時開羅的造謠者如果想激發恐慌，掀起足以讓婦人被踩踏致死的事故，他只要大喊「噢，各位！ʿarab撲向你們了！」[137]即可。

不過這一切即將改變，一種新的阿拉伯認同就要甦醒。這種認同將含括從印度洋到大西洋的各色民族與部落——而且一如既往，終究團結不起來。

再興
1800年～現今

第13章

認同的再發現

覺醒運動

披斗篷的帥哥

「在這個屬於我們的世紀，」阿布杜·拉何曼·賈巴爾提（ʿAbd ar-Raḥmān al-Jabartī）在十八世紀末他的編年史導言中寫道，「人們卻放棄寫歷史。」我們先前提過，賈巴爾提認為部落阿拉伯人是「最邪惡的種族」[1]，他對歷史本身也同感沮喪：

> 時代正在逆轉；這個年代的陰影已經縮減……然而卻沒有與之相應的事件記錄在書本中；的確，把時間花費在這種無用的追求上根本是浪費。覆水難收。[2]

他說，這個遺忘的年代持續了五十年左右。[3]榮耀已逝，如今，歷史也跟文學一樣，陷入自身的下沉螺旋——在這個螺旋裡，邪惡的badw劫掠無助的hadar，並搶奪麥加的朝聖隊伍[4]，因為他們已經把時間拋到腦後；在這個螺旋裡，馬木路克依然在開羅稱霸，一如他們過去五百年的作為，包括三百年的鄂圖曼統治。

然而，在十八世紀結束之前，時代已經有個大轉彎，朝著令人不安的未來急奔而去。貝都因人降臨開羅確實引發恐慌；但至少他們是你認識的精靈，就像俗話說的——比你不知道的人類好多了。一七九八年七月，另一群人降臨埃及，他們可不是眾所熟悉的惡魔，而是已經有五百多年不為人所知的劫掠人種，他們最後一次入侵三角洲是打著十字軍旗幟的法蘭克人。那次，他們被擊退了。但這回，雙方並非勢均力敵：馬木路克慘遭優越的砲火痛擊，開羅的市民除了祈禱和棍棒之外，沒有其他武器可對抗這支新品種的法蘭克人[5]，拿破崙長驅直入。

拿破崙的目的不僅是為了滿足帝國擴張的野心，更是為了擾亂大英帝國在東地中海的交通，特別是埃及這條陸上支線，這條支線雖然不長，卻是英國通往日益成長的印度帝國的關鍵鎖鑰。賈巴爾提帶著人類學家的迷戀觀察這支當代版法蘭克人。他們在開羅做的第一件事就是開了一家餐廳，這很符合一般人對法國人的刻板印象，餐廳提供套餐菜單和固定價格的菜單：

> 每間餐廳都有一個告示牌，寫上每位用餐者應付多少迪爾罕姆……用餐完畢就支付該項金額，不多也不少。[6]

「不多也不少……」：在這個凡事都要討價還價的大都會，這是個小小起點。觀察了餐廳和臥室之後，賈巴爾提指出，法國人一點也沒浪費時間，馬上就忙著與被罷黜的馬木路克的嬪妃私通，「白人、黑人和阿比西尼亞人……大部分都穿上法國女人的服裝」[7]。在衣著這方面，革命占領軍試圖讓三大宗教謝赫脫掉黯淡的傳統 taylasān（一種學院式的披頭巾），改換上革命軍的三色版本，結果並不成功[8]。

但他們設法發射了一顆三色小熱氣球。事實證明，這是一次吹破的牛皮，因為上面沒載人——幸好沒載人，因為它後來在空中解體了。如同賈巴爾提所說的，這根本稱不上一種手段，「對一個經常遠地旅行的民族而言……它比較像是僕人們為了慶祝節日或婚禮放的風箏。」[9]少數跟隨遠征軍而來的法國婦女痛苦騎在馬上的畫面，也沒帶給他什麼啟發，這些女人一身巴黎時尚裝扮，「與牽驢男孩和年輕小混混尖聲調笑，打情罵俏」。[10]但法蘭克人某些創新的確讓他印象深刻，包括獨輪車這精采的發明[11]，以及法國人開設的公立圖書館。賈巴爾提在圖書館裡待了好幾個小時，他留意到，圖書館即便在「低階軍人」之間也深受歡迎。[12]。他也很開心能去造訪一項互動展覽，你可以在那裡近距離觀察科學實驗，甚至可以親身體驗靜電產生器製造的電擊：「你的身體會快速顫抖抽搐，感覺肩膀和手臂關節就要被震碎了。」[13]

拿破崙除了帶來新科技和新時尚，他也在這塊積了一層往日厚灰的土地上揮起一柄新掃帚。他拆了分隔開羅不同地區的城門，接著清空街道、加裝照明，並將城裡的財產登錄成冊。[14]他也開始掃掉一些心智上的蜘蛛網。開羅的法律機制——他們的法理學學派早在一千年前就已建構出最棒的部分——驚訝地發現，法國的法院程序竟然不是奠基在宗教之上，而是以理性為基礎。[15]拿破崙也引進新的政治概念，包括投票選舉[16]和眾議院。[17]為了掌控這些新近開放的心靈，他還制定了阿語世界第一波印刷宣傳，用海報宣告他本人是伊斯蘭的朋友。[18]友誼並不總是顯而易見：財產登錄當然是為了徵收財產稅，而財產稅反過來引爆了人民起義，法國人決定以牙還牙，故意去褻瀆神聖的阿茲哈爾清真寺（al-Azhar）。[19]

儘管有這類挑釁事件，賈巴爾提依然對法國人保持超然且不評判的看法。他似乎將他們視為無與倫比的好奇寶寶，是他編年紀的獨家報導（他們畢竟將懨懨無生氣的歷史踢活了）以及天譴代理人：他不

只一次引用《古蘭經》寫道，「你的主

> 不會不義地毀滅城鎮，只要它們的子民行善。」[20]

換句話說，真主曾用天然災害來譴責遠古時代的罪人——艾德族、薩穆德族、示巴人——而法國人就是人類版的天然災害。一些比較不具哲學性的開羅人把法國人視為「異教徒的狗」[21]；但其他人卻對法國人深表歡迎。當時甚至有一首流行歌曲大讚拿破崙，讚頌他打敗了不受歡迎的馬木路克（歌詞中的「Ghuzz」——土耳其人），以及隨後鎮壓了貝都因劫掠者（歌詞是用ʿurbān一詞——反諷的是，雖然這個字和urban〔都市〕看起來很像，但其實它是跟都市毫無關聯的ʿarab的複數形）：

> 我們渴盼您，噢，將軍，
> 噢，您這披斗篷的帥哥，
> 您刺向埃及的劍毀了
> Ghuzz和ʿurbān。[22]

但這一路上遇到的襲擊其實更多：另一支法蘭克人緊接著第一支的後腳跟而來。在拿破崙掃蕩開羅之後才一個月，英國海軍將領納爾遜（Nelson）就駛進阿布基爾灣（Aboukir Bay），並在尼羅河會戰摧毀了法國遠征艦隊。現在，被砍的是拿破崙。這位帥哥將領設法在隔年溜走；但法國人的地位很不穩固，一八〇一年夏天，他們在鄂圖曼與英國軍隊的夾擊下被趕出埃及。

阿拉伯人在遙遠的前伊斯蘭時代曾經「卡在兩頭獅子中間的一塊岩石上」[23]，這種情況之後也經常上演，如今，他們再一次夾在其他民族的帝國中間。這一回，他們被三面包夾：一是曾經高聳但現在崩潰的鄂圖曼「高門」；二和三則是更為致命、互為死敵的不列顛娜和瑪麗安娜（Britannia and Marianne，英國和法國的擬人化象徵）——其中一個打算把持埃及和這座短而重要的陸橋，以便通往它的印度，另一個則打算阻止它。身為地中海與印度洋這兩大舊世界貿易區的中間人，這樣的調解角色一度幫了埃及一把。但現在，隨著這兩大歐洲強權都想同時控制這兩大區域，阿拉伯人發現，自己變成擋路的石頭、夾在中間的醃黃瓜。（這並不是最後一次：冷戰時期相互對抗的兩大強權，被阿拉伯最偉大的詩人比喻成凱撒和旭烈兀[24]；這兩個角色過去一直在中東徘徊，未來也會如此。）

民族、部落和帝國

帝國的壓力再一次重塑了阿拉伯認同。法國進入埃及通常被視為一個時代的轉捩點，阿拉伯人開始轉向現代，轉向西方世界。這是到當時為止阿拉伯人與後文藝復興的歐洲最親密的一次接觸，但並非第一次，阿曼的海上帝國一個多世紀以來一直受到日益成長的歐洲海上強權的啟發和形塑[25]。在比較晚近的十八世紀最後二十五年，快速崛起的大英帝國持續派戰艦前往波斯灣：任務是要保護英印商人不受阿拉伯船隻襲擊，這些船隻的基地相當於今日的阿拉伯聯合大公國。[26]這些襲擊者究竟是海盜、聖戰者或自由鬥士，是個見仁見智的問題；但沒問題的是，英國海軍的行動是西方勢力介入波斯灣直到我們這個時代的一起預兆。

然而，這些早期的相遇只是在阿語世界邊緣演出的場邊秀。降臨在埃及的軍隊可是完全不同的規模：拿破崙的軍隊是在令人驚豔的義大利戰役之後乘勝而來；英國的地中海海軍則是西部海浪的統治者。至於埃及本身，當然也非地處邊緣，從巴格達落入蒙古手中之後，它就是阿語世界的文化心臟，維持了超過五百多年。它坐落在馬什里克與馬格里布、亞洲與非洲兩塊大陸的交會點上，而且是鄂圖曼帝國境內最大的阿語族群的故鄉。也就是說，在一七九八年時，這顆文化心臟跳動得非常微弱，而埃及意識裡的阿拉伯性正在冬眠。那個輝煌時代已經過去很久了，想當年，諸如伊本．赫勒敦這樣的知識新創者必須到開羅蒸蒸日上的新 madrasah 教書；那裡是四百多年前的知識發電廠，是埃及最偉大的知識合成器，例如百科全書作者卡爾卡珊迪（al-Qalqashandī）或文史學家蘇育提都是在這裡建立他們龐大的阿語知識數據庫。如今，鄂圖曼日薄西山，如同賈巴爾提指出的，似乎沒有什麼可為歷史增色的東西。更糟的是，歷史還正在流失：留存在古老的大 madrasah 圖書館裡的東西，正不斷被竊取和出售[27]，賈巴爾提哀嘆道。阿拉伯的歷史和認同正在遭竊。

雖然如此，但此刻，在日後將被稱為 an-Nahḍah「覺醒運動」的前夕，先是法國，接著是英國，已經種下第一波粗魯的吻，將阿拉伯人從長久的睡眠中喚醒。而在接下來的十九世紀，長久以來對阿拉伯領土採取放任統治的鄂圖曼帝國也將對阿拉伯人施加壓力——然後那些被壓斷骨頭的民族和部落會再次將自己視為一個獨特的群體，並由語言和歷史連結起來。各式各樣的阿拉伯人將會再次凝聚，只是這一回不再如伊本．赫勒敦指出的，是凝聚在「伊斯蘭的話語」之上，而是凝聚在一個新的語詞上：qawmīyah，國族主義。日耳曼人、義大利人和歐洲其他離散族群也都在這個時間點重新發現（或重新發明）他們的根、發現他們是擁有相同的古老語言和傳統的國族，阿拉伯人也一樣。不過對阿拉伯人而言，「國族主義」這個詞很新穎，但觀念卻是古老的：伊斯蘭也曾試圖把定居民族與移動部落拉在一起，試圖將他們統合成一個ummah——一個「國族」群體，指的是包容一切的偉大共同體。阿拉伯國族主義也將以同樣的方式，把它的基礎建立在ummah ʿarabīyah的觀念上，一個團結的阿拉伯「國族」。[28]早在伊斯蘭之前，共同的語言就曾經將它的使用者界定成某種意義上的「國族」群體，相對於ʿajam的ʿarab。因此，如果說十九世紀的「覺醒運動」「種下了一顆觀念種子……認為阿拉伯人是一個國族，由共同的語言、文化和歷史所界定」[29]，這其實並非第一次。這顆種子早在前伊斯蘭時代就種下了，在伊斯蘭最初那幾百年重新種過一次，然後在阿拔斯早期滋長，共同的語言、文化和歷史就是在那個時候第一次固定在書面上。

那些古老的植栽枯萎了。一開始，十九世紀的種子將長出一種新的ʿaṣabīyah，一種比伊斯蘭建立之後的任何時代都更強大的團結感。假以時日，到了二十世紀中葉，這種團結感會激起一只以埃及為中心的火輪，並以泛阿拉伯的規模重新燃燒。然後，阿拉伯人將再次發現統一太難捉摸：那只火輪終究只能吞噬自己。

語言院

在十九世紀初的埃及，上述一切都還無法想像。埃及人還在拿破崙帶來的急轉彎裡搖晃。但如果一八〇六年一位歐洲訪客的說法可信的話，與法國人的這段短暫接觸已發揮了起床鈴的功用：

> 法國人的遠征……給這個民族的觀念帶來幸運的改變。他們有機會去談論歐洲國家的文

明、軍事戰術、政治組織、藝術和科學的巨大優勢；他們有時間去欣賞社會所有階級所共有的慈善觀念；他們對那些擁有巨大優勢、遠勝過阿拉伯人和土耳其人的國家，興起了尊敬之情，坦承自己對歐洲人帶有自卑感。[30]

這或許不只是歐洲中心主義的自大說法，我們不也看過在地觀察家賈巴爾提的含蓄佐證，而更重要的明證，就是埃及在傑出的穆罕默德・阿里帕夏統治下那幾十年的歷史。他和他的後繼者將會大量進口優勢的科學與觀念，並將它們移植到埃及。

如果說法國人留下了一種自卑感，那麼他們也留下了一種埃及意識和國族感。打從一開始，拿破崙的聲明就宣稱將支持「埃及人民……整個ummah」去對抗「外來的」馬木路克[31]。這是某種新東西。埃及有一卷羊皮紙，許多民族和親王的名字都曾寫在上面，但又被刮掉重寫；馬木路克只是這一連串層層相疊的外來統治者最後也最長壽的一個。而馬木路克就和先前的其他所有統治者一樣，是藉由不整合而讓權力長久握在自己手中。鄂圖曼的埃及總督穆罕默德・阿里帕夏將採取不一樣的做法。他和他的後繼者將抓住這種自卑感，將目光從伊斯坦堡轉開，改向現代的西歐尋找啟發。但這種新立場不僅是重新轉向（或說重新西向），它還會牢牢奠定埃及就是一個國族的概念——拿破崙所宣稱的一「整個ummah」——而不是高門的一個屬地。而這不可避免也將重新喚醒埃及的阿拉伯魂。

穆罕默德・阿里本人也是一個「舶來品」，是馬其頓出身的阿爾巴尼亞人，在鄂圖曼的軍隊裡一路往上爬。但就跟一千年前的圖倫王朝、伊赫希德王朝等外來王朝一樣，他的後代也將被埃及及阿拉伯化：「埃及的太陽改變了我的血液，把它變成全阿拉伯的」[32]，他的長子易卜拉欣帕夏（Ibrāhīm Pasha）說道。更重要的是，他們也讓埃及本身重新阿拉伯語化，方法是將官方語言從土耳其語改成阿拉伯語。[33]這等於是重新將阿拉伯語建立在穩固的中間基礎上，在它長久處於兩個極端之後——一端是高級的儀禮語言，另一端是低階的百姓語言。在此之前，低階的阿拉伯語曾經有低微卑下的意涵：拿破崙不得不用土耳其人來維持秩序，因為講阿拉伯語的人德不配位，得不到足夠的尊重。[34]穆罕默德·阿里和他後繼者的政策讓阿拉伯語取回它公開的官方之聲，藉此恢復對它的尊重。帕夏也恢復了法國人的一項創新，藉此提高阿拉伯文的形象。拿破崙曾在市集廣貼印刷海報；一八〇〇年有一小段時間，他的第二任繼承者梅努（Menou）還發行了《通告》（At-tanbīh）這第一份阿拉伯文的報紙。[35]一八二八年，穆罕默德·阿里採行這個構想，發行了自己的報紙：《埃及大事報》（Al-waqā'i' al-miṣrīyah）。這個名稱不算是向伊斯坦堡宣告獨立，但的確是對自我地位的有力申明。

穆罕默德·阿里也結束了鄂圖曼時代與歐洲內地隔絕的政策。最值得注意的是，一八二六年，他派了一團年輕埃及人去巴黎研習。[36]他們的精神領隊是阿茲哈爾的一位傑出畢業生，名叫塔赫塔威（aṭ-Ṭahṭāwī），他用詩句表達了自己對這座法國城市的五味雜陳：

巴黎有任何一位世間同儕
如她一般，學習的太陽永不西沉？
或有任何一個不遜於她的地方，反宗教的
黑夜還看不到天明？[37]

對他而言，像巴黎人這麼聰明的族群，竟然還沒變成穆斯林，簡直不可思議。同樣的，他回到開羅時，內心懷抱的不只是對法國學識的崇拜，還包括對法國政治自由的推崇，他理解到，「正義是文明繁榮的基礎」[38]，就跟伊斯蘭的理論一樣——儘管，他暗示，實際上並非如此。塔赫塔威回國時也變成一位專精的語言學家，並被指定為語言院（House of Tongues）的創校校長，該院是在一八五三年由穆罕默德·阿里設置，以翻譯歐洲書籍為宗旨。[39]它是阿拔斯王朝馬蒙哈里發所成立的「智慧宮」的新版本，原始的版本是在差不多一千年前的八三二年成立於巴格達。

在穆罕默德·阿里帕夏後繼者的統治下，翻譯工作持續進行。但它是雙向的，接收的不僅是書籍，還包括城市本身，那個國家的文化和傳達，甚至東西貿易的地理學。帕夏的直系繼承人將蒸汽帶入埃及，羅伯·史蒂文生（Robert Stephenson，喬治·「火箭」·史蒂文生的兒子〔George 'Rocket' Stepheson〕）還替埃及設計了鐵路線和火車車廂。[40]一八六〇年代，穆罕默德·阿里的孫子伊斯瑪儀（Ismā'īl）將開羅歐斯曼化（Haussmammized），改造成一座林蔭大道的城市，並興建了一座歌劇院，做為向其他（歐洲）傳統開放的終極象徵。在這同時，最名副其實的東西開放工程：蘇伊士運河，也正在進行中。一八六九年的開通典禮證明了，不管吉卜齡怎麼想，東西兩方還是可以相遇——至少在開通儀式那個短暫時刻，

> 以一種瘋狂的法國革命歌舞的形式……有凱撒和托缽僧，皇帝和窮女孩，主教和小丑，埃米爾和工程師，聖徒墓（Mussulman）大祭司和義大利水手，全都歡聚一堂……[41]

一隊蒸汽遊艇率先通過運河，包括伊斯瑪儀巨大的「馬魯薩號」（El Mahrousa）——埃及總統遊艇，在那之後經過大幅修改，但依然令人震驚。不過，這一切都必須付出代價：伊斯瑪儀讓埃及的國庫破產，在這過程中，他也敞開大門接收了西歐比較不受歡迎的一面，也就是最頑固的收債員：英國查封官。

翻轉的沙漏

在這同時，從埃及跨越紅海，有另一場阿拉伯覺醒正在上演，卻是朝往截然相反的方向：朝向過往，朝向它自身。對阿拉伯半島的瓦哈比部落民而言，語言院就像是一座巴別塔，歌劇院則是巴比倫妓女的豪華閨房；對他們而言，所有的bidʿah「創新」都是異端。不過他們的運動就和在埃及展開的行動一樣，都是阿拉伯普遍覺醒的一種徵兆。[42]

瓦哈比的起始可回溯到十八世紀中葉，但一直要到一七九八年，也就是法國入侵埃及那年，鄂圖曼人才開始察覺到這個自家長出的另類威脅。由於伊拉克的定居地區受到愈來愈多有組織貝都因人的侵犯——早在伊斯蘭之前，這就是阿拉伯「島嶼」內部有麻煩正在發酵的古老標誌——於是土耳其派遣一支萬人大軍進入半島。沒想到他們竟屈辱地向一群貝都因烏合戰士舉白旗投降。[43]

這些人看起來像是烏合之眾，但其實是一支非正規但紀律驚人的部落軍隊。它的規模也大到超乎想像，因為它已經集結了一個世代。一八八〇年代，有位鄂圖曼作者提出假設，認為瓦哈比主義是在十八世紀由一位名為「漢佛先生」（Mister Hempher）的人移植到阿拉伯半島，這個說法我們大概可以不用理會。比較準確的情況是，這個運動的啟示和它最常見的名稱，是來自於阿拉伯半島中部空氣清新的內志高地的一名宗教導師：穆罕默德・本・阿布杜・瓦哈比。瓦哈比出生於一七二〇年，年輕時遊歷各方，對他眼中的聖徒崇拜（saint-worship）和其他「腐敗」形式感到震驚，這些腐敗現象已經在他高原故鄉之外的濕熱地帶讓伊斯蘭受到感染。[44]受到十四世紀眾所周知的純淨派分子伊本・泰米亞（Ibn Taymīyah）著作的啟發，他展開一項為信仰消毒的任務。這項任務在很多方面都根植於過往：根植於伊本・泰米亞的想法，但也根植於——如同瓦哈比派的正式名稱「唯一神論派」（al-Muwaḥḥidūn）所透露的——《古蘭經》的開宗信息：at-tawḥīd認主獨一，這個教義將真主的一切附屬和中介全部剝除[45]。也就是說，阿拉伯半島的唯一神論派與柏柏人十二世紀在北非和西班牙建立的穆瓦希德王朝 al-Muwaḥḥidūn，西班牙文是阿穆哈德王朝）擁有同樣的名稱。[46]但事實證明，他們將是一個更為嚴厲的新版本，而且仍在今日的世界裡流傳。

瓦哈比派的唯一神論者和古往今來其他類似的理想主義者一樣，同時具有神學性和政治性：又一次，對世俗統治者說「遵命」，就等於對造物者說「阿門」。[47]也跟其他類似團體一樣的是，瓦哈比派的新新唯一神論者（neo-neo-Unitarians）發現，就算真主是獨一的，在俗世掌握支配權的，卻是一種名為軍團的精靈。這個日益成長的運動開始打造超級部落，一個泛阿拉伯半島的統一體，同時對抗神的意志與人的天性。如果這故事聽起來有點熟悉，那是因為瓦哈比派刻意重演麥地那伊斯蘭國的最初階段；跟最早的穆斯林一樣，他們甚至將瓦哈比運動之前的人生形容為 al-Jāhilīyah「蒙昧時代」。[48]為了追求純淨，他們也回首當初只有阿拉伯人的那個伊斯蘭版本，剝除掉它所有的外來添加物和腐敗。阿拉伯的認同又一次在對外人的反射下形塑：這裡指的不僅是阿拉伯半島那位退化的鄂圖曼領主和無藥可救的什葉派波斯人，後者和前伊斯蘭時代一樣，又一次侵占半島的東北部[49]；這裡指的還包括那兩者之外的整個世界，那個沉迷於聖徒崇拜、偶像崇拜和創新的世界。

對穆罕默德・本・阿布杜・瓦哈比而言，待在內志的岩石高原上，四周都是帝國和神學的威脅，想必相當孤單。但他找到一位重要的皈依者：穆罕默德・本・紹德（MuḤammad bn Suʿūd）[50]，內志一個顯赫家族的領袖。伊本・紹德看到自己的機會：有點類似古萊什舊政權為了維持並擴大自身統治，曾經收割了由先知穆罕默德・伊本・阿布杜拉凝聚的話語，紹德則是收割了由改革家穆罕默德・本・阿布杜・瓦哈比凝聚的追隨者。改革派得到來自紹德的世俗支持，加上有愈來愈多部落民加入這項志業，他們的任務很快就轉變成一種爆衝。瓦哈比派劫掠者掀起一波打著正義之名破壞文物的浪潮，橫掃整個半島，摧毀一切帶有shirk「多神論」暗示的東西。特別是所有超過一隻手掌寬度的墳墓都被劃平，以免它們誘惑參觀者從尊敬不小心變成想透過他向真主求情，然後又淪為聖人崇拜。在瓦哈比派占據麥地那期間（一八〇五—一八一二年），許多可辨識、可造訪的過往，都被抹除：先知友朋們早已修復好的安息之所淪為無名的瓦礫堆。即使連先知也無法全身而退：幾世紀以來捐獻給他墓地的財寶，全被洗劫一空，還威脅要破壞墓上的圓頂。[51]不過和他們一八〇二年在伊拉克南部所從事的暴力癲狂行為相比，上面這些已經相對有節制了。瓦哈比派在什葉派的卡爾巴拉（Karbalāʾ）搗毀了穆罕默德殉道孫子胡笙備受尊重的陵墓，而且他們並不滿足於摧毀死者，也屠殺了活生生的鎮民[52]。

幾世紀以來，那個決定命運的沙漏，那個可回溯到伊斯蘭最初幾世紀受到詛咒、遞迴的（自我複製的）歷史，積滿了灰塵。瓦哈比將它翻轉了過來，再次啟動古老的衝突，而他們的繼承者——以及反過來說，這些繼承者的死敵——自此之後也將不停把這只沙漏翻來轉去。

隨著瓦哈比派逼近巴格達只剩幾呎之遙，鄂圖曼顯然得有所作為；但一七九八年瓦哈比派擊敗鄂圖曼軍隊一事已證明這隻帝國獅子其實只是紙老虎。最後，高門決定向它的埃及總督、已被法國解放的穆罕默德・阿里帕夏求助。此舉助長了埃及人的自我肯定——同時也啟動了一種新衝突，衝突的一端是一種新民族，開始感受到自己正朝未來的國族邁進，另一端則是新近統一的超級部落，企圖完成它眼中未完成的歷史大業；簡言之，這是一場進步與反動的衝突，一場不確定的未來與想像的過去的衝突。

這一次贏的是未來派，一八一八年，穆罕默德・阿里的軍隊在長達五年、嚴峻的阿拉伯半島戰役中取得勝利。被俘虜的瓦哈比領袖在伊斯坦堡接受處決；屍體示眾三日，然後丟進海裡。[53]（兩百年後，當美國人追殺瓦哈比的精神後代奧斯瑪・賓拉登時，他們知道這段歷史嗎？）這像是瓦哈比遇上他們的滑鐵盧。但要根除這些討人厭的劫掠者的影響力，似乎就困難許多：

> 一股大肆傳染的熱情，加上慍怒的謹慎與戰爭似的殘暴，這樣的情緒存在於一個只聽信自身思想的民族，他們只與彼此交談，即便新意見逐漸湧入，也不減他們的狂熱，他們從老到少使盡全力持久不懈地傳播。[54]

這是一七七五年山謬・約翰生（Samel Johnson）用來描寫蘇格蘭喀爾文教派的文字；但它也可能是在描寫他那個時代和之後的瓦哈比派。在十九世紀最後二十五年，埃及正在與歐洲交談，而聊得最熱烈的，莫過於穆罕默德・阿里繼承者致力推廣蒸汽動力的那幾十年。但是在一八七一年《阿伊達》（*Aida*）於開羅歌劇院首演之後的第五年，英國旅行家道提（Doughty）發現「瓦哈比狂熱主義的酸酵在這段期間凝固了游牧民的心」。[55]其中一些心會持續凝固，並激起即將來臨的運動——死灰復燃的十二世紀

「忠誠」[56]（兄弟會）、蓋達組織、「伊斯蘭國」，以及其他尚未命名的運動。

這些都是muwahhidūn——統一的追求者，追求真主的獨一和俗人的統一。但他們追求的統一永遠無法免除其他隱藏的意義：wahdah是「獨一」（oneness），但也是「寂寞」（loneness）、「內向」（introversion）、「孤立」（isolation）。這或許只是後見之明，但很難想像瓦哈比覺醒運動會發生在阿語世界的其他地區，除了這個偏遠的半島高地中心，它幾乎可說是阿拉伯「島嶼」上的島嶼。相對的，埃及的覺醒——對它自身和它的阿拉伯性，以及對更廣闊世界的覺醒——就可能發生在非洲所有三角洲面向地中海的大河區。

再生

十九世紀發展出來的世俗國族主義，和瓦哈比意識形態一樣，也追求統一。然而，它的目標並非讓純樸的阿拉伯人穆斯林維持孤立，而是要追求泛阿拉伯的統整；不是齊聲而是多音，是要讓所有的阿拉伯聲音和諧共鳴。如此混雜的大合唱，或許可以在《阿伊達》裡運作。但事實將會證明，在現實生活中，這的確很難編排妥當。

在穆罕默德·阿里帕夏和他繼承人的統治下，埃及重申它的認同，並證明它在實質上獨立於鄂圖曼之外。特別是，成功打贏瓦哈比這場戰爭，證明了穆罕默德·阿里並非鷹犬走狗，而是有實力的強硬統治者。自此之後，他和後繼者也把阿語之聲還給埃及，將阿拉伯語恢復為官方語言，並設立阿拉伯文印刷廠。這聲音也開始在隔壁的利凡特出現共鳴——在那個宗派紛雜的地區，這聲音是個團結的呼喊。當然，埃及有一個很大的少數群體：科普特基督徒。雖然科普特人已經阿拉伯語化，但他們並未阿拉伯化：他們依然被視為外人，是被征服的原住民。相對的，在大敘利亞，大多數基督徒都是（或至少宣稱是）打從娘胎就是阿拉伯人，有些世系還可回溯到前伊斯蘭時代的伽珊國王。新近凝聚的話語就是在這群人當中成形——一個新的泛阿拉伯聯盟，一個奠基在語言而非宗教之上的 ummah。畢竟，語言這個最早的統一工具的確彈性十足：在其他民族（主要是土耳其人）統治了一千年後，還是無法讓阿拉伯人土耳其語化，無法剝奪他們古老的母語。

站在復興運動最前線的人物當中，有一位是易卜拉欣．雅季吉（Ibrāhīm al-Yāzijī），他是出身學者世家的黎巴嫩馬龍派基督徒。對他而言，阿拉伯語不僅是統一 ummah 的力量；比較正確的說法是，「語言就是 ummah 本身」。[57] 換句話說，阿拉伯語是阿拉伯國族的本質和實體。他認為，語言將阿拉伯人凝聚起來的能力肯定遠超過血緣、宗教和習俗的紐帶；語言超越地理、階級和政治。這不僅是學院理論：如同在遠古時代一樣，雅季吉這樣的行動主義者將利用詩歌把概念化為行動。到了一八六〇年代，埃及已經和鄂圖曼離異，至少是有了一紙「如無異議就在指定時間生效」的離婚判決；但四分五裂的利凡特卻還跟伊斯坦堡綁在一起，而鄂圖曼這位「歐洲病夫」已經變成阿拉伯取得進步的沉重負擔。於是，雅季吉在他一八六八年的偉大頌歌中低沉有力地喊出：

> 覺醒，噢！阿拉伯人，爬起床！

他不僅是在叫你起床，還要你振作起來，把土耳其人這根芒刺從背後拔掉，重中失去的完整身分認同：

土耳其人偷走你與生俱來之物；
在土耳其人眼中你不值一顧。
剝奪掉你的存在，頭銜和姓名，
你的榮耀聽憑遺忘，還有你的聲名。[58]

將近一千年前，巴吉坎之類的土耳其人，以他們古怪的名字和舉止，將阿拉伯人從錢幣和寶座上趕下去。[59]現在終於有了一次熱心呼籲，要他們恢復阿拉伯的名字、阿拉伯的臉孔。

其他信仰基督教的阿拉伯思想家，會在即將來臨的那個世紀裡，為國族主義的宗旨注入活力。對他們而言，這和貫穿阿拉伯歷史後半期的伊斯蘭潮流並不衝突。相反的，對米歇．阿弗拉克（Michel ʿAflaq）──一九四〇年代初復興（al-Baʿth）運動的創立者──這類國族主義者而言，伊斯蘭是「重要的歷史經驗……不僅屬於所有阿拉伯穆斯林，也屬於所有阿拉伯人」。[60]在某種意義上，他的史觀是對的：伊斯蘭是一種信條、一種承認，但隨著穆罕默德遷徙到麥地那，伊斯蘭也變成一種政治派別，可以擁抱其他信仰的阿拉伯人。瓦哈比派試圖根據自己的管窺把伊斯蘭重建成他們以為的模樣；部分受到歐洲模式、部分受到埃及重生啟發的阿拉伯國族主義，則是想要再現一個比較類似阿拔斯黃金時代的東西。那個黃金時代以大量墨水將阿拉伯認同、歷史和語言的一個版本保存在紙頁上，用以對抗波斯舒歐布派的貶抑和其他文化獨立運動。如今，在這個遲來的阿拉伯文印刷時代，寫作者終於可以再次歌頌阿拉伯性，可以當著其他國族認同的面大肆炫耀。藉由印刷，語言取得了新生命，文學也在本章開頭提到的貧瘠世紀之後，再次冒出頭。瓦哈比派是用再生的伊斯蘭對抗土耳其人；國族主義者則是憑藉再生的阿拉伯文，他們的改宗皈信是語言學意義上的。有些時候，他們近乎奇蹟：例如薩提・胡斯里（Sāṭiʿ al-Ḥuṣrī），他在阿勒坡發出歡慶之聲，但他只在伊斯坦堡接受過土耳其的教育，而且長久以來都是擔任鄂圖曼派駐巴爾幹的官員，他在四十幾歲時放棄鄂圖曼的語言，轉而擁抱阿拉伯語；他後來甚至變成阿拉伯國族主義最偉大的理論家之一。[61]

一種新的文字科技再次開啟了阿拉伯歷史的新階段。早期的書寫曾經影響並保留了《古蘭經》；烏瑪亞時代的簿記讓整個帝國阿語化；紙張在帝國崩解之際界定並記錄了阿拉伯認同。如今，推遲許久的印刷術則為認同的復興助了一臂之力。在這同時，歷史的進程達到了一個循環。如同一位阿拉伯文明觀察家所寫的：「靠著阿拉伯國族主義，我們回到最初的起點。」[62]這個起點早於伊斯蘭，並可回溯到多元的民族與部落共同為自身追求統一認同的時代。如今，al-ʿarabīyah「古老的高級阿拉伯語」再一次成為ʿaṣabīyah「團結」的核心。就像歐洲文藝復興重新發現了一段古典過往，an-Nahḍah也覺察到阿拉伯語這個巨大寶藏的存在。這就像是阿拉伯人挖到由希拉國王埋下的古代頌歌寶藏[63]，然後用這批寶藏為自己投資更美好的未來。

分岔的舌頭

然而，開啟阿拉伯覺醒運動的，大多是利凡特地區阿拉伯覺醒運動的基督徒知識分子。大多數阿拉伯人是天南地北居住在從太平洋到波斯灣的廣大地區裡，講著鬆散多樣的各式方言，遺傳血統也紛雜多端，他們還在沉睡。一種復甦的阿拉伯意識感將會在整個區域破曉，但速度極慢。例如我寄居的葉門這塊土地，要到雅季吉那首一八六八年頌歌將近一百年後，才實際接觸到這波覺醒；如今，在覺醒後的另一個五十年，葉門人似乎又陷入古老而麻煩的昏迷。一九八〇年代，摩洛哥文化史家賈比里寫道：「現代版的阿拉伯覺醒……尚未變成現實。」[64]今天，那個現實有時似乎顯得更加遙遠。

問題有部分在於，這場現代復興運動深深根植於那個非常古老、非常困難的高級語言。歐洲文藝復興的開啟，是因為人民開始用方言廣泛書寫、創意書寫；後來興起的基督新教和《聖經》翻譯，從書寫和口語兩方面確保方言可以勝過拉丁文和希臘文。阿拉伯文藝復興則剛好相反，因為它企圖為所有阿拉伯語找到共同的基礎，於是古老的高級語言就變成唯一的書寫媒介。這個歐洲版的對等物或許可讓那塊大陸重新發現魏吉爾（Virgil），但不可能培養出但丁或喬叟（Chaucer）；因為拉丁文的武加大版《聖經》（Vulate）將會所向無敵，路德和威克里夫（Wycliffe）都無緣誕生。除了那些沒有學過高級語言並採用方言（但是以希伯來、敘利亞或其他字母，而非阿拉伯文字）書寫的猶太人、基督徒和其他非穆斯林的阿拉伯社群，大多數阿拉伯人甚至不曾想過要用方言書寫。在比較晚近這幾個世紀——特別是賈巴爾提所說的歷史與文學最低點的十八世紀——人們甚至連書寫都放棄了，至少不再書寫任何嶄新內容；他們只會改寫。現在，隨著覺醒運動展開，創意文學也再次起飛——但依然是用古老的語言與辭彙。例如，雅季吉的頌歌並不會在阿布·塔瑪姆·本·阿瓦斯這類一千多年前的詩人群中引起反對或輕蔑；換到英文世界，這就好比拜倫還在用《貝奧武夫》（*Beowulf*）的風格和語言寫作。這些全都是「從現代性撤退」[65]的一部分，一如我們這個時代的詩人和評論家阿多尼斯所說的。換句話說，覺醒運動並沒喚醒什麼新東西；它只是「讓現在回到過去」。[66]

這種往日詞彙正是今日大多數阿拉伯人企圖使用的，至少當他們書寫正式文章或在公開場合正式講話時。外國學習者被告知，他們正在學所謂的「現代標準阿拉伯語」。這聽起來應該是某種嶄新之物，但事實上，這種語言和古典高級阿拉伯語的關係，就相當於中世紀拉丁文和黃金時代拉丁文的關係：在語法上有點笨拙；在風格上有點笨重；在詞彙方面確實比較寬廣；但本質上是同一種東西。現代詩人就算沒有使用古老的韻腳，他用的也還是那個古老的語言：

> 今日，凡是能閱讀尼撒爾·卡巴尼（卒於一九九八）的人，都可閱讀阿拔斯·本·阿赫納夫（al-ʿAbbās bn al-AḤnaf，卒於八〇三）……這是奇怪而驚人的現象，在其他文化裡相當罕見。[67]

的確是這樣，而且這也是讓阿拉伯人與眾不同並將他們凝聚起來的那個棘手連結的一部分，這個連結不僅超越空間，也超越時間，即便這種凝聚有時會讓他們激烈爭吵。

因此，當阿拉伯人書寫或發表演說時，他們所使用的語言不完全是「外來語」，但肯定是非本地語。[68]日常交談和書寫用阿拉伯語之間的距離[69]，最大——比方說在卡薩布蘭加——可能像佩脫拉克和佩特羅尼烏斯（Petronius）、像羅曼語和拉丁語那樣天差地遠。（數字的語法非常容易弄錯，所以在我寄居的這個國家，有數千萬枚錢幣流通了很久，才終於有人注意到下面這個微小但可怕的錯誤：他們將ʿishrūna riyālan「二十里亞爾」（賓格）寫成ʿishrūna riyālin「二十里亞爾」（屬格）。魔鬼藏在細節裡。）在這種左右為難的情況下，許多受教過教育的阿拉伯人選了比較好走的路，那就是講阿拉伯語但用別種語言書寫。幾乎所有的科學研究都是用英文或其他非阿拉伯文寫成。要寫出正確的阿拉伯文還要找到詞彙，這樣的雙重挑戰實在太困難了。

這種語言雙言性有什麼關係嗎？恐怕真有關係，如果某些觀察家曾經警告過的危險屬實的話——像阿拉伯語這樣分岔的舌頭，會造成使用者以分岔的腦子去思考。有位評論家寫道，用高級阿拉伯語「最高尚的道德口氣」所表達和相信的「理想自我」，與用口語表達的「最低等道德行為」恰成對比[70]。比方說，我曾聽過一位熟人嚴厲斥責政治官員fasād「腐敗」（高級），然後隨即讚美起他妻子，一名部會員工，haqq Ibn Hadi「收取賄賂」（低等）的能力。不過，語言學上的雙重標準在其他語言裡也可找到；得要有許多硬底子的研究才能判定阿拉伯語是不是特例。

不過，確實有一個更大且毫無疑問的危險存在。即便在今日，雖然官方公布的識字率比一代人之前高上許多，但還是很少阿拉伯人能夠自在書寫他們的「國族」語言，而能自在說講的人，甚至更少。事實上，隨著時間過去，大多數阿拉伯人都被這個冠了自身名稱的語言嚇得說不出話，也被剝奪了他們個別的聲音。他們一次又一次被dictator噤聲——這裡的dictator指的是它詞源學上的意義：「那些一直大聲說話的人」。如同一項分析指出的，大多數阿拉伯人都被排除在自身的語言之外：「在那個語言裡，我不存在——不是一個可以表達個體自我的人」。[71]

在阿拉伯社會裡，社交媒體或許會帶來改變，在這種媒體裡，阿拉伯人通常是用口語形式書寫；但這種改變的方向可能是多元的，而非統一的。說這些還為時過早：大多數的推文都是用方言，但大多數的宣傳仍然是高級阿拉伯語。而宣傳有其力量：那古老的神聖語言，那保羅．鮑爾斯（Paul Bowles）所謂的「拒絕死去的死語言」[72]，依然有如在前伊斯蘭時代的詩人和預言家口中那樣，令大眾蠱惑、迷亂與沉默。它依然有重量和聲量可讓推文瘖啞。它也依舊是難以捉摸的統一最有力的象徵：「我們不是活在一塊土地上，而是活在一種語言裡。」[73]廢除掉這個共同的領域——這個難到無以復加的語言，就等於是廢除掉唯一並非幻象的統一要素。

落後辭典

在十九世紀，對覺醒運動的推動者而言，重振阿拉伯字母，期盼語言這個統一催化劑能在新時代將阿拉伯人團結起來，確實是不錯的主意。但這裡有個問題和語言的基本構成有關——詞彙：自從阿拉伯版的亞當，如同他在《創世紀》裡的希伯來自我那樣，被教導過所有造物的名稱之後[74]，已經過了很長一段時間。阿拉伯文的字典如今遙遙落後於時代的需求。對賈巴爾提而言，近世最偉大的文學產物是他老師札比迪（az-Zabīdī）擲地有聲的偉大辭典，完成於一七六七年[75]，我手上的版本共有四十冊。它是十四世紀規模就很龐大的《辭海》（al-Qāmūs）擴增版——但只有擴增引用和解釋，並未擴增詞條。一切後古典的東西都不「貞潔」，必須排除在字典之外[76]，就跟修女院容不下蕩婦是同樣道理。

辭典不再反映蒸汽和歌劇時代的真實生活。在實務上，阿拉伯語適應舊詞、創造新詞，並從歐洲語言裡吸收眾多詞彙；不過是用一種非常有機的方式。然而，從十九世紀中葉起，利凡特的國族主義知識先驅試圖拉字典一把，讓它能趕上時代，並將晚近新創的字詞標準化：他們理解到，統一阿拉伯語的新詞彙——凝聚話語——有助於「掌握」其使用者的「話語」，讓泛阿拉伯的政治統一邁出更重要的一步。但是在從直布羅陀海峽到荷莫茲海峽這塊遼闊且大多還沒有印刷術的地區裡，除了《古蘭經》學校之外，其他教育就算有也很零星，而且旅行的速度往往還跟西元前九世紀第一個出現在歷史上的阿拉伯人——駱駝主人金迪布——一樣慢（在二十時世紀初，騎乘駱駝從大馬士革到巴格達，依然要花三週時間[77]），改革者這個絕佳構想注定要落空。

因此，這個照理說有助於統一的語言，實際上卻發展出有礙於統一的新詞彙。例如，「鐘擺」（pendulum）在埃及是bandūl（法文pendule），在伊拉克是raqqāṣ（「舞者」〔dancer〕），在敘利亞是nawwās（「搖擺者，晃蕩者」〔swinger, dangler〕）。[78]「輪胎」（tyre）通常是tayr（來自英文），有時是dūlāb（其實是「輪子」〔wheel〕），有時是kafar（推測來自於英文的「cover」，雖然在阿拉伯語裡，兩者的字根意思相同）；在「標準」阿拉伯裡是iṭār（「輪緣」〔rim〕），在埃及是kāwitsh（「橡膠」〔rubber〕，法文caoutchouc，說到底是來自南美的克丘亞人〔Quechua〕）。有時會有一些成功的案例，比方「電話」hātif，源自於曠野中的無形哭聲，或是來自於獻祭給偶像的小牛內臟；這個詞打敗了比較沒有吸引力的irzīz（「震顫，雷聲」）。[79]選擇用qiṭār（「駱駝車隊」）來代表機械火車明顯好懂，但用jammāzah（「小跑步的駱駝，鞭打的屁股」）來代表「電車」（tram），很快就讓位給從外語借來的tarāmwāy。[80]「革命」一開始是fitnah（「焚燒、審判、誘惑、不和諧、屠殺、瘋狂」）[81]，最後變成比較缺乏色彩的thawrah（「興奮」）。

然而，有時候當某個字是直接借來的，但指稱的東西卻是抽象和複雜的，整個概念就會在音譯的過程中消失；dimuqrāṭīyah（民主〔democratic〕）就是最著名的案例。但即便是意譯，用法上也有很大的落差。始於拿破崙埃及的「共和」（republic），有點怪異地被翻成mashyakhah（「謝赫國」〔shaykhdom〕）[82]，但是到了一八七〇年代，改成jumhūrīyah（「大眾統治」），這個字出現在許多阿拉伯國家的正式名稱上；在普通人眼中，它的意思別說反映現實，根本連現實的影子都沒反映。再舉一個例子，「公民」（citizens）一開始翻成raʿīyah（「臣民」——字源是「羊群，牛群」），然後變成比較貼切的

sha'b（古代用來形容「民族」的字，相對於部落），但最後是溫和平淡的muwāṭinūn（「國人同胞」）[83]。但不管在何種情況下，公民——做為民法實體，與他們居住的國家政府處於對等關係，雙方都受到權利與義務的約束——仍然是未知的物種；他們就像老鼠似的早期哺乳類，等著霸王龍（Tyrannosaurus rex）滅絕。在政治上，阿語世界是座巨大的侏儸紀公園：它是「永遠在場的過去」最明顯的面貌之一。在實務上，甚至連「共和國」擁有的都是臣民，而非公民。[84]「何時我們能得知自己的權利和責任？」[85]黎巴嫩作家法里斯・希德亞克（Fāris ash-Shidyāq）在一八六七年如此問道，他是文學和國族復興運動的領袖，也是一位新詞彙的創造者。一百五十年來，許多這類問題的答案都是：「時間還沒到。」考慮到詞彙、想法和行為之間的親密和因果關係，阿拉伯語辭書學不僅是語言的紀錄，它也是政治行動主義，是正在創造的歷史。

落後的不只辭典，還有報紙。穆罕默德・阿里帕夏一八二八年發行的《埃及大事報》是孤獨的聲音，直到三十年後才有敘利亞的《新聞花園》（*Garden of News*）加入[86]：整個阿拉伯世界就這兩家報紙，但同一時間，單是美國就有三千家報社。[87]十九世紀後半葉，報社的數字穩定增加，但新聞的風格完全談不上尖端。比方說，有家報紙是用詩歌書寫[88]，甚至到了二十世紀，「沒有任何自尊自重的作家會用押韻散文（賦體文）之外的任何文體發表政治文章。」[89]

但至少阿拉伯人已經開始透過報章讓自己的聲音被聽見。然後，另一種沉默又降臨在他們頭上：詞彙擴充或報紙增加才沒多久，鄂圖曼當局就開始推行嚴格的審查制度；從十九世紀最後二十五年起，諸如「革命」、「自由」和「阿拉伯覺醒」之類的表達，在阿語報章裡都是被禁止的[90]。高門開始將那些平具意識且愈來愈會表述的臣民視為威脅，包括阿拉伯人和其他民族。鄂圖曼更進一步，開始用它自己的語言來控制帝國。隨著土耳其人自己的新興國族主義，加上一九〇八年由「青年土耳其」（Young Turks）發動的革命，一切來到緊要關頭。在這些情勢下，伊斯坦堡開始將自己的語言硬推廣到它的阿拉伯轄區[91]；在多由土耳其人統治的一千多年裡始終無法完成的語言天擇，現在由「青年土耳其」試圖透過武力達成。結果是，阿拉伯語在學校遭到禁止，只能當成「外」文。[92]就像阿拔斯王朝的阿拉伯主義曾與強大的波斯舒歐布運動迎頭對撞，現在，年輕的阿拉伯國族主義也與充滿進取心的年輕土耳其對手正面交鋒。[93]不過，鄂圖曼人在壓制阿拉伯語這個阿拉伯認同的核心元素時，他們並不孤單。

另一場大賽局

十九世紀末，所謂的「大賽局」已進入最後階段，由英國和俄國在印度次大陸北部兩虎相爭。不過，就在英國殖民大人捍衛他們的拉賈（Raj）向中亞進軍的同時，一個比較不重要的次等衝突也在更西邊的另一個地方上演。這是由拿破崙開啟的那場競賽的新一回合。這次，它看起來比較像一場「友誼」賽；但英國此次的目標重要性並不下於保全印度邊界——因為這場乙級遭遇戰就是為了保住通往印度的道路。當你的兩大首都，倫敦和加爾各答，被大海隔開一萬六千公里，即便有蘇伊士運河這條捷徑，你還是得確保你能自由在兩者之間旅行。

一八〇一年，英國在近東這場競賽裡的拿破崙對手讓埃及失望了。但法國人的帝國野心並未減弱；經過一個世代，他們在一八三〇年利用一起商業和外交爭端開始進入阿爾及利亞，那裡和埃及一樣，名義上也是鄂圖曼的附庸。那麼大的一塊地方需要時間消化，法國人終於在一八八三年接著進入突尼西亞，並於一九一二年新增了一個保護國來統治摩洛哥的大部分地區。法國在阿語世界的影響範圍，將在一次大戰之後藉由一九二〇年敘利亞和黎巴嫩的託管而臻於圓滿。

在這同時，英國於一八三九年拿下亞丁，在阿拉伯半島南部取得一個小而重要的立足點。這是維多利亞女王給帝國添加的第一筆資產，也是該區第一次由蒸汽驅動的事件：英國正在替開往印度的新生代汽船尋找加油站，而亞丁因為擁有絕佳的天然港口，加上就位在紅海口的轉角處，是戰略上的完美地點；只要你不在乎缺乏淡水、炙人灼熱，以及背景處那座火山，在吉卜齡眼中它

> 宛如一座多年來無人點燃的
> 火烤爐。

對一代又一代的英國人而言，它在兩個意義上都是完美的掩埋場，是煤渣坑也是地獄坑。

不過，假以時日，亞丁將逐漸受到英國人喜愛，尤其在英國人占據該港三十年後，蘇伊士運河將紅海從一條死胡同變成一條活路和主要航道之後。過沒多久，他們還將得到另一個方便通往印度後門的新立足點。挖鑿運河的債務——更別提在開羅鋪設林蔭大道，接待奧匈帝國的歐珍妮皇后（Empress Eugenie）和皇帝，聘請史蒂芬生、威爾第和歌劇院巨星團，以及將馬木路克時代的軍事改造成現代軍隊——讓埃及陷入破產。該國的債權人都是歐洲人，從一八七六年開始，一群歐洲強權開始將自己的財政黑手施加在埃及身上。也是到了這時，由穆罕默德·阿里耕耘種下的埃及獨立與阿拉伯意識，開始在他的繼承人身上結出苦果。國族主義者對歐洲人和土耳其掌權菁英的反抗情緒急遽上升，並在一八八一年達到高點，本土出身的埃及軍官將他們的意志強加在老帕夏的曾孫陶菲克（Tawfiq）頭上。當麻煩在

隔年升高並轉為暴力之後，英國在高門的請求下進駐，勉為其難肩負起白種人的負擔——但其實心裡很樂，終於可以再次把法國蛙佬（Frogs）趕出去，親手接掌那條快捷的新運河。直布羅陀海峽、位於紅海口的曼德海峽，加上現在的蘇伊士運河：通往印度的漫長海路上的所有瓶頸，都落入英國人手中了。

在那位已經阿拉伯化、遠祖是阿爾巴尼亞人的伊斯坦堡土耳其哈里發蘇丹的附庸統治者（有著波斯的頭銜：赫迪夫〔Khedive，「親王」之意〕）眼中，於埃及承擔重責大任的埃弗林．巴林（Evelyn Baring），或許在名義上只是一位已經英國化、遠祖是日耳曼人的財政控制者；但巴林很快就在兩方面得到晉升：一是擔任英國總領事，暱稱「太上巴林」（Over Baring）；二是以實質上的新統治者身分加入外國法老—官員的行列，這個行列可回溯到卡富爾時代那位九百年前的黑人奴隸和埃及主子。除了埃及之外，英國人也掌管了埃及遼闊的帝國後院：蘇丹。在形式上，他們採用了土耳其風格的時髦統治裝扮，像是加了流蘇的土耳其氈帽，以及諸如「貝伊」（Bey，對鄂圖曼高級軍官的尊稱）和「賓巴什」（Bimbashi，少校）之類的頭銜。至於阿拉伯多數人口日益增長的對於國族主義的渴望，這些實質上的新統治者藉由殺雞儆猴傳達了清楚訊息，他們下令處死叛亂軍官的領袖阿赫美德．烏拉比（Aḥmad ʿUrābī）——他們經常稱之為阿赫美德．阿拉比（Aḥmad ʿArābī），這是個微小但或許帶有佛洛伊德意涵的誤稱。

烏拉比的死刑最後緩減為流放。對於以較不具威脅性的方式展示阿拉伯認同，英國人倒是寬容以待。開羅繼續當它的阿拉伯文出版重鎮；報紙和期刊的數量不斷增加，其中一些是由外來者發行，這些人在鄂圖曼直接統治的地區找不到表達的自由[94]。這些新興的阿拉伯語發聲機構帶有各種政治色彩[95]，也包括明目張膽的國族主義。然而，更往西走，法國人揮舞語言武器的姿態則跟他們的鄂圖曼對手一樣粗魯。在法國的北非屬地，他們不鼓勵設置新的《古蘭經》學校[96]；特別是在阿爾及利亞，他們企圖禁止高級阿拉伯語的教學，轉而提倡使用方言[97]。法國人想透過這類措施，盡可能切斷馬格里布和阿拉伯其他地區日益政治化的國族主義者的聯繫。除了攻擊高級阿拉伯語之外，法國人也推廣該區的柏柏語和柏柏文化[98]。一八八一年，他們甚至讓阿爾及利亞北部脫離原本的行政區，加入法國本土的區劃。在語言、文化和政治上，他們都企圖讓非洲大陸厚實的這一端去阿拉伯化。

他們在語言方面特別成功。馬格里布對抗法國的鬥爭，是所有解殖戰爭中最激烈痛苦的代表之一；但就像波斯舒歐布運動曾以阿拉伯文抵抗阿拉伯的統治[99]，北非語言陣線的主要武器，也是帝國強權自身的語言：法文。獨立之後，據說連摩洛哥再阿拉伯語化辦事處的員工在辦公室裡都用法文交談[100]。不過，法國人對抗阿拉伯語效果最深的地方，是阿爾及利亞——該地因為城市分布稀疏，鄉野腹地遼闊，加上有眾多講柏柏語的居民，高級阿拉伯語從來沒有重要的存在感。在阿語世界，只有阿爾及利亞的電台主要是以口語廣播[101]；阿爾及利亞獨立後的第一任總理班・貝拉（Ben Bella）還得找一位阿拉伯語老師幫他上課[102]；而一九六三年的阿爾及利亞全國大表大會（National Assembly）上，唯有用法語才有辦法讓討論進行下去。[103]

與此同時，在埃及和馬什里克，也就是東方的阿語土地，阿拉伯人確實重新發現了自己的聲音，並將音量愈拉愈高。一開始表現在文化和語言上的國族主義運動，後續變得愈來愈政治化。早在一八八〇年代土耳其語化剛推動時，鄂圖曼統治下的敘利亞就出現了旗幟和標語牌，呼籲承認阿拉伯語為官方語言，並要求言論自由（今日仍有待批准）。[104]二十年後，當「青年土耳其」更加嚴格箝制講阿拉伯語的臣民，在政府、學校禁止他們語言的同時，開羅出版業則日益直言不諱。除了標語和出版，詩歌——依然採用源於伊斯蘭之前的格律和韻腳——也在政治裡扮演日益重要的產生渲染力的角色。詩歌可能招來嚴厲回擊：例如，埃及詩人阿赫美德．紹基（Ahmad Shawqī）以詩歌攻擊英國政治，一九一四年被英國流放到巴塞隆納，讓他噤聲。[105]之後，在一九二〇年代伊拉克的反英起義中，民粹主義詩人會在車頂上吟誦[106]，呼應前伊斯蘭時代的馬上詩人和駱駝背上的傳教士。

法國人或許在北非屬地強加了憤怒的沉默；但在更東邊，阿拉伯話語正在不斷增強的抗議中，逐漸凝聚。

語言和土地

阿拉伯知識分子曾經從費希特（Fichte）、赫德（Herder）和其他歐洲理論家那裡借用有關語言和國族性的概念，但早在歐洲這些後進出現之前，阿拉伯人就有過自己的語言「國族主義」。然而，兩者有個差別：在此之前且和伊斯蘭有關的國族覺醒，是把焦點擺在語言和崇拜上；如今，在鄂圖曼疆域帝國的暮光中，國族性的焦點則和歐洲一樣，擺在語言和土地上。

但這樣的聚焦有其問題。是有一個統一的語言沒錯，但沒人把它當成母語在講，加上存在廣大的文盲，能讀的人很少，能寫的人更少。可以想像，教育能改變這種情況。然而，要改變現代國族主義的另一個成分：土地，幾乎就無計可施了。阿拉伯的疆域並不像大多數歐洲民族國家那樣整齊乾淨可區隔，有河流、山脈或海灣為界。阿拉伯的疆域比整個歐洲加起來還大，而且其中的人民一樣五花八門，在經濟上也不遑多讓。還有第三個問題：被寄予厚望、可將整個疆域團結起來的伊斯蘭，似乎反而侵蝕了民族國家這個觀念。近來一位評論者指出：「民族國家在伊斯蘭的理論和實務上，都是個徹頭徹尾的異質觀念。」[107]這是因為「伊斯蘭的憲政理論只關注共同體而沒關注疆域」[108]。「伊斯蘭的憲政理論」並未刻在銅板上，也很難寫在紙頁上。但穆斯林學者對於統治本質的想法，已逐漸變成統治人民而非統治土地，是統治一群傢伙而非一堆地圖。因此，我們並不驚訝，現代領土國族主義背後的推動者，很多都是非穆斯林的阿拉伯人。

或許，阿拉伯民族國家觀念裡那些看似與生俱來的問題，其實是qabīlah「移動部落」和shaʿb「定居民族」這場未完成論辯的另一個面向。畢竟跟國家（state）同源的是停滯（stasis），而非移動：國家是靜態的（static）。但宣稱古代南阿拉伯的shaʿb跟現代民族國家有任何相似之處，當然是一種嚴重誤導；根據我們目前所知（其實並沒太多），兩者天差地遠。但shaʿb確實具有強烈的領土面向，而且他們的經濟是建立在合作而非對抗之上，是建立在互助而非互劫之上。貝都因人的移動性在帝國打造初期或許有用；但是對於鞏固領土國家就沒那樣好用。這類國家賴以界定的邊界，意味著沒有任何貝都因的空間。但沒有邊界的領土國家本身是矛盾的，而且更危險的是，如果你真的有邊界而且是有效的，那麼就會誘使貝都因人——或具有貝都因心靈的人——去劫掠自己國家。

因此，對阿拉伯人而言，這樣的一個國家或眾多國家，似乎前景黯淡。但隨著二十世紀逐漸被拉向它的第一次大衝突，不管喜不喜歡，他們距離自己的世界被以領土界定、以地圖上的線條界定的時間，也愈來愈近——而且那些線條不是他們自己畫的，而是由看似無法避開的「他者」畫的。

蒸汽遷徙

然而，第一次世界大戰之前的幾十年，是另一個遷徙的時代，在還沒——或剛剛——畫線的世界裡遷徙。阿拉伯人出現一波穩定的離散潮，另一次hijrah；而且如同馬里布大壩的傳奇和第一批穆斯林的歷史，hijrah將再次成為改變的催化劑、改變的驅動機。這次，在蒸汽動力的協助下，還打開了一個新目的地的世界，甚至比印度洋弧更加寬廣。

雖然就某方面而言，這是從史前時代就已開始的一段歷史的下一階段，但阿拉伯的蒸汽機時代（bukhār，源自法文的vapeur，蒸汽機）卻有個貌似現代的開端；從一八七〇年起，黎巴嫩出現一波絲綢大榮景，數以千計的農夫和貿易商都會去法國度暑假。[109]但是到了一八九〇年，榮景和度假雙雙結束。取而代之的是，利凡特的阿拉伯人開始到歐洲和其他的地方，特別是西非和美洲，以貿易商、小販及勞工的身分，尋找他們的財富。其他阿拉伯人也踏上旅途：葉門人是阿拉伯人在季風地帶定居的先驅，他們現在從亞丁的汽船角（Steamer Point）往北，穿過蘇伊士運河，在英國建立第一個阿拉伯社群——這次是以燒火工人和裝卸工人的身分，而非商人和傳教者。但大多數的移民是從地中海東部的港口運出。到了二十世紀初，hijrah在利凡特已變成一種「實際上的大流行」，特別是在黎巴嫩。[110]究竟有多少黎巴嫩人離鄉背井，估計的範圍落在「或許有總人口的四分之一」[111]到「幾乎一半」[112]；另一個權威說法指出，到一九一四年時，黎巴嫩移居美洲的人數高達三十萬。[113]無論準確的數字為何，這都說明了為何在美國，在當地居民所謂的「Nayy Yark」（紐約）[114]，會冒出一個敘利亞—黎巴嫩區；也說明了為何比較晚近時，薩爾曼·魯西迪能在尼加拉瓜的馬塔加爾帕（Matagalpa）發現「埃及人」（其實是黎巴嫩人）的商店，由阿曼多·穆斯塔法（Armando Mustafa）和馬諾羅·沙勒赫（Manolo Saleh）這類名字的人經營[115]；也說明了為何有次去造訪達卡（Dakar）時，我的早餐會有法屬利凡特的巧克力麵包、土耳其咖啡，以及做了頭髮抽著萬寶路的黎巴嫩女士。這也說明了為何阿根廷有過一位阿拉伯裔的總統（卡洛斯・梅南〔Carlos Menem〕）；巴西有了另一位（米歇爾・特梅爾〔Michel Temer〕）；然後二〇一八年，又有一位阿拉伯裔的總統候選人（費南多・哈達德〔Fernando Haddad〕）；以及為何巴西的阿拉伯裔公民高達一千兩百萬人，以人口而言是世界第九大阿拉伯國家——比黎巴嫩還大。他們以各種方式往前走，開枝散葉，並將老家留在身後。

這些蒸汽 hijrah 也讓我們看到，現代性是怎麼終於進入到阿拉伯的文學覺醒：不是來自於對其他文學文化的模仿，而是來自於全然的解放——把古老的箝制拋掉，搬到某個新地方。黎巴嫩出生的紀伯倫・哈利勒・紀伯倫（Jibrān Khalīl Jibrān）[116]就是這些因為移動而寫作的人物之一，他於一九一二年抵達紐約。後來在西方，他以謎樣的神祕主義者和《先知》（*The Prophet*）一書的作者聞名，同時也是阿拉伯語現代主義詩歌的奠基者[117]。藉由離開故鄉，他與其他移民似乎從被動的過去解放出來：不僅脫離了鄂圖曼與世隔絕的那幾個世紀，也脫離了古阿拉伯強大的詩歌力場。hijrah 如同以往，帶來了行動與創意。紀伯倫向陷在古風格裡的詩人同伴訴說，也向留在故鄉的阿拉伯同伴暗示：

你們是昨日之鄰；我們已傾往
充滿未知的一日破曉
你們追尋紀念和它的鬼魂，
我們追求希望的魂靈。
你們漫遊世界到其盡頭；
我們的旅程在自身內部滾動蒼穹。[118]

紀伯倫在別處以散文寫道，就算那些「昨日之鄰」去到任何地方，他們也只會「沿著被一千零一支商隊踏出的軌跡從一處轉往另一處，永遠不敢偏離，因為害怕迷失在曠野中」。那或許是一條安全之路，但也是介於「思想搖籃和其墳墓」之間的最短捷徑。[119]

帶著尺規的統治者

相對於今日這個要為邊界苦惱的時代——拿著敘利亞護照，即便持有有效的簽證，甚至加上綠卡，還是無法保證持有者能進入「Nay Yark」[120]——一八七六年，進出敘利亞並不需要太擔心文件問題。貝德克爾的《巴勒斯坦和敘利亞指南》（*Palestine and Syria*）提到：「有時會要求出示旅行者的護照，但一般名片同樣有效。」[121]當鄂圖曼人和（比較令人驚訝的）英國人在一八四九年於南阿拉伯變成帝國鄰居時，雙方的反應都很淡然；一直要到五十年後，雙方才在英屬的亞丁保護國（Aden Protectorate）與鄂圖曼缺席兩百年後重新占領的葉門之間，畫出一條邊界。一個聯合委員會弄了兩、三年（一九〇二至一九〇四年），才讓這條邊界慢慢從曼德海峽朝內陸和山地蠕動。不過，在人口比較稠密的高地區的另一邊，他們決定放棄，直接拿一把尺在人口稀疏的草原區畫出一條直線——然後把那條直線拉進魯卜哈利沙漠（Empty Quarter，空無地帶），往東穿越一千公里的阿拉伯半島抵達波斯灣。這條線不是用來分配主權，而是用來暗示「影響範圍」。當它在一九一四年得到批准後才沒幾個月，這兩大強權就打了起來。不過西南那區的界線將延續到一九九〇年，做為分裂的葉門南北兩方的邊界。[122]在距離上面那個日期不到三十年的今日，那條界線似乎又在重新自我強化。帝國統治者得要對他的人民和直線邊界負起很大的責任。但也不是每件事都該由他們負責：到頭來，將邊界轉變成障礙、將領域轉變成主權的最重要力量，還是石油。不過，在這個過渡期，強權之間的第一次大戰，確實有助於將這些線條鞏固在地圖上。

十九世紀，阿拉伯的認同再次透過與外來強權的接觸而重塑。當這些強權走向戰爭，他們就會籠絡阿拉伯掌權者，一如先前的亞述人、波斯人、羅馬人和其他人。不過，這一回合，除了英國、法國和鄂圖曼土耳其這些後期強權，還要加上第四個追求者——德國；它滿懷著自身新奠基的國族主義，並被自己的「東進」（Drang nach Osten）政策帶著走。做為這項奮進舉措的一部分，威廉二世國王已於一八九八年說服鄂圖曼帝國同意將他們既有的安納托利亞鐵路往波斯灣方向延伸。這個構想是要打造一條從柏林通往巴格達的連續鐵路[123]，以做為德國與棕櫚海岸的捷徑——說不定還可通往未來的棕櫚帝國。但最後的結果是，工程與募資都斷斷續續，第一班從伊斯坦堡駛往巴格達的直達車，要到一九四〇年才終於首航。隨之而來的東西並不多：二次大戰後的世局發展會將這條鐵路切成好幾段，最終枯竭而死[124]。鄂圖曼帝國倒是快速且成功地興建了他們的漢志鐵路（Hijaz Railway），資金來自於全球穆斯林的捐獻，設計宗旨是要將朝聖者——當然還有軍隊——從大馬士革送到麥地那。一九〇〇年發布宣告，一九〇八年竣工，這是自示巴女王時代以來，阿拉伯半島內陸交通的首次改進；其實，是自從馴化了駱駝之後的首次改進。

從載貨駱駝到朝聖者快車，總共花了三千年的時間；然而這條漢志鐵路卻只運行了不到九年。當第一次世界大戰真的開打，英國決定雙管齊下，一是摧毀土耳其其閃亮亮的阿拉伯半島新玩具火車，阻擋土耳其其南進，更重要的是，還煽動一起未來將被稱為「阿拉伯起義」（Arab Revolt）的阿拉伯部落叛變，把土耳其人的注意力從肥沃月彎移開。為了達到這個目的，他們透過謝里夫侯賽因·本·阿里（Ash-Sharīf al-Husayn bn ʿAlī）和當地的阿拉伯掌權者溝通，他是鄂圖曼培養出來的麥加埃米爾，漢志鐵路穿過他的很多土地——英國已藉由祕密接觸知道他有反鄂圖曼的第二張臉孔。[125]英國人也擺出自己的另一張臉，以他們才剛在埃及試圖剷除的新國族主義之名義，慫恿侯賽因——慫恿他擺脫土耳其人的枷鎖，追求阿拉伯的獨立。叛亂的獎賞自然是歷史悠久的黃金和武力，但也包括承認侯賽因出任半島西北部漢志地區的國王。就像薩珊波斯和帝制羅馬一樣，帝國會以附庸國王的頭銜來收買阿拉伯首領與自己結盟。來自歷史的迴響並未就此結束。波斯——或羅馬，或兩者皆有——早期的附庸國王（就如同我們看過的，他似乎也不只有一張臉）伊魯姆·蓋斯·本·阿爾姆曾誇耀自己是「阿拉伯人的國王」，並以此名號出現在第一件以阿拉伯文銘刻的偉大紀念物上，即西元三二八年的納馬拉碑文。而在一九一六年的此刻，侯賽因也讓自己晉升成「阿拉伯人的國王」[126]；不過有時，似乎像是要和嶄新的領土國族主義看齊，他也會使用「阿拉伯土地的國王」[127]這樣的頭銜。還有另一個回音是來自另一個亙古的過往。如同侯賽因的尊稱 ash-sharīf「貴族」所顯示的，他是屬於穆罕默德的古萊什哈希姆氏族；此外，身為古萊什家族的祖先城市麥加的埃米爾，他確實有資格宣稱，自己是曾經出過烏瑪亞和阿拔斯這兩大阿拉伯哈里發王朝的那個部落領袖……而且可以肯定的是，假以時日，他也會冠上「哈里發」這個頭銜。不過，在那個當下，他的夢想還沒超過統治一個統一的阿拉伯王國；這王國將包含蘇伊士運河以東所有講阿拉伯語的土地和人口：就只包括整個馬什里克而已。

英國駐開羅高級公署官員（British High Commission）抽著菸斗，撥著菸渣。他們對侯賽因的回覆拐彎抹角，模稜兩可。[128]他們一直在半島尋找游擊後援，做為這場大戰的穿插節目；現在，他們發現自己正在忖度，阿拉伯世界會不會在侯賽因這位自負的人物身上復興。他們決定讓侯賽因暫時保有他的美夢。於是，在這個關鍵時刻——土耳其人千年以來凌駕於阿拉伯人的優勢正在天平上搖晃——阿拉伯覺醒運動似乎在政治上和詩學上，都正轉向「從現代性撤退」：侯賽因宛如過去的擬人化——國王與哈里發、古萊什與哈希姆的一整個歷史，全都凝集在他身上。

短期而言，侯賽因的希望會破滅。但時間拉長一點，英國人的確會將阿拉伯的寶座交給他的兒子們，在「返今為古」這件事上與之共謀。將古萊什的子孫提升到附庸國王的地位，看起來或許穩定，具延續性，但這將使相互敵對的力量——靜滯與移動；傳統和改寫；過往和現在——網絡變得更加複雜，而阿拉伯的未來就將糾纏在這個網絡裡。

但這張網還可以更殘酷、更複雜，因為裡頭還有兩面手法。英國人一方面向這位阿拉伯小王求助，一方面也在欺騙他。一九一六年初，侯賽因相信「阿拉伯人的國王」的皇冠已經是他的囊中物；沒想到幾個月後，英國就跟宿敵法國達成協議，一旦拿下鄂圖曼帝國，就由兩國來瓜分它。當阿拉伯起義在侯賽因兒子費薩爾（Faysal）的英明指揮下，於一九一七年十一月贏得勝利之後，沒想到那把瓜分刀上卻出現了意外轉折——《貝爾福宣言》（Balfour Declaration）；文件裡指出：

> 英皇陛下政府贊成猶太人在巴勒斯坦內建立一個民族之家……但眾所清楚周知，不得有任何可能傷害已存在於巴勒斯坦非猶太社群的公民和宗教權利之行為……[129]

當第一次世界大戰的命運轉向對英國及其盟友有利的方向時，猶太人似乎就快達成阿拉伯人還搞不清該怎麼做的那項大業：廣集各色人群。在猶太人這個案例裡，就是把倫敦梅菲爾（Mayfair）豪宅區的銀行家羅斯柴爾德（Rothschild）和葉門的赤腳牧羊人都囊括進去，僅靠著對某個古老文本（在阿拉伯人的案例裡，則是對某個古老文本所使用之語言）的熱愛將他們聯繫起來，再將其轉換成一個「民族」（people），而根據現代歐洲國族主義的理論，民族有資格宣稱自己要成立一個領土型民族國家。許多猶太人（至少在梅菲爾區那個層級的猶太人）附和貝爾福的（猶太人）內閣同僚愛德溫・蒙塔古（Edwin Montagu）；他表示「錫安主義」（Zionism）是「『一種惡意的政治教條』，將會激起反猶主義」。[130]他這句預言應驗的程度超乎他當時的想像。無論如何，歐洲國族主義的各種要素在錫安主義裡都看不到，例如共同的語言、習俗、歷史（至少就最近一兩千年的歷史而言）……但這些早晚不成問題；在那個當下，「應許之地」的想法是可以採用的手段。比較有問題的是宣言的第二部分：「但眾所清楚周知……」《貝爾福宣言》是一道不可解方程式，在邏輯上是不可能的。它有如在說，你要蓋一座新水庫，但不會損害到會被河水淹沒的村民。

阿拉伯語把《貝爾福宣言》稱為Wa'd Balfūr，直譯是「貝爾福的應許」（雖然Wa'd一詞也有「威脅」的暗示）。這塊土地無論是由上帝應許或貝爾福應許都不是重點，阿拉伯諺語說得好：「應許只是雷聲；它要實現的是降雨。」在這個案例裡，這個雷聲很不祥，是在警告世人，洪水就要來了。而兆頭也正確無誤：洪水真的來了。宣言的第二部分注定行不通；這一百年來最清楚也不過的就是這點。無論提議以哪個地方做為猶太人的民族之家都不可能成功，即便是葉門的索科特拉島也一樣。[131]唯一可能的地方，大概是南極洲。

雜亂之夢

在一次大戰的餘波中，獲勝者開始在近東認真處理贏家的真正事業——分贓，而他們那時要瓜分的是鄂圖曼帝國。不列顛娜和瑪麗安娜不僅攜手塑造阿拉伯認同，還一起畫出阿拉伯世界地圖，在這同時，他們對侯賽因謝里夫有關阿拉伯獨立所做的含糊承諾，全都被悄悄忘記。有些評論者指出，以英法雙方協商者為名所簽下的《賽克斯—皮科協定》（SykesPicot Agreement），可以證明

> 英國對阿拉伯獨立與統一的支持勝過法國的反對。換句話說，賽克斯—皮科協定是統一的工具，而非今日普遍所認為的分裂手段。[132]

這是詭辯。那份協定的確接受了阿拉伯最終獨立的原則；但條件是這兩大強權具有永久影響力。[133]一名犯人並不會因為從關在牢裡改成軟禁在家，就得到自由。

如今，情況非常明白，謝里夫侯賽因將自己視為阿拉伯亞細亞（Arab Asia）不受拘束的唯一霸主的願景，就跟《古蘭經》裡的法老之夢一樣，都是不會圓的「雜亂之夢」。[134]不過，侯賽因的兒子費薩爾成長期大半是在伊斯坦堡度過，並曾親自帶領阿拉伯起義，他對實力政治（realpolitik）的領略要比父親來得強。他也認知到現代版阿拉伯國族主義日益增強的重要性，於是寫信給巴黎和會，表示該項運動的目標「最終是要將阿拉伯人統一成一個國族」，但有鑑於這個區域的巨大差異，他承認這不是短期內可以實現的目標。但他總結道，「如果我們的獨立獲得承認，如果我們的在地權限得以確立，那麼種

族、語言和利益的自然影響，很快就會讓我們融合為一個民族」。[135]這是一種高貴情懷。即便「種族」始終是系譜學者的一種建構，而「利益」更是常常讓阿拉伯人分裂而非凝聚，但他們還是有個希望，有個永遠強大的統一力量：語言。費薩爾的提案並未被充耳不聞；但那些耳朵卻因為勝利的喧囂而選擇性偏聽。一九二三年，國際聯盟同意給阿拉伯土地臨時性的獨立——但必須接受英國和法國託管。先前用鉛筆畫好的邊界，現在用擦不掉的墨水又描了一次；朦朧的「勢力範圍」凝固成硬邊的帝國監護區。

費薩爾在阿拉伯起義時的戰友勞倫斯上校（Colonel T. E. Lawrence）——這個來自北牛津的男孩將自己視為穿阿拉伯服裝的拜倫，從挖掘西台廢墟畢業後，又跑去炸毀漢志鐵路——被英國的兩面手法搞得徹底幻滅；或說是被這兩面手法的某些面向搞得幻滅。他曾經畫出自己理想中的後鄂圖曼區域地圖。在那張地圖裡，包含半島北部、伊拉克內陸和外約旦（Transjordan）的一大塊區域，都會標示為「阿拉伯人：費薩爾」（ARABS: Feisal）。地中海沿岸的小區域則是寫了「西奈」、「巴勒斯坦」（當然是非錫安主義的）、「黎巴嫩」。有趣的是，亞歷山卓塔灣（Gulf of Alexandretta，又名伊斯肯德倫灣）周圍標的是「亞美尼亞人」。不過安納托利亞與伊拉克北部以庫德人為主要族群的區域，標籤上只有「？？」，而美索不達米亞上方的一大塊地區，則是給了費薩爾的弟弟，標定為「阿拉伯人：札伊德（英國勢力下）」（ARABS: Zeid [under British Influence]）。在這同時，費薩爾的哥哥則是得到伊拉克的大部分地區——「伊拉克：阿布杜拉〔英國直接治理〕」（IRAK: Abdullah [under Direct British Administration]）。至於剩下的遼闊半島南部，勞倫斯沿著它的北界寫下這樣的句子：「除了大英帝國之外，沒有任何外國勢力允許在這條線以南的政府裡享有任何份額。」[136]即便是忠誠的勞倫斯，也跟那些玩兩面手法的英國官僚一樣，認為他的許多阿拉伯朋友還是需要不列顛娜這位保姆的嚴格照管。至於法國的地樁，在勞倫斯於那張地圖上的發揮之後……什麼也不剩。

無論是侯賽因想望的馬什里克巨型王朝，又或是勞倫斯展望的沒有法國人也沒有錫安主義者的地圖，都沒有機會實現，但年輕的謝里夫們的確得到他們的育幼院寶座。費薩爾被立為敘利亞國王；他利用不同保姆換手的空檔，召集了一次國民大會（General Congress），宣稱自己也是黎巴嫩和巴勒斯坦的國王。然後，法國人帶著一支北非軍隊抵達，迅速將他驅逐。[137]英國人於是在一九二一年將他遷到隔壁，登上伊拉克的寶座，英國人本來是想自己統治該地，但因為四處蜂起的部落叛亂而作罷。費爾薩的兄弟阿布杜拉也在同一年變成外約旦的國王。他們的父親謝里夫侯賽因在他的漢志寶座上受到正義之苦的煎熬。這個哈希姆家族做得還不錯，擁有三個王國；但事實是，他們都是附庸國王，就跟拉赫姆王朝與伽珊王朝一千四百多年前是波斯和羅馬人的附庸一樣。阿拉伯人再一次困在幾個掠奪性強權中間的岩石上——而且那幾個強權如今也站在岩石之上，以英國和法國官員的名義，發送具有強制性的「建議」，並在他們認為適當的時機，把國王趕下台或送上寶座。

歐洲人的出現強化了邊界，也加寬了邊界，因為它讓地理上毗連的領土變得截然不同。定居民族和部落之間向來有著hadar／badw的隔閡，但從來不是清晰明確的楚河漢界。如今，那些「西化」的地方，無論程度多表淺，對周圍沒改變的鄉村地區部落居民而言，都變得比以往任何時刻更像外星人。位於半島最南端的亞丁在各方面都是一個極端案例，而且是由帝國統治造成的。英國高級官員公署的甘乃迪．特雷瓦斯基爵士（Sir Kennedy Trevaskis）是英國在該地的最後管理者之一，他坦承：「英國的殖民統治將亞丁改造成一座島嶼，與南阿拉伯大陸隔著一道一百英里寬的海洋。」[138]亞丁本身就是一座微型半島，有古老世界主義式的連結，它跟葉門以及整個半島的關係，從沒超過若即若離的靠泊程度。但由於一百年來英國都從孟買來治理亞丁，遂使它逐漸朝印度的方向漂浮。（亞丁與該國其他地區因此所致的發展上——更別提心態上——的鴻溝，對此刻我窗外的混亂也貢獻了一臂之力。）這種同樣的錯置也以比較輕微的程度影響著其他半獨立地區，例如巴林和科威特。

邊界不僅是政治上也是社會上的融合障礙。它們一直是對抗的藉口，有時兵不血刃，例如一九五五年，一支來自阿曼和阿布達比、由英國指揮的武力將美國支持的紹德家族趕出布雷米（al-Buraymī）綠洲；但有時血腥駭人，例如一九九一年薩達姆．海珊沿著「死亡高速公路」轟炸科威特。所有的阿拉伯邊界都是斷裂的、沒有縫合的，那是一條開放性的傷口，從葉門和沙烏地阿拉伯的邊界，一直延伸到摩洛哥和阿爾及利亞的邊界，這條邊界自一九九四年起緊緊關閉，這兩個國家就像隔著籬笆大吼大叫的瘋狂鄰居一樣，互相指控對方是恐怖主義和戰爭販子。「如果一個人憎恨所有人，」就像山謬．約翰生體認到的，「他也會憎恨他的鄰居。」[139]而今日，有些時候，所有的邊界和仇恨，似乎都是從以色列隔離牆（Israeli Separation Wall）這個分裂之母輻射出去的。

邊界不僅把人隔在外面、把人隔開。如同敘利亞作者哈里爾．努艾米（Khalīl an-Nu'aymī）所知的，邊界也把人囚禁、把人埋葬：「那些人宣判我們不得旅行……宣判我們要在寬敞的墓裡緩慢死去。」[140]

楔子與裂縫

凡此種種都迴避了這個問題：如果邊界是由帝國主義者本著邪惡計畫硬畫出來的，那麼當阿拉伯人終於取得真正的獨立之後，為何不將它們擦除了事？為什麼他們沒有進入長久渴望的統一？畢竟再也沒有任何東西比《貝爾福宣言》和《賽克斯—皮科協定》的雙重恥辱更能重新點燃統一的修辭[141]，那些都是由背信的阿爾比恩人（Albion，英國古稱）和欺詐的高盧人組成的黑暗聯盟幹的好事。

當然啦，現在看來，答案應該很清楚了。阻礙統一的，並不是地圖上的那些界線。它們無能為力；但總是會有足夠的力量從內部將阿拉伯人拆分開來。阿拉伯人總是盡其可能將責任怪罪到其他民族帝國的頭上，但阿拉伯人從來就不是一個幸福快樂的家庭：不是從瓜分伊斯蘭的戰利品開始；也不是從前伊斯蘭時代為了放牧權所引發長達四十年的巴蘇絲戰爭開始。他們從來就不是一個真正的家庭，只有在部落的虛構故事裡才擁有共同的血脈。如果帝國該被怪罪，那麼凡是可激起遙不可及的統一神話或幻象的一切事物，都該受到責難。帝國主義者當然會想分而治之，但更常見的情況是，他們只是把楔子打進舊有的裂縫裡。如同支持獨立的行動主義者穆罕默德・阿里・賈瓦哈（Muḥammad ʿAlī Jawhar）對一九二〇年代印度的英國統治者所說的：「我們分裂，你們統治。」[142]後帝國、後國族主義的阿拉伯統治者發現，把這同一句話反過來——你們分裂，我們統治——確實比較容易，也就是說，在根據舊帝國邊界所劃分的區域內，要執行統治確實較容易。

今日，我們與帝國主義的距離已經遠到足以在回顧時，能更清楚看出它的特色。其中之一就是它包藏的所有邪惡，以及它留下的仇恨和分裂。帝國主義無疑有其邪惡的一面。例如，還有什麼事情能比一九〇六年的丁舍瓦伊事件（Dinshaway Incident）更邪惡？丁舍瓦伊是尼羅河三角洲上的一個平和小村，村民的鴿子在鴿舍裡咕咕叫，另有一些在附近的田野上展翅……突然間，一群粗野、拿著十二口徑步槍的英國軍官一陣風似地飄了過來，開始槍擊那些飛鳥。真是個好運動！村民拿著槍托和棍棒衝了出來——大叫——揮拳——重擊……一個不小心在一名英國人的頭蓋骨上敲得太大力：一名長官死了。接著是圍捕、審判，以及教訓那些易怒的農民：四位村民判處絞刑，兩位終生苦役，其他則受到比較輕的監禁和鞭刑

[143]。這根本是反應過度，是無法否認的邪惡。但邪惡理應可透過它造成的苦難數字予以量化，如果說英國人在巴勒斯坦所造成可衡量的邪惡超過英國人在埃及造成的，而法國人在阿爾及利亞造成的又超過前兩者，那麼今日埃及人在埃及造成邪惡也一樣——當今的埃及政權可以因為一名年輕人穿了「無刑求」的T恤就把他關進監牢兩年[144]，而且還大批處死伊斯蘭主義派的反對分子。伊拉克的海珊甚至更邪惡，比方說，他在哈拉卜賈（Halabjah）村莊一口氣用毒氣毒死至少三千名伊拉克庫德人。敘利亞的巴沙爾·阿塞德也是，內戰頭五年，單是在他的敘利亞監獄裡，據說就死了一萬八千人[145]，而在同一段時期，他的軍隊和民兵更是得為九萬兩千到十八萬七千位平民的慘死負責。[146]

哈賈吉·本·尤蘇夫這位烏瑪亞王朝的總督和大屠殺劊子手，今日依然風行而且同樣邪惡，他還受到某些阿拉伯人同樣熱烈的崇拜，他們會說：「他超強的！」哈賈吉和巴沙爾·阿塞德的行為是阿拉伯人殺阿拉伯人，丁舍瓦伊的絞刑判決則是一名英國人殺死阿拉伯人；照理講，這兩者不該擺在一起比較彼此的邪惡程度。但它是可以比較的。在不存在公民自由的地方，那個空隙往往會被國族自尊給占據。而國族自尊所導致的傷口——由外人施加的傷口——可能會造成不成比例的死亡。

國王和美國投機佬

英法兩國繼他們早期成功爭奪非洲之後，現在又以聯合贏家之姿出現，在近東地區並列爭球。這並不代表阿拉伯國族主義的結束；相反的，它為這項運動注入了活力。在整個一九二〇和一九三〇年代，反對帝國占領的抗議和起義鬧得轟轟烈烈，有時還相當暴力。在摩洛哥，西班牙宣稱他們對北部海岸區和西南沙漠區（後者稱為「西班牙撒哈拉」）也擁有保護權，於是在一九二一到一九二六年間展開一場血腥戰爭，由里夫山脈（Rif Mountains）北邊的柏柏人同時對抗西班牙和法國殖民主義者；不過，它沒有點燃其他人民的怒火，最後在歐洲雙強的串聯下遭到撲滅。然而，在地中海的利凡特那頭，另一塊高原飛地，也就是敘利亞的德魯茲山脈（Mountain of Druze）則正在加溫，即將變成下一個燃點。一九二五年，那裡爆發對抗法國的武裝叛亂，該次起義擴散到敘利亞的其他地區，一直要到一九二七年，法國軍隊從剛冷卻的摩洛哥戰場調來之後，才告平息。

對英國人而言，巴勒斯坦將如我們後面提到的，會從一九三〇年代末開始，變成最讓人頭痛的地方。與此同時，伊拉克在一九二〇年暴力反英國部落起義之後，處於一種暫時休兵的狀態。埃及偶爾會帶來一些驚嚇，例如英埃蘇丹的總督將軍李．史塔克爵士（Sir Lee Stack）在一九二四年遭到暗殺。但反殖民的反對派除了揮舞兵器之外，也可揮舞魅力；除了攜手抗爭之外，也可合作獨立——儘管有附帶條件。當時，最有希望的進展發生在埃及，埃及在一九二三年變成多黨制的君主立憲王朝，由瓦夫德黨（Wafd）稱霸，其他政黨則經常扮演制衡角色。沒錯，國王和英國人確實也展現了他們的影響力，但當時也的確存在貨真價實的辯論與多元主義。

整體而言，在兩次大戰中間這幾年，阿語世界看起來有萬花筒般的多樣性：如果說殖民強權不時會彼此借鏡，那麼反對殖民的大量在地勢力，也在持續不停自我重組。由覺醒運動鼓吹建立的大阿拉伯統一體，這個美麗單純的願景，在日益複雜的局勢裡迷失。除此之外，緊接在大戰之後的造王和倒王運動，也提醒泛阿拉伯國族主義者留意到一個長期存在的問題：就算阿拉伯人可替自己塑造出某種統一體，那要由誰來領導呢？

謝里夫侯賽因是對這個職位充滿熱忱的候選人之一，他曾經採用「阿拉伯人的國王」這個額外頭銜，但現實發展已讓他清醒過來。不過，他很快又找到一個更棒的：一九二四年，當已沒了帝國的鄂圖曼前蘇丹阿布杜．馬吉德二世（Abd al-Majīd II）被摘除哈里發頭銜，從土耳其遭驅逐出境之後，侯賽因迫不及待就跳上哈里發的空位。在「最後一位真哈里發」[147]拉迪死後一千年，人們並不清楚哈里發這個職務究竟有哪些具體內容——除了向穆斯林世界（或至少是遜尼派的穆斯林世界）暗示某種模糊的精神宗主權之外。但是在這起事件裡，沒人承認這位謝里夫的聲索。[148]一九二〇年，被擊敗的鄂圖曼哈里發蘇丹宣布將麥加的主權讓渡給侯賽因，如果當初他曾聽到全世界數量最多的印度穆斯林的抗議的話，他或許就可免去再一次失望。[149]印度人的反應凸顯出許多阿拉伯人曾經錯過的一項改變。侯賽因可不是普普通通的老阿拉伯人：他是古萊什部落，是哈希姆氏族，是先知的後代。在他自己和其他人眼中，他的世系給了他最高階的貴族地位，最有資格可以聲索聖城的統治權。但伊斯蘭早就長大了，超越它的阿拉伯過往：自從馬木路克時代開始，麥加就是一塊國際飛地，一個真正的世界之臍；對絕大多數的穆斯林而言，伊斯蘭不再是一個家族公司，而是全球性跨國企業。要恢復麥加的在地統治，就像要把梵諦岡交給羅馬市政府一樣荒謬。現在，侯賽因竟然還想宣稱自己擁有哈里發這個頭銜，簡直就是狂妄自大，只會招來失敗。果然，復仇女神已經從隔壁的內志上路了。

侯賽因從麥加埃米爾晉升為漢志國王一事，已經在半島內部引發嫉妒。他的南部鄰居和遠親：葉門伊瑪目葉海雅（Yaḥyā）不甘示弱，也在一九二〇年將他的伊瑪目國升格為王國。現在，隨著胡賽因於一九二四年宣稱自己是哈里發，另一個鄰居也加入這場頭銜爭霸戰。此人不是謝里夫，但他是內志那個冷峻高地的紹德酋長氏族的成員，本身也是個好鬥者：體型高大魁梧的阿布杜．阿濟茲．本．阿布杜．拉何曼（ʿAbd al-ʿAzīz bn ʿAbd ar-Raḥmān），通常簡稱為伊本．紹德。他得到了瓦哈比部落的支持，而這些部落長久以來都是他家族的盟友。這個聯盟的野心在一個世紀前被穆罕默德．阿里帕夏碾碎。現在，鄂圖曼崩潰讓他們得以重新振作，再加上伊本．紹德本人也有領袖魅力和軍事才幹，他們已收服內志所有地區，接著又攻擊漢志與無助的侯賽因。謝里夫兵敗逃往塞浦路斯，伊本．紹德便拿下他的土地及漢志國王的頭銜，並在隨後幾年取得更多阿拉伯半島領土。誠然，除了漢志的朝聖城市之外，阿拉伯之島上比較有用的部分——特別是葉門和阿曼——確實還不在他手上；伊本．紹德是荒野之地的國王，只握有少許資源，而且師出無名。雖然他繼伊斯蘭早期之後首次統一了半島多數地區，但他是仰仗殘酷的宗派力量，不僅疏離哈希姆家族，也疏離大多數講阿拉伯語的世界。因此，當一九三二年，他以自己家族的名稱將他的土地命名為「沙烏地阿拉伯王國」（the Kingdon of Saudi Arabia）時，那似乎是一項極端自負之舉。

然而，這一次，自負帶來的不是衰亡，而是石油。伊本．紹德受到波斯灣其他鄰近地區新近的挖掘行動啟發，在一九三三年發給加州標準石油公司第一張探勘特許狀。他們花了五年的時間，才在波斯灣沿岸的達蘭（Dhahran）挖掘到足夠商轉數量的石油，但自此之後就不曾回頭。事後證明，伊本．紹德那塊沒希望的領土擁有全世界最大的石油蘊藏量，而透過當時擠破頭的美國公司，他可直接進入這類原料的最大市場。

雖然表面看不出來，但那幾個老牌的歐洲強權、那些海洋貿易和燃煤工業的產物，儘管才剛在利凡特地區擴張勢力，但其實氣數已快用盡。在這場帝國接力賽中，棒子正遞給一個新的世界強權——一個以內燃機和炫耀性消費為動力的汽車帝國。高耗油的美國儘管以反君主制聞名，但自從它發現紹德的王國下面埋了什麼之後，就與他緊緊相依。而隨著燃油專制主義和自由國度（Land of the Free，即美國）

的怪異擁抱，部落與帝國之間的關係也翻開了新的一章。英印對半島的影響力讓位給美國，帶著辦公箱走天下的英國公務員（box-wallah），讓位給把毛毯當布袋裝滿搜刮財物的美國投機佬（carpet-bagger），以及沙烏地阿拉伯國家石油公司（Aramco，一個二次大戰後的大財團）那個裝滿了石油里亞爾（petroriyal，riyal是沙烏地的貨幣名稱）的旅行箱世界（portmanteau world，譯註：portmanteau是指對開皮箱，也引申為由兩個不同詞彙組成的混成詞portmanteau word）。一九三九年，英國和美國在中東石油產量的持分是百分之十三比百分之六十。到了一九五四年，則是百分之六十五比三十。[150]

美國和沙烏地這一對，從以前到現在都是一段極其奇特的關係。理查·哈里伯頓（Richard Halliburton）在一九三六年的旅遊書《七里格靴》（*Seven League Boots*）裡收錄了一張照片，那似乎預示出這段關係的某種本質。照片圖說是：「國王與作者合影」（難道順序不該是反過來？），照片裡是裹著懸垂帽巾、宛如雪萊詩中主角奧茲曼迪亞斯（Ozymandias）的伊本·紹德，和一位穿著白西裝的厚臉皮洋基佬，兩人似乎都對彼此的陪伴感到輕鬆：土星和水星，彼此分開，但在同一個太陽系裡繞行。

這兩者走在一起，也為半島帶來改變與停滯的奇特混合。在一九二〇年代的征服裡，伊本·紹德的瓦哈比劫掠者是最後一次使用古老但依然具有毀滅性的駱駝加馬匹組合。[151]到了一九三〇年代，隨著石油的許諾、滾滾湧入的現金，再加上聖約翰·費爾比（St John Philby）這類朝臣—特許經銷商替他們鞭策福特公司，他們就此進入機械化的時代。根據一位權威人士的說法，「部落劫掠的時代來到尾聲。」[152]不過，長達兩千年的劫掠習慣並沒辦法這麼快去除；劫掠這種機制以另一種方式存活下來且蓬勃發展。因此，紹德始終是在他們自身的張力網中進行統治，包括他們和美國人之間的張力，以及他們和自身部落武士之間的張力；有時，後者的關係頗類似穆罕默德的麥地那國與那些危險但不可或缺的貝都因劫掠者[153]。關於武士構成的威脅，這點毫無疑問：例如，一九二一年，極端派的瓦哈比部落民曾經掠奪並屠殺前往麥加、以葉門人為主的朝聖商隊。[154]隨著伊本．紹德的威權提升，早期伊斯蘭國的歷史也重新上演，他試圖讓放蕩不羈的游牧民集體化並安頓下來，把他們放進他稱之為hijrah的社群裡[155]——這同一個字也帶有穆罕默德展開新生活的遷徙行動之意。而就像最早期的哈里發們在安頓他們自己的muhājirūn——「hijrah移民」——時，無法讓部落融入新的軍營城鎮，伊本．紹德也同樣做不到。[156]部落的連結還是和過去一樣強大，而且在一九二九到一九三〇年，有好幾個最極端的瓦哈比部落起兵反抗國王，並遭到血腥鎮壓[157]，例如瓦哈比兄弟運動。在伊本．紹德看來，某些aʿrāb真的實踐了《古蘭經》對他們的描述，「是最不信和最偽信的」[158]。

至於這個新王國的aʿrāb，整體而言，二十世紀的他們可能會像七世紀時那樣，在誘使之下放棄他們四處漫遊的生活方式——沙烏地阿拉伯的游牧人口從一九五〇年代和一九六〇年代的百分之四十，下降到一九九八年的百分之五[159]——但他們並非全都轉化成良好的布爾喬亞公民。兄弟會無法預測的善變精神依然活著，情況許可時可疏導到國民兵和揚善禁惡委員會（Committee for the Commandment of Virtue and the Suppression of Vice），即「道德」警察；但有時還是會激起極端主義的新展現，蓋達組織只是其中的第一個而已。

往南走，當英國終於在一九三〇年代打算處理亞丁廣大腹地看似地方病的無政府狀態時，他們與部落民之間也有類似的問題。在哈德拉毛，多元政體大爆炸可能是比較貼切的描述：被英國派去處理此事的哈羅德．英格倫斯回報說，該省大約有兩千個不同「政府」，有的小到只有一個山村，甚至只有一戶，但每個都不願效忠更高階的威權機構[160]。英格倫斯和傳統的地方權力掮客——經常是穆罕默德的後代——斡旋，敲定一份和平條約，制止較大派系之間的長期爭鬥。然而，事實證明，貝都因的部落民是其中最麻煩的元素：他們依然靠著放牧、搬運和劫掠維生，英國人必須轟炸他們，才能逼他們宣布放棄第三種歷史悠久的謀生手段。

不過，和沙烏地北部的部落民一樣，即便是英國統治下和英國轟炸過的badw，也不可能在一夜之間變成守法的hadar。哈德拉米badw稱呼他們非部落鄰居的用語，某種程度可以解釋箇中原因：定居者稱為musākin，字根是sakana，和hadar一樣意指「久坐不動、靜止不動」，但也有「不幸的、可憐人」的意思；他們也是hirthan「耕種者」，字根是haratha「耕種、犁田」，但它最根本的意思是「為了生存而工作」。[161]部落民不會為了生存而工作——至少，他們不會在土地上勞動；他們放牧，他們運輸，他們劫掠，他們跟上古時代的歐洲貴族一樣傲慢，看不起「貿易」。（在今日的國家體系裡，部落民可能會以名義上的政府雇員身分領取薪水，最好是軍人或警察，但不會真的去接受軍事訓練或打擊犯罪：領錢不做事也是一種劫掠方式，即劫掠國庫。）對哈德拉毛和其他地方的傳統badw而言，用貝德福（Bedford）卡車取代你的一排駱駝是可接受的，但要把你的刀劍或步槍改造成犁頭，則總是惹人厭；那表示再也無法佩戴勳章，無法持有武器，無法享受榮譽。和平、順從、定居、休止、耕種、犁田、靠汗水維生，這些都代表著福山式的歷史終結。

不過，有幾十年的時間，舊時代似乎真的結束了。在由英國經紀的那幾十年和平時光裡，一位自認對哈德拉米badw知之甚詳的觀察家表示：「他們死了。」[162]這宣告為時過早；時間只是暫停而已。

泥東

當最後一位鄂圖曼君王在巴黎流亡、整理他的蝴蝶收藏時，許多阿拉伯人對高門半影下那幾個緩慢、單純的世紀走向終結，感到遺憾。如今，他們置身在二十世紀的全照炫光之下，逐漸出現在西方人眼裡的中東（Middle East），很快就變成了泥東（Muddle East）。第二次機械化大戰蠢蠢欲動，對未來同時有著興奮和恐懼。是否會有更多帝國走向滅亡？如果是，那些相互競爭的阿拉伯統一修辭家，是否終於能達到共識？後者看起來似乎不太可能。阿語世界就跟向來一樣四分五裂，而且在二十世紀的三〇和四〇年代，那張天生就很複雜的社會和政治地圖，更是幾乎扭成漩渦主義派（vorticist）的畫作：

……由於它混合了外國支持的君主制和殖民干預——這些干預有時是溫和的，例如在哈德拉毛，英格倫斯會先用涼鞋、纏腰布和銀手環談和，皇家空軍也會先丟出禮貌性的警告信件然後才投下炸彈；有時很鐵血，例如墨索里尼為了取得屬於他的那塊阿拉伯世界，硬是在利比亞打了九年的戰爭；有時則是愈來愈堅定要侵入對方門戶，例如日益湧入巴勒斯坦的外國猶太人；

……由於它奇怪的並置情形，例如沙烏地宮廷裡的badw劫掠者和美國石油商人；亞丁穿印花布的歐洲夫人和靛青紋身的部落民；旅行探險作者芙雷雅．史塔克（Freya Stark）的駱駝伕跟她借了「雷特布里姬小姐」（Miss Lethbridge）的龐德街面霜去打磨他的匕首[163]；

……由於伊本．紹德對抗哈希姆家族，哈希姆家族偶爾的彼此對抗，以及每個人都對抗外約旦哈希姆家族的阿布杜拉，把他視為英國人和錫安主義者的走狗[164]，而他也以自己的帝國之眼看上了大敘利亞[165]；

……由於法國利用來自馬格里布的軍隊對抗馬什里克的叛亂分子[166]，一邊被柏柏人痛擊，另一邊遭德魯茲人狂打；英國在巴勒斯坦則同時遭到阿拉伯人和猶太人痛擊，因為《貝爾福宣言》的矛盾邏輯必然會轉變成實際對抗；

……由於埃及她那位後鄂圖曼時代的赫迪夫如今成了國王，戴著英國人給的附庸王冠，而他的反英政府則是追隨尼羅河國族主義的潮流——據說對統一的阿拉伯世界感到絕望首相薩德·達格盧勒（Saʿd Zaghlūl）曾說過：「如果在一個零後面加上另一個零，然後又加另一個零，你的總數會是多少？」[167]

由於所有這一切，阿拉伯統一的前景日益渺茫。

盜火者

如果說政治統一似乎是破碎的美夢，但至少由「覺醒運動」所復興的阿拉伯「文化民族」，似乎曾經從那長達數百年的美麗睡眠中獲益。新興的創意作家和詩人為阿拉伯認同注入了生命力和凝聚力。但即便是這部分，也正出現裂痕。政治和知識上的質疑，從埃及這個阿語世界的中心向外輻射，威脅要破壞國族主義的文化基礎。

十一世紀的敘利亞人馬阿里經常被宣揚成最晚近的阿拉伯語大詩人，埃及學者塔哈·胡賽因和他一樣，都具有令人不安的洞見能力。第一次世界大戰期間，他在法國求學並娶了一名法國女子，他認為埃及應該重新擁抱希臘—歐洲文明，同時應該像過往那樣，對「東西兩方所有文明民族」的影響抱持開放態度。[168]這和當時許多埃及知識分子的想法是一致的。但塔哈·胡賽因雖然承認阿拉伯語「與〔我們的〕生活融為一體，以某種方式構成了它也形塑出它的個性」[169]，但他並不害怕以批判的角度去檢視阿拉伯語的奠基文本——並非神聖不可侵犯的《古蘭經》，而是支撐阿語文化傳統的更深層基礎，包括穆斯林的和非穆斯林的，以及讓阿拉伯覺醒運動得以發聲的那個語言的更深層基礎。他在一九二六年出版的《論前伊斯蘭詩歌》（*On Pre-Islamic Poetry*）裡，直指該主題的要害：

> 我們稱之為前伊斯蘭詩歌的那些作品，絕大多數根本不是前伊斯蘭的。它們是在伊斯蘭出現之後製作或被誤指的。[170]

頌歌的金庫——語言的金本位、做為一個國族新未來的古老頭期款——如同他在一段又一段的論證中所顯示的，幾乎都是糟粕；伊斯蘭早期的古詩歌傳播者是查特頓（Chatterton）之類的古詩偽造者，是莪相（Ossians）之類的虛構古詩人。阿拉伯的過往，以及隨之而來的阿拉伯認同，在烏瑪亞和阿拔斯時代不僅被重新塑造過，還在他們的詩歌「工廠」裡製造出大量假貨。[171]他做出這樣的宣判，靠的是裡裡外外檢視過這些詩歌證據，以及他所謂的「笛卡兒式超脫」（Cartesian detachment）——藉由「忘記」他的國籍和宗教；他認為，這樣的超脫是「現代紀元的識別標誌」。[172]它的確現代；但在一個詞語幾乎是唯一的藝術素材，而詩歌是終極文化產物的文化裡，塔哈．胡賽因的做法，簡直像是對著收藏在大英博物館裡的希臘帕德嫩石雕（Elgin Marbles）揮舞大錘。甚至更糟：因為他棄若敝屣的圖符是祖先的肖像，它們不是冰冷的大理石，而是會在每次背誦時重新活過來的血肉。

在某方面，這不是塔哈．胡賽因正確與否的問題。毫無疑問，確實有些詩歌是捏造的，大概還有更多是在伊斯蘭時代修復和打磨過的。然而，許多評論家覺得他錯在摒除掉「絕大多數」的前伊斯蘭詩歌。但案子已經判下去了。該書除了把詩歌這個嬰兒連同洗澡水一起倒掉之外，也倒出一些令人不安的問題。塔哈・胡賽因雖然沒有把他的笛卡兒式超脫直接套用在經文上[173]，但他的確審問了一些長久以來備受珍視的故事，而這些故事也散布在《古蘭經》簡練的文本中，包括對於艾德族、對馬里布大壩爆裂，以及對杜撰的阿拉伯《創世紀》的傳統敘述。[174]他的著作遭禁，理由是對《古蘭經》和先知的某些方面提出質疑，有危害公共秩序之嫌；一九二七年，他還因為異端的指控遭法庭傳喚。[175]除了來自穆斯林最高權威阿茲哈爾教長（Shaykh al-Azhar）的諸多抱怨之外，他還被指控「藐視」穆罕默德的祖先——「沒有任何異教徒或多神教徒膽敢」如此；而他也暗示最原初的阿拉伯信仰並非亞伯拉罕的一神教。[176]這裡有許多部分關係到亞伯拉罕／易卜拉辛和他的兒子以實瑪利／易斯馬儀的歷史性和角色[177]，自烏瑪亞王朝以降，他們對於鍛造統一的阿拉伯認同就極其重要。[178]但這裡的「鍛造」是什麼意思呢？是「錘打」還是「偽造」？

塔哈・胡賽因本人確實如成語「三心兩意」字面上說的有「兩意」（in two minds）。庭訊時，他堅稱：

> 身為穆斯林，他並不懷疑易卜拉辛和易斯馬儀的存在，或《古蘭經》裡任何和他們有關的素材。但身為學者，他必須遵從學術研究的方法，因此他不能接受易卜拉辛和易斯馬儀的存在是學術史上的一項事實。[179]

這是信仰與理性之間、修辭真理與經驗事實之間的老陷阱。而塔哈・胡賽因，即便身陷井底，還是勇敢抬頭仰望。這場審判或許是阿拉伯穆斯林世界那個延遲許久的「伽利略時刻」。

他當然不是第一個陷入二元陷阱的穆斯林思想家。但大多數思想家都對他們的困境視而不見，例如十世紀的邏輯學家希吉斯塔尼（as-Sijistānī）只說《古蘭經》可豁免於合邏輯的要求。[180]生理上目盲的塔哈．胡賽因可以承認立體視覺的確是一種「現代」觀點，而且極具顛覆性。此外，它也凝視著身為阿拉伯人內心深處的黑暗所在：「二元主義」；一位更為晚近但同樣精闢的觀察家穆罕默德．賈比里如此寫道：「那在所有領域構成身為阿拉伯人的本質。」[181]

要小心鱷魚心理學（偽心理學）。但這種二元主義——同時從兩個相反觀點、在兩種對比的光線下看待同一個現象的能力——或許可以解釋一些明顯的異常現象：例如，為何有一大堆阿拉伯字詞同時指稱某樣事物和它的相反事物（al-jawn＝黑／白[182]；jalal＝大／小[183]）；為什麼人們可以推崇一位政治領袖但同時承認他的腐敗明目張膽，可以絲毫不帶諷刺意味稱他是sāriq waṭanī「愛國賊」，甚至是——如同我們看過的——sāriq ʿādil「義賊」。[184]這觀點是立體派的，是歐威爾式的「雙重思考」。除了觀點之外，還有許多強烈且不可否認的二元性：民族／部落；精神的麥加／世俗的麥地那；ḥajj／hijrah「朝聖／遷徙」；ḥarām／ḥalāl「不受真主許可／受真主許可」；不潔的左手／潔淨的右手；寂靜的蘇菲派／好戰的瓦哈比派；ʿarab／ʿajam：高級阿拉伯語／阿拉伯方言……這些是社會、宗教和語言的永恆辯證，在其中，世界是一連串的衝突對立、命題與反命題。鱷魚心理學也好，紅鯡魚也罷，有不少阿拉伯思想家已經捕撈過這個主題。阿多尼斯也撈了滿網的雙頭二分法，最後的結論：「……鄉村／城市；阿拉伯人／希臘人；阿拉伯人／西方；預言／科技，」他說，所有這些都是「阻礙創意運動的對立二元性」[185]，彷彿阿拉伯人就像布利登（Buridan）的驢子，因為拿不定主意該吃左邊還是右邊的飼料槽，結果活活餓死……阿拉伯人不僅是卡在兩頭獅子中間的一塊岩石上，他們還卡在一座馬廄裡，在隔欄之間停滯不前。

用這種摩尼教式的二元對立來看待一切，確實乾淨俐落，卻也極度簡化。同樣的，關於本書所談論的阿拉伯統一這個問題，穆罕默德·賈比里的猜測可能是正確的，他認為核心關鍵是一種特殊的二元論。他觀察到，「統一性／殊異性」（unity/particularity）這組二元對立如何

讓區域特質與泛國族的整體競爭——但又不會讓部分或整體想要撤銷或否定彼此。這樣的否定只會自廢武功，因為其中一方存在的前提，就取決於另一方的存在。[186]

和hajj與hijrah「麥加與遷徙」這個古老的阿拉伯二元性一樣，阿拉伯統一的概念也同時扮演磁鐵和離心機的角色：它吸引，但也必然排斥。朝聖者滿懷希望抵達——但終究得離開。子宮似的麥加不可能永遠收容他們；即便是聖潔的移民也會變成瘋狂的群眾。唯一神論派也是永恆的朝聖者，在路上充滿希望，但也總是會為了現實和家園逃離人群。

塔哈·胡賽因一案的法官們很學術也很開放，這個案子遭到撤銷。然而，那本書還是受到懲罰；它獲准重新發行，但必須將具有冒犯性的段落刪除。有關雙極性、二分法和超脫這幾個比較大的問題，依然故我，而且明目張膽；伽利略還沒得到自由。事實上，塔哈·胡賽因傳遞的訊息在今日甚至更令人不安。政治統一的距離看似愈遙遠，阿拉伯文化團結的古老詩歌基礎就愈令人寬慰；伊斯蘭被自身相反的極端力量拉扯得愈分裂，先知和《古蘭經》這兩個無可質疑的穩定核心就變得愈重要。

不過塔哈·胡賽因點燃的想法還在悶燒。詩人尼撒爾·卡巴尼緬懷他是個「盜火者」（the Thief of

Fire），並期盼他能重回人間[187]。在今天，他能得到無罪釋放嗎？

複數的統一

約莫在塔哈·胡賽因接受審判的同時，曾倡導阿拉伯東部統一的勞倫斯逐漸有了先前提過的覺悟：「阿拉伯統一……是瘋子的想法。」[188]這是所有浪漫派終究會有的覺悟，只要在真實的阿拉伯世界住得夠久的話。如果阿拉伯統一真有可能化為現實，它不會變成埃及中心主義者薩德·達格盧勒口中虛無的零和；也不會變成乾淨俐落的雙頭噴火怪，或雙頭駱馬。相反的，如果根據一九三〇和一九四〇年代企圖追求統一的做法，它會變成多頭怪物，變成多重分裂人格的九頭蛇。

阿布杜·阿濟茲·本·紹德國王從一九三六年開始模擬一種以自己為領袖的泛阿拉伯聯邦。[189]與此同時，外約旦的阿布杜拉國王也正在遊說與敘利亞組成聯盟，最後還會納入巴勒斯坦和伊拉克，同樣是以自己為領袖，直到他一九五一年遭暗殺為止。稍後，伊拉克首相努里·賽義德（Nūrī as-Saʿīd）企圖說服英國人合組聯盟——對抗敘利亞、巴勒斯坦和外約旦，但由伊拉克擔任聯盟領袖。不出意料，這些想法無一成真。比較令人驚訝的是，埃及竟然放棄它那獅身人面似的超然，提議成立阿拉伯國家聯盟（Arab League），並在一九四五年落實。創始成員除了埃及本身，還包括敘利亞、伊拉克、外約旦和巴勒斯坦這四個不情不願的四方組；另外有黎巴嫩、沙烏地阿拉伯和葉門。更驚人的是，除了在埃及與以色列簽署《大衛營協定》（Camp David Agreement）之後遭到排擠的那段期間，以及一九七九到一九九〇年由一名突尼西亞人擔任聯盟主席之外，其他時間的每一任祕書長都是由埃及人擔任。[190]

不用說，若不是因為這聯盟只是個沒有權力的空談俱樂部、只是個外交版的無事忙俱樂部、裡頭的成員總是「尊重彼此的不同意見」[191]，其他會員國絕不會同意讓埃及實質壟斷這個職務。不過，他們的確從一開始就同意一些目標，那些目標客氣到足以滿足最偏執的君王：

> 加強參與國之間的聯繫，協調它們的政治綱領以強化實質合作，保存它們的獨立與主權，以及通盤考量阿拉伯國家的事務和利益。[192]

這個聯盟逐漸擴大，目前擁有二十二個會員國。入會資格是必須以阿拉伯語做為官方語言[193]；這項條件把一些同床異夢的夥伴拉在一起，包括索馬利亞和喀麥隆。對於誰是阿拉伯人或何謂阿拉伯人這古老的大哉問，聯盟的答案是，使用阿拉伯語和住在阿語國家的人（這似乎排除掉真正的索馬利人和喀麥隆人），以及「支持阿語民族之渴望者」。至於這些渴望是什麼，以及這種支持該如何表現，則不清楚。這個聯盟就跟長毛象和無牙象一樣，幾乎沒有生命跡象，而且被烙上「從一開始就是個死胎」[194]和「暴政垂死時代的機構」[195]之印記。但它的死亡報告，無論在它出生之前或未來，大概都是被誇大的，而且利可能還略大於弊。

在任何情況下，埃及人就像最厲害的魔術師，總能從他們袖子裡拿出令人驚奇的東西。埃及曾是第一波激動人心的阿拉伯覺醒運動的故鄉，也曾經誕生出盜火者。但在一九五〇年代，它帶來了夢想騎士（Knight of Dreams）——他將在短暫燦爛的十年裡，點燃穆罕默德之後最大的一只阿拉伯火輪。

第14章 希望的年代

納瑟主義、復興主義、解放、石油

空寶座

一九五二年初夏，一頭豐滿嬌寵的駱駝，在杖儀隊和管樂隊的伴隨下於開羅遶境。隨著音樂搖擺的駝峰頂端架了一頂精緻轎子，轎頂有金字塔狀的屋頂。轎子裹覆精緻的刺繡布，還有鍍金的尖頂裝飾，類似一座小巧華麗的亭閣[1]。阿拉伯文把這種轎子稱為 al-mahmal，裡頭是空的，但充滿象徵意義——它是主權、移動、朝聖的密碼，並以它覆面上的書法象徵阿拉伯語言的力與美。它的功能是旅行用的迷你版金鑾殿，先前它也去過麥加，代表埃及統治者向安拉之家致敬——是一次椅子本身真的踏上旅程的扶手椅朝聖（armchair pilgrimage，臥遊的意思）。

al-mahmal 本身也充滿歷史淵源。它的起源可回溯到烏瑪亞時代，但是在十三世紀最初幾任埃及馬木路克的統治下變成常規習俗[2]。很快的，其他地區也開始送 al-mahmal 去麥加；葉門、敘利亞和後來的鄂圖曼土耳其這些地區個個都獻出它對統一的效忠，那是由這座古老城市、這個世界之臍所象徵的統一，但每個地區也都表達了自身的獨立。和其他朝聖隊伍一樣，al-mahmal 也會在朝聖結束後返家，而它往返麥加的旅程，就是由將阿拉伯世界拉在一起又將它推分開來的力量所驅動。

al-maḥmal之旅和在地政治有關，也和朝聖有關。拿破崙在他擔任伊斯蘭信仰的異教捍衛者的短暫期間，也打造過一頂al-maḥmal並派往麥加。[3]對歷史學家賈巴爾提而言，看著法屬埃及的遴境隊伍從開羅出發，似乎是

奇中之奇——造形多樣，形狀繁複，教派混搭。普通百姓被高高抬起，閒雜人等倍增，各種創作亂七八糟湊在一起，與傳統形成鮮明對比。[4]

然而，法國人離開後，傳統很快又站穩腳步。但傳統本身就有一些夠奇怪的地方。例如，傳統上al-maḥmal後面會有一名隨行男子，稱為「駱駝謝赫」（the Shaykh of the Camel），他留著長髮，除了一件寬褲之外什麼也沒穿……

他騎在駱駝上，不停搖頭晃腦……所有人都聲稱，他整趟旅程都搖個不停。[5]

有時，這名老漢後面還會有一頭駱駝，上面載著一名衣著暴露的老婦，名為「貓母」，六隻貓咪跟她一起坐在駝鞍上，往返麥加。[6]不過，在十九世紀後期的現代化埃及，這類畫片般的人物已經沒有立足之地。從一八八四年起，埃及的al-maḥmal是搭自己專屬的火車車廂前往蘇伊士運河，接著改乘汽船下紅海到吉達（Jeddah），再從那裡安駕在傳統的單峰駱駝上。這類調整或許有助於埃及al-maḥmal的存續；葉門的al-maḥmal早在十七世紀就消失了，土耳其—敘利亞的也在一次大戰時壯烈犧牲。[7]不過埃及

的al-mahmal也逃不過滅亡的命運。一九二六年，在伊本．紹德的瓦哈比兄弟運動中，麥加的新保護者用石頭砸轎、毆打樂隊、和護衛爆發衝突[8]：對純潔的部落民而言，al-mahmal是bidʿah——一種異端的創新，即便這項「創新」已經長達六百年或一千兩百年之久。從那之後，有一代人的時間，al-mahmal只在開羅遶境，打扮得漂漂亮亮但卻無處可去。

不過，一九五二年的遶境是它的最後一次。那年夏末，一群軍官推翻了英國支持的埃及國王；所有的過往和它過時的象徵，包括al-mahmal，全都移堆到歷史的雜物間裡。此外，自一九二六年起，駱駝和牠的空轎子就會讓人想起痛苦的當下。旅行更容易了，蒸汽火車和汽船取代了駱駝車隊，阿拉伯世界應該更加團結，好共同面對帝國主義和那位任性的新繼女——錫安主義。但與往日連結的最後一個象徵，已經被麥加的新主人們拒斥了。現在，連埃及的新主人也拒絕：對他們而言，這是創新的反面——一種時代錯置。那頂空轎的象徵主義如今也是空的；甚至比阿拉伯聯盟（阿拉伯連結在開羅的新象徵）的修辭更空。

埃及介於阿語世界的馬格里布和馬什里克中間，但不屬於任何一邊，若要說埃及真有什麼不同，也就只是它和其他阿拉伯國家之間的距離稍微疏遠了一點。拿破崙的解放宣傳釋出一股潮流並不斷強化，於是革命跟著潮流而來：埃及正被它自己的國族進程推向一個不確定的未來，而且那個國族主義是埃及的，不是阿拉伯的。每個人都曾指出，這是自法老王之後，埃及第一次有真正的埃及統治者；雖然在這塊至少好幾千年來都是三大洲人群匯集處的土地上，「真正的埃及人」究竟是指什麼，並不清楚。這當然不表示那些革命軍官都是科普特人，科普特這個名字就是源自於這個地區的名字；在詞源學上，Copt就是Gypt。比較正確的說法是，這些新領導者並非較晚近的外來者——馬木路克、鄂圖曼人、阿爾巴尼亞人，或（望天垂憐）英國人。和七十年前的阿赫美德・烏拉比革命一樣，他們是來自阿拉伯或阿拉伯化的定居者，而在一千三百年的長時段裡，這塊土地有夠長的時間足以將阿拉伯入侵者轉化成土生土長的埃及人。

到頭來，在一九五二年革命的四年之後，埃及的新埃及人統治者又將改弦更張，不僅會堅持他們的阿拉伯性，還要奪取世界各地阿拉伯人的領導權。一如往常，阿拉伯性是一種被忘記、又被重新發現，被拋棄然後又被重新主張、重新蒐集和重新塑造的東西。它是一種會根據不同的時代階段和政治氛圍退潮或湧動的東西，而它正準備迎來一場春季大潮。

地圖上的一把匕首

相對的，在一九五二年革命的四年之前，阿拉伯性和阿拉伯統一則處於有史以來的最低潮。錫安主義對著殖民主義揮舞宗教的魔法棒……將它變成領土國族主義。這項轉變是在既可預見又無法預期的一些事件背景下發生的。

可預見的事件包括《貝爾福宣言》完全行不通。兩次大戰之間，失控的猶太移民和土地購買在巴勒斯坦激起社群之間的暴力[9]；可以想見，巴勒斯坦人起而反叛英國的託管勢力，而此舉又招致殘酷的集體懲罰。[10]十年前喬治・桑塔亞納口中的帝制英國，那個「甜美、公正、孩子氣的」[11]世界主人，究竟怎麼了？後來，當英國人試圖阻止移民潮時，又換成猶太人起來反抗。大多數的暴力分子都是極端派的錫安主義團體，伊爾貢（Irgun）和斯特恩幫（Stern Gang）：

> 利用恐怖戰術贏得政治目標，他們……在中東歷史上開啟了危險先例——直到今天，那依然折磨著該地區。[12]

恐怖主義的經典之作是耶路撒冷的大衛王飯店：一九四六年，伊爾貢轟炸該飯店，造成將近百人死亡。[13]這起爆炸迴盪了好幾十年，從聖城一路迴盪到貝魯特、巴格達和曼哈頓。在這同時，以色列倒是從埋炸彈或丟炸彈這個等級畢業了，轉而改用更文明的方法投擲。

然而，其他無法預見的事件緩解了從錫安主義殖民地到以色列國族的轉化。除了先知之外，沒人能預料到納粹為歐洲猶太人帶來多可怕的苦難。彷彿被那巨大的苦難瘖啞了聲音、蒙蔽了雙眼，以致世界其他地區都沒注意到巴勒斯坦的苦難。阿拉伯人當然再清楚也不過，但他們對巴勒斯坦的看法會根據自身的利益而有不同的偏斜。當攤牌的時刻在一九四八年到來時——錫安主義者和鄰居的戰爭，包括埃及、外約旦、敘利亞、黎巴嫩和伊拉克——阿拉伯聯盟便因此產生致命的分裂。他們最團結的時候，是其中四個聯合起來，阻止外約旦哈希姆國王阿布杜拉搶奪巴勒斯坦的阿拉伯領土來擴大自己的疆域。他們的恐懼理由充足：因為阿布杜拉已經跟錫安主義者接觸，試圖為此取得對方的保證。[14]如同一位當代觀察家所說的，除了這次聯手遏制阿布杜拉的野心之外，「阿拉伯國家」的戰役因為缺乏團結……（以及）相互猜忌而癱瘓。[15]這種猜忌正是阿拉伯陣營裡「那些虛假腐敗的東西」[16]，對「五國聯攻錫安」（Five Against Zion）而言，它就像在希臘劇作家艾斯奇勒斯（Aeschylus）的《七軍聯攻底比斯》（*Seven Against Thebes*）裡一樣，是個悲劇性的缺陷；而它的毀滅性就如同十字軍第一次出現在利凡特時那些分裂的陣營，「蘇丹的相互抵制，造成法蘭克人占領該國」。[17]

以色利的勝利導致阿拉伯大遷徙，包括數以萬計信仰猶太教的阿拉伯人遷徙到巴勒斯坦。但是巴勒斯坦人的反向遷徙，包括穆斯林和基督徒，則是一種逃亡、一種驅逐。哈甲和易斯馬儀再次流亡，但這次規模超大：一九四八年戰爭之後，總計有七十五萬名巴勒斯坦難民逃到鄰近土地和更遠的地方。[18]流浪的猶太人這個虛構的中世紀角色，被現代且過於真實的流浪巴勒斯坦人取而代之。an-Nakbah或所謂的一九四八年「大災難」（Diaster），是活生生的移動的歷史，只要巴勒斯坦人從他們的故鄉遭到驅逐，情況就會一直持續下去。如同巴勒斯坦律師暨作家拉賈．謝哈德（Raja Shehadeh）坦承的，

> 我們持續感到困惑與不解，這一切是怎麼發生、為何發生，該怎麼說明和理解。我們永遠不會有滿意的答案。
>
> 難道對那些受到大屠殺傷害的猶太人而言，大屠殺就像這樣？[19]

如果我們把間接受到猶太大屠殺傷害的人也包括進去，那麼幾乎沒有多少猶太人沒受到波及，即便是在七十年後的今天。同樣的，幾乎也沒有多少阿拉伯人不曾共同承受施加在巴勒斯坦之上的痛苦。今日的以色列國，感覺就像是阿拉伯次大陸北部的一道傷口。在地圖上，它的形狀就是某種古代的匕首，它的握柄沿著地中海沿岸擺放，匕尖抵著紅海灣頭，楔形的匕身戳入埃及與利凡特之間。那道傷口很小，但很深。它永遠不會痊癒，而只要它沒痊癒，就會感覺到痛。

當心美國人的伴手禮

在二次大戰後的餘波中，歐洲舊帝國開始步上尼尼微（Nineveh）和泰爾（Tyre）的老路。英國人交出印度，血腥地用印巴分治將它劈成兩半；現在，他們也從分裂的巴勒斯坦亂局中抽身。在阿拉伯世界的其他地方，它們已經在一九三〇年授予伊拉克形式上的獨立地位，但拜適度溫馴的哈希姆國王之賜，英國還能控制伊拉克的外交政策，同時保留了幾處有用的空軍基地[20]。在這同時，法國人於一九四五年底撤出敘利亞和黎巴嫩，但對它們的北非屬地依然緊抓不放。

在由附庸國王法魯克（Farūq）統治的埃及，英國軍隊於一九四五年撤離；但不包括蘇伊士運河區，英國對那裡施加了軍事箝制。這種陰魂不散在埃及軍隊裡激起眾怒，特別是出身為「自耕農」（yeomany）的中階軍官——這群人對埃及這塊土地有一種忠誠感，但都市的上層階級未必有這種共同的情感。一九四八年的「大災難」進一步點燃了軍官們對腐敗無能的國王和瓦夫德執政黨的怒火。[21]不滿的情緒也在都市的貧民之間悶燒，並於一九五二年一月沸騰成叛亂，開羅的英國人和其他外國人在叛亂中遭到攻擊，財產也被放火焚燒。政府召集軍隊前來鎮暴。沒想到軍隊快速有效的鎮暴反而提高了反政府軍官的自信心：在他們的指揮下，他們有了一項有效的工具可採取政治行動——和統治。一九五二年七月二十二日到二十三日晚上，「自由軍官」（Free Officers）——這是他們的自稱——朝王宮前進。法魯克遭到罷黜，搭乘馬魯薩號流亡出國——這艘皇家遊艇八十年前曾經領航通過新落成的蘇伊士運河。為了減輕政變的力道，自由軍官讓國王的稚齡兒子以缺席方式登基，由軍政府的資深頭人納奎布將軍（General Neguib）擔任首相；一年後，他們放棄這個皇家虛構物，將埃及改成共和國，由納奎布出任總統。然而，如同《天方夜譚》的風格，這個虛構物裡包著另一個虛構物：在共和國的寶座後面，還有另一個強權正在將軍肩後微笑著。

在當時埃及的兩翼，也有新一代的世界強權存在，而且不久之後，就有一名特使從其中一方走來。一九五三年五月，美國國務卿杜勒斯（Dulles）抵達開羅，帶著艾森豪將軍送給納奎布將軍的禮物——一把鍍鎳的柯爾特手槍，上面刻了將軍的姓名押花[22]。如果一把柯爾特手槍在冷戰時代具有任何意義，除了下面這個雙關暗示外，你很難做出其他解釋：要嘛捍衛美國的利益，要嘛自我了斷保全名節。但是當杜勒斯去會見這場革命的主要推動者和這塊土地的真正掌權者賈馬爾．阿布杜．納瑟上校（Colonel Jamāl ʿAbd an-Nāṣir）時，就沒有任何隱藏意義了。在非阿語世界逐漸成名的納瑟，想要更大的槍砲、戰車和戰機。當然，美國人願意提供，杜勒斯告訴他——只要埃及與美英兩國合組防禦公約對抗蘇聯，並同意保護英國在運河區的部隊。[23]對納瑟與革命派而言，這無異於政治自殺；他拒絕這項協議，直截了當不囉嗦。非但如此，埃及還轉向東方陣營，從蘇聯那裡取得武器，沒有任何附帶條件。美國展開反擊，表示願意提供資金讓埃及興建亞斯文高壩（Aswan High Dam）。這是革命派想實現的抱負，因為這個水壩可提供埃及可靠的灌溉和工業用電，只不過價格實在太高昂。美國的條件：停止跟蘇聯購買武器。[24]

歐洲的舊強權或許開始不情不願從這個地區下台一鞠躬，但埃及和他的阿拉伯鄰居依然卡在同一塊岩石上，新的帝國已經步入舊日的強權賽局：支持或反對你，拿著貸款和武器吊你胃口，然後再一把搶走。要當美國還是蘇聯的傀儡比較好呢？在東西陣營之間做選擇永遠是一場賭博，用美國左輪手槍賭俄羅斯輪盤。

這個時代最直言不諱的阿拉伯詩人知道，這種情形會持續下去，只要

我們依然是一盤散沙的部落
靠著隱藏的怨恨和世仇維生
……
因為東有旭烈兀，西有凱撒。[25]

這是手風琴年代表的詩作破格手法，用一位十三世紀的蒙古人和一位西元前一世紀的羅馬人來為二十世紀的冷戰武士命名。但這就是重點——時間可以是一只沙漏；但它也可以是一只手風琴，彈奏著遠古老調的各種變奏。

紗幕

上面引用的尼撒爾・卡巴尼的詩句，是出自一九七一年他寫給納瑟的生日頌歌。這首頌歌是一首輓歌，而非歡慶，因為到了那個時刻，詩人原先的「夢想騎士」已經死了；失望殺死了夢想和那個男人，遠早於他的大關之年（據信為六十三歲）。但是，這位仙逝領袖的追隨者堅信，一如某些世俗版的隱遁伊瑪目（Hidden Imam），他只是進入一種神奇的隱遁狀態，似乎有某樣東西在他形銷骨毀之後依然留存著。難道就是他的微笑？（我對阿拉伯歷史最早的記憶，就是出現在頭版頭的納瑟微笑。）

那是柴郡貓（Cheshire Cat，譯註：《愛麗絲夢遊仙境》裡即使身體消失依然會留下笑容的貓）的微

笑，但也是個偶像男明星的微笑。納瑟這位籌畫並帶領一九五二年政變的男子，除了扮演男主角外，不做他想。一九五四年三月，在他三十六歲時，他將納奎布將軍解職並軟禁在家裡，自立為總統。然而，這只是開端。我們並不清楚，納瑟確切是從什麼時候開始，將自己視為不僅是埃及而是全阿拉伯世界的領袖。據說，在一九五六年之前，他「從未提過自己是埃及人以外的任何身分」。[26]不過，想要扮演更大角色的念頭，大概打從一開始就存在，因為奪權之後才不過三個月，他就曾在廣播中提到：「革命政府的目標是讓阿拉伯人成為一個國族，讓所有的子民一起為共同的福祉而努力。」[27]然而，在那個當下，他實在太忙於國內事務，無暇分心去追求更遠大的目標——忙著利用他的魅力讓自己的人民卸下心防（他們曾經很喜歡宛如父親的納奎布將軍），忙著武裝自己對抗以色列人，忙著為亞斯文大壩找尋財源，忙著打掃開羅這個腐敗的奧吉亞斯牛舍（Augean stable，藏汙納垢之處）。[28]而讓這一切出現改變，讓納瑟擁有跨洲觀眾，並激勵他企圖將各地阿拉伯人的話語凝聚起來的東西，是蘇伊士。

一九五六年七月，美國人信守他們的威脅，撤回資助亞斯文水壩的提議。一個星期之後，納瑟將蘇伊士運河公司收歸國有，理由是它的收益可以彌補水壩短缺的兩兆美元。為此，英國、法國和以色列聚集會商，達成一項祕密協議。結果就是，十月份，以色列朝運河進軍。埃及的軍隊一如預期也進入運河區與以軍對抗。接著，英國和法國——以他們身為運河公司聯合股東的身分——警告雙方撤軍。如同計畫所設想的，埃及人一意孤行。就在這時，法國和英國也派出他們的軍隊，攻擊並占據部分運河區。到目前為止都很馬奇維利。它也讓人聯想到一八八二年那次成功的操作，當時一支英法聯合海軍中隊趁烏拉比革命時來到埃及[29]，最後由英國拿下埃及。但當年他們是超級強權，七十年後的現在，他們的計畫——砲艦帝國主義與熱血冒險和流氓搶劫的結合——裡頭有個偶然性被忽略了：新的超級強權有可能不會善待來中東淌渾水的前輩。對這個區域而言，無論它有過其他哪些稱號，它當時是、也永遠會是位於中間；阿拉伯人依然是中間人，就跟當年他們在舊世界貿易的兩大區域——地中海和印度洋——中間扮演仲介者的角色一樣。在一九五〇年代，阿拉伯土地的重要性和敏感性都沒減少——特別是因為當時在冷戰世界的東西兩翼之間，並沒有鐵幕將它們隔開，只有一層透明的薄巾，一簾不停晃動的紗幕。於是，兩大超強加入戰局。蘇聯威脅要派出軍隊支持埃及；美國則威脅要出售它的英國貨幣債券，並趁英鎊崩潰時摧毀英國經濟。這起蘇伊士惡作劇被迫收手：英國鬥牛犬夾著尾巴溜走，法國公雞發出有氣無力的最後一啼。以色列繼續又戰鬥了一天，但只能別無選擇讓自己成為夾心中的夾心。

對英法而言，這是一場災難。英國首相下台，他的法國夥伴搖搖欲墜；國族靈魂受到仔細檢視。他們的行動就跟往日一樣，注定造成另一次反動，引發阿拉伯人在壓力下大團結的慣性反射。蘇伊士運河串聯了地中海與紅海；蘇伊士運河危機則串聯了大西洋和波斯灣的阿拉伯人。

電晶體化的高潮

如果說蘇伊士是這兩個垂死強權的瀕死喉聲，那麼在阿拉伯人當中，它倒是引發了一種驚喜的興奮感，其中混和了阿拉伯文所謂的 shamātah，也就是英文——因為自稱不知道這種情感而借用德文——的沙登佛洛伊德（Schadenfreude）：幸災樂禍。大衛・侯登（David Holden）是英國最後一個阿拉伯屬地的目擊者，他一語道盡當時的感覺：「阿拉伯勝利的戰慄感像高潮一樣貫穿了亞丁後巷。」[30]是納瑟掀起了這股高潮。雖然其實是兩大超強的壓力擊退了蘇伊士的侵略者，但他將這場失敗打造成自己的勝利。[31]身為一位曾經激起並領導政變的老練軍官，他早就精於言詞。這回，他還繼承了歷史悠久的修辭傳統的衣缽。古阿拉伯人是由具有領袖魅力的kahin、詩人和先知領導。現在，他們擁有一位具有領袖魅力的埃及總統，他以他針對蘇伊士事件所掀起的修辭旋風，打造出強有力的新ʿasabīyah、一只比埃及更寬闊的火輪——而且他還得到另一個元素的協助：空氣。

印刷曾經為嶄新的阿拉伯統一打下地基。然而，印刷離不開地面而且可被遏制。法國在北非屬地叛亂時，曾下令嚴禁埃及雜誌，因為納瑟士兵那些煽動性的危險照片

> 向學生展示了丟擲手榴彈的技巧……他們穿著卡其色短褲在宏偉的開羅街道上行軍。每個人看起來既快樂又健康；婦女和少女們紛紛從公寓窗口向他們揮手。[32]

但你沒辦法禁止電波中的氧氣。此外，納瑟就任總統的一九五四年正好是電晶體收音機商業量產的第一年，它是老式真空管無線電的後代，小而強悍；而蘇伊士運河危機的一九五六年，則是電晶體收音機變得普遍也可以廉價取得的時候。從坦吉爾跨際區（Interzon of Tangier）到亞丁自由區（Free Zone of Aden），在這類殖民者眼皮下的地帶，這些體積不大但滔滔不絕的喉舌，用只聞其聲不見其人的演講，曲折迂迴地滲入阿語世界，而且是用納瑟的聲音。新發展的通訊技術再次開啟了阿拉伯歷史的新階段：統一的高級語言、《古蘭經》的書寫、烏瑪亞王朝的簿記、阿拔斯王朝的造紙、十九世紀的印刷，以及二十世紀的電晶體收音機——這些全都在漫長的阿拉伯歷史裡開啟了新的篇章。

開羅電台的發射功率，從一九五二年革命期間的七十三千瓦，提升到一九六六年的六千千瓦。在它巔峰時期，埃及每週的廣播時數高達五百八十九小時，比同時間英國廣播電台的六百六十三小時並沒相

差太遠[33]。在它的巔峰時期，廣播也包括許多非阿拉伯語的語言，特別是非洲語言：納瑟的福音正在取得新的維度。不過，阿拉伯語始終是焦點所在。在納瑟主義者的看法裡——以及對阿拉伯聯盟、阿拉伯覺醒運動，以及ʿarab和ʿajam這樣的古老區分而言——阿拉伯人首要是以語言來界定[34]。而無線電波最棒的地方就是，不用尊重其他界定標準：它們跨越宗派分界和地圖上的帝國界線，統一了語言家園。

無線電廣播恢復了古代阿拉伯口語的力量，並將阿拉伯人的話語凝聚在一個巨大尺度上；做為統一的呼聲，它能媲美早期伊斯蘭的口號。它是理想的媒介：聽眾無法回嘴；他們當然可以關掉，但它放送的信息實在太新奇、太令人興奮，而且就在你屋裡，在你市集的攤子上。納瑟的聽眾恐怕有好幾百萬，但他有個令人羨慕的本領——與其說是平易近人，不如說是打動個人。除此之外，他還有渾然天成的英雄酷勁。一九五四年十月二十六日，一位來自穆斯林兄弟會的笨拙準殺手朝正在發表演說的納瑟開了八槍。全部射偏了；碰到這種情況，許多總統都會趕緊離場，但納瑟站在原地，短暫停頓後，他開始即興演出：

> 我是為你們而活，為你們的自由和榮譽而死。讓他們殺了我；我不在乎，只要我能將驕傲、榮譽和自由注入你們心中。如果賈馬爾・阿布杜・納瑟注定要死，你們每個人都會變成賈馬爾・阿布杜・納瑟！[35]

這段話相當泛阿拉伯，相當民粹主義，但也極度個人。而且它直接出自那個男人之口。集好看的容貌、性感的雙眼、如簧的巧舌和帶有魔力的信息於一身，他是登峰造極的政治情歌手。男人把他當英雄崇拜，女人為他心醉神迷。話語恢復了它的古老法力，幾乎可說是神力。尼撒爾・卡巴尼在獻給他那位「夢想騎士」的冥誕頌歌裡，代表泛阿拉伯市集裡的那個男人發言，對於那個男人

> 我們沉醉於他的愛，一如蘇菲沉醉於上帝。[36]

這近乎褻瀆，但卻正是關鍵所在。

愛以不斷增加的千瓦數隨著電波向外噴湧。在獨立的阿拉伯世界各地，領導人紛紛提升自己的傳輸能力。未來的領導人也體認到廣播具有至高無上的重要性。自此之後，所有政變的最初呼喊都是「包圍電台」，例如一九五八年推翻伊拉克王朝的那一場[37]。在事實總是服從於人神權威的社會裡，控制修辭的真理甚至比控制皇宮更重要。

假以時日，被政變販子選中的戰略武器將改成衛星電視頻道。但即便在納瑟的時代，他的信息也有屬於視覺的一面，因為阿拉伯的——在當時，阿拉伯一詞實際上就是指埃及——電影開始蓬勃發展。然而，除了泛阿拉伯團結的想法之外，埃及電影也傳播了多樣性的影像。阿拉伯人開始看到他們自己的其他面向——不是只有穿了罩袍的農民出現在田園牧歌的場景中，還有燙了頭髮身穿晚禮服、住在開羅豪宅裡的女人。此外，他們頭一次集體聽到他們的埃及表兄弟在真實生活裡講的話和他們有多不相同。當你想表達「不」這個意思時，以我說的沙那方言是māshī，但mashi在開羅方言裡卻是代表「OK，是」，由此可以想見，誤解的可能性有多高。

成為阿拉伯人

納瑟本人會利用阿拉伯文圓滑的雙言現象（diglossia）。在他講給埃及人聽的演說裡，他會在開頭和結尾使用高級阿拉伯語[38]，但中間部分就會在高級阿拉伯語和方言之間快速切換。這些語言上的換檔，是針對「在地（埃及）國族主義vs.泛阿拉伯主義」表達看法的一種方式。[39]然而，當他的演說對象是更廣大的阿語世界時，他就只會使用高級阿拉伯語。[40]如果說有個高昂的主題貫穿了幾乎所有演講，那就是帝國主義的威脅，以及阿拉伯人必須統一才能與帝國主義對抗。在亞述與巴比倫之後整整兩千五百年，其他民族的帝國依然是四處巡行的獅子。但現在，代表 ʿurūbah「阿拉伯性」的那塊岩石，則是牢牢扎在埃及的土地上。納瑟完美扮演了馴獅人的角色，而他本人則被不結盟運動（Non-Aligned Movement）獅子化。對組成這個運動的集團而言，他正在添加另一頭獅子——一個以埃及和他本人為中心的泛阿拉伯世界。

並非每個人都樂見埃及成為阿拉伯的大巨頭，而且有些異議者本身就是埃及人。塔哈．胡賽因質疑過古代詩歌的原真性，也曾倡議埃及遺產的多樣性[41]；但他始終歌頌高級阿拉伯語，而且身為它最偉大的現代風格家之一，他也確立了埃及在現代阿語文學界裡的核心地位。然而，在一九四〇和一九五〇年代，出現了一些極端派異議分子，例如埃及國族主義的寵兒路易斯．阿瓦德（Luwis ʿAwad）。他是科普特人、劍橋人和天生的煽動家，他在著作《冥王星之地》（*Plutoland*）裡，針對阿拉伯人和阿拉伯文「占領」埃及一事展開猛烈攻擊。[42]他的態度會讓人聯想起阿拉伯帝國極盛時期舒歐布派對阿拉伯人所展開的文學攻擊[43]；和當時一樣，阿瓦德的極端言論也激起了惡毒回擊。例如，他被貼上這樣的標籤：一個「邪惡的騙子、冒牌貨、罪人、傀儡、垃圾、瘋子、討厭鬼、爛人、墮落者、沒用的東西、傳教士的工具人……」[44]一些新舒歐布派，例如阿瓦德的科普特同胞薩拉馬・慕薩（Salāmah Mūsā）甚至主張與高級阿拉伯語一刀兩斷。慕薩主張，埃及應該用埃及方言書寫，而非以泛阿拉伯的高級語言書寫——但他卻光說不練，因為他自己就是以同樣的高級阿拉伯語寫作。[45]有鑑於這類飲酖止渴的知識分子，加上阿拉伯文化捍衛者所揮舞的毒筆，最後是由埃及的ʿurūbah獲勝。

這並不令人驚訝。早在七百年前巴格達殞落之後，埃及就是阿語文化的中心。在漫長的鄂圖曼沉睡時期之後，這塊土地又成為十九世紀阿拉伯覺醒運動的中心。如今，納瑟已經把埃及擺到阿語世界的政治中心，如果說他的演講為阿語世界提供了口號，那麼偉大女歌手烏姆・庫勒蘇姆（Umm Kulthūm）的歌就是它的文化主題曲。她的深邃嗓音乘著電波滾滾傳出，經常做為納瑟的暖場，他的演說會在她的電台音樂會後廣播。那感覺幾乎就像她正在向他訴說——代表沉醉於他的愛裡那數百萬人的每一位，親自向那位偶像訴說：

> 我不會忘記你，你擄獲我的心
> 從你雙唇吐出話語，如此酥軟，如此甜蜜。
> 我不會忘記你，你伸開雙手拯救
> 我不被潮水淹沒。
> ……
> 有如我們這樣的愛嗎，如此狂喜狂醉？

愛如幻牆將你我包圍！[46]

自七世紀以來頭一回，各地的阿拉伯人都乘上統一的浪潮。乘風破浪令人狂喜；卻也奇幻而不真實。

與此同時，在埃及本土，在烏姆．庫勒蘇姆的高級阿拉伯語魔力和納瑟的泛阿拉伯使命之下，埃及人若要對要阿拉伯性提出質疑，可是有危險的。但這世界總是會有反叛者。其中之一是年輕的萊拉．阿赫美德（Leila Ahmed），在她日後的回憶錄裡，有一章名為〈論成為阿拉伯人〉（On Becoming an Arab），她在裡頭回憶道，一九五〇年代上學時，有個憤怒的老師糾正她的高級阿拉伯語閱讀能力：

「妳是阿拉伯人！」她終於忍不住對我大吼，「阿拉伯人！而妳竟然不懂自己的語言！」

「我不是阿拉伯人！」我自己突然也發怒了，我說，「我是埃及人！我們根本不會這樣講話！」我接著把書重重闔上。[47]

非常短暫的婚姻

《貝爾福宣言》；託管地和軍事基地；附庸國王、肥貓宮廷和內閣；英國人在巴勒斯坦；法國人在阿爾及利亞，一九五四年那裡爆發了血腥的獨立戰爭；一九五六年英國、法國和以色列相互勾結謀奪蘇伊士……這些都是漸次破滅的承諾，是一連串表裡不一、該死的希望，它讓阿拉伯人懷疑外人對阿拉伯世界的企圖，也不相信──如同一輩人之後的今天──西方人那些和諧多元的解決方案對他們有用。於是，他們繼續追求統一的幻象，無論是由納瑟這樣活生生的英雄所領導，或是更為晚近，由死了很久的伊斯蘭先知所領導。這幻象總是閃閃躲躲；但至少那是他們自己的夢想，而不是別人的幻覺。

不過，納瑟並不是唯一聲稱要捍衛泛阿拉伯主義的活人。在他奪權之前十年，復興運動（al-Baʿth movement）就在敘利亞和伊拉克形成。它的開端聽起來像是笑話的開頭：「有三個敘利亞人，一個基督徒，一個遜尼派，一個阿拉維派（al-ʿAlawīyah）……」不過這三人——米歇·阿弗拉克（Michel ʿAflaq）、薩拉赫·丁（Ṣalāḥ ad-Dīn）和札基·阿爾蘇濟（Zakī al-Arsūzī）——是認真的。Baʿth是「復興」之意，而在它的創立者心中，這個運動許諾一種啟示錄般的阿拉伯覺醒，一種世俗版的「末日」（End Time），到了這一天，阿拉伯人將合而為一，進入幸福的統一狀態。而選民的標記，是所有當中最古老的一個：對復興運動而言（就跟對納瑟主義者和原型國族主義者一樣），阿拉伯人首先是由語言所界定。[48]界定，並領導：「我們的語言，」一位復興主義的學院派人士在一九五六年指出，「就像軍人行軍時後方飄揚的旗幟。」[49]然而，除了旗幟之外，這些比較理性的復興主義者還需要一位民粹主義的掌旗官。戴了蘇伊士桂冠並散發明星氣息的納瑟正是完美的人選。

一九五八年一月十二日，一群包括復興主義者在內的高階軍官從大馬士革飛往開羅，提出讓敘利亞與埃及在政治上更密切結合的想法。納瑟送他們回家時，他們眼中閃著星星，口袋裡還有一張與埃及全面合併的協議——當然是在納瑟的控制之下。回到大馬士革後，擺在政治人物眼前的，是一項既定事實。獨立不過十二年多一點的敘利亞再也不具備獨立身分：它變成阿拉伯聯合共和國（United Arab Republic, UAR）的一部分。如果政治人物不喜歡，他們可以在牢裡，忍受它。[50]

異乎尋常的是，那位反動、絕對而且古怪的葉門國王暨伊瑪目阿赫美德（Aḥmad），居然立刻就帶著他的國家與阿拉伯聯合共和國組成聯邦；這個嶄新的怪異三重奏取名為阿拉伯合眾國（United Arab States, UAS）。不過仔細想想，葉門加入或許也不全然奇怪。阿赫美德和他的父親葉海雅伊瑪目一樣，總是反覆叨唸著同一個主題，就是要把英國人趕出亞丁和它的保護國，組成一個重新統一的大葉門——國王當然是他本人。為了這項目標，武器和顧問陸續從埃及湧入這個國家。修辭也是，葉門的電台也略略提高了瓦數，以開羅的腔調放送：「阿拉伯巨人會把帝國主義趕下深淵。死神的爪子將緊緊掐住帝國主義的脖子。」[51]

如今不只是一個而是有兩個邦聯——阿拉伯聯合共和國和阿拉伯合眾國——繞著納瑟運行，而剩下的另外兩個哈希姆王朝：約旦和伊拉克，也組成他們自己的邦聯。[52]有那麼歷史性的一瞬間，阿拉伯世界似乎不是要邁向統一而是邁向另一個二元性；或許會邁向它自己的冷戰。不過，時間並未證明這一點。一九五八年七月，受到一九五二年埃及革命的遲來啟發，但多了似乎很符合當地品味的額外血痕，由巴格達軍官發動的政變殺死了年輕的國王和大多數皇族。血還來不及乾，復興主義的軍官就考慮將伊拉克納入阿拉伯聯合共和國[53]；不過，政變的領袖阿布杜．卡林姆．卡塞姆（Abd al-Karīm Qāsim）准將害怕埃及和敘利亞會聯合起來對抗他，於是拒絕這個構想。[54]在這個屬於領袖型男人（alpha male）的世界裡，某些人就是比其他人更有領袖特質，而且他們都知道，那個人就是納瑟，他是最最頂級的（alpha-double-plus）。

到頭來，阿拉伯聯合共和國和阿拉伯合眾國都注定要失敗。理論上，阿拉伯人或許可以由一個標準語言的旗幟所領導；但真實生活中，阿拉伯人卻是踏著不同方言的交叉節奏和不和諧的曲調前進，包括語言上的方言和政治上的方言。他們的進行曲從來都不是簡單的蘇沙旋律（Sousa melody，「與美國齊步」（Keeping the Step with the Union」），而是奇幻複雜的查爾斯・艾伍士（Charles Ives）。這種雞同鴨講、步伐分歧的情況很快就在敘利亞顯現，納瑟的官員把復興主義者推到一邊，將嚇破膽的地主財產收歸國有，並用繁文縟節折磨平民百姓（發明莎草紙的埃及，對文書工作總是有一種非比尋常的熱愛）。一九六一年九月二十八日，在敘利亞軍官邀請埃及人進門的四年之後，他們終於站起身子，狠踢了埃及人一腳。[55]至於葉門的阿赫美德伊瑪目，則是從一開始就對阿拉伯合眾國有過猶豫，如今也切斷了他自己和阿拉伯聯合共和國的連結（埃及則是單獨而感傷地繼續這樣自稱，直到一九七一年）。如果現代時期有過一位前現代君王的話，他會用詩歌這項古老的利器來攻擊納瑟的社會主義：

> 搶奪一切財產並「國有化」，
> 且，以「正義」之名，平等化
> 貧富不均——
> 兩者都是違反真主聖律的罪行。[56]

埃及人以一部劇情片做出最令人難忘的反擊，片中將那位伊瑪目描繪成寵溺妃妾的暴君，他在寶座旁邊鏈了一頭獅子。[57]

納瑟的統一之夢結束了。但更糟的情況即將來臨，非常糟。敘利亞和伊拉克的兩大復興黨將走上殊途，最後還彼此交戰：復興主義終於在陳腐虛偽和戰鬥中瓦解。「我們沒有復興任何東西，」復興黨一位早期成員薩米・朱迪（Sāmī al-Jundī）說，「除了馬木路克時代。」[58]伊拉克在復興黨人薩達姆・海珊的統治下，更像是烏瑪亞王朝大惡魔哈賈吉．本．尤蘇夫的時代。至於當今的敘利亞復興黨政府，則是由三位創黨者本著良善立意所開啟那則冗長笑話的最後笑點、最後尾聲；它的口號：「統一、自由和社會主義」[59]，如果改成「分裂、暴政和法西斯主義」，恐怕會更貼切。反諷的是，我們再次看到，追求統一的呼籲，包括納瑟主義和復興主義，還是可能導致這樣的分裂。阿拉伯國族主義的領導人彷彿是一塊塊磁鐵，可以吸引到大眾支持——直到這些領導人試圖聚在一起時，才發現他們同極相斥。

然而，有些領導人甚至不必靠近，就能感覺到彼此互斥。一九五八年，謠傳（以敘利亞情報的形式出現）沙烏地阿拉伯的紹德國王——阿布杜．阿濟茲的繼承者曾出價兩百萬美元找人謀殺納瑟。[60]無論真假，仇恨在葉門也變得可怕而公開。葉門和伊拉克一樣，受到納瑟鼓舞的軍官們在一九六二年九月推翻了君主政權。這是幸運的第三擊，因為在一九五五和一九六一年，共和派分別發動過兩次政變，企圖推翻老邁的伊瑪目國王阿赫美德；在第二次政變時，他拿了三把裝滿子彈的左輪手槍，活了下來。一九六二年政變是在阿赫美德「自然」（不過，對統治者而言，還有什麼比暗殺更「自然」的死因呢？）死亡的七天後登場，一開始很成功；但是當紹德家族開始支持遭到罷黜的「一週伊瑪目」穆罕默德．巴德爾（Muhammad al-Badr）時，納瑟也派軍援助共和派。據說，對這位埃及領袖而言，這場新動亂是「搞混了修辭與實力政治」。[61]這種看法可套用在幾乎所有戰爭上。衝突一開始都是修辭上的，烏瑪亞王朝的最後一任呼羅珊總督早就認知到這點：

火燃靠火把點燃，
戰爭靠語詞——[62]

葉門這場戰爭很快就燃燒成埃及版的越南、汽油彈和所有一切。納瑟對語詞很有一套，但對戰爭並不精通。

雨中的一隻麻雀

阿拉伯統一大業在納瑟時代就到此為止。相對的，納瑟主題曲的另一元素：反帝國主義，在這個全球去殖民化的時代倒是更加成功。一九五六年，法國同意突尼西亞和摩洛哥獨立，這兩個案例都是因為一九五二年埃及革命激起的人民抵抗所得到的結果。然而阿爾及利亞這法國的第一個阿拉伯屬地，卻為此付出巨大的血腥代價。雙方都對平民施加了恐怖主義的暴行，但最糟糕的恐怕是法國定居者對阿拉伯鄰居的殘暴行徑。殖民當局毫無顧忌地把酷刑和拘留當成武器，在衝突最激烈時期，約莫有五十萬軍隊駐紮該地。

恐怖統治的結果之一是，世界各地的阿拉伯人——包括馬格里布和馬什里克——或許是有史以來頭一回，開始感受到一種真真切切的團結感——一種對阿爾及利亞同胞的大量同情。這是一種精神上的統一，跨越國界，而且不在乎各自領袖之間的性格衝突。電台廣播對這次覺醒再次發揮了關鍵的形塑作用。不過，和蘇伊士不同的是，漫長苦澀的阿爾及利亞戰爭不需要納瑟式的旋風：它的男女英雄就夠激勵人心。其中最值得稱道的，是賈蜜拉·布·海拉德（Jamīlah Būhayrad）這位二十出頭的女性，她替抵抗運動遞送炸彈和其他訊息，一九五七年遭到逮捕刑求，成為全阿拉伯世界的世俗殉道者：

賈蜜拉在他們的槍彈間，
宛如雨中的一隻麻雀。
一波伏擊震顫了她的酒紅身軀，
燒灼在她的左胸
她的乳頭
她的……她的……真是可恥……
……
來自阿特拉斯的革命者
由丁香和水仙銘記
由香檸花緬懷。
法國的聖女貞德多渺小
在我國的聖女貞德旁。[63]

法國試圖將阿爾及利亞變成她自己的；於是將賈蜜拉．布．海拉德改造成聖女貞德，於是阿拉伯人用他們的詩意想像殖民了殖民者自己的國族史詩。這位阿爾及爾少女（Maid of Algiers）被處絞刑，但死刑後來改成無期徒刑。在法國被戰爭和國內輿論搞得筋疲力竭，終於在一九六二年離開阿爾及利亞後，賈蜜拉——她自己的改編素材不是聖女貞德而是青蛙王子——和她的法籍辯護律師共結連理。[64]那才是獨立。

與此同時，在阿拉伯世界的最南端：亞丁這個英國最早的阿拉伯屬地（如果先排除一六六二年布拉干薩的凱薩琳〔Catherine of Braganza〕與查理二世結婚時的嫁妝——坦吉爾；官方於一六八四年放棄該地），就和阿爾及爾一樣，是英方在一八三〇年代拿下，事實證明它也將是最後一個。英國在一九六七年撤退，他們被當地的反抗軍轟走，但也是因為哈羅德．威爾森（Harold Wilson）首相在國內刪減國防預算的關係。他們放棄附庸統治者的一手好牌，並如軍事指揮官倫特准將（Brigadier Lunt）所形容的，「像黑夜裡的小偷一樣」[65]溜走了。

英國以他們在阿拉伯半島最後的勢力範圍為代價，在半島各地將功贖罪。這隻乾枯的帝國之手已在一九六六年協助過謝赫札耶德繼承阿布達比的統治大位；到了一九七〇年，又在阿曼緩和了卡布斯蘇丹（as-Sulṭān Qābūs）的繼承壓力。帝國造王的千年歷史，依然有其生命。如此產生出來的政府——阿拉伯聯合大公國，由阿布達比和它的六個小鄰居組成，以及阿曼王國——其穩定性當然無法掛保證。隨著時間過去，阿曼從未比隔壁的葉門更團結；札耶德在阿布達比的十五位前人當中，有八位遭到謀殺，五位遭到罷黜。[66]不過稀少的人口與石油注入的資產倒是幫了大忙。

然而事實證明，殖民主義的另一個近期表現，將更為殘酷。在許多國際人士眼中，貝爾福和賽克斯—皮科的罪孽，已經由猶太大屠殺的犧牲者償還了，但對阿拉伯人而言，這點並非顯見的事實。他們看到的事實是，那些外人來了，還想定居在他們已經住了不知多久的土地上。與此同時，錫安主義者的入侵依然有潛力成為阿拉伯新團結的核心。一九四八年，阿拉伯人因為自身某個「虛假腐敗的東西」而輸掉跟錫安主義者的戰爭；但事實或許會證明，以色列國可能還是有某種意料之外的好處，有如牡蠣中的沙礫。

大災難

一九六七年六月，當納瑟還有三分之一的軍隊遠在葉門時，他突然發現，他得對抗一個近上許多的敵人。當時，他靠著蘇聯提供的戰車和戰機（也就是冷戰時代的駱駝和騎兵），建立了他的進攻能力。晚近，他還和敘利亞及約旦簽署了軍事協議。[67]大家都想報一九四八年的戰敗之仇，阿拉伯人似乎已經蓄勢待發，準備迎接另一個統一時刻，或許是最偉大的一次。然而，以色列人也鍛鍊了自己的軍事肌肉，特別是他們的空軍。六月五日，他們先發制人，殲滅了埃及的地面空軍[68]，並在幾天之內，不僅拿下蘇伊士運河以東的西奈半島，取得敘利亞南部的戈蘭高地，最致命的是，還包括巴勒斯坦殘餘的阿拉伯部分——加薩走廊和約旦統治的東耶路撒冷以及約旦河西岸。這甚至比葉門戰爭的久慢潰敗更具災難性，納瑟變成了自身夢想和自身修辭的受害者。他終於了解到，修辭之於真理，就像夢想之於現實。

這場災難催生出更多輓歌，以及更多——罕見的——誠實。如此巨大的損失，即便是煉金術士也無法將失敗點化成其他任何東西。詩歌變成懺悔。尤其人們認識到，話語雖然可以開啟戰爭，但在實際戰鬥中，它並不像現代武器那樣好用。一七九八年時，埃及人曾用話語和它們的修辭輔助器：棍杖[69]來反對拿破崙。同樣的，在一九六七年，

如果我們輸掉戰爭，這也難怪
因為我們走向戰爭
帶著東方人高談闊論的所有本事，

> 帶著沒殺死過一隻蒼蠅的安塔拉門外漢……[70]

如果詩裡提到的古代戰士安塔拉（ʿAntarah）連蒼蠅都殺不死，他們要怎麼對抗以色列的幻象戰機？就像尼撒爾·卡巴尼在他最苦痛的頌歌〈大災難筆記簿札記〉（Marginalia in the Notebook of the Naksah）裡所解釋的，高談闊論淹沒真正的演說，淹沒人們真實的想法、希望和恐懼：

> 噢，我的主子……噢，我的蘇丹主子
> 這場戰爭你輸掉兩次
> 因為我們一半的人民沒有舌頭……[71]

因為話語的凝聚往往意味著群眾的沉默。

早在一九六七年戰爭的十二年前，黎巴嫩裔英國作家暨政治行動家愛德華·阿提亞（Edward Atiyah）就曾在文章中指出，阿拉伯人如何充分意識到，在他們當中不受歡迎的那股力量，恐怕

> 可能大到足以讓以色列人（如果阿拉伯國家無法適當捍衛自身）奪取另一塊在約旦或加薩走廊的阿拉伯領土，而且不受懲罰。[72]

在整裝軍備的狂喜時刻，以及在納瑟賣弄詞藻的舞台表演中，如此清醒的預言遭到遺忘。現在，最

糟糕的情況發生了；或說比最糟更糟，因為以色列把那兩塊領土都奪走了，還有旁邊的一大塊。這場失敗讓阿拉伯的時間和動作回到暫停狀態。唯一的運動是新一波的難民潮，其中有些甚至是雙重難民，一九四八年從他們的故土家園被趕走，一九六七年又從他們的戰時家園被趕走。至於那位原動力本人，那位夢想騎士，根據他的副總統和繼承人安瓦爾．沙達特（Anwar as-Sādāt）的說法，現在的他變成了「行屍走肉」。[73]在他後來的傳記作者薩伊德．阿布里什（Saʿīd Abū ar-Rīsh）眼中，納瑟是《最後的阿拉伯人》（*The Last Arab*）。[74]這個頭銜雖然很誇張，但留下來的億萬阿拉伯人確實失去了某樣巨大的東西：納瑟曾經讓他們覺得自己像一個民族，像「加了定冠詞的阿拉伯人」（the Arabs）；如今，這個定冠詞再度受到質疑，甚至連那個大寫A也搖搖欲墜。這一切都是一次新的阿拉伯覺醒，而且是令人刺痛的警醒。烏姆．庫勒蘇姆的歌曲如今聽來似乎是關於這場殘酷的宿醉：

> 但時間驅散了酒意；白日破曉，我們甦醒——
> 喔，請延緩那清醒的白日，
> 它敲碎並殺死我們的美夢。我們的沉睡就此結束；
> 黑夜轉身，背向我們——親愛的夜，我們的朋友……[75]

黑夜，與騎士。

哪怕再怎麼高貴的夢想，都沒有能熬過這麼多刺寒破曉的；一路上已發生了阿拉伯聯合共和國和阿拉伯合眾國的瓦解、葉門戰爭，以及這場徹頭徹尾的失敗。然而泛阿拉伯的理想就像它的偉大倡議者一樣，為下一代的未來偶像提供殭屍般的存在。當納瑟在一九七〇年真正去世時，年輕的石油大亨穆安瑪爾·格達費（Muʿammar al-Qadhdhāfī）——前一年他才剛罷黜由英國扶植的利比亞國王——向埃及出價五億美元，想要取得這位領袖的遺體[76]。看起來通貨膨脹似乎開始了，因為據說紹德國王曾提出少得可憐的兩百萬美元要取納瑟的腦袋，不過格達費是打算在利比亞為阿拉伯王國最偉大的世俗聖人蓋一座祠堂。泛阿拉伯主義或許砸鍋了，但格達費聲稱納瑟指定他為接班者，擔任這項運動的「受託人」。[77]這位自視為年輕的新夢想騎士之人，日後隨著時間過去，將變成一位老邁的夢魘騎士；不過在眼下這個時刻，他看起來像是一個嶄新、時髦的納瑟模子，一個相對於年老偶像男明星的年輕搖滾樂手米克·傑格（Mick Jagger）。

即便在那場大災難之後，埃及近郊的赫利奧波利斯（Heliopolis）依然有一棟阿拉伯宮（Qaṣr al-ʿUrūbah）即將開放，用來接待阿拉伯的使節。然而，詩人們——那些頑固的真理講述者——很清楚，ʿurūbah 並非夢想宮殿，而是一連串的交戰營地：

墜落飄散
宛如枯葉，你的ʿurūbah 部落。
你們彼此對抗
結仇
相殺，
你們是再版的

安達魯斯被征服者傳記。[78]

手風琴年表再次把十五世紀和二十世紀擠到一處。但是交戰與世仇並非詩的破格：在所謂的一九七〇年黑色九月（Black September），血流進了安曼街頭，因為約旦的哈希姆國王和他那群政治激進派的巴勒斯坦客居人口，打起了一場內戰。

石油朝聖

然而，一九六七年戰爭本身也有一個再版。在一九七三年的戰爭裡，阿拉伯人有了一款比話語更好用、比米格或幻象戰機更毀滅性的新武器。這項新武器是石油，只要揮舞它，阿拉伯人就會團結行動——「僅此一次」，已故的納瑟總統的影子寫手穆罕默德·哈薩奈恩·黑卡爾（Muhammad Hasanayn Haykal）[79]如此說道。「希望的年代」沒死，還沒。

一九七三年十月，埃及和敘利亞同時對以色列發動突擊，埃及人越過蘇伊士運河，敘利亞人攻擊戈蘭占領區。突如其來的攻擊贏得最初勝利，但以色列將他們擊退，美國和蘇聯也雙雙介入，阻止交戰。沒有真正的贏家或輸家，但阿拉伯的榮耀得以恢復，恢復其中一部分。然而，比直接的突襲和擊退更重要的，是對世界經濟所造成間接但巨大長遠的影響。除了雙管齊下的軍事攻擊，阿拉伯石油輸出國也削減產量，並威脅說，只要以色列繼續留在一九六七年違反國際法和聯合國決議所占據的阿拉伯領土上，他們就會一直把產量壓低。有一段時間，連沙烏地阿拉伯也更進一步，終止所有出口到美國和荷蘭的石油，沙烏地認為荷蘭是歐洲最親以色列的政府。到了該年底，石油價格上漲了超過百分之五十，從一九七二年的每桶不到兩美元變成將近三美元。這還只是開頭。起初的漲價看起來很容易，表示價錢還可以更高：說白了，石油輸出國組織看到他們從世界上有錢買家那裡得到一筆不小的交易，而且他們打算試試，究竟可以把價錢飆到多高。結果是到了一九七四年，一桶原油漲到十點四一美元。[80]到了這個階段，石油消耗國的經濟開始警報大作，我的家庭作業和《蒙提．派森》（*Monty Python*）不時因為停電而中斷，石油輸出國組織把壓力減緩，不過他們此刻從客戶那裡壓榨到的現金，已經是兩年前的五倍。在這起事件帶來不可磨滅的影響，不僅對世界經濟，也包括世界「秩序」，至少在阿語的世界是如此。在不久前的一九六七年，評論員談及這些阿拉伯產油國時，還可以說「即便那些有錢的國家也只是一灘死水，小到無法發揮多大的影響力」。[81]然而現在一切都變了。沙烏地阿拉伯、科威特和其他地方的阿拉伯石油統治者突然多了很多錢，而錢可以讓他們脫離死水，打入主流。

有了錢的阿拉伯人突然變得活動力十足，全球各地都可看到他們。面紗、頭巾和水煙出現在倫敦的艾齊威路（Edgware Road）；紹德的石油部長留著鬍子、頑童似地在電視螢幕上滔滔不絕。搭乘噴射機環遊世界的貝都因闊佬形象藉由漫畫深入人心——在開羅金字塔路上，石油大公用百元美鈔塞滿肚皮舞孃的乳溝。哈洛德（Harrods）或薩克斯第五大道（Saks Fifth Avenue）這類高檔百貨會在營業時間之外特別開門，方便這些石油君王領著他們戴了鷹隼面具的後宮進來採購。不過，其他形象讓阿拉伯人（或其中的一些人），在海外有了比以往更堅實的存在感。從十字軍時代的敵人、後來的神話，乃至比較晚近的電影羅曼史（感謝大衛．連〔David Lean〕和奧瑪．雪瑞夫〔Omar Sharif〕），或一連串麻煩事（劫持運河和後來的劫持飛機）——阿拉伯人如今在外國人眼中，或許甚至是**一個**民族，他們有著屬於自己的歷史和文化，如同一九六七年倫敦「伊斯蘭世界節」（World of Islam Festival）所呈現的。納瑟並非

「最後的阿拉伯人」。阿拉伯人又回到世界舞台上，而且扮演比他們過去一千年更重要的角色。

在阿拉伯本土，比較多油的部分幾乎是一夜之間變成一座營建工地。石油裝置、宮殿、政府辦公室、學校、住宅如雨後春筍般冒出。當外國人需要償還抵押時，他們就到「沙烏地」工作——因為他們發不出這個阿拉伯名字的咽音，所以把它念成「Howdy」甚至「Lordy」的韻。在更廣大的阿語世界內部，石油也意味著移動性和彼此的再發現。勞工、文員、教師和其他工作者從阿語世界人口較多、教育水準較高的地方，蜂擁到油產豐富的半島。這一切激起了一種新的阿拉伯共同感，彷彿七世紀的大離散，終於出現逆轉。對大多數的阿拉伯人而言，這是自從早期那場大分離後，他們頭一回——對少數某些人而言，除了在麥加朝聖途中的聖地景點之外——跟自己的遠親相會。因此，石油遷徙可說是某種世俗版的hajj[82]，德黑蘭的油井取代了滲滲泉的聖井，而整個重點就是把財富積聚在地上。

石油朝聖涉及的人數眾多；根據一九七五年的普查，北葉門有一百二十三萬人口旅居國外，幾乎都在鄰近的產油國，主要是沙烏地阿拉伯。這占總人口的百分之十九[83]；但約莫是成年男性人口的一半，只有他們出國工作。因此，如果說有什麼更強大的團結感，那也是屬於這些在油場而非在戰場上從軍的男人們。移民一去多年，留下父親缺席的家庭；但他們匯錢回家，最後自己也戴著閃閃發光的手錶回來，往往還配上「hajj」這個完成朝聖的頭銜。雕刻家暨作家阿西姆·巴夏（ʿĀṣim al-Bāshā）如此回憶他父親——一位前石油時代的阿根廷移工，後來回到敘利亞老家，重操紡織羊毛帳篷的舊業：

我父親會對沙烏地阿拉伯和波斯灣國家營建工人短短幾年內能賺到的「財富」感到驚訝。他會拿自己在地球另一端付出二十八年勞力所得到的報酬和他們做比較。[84]

在某種程度上，石油錢潤滑了阿語世界不同地區的經濟落差，而透過在地仲介寄給鄉村家人的匯款，也潤滑了統治政府和被統治人民以及城鎮和鄉村的經濟落差。到了一九七〇年代末，「阿拉伯世界在社經聯繫上的緊密程度……超過阿拉伯現代歷史上的任何時期」[85]，事實上，大概是超過阿拔斯王朝初期之後的一千一百多年。

與此同時，靠著埃及人的電影，愈來愈多阿拉伯人看到彼此，也因此愈來愈了解彼此之間的差距有多大。很多人也發現，暴發戶們並沒花太多力氣去促進平等與兄弟之愛。麥加的朝聖者穿著甘地式的無縫白布制服，那至少有一種平等的擬像。但石油朝聖者卻是新版的古代部落 mawlā 或 ḥalīf，一種附從或盟友。在他們工作的國度裡，他們通常沒有獨立的個人地位；他們必須依附某個 kafīl，某個「保證人」，無論是個人或公司，而既然這項安排是暫時性的，他們的權利比起古代部落附從或盟友也多不了多少。這造成了傷害，特別因為許多移民是來自他們自己眼中更文明的社會。另一位敘利亞人這樣談論波斯灣地區的營建工：「為什麼我們應該去那裡一直鋪磁磚鋪磁磚鋪磁磚，只是為了讓駱駝無所事事地站在上頭？」[86]他的詩人同胞尼撒爾．卡巴尼對石油帶來的槓桿效應表示悲觀：

阿拉伯世界將石油儲存在
它的鬼扯蛋裡……而我主是最仁慈的賜福者！
雖然其人民，無論石油之前或石油紀年之後，
都一樣被吸乾抹淨，像野獸一樣被主人放乾鮮血。[87]

有時，憤怒會沸騰溢出：

如果我手上有條鞭子
我會拆光那些沙漠皇帝的文明袍子
……
我會把他們的漆皮皮鞋死命踩進沙裡
還有金錶……
然後用他們的駱駝奶回敬……[88]

這些都是**以上對下**（de haut en bas）的倨傲口氣；或者說得更精準一點，是以haḍar對badw那種立場，因為這是文明民族和不文明部落之間那場古老對話的熱烈延續。

黑珍珠

一九七三年戰爭在許多阿拉伯人心中填滿驕傲，而且長期而言，至少也在部分阿拉伯人的口袋裡填滿鈔票。然而，接下來的卻是投降。在那場大災難後的清醒曙光裡，這是一場真刀真槍的實戰，而非一場修辭口水戰。自從一九六七年和泛阿拉伯主義死亡之後，可能還是有些性急魯莽的傢伙，慷慨激昂地想要把錫安主義踢進海裡，但安瓦爾．沙達特的戰略目標比較審慎：

對沙達特而言，一九七三年戰爭不是為了追求軍事勝利，而是要給超級強權一記驚嚇，好讓他們帶頭談判，針對以色列和阿拉伯之間的問題磋商出某種協定。[89]

問題是，這項暗示並沒被注意到。於是，一九七七年，沙達特本人為了直接對談跑去耶路撒冷。這次造訪比一九七三年戰爭更令人驚嚇：這是打破陣營，打破規則的舉動——阿拉伯人儘管在幕後會彼此撕咬抓扯，但在錫安主義面前，他們至少會試圖維持團結的門面。但埃及素來就有我行我素的習慣。如果說納瑟曾經是閃耀海外的微笑太陽神，然後西沉了，那麼沙達特就是埃及陰暗面的生物：一隻獅身人面獸、一個謎。

耶路撒冷之行促成了隔年由美國作東的大衛營高峰會，埃及在這場會議裡從以色列手上拿回西奈。然而，關於約旦河西岸占領區和加薩走廊的未來這個核心問題，卻得到災難性的塘塞。以色列含糊談到該區終將自治，但不願為細節所束縛。[90]美國人得到最重要的鏡頭前握手；接著，就跟羅馬派駐在巴勒斯坦的特別代表彼拉多（Pontius Pilate）一樣，可以袖手旁觀這件麻煩事。

沙達特與以色列簽訂的條約是「一種冷和」，而且讓整個阿語世界厭惡到一陣發抖。尼撒爾．卡巴尼對未來感到絕望，並寫下：

他們給了我們藥丸
讓我們的歷史絕後……[91]

埃及遭到阿拉伯夥伴國家的冷落。甚至連阿拉伯聯盟也從它的俱樂部萎靡狀態中振作起來，從開羅搬遷到突尼斯。一九五九年成立的巴勒斯坦解放組織（PLO）和其他團體繼續為巴勒斯坦製造武裝衝突，在國內大受歡迎，在國外也享有知名度。埃及就這樣被留在他們的背叛裡煎熬。

一九八一年，沙達特遭到新興伊斯蘭主義好戰分子暗殺——儘管此事大概又讓整個阿語世界一陣發抖——他的死大概幫埃及贖了一點罪。時間也發揮了它的療癒功能。但是跟大衛營一樣惡劣，甚至更糟糕的是，一九九三年巴勒斯坦竟然和以色列簽訂了《奧斯陸協議》（Oslo Accords），在這份協議裡，以色列終於屈服，同意給予被占領的巴勒斯坦土地「自治權」。以色列準時撤軍，將有限的地方治理交給巴勒斯坦人。然而，最關鍵的一些問題——以色列在西岸的屯墾區、邊界、難民回歸、耶路撒冷——再次推遲。屯墾區問題是其中最具爭議性的。「在《奧斯陸協議》下，」拉賈．謝哈德（Raja Shehadeh）——擅長土地爭議的巴勒斯坦律師——解釋說，現在代表巴勒斯坦人民的巴解組織，

> 同意保留一塊相當於西岸三分之一面積的區域，稱為C區，在巴勒斯坦自治當局的管轄範圍之外……以色列將這條公諸於世，表示巴勒斯坦默認那塊土地依然是以色列的，因為其中大部分土地以色列都已經在土地管理局註冊過，而以色列的國有土地也是在同一個土地管理局裡註冊。這為屯墾計畫大大推了一把。[92]

於是《奧斯陸協議》成了「我們歷史上最糟糕的投降文件」。[93]撇開其他不說，光這一點，溫和派

的巴勒斯坦人和極端派的以色列人就足以怒目相視。對伊格爾．阿米爾（Yigal Amir）這位有葉門背景的以色列人而言，總理拉賓（Rabin）對巴勒斯坦人的讓步即便只是最有限的地方統治權，他都覺得是最不忠的投降，於是在一九九五年槍殺了拉賓。那道閃光穿越歷史的長鏡廳，與沙達特的犧牲對稱輝映。

協議總是暗示雙方都有某種程度的退讓。時間將會證明，巴勒斯坦那方的屈就更為巨大。在《奧斯陸協議》二十年後和《大衛營協定》四十年後的今天，占領區已經變成被包圍區。加薩走廊是地球上人口密度第三高的地區，僅次於新加坡和香港。從外面進入要經過嚴格管控，而大多數居民——或囚犯——也不可能離開；挖地道是比較容易的選項之一。因此，加薩成了集中營最趨近字面的意思，而且是工業規模的集中營。在這同時，還沒被以色列隔離牆毀容肢解的西岸，則是長滿了像疹子般不斷蔓生的以色列屯墾區。巴勒斯坦當局在該地的自治，就像是一個可以自主思考的活腦袋，裝在一具截了肢且飽受疾病侵襲的身體上：一個癱瘓者——可以感受到痛苦，卻無法做出任何改變。

這種痛苦從巴勒斯坦輻射到整個阿語世界。只要以色列這個好鬥又挑釁的鄰居繼續存在，它就是送給阿拉伯獨裁者的一份大禮。「錫安主義政權」（Zionist Entity）這顆闖進來的砂礫，已經長成高價的黑珍珠，它幾乎是一種先驗的仇敵，它的存在是無數修辭行動和偶爾出現的象徵行動的主題。例如，一九九一年初，薩達姆．海珊對準以色列發射飛毛腿飛彈，就收割到許多阿拉伯人的讚美。他的轟炸彈幕造成了一些物質上的損失，並直接導致兩名以色列人死亡（其他死於心臟病發和類似原因[94]）；而海珊在自家屠殺了幾萬名伊拉克人的暴行，就算有被市井小民注意，也因此得到原諒。在阿塞德家族的敘利亞，父親和兒子一直很樂於用戰鬥言語衝撞以色列——以色列占據了戈蘭高地，那裡是他們祖先伽珊國王的營地；但就像我們會看到的，他們的重武器則是轉向自家的反對派：用分散大眾注意力的話語掩護大規模毀滅性武器。在我寄居的國家，革命委員會（Revolutionary Council）的叛軍頭頭曾說，學校課程必須重寫，「因為那是由美國和以色列規畫的」[95]，這無疑會讓葉門先前的教育部長備感驚訝。最近，叛軍指派的教育部長又丟了一條罪名到他們自由選配的妖魔大雜燴裡，他指控學校課程是由所謂的伊斯蘭國規畫的[96]。

這是一種奇怪的黑暗共生情形：一個在國際法面前，以可怕的不正義手段對付占領區人民的以色列侵略政權的存在，反而延長了阿拉伯霸王龍（*Tyrannosaurus rex arabicus*）的壽命——後者同樣具有侵略性、同樣不正義，而且是對準自家國人。

「美國去死！以色列去死！」我家下面廣場上的小小孩如此唱著。但那些教他們吶喊口號的人可知道，如果這兩個敵人真的死了，他們也會跟著死掉？諷刺程度有如第二十二條軍規（catch 22）三次方的是，唯有霸王龍死了，而且阿拉伯人得到真正的自由，他們才能從具有道德而非軍事實力的位置[97]，去對抗以色列的不公義，而所有這類邁向自由的運動，都被獨裁者貼上以色列陰謀的標籤。我們將會看到，「阿拉伯之春」（The Arab Spring）就是這樣成功被反動勢力打成「錫安主義者的阿拉伯之春」。

這是一個巨大的難題，也是一個巨大連續體的一部分：自從亞述和巴比倫時代起，就是由外族帝國塑造阿拉伯的認同和歷史。差別在於，以色列是個迷你帝國，是黑珍珠，是戳在地圖上的一把匕首，一直從內部進行塑造工作。然而，在阿拉伯人的「島嶼」下方，同樣也蘊藏著黑色的液態財富，而且蘊藏量最多的部分，就是介於南北兩個肥沃月彎中間的不毛之地。這適度補償了「沙漠阿拉伯」和「幸運阿拉伯」之間古老的不平衡之勢；但它也為貪婪的新水平和統治的新形式火上澆油，特別是在一九七三年的歲收大躍進之後，部落的謝赫們搖身一變成為君王，而且和人類歷史上的君王同樣專制。

一九八〇年代初，在納瑟與泛阿拉伯主義死後那十年左右，各式各樣的獨裁者與君王似乎把阿語世界緊緊捆住。當中有些例外：一個碎裂內爆的黎巴嫩；一個拋棄伊斯蘭法理學轉向馬克思辯證法，以及將部落主義重新表現成史達林／毛澤東派系主義的南葉門。但是，就像經常的情況那樣，整個地區似乎是懸在一個由多重緊張所構成的翻繩遊戲上，在這個遊戲裡，掌權者就其本質而言，永遠不會攜手合作。

然後，突然間，「統一」又回到政策主張中，而且還即將證明，它的分歧程度將是前所未見的。

第15章 失望的年代

獨裁者、伊斯蘭主義者、無政府君王

奧龍特斯河邊的格爾尼卡

大約二十年前，我造訪敘利亞的哈馬城這個奧龍特斯河邊昏昏欲睡的地方，那裡散布著蓬亂的果園，以及巨大木輪的吱嘎聲，那些木輪是為了將水從低陷的河裡汲上來用的。我特別想找到一棟古老的河濱大宅：凱拉尼莊（Bayt al-Kaylānī），我曾在一張舊照片裡看過。那棟大宅有自己的巨大水車，長得相當奇特，半像宮殿，半像槳輪蒸汽船。但它消失了：它的基地和周遭地區變成一座公園，裡面有巨大的塑膠傘菌。

我的尋奇之旅在大清真寺比較成功。祈禱大廳裡吸引我目光的第一樣東西，是一段漂亮的古老銘文——不知為何竟然是出自《奧德賽》的頭幾句：

ΑΝΔΡΑΜΟΙΕΝΝΕΠΕ…

告訴我那個人……

接在它後面的不是荷馬，也和《奧德賽》無關，而是一個名叫艾里亞斯（Elias）的人[1]；我生鏽的希臘文能告訴我的就這麼多了。這是一種雙重錯位：希臘文出現在清真寺裡，以及荷馬不是荷馬。環顧四周，其他每樣東西也都是錯的。我知道哈馬的大清真寺是烏瑪亞王朝創建的，有一千三百年的歷史，但它沒有古老建築的銅綠；很多地方看起來都像昨天才蓋好的。有些刺眼的細節，包括一扇鋁門的門把上印了「PUSH」字眼。那扇門通往一座墓室，是十三世紀一位當地君主的，而他是薩拉丁家族的成員。墓室似乎也是最近才草草重建。那位親王原始的紀念碑不見了，改換成一個偷工減料、比包裝箱好不到哪去的東西。

「我沒想到，竟然有這麼多地方都……翻修過。」我向正帶我參觀的清真寺信徒們說道。

他們沒回話。

大清真寺的大半部分、凱拉尼莊以及哈馬的其他很多地方，都在一九八二年二月（也就是我去之前十五年）遭到摧毀，先是空襲，接著是戰車和大砲[2]：做為現代機械化大屠殺的範例，哈馬是阿拉伯版的格爾尼卡（Guernica）。許多死者都是穆斯林兄弟會（Muslim Brotherhood）的成員，是四天前奪取這座城市的激進伊斯蘭新組織的追隨者；被殺害的當然還包括他們的家人、鄰居和碰巧在路上的人。該為這場毀滅負責的人是哈菲茲．阿塞德（Hāfiẓ al-Asad）這位新品種（但某方面也非常舊）的獨裁者。他在一九七〇年奪取了敘利亞政權，而且從未向伊斯蘭強硬派日益增加的需索低頭。強硬派在哈馬交火，付出的代價介於八千到兩萬五千條人命[3]——最低值是格爾尼卡的五倍，最高值甚至超過倫敦大轟炸；沒人能肯定真實的數量。歷史經常是建立在這樣的變數之上，即便事件是發生在有生之年的記憶裡。除了敘利亞之外，記得哈馬的人並不多：敘利亞的受難者沒有畢卡索紀念他們，沒有邱吉爾鼓舞生還者。在這個國家內部，沉默就是他們的紀念碑；在哈馬本身，則有新出現的空地和草草建造的古蹟。

讓船艦隨時把風帆拉緊（run a tight ship，嚴格管控之意）確實是不錯的主意（或者該說，讓一家店舖隨時保持乾淨整齊是不錯的主意：看到哈菲茲．阿塞德無所不在的肖像，我覺得他比較不像暴虐的國之船長，而是像親切的鄰居雜貨店老闆）。但如果你覺得有必要一口氣殺掉八千名以上的國人，那顯然是有什麼東西出錯了。除了黑死病和蒙古人，這個瞬間滅絕的數量，是自哈賈吉．本．尤蘇夫之後絕無僅有，尤蘇夫在伊拉克屠殺反對派的時間，正好是哈馬清真寺剛蓋的時候。這或許對短期的統一有幫助，因為你把對手嚇到不敢說話；但長久而言，這只會讓事情變更糟。而且，如果加上哈菲茲．阿塞德的兒子在目前這場敘利亞戰爭中所造成的死亡人數，總數可能已經達到五十萬。

奧菲斯之後

回顧一九六〇年代中期，也就是老阿塞德奪權之前的幾年，巴勒斯坦作家薩米爾．卡希爾（Samir Kassir）寫道，阿語世界「大體是樂觀的：阿拉伯人似乎活躍起來了。」[4]阿拉伯人當時依然處於隨著覺醒運動一起復甦的主動、及物的氣氛中。除非你是老派暴君、男性至上主義者，或被剝奪財產的巴勒斯坦人，否則二十世紀中葉在許多方面似乎都是一個希望的年代。「在兩次大戰中間，」尤金．羅根曾經指出，「埃及達到了現代史上阿拉伯世界最高程度的多黨民主政治。」[5]卡希爾指出，敘利亞女性比法國女性更早得到投票權。[6]一九五〇年代中葉，伊拉克的未來似乎一片看好，被視為「東方加拿大」[7]。科威特看起來已為自由民主做好準備[8]。納瑟儘管有其缺陷，但還是將希望輻射出去。沒錯，「大災難」——一九六七年與以色列的戰爭——重創了這個樂觀主義，但一九七〇年代的油價革命和石油朝聖重新讓阿拉伯人移動起來，並帶給他們新希望。即便我寄居的這個國家似乎深鎖在群山與過往裡，也有人在一九八〇年代初寫了一本相關書籍，名為《葉門進入現代世界》（*Yemen Enters the Modern World*）。[9]各地的阿拉伯人都在談論at-taqaddum——「進步」。

接著，在一九八〇年代，隨著伊曆即將進入它的十五世紀，前進的動作停止了。那不僅是路上出現岔路，有了猶豫；對許多人而言，那是徹底的倒轉。彷彿阿拉伯人開始意識到，進步的道路正將他們帶入陌生領域——帶入「現代世界」，但也帶離了他們自己的阿拉伯世界。在這方面，至少一直有一對出色的反動雙人組向他們提出警告，那就是新浪潮的獨裁者和伊斯蘭主義者。兩者的權力來自於該區膨脹的財富，來自於兩大超強的陰謀詭計，以及來自於阿拉伯歷史的另一個古老酵素：資訊科技的發展。而且這兩者都能以更富創意且更具說服力的手段，運用古老的修辭。

儘管他們可能是新浪潮，但他們也是岌岌可危、即將從他們手中溜走的極古老權力遺產的繼承人。一九七〇年，菲利浦．希提在《阿拉伯人的歷史》第十版（他持續修訂該書長達三分之一個世紀）〈後記〉中寫道：

> 在民主政治的基礎上重建阿拉伯社會，以及讓伊斯蘭和現代世界達成和解，依然是當前這一代人所面對的最大任務。[10]

這一直是該書好幾個版本的最大任務；事實上，自從十九世紀前半葉的覺醒運動開始，改革大業在阿拉伯思想之士中已執行了六代人的時間。到了一九八〇年，這個過程似乎需要更多時間以及更往前進的動作。然而，從那之後約莫四十年，獨裁者和伊斯蘭主義者封鎖住社會重建及伊斯蘭和解的每一步。這正是人們期望的：他們最不想要的就是失去權力。更令人驚訝的是，大多數阿拉伯人都默默地、服從地跟隨他們，往後退。

在這同時，統一的願景——那個阿拉伯人曾在納瑟（他們的騎士、他們的奧菲斯〔Orpheus〕、他們的魔術師）時代伸手搆到的閃亮魅影——也退縮了，或許永遠消失了。

洞中人

魅影逃跑了；許多納瑟之後的阿拉伯人似乎也失去他們自身阿拉伯性的頭緒：失去了賦予他們這個民族——定冠詞阿拉伯人的那個定義。但是在現代世界的迷宮裡（這讓人想起另一個有關地下的神話），有另一條線索可供他們遵循：「你們要全體緊握住，」《古蘭經》說：

> 真主的 habl，不要自己分裂。[11]

我們先前提過，habl是「臍帶，繩索」之意；但也是「有約束力的盟約」，而且這和最古老的條約碑文裡所使用的是同一個詞，該條約在神的主持下，畫定前伊斯蘭時代南阿拉伯統一邦國的範圍[12]。今日，伊斯蘭能夠再次提供統一的線索嗎？這想法很誘人，但現實複雜許多。將麥地那伊斯蘭國團結起來的紐帶，在穆罕默德死後不到一代人的時間就鬆了；自那之後，它還不斷磨損。現在，有許多宗派的聲索人堅稱握在他們手中的線索可通往真正的終點，於是大家不可能知道，究竟該遵循哪一條線走進這個愈來愈像迷宮的未來。當然，另一個選擇就是阿穆哈德運動和瓦哈比派——兩者都是「Muwaḥḥidūn」唯一神論派——嘗試過的，掉過頭，回到穆罕默德麥地那時期短暫但榮耀的統一。這種倒退的趨勢在二十世紀步入尾聲那幾十年於伊斯蘭裡日益普遍，「瓦哈比」和「薩拉菲」（Salafī，意思是遵循salaf「信仰的虔誠祖先」的範例）這類語詞似乎過於限縮、過於特定。或許解決的方法之一，就是把宗教政治想像成前進派或後退派，一如把世俗政治分成左派或右派那樣——雖然簡化，卻是一種方便的做法。

哈馬的後傾派好戰分子夢想將敘利亞改造成伊斯蘭國，有時他們看起來就像新的政治化伊斯蘭的阿拉伯先鋒；但這有部分是因為，他們與復興主義黨統治下的敘利亞及該區近來的國族主義歷史等世俗背景形成尖銳對比。自從穆罕默德遷徙到雅特里布、該城改名為麥地那——他的madīnah，他的polis——以來，伊斯蘭就是政治化的。之後的阿拉伯領袖也總是會利用伊斯蘭來達到政治目的——從阿布．巴克爾在六三〇年代擊敗阿拉伯半島的「叛教者」（換句話說，反對者）部落，到伊本．紹德在二十世紀初靠著他善於劫掠的瓦哈比部落占領了半島大多數地區，都是如此。又或者說，他們是利用政治來達到伊斯蘭的目的？對凡人而言這實在很難區分。

不過，當前這種全球形式的政治化伊斯蘭還是有些不同的新面向。它是當代全球化的產物，也是世俗泛阿拉伯主義失敗的副產品。正因如此，對阿里．阿拉維（ʿAlī ʿAllāwī）這樣的觀察家而言，它似乎是新的東西；阿里．阿拉維曾說，在他成長的伊拉克一九五〇年代，「我不記得曾在任何當代脈絡裡碰到jihād這個字眼。」[13]然而，即便在那麼早期，這運動也已經萌芽了。它曾引起一位美國小說家的注意，他從阿拉伯世界一個遙遠角落帶著清晰的眼光觀察著。一九五四年，保羅．鮑爾斯（Paul Bowles）

描寫了摩洛哥獨立運動期間的一間牢房。他知道當時的主流是被導向納瑟的埃及；但有一個人有不同的想法，那人就是本阿尼（Benani）：

> 他們夢想著開羅和它的自治政府、它的軍隊、它的報紙和它的電影，但他〔本阿尼〕面對同樣的方向，夢想的卻是比開羅稍遠一點的……麥加。他們是從屈辱、審查、請願和改革的角度思考；他……則是從命運和神聖正義的角度思考……他們看到工廠和電廠從田野中矗立；他看到的是燃燒的天空、復仇天使的翅膀和徹底的毀滅。[14]

在二〇〇一年九月攻擊紐約的駭人光線中，上面這段話像是令人毛骨悚然的預言靈視。在鮑爾斯的小說之後沒多久，敏銳的政治觀察家也開始預測一種正在茁壯的新的政治化伊斯蘭。例如，一九五五年，愛德華．阿提亞寫道：「如果西方民主和改革派的軍事獨裁失敗了，另一條路將會是復興主義的神學伊斯蘭。」[15]在那之前，政治化伊斯蘭似乎處於當代性和全球性的正對立面——是過時和地方性的。伊斯蘭近期最重大的政治和軍事成功，是紹德家族—瓦哈比聯盟的征服行動，這些行動仍局限在靜態部落、前石油時代的阿拉伯半島，那裡的社會從七世紀初以來幾乎沒有什麼改變。然而，新版的政治伊斯蘭完全不是地方性的：它的應許之地是全世界。這是合乎邏輯的發展。穆罕默德曾經在阿拉伯「之島」上達到tawhid：政治和神學上的統一。緊接在他之後的繼承者將伊斯蘭範圍擴張到阿拉伯次大陸，隨後的征服試圖將它套加在更廣大的舊世界上。如今，在一個多少屬於全球化的世界，他們的理想自然更大。然而，當這個理想與一個雖和它緊密相連，但現實中差距巨大且（我們認為）無法逆轉的星球相互碰撞時，那種失敗和憤怒感也會大很多。

有三大要素為政治化伊斯蘭注入能量，這三者都比紹德家的征服更晚近，而且都源自於阿拉伯這個競技場的外部。第一是政治和軍事猶太主義在一九四八到一九六七年間那些粉碎性但也具有啟發性的勝利[16]。二是一九七九年一月發生在伊朗的伊斯蘭革命。這裡的伊斯蘭不是統一和賦予貧窮部落民權力的伊斯蘭，而是接掌了一個富裕國家的伊斯蘭，而且背後得到最新那兩頭「獅子」的其中一頭支持，也就是美國。與老派殖民主義的對抗，在二次大戰結束後那幾十年已經贏了；與冷戰這個文化和經濟新帝國主義的對抗，也可能獲勝——感謝安拉祝福（或至少，感謝何梅尼以安拉之名的祝福），而非感謝納瑟或切．格瓦拉（Che Guevara）之賜。第三個因素是在一九七九同一年的年底發揮作用：第二頭獅子——蘇聯入侵了阿富汗。一九八三年起，阿拉伯的鬥士加入阿富汗的抵抗運動，這次是拜美國和安拉祝福。當時，阿富汗和「阿富汗—阿拉伯」聖戰者（mujahideen）在西方極受歡迎；帶有黑暗寓意的「聖戰士」（jihadist）一詞還沒發明。

在這三個案例裡，由境外帝國——美國、蘇聯，以及第三個植入的微型帝國以色列——施加的壓力正在形塑該區並模鑄阿拉伯認同。說得更確切點，它們正在把阿拉伯認同重塑成穆斯林認同，而且不僅是對那些及時趕到阿富汗的少數年輕阿拉伯男子而言。一九八一年，《中東》（*Middle East*）雜誌做了一次調查，受訪者在調查中談到阿拉伯統一的理想。他們覺得統一一直是以神話的形式展現；但他們還是可以強烈感受到阿拉伯的存在——儘管除了「模糊但濃烈的感情」之外，他們無法解釋原因。然而，調查結果也顯示，阿拉伯認同受到威脅：「今日，在個人甚至國族的層次上身為阿拉伯人，意味著身陷危機，而且這危機可能比過去五十年來更嚴重。」[17]這份調查的規模不大；它的結論本身也是含混模糊的印象派，但它似乎確認了，阿拉伯那條線就算還沒搞丟，也是非常飄搖。

邁入新的西元千年，阿拉伯的認同危機也快速來到緊要關頭。根據二〇〇五年在阿拉伯六國進行的一份民調顯示，幾乎有半數受訪者首先將自己界定為穆斯林；首先界定為阿拉伯人的只有三分之一；首先界定為某一國家國民的比例甚至更少。看起來，身為阿拉伯人似乎正在退流行。後來的調查顯示，最高有百分之七十九的受訪者首先認同自己是穆斯林（埃及）；首先認同自己是阿拉伯人的數量只有百分之十或更低（在埃及、約旦、沙烏地阿拉伯、摩洛哥、伊拉克和阿爾及利亞[18]）。納瑟或許不是最後的阿拉伯人[19]，但自從他過世入土之後，阿拉伯性也跟著埋進重新恢復的——在某些方面是全新的——伊斯蘭認同之下。

一九九一年，冷戰雙獅的其中一頭斷氣身亡，大概也對這場葬禮有所助益，因為蘇聯的斷氣有部分就是因為入侵阿富汗造成的衰竭所致。就是在那時，世界地緣政治的GPS似乎出了差錯，通往「進步」和「現代性」的道路愈看愈像是誤導。左右失去了它們的定義：前蘇聯國家的共產黨老闆依然掌權，但急速「右」轉；中國嚴格說來是共產主義，但盤旋了一陣之後，還是朝資本主義猛衝。在這同時，前進—後退的軸線開始運轉：美國宗教「右翼」轉向清教徒的過往，捨棄了「寬容的」戰後幾十年；俄羅斯的傳統主義從樹林中浮現，呼籲要給羅曼諾夫王朝封聖。卡在這個全球迴旋的正中央，阿拉伯人該走哪個方向呢？他們該以一體的陣式齊步走嗎？當時的情況似乎是，一個新近活躍起來、往後退的伊斯蘭，或許有可能在世俗的泛阿拉伯主義失敗之處，成功鍛造出阿拉伯的團結。自伊斯蘭成立以來一直努力追求的團結，在綴了「主義」兩字——伊斯蘭主義，一如阿拉伯主義——的意識形態新偽裝之下，變成了全球統一之使命的一部分。

然而，企圖在二十一世紀全球舞台上重演七世紀的阿拉伯半島，這件事面臨了許多挑戰。一開始，伊斯蘭對阿拉伯人而言很「合身」：伊斯蘭畢竟是誕生於阿拉伯半島以及古代阿拉伯的信仰和習俗。但從很久以前，伊斯蘭就走向全球，遠遠超越它的半島出身。而阿拉伯人本身——除了並非所有阿拉伯人都是穆斯林這明顯的事實之外——一開始就非常多樣，並在歷經好幾塊大陸、好幾個世紀和好幾種樣態的離散之後，變得更加分歧。在前面某一章我曾提過，有兩位八世紀的兄弟最後分別成為信地和北非的總督。[20]今日，這種距離的維度甚至更有過之：比方我認識兩個兄弟，其中一位是老饕暨高爾夫球選手，另一位則是蓋達組織的支持者。一種尺寸無法套在所有人身上。

於是，當前的政治化伊斯蘭主義者發現，雖然你可以把沙漏翻過來重演戰鬥和殉道，甚至可讓真主站在你這邊，但卻很難讓時間往回走，回到想像中整齊劃一的麥地那烏托邦。於是，比較極端的伊斯蘭主義支持者——例如「伊斯蘭國」——逐漸變得像「洞中人」[21]這個在《古蘭經》與基督教裡都有的故事。在基督教的版本裡，他們被稱為以弗所的七眠者（Seven Sleepers of Ephesus），這些人因為一神信仰的關係，在西元三世紀受到羅馬皇帝德西烏斯（Decius）迫害。他們躲進一個山洞，上帝讓他們進入休眠狀態——在《古蘭經》的版本裡[22]，他們一睡就睡了三百零九年，雖然七眠者自己覺得好像沒超過一天——一直到同樣信仰一神教的狄奧多西二世（Theodosius II）的時代，才因為安全得到保證而將他們喚醒。兩者的差異就在這裡：十九世紀的阿拉伯覺醒運動，是最根本意義上的世俗運動，因為它體認到 saecula「時代」在那段漫長睡眠中流逝，以及有必要適應改變；相對的，新近覺醒的伊斯蘭主義者發現，自己與一個改變過的世界並不同步（當然，在他們的看法裡，是這個世界與他們不同步）。他們的解決方案是忽略改變；否認宇宙 al-kawn wa al-fasād「生滅」的基本法則；否認歷史和時間。

有人說，「歷史感就是一種失落感」。[23]歷史感也是一種變化感。當代的政治化伊斯蘭主義者因為拒斥歷史，所以否定伊斯蘭的有機生命和彈性力量，這兩者可在變化萬千的世界裡不斷自我更新、適應複雜、成熟長大。伊斯蘭是「一種不斷演化、與文化相依存的動態信仰和行為」[24]，抱持這種看法的並不僅限於歷史學家和人類學家。就算伊斯蘭曾經是鐵板一塊，在它最初的裂痕出現後，也很快就碎裂了。

瓦哈比派重演了伊斯蘭最初在阿拉伯半島的規模。阿拉伯國族主義重演了ʿaṣr at-tadwīn——阿拔斯王朝的「記錄的年代」，阿拉伯的精神就是在這個時代固定於筆墨裡。瓦哈比派與國族主義者各以不同方式勇敢對抗鄂圖曼和歐洲帝國的舒歐布派——非阿拉伯文化的替代選項。更晚近的政治化伊斯蘭則企圖重演命運，只是規模宏偉許多：實際上，當代的政治化伊斯蘭主義者是在對抗整個亂七八糟、現代、多文化、複雜、迷惑、糾結、綁縛、焦慮和互聯世界的舒歐布派。他們在為某種版本的天堂理想對抗駁雜俗世。這場戰鬥之所以能吸引某些人，正是因為它許諾用單純代替複雜，用一元論取代多元論；但它也是極權主義與個人主義的鬥爭。就最後這點而言，它類似於晚近的其他極權主義。我們曾有過褐衫軍（Brownshirts）和黑衫軍；此刻，我們有的則是長黑衫軍（Longblackshirts，雖然也沒有很長——長到足以蓋住膝蓋，但不致從地上掃起一些禮祭上的汙穢）。但流行會改變，制服也是；當前的政治化伊斯蘭主義者很快就會變成明日黃花。

總是會有其他潮流出現。另一個潮流已經在我寄居的國家起飛、倒檔，那就是新宰德派哈希姆至上主義胡塞派（neo Zaydi Hashimi-supremacist Huthis）。他們的領袖真的是以在山洞裡睡覺聞名，因而沒受到紹德的飛彈和進步世界的危害。

惡鄰居

在新伊斯蘭主義發展的同時，更深刻的阿拉伯認同模式也重新浮現。隨著另一個兼容主義——泛阿拉伯主義——的消亡，許多阿拉伯人似乎又回歸一盤散沙的老習慣：彼此劫掠，偶爾還夾帶外來幫手。黎巴嫩就是個極端案例，打從一九七五年起，當地的每個人——遜尼派、什葉派、馬龍派、德魯茲派、巴勒斯坦人——都爭執到血跡斑斑。以色列也在一九七八和一九八二年插了一腳、左右戰局，第二次尤其凶殘，因為它自己的附庸：黎巴嫩馬龍派長槍黨人（Phalanges）在薩布拉和夏蒂拉（Sabra and Shatila）難民營裡對巴勒斯坦人展開大屠殺。

劫掠不僅限於彼此內部。一九八〇年，阿拉伯人劫掠波斯人的古老劇碼升級成伊拉克人襲擊伊朗人。差別在於，古阿拉伯人的目標：東部的薩瓦德（因為濃密的棗椰林而有「黑地」之稱）如今是伊朗石油工業的「黑鄉」。伊拉克的新獨裁者海珊也擔心，伊朗什葉派的伊斯蘭革命會擴散到伊拉克的什葉派信徒當中，而他的多數臣民就是由後者構成[25]。海珊這次的冒險得到外部帝國的支持——美國很樂意見到海珊對伊朗革命派進行代理人復仇，因為後者推翻了美國扶植的附庸沙王。然而最初的襲擊很快就陷入壕溝戰的泥沼。到了一九八八年，因為沒有決定性的結果，所以沒有贏家，但死亡人數已高達一百萬人。[26]

不過，對於伊拉克附庸的下一次襲擊，也就是一九九〇年入侵科威特，美國人可就不怎麼高興了。有人或許會說（海珊的確這樣說了），科威特做為一個主權國家其實是大英帝國遊說的產物，而且它一直到一九六一年才成為阿拉伯聯盟的一員，在歷史上，它經常是伊拉克的屬地。但伊拉克本身做為一個主權國家——而非一個定義不明的地理區域，一塊兩條大河一起注入波斯灣的低地（地理學者指出，ʿirāq做為一般名詞時，指的是「革製水袋的底部」）——同樣是英國在地圖上胡亂畫出來的。英國人當初拿著鉛筆亂畫時或許太過天馬行空；但過去七十年來，石油已經讓邊界固化，強加上它自己的新現實。薩達姆．海珊企圖重新統一一個觀念上「自然」的伊拉克；但這麼做只是成功分裂了整體阿拉伯人。多數阿拉伯政府都反對他，並站在美國人領導的聯盟那邊，於一九九一年將他趕出科威特；其他國家則是激烈反對干預。但在親聯盟的國家裡，政府和人民之間有著深刻的裂痕[27]：伊拉克強人得到多數市井小民的支持。這類事情很難量化，但海珊的科威特鬧劇所導致的分裂程度，大概就跟七世紀穆阿維亞和阿里統治時期，古萊什新舊政權之間那場致命戰爭後的其他事件差不多。科威特事件也導致自拜占庭和波斯薩珊王朝以來該區最大規模的超級強權干預：反海珊聯盟的軍隊約有一百萬，單是美軍就有六十五萬人。[28]

另一次數量較少但最終更為致命的干預，在二〇〇三年到來，這次是由美國領導的入侵伊拉克行動，目標是要把如今變成棘手人物的薩達姆．海珊趕下權力寶座。就目標而言，這次干預很成功。但接下來的發展卻不在計畫中：這部分根本沒計畫。美國小布希總統和他那群策畫了空白藍圖的新保守主義顧問群，希望剪除那個將自己偽造成西方威脅的統治者。小布希總統也希望將伊拉克人民從獨裁者手中解放出來，因為事實證明，海珊對自家人民也是一大威脅。第二項目標聽起來很值得稱許，但小布希理應做得更好，如果他有將美國作家詹姆斯．鮑德溫（James Baldwin）下面這句話謹記在心：「自由並不是可以給予任何人的東西；自由是人們要去爭取的東西，然後人們可以按他們想要的那樣享有自由。」[29]在伊拉克這個案例裡，問題並非伊拉克人不想要「自由」。事實是，對大多數伊拉克人而言，自由所代表的東西，跟小布希心裡想的並不一樣。對伊拉克人以及對多數阿拉伯人而言，「自由」是你有權利接受跟你同類——無論是部落、宗派、教派或方言群——的某人所控制；或者，如果做不到前者，就由不同群體的某人承諾提供保護。在當時的阿拉伯世界裡，「自由」還不具有和其他地方同樣的隱性意涵，還不具有和個人主義相同的共鳴；對超級強權而言，要讓別人「改朝換代」相當容易，但要改變字典，可就困難多了。

要論斷二〇〇三年入侵的長期後果，目前為時尚早。不過（這和一九九〇至一九九一年的分裂事件不同，該起事件起於阿拉伯內部對科威特的襲擊），就短期而言，超級強權的壓力發揮了久經考驗的效果，逼使阿拉伯人團結一致：這一回，政府和人民一致發出譴責[30]。入侵伊拉克也證明了——美國宣稱且它的盟友應聲附和：薩達姆．海珊對西方構成了軍事「威脅」——阿拉伯人和阿拉伯語並未壟斷修辭的「真理」。

在其他地方，衝突頻仍，憤怒延燒，貫穿了日益動盪沮喪的後泛阿拉伯時代，而且幾乎沒有得到外力相助。由西向東快速瀏覽一下，摩洛哥和阿爾及利亞是關係特糟的鄰居，因為阿爾及利亞支持西撒哈拉人民解放陣線（Polisario Front）——一項始於一九七五的運動，目標是讓西撒拉哈的西班牙舊殖民地擺脫摩洛哥的控制。與此同時，在阿爾及利亞本身，伊斯蘭主義者於一九九一年底贏得第一輪的全國大選，執政黨接著取消了第二輪選舉，雙方爆發內戰，造成十萬人以上死亡。[31]隔壁的利比亞，悲劇獨裁者格達費長久掌權——超過四十年——久到足以在整個失望的年代搬演獨角戲：他演過納瑟主義分子、後納瑟主義分子、伊斯蘭主義者、部落新游牧民，以及最後的孤老獨裁者。在這段期間，他努力讓自己在所有衝突中登場，對象包括大多數的鄰居，以及非洲和更遠的其他地區。

埃及和以色列這兩個位於東邊的反常鄰居，曾經握手言和、互遞橄欖枝；但除此之外，以色列這個境內迷你帝國還是繼續破壞該區的穩定。由於一九六七年答應給占領區「自治」的說法，後來被揭露只是暫時性的，於是巴勒斯坦居民從一九八七到一九九三年間起來抗議他們所受的折磨，在二〇〇〇到二〇〇五年又有一波；過程中他們為英文字典貢獻了一個阿拉伯字彙——intifāḍah，阿拉伯文的意思是「擺脫」。以色列以過度的暴力回應，以子彈對抗卵石。但卵石本身會變成某種更致命的東西。隨著加薩這個巨大集中營裡的居住者愈來愈擁擠，愈來愈憤怒，他們新選出來的伊斯蘭主義統治者哈瑪斯（Ḥamās）開始發射火箭越過邊界攻擊以色列。加薩守門員的反應同樣是過度殺戮。例如，在二〇一四年的戰役裡，巴勒斯坦和以色列的死亡人數比是兩千一百多人比七十三人，前者大多是平民，後者只有七位平民[32]。巴勒斯坦方面的數字一直有爭議。但就算是用來自以色列方面的數據，不成比例的情況依然很明顯：在二〇〇〇到二〇一八年這段期間，共有九千四百五十六位巴勒斯坦人被以色列安全部隊殺害，而被巴勒斯坦殺死的以色列人只有一千兩百三十七人——幾乎是八比一。[33]

與此同時，在「自治的」西岸地區，以色列的政策讓十九世紀歐洲殖民主義和二十世紀的種族隔離政策相形之下顯得很自由。例如，一條以色列財產法規定，任何土地，只要上面的真實居住者不是它的所有人，就必須歸還給「原始」擁有者——也就是以色列政府。[34]由於以色列政府只能回溯到一九四八年，那麼使用「原始」一詞似乎很奇怪；當然，這是在暗示，以色列早在上古時期就存在於巴勒斯坦，而根據現代錫安主義者的殖民詮釋，巴勒斯坦就是古代典籍裡神聖的「應許之地」。如果把這同樣的想法套用在英國，將會導致不在籍的土地擁有者得將他們的地產讓給德魯伊（Druids）復興主義者的一個外國派系，理由是那塊土地在凱撒入侵之前是德魯伊人的聖地。做為一種對歷史的管窺、對時間的否認，以色列國的觀點甚至比所謂伊斯蘭國所提出的任何觀點，都更驚人。

部落的凱旋

在那日益紛擾的幾十年裡，有一座島嶼相對平靜，那就是阿拉伯人的「島嶼」：阿拉伯半島。然而，在整個一九七〇年代，葉門分裂的兩個部分也有打打停停的邊界戰爭，而阿曼西南部左法爾省的一起重大騷亂也威脅著蘇丹國的新統一。這些衝突並不小，但終究是外圍。不過，一九七九年激進伊斯蘭主義者占據麥加禁寺（al-Masjid al-Ḥarām）——以卡巴為中心的朝聖建築群——以及為了將他們驅逐出去的血腥圍攻，將新近重新政治化的伊斯蘭的危險能量，帶到它的肚臍之地。

伊斯蘭和政治再度會合；在這同時，即便是看似最世俗的政治，也無法擺脫宗教關聯性。一九七〇年代在葉門人民民主共和國（PDRY）——分裂葉門的南部那塊——發展出來的頑固科學社會主義，如今有了一種非現實的氛圍：辯論腳踏車國有化；教授雜技和芭蕾；女人上戰場從軍。[35]但還是有些與過去連結的絲線，傳統的穆斯林神職人員遭到迫害，但科學社會主義的幾個主要支持者卻是來自哈希姆家族，該家族屬於古老的宗教—政治菁英，而

> 總政治局的詮釋者是阿布杜·法塔赫·伊斯馬儀（ʿAbd al-Fattāḥ Ismāʿīl）——一位社會主義教條專家，並且以al-Faqīh（字面義是聖書的學者）這可笑的名稱聞名。在他的指導下，會根據左傾或右傾將伊斯蘭早期的哈里發分類。[36]

但如果說葉門是一塊分裂的土地，那麼葉門人民民主共和國的政黨也是，受到其自身左派、右派、傳統派和改革派等各種力量的推動。「分裂主義」日益盛行，內部衝突也更加激烈，並在一九八六年達到暴力最高點，導致數千人死亡。

和許多「宗教」派系的衝突一樣，社會主義不同教條派系之間的鬥爭也是當時又重新冒出泡泡的古老部落差異的隱喻。泛阿拉伯的統一失敗了，現在——無論地圖上的線條如何宣稱——連許多比較小規模的統一體（即領土型民族國家）也開始分崩離析，簡直就像才剛拼湊起來就崩散了。對殖民政權而言，畫定邊界，甚至解除部落戰士的武裝，往往都比較容易；但要將維繫民族國家不可或缺的機制移植進去，就困難多了。英國政府首長理查．克羅斯曼（Richard Crossman）在一九六七年日記中寫到亞丁時坦承，「我們離開之後將會由混亂統治，然後會有一項重要的約定出現——感謝上帝。」[37]「混亂」不只局限於亞丁。它統治了大多數阿語世界，一大堆人都在爭奪權勢和影響力，不受強大機制的束縛，他們採用的工具是經過千年測試的親屬和部落、劫掠和世仇；換句話說，他們在打造新的火輪。詩人們依然是自伊姆魯．蓋斯和尚法拉以來，將近一千五百年的時間裡，唯一的真理代言人，他們如實陳述。一九八〇年，尼撒爾．卡巴尼總結當時的景象：

> 從波斯灣到大西洋，部落
> 猖獗橫行，空無思想和文化……[38]

卡巴尼的長篇大論如雷轟頂，既苦澀又用了頗長時間攻擊阿拉伯假裝統一和文明這件事。他的訴說對象並非知識分子的小同溫層，而是正在舉行三十週年生日派對的阿拉伯聯盟。[39]只有詩人可以不因此受懲罰。

有些時候，火輪的圓周剛好和地圖上的界線相符合。某些波斯灣小國的情況就是如此，它們小而富有，足以維持統整性。在阿語世界末端的摩洛哥也是如此，在那裡，臨界數量的共同歷史——三百年的哈希姆王朝，加上晚近抵抗法國人的共同抗爭——將統治者與被統治者拉在一起。但是，就像常見的情況，國家疆界與忠誠度的人口統計往往大相逕庭。例如伊拉克和敘利亞就是這種狀況，在這兩地，數量上的多數——前者是庫德族和什葉派，後者是遜尼派——卻只能受制於統治集團的武力和恐怖管束。然而，無論政府是否成功，清楚的是，有時公開、有時偽裝成宗教派系、政治教系或兩者兼具的「部落」，依然是敘述的一部分。ḥaḍar和badw、民族和部落之間的古老論辯，正以新的活力持續進行著。

ḥaḍar–badw這場辯論最常見的延續模式是弱機制與強人之間的爭議，後者是透過血緣網絡、商業交易和軍事效忠進行統治。從一九八〇年左右開始，強人就贏了這場辯論，而且愈來愈強。甚至在埃及也是如此，這塊土地明明先前已經取得相當高水準的國家地位，也享有比阿語世界其他地方更穩定的機制。在總統胡斯尼・穆巴拉克（Ḥusnī Mubārak）的統治下，一名軍人統治者掌控了日益擴張的軍火庫和經濟，加上——特別是——他的統治長達三十年，這些事實的後果不難預測：機制萎縮，恩庇和腐敗的經緯線則是愈拉愈緊。

除非是絕對世襲制的王朝，否則一個運作良好的政府的領導人最為重要，一是要能靜靜離開他的職務，二是要留下一個秩序井然的國家。在運作不良的政府裡，比較可能的情況是，如果領導人不方便死在辦公室裡，就只好把他趕下台或罷黜；而這正是後殖民時代阿拉伯國家過去幾十年的寫照。然而隨著時間過去，拜保全科技日益先進、有效率之賜，藉由政變改朝換代的健康輪替日益減少。到了二十世紀末和二十一世紀初，幾乎整個阿語世界都發現，自己不是被絕對王朝就是被長壽獨裁者所統治，而在這樣的國家裡，對被統治者而言，真正重要的並非你這位公民和非人格的政府之間的關係，而是你和領袖這個人的連結網絡。這類連結是不是部落性的，可能會因國家而異；但就算不是部落性的，血緣的紐帶和其他形式的忠誠——walā'——也變得日益重要，一如認定的血統和附屬的mawlā「以忠誠結合者」對古代部落的重要性那般。政府漸漸變成由walā' 形成的網絡，以飢餓和永不饜足的蜘蛛為中心。

民主君王制

阿拉伯國家並非明目張膽的世襲王朝，除了其中一國之外，其他的正式國名裡都有jumhūrīyah「共和」一詞。名義上，他們是由jumhūr「人民大眾」統治。（唯一的例外是利比亞，直到格達費倒台之前，該國都是jamāhīrīyah，複數的「民眾國」——這或許是寡民大國的恐懼留白症。如今，它的國名變成簡單的「利比亞國」。）然而，最近出現一個嘲諷但誠實的新詞，很適合套用在這些假共和國頭上：jumlakīyah，這個新詞合併了jumhūrīyah和malikīyah「君王制」——翻成英文或許是「rexublic」（王朝共和），甚至可保留所謂的民主元素，翻成「demonarchy」，民主君王制。我寄居的國家就是其中一例。如果我接著花兩三頁的篇幅聚焦在這點上，那是因為我就是該國晚近歷史的目擊者，而且無論如何，它就和北肥沃月彎那塊動盪的土地一樣，是位於各民族和各部落的大型斷層線上。這是關於這些部落可以驚人存活下來的案例研究。

一九九〇年之前，葉門分裂成兩部分：一是後英國時代、由蘇維埃支持的葉門人民民主共和國

（PDRY，南葉門），二是比較富有、人口較多、保持模糊不結盟立場的葉門阿拉伯共和國（YAR，北葉門）。英國離開時把南葉門留在「混亂」裡；但蘇聯在不久之後垮台，南葉門失去它的新支持者後，發現自己比以前更難存活，於是在一九九〇年五月與北葉門統一，合組葉門共和國（RoY）。這次統一（或說重新統一）似乎正確且適當；和伊拉克不同，al-Yaman這個阿拉伯人之島的「南部」，在地理、文化和歷史方面，感覺起來都像是天然的整體。在過去幾千年來的不同階段，南阿拉伯成立過諸多邦國，政治上也一直維持著斷斷續續的統一——必須承認，斷的時間比續的時間長。

最新的這道再統一公式：

（PDRY－USSR）＋YAR＝RoY

是阿拉伯諸多歷史的總和。由兩大超級強權從相反方向施加的總壓力下降，阿拉伯的認同軟化。隨著泛阿拉伯主義也從總和中移除，如此形成的國家在名義上就沒那麼阿拉伯：舊日的葉門阿拉伯共和國中的「阿拉伯」被拿掉了。阿拉伯人準備再次「消失」，失蹤在新的民族國家裡嗎？似乎不是：埃及依然是埃及阿拉伯共和國（Arab Republic of Egypt）；敘利亞依然是敘利亞阿拉伯共和國（Syria Arab Republic）；大公國依然是阿拉伯聯合大公國（United Arab Emirates）（雖然他們或許應該像沙烏地阿拉伯王國〔Kingdon of Saudi Arabia〕一樣，用United Arabian Emirates比較貼切；那個字在阿拉伯文裡比較曖昧模稜）。葉門學校作業簿的一組蝴蝶頁上，依然印了一張al-Waṭan al-ʿArabī「阿拉伯家園」地圖。在另一組蝴蝶頁上，則是印了世界地圖，地圖上還有南斯拉夫和蘇聯，或許只是因為沒人想費事去把那些舊地名改掉。

葉門統一之後沒多久，一九九四年爆發了一場短暫、矛盾的「統一戰爭」，一些葉門人民民主共和國的昔日老闆企圖退出新國家。統一的局面最後保住了，但付出了代價：這場戰爭使得舊葉門阿拉伯共和國及其領導人阿里・阿布杜拉・薩利赫（ʿAlī ʿAbd Allāh Ṣāliḥ）的支配地位成為定局。然後，隨著這道等式加入了另一個元素——時間，自由逐漸受到限縮。薩利赫一開始是個尚可接受的良性獨裁者。但是在一個變化與衰敗、生成與毀滅的世界裡，獨裁無論一開始多良性，半衰期總是很短；隨著年紀增長，他們往往會變得愈來愈不穩定，愈來愈不良性。薩利赫是一名部落出身的軍人，早期的暱稱是tays aḍ-ḍubbāṭ「軍官食堂裡的比利山羊」[40]：魯鈍地低著頭向前猛撲。他那屬於山羊任性的一面發現，透過與部落領袖之間非正式的私人聯繫來運作，比較不會綁手綁腳。他曾在一九八六年表示：「政府是部落的一部分，我們葉門民族是部落的集合體。」[41]嚴格說來，這是矛盾的說法——至少在古阿拉伯半島和《古蘭經》裡是如此，shaʿb和qabīlah「民族和部落」是兩種截然不同的生物，一如綿羊之於山羊。或者說，這又是另一次想要調解這兩者的嘗試？

非也。一九九〇年後，社會日益被刻意導向再部落化。這種趨勢甚至也發生在先前的南葉門，該區在名義上一直是去部落化的。英國人和後來的社會主義者都曾嘗試讓該區的部落解除武裝，將他們改造成沒有武裝的公民（在部落民眼中，則是沒有「榮譽」的公民）；但部落民從來不曾彎下腰桿拿起鋤頭，一九九〇年後，他們用一次復仇重新武裝自己。部落的辯護者主張，沒有什麼時代錯置的問題；相反的，其中一位以流利的不當措辭寫道，那些警告老派部落主義會對現代國家造成危害的人，「可能連在地鐵站裡也想尋找駱駝車隊！」[42]——結果就在東找西找時被另一種列車撞死……部落就像地鐵列車，現在也都機械化了，甚至比它們過去更危險。

民主凋萎——可惜不是薩利赫受歡迎的程度凋萎，因為隨著媒體再次變得不自由，話語也隨之凝聚起來。到最後，甚至連「共和」也從等式中去除，只剩下虛名：國家變成了jumlakīyah「民主君王制」，薩利赫培養他的兒子阿赫美德繼承大位。兩人身穿制服戴著鏡面太陽眼鏡的海報四處可見，而且愈放愈大；後來的版本還包括第三代，即阿赫美德脫掉尿布進入軍隊的小兒子。這種民主君王制還有一種更「部落」的面向：把總統當成家父長。「但他是我父親！」當我批評這位領袖時，我的一位朋友這樣向我抗議。有時，這種關係更為複雜：「阿里（阿布杜拉．薩利赫），你是我兄弟，我兒子，我父親！」一張海報如此呼喊。在這樣的領袖統治下，社會不是建立在憲政或法律或甚至共同的信仰之上，而是像部落社會一樣，建立在對血緣關係加倍不實際的狂想上。因為在這同一塊土地上，有長達千年的南阿拉伯古代市民歷史——shaʿb「民族」不是團結在血統的宣稱之下，而是團結在與神的盟約之下——還有隨後一千四百年植基其上而發展的跨洲伊斯蘭歷史，那樣的社會永遠不可能發生。

喜愛刀劍勝過鋤頭的薩利赫沉迷於武裝自我的狂歡中，並把軍械庫交給他最親近的人負責管理。他當然是總指揮；兒子阿赫美德掌管由菁英組成的共和國衛隊（Republican Guard）；兄弟負責空軍；諸如此類。武器和持有武器的忠誠衛官都是部落民的榮譽標誌，而薩利赫正在變成一位超級部落民。文官政府完全被掏空。甚至連學校制服都改成軍綠色。在千禧年交替前後，類似的歷程在整個阿語世界進行。蓋達組織的興起分散了注意力，該區的外國觀察者談了許多國際性的文明衝突；但他們忽略了內部的文化衝突——民族vs.部落、農業vs.軍事——在這場衝突裡，部落和軍事雙雙獲勝。

葉門是個窮國，但把驚人的費用花在武器上。在它北邊，沙烏地也做了一模一樣的事（但因為沙烏地的富有程度無法估量，所以它的購買規模也大到無法估量）。二〇一五年，當他們摧毀薩利一處飛毛腿飛彈的發射井——就位於我家七公里外的一座山上——時，一個地震波讓我的房子搖了三次。他們接著摧毀了另一處，那是更靠近的山中軍火庫，我們則遭到火箭雨沖擊——感謝上帝，是滅去彈頭的小支火箭。那是世界末日，就像當時間終了之際，「大地拋其重擔」時那樣的大地震。[43]

我們可以假定，就算不是全部，但至少大部分的武器交易都會產生豐厚的回扣。腐敗統治，名副其實。這不僅是說，系統是腐敗的；更確切的說法是，腐敗就是系統。然而，從另一個角度看，這不過是古代劫掠經濟在民族國家時代的更新版本，因為在這個時代，首領會劫掠他統治的國家，並保留贓物的四分之一或五分之一。[44]再換另一個角度，一個稍稍不同的角度，國家的收入並不屬於人民；它屬於掌權部落或效忠團體，實際上就是屬於它的族長，而他剛好有個容易誤導人的頭銜：「總統」。這一切在二〇一五年初變得眾所周知，因為聯合國公開指控，在比利山羊統治葉門阿拉伯共和國和葉門共和國那三十幾年間，他分別從石油和天然氣合約以及其他各種貪汙中，拿到三百億和六百二十億美元[45]。他對此一笑置之：彷彿他在銀行裡本來就有那麼多錢！他當然沒有。其中很多拿去投資經濟，購買支持；很多拿去買更多武器。（鄰近的石油君王自然也是做著同樣的事，只不過他們不必假裝「共和」，所以可以明目張膽地做。他們通常也負擔得起，不會因此讓大多數臣民變成乞丐。）在葉門，似乎很少人意識到這個偷竊的指控。而那些注意到的人，大體上也很少相信——這些指控都是來自不值得信賴的外國人。而會為此煩心的人甚至更少；一位阿拉伯統治者讓自己變有錢，根本不是什麼新聞。最明顯受剝奪的窮人，並沒有聲音可發出抱怨。

以冷酷抽離的眼光看，「掠奪—再分配」的民主君王制，其作為其實和收稅國家有些類似。主要的差異在於，前者沒有制約和平衡；有的只是鈔票簿和銀行餘額，而且最終只由一人把持。但是，撇開其他不談，這套系統有得到長期使用的許可。十一世紀末，阿穆拉維王朝的領袖尤蘇夫．本．塔舒芬準備啟程併吞西班牙之前，他的書記官曾如此建議：

慷慨使你占居上風；／上風招來團勇；／帶領團勇，土地為你所統。[46]

統治或夷平

在阿拉伯世界其他戴了共和主義假面的國家裡，類似的敘述也在發揮作用。在伊拉克和敘利亞這兩大塊北肥沃月彎的土地，以及往西延伸的埃及，其他總統的兒子們也接受培養，以繼承父親的職務。二〇〇〇年小布希贏得美國總統大選一事，讓他們大受鼓舞，因為他是老布希總統的兒子：如果美國人可以，為什麼阿拉伯人不行？這很公平。無論布希二世打算藉由入侵伊拉克為自由民主做些什麼，都因為他的身分抵銷了，因為他是他父親的兒子，是布希．本．布希（Bush ibn Bush，「胡扯的兒子胡扯」；在某些阿拉伯方言裡，這個源自土耳其文的字眼帶有英文「bosh」〔胡扯〕的意思）。

用裹了一層眼翳或溺愛寬容的眼光來看，這種偽共和或許可視為一種「動態政治秩序……一種另類的民主觀念」，是由「自由主義、共和主義和伊斯蘭主義〔之間〕的……僵局」[47]打造出來。但是，它們剔除了新聞自由、司法公正，以及一般人理解的 dimuqrāṭiyah「民主」真義，也是最縹渺的另類民主幻影。比較精準的做法，是把 dimuqrāṭiyah 當成很久很久以前就在阿語世界持續上演的那種政體的替代名詞。它是「凝聚話語」的新瓶，裡頭裝的還是舊酒；在阿拉伯語裡，「聲音」（voices）和「投票」

（votes）是同一個字：aṣwāt，而從領導人大選裡多數派都享有九成以上支持率看來，他們追求的依然是一致性。例如，二〇一四年埃及大選讓現任總統塞西（as-Sīsī）於奪權一年之後首度得到認證，這位政變領袖在選舉中得到九成七的選票[48]；那些曾經自由且公正地投票給他的前任穆爾西（Mursī）的選民，依然保持必要的沉默，因為他們沒有對象可投。因此，dimuqrāṭiyah更接近分期選出的君王制——比方拿破崙（以九成九高票選出的皇帝）和羅馬皇帝（例如奧古斯都獲得一致投票通過，賦予他五到十年的君主特權）。這個語義世界跟demo-kratia「人民權力」這個最古老的意義完全無涉，也跟民主最常見的現代意義無關。這個觀念裡的「人民」有權力「選舉」他們的領袖；但他們還沒有權力——或見識——不選舉他們。

比較誠實的做法是放棄dimuqrāṭiyah這個外來語，恢復mubāyaʿah這個古老的阿拉伯語詞，這個詞通常翻成「效忠」。這個詞的字根指的是「買或賣，做交易」，而這個特定的派生詞暗示這個交易是互惠的，是一種社會契約：你賣出你的政治自由，得到的回報是正義，以及在許可的情況下安全富裕地生存。然而，在實務上，mubāyaʿah漸漸變成了「賣出」。就像字典裡寫的：

> Bayʿah al-amīr：他承諾或發誓效忠於親王；與他立約，將自己的案子交給他評判並……不就任何事情與他爭執，對他發號的所有命令一律服從，高興的和不高興的。[49]

當時間一久，權力腐敗，使人失望的事必然占上風。親王愈來愈豪奢，愈來愈有權勢，愈來愈不遵守他那方的約定；他拿走自由，卻不執行正義。他漠視子民，也開始對策士充耳不聞，致力以輕率的舉動剪除對手。他恢復專制且通常是軍事化的自我，用命令和狡猾而非共識和計畫進行統治。他的奉承者數量倍增，不停讚美他的「睿智」——如同培根說的：「沒有什麼比狡猾之人冒充智者對國家的傷害更大。」[50]隨著統治日益專權獨斷，相關機制就算曾經有過也凋萎了；尤其是法律。領袖變成某種不法行為的掩護者，而就像阿里・阿布杜拉・薩利赫那樣，他們還能用日益真實但毫無真誠的口氣說出：「沒有我，這國家就會變成索馬利亞第二。」

這句話聽起來像是警告，但其實是威脅。這類領袖非常清楚其中的危險性。他們需要用恐懼——對宗教極端主義、對部落劫掠者、對社會崩潰、對即將來臨的洪水的恐懼——來維繫自身的控制。他們並非經營一個有序系統的董事長，而是混亂的秀場導演，或造個新詞：無政府君王（anarcharch）。他們的哲學可能是彌爾頓（Milton）筆下墮落撒旦的哲學，

> 與其在天堂為僕，不如在地獄稱王。[51]

他們的政策有如德萊頓（Dryden）筆下的亞希多弗（Achitophel），「生來就是無形肉團，宛如無政府」，

> 友誼虛假不實，仇恨死抱不放：
> 鐵了心要統治國家或夷平它。[52]

灰燼的歷史

到了新的千禧年時，阿拉伯「希望的年代」似乎已成遙遠記憶。極端好戰的伊斯蘭主義者愈加大膽，竟在二〇〇一年攻擊世俗版的世界之膺：紐約的世貿中心，以及它那資本界的拉長版卡巴雙塔。在阿拉伯本土，石油王朝和無政府君王抓緊他們的夾鉗，也開始愈來愈像彼此，愈來愈像辛巴達的〈海中老人〉（Old Men of the Sea）——一個能言善道的寄生蟲，他哄騙沒戒心的腳伕背他一程，然後用雙腳夾緊那個可憐人的脖子，把他當成坐騎和活動吊車，採摘最好的水果。然後有新一代接受繼承人培訓，變成海中青年。二〇〇三年，美國在伊拉克做的實驗——「改朝換代」——把一名海中老人從他臣民的背上趕下來；但也掀開了底層無政府狀態的蓋子。整個阿語世界的市場賢人一如既往地搖頭說道：「伊拉克需要一個薩達姆·海珊、一個哈賈吉·本·尤蘇夫。它需要棍杖。」夾鉗、蓋子、棍杖，它們一直在那兒，久到像是正常且必要的東西。那些似乎就是可以把事情收緊的東西。

阿拉伯人當時處在——現在也還在——「失望的年代」，是詩人暨政治評論家阿多尼斯所謂的「灰燼的歷史」（a history of ashes）。[53]由於相信前世就跟相信來生一樣令人安慰，所以他們回顧假想中的黃金時代。如同我們提過的，有些人在七世紀初的麥地那找到完美，找到他們渴望但無法回復的燦爛。其他人則在哈賈吉·本·尤蘇夫血腥的七世紀末伊拉克警察國家裡找到寄託，以現代的監控和武器而言，要重建它可說易如反掌。另一個黃金時代，也就是備受十九和二十世紀覺醒運動阿拉伯人歌頌的阿拔斯初期，那個文化與知識集大成的時代，似乎隨著泛阿拉伯主義的美夢結束而退潮。它的餘暉——往日榮光——只能用來嘲笑黯淡的現在。即便懷舊也不是昔日光景了。

教育的逃生路線也被障礙阻擋。阿語世界有更多年輕人取得更高的教育資歷；然而社會卻還沒成長到可以容納他們的新技能和新抱負。在一個由一層層無法跨越的恩庇關係所構成的系統裡，對大多數畢業生而言，天花板不是玻璃而是花崗岩。例如，二〇一〇年十二月，我搭了一趟便車，那是一輛摩托計程車，我發現竟然可用流利的英文和駕駛討論艾略特（Eliot）《荒原》（*Waste Land*）的形上學。他是他那年的頂尖畢業生，但除了當摩托計程車司機之外，找不到別的工作。我希望他能有更好的運氣。他聳聳肩。「在葉門這裡，我覺得好像在坐牢。」

對我們這個時代的歷史而言，那個年輕人及數百萬像他一樣的人，很快就會跟民主君王和獨裁者一樣重要。因為就在那時，和我那位形上學騎士一樣的人民，開始把目光跳脫監獄、跳脫過去，開始看到未來的黃金時代。畢竟，為什麼要把命運交給丟銅板來擺布？尤其是這枚銅板的頭像正面是獨裁者，反面是伊斯蘭主義者，只有無政府狀態的自由落體，才能在這兩者之間做出決定。當然，有人會說，因為獨裁者和伊斯蘭主義者握有所有武器，有令人生畏的槍砲和地獄火彈藥庫。但是，就像最早的阿拉伯語詩人和演說家所知曉的，以及《古蘭經》最雄辯滔滔的證明——語詞也可能是武器。

無夏之春

四十多年前，摩洛哥作家阿布杜拉．拉若儀（Abdallah Laroui）曾將這個失望的年代稱為「阿拉伯人最長的冬天」。[54]那個時候已經感覺很長，但其實才剛開始而已。新千禧年的種種事件——蓋達組織攻擊美國、美國人的「反恐戰爭」、伊拉克的動盪不穩——讓這個冬天陷入漆黑冬至。然而，季節終究要輪替，到了二〇一〇年底，換季的時刻終於像是要來了。

在某些春季的儀式中，獻祭是必要的。這故事經常聽到的版本是這樣的，年輕的突尼西亞街頭小販穆罕默德・布・阿濟吉（Muḥammad al-Bū ʿazīz）遭到警方迫害[55]，他自焚抗議，並於二〇一一年一月殉命。他的死激起怒火，傳遍全國，接著蔓延到阿語世界的大多地區。這是一起群眾起義，對抗暴君、腐敗和專制政權的獨斷統治，而且它的傳播是自發性的。但這種自發性是由兩個多年生的革命工具賦予形式和方向，即語言和科技。老派的口號結合嶄新的社交媒體，驅動了很快就眾所周知但事實證明為時過早的「阿拉伯之春」（Arab Spring）。（「目光縱情於花綻季節／五十個春天仍嫌短缺……」）

當然，抗議的潛勢一直存在，雖然休眠，但時不時會從這裡或那裡竄出；春天則是季節性、區域性的事件。這個春天的不同之處在於，它的地理範圍從摩洛哥延伸到阿曼，而且它是突然間同時發生。兩者都是拜新科技之賜，特別是衛星電視和網際網路。儘管革命有了新的速度和範圍，但還是有些不變的常數在運作。其中之一是介於馬格里布和馬什里克中間的埃及核心。埃及向來是抗議的沃土。時間倒轉，一九七七年，埃及曾經有過激烈的麵包叛亂。一九六八年，在與以色列的戰爭失敗後，福阿德・阿賈米口中的「遭到系統性欺騙的一代」[56]展開示威，抗議他們眼中虛偽的納瑟王朝。再往回推，一八八一至一八八二年阿赫美德・烏拉比起義期間[57]，保衛民眾對抗統治者的反政權士兵占據了阿布丁廣場（ʿĀbidīn Square）——當時的都市中心。再往回溯，被（編年史家）稱為 zuʿrūr「流氓」的下層階級團體週期性地上演起義[58]，對抗鄂圖曼和馬木路克政權；在馬木路克時代早期，他們的前輩 ḥarāfish「無賴」曾公開示威和大聲抗議長期統治的納西爾蘇丹不時上演的暴行。[59]二〇一一年的差別當然是速度，也就是在突尼西亞誕生、在埃及溫床繁殖的孢子傳播到國外的速度：整個阿語世界的電視觀眾和網際網路使用者，可以一路追隨那些開創性抗議活動的發展過程。和以往一樣，大多數人將文風不動，保持惰性。

然而有一些人會受到啟發，足以讓該運動擴散。

使用新科技來傳播抗議也是一項常數。如果說二〇一一年是由臉書頁面動員了開羅的抗議者[60]，那麼在烏拉比起義時激發他們祖先行動的，就是開羅新興報紙的政治版。[61]（還有一個最偉大的原型：利用新興的書寫文字來擴散七世紀那場最原初的伊斯蘭革命。）不過，二〇一一年的科技在地理和社會兩方面的觸及範圍都很非凡。阿拉伯之春最主要的激發要素之一是「集思廣益」[62]——還有不同髮型的相遇：在開羅解放廣場（Tahrīr Square），一位伊斯蘭主義的抗議者，向他新認識的左派抗議同志——「那個頭髮又粗又長的世俗亞當」坦承：

「我無法想像，自己竟然會跟一個頭髮和你一樣長的人講話。」對於這點，亞當回說：「我也沒想過，我會跟一個鬍子和你一樣長的人做朋友。」[63]

左派和基本教義派一起前來。話語和自由也是。新資訊科技是無法控制、無法審查的，群眾也是。「我們全都聚集在這裡，」埃及作家阿赫妲芙．蘇伊夫在解放廣場上指出，「全都做著我們幾十年來無法做的事：每個人都在講話、行動、表達自己。」[64]許多這樣的自我表達，陳述出有別於傳統統治者的另類真相。相對的，「這個〔埃及〕政權說謊就跟呼吸一樣自然。」[65]所有的政權都是。每個地方的政權媒體都在放送顯露疲態的老套謊言，說抗議者是「外國代理人」[66]。有些時候，假訊息反而更準確。二〇一一年三月十八日，那天是抗議運動口中的「尊嚴星期五」（the Friday of Dignity），在葉門首都沙那，當五十幾位抗議者被屋頂狙擊手開槍射死時，薩利政權表示，那些槍手都是當地住戶，因為生活受到干擾而惱火。

跟伊斯蘭世界所有最棒的革命一樣，口號至關緊要。活躍凌厲的埃及人在數百年抗議史的加持下，對政治俳句這門藝術得心應手。下面就是一個典型的呼喊，要求：

'Aysh!

Ḥurrīyah!

Karāmah insānīyah!

麵包！

自由！

我們的人性尊嚴！[67]

再一次呼喊尊嚴。不過，和親鄂圖曼派在拿破崙占領開羅時所呼喊的口號相比，這次或許少了當初那種外來的嗆辣感：

真主拯救蘇丹！

真主毀滅Farṭ ar-Rummān！[68]

Farṭ ar-Rummān「噁膩的石榴」（也或許是「噁膩的胸部，因為這是詩意的隱喻）這個字，是對「Bartalamin」這個字的惡意扭曲，那是當地為法國人服務的一位傑出基督徒的名字。至於十四世紀的「無賴們」，他們以毫不修飾的口號——在開羅城堡的城牆下面由數千人齊聲呼喊——要求一隻腳慢性跛瘸的蘇丹釋放他們的保護人：「倒楣的瘸子，讓他走！」[69]那位保護人獲得釋放；後來他再次遭到逮捕，大量群集的開羅孤兒上街抗議，確保他得到釋放。

回到二〇一一年，每個受到阿拉伯之春打動的國家，他們高舉的口號都很簡單，但是節奏分明：

Ash-shaʿb
Yurīd
Isqāṭ an-niẓām.

人民
要求
政權倒。

乍看之下，這和在拉丁美洲把獨裁者趕下台，以及在歐洲推翻國王寶座的要求是同一類。但就算不是對該區的人民本身，至少對該區的歷史學家而言，ash-shaʿb「人民」一詞帶有其他共鳴，微弱而清晰：共鳴來自南阿拉伯的古老碑文，在裡頭，shaʿb指的是定居的、多元的、非部落的社會；共鳴也來自舒歐布運動——西元八世紀開始的多元主義「多民族運動」，在這起運動裡，阿拉伯帝國的不同民族要求跟他們的帝國統治菁英享有平等的地位。因此，這個口號承載了歷史的意義，但它也伴隨了當下的危險。最後一個字nizām，是法文regime的借詞，在阿拉伯文裡是個「兩極」字：它的外來意義是「（壞）政權，統治」；但它的傳統意義是「（好）秩序，法律和秩序」。當這個字來到反革命派的手上時，不難想像傳統反動的統治者會大肆散播這個詞，說阿拉伯之春的年輕人其實是在呼籲無政府主義……抗議者或許不是「外國代理人」，但他們所使用的那個語言本身是外來的，是某種語義學上的第五縱隊？然而，就算抗議者輸入意義，獨裁者也會扭曲它：他們的「好」nizām經常是無政府的門面；失序才是他們那個時代的秩序。

撇開意義不談，演說這個行為正在解放。而且發出聲音的，不僅是憤怒的年輕人。一名在開羅解放廣場抗議的年長婦人，看到阿赫妲芙．蘇伊夫在記筆記，於是跟她說：

> 寫，寫下我兒子正在那裡，跟那群shabāb（年輕人）在一起。我們受夠了國家對我們做的一切。寫下這個政權分裂穆斯林和基督徒，分裂富人和窮人。寫下它變成一個腐敗的國家。它把飢餓帶到我們門口。[70]

「每個人，」阿赫妲芙．蘇伊夫理解到，「這裡的每個人都變成演說家。我們找到自己的聲音。」這是未凝聚的話語。獨裁者對言說的壟斷——獨裁者一詞最基本的意義就是「那個講個不停的人」——被打破。個人再次公開表達自我，一如把塗鴉雕鑿在沙漠石頭上、最早被聽到的阿拉伯聲音；

一如ṣu'lūk——那些早期的浪客詩人和真理的自由撰稿者；一如哈拉智那位言論自由的原型殉道者。人人都是演說家，而在人口眾多的民主君王制的國家裡，處處都有人要求——不是以獨裁者喜歡的眾口齊聲，而是以各自參差不齊的複音——一個法律之前人人平等的公民國家，一個不由軍人發號施令進行統治的平民國家。他們用來代表「公民／平民」的字眼是madanī，源自madīnah「城市」。他們可能也用了另一個意思同等但帶有更多遠古共鳴的字眼，ḥaḍarī：對阿拉伯之春而言，這是一個非常古老的主題的新變奏——是ḥaḍar和badw之間的辯論，是想要打造社會之人和想要劫掠社會之人的辯論，是民族和部落之間的辯論。

處處是希望。遲至二〇一三年五月，還可看到一位龐格羅斯型的（Panglossian）樂觀主義者——一位埃及詩人；他在電視上預測：「到了二〇一七年」會出現統一的阿拉伯世界。（「我好崇拜他喔。」[71] 觀眾拉賈．謝哈德〔Raja Shehadeh〕如此說道——完全是伏爾泰筆下的贛第德碰上龐格羅斯。）但這股希望大部分都被小心提防著，而大多數人——真正的市井小民——依然如同以往那樣，沉默不動，旁觀但不參與，甚至往往無法領會抗議者真正要追求的東西。

事實證明，到頭來，阿拉伯之春談的都是一些膚淺的改變。身為詩人的阿多尼斯知道阿拉伯人

拖沓於季節之間，[72]

不過早在一九八〇年，在眼下這個漫長冬天開始之際，他就曾以散文診斷過這種阿拉伯僵局的性質：

當前的阿拉伯政權，無論有多少，事實上都是一個政權……一個基本上是建立在鎮壓上的政權。必須徹底拒絕這個政權，並在每個層面上與之戰鬥。但對抗這個政權並擊敗它，本身未必能保證民主統治的到來。因為社會和經濟的基礎建設本身，是鎮壓性的……需要從基礎上予以解構……政治層級的革命是最淺薄的層級……取得權力最重要的，就是要進行大規模的拆除過程。少了這個過程，就算取得權力也改變不了任何事情。[73]

一如伊斯蘭最原初的革命者所知道的，「安拉不會改變一個民族的情況，除非他們改變自己。」[74]今日，那些曾經揚起的個人聲音再次沉默。又是一個無夏之春；就像許許多多革命一樣，包括穆罕默德那場，它是由渴求正義之人所開啟，但被渴求權力之人所劫持。在好幾個案例裡，特別是埃及，它甚至是一種雙重劫持：先被自封為舊革命擁護者的伊斯蘭主義者劫持——散落的鬍子很快就趕走了長亂的頭髮——接著又被舊政權本身劫持，那隻永不饜足的霸王龍。

或許可以說，阿拉伯史就是一連串被偷走的革命。

霸王龍回擊

在埃及，穆斯林兄弟會於大選中取得權力的一年後，舊統治者那些軍事強人又上演了一次政變。所有的反對派，包括伊斯蘭主義者和獨立派，全都沉默了；許多人被關進監獄，數百人遭到處死。在敘利亞，民主君王第二代的巴沙爾·阿塞德開始無情剪除反對者，並因此引爆一場內戰，殺害了大約五十萬人。在巴林，由占人口多數的什葉派發動的起義，在沙烏地戰車的協助下，迅速被輾平。在其他明目公然的王朝裡，阿拉伯之春的微弱沙沙聲不是被消了音，就是被掩蓋掉。阿拉伯之春的爆發地突尼斯，一直是它唯一的成功故事——或許吧。我們稍後會回過頭來談。

還有另一個起初的「成功故事」，就在葉門。它很快變成了一場令人難以置信的失敗，而原因是根植於好幾個非常古老的過往；我目睹了失敗的發生過程，而且和這個國家的其他每個人一樣，深受其苦。一開始，阿里．阿布杜拉．薩利赫，這位如今已年老齒長的比利山羊和在位很久的民主君王，在一起協議中辭職下台，由副總統繼位。然而，和突尼西亞的前獨裁者不同，他並未踏上鍍了白金的流亡人生。他在豁免起訴的保證下留在國內，並且——總是狡猾，從未明智——圖謀報復：就像阿拉伯諺語說的，他想要「洗他的肝」。他的同謀者是好戰的新伊瑪目運動；他們受到伊朗什葉派的影響，自稱為「真主的協助者」（the Helpers of Allāh）。他們更常為被稱為胡塞派，這名稱源自於幾位主要領導者的姓氏，他們和該集團大多數的高層一樣，都屬於古萊什的哈希姆氏族，特別是穆罕默德透過他女兒以及她的丈夫、他的堂弟阿里．本．阿比．塔里布傳下去那支。過去幾十年來，薩利赫浪費了許多葉門的人命和資源，跟同一群胡塞派打過不下於六次戰爭；沒想到在他失勢之後，突然就來了個髮夾彎——山羊就算老了，也很敏捷——與該派聯手，用武力推翻後阿拉伯之春的共識政府。他想必會同意畢佛布魯克勳爵（Lord Beaverbrook）的箴言：「我要的是權力。今天親他們，隔天踹他們。」[75]如今，葉門再次分裂。它陷入戰爭，與自己人打，以及——就胡塞派而言——與半島上的所有鄰居（阿曼除外，該國保持中立）和廣大的阿拉伯聯盟打。這一切的結果就是經濟凋敝，貧窮與疾病肆虐，無辜之人大批死去，其他真相不被允許，投入辯論就是宣傳 fitnah「異端」，多樣性與團結已死。（曾經高喊「統一個鬼！」的我的老友，現在卻成了胡塞派的支持者。這可能不是官方說法，而是發自內心的。）

在這所有事件中，有三件是阿拉伯漫長歷史留下的反響。由於軍事單位依然效忠於被罷黜的薩利赫，使得胡塞派的部落戰士——有些是身高跟卡拉希尼可夫步槍差不多，才十或十一歲的小孩子——能拿下首都和該國的大部分地區。看到這一幕，比較年長的市民會有一種似曾相似的感覺：一九四八年，當時執政的伊瑪目邀請部落民洗劫首都以資懲罰，因為他父親在那裡遭到暗殺。不過，打出部落王牌這招，可是有著更悠久的歷史。早在前伊斯蘭時代示巴衰頹之際，失勢的統治者就曾利用世仇鼓動燒殺劫掠的部落民去對抗把他們趕下台的人[76]。在這起事件裡，薩利赫將成為自身陰謀的受害者，因為許多部落民對他並非忠心耿耿；忠心是可以用來喊價的貨品，在這個案例裡，得標的是胡塞派。第二個反響是來自遙遠的過去：麥加古萊什部落的哈希姆氏族在首次革命的一千四百年後，透過胡塞派證明自己依然具有強大的恢復力。薩利赫曾經將自己打造成超級部落民；但古萊什，包括他們的烏瑪亞和阿拔斯兩系，則一再透過時間證明自己是超級部落。第三個古老主題，重現在阿拉伯聯盟對胡塞派的強烈反感上，因為在葉門的半島鄰居眼中，受到伊朗人啟發的這起運動就是波斯企圖主宰阿拉伯次大陸這場千年爭鬥的代理人。第三個主題也沒太大變化：在伊朗人祖先接受伊斯蘭將近一千四百年後，比較粗魯作風的波灣區宣傳，依然把胡塞派的伊朗支持者稱為「Majūs」——祆教徒或瑣羅亞斯德教徒，彷彿他們依然堅守著古波斯沙王的國教似的……你不必是小說家，就可以和勞倫斯．杜雷爾（Lawrence Durrell）一樣，把歷史看成「巨大的類比複合體」[77]。

葉門在這些災難事件出現不到二十四年前的再次統一，一直是這個漫長阿拉伯冬天最值得慶賀的事件之一。而這個國家如今再次將自己撕裂，則只能說是趕流行。在阿語世界的幾乎每個地方，都是由分裂當道。埃及有一種心照不宣的分裂，那裡的反對派在司法上被堵了嘴，或說在脖子上被套了繩。其他地方的分裂則是公開的：利比亞和葉門一樣，分裂成由合法政府、民兵和甚至稱不上民兵的武裝團夥控制的地區；黎巴嫩則是有一個真主黨的國中之國；在巴勒斯坦，以色列的匕首從巴勒斯坦解放組織（法塔赫〔Fatah〕）統治的西岸切出一塊由哈瑪斯統治的加薩，他們本身也經常劍拔弩張；敘利亞則是讓潘朵拉的盒子相形之下只是一個蠕蟲罐，那裡不只有美國這個今日超級強權，還有另外三個前超級強權——土耳其、波斯和俄羅斯——全都像瘋子一樣狂攪和；在伊拉克這個黃蜂巢裡，則是由前述第一個超級強權捅了毒窩。蘇丹比較可理解地分裂成阿拉伯和非阿拉伯兩部分。阿爾及利亞的情況本來可能更糟；但大概是因為他們在一九九〇年代就已經夠糟了，當時的內戰死者高達六位數，使得阿爾及利亞人失去彼此互砍的意願。似乎只有絕對君王制可以運作，而這是當今世上其他地區大多放棄的制度。所以，或許市集裡的算命仙是對的：阿拉伯人與眾不同——他們需要給哈賈吉、給薩達姆．海珊用棍杖統治；至於自由、真理和春天，根本就是西方人的虛假空話。就算棍杖是世襲的權杖——那又怎樣？至少在它交棒時，可省去一堆流血廝殺。

但是，到目前為止，有一個例外：突尼西亞，即阿拉伯之春唯一堪稱成功的結果。這國家也不是沒有問題，同樣會有包括伊斯蘭恐怖主義的一些零星事件，但至今似乎還處於基礎穩定的狀態。為什麼是突尼西亞不是其他地方？或許有部分是因為它發起第一場春天革命，而那位老獨裁者很快就認賠殺出，來不及從霸王龍夥伴的反擊案例中得到啟發。有部分則是因為有一位開明的領導人：孟席夫．馬佐基；在他出任突尼西亞後春天時代的第一任總統之前，有長達二十幾年的時間備受推崇，被視為阿拉伯的沙卡洛夫（Sakharov）和索忍尼辛（Solzhenitsyn）同志。[78] 老實說，大概也是因為突尼西亞自古以來就是

haḍārah 勝過 badāwah，定居文明勝過部落游牧主義。腓尼基人在西元前第一個千年把突尼西亞海岸打造成貿易樞紐，它是富有的羅馬「亞非利加」（Africa）省，會出口穀物和橄欖油到義大利。隨著阿拉伯人占領，在該地建立了軍營和貿易城市開羅安，它變成馬格里布的行政中心。它熬過十一世紀的大遷徙和希拉爾氏族與其他阿拉伯部落的掠奪，過得比其他地方好。法國殖民主義對待它的手段，也比該區其他地方來得輕——它與法國的分手過程，並不像鄰居阿爾及利亞那麼暴力。在獨立方面，它有一位進步派領袖哈比卜·布爾吉巴（al-Ḥabīb Būrqība），他將一年四分之一的預算花在教育上、鼓勵婦女解放，並嘗試透過法律禁止勞工人口在齋戒月禁食，但未成功。[79] 突尼西亞沒有四處蔓生、未開發的部落腹地，而這類地區卻是多數阿拉伯國家的主要構成部分。最後，這個地方不像多數阿拉伯國家，自古至今一直都在地理上和文化上往外看：突尼西亞的心一直擺在自家的海岸上。

所以，突尼西亞這個例外，或許是對市集算命仙和舊城卡珊德拉（Cassandra，女預言家）的迅速回擊。從一開始，他們的前提——「加了定冠詞阿拉伯人」與其他人都不相同——就是錯的。其實是阿拉伯人太過多樣，彼此太過不同，又跟一個龐然帝國裡的紛雜民族混融得太深、太久，以至於無法被歸為一類，甚至無法給一個定冠詞。真正和其他民族有所不同的，是他們的歷史環境，特別是阿拉伯次大陸這個形構場景。這個環境孕育出陰陽雙生的 ḥaḍar 和 badw，這對連體雙胞胎不停吵架，卻又得彼此共存，在這塊次大陸上，定居文明從未真正贏得它在世界大多數地區所贏得的決定性勝利。當前的戰爭，就是在這兩種社會類型長期存在最大接觸和衝突的地點，打起來最激烈：在葉門這裡，即我們南部的小肥沃月彎；以及在北部的大肥沃月彎，也就是敘利亞和伊拉克。至於在定居文明及開放性隨著時間而占據上風的地方，戰爭打起來比較沒那麼苦。

當然，更大、更完整的圖像永遠不會是楚河漢界似的「游牧民」vs.「定居民」、部落vs. 民族。不曾如此。但二分法似乎確實位於歷史的核心，也確實影響了由badāwah的某種衍生物所主導的現在。它的衍生物並不顯眼，因為在今日，「badw」通常不會騎著駱駝，或住在毛氈帳篷裡。例如，如果說哈菲茲·阿塞德像個雜貨商，那麼他兒子巴沙爾看起來就像在倫敦受訓的眼科醫生。然而，他們和他們的獨裁者同伴，並沒有比伊本·赫勒敦古典理論裡的原生沙漠統治者更不像個劫掠者，或更不像個放牧者。他們的權力是靠劫掠取得和維持；他們的人民——他們的raʿīyah「臣民」，或者說該詞最早的意思：「私人畜群」[80]——則是由放牧的方式控制，把腦子當羊群來牧養。

二〇二〇／一四四一

近來，放牧——藉由話語以修辭或宣傳的形式執行——甚至變得更有效率。隨著資訊科技的進步，統治者的民眾——他的畜群，在一塊「製造相信」（make-believe）的土地上，心滿意足地吃草：他們相信他製造出來讓他們相信的事。但是，在一個充斥著另類資訊來源的世界裡，這是怎麼辦到的？即便是最高壓的阿拉伯政權也沒有禁止衛星電視和網際網路。當然，這些科技理應像之前一樣，迎來阿拉伯歷史的一個新階段。尤其，它們展現出自由民主世界所享有的自由，理應激發長期受壓迫的阿拉伯人民也想要的渴望。無論如何，這的確是阿拉伯之春的期盼。

一開始，這些另類真相撞上了慣性防火牆。在這個防火牆內，用的是另一套隱喻：許多阿拉伯人（或許是大多數）都受制於所謂群眾斯德哥爾摩症候群。這是一種「應對機制」（coping mechanism）：當你處在權力無上之人的奴役下，與其承認自己軟弱無力並因此失去自尊和「榮耀」，你反而會開始宣稱你有一個好主人。久而久之，這種應對變成一種修辭上的真理，無論有多少經驗證據與它矛盾。大多數的阿拉伯公眾生活都是以這樣的方式進行，那是一種自願懸置現實的方式。這種懸置通常是有意識的：「我們知道他很壞，但我們依然愛他！」「不適任公職」的觀念在那裡並不存在：無論在私生活方面對人的道德要求有多高，人們**預期中**的公眾生活都是不道德的。把髒汙的鞋子脫在門口；屋內一片純淨。這是阿拉伯存在的一大兩極性。

當然，對大多歷史上的多數人類而言，他們都必須忍受威權，無論那有多壞；這完全是生存問題。然而，阿拉伯人至今依然傾向如此，並不只是因為他們的高壓統治者或他們自身的應對機制；也是由於伊斯蘭在他們當中經常採取的形式——在阿拉伯社會，宗教信仰與政治是如此刻意地緊密糾纏。就像總是會有「政治化伊斯蘭」存在，也總是會有「『伊斯蘭』政治」——這裡的 islām 不是任何精神、道德或教義上的意思，而是該詞最基本的意思：「順服」。此刻我的窗外就有一個案例可以說明。效忠胡塞派領導人的旗幟上寫了這樣一句話：

Labbayka Yā Qā'id Ath-Thawrah!

聽憑差遣，喔，革命的領袖！

裡頭的第一個字：labbayka 絕非阿拉伯的日常用語；甚至在高級阿拉伯語裡都很罕見。它通常只用在兩種情況：當《天方夜譚》裡的精靈從神燈或戒指中出來，為它的召喚者服務時；二是朝聖者接近麥加時向安拉說的話。不管是精靈或朝聖者，都處於一種順服和奴役的狀態。

熱切的外國人以為，阿拉伯人想要或應該想要從他們的暴君手上獲得「自由」。確實有些人是，但這些人早就已經講著外國人的話。而慣性沉默、無動於衷的大多數人，則是會和霸王龍共謀合作。他們是共犯，如同山謬・約翰生說的：「狡猾得益於他人的盲從。」[81]而盲從是雙向的：「國王的新衣」可能就是為今日的阿拉伯閱聽受眾所寫的。

阿拉伯的自由思想家——換句話說，詩人——早就觀察到這種群眾斯德哥爾摩症候群的效應。在西元六世紀，伊姆魯．蓋斯咒罵殺害他父親的凶手，說他們是自身領導人的奴性傻子，「是棍杖下的奴隸」。[82]一位後來的詩人痛苦地寫道：

若時代讓卑賤屁人登基
將統治王袍披他肩脊，
那你只能屈從於時代的權力，
哈腰點頭奴顏卑膝。
……
若獅走了，猿到來——
那就跳舞迎合猿時代！[83]

在引用這首詩的伊本・哈里坎所處的十三世紀，最後那句眾所皆知。那是一句早該復活的諺語。阿拉伯人是否有機會逃離那根指揮棒、跳脫那個節奏——那支迎合時代音樂的催眠舞？自十九世紀覺醒運動開始，近兩百年來，每隔一段時間，這問題就會被提出一次。逃離並非必然，或許需要好幾個世紀的春天。「給我五百年，」一九四九年敘利亞新領袖胡斯尼・扎伊姆（Ḥusnī az-Zaʿīm）的名言如此說道：「我將讓敘利亞和瑞士一樣繁榮、一樣開化。」[84]他或許是對的。我們或許無法加速歷史。或許不同種類的進步是按著不同的時鐘運行，而在此刻（西元二〇二〇／伊曆一四四一），依據多數阿拉伯人的智慧型手機來看，他們是活在西元二〇二〇年，但若從社會政治發展的相對程度來看，也可說是活在西元一四四一年：也就是說，活在古騰堡、宗教改革、啟蒙運動、法國大革命、兩次世界大戰和各種「春天」（至少是成功的春天）之前。這麼比較並不是為了要引人反感，純粹是不同種類的歷史在不同的環境裡以不同的速率流動——在阿語世界內部也一樣。（我曾在全世界最高的摩天大樓裡當過親王們的賓客；在葉門的索科特拉島，我曾跟穴居人一起享用生的羊腎盛宴，在那裡也受到親王級的招待。）也可能會有渦流，水流在那裡逆轉；那或許就是過去幾十年阿語世界的寫照。如果把人類歷史當成一個整體來看，六百多年的落差根本不算什麼；即便是用政治和知識史的比例來看——如果我們把它的起始設定在人類開始說話的時間，也就是介於十萬到五萬年前[85]——這差距也只有百分之一或更少。但是，過去這六百年是某種歷史的漸快版。對歐洲而言，這是他們的政治青春期。阿拉伯之春則是本來就遲到、如今又被再度推遲的青春期大爆發的一部分，是對「家父長制統治」失去信心的起點（「他是我父親！」）；但只限於某些人。對其他人而言，先前的狀態持續著，是一種日益焦慮的純真，就像彼得潘。

當然，改變未必得花上五百年的時間。許多東歐和南美國家最近以幾年的步幅，將獨裁改變成可接受和可運作的民主政體。西班牙幾乎是在佛朗哥死後，一夜之間就轉換成功。但如果改變真的花費很長的時間，倒是符合霸王龍的利益：它讓霸王龍們暫時免於滅絕，暫時可以安然入睡；或只要睜一隻眼即可，因為他們害怕彼此更勝於自己的人民。

真實的篝火

對於壓制性政權如何處理多重資訊來源這個問題，還有另一個答案——還有另一個理由可說明為何這些霸王龍可以安穩睡覺：那就是它們本身超能適應不斷變化的資訊環境。這種適應性是阿語資訊科技（和政治控制）史的最新發展，這段歷史是從統一的高級阿拉伯語開始，然後隨著阿拉伯文字起飛。阿拉伯之春或許是一場「臉書革命」，但很快就變成這項便利科技的受害者。在二〇一一年，使用社交媒體的阿拉伯人還不多，而且往往是同溫層，即本來就會擁護阿拉伯之春所要推動的那種自由的人。如今，有更多人使用社交媒體；但那些霸王龍現在也在臉書上，以及其他各種社交媒體上，而且是狂熱的mufasbikūn「臉書用戶」和mugharridūn「啾啾用戶」（chirper），也就是「推特用戶」（Twitter）。他們向來是最知道如何凝聚話語的人；如今，他們擁有完美的凝聚工具，而且可即時將話語洗進與智慧型手機相連的眾多腦子裡。「話語，」尼撒爾·卡巴尼說：

是嗎啡注射劑，
是統治者下給群眾的毒品
自七世紀開始。[86]

現在，話語更是以大量幹線直接注入大腦。這類假訊息流或許可稱為「lie-fi」。它們讓使用者快速深入班乃迪克．安德森（Benedict Anderson）的《想像的共同體》（*Imagined Communities*）[87]和馬丁．諾瓦克（Martin Nowak）的《超級合作者》（*Supercooperators*）[88]的領域：進入到維根斯坦的「透過語言手段來蠱惑我們心智」的範圍。[89]最終產物就是經過程式化的無產階級，不是沒洗過的群眾（Great Unwashed，引申為無知的下層階級），而是洗了腦的群眾（Great Brainwashed）。

讓話語凝聚或讓分歧沉默的老方法依然存在。例如，卡達的統治家族創立了最先進的媒體配備：半島電視台（Al Jazeera），但對某個激怒他們的詩人，也採用把「舌頭割掉」的古老手段。當卡達詩人穆罕默德．阿賈米（Muhammad al-ʿajamī）的溫和批評引起他們關注時，詩人就被送上法庭，判了十五年的監禁。[90]服刑三年後他得到特赦，但他的故事顯示，詩歌的古老魔力依然讓掌握白話力量之人感到恐懼。在這同時，沿著波斯灣往東走到杜拜，那裡也有一個詩歌力量的實例：在著名的棕櫚樹形人工群島四周，有一圈人造小島，拼出由該國統治者譜寫的一首詩。如同詩句說的（或它完工後將成就的）：

它讓有識之士能水上行文……

在朱爾占的卡布斯蘇丹[91]懸躺於他的書法墓塔水晶棺裡的一千年後，依然可看到以宏偉銘文所裝飾的醒目建築，投射出親王的詮釋，以及阿拉伯文字行雲流水、形體強勁的魔力。拉丁字母不管寫得多大，都產生不出這樣的效果：永遠只能弄出HOLLYWOOD標示牌這樣的味道。

至於阿拉伯文的整體修辭，它的力量未曾稍減，所扮演的角色甚至比以往更加重要，畢竟有太多真理在以太世界中競爭。其重要性不下於塔莉法的時代，那位傳奇的前伊斯蘭時代女預言家講述真理有如講笑話：真正重要的，是你講述它的方式。一首有關編造藝術的舊詩歌總結了這一切：

說它是「蜜蜂的瓊漿玉液」，
或說它是「螫人昆蟲的嘔吐液」：
這是一門藝術，告訴你的聽眾該把眼睛放哪裡，
要用暗黑絲線紡出日光亮麗。[92]

誠然，這藝術未必要非常高妙。我最近曾在沙那的廣播中聽到：

主持人：（以一種古怪學究式的淡然口氣）跟多數人以為的剛好相反，美國不是基督教國家。事實上，它是個猶太教國家。[93]

布告大肆流行，以一米高的字級和精緻的書法覆滿公共場所的牆面。下面這則布告出現在二〇一七年葉門霍亂爆發期間：

霍亂是美國的贈禮。

這類「事實」因為不斷重複而取得自身超現實的流通性，特別在公開質疑不受准許時。因此，凝聚媒體的話語成了關鍵，再以最大的聲量和頻率傳送這些嘔吐液和瓊漿玉液——如果能掌握廣播和電視，如果能負擔得起一兩個衛星頻道和可觸及數百萬人的科技，你就能非常大聲地將它們散播出去。結果十分駭人。例如，在我寄居的這塊土地上，當前的衝突是一場內戰，鄰居們都被牽扯進去。然而，從被逮捕的反聯盟（anti-Coalition）鬥士的一些訪談中可以得知，許多人深信，他們交戰的對象並非阿拉伯人或穆斯林同胞，而是「美國人和以色列人」[94]。難怪阿拉伯的統一如此艱難。

一九五〇年代，克勞德·李維史陀描寫了人們對於「印刷文件中謊言宣傳」的脆弱性。「毫無疑問，現在不可能回頭了。」[95]確實也不曾回頭。掌控真相者隨著電晶體收音機和電視、隨著網際網路和智慧型手機一路往前，不斷繁殖自身的真相，並直接且即時地將訊息傳入大眾腦海。無論是從二〇二〇年或一四四一年的角度看，《一九八四》似乎都是很久以前的事。

一道不通往任何地方的樓梯

你可以沉默抵抗，活在某種不言不語的內在放逐狀態；或者可以大聲說出截然不同的另類事實，並承受後果。大多數人會走比較簡單的路：他們什麼也不說，什麼也不想。這比失去理智好，或也好過失去生命。無知——不管是假裝或真實的——或許稱不上幸福，但至少能倖存。

不過，還有另一條逃生路徑，古老而具體的逃離：hijrah。就在阿拉伯之春春去之前，一位採取這條路徑的人，也就是以巴黎為據點的作家哈里爾·努艾米，回想起他敘利亞童年時住在外省的疲憊，並拿它與此刻的活動力和創造力做比較：

我在這裡，走了很遠……然後回顧最遠的地平線，我看到童年最初的景象……我看到塔維拉（Tawīlah）和它的紅色丘陵雄踞在平原上。哈布爾河（al-Khābūr）從正下方流過，紅色河水滿是泥沙、雜草和我們幾日前剛收成的最後棉稈。棉花將旅行到阿勒坡，搭上它的大商隊，接著海闊天空，去到其他地方——而我們依然留在原地，疲憊倒臥，宛如無人認領的屍體。

而現在我在這裡，用我的這趟遙遠旅行，向所有缺乏創造力的慣性報仇……

走吧！遠走高飛！過去將讓你欣喜，因為是它將你送往這個地方。[96]

他搭上的那波浪潮，一個世紀前也曾將他的同胞紀伯倫等人帶往歐美。

如今，才沒過幾年，對許多敘利亞和其他國家的人而言，旅行並非飛向創造活力，而是逃離死亡宿命。他們的過去破碎了、失落了；非但無法欣喜，甚至還泣著血。格達費看著自己垮台時，曾威脅要用移民淹沒歐洲。這威脅一語成讖，但它的規模卻是連這位利比亞無政府君王都不曾想像到的。單是敘利亞，就有五百多萬人逃離[97]——將近人口的三分之一。那幾乎就像是阿拉伯歷史正以螺旋下沉的方式，回復到對其自身初始狀態的冷酷諧仿：古代那一波波來自肥沃月彎的出離潮，如今變成了無情的洶湧人流；這一回，那位《古蘭經》裡的兒童移民和傳說中的阿拉伯祖先易斯馬儀的苦難，將由數百萬人重新經歷。歐美正在關上大門，因為這一波新離散已經在法國、荷蘭、本身就是從歐洲逃走的英國，以及川普時代的美國播下恐懼的種子，並由民粹主義和反自由主義政客培養耕耘。於是，阿拉伯煽動家和他們那些順從的人民對阿拉伯之春的反對，就這樣間接地全球化：恐龍的時代根本還沒結束，牠們的地盤恐怕不僅限於阿語世界。沒有什麼是安全的：西方的自由民主不安全；葉門和敘利亞孩童的性命也不安全。

對我們這些留在阿語世界的人，尤其對留在多事地區、留在南北兩個肥沃月彎的人而言，「失望的年代」一如今瀕臨「絕望的年代」。最古老的地方似乎是交戰最熾烈的地方，也就是位於部落領域邊緣的古老文明城市：在葉門是沙那和塔伊茲（Ta'izz），在伊拉克是摩蘇爾，在敘利亞是拉卡和阿勒坡。例如，自阿卡德人以降，阿勒坡就是人人必爭之地，努艾米童年時代的棉花，就是旅行到那裡；如今該城的許多大商隊都被重擊得面目全非。它的城寨舍赫巴（Shahbā）這座「鐵灰城」（Iron-Grey），曾經積滿了詩人穆太奈比從十世紀哈姆丹王朝贊助者那裡得到的黃金，曾經熬過旭烈兀蒙古大軍的包圍，

> 瞧！在她嚴峻的巨岩上
> 那笑聲輕蔑著敵人的震驚，[98]

如今卻被二十一世紀的火砲打出一道道裂隙。而哈馬清真寺在雜貨商父親哈菲茲·阿塞德手上遭受過的那種破壞，又在眼科醫生兒子巴沙爾的時代降臨於阿勒坡（雖然破壞究竟是哪一方造成仍有所爭議）。

在我二十年前尋訪敘利亞古文物的短途旅行裡，哈馬籠罩在我身上的深刻憂鬱，被第二座清真寺驅散，那是一個充滿光線與時間的地方。在烏瑪亞王朝興建清真寺之前，那塊基地曾經是拜占庭大教堂的花園；在那之前，則是希臘化時代的市集。我是去尋找旅行家伊本·巴圖塔曾經看過的十四世紀面貌，

他說那是「同類建築中最輝煌的代表之一」。我尤其想看的，是它的「遼闊鋪面，以及做工精緻、鑲了象牙與烏木的講經壇」。[99]經過六百多年，從直上雲霄、纏結文字的塞爾柱呼拜塔往下俯瞰，那鋪面與前輩們看到的如出一轍。它是用深淺交錯的長方形石頭鋪成，宛如打磨拋光過的巨大祈禱毯，上面有幾位阿勒坡紳士在椅子上曬太陽或閱讀。那座minbar「講經壇」是馬木路克統治者納西爾留下的禮物，在伊本．巴圖塔的時代才剛蓋好，而它矗立之處，依然是一道通往宣講台的木樓梯，一道不通往任何地方，只通往高談話語的樓梯：

> 它的表面是由大量互鎖的多邊形鑲嵌在果樹材上，以深鑿的象牙三葉草和交錯的烏木欄杆所構成的迷你屏幕襯托，交錯的節點上裝飾了細小的象牙旋鈕。有些鑲嵌物不見了；除此之外，它就跟伊本．巴圖塔當初看到的一樣鮮活。做工確實精美。就其多重色彩的交互作用而言，它可說是給眼睛看的巴哈賦格曲。[100]

在那裡，我透過伊本．巴圖塔的眼睛觀看：我們的視線、我們的時間線並未斷裂。有那麼一刻，我處在一個似乎可以不停延伸的幾何裡。

如今，在另外二十年且陷入內戰七年之後，阿勒坡的清真寺也成了廢墟。書法呼拜塔在二〇一三年倒下；鋪了石頭毯的庭園和祈禱廳遭到破壞。至於講經壇，它消失了。或許是被「拆除並轉移到其他地點」[101]，但沒人說得準。

或許，當戰爭結束，當眼科醫生、比利山羊、「伊斯蘭國」、「真主的協助者」，以及其他所有人都跟烏瑪亞王朝和阿拉伯人金迪布合而為一時，或許到那時，阿勒坡的倖存者會偷偷回來，開始重組他們的人生與他們的城市。或許還有他們的講經壇，以及那交互輝映的象牙與烏木。但願如此。它是話語打造的幾何，明與暗的和諧對話。

後記／在歷史的車站

如果我是在十年前寫這本書，它的面貌將會大不相同。近來的事件讓這本書變得更加晦暗。

如果你置身其中，「失望的年代」或許比它給人的感覺來得短。但它還在拖時間。本書一開始，我用了一個阿拉伯的時間意象：尼撒爾．卡巴尼的沙漏。在他名為〈等待古督〉（Waiting for Ghudu）——阿拉伯文的「果陀」——這首詩裡，還有其他的時間量器：

我們等待火車
等待一位如命運一般無法知曉的旅人
從多年的斗篷中現身
從巴德爾現身
從耶爾穆克現身
從希丁（Hittīn）現身
從薩拉丁的刀劍裡現身

過去是以戰鬥和英雄為刻度。至於現在，

我們等待火車
自從我們來了，故障的是歲月的鐘
時間並未通過
……
來，古督，
拯救我們逃離暴君和他們的暴政
因為我們如羊一般監禁在歷史的車站裡。[1]

這聽起來像是不變的現在，對於聖奧古斯丁（St Augustine）而言，那是永恆、無人性的地獄時間線[2]。但它其實是永遠在場的過去——是馬克斯．韋伯（Max Weber）的「永恆的昨天」[3]，是無情的傳統權威。這並不是悖論，在阿拉伯文裡，Hadīth 這個字同時代表了「傳統」和「現代」。

今日，一個阿拉伯之春從那首詩裡現身，時鐘依然故障；但沙漏翻了過來，手風琴彈著相同的老調。沙烏地阿拉伯最新一代的八旬國王忙著「凝聚話語」——也就是說，讓反對者噤聲——方法是指定兒子為王儲，同時制裁因涉嫌貪腐遭到收押的皇家表親。在這同時，紹德家族和它的盟友聯合起來對付它們的鄰居卡達，說它「折斷棍杖」，也就是背離波斯灣政權俱樂部共同凝聚的話語。

對它們而言最嚴重的禍根，是卡達的獨立媒體半島電視台所發出的聲音。半島電視台並未報導統治者發了一封電報給某個國家的總統，祝賀這個友好的國家國慶日快樂這類新聞，它反而以創新的調查報導攪翻了阿語媒體界。鄰國政權認為這個電視網煽動了阿拉伯之春的有毒微風。他們也認為卡達逾越了古老紅線，與他們的千年仇人伊朗聯繫。其中有些人還搬出法律來對付「向卡達展現同情之人」。據說埃及總統塞西想要「割掉半島電視台的舌頭」——前伊斯蘭暴君對鼓動騷亂的詩人所祭出的古老威脅。就在我為這本書做完稿潤飾的時候（或說得更精確一點，就在我準備放手的時候；書籍永遠無法真正完稿，歷史書尤其如此），利雅德的王室坦承，它的批評者之一，本身也是沙國人的賈邁勒．哈紹吉（Jamāl Khāshugjī），在造訪沙烏地駐伊斯坦堡領事館時遭到謀殺。[4] 情況似乎不只是他的舌頭被割斷：土耳其當局宣稱，他遭到肢解，還用強酸溶蝕了部分屍體。沙烏地的阿拉伯盟邦譴責國際對於該起命案的批評，說那侵犯了該王國的主權和「ʿurūbah「阿拉伯性」」[5]……所有的棍杖，緊緊綁在一起：主權的象徵，處決的工具。對那些看過歐洲歷史的人，很難不把這視為「法西斯」（fasces，譯註：古羅馬政要的權杖，以多根小棍束在一起，中間是一把戰斧）。

話語依然是最鋒利的武器；語言依舊是認同、共同體和連續體的核心。以色列政府對這點的了解程度不下於任何阿拉伯領袖，於是該國在二〇一八年七月，宣布將阿拉伯語從以色列的官方語言中移除，藉此執行自家版的大規模斷舌[6]。對於占以色列公民總數百分之十七點五、居住在這塊土地上也居住在語言裡的阿拉伯人而言，這並非最終手段——冠軍應該是鄂圖曼風格的禁止教授阿拉伯語——但也算是倒數第二吧。

對阿拉伯世界的大多數或至少是許多地區而言，那個時鐘似乎不僅停了，它還準備往回走。甚至連突尼西亞，二〇一一年那一連串革命唯一留下某種持續性成果的地方，也在前進的過程中顯得舉步維艱：那裡的革命並未施展魔法讓生病的經濟變健康，而獨裁者、伊斯蘭主義者、霸王龍和恐怖主義者也未有絲毫滅絕的跡象。在敘利亞，眼科醫生巴沙爾·阿塞德似乎抓緊了權力——在俄羅斯和伊朗這兩個暫時未定的舊帝國的支持下。阿勒坡清真寺是讓巴沙爾統治得以延長的那場戰爭的受害者（大概也是他自身砲火的受害者），眼下正在用車臣的現金重建[7]。而那座華麗講經壇的下落，依然成謎。

在我自己寄居的阿拉伯世界一角，也就是早先的「幸運阿拉伯」，我看到理性團結的葉門民族夢遊——或在睡眠狀態下被引導——到極度可怕的夢魘裡，內戰：我曾躺在床上聽著飛彈呼嘯而過，想著那會不會是我聽到的最後聲音。這一切都是最名副其實的悲劇，而隨著本書逐漸走向尾聲，我們那位英雄—反英雄也是：阿里·阿布杜拉·薩利赫那位「軍官食堂裡的比利山羊」，已經統治了三分之一個世紀。二〇一四年，他和更加堅不可摧的胡塞派站在一起，狠狠報復了將他趕下寶座的人民。他們攜手合作，在一場大規模的首都劫掠中，推翻了葉門的新統治者。不意外的是，胡塞派（所謂「真主的協助者」）並不想要扮演「阿里的協助者」：他曾跟他們打過六次戰爭。然而這個最不可能的組合，還是持續了三年，接著才爆發相互指責，全面開打。雙方的砲擊在二〇一七年十二月三到四號那晚達到最高潮；隔天，消息傳來——比利山羊死了。（我說過，這是名副其實的悲劇〔tragic〕：因為希臘文的悲劇一詞 tragoidia，最初就是在獻祭 tragos 時所做的演出，那不就是一隻山羊嗎？）

然而，近來，阿里跟另一種生物的關聯更為人所知。在那個反常且注定失敗的聯盟剛宣布時，我就曾寫道：

> 阿里·阿布杜拉·薩利赫，據說他曾將統治葉門比喻成「在群蛇頭上跳舞」，但他其實應

該牢記另一句更古老的葉門諺語——「到最後，蛇總是會纏死弄蛇人。」8

這不是什麼困難的預言。弄蛇人終究會喪命在自己創造的鱗狀多重迴圈裡，就跟勞孔（Laocoon）一樣——有個說法是，這位老特洛伊人因為締結了不潔的婚姻而受到懲罰。他們兩人都跟自己一度逃脫的壓倒性命運纏鬥到死。但阿里的結局並不算悲慘：他抵抗到最後，而且死得像個軍人，他從未放棄這身分。我們猜想，他的屍體躺在這條路上的一只冰櫃裡：歷史尚未埋葬；過去暫時冰藏。

他的死所團結的民眾，大概比他活著的時候更多。在這同時，由於權力中心至少分在三處，統一的葉門共和國的身體政治似乎沒有保存的問題。統一向來是海市蜃樓，只能短暫捕捉。

或者該說，幾乎向來如此，因為總是有例外。阿拉伯聯合大公國依然無愧於它的名字，以及它修辭上的過往。就像杜拜的統治者射出他的詩歌之箭對抗來自波斯灣的千年威脅，他的兒子也將那塊土地的話語凝聚成下面這樣的詩句，這是一首長頌歌的一部分，他曾在一個精心製作且廣受歡迎的錄像中親自朗誦：

我們已在七一年統一，我們是一個民族：
心先統一，然後是家。
我們依然統一——在人們心中，真正的阿拉伯人，
在我們持久不死的血脈裡。

……

願真主永保我們的人民強大！（眾人說，「阿門！」）
願真主保護我們的統一與日同久！[9]

在摩天大樓和購物中心的包圍之下，一個新的領導世代正在撿拾古老的語言絲線，紡出永恆的話語魔法。

❖ ❖ ❖

然而，幾乎在每個地方，話語和它導致的行為都使得社會分裂，而非團結。看著這一切發生在我深愛的土地上，看著更廣大的阿語世界遭受如此嚴重的自我傷害，是件痛苦的事。但這種痛苦難道不是因為我承傳的文化而加劇？因為——老實說——我覺得如果他們的秩序能像我出生長大的那塊土地，可能會比較好？半個世紀之前，睿智的英國作家多琳．英格拉斯（Doreen Ingrams）——她既是最後一位最偉大的阿拉伯帝國女性旅行家，也是後帝國主義的開路先鋒——在英國從亞丁撤退後寫道：

認為「當地人」肯定比較喜歡我們的行政秩序和正義，勝過他們自身的失序和不正義，這是英國面對殖民臣子的態度中，比較令人驚訝的面向之一。[10]

五十年過去，並非所有的阿拉伯世界都是失序的；但按照人口比例，大概有一半是，而且幾乎全是不正義的。根據自由民主的標準，不正義到無法無天。難道套用這些自由標準，以及希望阿拉伯人自己這樣做，也算是一種文化殖民？也許山謬・杭廷頓（Samuel Huntington）有關文明衝突的說法是對的。這當然就是獨裁者、「伊斯蘭國」和我們的胡塞派所說的那一套，也是他們抓緊權力的方式。

但如果我稍有認識且深深懷念的多琳是睿智的，那麼塔哈・胡賽因也是如此，他稍早一點在西方帝國主義的暮光中如此寫道：

> 我們活在這樣一個時代……自由和獨立並非民族和國家努力的目標，而是達到更高目標的手段，讓它們的利益可以更永久，更全面。[11]

那些更高的目標，想必包括自由和獨立社會所享有的秩序和正義。

當然，他們兩人都是對的。然而，塔哈・胡賽因對還知道他的阿拉伯人而言，是個會引發歧議的人物：他睿智且雄辯，但他是相信希臘—伊斯蘭文明的世界主義者。他是阿拉伯人，但他也是埃及人，而且就字面上和比喻上，他都和歐洲結了婚。他相信擁抱而非衝突。他也曾寫下：「隨著時間流逝，〔我們阿拉伯人的心態會〕努力迎向改變，加速與西方人的接觸。」[12]但這段話是在九十年前寫的，近幾十年，加速是朝反方向進行。現在的恐懼是同質化、模糊不清的全球化，以及民風精神的喪失。而民風精神——不僅是一些令人毛骨悚然的思考方式，或籠統的「阿拉伯心態」，而是它最原初的意思：一個群體的「性格」，它的天資、它的惡魔、它的命運——是比宗教組織更根本的力量。

而害怕民風精神的喪失，也是導致那些時序混淆的部分原因。有個阿拉伯古諺是這樣說的，人們和自身時代的相似性遠勝過和父祖的相似性。但是，人們往往想要像他們的父祖[13]，想要保留民風精神。

因此，時代出現錯置：他們與時代對抗，並維持永遠在場的過去——那個永恆的昨天；他們不想修好那個故障的時鐘。他們知道，如果變成那個現在連續體的一部分，變成那個模糊不清的一部分，就會進入有史以來最大的超級ḥaḍārah，就會變得更像地球上的其他人。而打從一開始，身為ʿarab或Arab反覆出現的一大特徵，就是身處邊緣、獨立、不像其他任何人。就這點而言，一旦進入ḥaḍārah「文明」，就不再是最古老意義的「阿拉伯人」。阿拉伯人曾經以伊斯蘭激發出世界上最大的超級ḥaḍārah，而最後終究是停留在它的邊緣。

如果他們當初曾從邊緣回去，並在當前這個更廣大市民社會的ḥaḍārah裡發揮主動性，試著推行真正的民主，擺脫霸王龍，擺脫無止盡的衝突，有可以運作的憲法，有法律之前的人人平等，有言論和宗教自由，而且到處都有三一冰淇淋（Raskin Robbins，是的，現在幾乎到處都有，有人告訴我，連卡巴聖域的門口都有），那現在會是何種景況？他們會變成只是「西亞人」和「北非人」嗎？他們將一無所剩，除了共同的語言和歷史——簡言之，他們的文化。這樣足夠嗎？答案只有他們知道。

然而，沒有任何ḥaḍārah（無論多麼超級）可以永遠持續。霸王龍也不必然會滅絕。而他們大體上仍維持著有如羊群的狀態，即便這意味著要被劫掠、要被放牧、要被關在歷史的車站裡，而且定期遭到屠殺，但在大多數的時間裡，那還是為相當多數的阿拉伯人提供了少量的安全感，一如它曾為人類歷史上大多時候的多數人所提供的。

❖　❖　❖

但時鐘沒必要一直停留在故障狀態。它可以修好，可以設定成阿拉伯時間。它可以和世界其他地方平行運作，在那樣的世界，阿拉伯人經常扮演的角色不只是卡在岩石上，而也是不可或缺的中間人，是全球發條鐘的核心齒輪。

大體上以西方時間運行的這幾個世紀，已經讓世界亂了套。對某個半球（其實是半個半球，也就是地球的西北部）的這種偏見，讓它的鄰居望而卻步。尤其對許多阿拉伯人而言，西方是模稜兩可的：就算並非凝視一眼就讓人毀滅的蛇髮女妖，最好的情況也是既魅惑又危險的海女妖。阿拉伯人最好是別過頭去，看著自己、聆聽自己的聲音。他們當然不必屈從於「西方他者的凝視——那凝視……注定了你所有的希望」[14]，也不必拒絕看似「西方」或「世界主義」的想法，把它們視為反對穆斯林心態的「十字軍」[15]，這是現代一位政治化伊斯蘭的創立者穆罕默德·賈拉爾·基什克（Muhammad Jalāl Kishk）所說的。真正重要的是想法本身——而不是它來自何處。這就是九世紀「阿拉伯人哲學家」金迪所知曉的：他追求真理，「無論它來自何處——哪怕是來自與我們相隔遙遠的種族和與我們截然不同的社會……」[16]這也是十三世紀偉大的蘇菲聖人伊本·阿拉比所知道的：

他看到閃電打向東方，於是他憧憬東方；
倘若它向西閃爍，他就會倚傾西方。
「我的愛，」他說：「並非朝向處所或土地。
我唯一的激情是閃電之光。」[17]

如果阿拉伯人張開眼睛觀看，他們會在自身的歷史之鏡中看到閃光——他們的整體歷史，而不只是歷史中段可能致盲的偉大閃光。他們會發現，個人主義、自由主義、世界主義、兼容並蓄、公民社會、客觀真理並不是某個「西方十字軍」的一部分，而是他們自身歷史的一部分。例如，他們將會看到：

……來源紛雜、追求自由與獨立的先驅，他們離開北部肥沃月彎，移往溫和的半島南方——很可能就是最早的ʿarab；

……定居的、多產的、非部落的前伊斯蘭社會，在南阿拉伯的另一個肥沃月彎上；

……世界主義的商業和文化網絡，以偉大的商隊城市為中心，包括帕米拉、達特卡赫爾和麥加，badw和ḥaḍar的交會處；

……前伊斯蘭時代超越部落疆界的「浪客」詩人（尚法拉等）、預言家和真理代言人雄辯滔滔的個人主義；

……早期伊斯蘭啟示裡包容眾生的天堂——

信士們——猶太教徒，基督教徒和薩比教徒（Sabians，居住在美索不達米亞的諾斯替宗派）——誰信仰真主和末日並行善，他們在他們的主那裡將獲得他們的報酬。[18]

……穆罕默德最早的「麥地那憲法」和其使命結晶「告別講道」所展現的兼容並蓄；

……阿拔斯社會在其鼎盛時期，特別是在哲學家哈里發馬蒙統治下那短暫但驚人的開放性；

……「文化興盛、世故老練、心胸開闊」與馬蒙同時代的哥多華哈里發國，那裡的生活「本身就散發榮光，並因學習而高尚，因各種歡樂而快意」。[19]

……蘇菲派神學的解放；

……伊斯蘭在擴張的、海洋性的十四和十五世紀以降所展現的可適性和精神深度；

……十九世紀覺醒運動那些知識豐富、跨越教義的推動者；

……二十世紀的文化合作倡議者，例如與歐洲聯姻的塔哈．胡賽因；

……我們這個時代為追求真理流亡海外的詩人們，「浪客們」的精神後裔；

……追求現在與未來的自由、尊嚴和日常溫飽者。

❖　❖　❖

對阿拉伯人而言，反思過去這件事已經被延遲很久。近年來最重要的「浪客」，強力提出這項挑戰：

我們想要憤怒的一代……
他們可以把歷史連根拔起。[20]

歷史是有人性的，是活的。有些就跟毒茄蔘一樣會在拔起時發出尖叫，對挖掘者而言也同樣致命。

但是，了解他們過去的真相，讓過去有機會intifāḍah「抖落灰塵」，然後重新檢視其根源，把埋沒在對帝國榮光的短暫歌頌以及對帝國失落的長期哀嘆裡的過去，當成公共財彼此分享——對阿拉伯人而言，以上這些都比保留遺產和文化來得更加重要。

儘管俗話那樣說，但真相未必會水落石出。有些真的埋太深了。不過，除了耶爾穆克、希丁和所有戰勝拜占庭、波斯和法蘭克的戰役之外，阿拉伯的小學生也該知道那些阿拉伯人打阿拉伯人的不光彩會戰：「駱駝之日」的七十隻斷手和七千條人命，那是穆罕默德的女婿和他最愛的妻子的戰爭；錫芬的七萬名死者，那是穆罕默德部落新舊政權的會戰；以及在那之後所有的阿拉伯內戰，和它們造成的不知多少個零的死者。回收過去不是要把它當成現在的主題樂園，而是要以它為基礎，打造更美好的未來。

這是一種忠於他們自己的方式，而且不必去對抗一個有如海女妖或蛇髮女妖的「西方」。人們還是經常透過對抗來想像自我，有時也透過對抗來表達或擠出自我。「安拉至大，」我窗外的口號如此喊著：

美國去死！
以色列去死！
安拉詛咒猶太人！
伊斯蘭勝利！

這依然是以模子的負形、以反對外部大帝國和內部小帝國所塑造出來的認同（反諷的是，這個口號的老模子，卻是來自最古老的帝國模子之一——伊朗：這是何梅尼革命的口號）。安拉自己的書並非倡導反抗，而是倡導並置，平行的共存：據說穆罕默德曾這樣對不相信他使命的人說：「你信你的教，我信我的。」[21]更寬鬆的說法就是，每個我們都可以有自己的民風精神。

從根源回收歷史，或許還能從中想出一些方法來調解民族與部落之間的論辯。badāwah和ḥaḍārah可以共存，就像據傳穆罕默德所說的，疾病和解藥就在蒼蠅的兩隻翅翼上。祕訣就是不要讓詛咒壓過療效，不要讓「腐敗的東西」接手。[22]至於現在所有的內訌仇恨，則只能——如同晚近歷史上的其他地方——透過真相來和解：唯有當過去的事實得到挖掘和檢視，才能給現在的問題一個體面的葬禮。除了阿拉伯人之外，沒有其他人能效勞。阿拉伯人沒有時間等待其他人去挖掘歷史，沒時間像我在前言裡提到的那些村民，他們等了兩千年，才等到英國人幫他們挖掘那口當初被羅馬人填掉的古井。[23]

拿我來說，我是受夠挖掘了。但我相信，我自身的歷史讓我有資格從事考古挖掘。我對阿拉伯最早的記憶，是納瑟的笑臉，比較模糊一點的，是在一台閃爍的黑白電視螢幕上，看到英國人在亞丁遭到粗暴的驅離，我無可避免是一位後帝國主義者。過去受的教育讓我成為阿拉伯語文學家和歷史學家，但在經驗上我是個阿拉伯半島人——我活在土地上，而非圖書館裡，無論平時戰時，我都住在位於廢墟土丘上的小塔屋裡；住在一個建造於層層過去之上的現在。我也是個後東方主義者：這裡的「東方」是我的家，而不只是我研究的主題（或者——但願上帝阻止——統治的對象）。因為以上種種，當我環顧四周，看到失序、不公，時至今日還看到年輕死者的臉龐笑著從他們的烈士海報前倒下，微笑炸開，也笑不出來了——當我看到這一切時，我知道絕不能替「西方」帝國主義找到正當理由，不管是領土的或文化帝國主義都一樣。那段歲月已經過去很久了。

但有另一種帝國主義還活得很好。對當今阿拉伯問題的最佳（或許是唯一）解答，將會從阿拉伯的過去裡浮現。然而，過去總是被本土的權力掠奪者和權力操控者入侵、殖民與剝削，藉此取得名正言順的理由來繼續抓緊現在；而且不只是現在。如同歐威爾知道的，控制過去你就能控制未來。阿拉伯已從昔日的占領帝國手上將有形的土地收回；但阿拉伯的過去卻依然被占領著，而且是從內部被占領。

新世代必須知道這個過去也是他們的國家；必須知道它正等著解放，等著新世代以開放的視野和心靈去探索。唯有到那時，人們才能思考如何在它之上打造更好的未來。

年表

時間	事件	語言・文化・社會・認同
距今2百萬年？	原始人類經由西奈和曼德海峽離開非洲	
距今12萬5千多年？	現代人經由西奈和曼德海峽離開非洲	
西元前第8至第5個千年	阿拉伯半島最後一個「大濕期」	
西元前第6個千年	南阿拉伯人民開始牧牛	
西元前第5個千年		類似阿拉伯語的特色從閃族語言分枝出來
西元前第4個千年	南阿拉伯人民開始種植穀物並發展灌溉系統 人民定居在阿拉伯半島海濱，以紅樹林為建材，以貝類為食物	
西元前第3個千年	飼養駱駝取用其奶，大概始於阿拉伯半島東南部 居住在阿拉伯灣／波斯灣的人民開始出口珍珠	
西元前2000之前	北阿拉伯出現馬拉戰車	
西元前第2個千年	駱駝開始被當成馱獸和坐騎 游牧民先驅從肥沃月彎遷移到阿拉伯半島？ 原型示巴人離開敘利亞—巴勒斯坦，踏上前往南阿拉伯之路	
西元前1000年前	駱駝運輸應用於阿拉伯半島多數地區 南阿拉伯開始推行大規模灌溉計畫	駱駝文化強化了badāwah「移動社會」種植食用作物所必須的灌溉系統帶動ḥaḍārah「定居社會」的發展
西元前第1個千年	示巴成為南阿拉伯主要強權 可能源自於前示巴時期的馬里布大壩擴大規模	
西元前10世紀	《聖經》記載南阿拉伯的示巴女王去拜見所羅門王	
西元前835年	阿拉伯人金迪布提供駱駝給一支反亞述勢力	目前所知最早提到阿拉伯人的（亞述）碑文

時間	事件	語言・文化・社會・認同
西元前 800 年前	示巴人與肥沃月彎貿易	
西元前 750 年以降	奎達活躍於北阿拉伯，它或許是最早的部落聯盟	
西元前 730 年代	亞述擊敗莎姆西——「阿拉伯人的女王」	
西元前 7 世紀	亞述人扶植奎達的傀儡「女王」塔布雅	南阿拉伯各聯盟因祭祀同一位神祇而統一
西元前 5 世紀	波斯人雇用阿拉伯人防禦邊界，對抗埃及人	
西元前 4 世紀？	阿拉伯半島開始將馬匹用於騎乘	
西元前 3 世紀起	講阿拉伯語的納巴泰人將貿易範圍擴展到佩特拉之外	
西元前 2 世紀	南阿拉伯的麥因人與埃及和愛琴海進行貿易	
西元前 1 世紀起	講阿拉伯語的帕米拉人將貿易範圍擴展到塔德莫（Tadmur，帕米拉今日所在地）之外	
西元前 26 年起	一支羅馬遠征軍短暫進入南阿拉伯	
西元 0 年前	駱駝鞍得到改良，可以長途旅行 南阿拉伯強權廣用阿拉伯人當傭兵	原型阿拉伯語塗鴉在北阿拉伯數量激增 獨特的阿拉伯認同開始成形
1 世紀	希木葉爾變成南阿拉伯的主要強權	目前已知最早的阿拉伯文本嵌在內蓋夫沙漠裡的亞蘭語文本中
106 年	羅馬併吞納巴泰領土	
2 世紀	西阿拉伯的薩穆德部落為羅馬提供兵員	
2 世紀起	馬匹加駱駝的組合：獨一無二的移動性和劫掠力	阿拉伯人和阿拉伯語在南阿拉伯日漸脫穎而出
3 世紀起	金達游牧民建立達特卡赫爾（中阿拉伯）做為商隊城鎮 根據傳統敘述，呼札阿部落控制了麥加	南阿拉伯依然使用示巴文書寫，但阿拉伯語成為主要口說語言 麥加成為聖地中心
226 年	薩珊王朝在波斯建立	
244 年	出生於大馬士革的阿拉伯人菲利浦成為羅馬皇帝	
267 年		最早全部以阿拉伯文寫成的文本，出現於瑪甸沙勒（沙烏地阿拉伯）的一段碑文中

時間	事件	語言・文化・社會・認同
272 年	羅馬併吞帕米拉領土	
3 世紀末	哈德拉毛落入希木葉爾人主導的示巴國 南阿拉伯統一在希木葉爾—示巴國之下 拉赫姆部落在希拉（伊拉克）成立一個波斯附庸王朝	拉赫姆王朝變成阿拉伯認同的團結核心
4 世紀初	波斯向東阿拉伯擴張影響力 金達和馬德西吉部落從阿拉伯半島中部遷徙到南部 希木葉爾人遠征阿拉伯半島北部和東部	阿拉伯語使用者滲透到講亞蘭語的肥沃月彎
328 年	拉赫姆王朝的伊姆魯・蓋斯在他的墓誌銘中被稱為「全阿拉伯人的國王」	
400 年前？		阿拉伯語發展出一種「高級」形式 阿拉伯文字開始從納巴泰文字發展出來 高級阿拉伯語詩歌成為泛阿拉伯文化產物
5 世紀起	引進馬鐙強化了阿拉伯的戰鬥力 南阿拉伯日益被阿拉伯游牧部落滲透 阿茲德和它的次部落伽珊從馬里布移居到阿拉伯半島北部和東部	
5 世紀	穆罕默德古萊什部落的遠祖古賽伊抵達麥加 古萊什部落開始控制阿拉伯半島的貿易路線	
約 490 年	一支伽珊人在敘利亞建立拜占庭附庸王朝 希木葉爾走下坡，它的阿拉伯附庸國金達的力量提升	伽珊王朝和拉赫姆王朝是互為對手的詩歌贊助者 王朝間的競爭讓阿語文化和認同得到賦權
490 年代～ 530 年代	北阿拉伯部落之間爆發斷續進行的「巴蘇絲戰爭」	
6 世紀初	拜占庭為他們的附庸統治者冠上「阿拉伯人的國王」 希木葉爾和波斯支持的附庸國王彼此交戰	
6 世紀	阿拉伯各地頻繁爆發部落戰爭 伽珊王朝和拉赫姆王朝所在地區廣泛接受基督教 一神教（基督徒、猶太人、原住民）在南阿拉伯擴散	現存最古老的高級阿拉伯語詩歌，出自金達詩人之手 傑出耀眼的 ṣuʿlūk ——前部落的「浪客」領袖和詩人

時間	事件	語言．文化．社會．認同
6 世紀初	希木葉爾國王擁護猶太教	
約 518 年	希木葉爾人屠殺納吉蘭的基督徒	
525 年	衣索比亞基督徒征服希木葉爾一示巴國	
6 世紀中葉	金達詩人領袖伊姆魯．蓋斯尋求拜占庭支持 伽珊王朝和拉赫姆王朝交戰 麥加領袖以共同資本擴張商隊貿易	高級阿拉伯語的聲望提升了阿拉伯的文化自我意識
570 年	傳統記載中衣索比亞領軍攻擊麥加的年分 傳統記載中穆罕默德出生的年分	
約 575 年	波斯當局統治南阿拉伯	
約 582 年	傳統記載中，少年穆罕默德獲承認為先知	
6 世紀末	拜占庭與波斯雙雙廢除它們的阿拉伯附庸國王	阿拉伯文字傳到麥加 麥加成為朝聖地，吸引到眾多人口 具有領袖魅力的宣道家奎斯．本．薩伊達受到穆罕默德推崇 出現將阿拉伯人視為泛阿拉伯文化群體的堅定意識
7 世紀初	穆罕默德開始避靜修行 馬里布大壩最終崩解	
602 年	波斯人殺死他們最後一位拉赫姆附庸國王	
604 年	阿拉伯部落在杜卡爾擊敗波斯軍隊	
約 608 年	麥加的卡巴在洪水後重建 穆罕默德為重建爭議進行仲裁	
約 610 年起	波斯占領拜占庭在敘利亞的領土，以及短暫占領埃及領土	穆罕默德開始得到啟示
616? 年	穆罕默德的某些追隨者到衣索比亞尋求庇護	
619? 年	穆罕默德第一任妻子哈蒂嘉去世	
620 年前		阿拉伯文的第一本書：《古蘭經》開始成形
620 年代	拜占庭從波斯手上人收復失地	

時間	事件	語言·文化·社會·認同
622 年	穆罕默德及追隨者從麥加遷往雅特里布（麥地那）	他們的 hijrah「遷徙」是伊斯蘭紀年的開端
624 年	穆罕默德劫掠巴德爾的麥加商隊	穆罕默德將祈禱方位從耶路撒冷改成麥加
625 年	麥地那人在武侯德山被麥加人擊敗	
626 年	猶太部落納迪爾氏從麥加遭到驅逐	
627 年	麥加人圍攻麥地那 許多麥地那猶太人被指控支持麥加人而遭到殺害 波斯在葉門的殖民者順服於麥地那的統治	
628 年	麥地那與麥加休戰	
630 年	穆罕默德拿下麥加	
630 ～ 631 年	阿拉伯部落領袖效忠穆罕默德	
631 年	麥地那人圍攻塔伊夫 「假先知」穆賽利瑪（東阿拉伯）和阿斯瓦德（葉門）	
632 年	穆罕默德到麥加進行「告別朝聖」和最後講道 穆罕默德去世 阿布·巴克爾獲選為穆罕默德的 khalīfah——哈里發或「繼承人」 大多數阿拉伯部落「叛教」，也就是切斷與麥地那國的連結 「假先知」層出不窮	阿布·巴克爾將《古蘭經》的不同部分集結起來
633~634 年	穆賽利瑪被來自麥地那的一支武力擊敗 阿斯瓦德遭暗殺 其他「假先知」投降 以武力和外交雙重手段平息阿拉伯半島全境的「叛教」 半島理論上統一在麥地那的統治下	
634 年	阿布·巴克爾去世，烏瑪爾繼承哈里發	
635~ 約 750 年	阿拉伯人征服了一個從西歐到中亞的帝國 來自阿拉伯半島的人口大遷徙（大多發生在 635 年至 644 年）	所有阿拉伯人理論上團結在《古蘭經》和帝國之下

時間	事件	語言・文化・社會・認同
636 年	阿拉伯在耶爾穆克（敘利亞—約旦）擊敗拜占庭	
636/7/8 年	阿拉伯在卡迪西亞（伊拉克）擊敗波斯	
638 年	位於伊拉克的駐軍城鎮巴斯拉建立	
638 年或之後	位於伊拉克的駐軍城鎮庫法建立	
639 年	阿拉伯人開始入侵埃及	
641 年	阿拉伯人拿下埃及的巴比倫城堡（舊開羅） 位於埃及的駐軍城鎮福斯塔特建立	
642 年	尼哈萬德會戰為阿拉伯人撬開波斯帝國東部的大門	
644 年	烏瑪爾哈里發去世，烏斯曼被提名為繼承人	
644 年起		一個委員會編輯出正典版的《古蘭經》文本 非正典版的《古蘭經》口述變體持續流通
656 年	某些阿拉伯外省軍隊兵變，朝麥地那進軍 烏斯曼遭兵變者殺害 穆罕默德的堂弟暨女婿阿里繼任哈里發 阿里派和「親烏斯曼派」爆發「駱駝會戰」	
657 年起	阿里和古萊什的舊政權在錫芬（敘利亞）交戰 交戰結束，敵對雙方的主張交付沒有結論的仲裁	
661 年	阿里遭到自家 ash-shīʿah「阿里黨派」的不滿支持者暗殺 麥加舊政權的穆阿維亞廣獲接受，出任哈里發 他的首都大馬士革變成阿拉伯帝國首都	
670 年	位於突尼西亞的駐軍城鎮開羅安建立	

時間	事件	語言・文化・社會・認同
680 年	穆阿維亞去世 阿里的兒子胡笙反抗烏瑪亞王朝被殺 他成為阿里的黨派 ash-shīʿah 的第一位殉道者	
680 年代	阿拉伯人領導的軍隊抵達北非大西洋岸 阿布杜拉・本・祖拜爾在麥加建立反哈里發國 在半島出身者當中，南北嫌隙再度浮現 伊本・祖拜爾向「北方人」求助，贏得敘利亞某些地區的承認	
691 年		圓頂清真寺在耶路撒冷落成
692 年	阿布杜拉・本・祖拜爾的麥加反哈里發國被擊敗 阿拉伯半島在政治上被邊緣化	阿拉伯半島在文化上被邊緣化
694 年起	哈賈吉企圖滅絕伊拉克的反烏瑪亞勢力	
7 世紀末	伊拉克巴斯拉人口達到 20 萬	
約 700 年		阿拉伯口語開始「混血」 大量非阿拉伯人附從於阿拉伯部落 引進鑄有阿拉伯文的錢幣 高級阿拉伯語成為帝國的行政語言 書寫的高峰帶動阿拉伯文書寫體的改良 高級阿拉伯語快速在非阿拉伯人當中普及開來 語言學科（語法、語文學等）開始發展
8 世紀初	阿拉伯帶領的武力在中亞河間地帶確立 阿拉伯人在信地（巴基斯坦）建立局部統治	
711 年	塔里克・本・濟雅德領導以柏柏人為主力的部隊進入西班牙	
715 年		大馬士革的烏瑪亞清真寺落成
約 720 年前		易斯馬儀的後裔建構成北阿拉伯世系 卡坦的後裔建構成南阿拉伯世系 理論上，所有阿拉伯人就算沒統一在政治之下，也統一在遺傳學之下
732 年	阿拉伯帶領的軍隊在普瓦提耶附近與卡洛琳王朝的軍隊發生衝突	

時間	事件	語言・文化・社會・認同
747 年	阿拔斯家族在呼羅珊（東波斯）發動革命 革命同志包括阿里什葉派的支持者	
750 年	阿拔斯軍隊擊敗並消滅了烏瑪亞王朝 薩法赫成為阿拔斯王朝第一位哈里發 阿拔斯王朝開始剪除革命同志	
751 年	阿拉伯領導的武力在錫爾河東方與中國軍隊爆發衝突	
754 年	曼蘇爾繼承薩法赫成為阿拔斯哈里發	
8 世紀中葉起		造紙術在阿語世界傳播開來 便宜的紙張使得阿拉伯語的書寫文本數量暴增 平滑的紙張再次促成阿拉伯文書寫體的改良 伊斯蘭的法律和道德體系開始集大成
756 年	烏瑪亞王朝倖存者阿布杜・拉何曼建立西班牙王朝 遷往西班牙的阿拉伯移民漸增	
762 年	曼蘇爾創建巴格達	
762 年起	曼蘇爾剪除阿拔斯家族內的反對者 曼蘇爾剪除阿拔斯革命菁英裡的潛在反對者 曼蘇爾開啟仰賴非阿拉伯奴隸擔任士兵的趨勢	
774 年		英格蘭麥西亞王國的歐法國王仿造阿拔斯錢幣
788 年	阿里的一個後代在摩洛哥建立伊德里斯王朝	
8 世紀末起		「記錄的年代」開始 在這個時期，阿拉伯文化遺產與認同得到尊奉，流傳後世 「貝都因」的過往受到推崇（真正的貝都因人則是處於邊陲） 波斯人和其他民族相繼復興自身文化 他們發起「舒歐布」運動挑戰阿拉伯文化霸權

時間	事件	語言・文化・社會・認同
809 年	拉須德哈里發去世 帝國分裂，由拉須德的三個兒子分治 其中兩個兒子馬蒙和阿敏彼此攻伐	
813 年起	馬蒙戰勝，在整個帝國確立統治地位 馬蒙將河間地帶的軍隊引入巴格達	
9 世紀初		在馬蒙哈里發統治下知識大開放 穆爾太齊賴派推廣神學辯論 白話散文終於成為阿拉伯文主要的表現媒材
816 年	馬蒙指定什葉派伊瑪目利達繼任哈里發	
818 年	利達去世；與什葉派的和解遭擱置	
832 年		馬蒙成立智慧宮
833 年	穆塔西姆成為哈里發，輸入土耳其人和其他軍隊 軍隊在巴格達造成破壞	
836 年	穆塔西姆將非阿拉伯軍隊移往新首都薩邁拉	
9 世紀		巴拉祖里記錄阿拉伯征服史 賈希茲分析阿拉伯性，嚴斥舒歐布派 遲來的伊斯蘭化在帝國全境加速 「成為阿拉伯人」重要性減低：帝國國際化 拜占庭人和中國人模仿阿拉伯衣著時尚 西班牙基督徒徹底阿拉伯語化
9 世紀中葉		穆塔瓦基爾統治時期，神學思辨受到禁止
861 年	穆塔瓦基爾遭兒子和土耳其禁衛軍陰謀殺害 實際權力掌握在土耳其軍事指揮官手中	
868 年	波斯薩法爾王朝在東邊獨立於巴格達的統治之外 埃及脫離中亞圖倫王朝統治下的巴格達	
869 ～ 883 年	贊吉（來自東非的種植園奴隸）在伊拉克叛亂	

時間	事件	語言・文化・社會・認同
890 年起	農民在哈姆丹・卡爾馬特領導下於伊拉克等地起義 叛亂者與什葉派分支團體伊斯瑪儀派結盟	
9 世紀末	薩邁拉遭廢棄	
10 世紀初	巴格達哈里發的政治權力僅及於伊拉克	
10 世紀	阿拉伯帝國無可挽回地崩解 哈姆丹王朝稱霸北伊拉克和北敘利亞	在帝國中部和西部，文化依然是採用阿拉伯語，贊助者倍增 多卷本的文集和歷史將阿拉伯的文化遺產保存下來
910 年	法蒂瑪王朝（阿拉伯血統受質疑）在北非建立 法蒂瑪王朝採用哈里發頭銜	
922 年	不服從派的靈視家哈拉智遭處決	
929 年	拉何曼三世（西班牙烏瑪亞王朝）冠上哈里發頭銜	
930 年	卡爾馬特派叛徒劫掠麥加，移走神聖的黑石	
938 年	土耳其大元帥巴吉坎實際統治巴格達	
940 年	「最後一位真哈里發」（即便無權）拉迪去世 此時有三個相互敵對、名義上的哈里發國：巴格達、開羅、哥多華	阿拉伯統一的概念在極盛 300 年後處於低潮
945 年	伊朗白益王朝奪下巴格達的政權	
10 世紀中		哥多華成為阿拉伯語中心
966 ～ 968 年	太監黑奴卡富爾在埃及掌權	
968 年	法蒂瑪王朝進入埃及	
969 年	開羅創建，成為法蒂瑪王朝首都	
約 970 年	塞爾柱土耳其開始接掌哈里發領域	
10 世紀後期		卡爾馬特派—伊斯瑪儀派「知識側翼」將科學知識集大成
1031 年	西班牙的烏瑪亞哈里發國裂解成由眾多「派系國王」所統治的伊比利小邦國	

時間	事件	語言・文化・社會・認同
1055 年	塞爾柱人拿下巴格達	
11 世紀中	希拉爾氏族和其他阿拉伯大部落從埃及往西遷徙	西非鄉野遲來的阿拉伯化
1061 年起	諾曼人拿下阿拉伯統治的西西里	
11 世紀後半葉	塞爾柱人控制整個舊阿拉伯帝國東翼	塞爾柱人採用波斯語做為他們的文化語言 塞爾柱維齊爾尼札姆・穆勒克鼓勵設置 madrasah 和阿拉伯語研究
1085 年	西班牙基督徒奪回托雷多	西班牙基督徒維持學習阿拉伯語的傳統
1086 年起	柏柏人的阿穆拉維王朝阻止基督徒前進並拿下西班牙南部	阿穆拉維王朝宣稱祖先是半島阿拉伯人
1099 年	十字軍拿下耶路撒冷，屠殺當地居民	
1130 年代		西西里諾曼國王羅傑二世的宮廷在文化上大體是採用阿拉伯語
12 世紀		十字軍將阿拉伯語的詞彙和想法傳入歐洲 阿語學識透過西西里和義大利南部傳入歐洲
12 世紀中葉	柏柏人的阿穆哈德王朝聯盟拿下西班牙南部 阿穆哈德王朝領袖是第一個公開採用「哈里發」頭銜的非阿拉伯人	阿穆哈德王朝擁抱都市阿語文化
1169 年	庫德人的阿尤布王朝在開羅建立	
1171 年	阿尤布王朝的薩拉丁罷黜法蒂瑪哈里發 薩拉丁重新在名義上確立阿拔斯哈里發的宗主國地位	
1219 年	十字軍拿下達米埃塔（埃及） 蒙古人出現在伊斯蘭土地上 蒙古人在城市大屠殺，在鄉村造成破壞	
13 世紀		伊本・哈里坎傳記辭典《已故名人》
1248 年	西班牙基督徒收復塞維亞	
1250 年	土耳其馬木路克奴隸軍人接掌埃及和敘利亞	
1258 年	蒙古在旭烈兀率領下奪取巴格達，殺死穆斯塔西姆哈里發 馬木路克控制埃及的阿拔斯傀儡哈里發	阿拉伯統一的所有假面徹底消失 社會崩解：部落阿拉伯人劫掠定居土地

時間	事件	語言・文化・社會・認同
1260年	馬木路克在艾因札魯特（巴勒斯坦）阻擋蒙古推進	
13世紀末	阿拉伯人創立基爾瓦基斯瓦尼蘇丹國（坦尚尼亞） 大多數的十字軍離開利凡特	西邊的蒙古人接受伊斯蘭和波斯文化
14世紀初	大多數阿拉伯部落從效忠馬木路克轉向蒙古又轉回馬木路克	
14世紀	蒙古和平：半球貿易和旅遊興盛 以埃及為基地的卡利姆公司商人活躍於大西洋到太平洋之間大片地區 阿拉伯人展開為期250年在環印度洋區的遷徙	阿語文化和伊斯蘭在西非與東印度群島之間擴散 從非洲到亞洲許多語言採用阿拉伯文字 摩洛哥人伊本・巴圖塔在三大洲旅行 開羅成為中國之外的最大城市和阿語文化的首都 阿語文化在西班牙格拉那達繁榮興盛
1343年	德里蘇丹國成為阿拔斯王朝傀儡哈里發名義上的封屬國	
1340年代起	黑死病毀滅從中國到歐洲三分之一的人口	
1375～1379年		伊本・赫勒敦撰寫他的《歷史》
約1400年	蒙古領袖帖木兒蹂躪利凡特等地	
15世紀	阿拉伯馬基爾部落開始滲透茅利塔尼亞	來自最後這波大遷徙的遲來的阿拉伯化
1453年	鄂圖曼土耳其拿下君士坦丁堡	
1485年		鄂圖曼禁止以阿拉伯文印刷
1488年	葡萄牙人繞過好望角 歐洲開始企圖壟斷印度洋貿易	
1492年	格拉那達落入來自卡斯提爾的基督徒手中	
1516年	鄂圖曼人拿下大馬士革	
1517年	鄂圖曼人拿下開羅和依賴它的麥地那與麥加 鄂圖曼將阿拔斯王朝的傀儡哈里發遷移到君士坦丁堡	
1519年	阿爾及爾奉鄂圖曼為宗主國	
1520年代	鄂圖曼在葉門得到承認	

時間	事件	語言・文化・社會・認同
1534 年	鄂圖曼拿下巴格達	
16 世紀起	接下來 300 年多數時間，阿語世界許多地區皆由鄂圖曼統治 阿拉伯人在政治上達成統一，但以自身的獨立為代價	任何具有廣泛共享意義的阿拉伯身分認同，皆陷入低潮
1543 年	最後一位阿拔斯傀儡哈里發去世 鄂圖曼蘇丹接下「哈里發」頭銜	
17 世紀初		黎巴嫩信仰基督教的阿拉伯人實驗用阿拉伯文印刷 該實驗並未擴散出去
1630 年代起	葉門反對鄂圖曼統治 鄂圖曼退出葉門	
1662 ～ 1684 年	英國控制坦吉爾（摩洛哥）	
17 世紀末	阿曼擴張海軍力量，在東非建立海岸帝國	
約 1720 年	純淨派改革者穆罕默德・本・阿布杜・瓦哈比出生	
1722 年		第一間阿拉伯文印刷廠在君士坦丁堡設立
18 世紀	阿拉伯人再度於環印度洋地區遷徙 南阿拉伯的海洋移民領導商業、宗教和政治發展	
18 世紀中葉	波斯侵犯東阿拉伯 瓦哈比純淨運動在阿拉伯半島中部興起 瓦哈比派與穆罕默德・本・紹德結盟	
18 世紀末	英國海軍保護波斯灣商人免受阿拉伯人劫掠	
1783 年	貝都因劫掠者征服巴林	
1798 年	瓦哈比派擊敗派來鎮壓他們的鄂圖曼軍隊 法國在拿破崙領導下入侵埃及，擊敗馬木路克政權	法國人將阿拉伯文印刷引進埃及
1800 年		法國人在開羅印製第一份短命的阿拉伯文報紙
1801 年	鄂圖曼—英國聯軍將法國人趕出埃及	

時間	事件	語言・文化・社會・認同
1802 年	瓦哈比派毀壞南伊拉克的什葉派遺址	
1805 ～ 1812 年	瓦哈比派占領麥加	
1812 年	穆罕默德・阿里帕夏消滅馬木路克在埃及的殘餘勢力	
1813 ～ 1818 年	穆罕默德・阿里帕夏擊敗阿拉伯半島的瓦哈比派	
19 世紀		穆罕默德・阿里將埃及的知識方位轉向歐洲 阿拉伯語取代土耳其語成為埃及官方語言 印刷開始在阿語世界緩慢擴散 「覺醒」運動：更新版的阿拉伯認同 高級阿拉伯語的書寫在知識分子之間重新振興 阿拉伯「國族」的觀念部分受到歐洲國族主義的啟發
1822 年		政府經營的印刷廠在開羅成立
1826 年		一群年輕埃及人被送往巴黎留學
1828 年		第一份持久性的政府報紙在開羅發行
1830 年	法國開始統治阿爾及利亞	
1835 年		開羅「語言院」成立，翻譯歐洲書籍
1839 年	英國拿下亞丁	
19 世紀中葉	鄂圖曼再度占據部分葉門 蒸汽鐵路引進埃及	埃及之外的第一份阿拉伯文報紙
1860 年代		開羅有了巴黎風格的街道規畫和歌劇院
1869 年	蘇伊士運河開通	
1870 年代起	英國統治的亞丁隨著海上交通頻繁而興盛	鄂圖曼對蓬勃發展的阿拉伯文出版業採取嚴格審查
1876 年	埃及破產：歐洲強權施對其加財政控制	
1881 年	埃及軍官在阿赫美德・烏拉比領導下叛亂	
1881 年起	阿爾及利亞北部加入法國行政區	法國壓制高級阿拉伯語，特別是在阿爾及利亞

時間	事件	語言・文化・社會・認同
1882 年	英國在鄂圖曼請求下進入埃及，取得行政權	
1883 年	法國取得突尼西亞	
1890 年代起	利凡特阿拉伯人移居歐洲、西非和美洲 葉門人在英國建立第一個阿拉伯社區 德國向鄂圖曼示好，以取得在阿拉伯土地上的勢力	
1908 年	漢志鐵路（大馬士革—麥地那）完工 國族主義者「青年土耳其」發動革命	強制規定土耳其語成為阿拉伯土地上唯一官方語言
1912 年	法國保護國統治摩洛哥的大部分地區 西班牙保護國統治摩洛哥的北部和西北部	
1916 年	英國承認謝里夫侯賽因為漢志國王 謝里夫侯賽因將自己晉升成「阿拉伯人的國王」 侯賽因得到英國支持發動「阿拉伯起義」對抗鄂圖曼人 法國和英國達成協議，瓜分鄂圖曼統治的阿拉伯土地	
1917 年	《貝爾福宣言》促成猶太人定居巴勒斯坦	
1918 年起	勝利國瓜分鄂圖曼帝國	
1920 年	法國託管敘利亞，也包括黎巴嫩在內 英國託管巴勒斯坦、外約旦、伊拉克 費薩爾・本・侯賽因成為敘利亞國王	
1920 年代	伊拉克爆發反英國起義 外來猶太人遷移到巴勒斯坦的人數日增 波斯灣區開始探勘石油	
1921 年	費薩爾被法國人趕出敘利亞 費薩爾在英國人支持下成為伊拉克國王 阿布杜拉・本・侯賽因在英國人支持下成為外約旦國王 瓦哈比部落民劫掠並屠殺葉門朝聖者	
1921 ～ 1926 年	摩洛哥柏柏人與法國和西班牙殖民主義者對抗	
1922 年	國際聯盟同意給阿拉伯臨時性的獨立 獨立必須接受英國和法國託管	

時間	事件	語言・文化・社會・認同
1923 年	埃及變成多黨制的君主立憲王朝	
1924 年	鄂圖曼前蘇丹被剝除哈里發頭銜 謝里夫侯賽因宣稱擁有哈里發頭銜但未成功 阿布杜・阿濟茲・本・紹德入侵漢志，罷黜侯賽因	
1925 ～ 1927 年	德魯茲和敘利亞其他地區爆發對抗法國的武裝叛亂	
1926 年	瓦哈比派攻擊前往麥加的埃及朝聖者	塔哈・胡賽因質疑前伊斯蘭詩歌的原真性
1928 年		後鄂圖曼土耳其放棄阿拉伯字母改用拉丁字母
1929 ～ 1930 年	伊本・紹德壓制極端派的瓦哈比「兄弟運動」	
1930 年	英國同意伊拉克正式獨立	
1930 年代	英國試圖平定亞丁腹地	
1932 年	伊本・紹德將他的阿拉伯領土取名為「沙烏地阿拉伯王國」	
1934 年	義大利建立利比亞殖民地	
1936 年起	巴勒斯坦的英國人先後與巴勒斯坦人和錫安主義者起衝突 伊本・紹德國王模擬阿拉伯統一，以他自己做為領袖 阿布杜拉（外約旦）模擬阿拉伯統一，以他自己做為領袖 伊拉克人模擬阿拉伯統一，以他們自己做為領袖	
1938 年	沙烏地阿拉伯的達蘭挖掘到足夠商轉數量的石油	
1940 年代初	敘利亞復興黨創立	
1945 年	阿拉伯聯盟在埃及煽動下成立 法國撤出敘利亞和黎巴嫩 英國撤出埃及但留在蘇伊士運河區	
1946 年	耶路撒冷大衛王飯店遭錫安主義極端派轟炸	

時間	事件	語言・文化・社會・認同
1948 年	錫安主義者和阿拉伯鄰居交戰 戰爭導致 75 萬巴勒斯坦難民流徙	
1952 年	開羅爆發反英叛亂 埃及自由軍官革命，推翻英國支持的國王	
1953 年	伊本・紹德國王去世	
1954 年	納瑟自立為埃及總統 穆斯林兄弟會企圖暗殺納瑟失敗 阿爾及利亞解放戰爭爆發	
1955 年	紹德家族被趕出布雷米（阿曼—阿布達比邊界）	
1956 年	納瑟將蘇伊士運河收歸國有 英國、法國和以色列在運河區對抗埃及 蘇聯和美國強迫英國、法國和以色列撤軍 法國同意突尼西亞和摩洛哥獨立	
1956 年起		便宜的電晶體收音機普遍易於取得 阿拉伯領導人開始投身電台廣播 埃及成為阿語世界的政治及文化中心
1958 年	埃及和敘利亞組成阿拉伯聯合共和國 葉門加入阿拉伯聯合共和國組成阿拉伯合眾國 約旦和伊拉克短暫組成自己的邦聯 伊拉克受到納瑟革命啟發推翻王朝制	
1959 年	巴勒斯坦解放組織成立	
1961 年	阿拉伯聯合共和國及阿拉伯合眾國瓦解	
1962 年	法國結束在阿爾及利亞的統治 葉門受到納瑟革命啟發推翻王朝制	
1962 年起	葉門內戰 內戰中，埃及支持共和派，沙烏地阿拉伯支持王朝派	
1967 年	以色列先發制人攻擊阿拉伯鄰國 以色列奪取西奈、戈蘭、東耶路撒冷、西岸 英國從亞丁和屬地撤兵	

時間	事件	語言・文化・社會・認同
1969 年	南葉門領導人擁護極左派社會主義政治	
1970 年	納瑟去世 約旦政府與境內巴勒斯坦人爆發內戰 哈菲茲・阿塞德在敘利亞奪權	
1970 年代	南北葉門邊界衝突 阿曼左法爾省發生騷亂	
1973 年	埃及和敘利亞同時攻擊以色列 阿拉伯石油出產國減產：油價上升 美國和蘇聯干預，以阿戰爭在僵局中結束	
1974 年	油價在兩年內攀升超過 500%	
1970 年代中葉	工人湧入石油豐富的阿拉伯半島	
1975 年起	黎巴嫩內戰	
1977 年	埃及總統沙達特到以色列直接會談	
1979 年	「伊斯蘭革命」推翻伊朗王朝 以埃簽署《大衛營協定》 好戰伊斯蘭分子占據麥加清真寺，遭到血腥圍攻 蘇聯入侵阿富汗	
1979 ～ 1990 年	埃及遭到阿拉伯聯盟排斥	
1979 年	伊斯蘭主義運動取得優勢	
1980 ～ 1988 年	伊拉克入侵伊朗，兩伊戰爭	
1981 年	伊斯蘭主義好戰分子在開羅暗殺沙達特	
1982 年	哈菲茲・阿塞德在哈馬擊破伊斯蘭主義者叛亂 以色列入侵黎巴嫩	
1983 年起	阿拉伯戰士在阿富汗加入反蘇聯抵抗軍	
1980 年代	興建現代版馬里布大壩	
1985 年	伊斯蘭改革家馬哈茂德・穆罕默德・塔哈在蘇丹遭處死	
1986 年	南葉門爆發短暫的血腥內戰	
1987 ～ 1993 年	巴勒斯坦第一次 al-intifāḍah，對抗以色列占領軍	

時間	事件	語言・文化・社會・認同
1990 年	南北葉門統一 伊拉克入侵並占領科威特	
1991 年	薩達姆・海珊被美國領導的聯盟趕出科威特 伊斯蘭主義者在阿爾及利亞贏得選舉但受到阻撓無法統治 阿爾及利亞內戰爆發	
1990 年代起		文書處理系統讓阿拉伯文在印刷和打字上變簡單 衛星電視普及
1993 年	巴勒斯坦和以色列簽署《奧斯陸協議》	
1994 年	前南葉門企圖退出新國家：「統一戰爭」	
1994 年起	摩洛哥—阿爾及利亞邊界關閉	
1995 年	以色列首相拉賓遭到錫安主義極端派暗殺	
2005 年	第二次巴勒斯坦 al-intifāḍah，對抗以色列占領軍	
2001 年	在沙烏地極端分子奧斯瑪・賓拉登鼓勵下，美國遭受攻擊	
2003 年	美國領軍入侵伊拉克	
21 世紀初		新社交媒體為群眾運動打下基礎
2011 年	突尼西亞示威推翻專制總統 人民運動對抗獨裁政權（「阿拉伯之春」） 巴林在沙烏地協助下擊破什葉反對派 敘利亞內戰開始 南蘇丹獨立 後「春天」的動盪增加移民歐洲與其他地區的人數	阿拉伯政權將社交媒體當成控制工具
2012 年	穆斯林兄弟會贏得埃及選舉	
2013 年	埃及軍事政變終結穆斯林兄弟會的統治	
2014 年	以色列與加薩好戰分子交戰 「伊斯蘭國」占領伊拉克和敘利亞部分地區 胡塞派叛亂，前總統薩利赫拿下西葉門	

時間	事件	語言・文化・社會・認同
2015 年起	葉門內戰	
2017 年	波斯灣國家對卡達實施禁運 從「伊斯蘭國」收復大多數領土 葉門前總統薩利赫遭前盟友胡塞派殺害	
2018 年	敘利亞政權在俄羅斯和伊朗協助下看似熬過內戰 沙烏地實施有限度的社會改革，但更嚴厲壓制異議分子	以色列將阿拉伯語從官方語言中移除

註釋

2. 阿布・蘇富楊在雅特里布／麥地那的故事見Baladhuri, p. 47。
3. 有些資料認定阿布・蘇富楊並非俘虜，而是在雅特里布／麥地那與穆罕默德協商。Cf. *EI2*, s.v.'Mucāwiya'.
4. Qur'an, 69:40.
5. quoted in the *hadith* collections of Abu Dawud, Ibn Majah and al-Tirmidhi.
6. Qur'an, 92:1–4.
7. Qur'an, 12:2.
8. Qur'an, 9:97.
9. Qur'an, 9:99.
10. cf. the views of al-Arsuzi in Suleiman, p. 157.
11. Hitti, p. 361.
12. Mas'udi IV, p. 386.
13. cf. p. xxiii, above.
14. cf. p. xix, above.
15. Retsö, p. 40.
16. Whitman, p. 334.
17. Johann Gottfried von Herder quoted in Ascherson, p. 205.
18. Robb, p. 14.
19. Nicholson, p. 72.
20. Ibn Khaldun, *Rihlah*, p. 391.
21. cf. the ideas of Martin Nowak in *Supercooperators*.
22. cf. Versteegh, *Arabic Language*, p. 93.
23. al-Yaziji, *Diwan*, quoted in Antonius, epigraph.
24. Versteegh, *Arabic Language*, p. 196.
25. cf. Munsif al-Marzuqi,'What language will the Arabs speak in the next century?', article on aljazeera.net, 6 November 2011.

前言

1. Ibn Fadl Allah al-Umari quoted in Tim Mackintosh- Smith's introduction to Searight and Taylor, p. 12.
2. *UNDP Arab Human Development Report 2016*, quoted in the *Guardian*, 2 January 2017.
3. Atiyah, p. 185.
4. Lane, *Arabic-English Lexicon*, s.v. *shcb*.
5. Jahiz, quoted in Ibn Khallikan III, p. 163.
6. dates from 853 BC: Hoyland, p. 59.
7. Albert Hourani, p. xiii.
8. Ibn Khaldun, *Muqadimmah*, pp. viii–ix; Arabic in Ibn Khaldun, *Rihlah*, p. 266.
9. Qur'an, 49:13.
10. Ibn Khaldun, *Muqadimmah*, p. 119.
11. Montaigne quoted on cannibals in Rennie, p. 52; Sahlins on cannibals in the *London Review of Books*, 9 May 2013, p. 29.
12. Borges, p. 189.
13. Harold Ingrams, *Yemen*, p. 36.
14. Adonis, *Thabit* I, p. 19.
15. Jan Morris, *Sultan*, p. 23.
16. T.S. Eliot, *Four Quartets*,'Burnt Norton', part 1.
17. Harold Ingrams, *Yemen*, p. 36.
18. Qabbani, p. 760.

導言／凝聚話語

1. Dresch, *Tribes*, p. 100.

19. Qur'an, 49:13.
20. cf. Jahiz, part 2, p. 37.
21. e.g. by Varisco, p. 65. See also Zubaida, pp. 34–8 and 65.
22. cf. Abd Allah, pp. 260–1.
23. see in particular the work of Rémy Crassard.
24. see Harrower, *passim*.
25. Imru' al-Qays, p. 161.
26. Qur'an, 89:6.
27. Qur'an, 41:15.
28. Qur'an, 51:41.
29. cf. Mackintosh-Smith, Yemen, p.192. 除非特別標註，否則參考版本都是1997年的初版。
30. Abid, p. 344.
31. Abid, pp. 353–4.
32. Abu'l-Fida', *Mukhtasar* part 1, p. 98.
33. Macdonald, *Development*, p. 19.
34. Abid, p. 401.
35. Hoyland, p. 8.
36. see pp. xxi–xxii, above.
37. Hoyland, p. 59. Hoyland對於最早提到阿拉伯人的敘述做了很棒的總結，pp. 59ff。
38. Hoyland, pp. 5–8.
39. 在納馬拉的碑文上，關於這部分參見本書頁66–67。
40. Tha'alibi, p. 257.
41. 瓦基對呼羅珊總督一職置之不理，因為他實在「太粗野強悍，太沙漠阿拉伯」：Baladhuri, p. 410。
42. *EI2* I, p. 562.
43. Hoyland, p. 60.
44. Hoyland, p. 61.
45. Macdonald, *Development*, p. 14.
46. Hoyland, p. 134.
47. Hoyland, p. 63.
48. Hoyland, p. 62.

26. cf. Owens, *Handbook*, pp. 434 and 437.
27. Kurdi, p. 431.
28. cf. Lane, *Arabic-English Lexicon,* s.v. *cs.w*.
29. Ibn Khaldun, *Muqaddimah*, p. 450.
30. Adonis, *Poetics*, pp. 83–4.
31. Adonis, *Thabit* I, p. 31.
32. cf. Adonis, *Thabit* IV, p. 233.
33. Lane, *Arabic-English Lexicon*, s.v. *sws*. 此外，siyasah也有很長一段時間代表「統治者為了維繫權威而施加的沒有法典依據的懲罰」：*EI2*, s.v. *Siyāsa*。
34. Soueif, pp. 145–6.
35. 伊本・阿拉比的傳記，包括這個故事，參見Ibn Khallikan II, pp. 375–6。

第1章／來自荒野的聲音

1. cf. the comparison between India and Europe in Keay, pp. xxii–xxiii.
2. cf. once more Keay, p. xxiii.
3. 2015年的約略數字。
4. e.g. Hitti, pp. 11–12.
5. Hoyland, p. 10, and Parker and Rose, pp. 29 and 33.
6. Hamdani, *Sifah*, pp. 270–1.
7. Hamdani, *Iklil* VIII, p. 29.
8. *Mawsu'ah*, s.v.'Yah. s.ub'.
9. Daum, p. 58.
10. Qur'an, 34.
11. Jahiz, part 1, p. 229.
12. Hess, pp. 24–5.
13. e.g. in Jahiz, part 1, p. 174.
14. Qur'an, 49:13.
15. e.g. Piotrovsky, p. 136, and Iryani, p. 311.
16. Hamdani, *Sifah*, p. 230.
17. Dresch, *Tribes*, pp. 329f.
18. Ibn Khaldun, *Muqaddimah*, p. 99.

49. 在西元前七世紀或六世紀的示巴碑文裡，*a'rab*只出現一次：Hoyland, p. 230。
50. Beeston,'Kingship', p. 257.
51. cf. Versteegh, *Arabic Language*, p. 93.
52. Jahiz, part 3, p. 112.
53. Ibn Khaldun, *Rihlah*, p. 389.
54. Keall, p. 98.
55. Macdonald, *Development*, p. 16.
56. Macdonald,'Nomads', p. 371, n. 435.
57. cf. p. 30, above.
58. Macdonald, *Development*, p. 7.
59. Macdonald,'Nomads', p. 304.
60. Macdonald,'Nomads', p. 384.
61. Macdonald,'Seasons', p. 3.
62. Macdonald,'Nomads', p. 366.
63. Hoyland, p. 207.
64. Macdonald, *Development*, p. 16.
65. Winnett, p. 239.
66. Hoyland, p. 206.
67. Macdonald,'Seasons', p. 2。
68. *EI2* VIII, pp. 761–2.
69. Jahiz, part 1, p. 232.
70. 最有趣的是Bulliet。
71. e.g. Diamond, p. 167.
72. e.g. Hoyland, p. 90.
73. see pp. xxi–xxii, above.
74. Mas'udi III, p. 149; Lane, *Arabic-English Lexicon*, s.v. *blw*.
75. Suyuti II, p. 455.
76. quoted in Lewis, *Arabs in History*, p. 126.
77. Mas'udi II, p. 121.
78. Mas'udi II, p. 120.
79. cf. *EI2* I, p. 872.
80. cf. Lane, *Arabic-English Lexicon*, s.v. *crb*.
81. cf. Hamdani, *Sifah*, p. 197.
82. Beeston *et al.*, s.v. H. MR II.
83. e.g. Dunlop, pp. 5–6; Hitti, p. 41; Lewis, *Arabs in History*, pp. 2–3.
84. e.g. Retsö, p. 51.
85. Retsö, pp. 52–3.
86. Retsö, p. 598 and passim.
87. Husayn, p. 27.
88. Romila Thapar quoted in Keay, p. 19.
89. on *arya*, see Keay, pp. 20, 24, 34–6, 59, 132, 151 and 153.
90. 不同的觀點參見Owen, *Handbook*, pp. 15–16。
91. Owens, *Linguistic History*, pp. 29–30.
92. cf. van Gelder, p. 400, n. 717.
93. Giovanni Garbini in Daum, p. 105.
94. Macdonald, *Development*, pp. 16–17.
95. Hoyland, p. 201.
96. Hoyland, p. 607.
97. p. 36, above.
98. 範例之一保存在聖訓裡，*Laysa mina'm-birri'm-siyamu fi'm-safar*「在旅行時禁食並非虔信的一部分。」Hibshi, p. 22.
99. Healey and Smith, *passim*, Macdonald, *Development*, p. 19.
100. Versteegh, *Arabic Language*, p. 32.
101. e.g. Versteegh, *Arabic Language*, pp. 18–21 and 24.
102. Mas'udi II, pp. 132–6.
103. Suyuti I, pp. 320–1.
104. Suyuti I, p. 257.
105. Chejne, p. 10.
106. Hitti, p. 22.
107. 例如*rash*「吃太多，吃太少，一頭耳朵毛茸茸的駱駝」。Hava, s.v. *rwsh*.
108. Tha'alibi, pp. 92–3.
109. Tha'alibi, p. 152.
110. Tha'alibi, p. 66.
111. al-Wasiti cited in Rabin, Ancient West-Arabian, chapter 3. Cf. Suyuti I, pp.

28. cf. Wilson, *Gazetteer*, p. 23.
29. Abd Allah, p. 341.
30. Iryani, p. 447.
31. Iryani, p. 330.
32. Beeston, 'Kingship', pp. 264–5, cf. Beeston in *EI2* IV, p. 747.
33. Serjeant, *South Arabian Hunt*, p. 109, n. 358.
34. Qur'an, 3:103.
35. Hitti, p. 120.
36. Mackintosh-Smith, *Yemen*, p. 39.
37. Hoyland, pp. 38–9.
38. Dunlop, p. 7.
39. *EI2* I, p. 887.
40. Mackintosh-Smith, *Yemen*, p. 143.
41. Joel, 3:8.
42. Macdonald, 'Nomads', p. 381; Macdonald, *Development*, p. 19.
43. Hoyland, pp. 1930–4.
44. Hoyland, p. 75–6.
45. Juvenal, *Satires*, no. 3, l. 62.
46. Hoyland, p. 73.
47. Hoyland, pp. 74–5 and 76.
48. Ibn Khallikan II, p. 73.
49. *EI2* VII, p. 836; Jahiz, part 1, p. 227.
50. Macdonald, 'Nomads', pp. 341–2.
51. Abd Allah, p. 266.
52. Hoyland, p. 232.
53. Hoyland, pp. 211–12; pp. 42–3, above.
54. *EI2* IX, pp. 225–6.
55. Ibn Khaldun, *Muqaddimah*, p. 330.
56. Suyuti I, p. 273. 這裡的「束腰」指的是蹲下時為了維持蹲姿而綁在腰上的披肩或腰帶。
57. Retsö, p. 40.
58. Suyuti II, p. 416.
59. Irwin, p. 19.
60. Versteegh, *Arabic Language*, p. 39.
61. cf. Grunebaum, p. 5.

209–12.

112. Suyuti I, p. 53.
113. Jahiz, part 2, pp. 11–12.
114. Hoyland, p. 230.
115. Hoyland, p. 254, n. 1.
116. Versteegh, *Arabic Language*, p. 24.
117. Hoyland, p. 65.
118. Gysens, *passim*.

第2章／民族和部落

1. Yaqut, s.v. Z. afār.
2. Abu Nuwas, pp. 510–11.
3. Mas'udi II, p. 305.
4. Knauf, p. 84.
5. Knauf, p. 79.
6. e.g. Walter W. Müller in Daum, p. 49.
7. e.g. de Maigret, pp. 220–4.
8. cf. Beeston, *Descriptive Grammar*, p. 1.
9. pp. 24–5, above.
10. Daum, p. 49.
11. *Mawsu'ah*, s.v. Abrahah.
12. Iryani, p. 287.
13. Qur'an, 34:15.
14. *EI2* VI, p. 559.
15. *EI2* VI, p. 563.
16. Hoyland, pp. 137 and 161.
17. Hoyland, p. 161.
18. Iryani, p. 339.
19. Giovanni Garbini in *EI2* VIII, p. 665.
20. Jacques Ryckmans in Daum, p. 107.
21. Qur'an, 27:24.
22. Beeston *et al.*, s.v. WQH.
23. Beeston, 'Kingship', p. 262.
24. Beeston, 'Kingship', p. 267.
25. Robin, p. 96; Ghul, p. 147.
26. Ghul, p. 148.
27. Ghul, p. 152.

99. e.g. Mas'udi II, p. 98.
100. Hoyland, p. 79.
101. *EI2* V, p. 632.
102. al-Tabari in Hoyland, p. 79.
103. after Bellamy, in Versteegh, *Arabic Language*, p. 31.
104. Sizgorich, p. 1012.
105. Atiyah, p. 133.
106. Qatadah quoted in Kister, p. 143.

第3章／風流雲散

1. Abd Allah, p. 275.
2. *Mawsu'ah*, s.v. Shammār.
3. e.g. Ibn Khallikan II, p. 262.
4. Mackintosh-Smith, *Yemen*, pp. 33 and 46.
5. Hoyland, p. 79.
6. Abd Allah, p. 276.
7. Daum, p. 52.
8. Iryani, p. 329.
9. Ibn Khaldun, *Muqaddimah*, p. 119.
10. Mas'udi II, p. 181.
11. Mas'udi II, p. 186–7.
12. Qur'an, 34:15–16 and 19.
13. *EI2* VI, pp. 563–4.
14. *EI2* VI, p. 564.
15. Iryani, p. 329.
16. *EI2* VI, p. 564.
17. Hamdani, *Sifah*, p. 325.
18. Abid, part 2, p. 287. 在某些資料來源裡，Tarifah有個字母加了點，轉寫成Zarifah。
19. Jahiz, part 1, p. 35.
20. Abid, part 2, p. 290.
21. Hoyland, p. 233.
22. quoted in Suleiman, p. 27.
23. *EI2* I, p. 528.
24. Hoyland, pp. 26 and 231.
25. quoted in Jahiz, part 1, pp. 203–4.
62. Suyuti I, p. 166.
63. Abd Allah, p. 286.
64. *EI2* VIII, p. 663.
65. Rabin, *Ancient West-Arabian*, chapter 5.
66. Ibn Khallikan II, p. 163–4.
67. Genesis, 16:12.
68. *EI2* I, p. 525.
69. *EI2* VII, pp. 761–2.
70. *EI2* II, p. 1005.
71. Keay, p. 25.
72. Jahiz, part 1, p. 232.
73. Shaykhu, p. 769.
74. Shaykhu, pp. 892–906.
75. Ibn Khallikan III, p. 135.
76. see pp. 504–6, below.
77. Shaykhu, p. 144.
78. Mas'udi II, p. 227.
79. Harrigan, pp. 2–11.
80. Harrigan, pp. 7–9.
81. *EI2* I, p. 884.
82. Hoyland, p. 188.
83. Hoyland, p. 175; cf. p. 37, above.
84. Baladhuri, p. 85.
85. Qur'an, 100: 1–3.
86. quoted in Irwin, p. 10.
87. *EI2* IV, p. 1144.
88. *EI2* I, p. 884.
89. Iryani, p. 242.
90. Ibn Khallikan III, p. 216.
91. Versteegh, *Arabic Language*, p. 24.
92. Jahiz, part 2, p. 9.
93. Jahiz, part 2, p. 7.
94. cf. Piotrovsky, pp. 158–9.
95. Rogan, p. 8.
96. Bellamy, p. 33.
97. Abd Allah, p. 293; Owens, *Linguistic History*, pp. 20–1.
98. quoted in Hoyland, p. 79.

58. *EI2* IX, p. 450.
59. p. 60, above.
60. *EI2* IX, p. 226.
61. cf. *EI2* VIII, p. 119.
62. Mas'udi II, pp. 99–100.
63. Shaykhu, p. 417.
64. Suyuti I, p. 197.
65. pp. 38–9, above.
66. e.g. Suleiman, p. 32.
67. Jabiri, p. 75.
68. Ibn Khaldun, *Muqaddimah*, pp. 419–20.
69. quoted in Jabiri, p. 258.
70. quoted in Suleiman, p. 121.
71. Jahiz, part 1, p. 207.
72. cf. Hoyland, p. 240.
73. *EI2* I, p. 526.
74. 根據引文略為改動，見Restö, pp. 21–2。

第4章／在偉大的邊緣

1. *EI2* I, pp. 482–3.
2. Jabiri, pp. 38–9.
3. Daum, p. 53.
4. Qur'an, 85:4–10.
5. e.g. Iryani, pp. 136–8.
6. Iryani, p. 46.
7. Iryani, pp. 324 and 345.
8. Mackintosh-Smith, *Yemen*, p. 42.
9. Hoyland, p. 55. 有人提出其他的日期，例如，547年，見Daum, p. 53。
10. Qur'an, 105.
11. Mas'udi II, p. 78.
12. Mas'udi II, pp. 100–1.
13. quoted in Suleiman, p. 236.
14. Retsö, p. 17.
15. cf. Jahiz, part 1, p. 147.
16. Jahiz, part 1, pp. 105–6.
26. quoted in Ajami, *Dream Palace*, p. 70.
27. p. 30, above.
28. Abid, part 2, pp. 294–7.
29. Hoyland, p. 81.
30. *EI2* II, pp. 1020–1.
31. Nicholson, pp. 53–4.
32. *EI2* II, p. 360.
33. Hitti, p. 78.
34. Hoyland, pp. 241–2.
35. *EI2* IV, p. 820.
36. p. 66, above.
37. *EI2* II, p. 360.
38. *EI2* III, p. 462.
39. Jahiz, part 1, p. 227.
40. Hitti, p. 79.
41. Kister, p. 153.
42. Kister, pp. 155–6, 161–2 and 167.
43. Hitti, p. 84.
44. Hoyland, pp. 241–2.
45. Suyuti II, p. 293.
46. Qur'an, 85:22.
47. Kurdi, pp. 18–19 and 41.
48. Macdonald, *Development*, pp. 20–1.
49. Jones, Review of Beatrice Gruendler, p. 429.
50. Versteegh, *Arabic Language*, p. 33.
51. Ibn Khallikan II, pp. 163–4.
52. Baladhuri, p. 453.
53. Jahiz, part 1, p. 299.
54. Nicholson, p. 120.
55. cf. Haeri, p. 74 and Shouby, p. 297.
56. 三百種聽起來很多，但其實第一個字母就代表了五種可能的子音，而每個子音又有三種可能的短母音，第二個字母則是另外五種子音和三個母音外加一個非母音符號，等於（5×3）×（5×4）=300。
57. cf. Ibn Khaldun, *Muqaddimah*, pp. 439–41.

46. Adonis, *Poetics*, p. 72.
47. Adonis, *Thabit IV*, p. 163.
48. translated in Mackintosh-Smith,'Interpreter of Treasures: Food and Drink', p. 40.
49. Irwin, p. 19.
50. Irwin, p. 19.
51. Dunlop, p. 28.
52. pp. 62–3, above.
53. Shaykhu, p. 906.
54. Whitman, p. 335.
55. Shaykhu, p. 203.
56. quoted in Karsh, p. 8.
57. cf. Adonis, *Poetics*, pp. 25–6.
58. Pellat, p. 132.
59. van Gelder, p. 278.
60. cf. Husayn, *passim*.
61. Lane, *Arabic-English Lexicon* I, p. x.
62. Imru' al-Qays, p. 81.
63. Imru' al-Qays, p. 141.
64. Imru' al-Qays, p. 80.
65. cf. *EI2* III, p. 239.
66. Grunebaum, p. 15.
67. cf. Keay, pp. 97 and 149.
68. Mas'udi II, p. 278.
69. quoted in *EI2* VII, p. 377.
70. Irwin, p. 7.
71. *EI2* VIII, p. 762.
72. Shaykhu, pp. 360–1.
73. *EI2* IX, p. 226.
74. Jahiz, part 1, p. 131.
75. Mas'udi I, p. 69.
76. Jahiz, part 1, pp. 25–6.
77. van Gelder, p. 111. Here *din* is translated as'religion'.
78. Hoyland, pp. 242–3.
79. Adonis, *Poetics*, p. 32.
80. Versteegh, *Arabic Language*, p. 37.

17. cf. Nicholson, p. 73.
18. Shaykhu, p. 79.
19. Jahiz, part 1, p. 134.
20. Jahiz, part 1, p. 117.
21. Shaykh Muhammad bin Rashid Al Maktum, ode beginning *Usūd al-jazī*rah *h. imāt al-diyār*, 2015. baraqush.net accessed 7 November 2015.
22. *EI2* IV, p. 421.
23. Mas'udi II, p. 179.
24. Ibn Khaldun, *Muqaddimah*, p. 80.
25. cf. Rabin, *Ancient West-Arabian*, chapter 11, n. 6; Lane, *Arabic-English Lexicon*, s.v. *zcm*.
26. e.g. Iryani, p. 151.
27. Shaykhu, p. 526.
28. Lane, *Arabic-English Lexicon*, s.v. *srb*.
29. Nicholson's translation, Nicholson, p. 57.
30. Shaykhu, p. 241; Nicholson's translation, Nicholson, p. 60.
31. Hitti, p. 90.
32. Husayn, p. 240.
33. Nicholson, p. 61.
34. Shaykhu, p. 155.
35. Hamdani, *Sifah*, p. 237.
36. Shaykhu, pp. 1–6.
37. *EI2* IX, pp. 115 and 226.
38. cf. *EI2* IV, pp. 803–4.
39. translation in Mackintosh-Smith, 'Interpreter of Treasures: A Portrait Gallery', p. 39.
40. Suyuti II, p. 405.
41. Abd Allah, p. 296.
42. Husayn, pp. 206–7.
43. cf. Imru' al-Qays, pp. 55–60.
44. Imru' al-Qays, p. 43.
45. Imru' al-Qays, p. 5.

27. Ibrahim, p. 344.
28. *EI2* X, p. 789; Lewis, *Arabs In History*, pp. 29–30.
29. Serjeant, *South Arabian Hunt*, p. 62.
30. Kurdi, pp. 59–60.
31. Ibrahim, p. 344.
32. Qur'an, 106:2.
33. Mackintosh-Smith, *Yemen*, p. 39.
34. Lecker, p. 349.
35. cf. Kennedy, p. 73.
36. Baladhuri, p. 131.
37. cf. Ferguson.
38. Rabin, *Ancient West-Arabian*, chapter. 1.
39. Ibn Faris quoted in Suyuti I, p. 166.
40. van Gelder, p. 199.
41. Atiyah, p. 21.
42. e.g. Qur'an, 6:92.
43. see p. 90, above.
44. *EI2* III, pp. 31–2.
45. Ibn al-Kalbi, pp. 4–6; *EI2* IX, p. 424.
46. *EI2* XI, p. 441.
47. *EI2* III, pp. 31–2.
48. Yaqut, s.v. al-Kacbah.
49. Hornblower and Spawforth, s.v. omphalos.
50. e.g. Ibn Jubayr, p. 148.
51. *EI2* IV, pp. 263–4.
52. *EI2* V, p. 692.
53. Ibn al-Kalbi, p. 8.
54. Mas'udi II, p. 278; see p. 104, above.
55. Mas'udi II, p. 277.
56. Harawi, p. 85.
57. *EI2* VII, p. 872.
58. Ibn al-Kalbi, pp. 38–9.
59. Mas'udi II, p. 129.
60. New Testament, John, 14:16.
61. cf. Qur'an, 61:6.
62. Mas'udi I, p. 75.
81. Rushdie, pp. 129–30.
82. Hamdani, *Sifah*, p. 331.
83. Shaykhu, pp. 625–39.
84. Abuʿl-Fida, *Mukhtasar* part 1, p. 100.
85. Kennedy, pp. 368–9.
86. Mas'udi II, p. 108.
87. cf. *EI2*, s.v. al-Nucmān b. al-Mundhir.
88. Shaykhu, p. 136.

第五章／啟示與革命

1. Mas'udi II, pp. 278–9.
2. *EI2* IV, p. 320.
3. Beeston et al., s.v. S1LM.
4. Genesis, 28:11–19.
5. Ibn al-Kalbi, p. 28–9.
6. e.g. Ibn al-Kalbi, p. 15.
7. *EI2* III, p. 389.
8. Hitti, p. 100.
9. *EI2* IV, p. 321.
10. Baladhuri, p. 49.
11. for all these stories, see Mas'udi II, pp. 46–9.
12. Mas'udi II, p. 127.
13. Hitti, p. 103.
14. Beeston *et al.*, s.v. KRB.
15. e.g. Piamenta, s.v. *ghrb*.
16. Mas'udi II, pp. 49–51.
17. *EI2*, s.v. Iyād.
18. Mas'udi II, p. 56; Ibn Khallikan II, p. 286.
19. Mas'udi II, p. 238.
20. Hitti, p. 100.
21. Ibn Khaldun quoted on p. 26, above.
22. cf. p. 39, above.
23. Ibn Khallikan III, p. 135.
24. Suyuti I, pp. 273–4.
25. Mas'udi II, p. 58.
26. Mas'udi II, pp. 59–60.

63. Ibn Khallikan II, p. 32.
64. p. 93, above.
65. Ibshihi, pp. 467–8.
66. *EI2* IX, p. 662.
67. 一百萬這個數字是來自於Ahmad ibn Hanbal（Ibn Khallikan I, p. 40）。據說Al-Bukhari蒐集了略高於六十萬則可信內容（Ibn Khallikan II, p. 324）。Abu Dawud淘汰掉他自己的五十萬則，拿出四千八百則「堅實可靠的」聖訓（Ibn Khallikan I, p. 383）。
68. Mas'udi II, p. 270.
69. Mas'udi II, p. 274.
70. Mas'udi II, p. 270.
71. *EI2* VI, p. 146.
72. *EI2* X, p. 841.
73. Ibrahim, p. 347.
74. Ibrahim, p. 353.
75. *EI2* VII, p. 862.
76. Lane, *Arabic-English Lexicon* I, p. vii.
77. Iryani, p. 138.
78. Jahiz, part 1, p. 251.
79. *EI2* VI, p. 160.
80. quoted in Abd Allah, p. 294.
81. e.g. *EI2* VI, pp. 145–6.
82. e.g. Qur'an, 76:12–21.
83. e.g. Qur'an, 61:12.
84. *EI2* VII, p. 362.
85. Ibn al-Kalbi, pp. 16–17.
86. *EI2* X, p. 98.
87. Karsh, p. 11.
88. *EI2* VIII, p. 93.
89. *EI2* IX, p. 407.
90. Qur'an, 96:1.
91. Kilito, pp. xix–xx.
92. *EI2* VIII, p. 96.
93. James Sutherland (ed.), *The Oxford Book of Literary Anecdotes*, Oxford, 1975, p. 1.
94. *EI2* IX, p. 450.
95. quoted in Jones,'Qur'an'.
96. Qur'an, 91:1–10.
97. Jahiz, part 1, pp. 123 and 124.
98. *EI2* V 99.
99. Qur'an, 69:40–2.
100. Qur'an, 26:225–6.
101. Shaykhu, pp. 219–31.
102. Shaykhu, p. 219.
103. Qur'an, 30:30.
104. Mas'udi I, pp. 70–1.
105. Shaykhu, pp. 222–5.
106. Husayn, pp. 147–52.
107. *EI2* X, p. 839.
108. Shaykhu, pp. 621–2.
109. *EI2* XI, pp. 474–5.
110. *EI2* III, p. 165.
111. Ascherson, p. 204.
112. Whitman, p. 400.
113. *EI2* V, p. 426.
114. Qur'an, 96:1–4.
115. cf. p. 61, above.
116. Qur'an, 68:1.
117. Ibn Khaldun, *Muqaddimah*, p. 31.
118. quoted in Ibn Khallikan II, p. 51.
119. Byron, p. 271.
120. Jahiz, part 1, p. 37.
121. Rabin,'Beginnings', p. 28, n. 2.
122. *EI2* VIII, p. 835.
123. Schoeler, p. 430.
124. Baladhuri, pp. 453–4.
125. al-Zamakhshari cited in Jones,'Word Made Visible', pp. 7–8.
126. Baladhuri, pp. 454–5.
127. Versteegh, *Arabic Language*, p. 55.
128. Qur'an, 37:156–7.
129. *EI2* V, p. 403.

226–7.
165. Qur'an, 112.
166. Imru' al-Qays, p. 12.
167. Ibshihi, p. 463.
168. Ibn al-Kalbi, pp. 30–1.
169. Ibn al-Kalbi, p. 15.
170. Qur'an, 43:87.
171. Qur'an, 29:63.
172. *EI2* I, p. 42.
173. cf. Mas'udi II, p. 126.
174. cf. pp. 53–4, above.
175. Qur'an, 3:103.
176. Serjeant, *South Arabian Hunt*, p. 109, n. 358.
177. for Abd al-Muttalib's words, see p. 124, above. Muhammad's phrase is in Hamdani, *Sifah*, p. 41. Cf. Abu Bakr quoted in Jahiz, part 3, p. 114.
178. *EI2* V, p. 411.
179. Qur'an, 17:110.
180. Qur'an, 1:1.
181. Iryani, p. 414.
182. cf. Hoyland, p. 27.
183. cf. pp. 12–13, above.
184. Qur'an, 11:118.
185. *EI2* X, p. 97.
186. Qur'an, 104:1–4.
187. quoted in Adonis *Thabit* II, p. 170.
188. Qur'an, 111.
189. *EI2* I, p. 110.

第6章／上帝與凱撒

1. cf. p. 2, above.
2. Ma'arri, p. 37.
3. al-Tabari quoted in Nicholson, p. 158.
4. *EI2*, s.v. Hidjra.
5. Crone, *passim*.
6. Nicholson, p. 158.
7. *EI2* I, p. 80.

130. p. 124, above.
131. Ibn Khallikan II, p. 32.
132. e.g. Jones,'Word Made Visible', pp. 5–6.
133. Anderson, *passim*.
134. Lévi-Strauss, p. 300.
135. cf. Kurdi, pp. 59–60.
136. Suyuti II, p. 297.
137. Baladhuri, pp. 453–4.
138. Kurdi, p. 60.
139. Qur'an, 31:27.
140. Jahiz, part 1, p. 153.
141. cf. Rippin, p. 42.
142. Qur'an, 3:7.
143. Hornblower and Spawforth, s.v. magus.
144. Ibn Khaldun, *Muqaddimah*, p. 70.
145. see p. 12, above.
146. van Gelder, p. xxvii.
147. quoted in Kaye, p. 447.
148. quoted in Chejne, p. 12.
149. quoted in Adonis, *Thabit* II, p. 172.
150. Ibn Khaldun, *Muqaddimah*, pp. 73–4.
151. Qur'an, 8:63.
152. Mas'udi II, p. 299.
153. cf. pp. 5–6, above.
154. quoted in Adonis, *Thabit* IV, p. 114.
155. Retsö, p. 626.
156. cf. p. 39, above.
157. quoted in Adonis, *Thabit* IV, p. 114.
158. *EI2* V, p. 427.
159. al-Marzuqi (aljazeera.net).
160. cf. *EI2* VIII, p. 155.
161. Iryani, p. 412.
162. Iryani, pp. 395–6.
163. e.g. Ubayd Allah b. Jahsh (*EI2* VII, pp. 862–3), Adi b. Hatim (Ibn al-Kalbi, p. 52) and Waraqah b.Nawfal (Shaykhu, pp. 616–18).
164. Mas'udi I, pp. 67–8; Mas'udi II, pp.

44. *EI2* I, p. 9.
45. quoted in van Gelder, p. 94.
46. *EI2* VII, p. 264.
47. Husayn, p. 116.
48. Ma'arri, p. 167.
49. Mas'udi II, p. 300.
50. Shaykhu, pp. 365–6.
51. Jahiz, part 3, p. 114.
52. Qur'an, 8. See e.g. 8:41.
53. Qur'an, 3:162.
54. Qur'an, 9:60.
55. cf. the title of David Sizgorich in *American Historical Review*.
56. Hoyland, p. 102; Crone, p. 367.
57. *EI2* II, p. 1006.
58. p. 5, above.
59. Kassir, pp. 34 and 92.
60. Pintak, p. 202.
61. Ibshihi, p. 464.
62. *EI2* IV, p. 320.
63. *EI2* IX, p. 389.
64. Baladhuri, p. 63.
65. cf. Serjeant, *South Arabian Hunt*, p. 62.
66. Lévi-Strauss, p. 299.
67. *EI2* VIII, p. 835.
68. Kurdi, pp. 60–1.
69. Kurdi, p. 61.
70. Mas'udi IV, p. 171.
71. Baladhuri, p. 23.
72. Baladhuri, pp. 67–9.
73. Jahiz, part 1, p. 181.
74. Ibn Khallikan, pp. 163–4.
75. quoted in Adonis, *Thabit* IV, 22.
76. Baladhuri, p. 17.
77. p. 139, above.
78. BBC, 'News From Elsewhere', 14 July 2014.
79. quoted in Chejne, p. 14.

8. *EI2* V, p. 994.
9. Baladhuri, p. 25.
10. Baladhuri, p. 17.
11. Baladhuri, p. 24.
12. *EI2* VII, p. 368.
13. Baladhuri, p. 16.
14. see on this e.g. Hitti, pp. 125–6.
15. Qur'an, 46:12.
16. Carmichael, p. 53.
17. Doe, pp. 163 and 166f.
18. cf. Qur'an, 9:108; Baladhuri, p. 14.
19. *EI2* VII, p. 368; cf. Hitti, p. 118.
20. cf. *EI2* V, pp. 995–6.
21. *EI2* III, pp. 388–9.
22. Schoeler, p. 425.
23. p. 124, above.
24. Qur'an, 22:78.
25. Qur'an, 33:6.
26. Qur'an, 33:6.
27. Baladhuri, pp. 13–14.
28. *EI2* VII, p. 367.
29. pp. 94–5, above.
30. *EI2* XII, p. 694.
31. cf. the verses by Zayd ibn Amr, p. 132, above.
32. Qur'an, 5:51.
33. Hitti, p. 117.
34. cf. e.g. Baladhuri, p. 28.
35. Allawi, p. 130.
36. Baladhuri, p. 43.
37. Qur'an, 15:85.
38. Varisco, p. 10.
39. Burton, closing words of chapter XXXI.
40. Qur'an, 55:26–7.
41. Mas'udi II, pp. 287–8.
42. cf. *EI2* IX, p. 661.
43. p. 146, above.

第7章／彎月軍

1. Baladhuri, pp. 106–7.
2. Beeston,'So-Called Harlots', pp. 20–1.
3. Beeston,'So-Called Harlots', p. 19.
4. Jahiz, part 1, p. 134.
5. Lecker, *passim*.
6. Jahiz, part 1, p. 237.
7. cf. Lewis,'Concept', p. 6.
8. cf. Lewis,'Concept', p. 7.
9. Mas'udi II, pp. 307–8; *EI2* IX, p. 420.
10. Mas'udi II, p. 306.
11. Ibn al-Kalbi, p. 32.
12. Ibn al-Kalbi, pp. 21–2.
13. pp. 141–2, above.
14. p. 167, above.
15. p. 65, above.
16. *EI2* VI, pp. 267–8.
17. Ibn Khallikan III, pp. 215–6.
18. Baladhuri, p. 99.
19. Baladhuri, p. 96.
20. van Gelder, p. 112.
21. Baladhuri, pp. 93–4.
22. Baladhuri, p. 98.
23. Baladhuri, p. 104; *EI2* VIII, p. 738.
24. Baladhuri, pp. 101–2.
25. van Gelder, pp. 112–3.
26. *EI2* X, p. 603.
27. Baladhuri, p. 109.
28. Abu'l-Fida', *Mukhtasar* part 1, p. 155.
29. Baladhuri, pp. 109–10.
30. Mackintosh-Smith, *Yemen*, p. 44.
31. Baladhuri, pp. 90–1.
32. Baladhuri, p. 111.
33. Jahiz, part 1, pp. 187–8.
34. Lewis,'Concept', p. 7.
35. cf. pp. 165–6, above.
36. cf. Versteegh, *Arabic Language*, p. 93.
37. cf. p. 121, above.

80. Nowak, *Supercooperators*, *passim*.
81. *EI2* XI, p. 219.
82. Ibn Khallikan II, p. 377.
83. eleven according to Rogerson, p. 109.
84. Lecker, p. 353.
85. *EI2* XI, pp. 219–20.
86. Retsö, p. 17.
87. p. 141.
88. Mas'udi I, pp. 67–8.
89. Qur'an, 30:4.
90. Baladhuri, p. 110.
91. Shaykhu, p. 797.
92. Jahiz, part 1, p. 188.
93. Qur'an, 9:97; cf. p. 4, above.
94. Qur'an, 49:14.
95. Serjeant, *South Arabian Hunt*, p. 12.
96. *EI2* VII, p. 372.
97. *EI2* IX, p. 452.
98. Davie, *passim*.
99. cf. Adonis, quoted on pp. 12–13, above.
100. Jahiz, part 1, pp. 183–4.
101. e.g. the version quoted in Rogerson, p. 208.
102. Jahiz, part 1, p. 182.
103. Ibn Khallikan II, p. 9.
104. 聖訓論賈比爾（Jabir）的權威。
105. Mas'udi II, pp. 290–1.
106. p. 90, above.
107. Jahiz, part 3, p. 40.
108. Retsö, p. 626.
109. p. 9, above.
110. Jahiz, part 1, p. 181.
111. quoted in Adonis, *Thabit* I, p. 29.
112. Mas'udi III, p. 92.
113. Razi, p. 254.

38. Hitti, pp. 147–8.
39. Baladhuri, p. 112.
40. Baladhuri, pp. 119–20.
41. cf. William Dalrymple, *From The Holy Mountain*, HarperCollins, 1997, p. 105.
42. Baladhuri, p. 133; cf. Kennedy, p. 86.
43. Ibn Shakir quoted in *EI2* I, s.v. Architecture.
44. Ibn Khallikan I, p. 300.
45. Baladhuri, p. 139.
46. Baladhuri, p. 144.
47. Baladhuri, p. 121.
48. cf. Kennedy, pp. 83–5.
49. Baladhuri, p. 137.
50. Baladhuri, pp. 136 and 164.
51. Baladhuri, pp. 137–8.
52. Baladhuri, p. 253; Kennedy, p. 113.
53. Lévi-Strauss, p. 405.
54. Kennedy, pp. 190–1.
55. cf. Ibn Khaldun, *Muqaddimah*, p. 129.
56. Kennedy, p. 109.
57. Kennedy, p. 108.
58. Baladhuri, p. 252.
59. Baladhuri, p. 256.
60. Mas'udi II, p. 326.
61. Mas'udi II, pp. 320–1.
62. Baladhuri, p. 282.
63. Mas'udi II, pp. 102–4.
64. Mas'udi III, pp. 33–4.
65. Mas'udi II, pp. 102–5.
66. *Mawsūcah*, s.v. Ghumd. ān.
67. cf. p. 62, above.
68. Shaykhu, pp. 772–3.
69. Ibshihi, p. 466.
70. Kennedy, p. 75.
71. Kennedy, pp. 56–7.
72. Ibn Khaldun, *Muqaddimah*, p. 255.
73. e.g. Baladhuri, p. 224.
74. Baladhuri, p. 310.「大刀」是暫定，我將手上版本裡的*mkhff*（母音未定）解讀成*mikhfaq*。
75. Baladhuri, p. 434.
76. Jahiz, part 3, p. 121.
77. Kennedy, pp. 171–2.
78. Baladhuri, p. 296.
79. Hitti, p. 259.
80. Atiyah, p. 35.
81. Ibn Khaldun, *Muqaddimah*, p. 140.
82. Kennedy, p. 171.
83. Ibn Khallikan II, p. 31.
84. Baladhuri, p. 398.
85. Mas'udi IV, p. 28.
86. 特色就是分詞與人稱代名詞字尾中間的插入音節。Owens, *Linguistic History*, pp. 160–2.
87. cf. p. 37, above.
88. Baladhuri, p. 416.
89. Keay, p. 183.
90. Baladhuri, p. 326.
91. Baladhuri, p. 412.
92. Kennedy, p. 214.
93. cf. Dunlop 18.
94. cf. pp. 13–14, above.
95. Mathews, p. 41.
96. 我很開心創了這個字，然後發現別人已經用過了。網際網路討人厭的地方在於，你馬上就會發現自己並不如想像的那樣有原創力。
97. Baladhuri, p. 174. The last sentence is Qur'an, 13:43.
98. *Daily Telegraph*, 27 February 2014.
99. e.g. Baladhuri, pp. 176 and 379.
100. Baladhuri, pp. 161–2.
101. Baladhuri, pp. 181–3; Suleiman, pp. 56–7.
102. Baladhuri, p. 280.
103. Baladhuri, p. 378; Kennedy, p. 184.

139. Jahiz, part 1, p. 205.
140. Jahiz, part 1, p. 239.
141. Ibn Khallikan III, pp. 249–50.
142. Kennedy, p. 237.
143. Lewis, *Arabs in History*, p. 54.
144. cf. Crone, p. 375; p. 53, above.
145. cf. *EI2*, s.v. Mis.
146. Baladhuri, pp. 337–8.
147. Baladhuri, pp. 362–5.
148. Baladhuri, pp. 340–1.
149. Baladhuri, p. 384.
150. Jahiz, part 1, p. 150.
151. Ibn Khallikan III, p. 249.
152. Baladhuri, p. 113.
153. Ibn Khallikan II, p. 63.
154. Baladhuri, pp. 270–3.
155. Husayn, p. 130.
156. Husayn, p. 120.
157. quoted in Kurdi, p. 53.
158. quoted in Suyuti II, p. 353.
159. quoted in Suyuti II, p. 353.
160. quoted in Jahiz, part 1, p. 142.
161. quoted in Rosenthal, p. 51.
162. quoted in Ibn Khallikan III, p. 193.
163. *EI2* I, s.v. cAt.ā'.
164. Baladhuri, p. 440.
165. Baladhuri, p. 441.
166. Baladhuri, p. 452.
167. Jahiz, part 1, pp. 188–9. The Qur'anic quotation is Qur'an, 59:7.
168. Jahiz, part 1, pp. 203–4. Cf. p. 77, above.
169. cf. Kennedy, p. 173.
170. Mas'udi II, pp. 341–3; translation from Ibn Khaldun, *Muqaddimah*, p. 163.
171. Mas'udi II, p. 343.
172. Ibn Khallikan III, p. 393; cf. Mas'udi III p. 351.
173. Jahiz, part 3, p. 167. 詩人與埃米爾的

104. Baladhuri, p. 266.
105. Baladhuri, pp. 261–4.
106. Baladhuri, p. 266. 這類比較非常困難，不過，可以把迪爾罕姆的價值想像成兩三美元，或稍多一點。
107. Baladhuri, p. 174.
108. Baladhuri, pp. 250–1.
109. Baladhuri, p. 253. The Qur'anic quotation is Qur'an, 9:29.
110. Baladhuri, p. 382.
111. Baladhuri, p. 423.
112. *EI2* VII, p. 971.
113. Ibn Khallikan III, p. 355.
114. Baladhuri, p. 425–6.
115. Baladhuri, pp. 228–9.
116. Karsh, p. 43.
117. Jabiri, p. 141.
118. Ibn Khallikan II, pp. 127–8.
119. Lewis, 'Crows', p. 89.
120. Jahiz, part 1, pp. 10–11.
121. Jahiz, part 3, p. 9.
122. *EI2* X, p. 846.
123. Ibn Khallikan I, p. 208.
124. Jahiz, part 3, p. 24.
125. Ibn Khaldun, *Muqaddimah*, p. 100.
126. Ibn Khallikan III, pp. 315–6.
127. Abu Nuwas, pp. 524 and 571.
128. Ibn Khallikan III, p. 397.
129. Ibn Khallikan III, p. 290.
130. p. 91, above.
131. e.g. Ibn Khallikan II, p. 47.
132. Hava, s.v. *qrf*.
133. Baladhuri, p. 334.
134. Qur'an, 71:19–20.
135. p. 148, above.
136. Crone, p. 356.
137. Crone, p. 363.
138. Baladhuri, p. 151.

206. Mas'udi II, p. 401.
207. Mas'udi II, pp. 400–1.
208. Mas'udi II, p. 361.
209. Mas'udi II, p. 404.
210. Mas'udi II, p. 361.
211. Mas'udi II, 402–3.
212. *EI2* VII, p. 265.
213. cf. p. 3, above.
214. Mas'udi IV, p. 40.
215. Jahiz, part 1, p. 215.
216. Adonis, *Thabit* IV, p. 207.

第8章／大馬士革王國

1. Mas'udi III, p. 117.
2. *EI2* VII, p. 265.
3. Jahiz, part 3, p. 185.
4. cf. pp. 125–6, above.
5. Naipaul. p. 83. 用涂爾幹的術語，變化的（伊斯蘭）文明「表述接合」本質的（阿拉伯）文化。Cf. Zubaida, p. 124.
6. Ibn Khallikan I, p. 225; Ibn Khaldun, *Muqaddimah*, p. 281.
7. Ibshihi, p. 468.
8. Hitti, p. 300.
9. Mas'udi III, pp. 227–8.
10. Mas'udi III, pp. 228–9.
11. Jahiz, part 1, p. 60.
12. Mas'udi III, pp. 39–41.
13. *EI2* VII, p. 267.
14. Crone, p. 387.
15. Jahiz, part 1, 221.
16. *EI2* II, p. 360.
17. *EI2* VII, p. 267.
18. *EI2* II, p. 1021.
19. Hitti, p. 271.
20. Mackintosh-Smith, *Tangerine*, p. 166.
21. Qur'an, 95:1 and 4–6.
22. Mas'udi II, p. 395.

身分不詳，不過薩伊德這個名字在阿拉伯文裡也相當於「普通老百姓」。在某些敘述裡，詩歌瞄準的對象是一位八世紀的總督Ma'n ibn Za'idah。

174. e.g. Baladhuri, p. 370.
175. Lewis,'Concept', p. 7.
176. Ibn Khallikan II, p. 33.
177. al-Tabari, quoted in Schoeler, p. 431.
178. Kurdi, p. 446.
179. Jahiz, part 1, pp. 10–11; cf. p. 201, above.
180. Ibn Khaldun, *Muqaddimah*, p. 295.
181. cf. pp. 125–6, above.
182. Mas'udi II, p. 306.
183. *EI2* IX, p. 420.
184. *EI2*, s.v. cUthmān.
185. *EI2* I, p. 382.
186. Baladhuri, p. 221.
187. Adonis, *Thabit* I, pp. 316–7.
188. Mas'udi II, p. 362.
189. Jahiz, part 3, p. 106.
190. Ibn Khaldun, *Muqaddimah*, p. 257.
191. p. 212, above.
192. cf. Carmichael, p. 91.
193. Mas'udi II, pp. 370–1.
194. Mas'udi II, pp. 375–6.
195. Ibn Khallikan II, p. 10.
196. Mas'udi II, p. 360.
197. Ibn Khallikan II, p. 9.
198. Mas'udi II, p. 379.
199. Mas'udi II, p. 384.
200. Mas'udi II, p. 396.
201. Mas'udi II, p. 397.
202. Mas'udi II, p. 399.
203. Mas'udi II, p. 399.
204. Maqrizi I, p. 348, translation from Mackintosh-Smith, *Tangerine*, p. 226.
205. Mas'udi II, p. 400.

52. Borges, pp. 196–7. English version by Alberto Manguel, *A Reader on Reading*, Yale University Press, New Haven and London, 2011, p. 56.
53. Ibn Khaldun, *Muqaddimah*, p. 199.
54. Jabiri, p. 68.
55. Baladhuri, p. 193. 瑟吉爾斯是未來聖人「大馬士革約翰」的父親；瑟吉爾斯自己的父親曾經在拜占庭統治下負責稅收。
56. Ibn Khallikan I, p. 287.
57. Kurdi, p. 111.
58. Versteegh, *Arabic Language*, p. 57.
59. Kurdi, p. 160.
60. Jones,'Word Made Visible', p. 15; Macdonald, *Development*, p. 1.
61. cf. Jabiri, p. 76.
62. cf. Hornblower and Spawforth, s.v. Anaximander.
63. Ibn Khaldun, *Muqaddimah*, p. 217.
64. Qur'an, 112.
65. Baladhuri, pp. 237–8.
66. 關於這句話，我要反過來感謝 Professor Kamal Abdel Malek。
67. Ibn Khallikan I, p. 293.
68. cf. Drory, p. 42.
69. Huart, p. 57.
70. Lewis,'Crows', p. 95 (translation slightly modified).
71. cf. pp. 25–6, above.
72. Jahiz, part 1, p. 143; Mas'udi II, p. 183; cf.Mackintosh-Smith, *Yemen*, p. 5 and footnote.
73. Jahiz. Part1, p. 165. 最後那句比較直譯的話是：「他們必須做的是說，我們必須做的是做。」
74. cf. pp. 143–4, above.
75. *EI2* I, p. 545.
76. Ibn Khallikan III, pp. 395–6.
77. Piotrovsky, pp. 304–5. On *qwl*s, see p.

23. Mas'udi II, p. 636. 至少對後世讀者而言，*tu'mah* 一字有一個美妙的言外之意——除了「誘餌」之外，它也意味著「某個比例的稅收」。Lecker, p. 338.
24. Ibn Khallikan III, p. 379.
25. Ibn Khallikan I, p. 294.
26. *EI2* s.v. al-Akhtal.
27. Ibn Khallikan I, p. 472; cf. Suyuti I, p. 459.
28. p. 200, above.
29. Yaqut quoted in Mackintosh-Smith, *Tangerine*, p. 144.
30. Mathews, p. 58.
31. Adonis, *Thabit* I, p. 317.
32. Mas'udi III, p. 195.
33. Ibn Khallikan I, p. 336.
34. Ibn Khallikan II, p. 83; Mas'udi III, pp. 184–6.
35. Abid, p. 484.
36. pp. 38–9, above.
37. cf. Husayn, p. 91.
38. Hornblower and Spawforth, s.v. Aeneas.
39. Ibn Khallikan I, p. 39; Yaqut s.v. Umm al-cArab.
40. p. 118, above.
41. p. 125, above.
42. Retsö p. 33; Serjeant, review of René Dagorn, p. 52.
43. Mas'udi II, p. 273.
44. Suyuti I, pp. 29–30.
45. cf. *EI2* IV, p. 448.
46. Macdonald, *Development*, p. 22.
47. Qur'an, 49:13.
48. pp. 193–4, above.
49. quoted in Akwa', p. 103.
50. Baladhuri, p. 192.
51. Baladhuri, pp. 192–3.

111. *EI2* I, p. 530.
112. Jahiz, part 1, pp. 34 and 254. 除了「陰莖」之外，根據Hava的辭典，*ayr*（沒有鼻音的）也意指「北風」與「東風」。水手們一定很傷腦筋。
113. Jahiz, part 1, p. 34.
114. p.126, above.
115. Jahiz, part 1, p. 251.
116. Suleiman, p. 54.
117. p. 201, above.
118. Ibn Khallikan III, p. 378.
119. Abid, p. 43.
120. Jahiz, part 1, p. 183, cf. p. 169, above.
121. Jahiz, part 1, p. 125. 賈爾馬人來自伊朗中部最大沙漠裡的一處綠洲；賈吉姆人是敘利亞北部的馬代特基督徒。
122. Baladhuri, p. 244.
123. Baladhuri, p. 228.
124. Ibn Khallikan III, p. 161.
125. Jahiz, part 1, p. 285.
126. Ibn Khallikan III, pp. 177 and 178.
127. Jahiz, part 1, p. 221. 阿巴卡萬島今日稱為葛西姆島（Qishm），位於荷莫茲海峽內部的一座小島。
128. Ibn Khallikan III, p. 348.
129. Kennedy, pp. 274 and 275.
130. Ibn Khallikan III, pp. 351–4.
131. Ibn Khallikan II, p. 74.
132. Ibn Khallikan II, p. 71.
133. Ibn Khallikan II, p. 73.「馬爾萬系」是烏瑪亞王朝後期哈里發的世系，即馬爾萬・伊本・哈坎的後代。
134. Ibn Khallikan II, pp. 71–2.
135. Mas'udi III, p. 265.
136. Mas'udi III, p. 241.
137. Mas'udi III, p. 265.
138. Jahiz, part 3, p. 138.
139. Jahiz, part 3, p. 139.

94, above.

78. Baladhuri, p. 428.
79. Hitti, p. 281.
80. e.g. *EI2*, s.v. Hinā.
81. Mas'udi III, pp. 64–6.
82. Jahiz, part 1, p. 243.
83. Mas'udi III, pp. 70–1.
84. Mas'udi III, p. 100.
85. Mackintosh-Smith, *Tangerine*, p. 144.
86. Hitti, pp. 280–1.
87. Jahiz, part 1, p. 221.
88. Freya Stark had a live *Uromastyx*,'a charming pet and very tame, and answers to the name of Himyar'. Freya Stark, *Seen in the Hadhramaut*, John Murray, 1938, p. 116.
89. Mas'udi III, p. 85.
90. Mas'udi III, pp. 81–2.
91. Mas'udi III, p. 92.
92. Mas'udi III, p. 97–8.
93. cf. p. 123, above.
94. *EI2* I, p. 55.
95. Ibn Khallikan II, p. 35.
96. Hitti, p. 193.
97. *EI2* X, p. 842.
98. Hitti, p. 207.
99. Jahiz, part 1, pp. 289–90.
100. Ibn Khallikan I, p. 213.
101. Jahiz, part 1, p. 163.
102. Jahiz, part 1, p. 164.
103. Mas'udi III, pp. 175–6.
104. Jahiz, part 3, p. 99.
105. Ibn Khallikan I, pp. 206–19.
106. Mas'udi III, pp. 167–9; Ibn Khallikan I, p. 214.
107. Ibn Khallikan I, p. 217.
108. Mas'udi III, p. 132.
109. Ibn Khallikan III, p. 355.
110. Jahiz, part 3, p. 153.

31. Chejne, p. 72; Jabiri, p. 135.
32. Ibn Khallikan II, pp. 265–6.
33. *EI2*, s.v. al-Ma'm*ū*n.
34. Mas'udi IV, pp. 28–9.
35. Qazwini, p. 392.
36. *EI2* XII, p. 605.
37. *EI2* X, p. 139–40.
38. cf. p. 185, above.
39. Qur'an, 2:31.
40. Jabiri, p. 194.
41. Ibn al-Nadim quoted in Nicholson, p. 359, n. 2.
42. Ibn Khallikan III, p. 124. On the translation movement in general, see for example Mas'udi IV, pp. 314–15, Carmichael, pp. 167–70, Nicholson, pp. 358–60.
43. Kurdi, p. 92.
44. *EI2* IV 419.
45. Bloom, p. 17.
46. Bloom, p. 22.
47. Ibn Khallikan I, p. 351.
48. Ibn Khallikan I, p. 326.
49. Kurdi, p. 421.
50. Ibn Khallikan I, p. 398.
51. Ibn Khallikan II, p. 201.
52. Ibn Khallikan III, pp. 256–7.
53. Ibn Khallikan II, p. 42.
54. Ibn Khallikan I, p. 124.
55. Mas'udi I, pp. 7 and 10.
56. Ibn Khallikan II 375; cf. pp. 194–5, above.
57. Ibn Khallikan II, p. 92.
58. quoted in van Gelder, p. 280.
59. cf. *EI2* V, p. 122.
60. quoted in Jabiri, p. 240.
61. Mathews, pp. 77 and 91.
62. Whitfield, pp. 89 and107.
63. cf. pp. 258 and 264, above.
140. Johnson and Shehadeh, p. 36.
141. Hitti, p. 281.

第9章／巴格達帝國

1. al-Sirafi and Ibn Fadlan, pp. 79–81.
2. al-Sirafi and Ibn Fadlan, p. 11.
3. Ma'sudi III, pp. 296–7.
4. cf. Henri Pirenne's view in Dunlop, pp. 18–19.
5. cf. p. 258, above.
6. cf. pp. 194–5, above.
7. Mas'udi III, pp. 219–25; Ibn Khallikan III, p. 260.
8. Mas'udi III, p. 318.
9. Baladhuri, p. 289.
10. Mas'udi III, pp. 299–300.
11. Ya'qubi quoted in George Hourani, p. 64.
12. Mas'udi III, pp. 302 and 315–16.
13. Mas'udi III, pp. 303–6.
14. Mas'udi III, pp. 307-11; Hitti, p. 290.
15. Ibn Khallikan I, pp. 337–8.
16. Mas'udi III, p. 397.
17. Baladhuri, p. 415.
18. Mas'udi III, pp. 307–8.
19. Mackintosh-Smith, *Landfalls*, pp. 252–4.
20. *EI2* X, p. 226.
21. Mas'udi IV, pp. 337–8.
22. Mas'udi IV, p. 253.
23. Suyuti II, p. 354.
24. Adonis, *Thabit* III, p. 149.
25. *EI2* I, p. 326.
26. quoted in Jabiri, p. 222.
27. cf. Ibn Khaldun, *Muqaddimah*, p. 257, and p. 217, above.
28. quoted in Jabiri, p. 222.
29. Ibn Khallikan III, pp. 83–4.
30. Ibn Khallikan III, p. 83.

64. Mas'udi III, p. 255.
65. p. 260, above.
66. p. 189, above.
67. cf. David Cannadine's, *Ornamentalism,* Oxford University Press, 2002.
68. Mas'udi III, p. 279.
69. Mas'udi I, p. 247.
70. *EI2* X, p. 57.
71. Ibn Khallikan III, p. 246; *EI2* X, pp. 226–7.
72. Jahiz, part 3, pp. 140–1.
73. Mas'udi III, pp. 321–2.
74. Ibn Khallikan III, pp. 48–9.
75. cf. the story of the poet Antarah, e.g. in Nicholson, p. 115.
76. cf. Hitti, p. 332.
77. quoted in Baerlein, p. 105.
78. Mas'udi II, pp. 238–9; *EI2* I, p. 1033.
79. Ibn Khallikan I, p. 170.
80. p. 91, above.
81. Ibn Khallikan I, pp. 170–1; Mas'udi III, pp. 385–91.
82. Ibn Khaldun, *Muqaddimah*, p. 19.
83. Ibn Khaldun, *Muqaddimah*, pp. 19–21.
84. Mas'udi III, p. 391.
85. *EI2* I, p. 17.
86. Ibn Khallikan II, p. 256.
87. Ibn Jubayr, p. 152.
88. Ibn Khallikan II, p. 256.
89. Ibn Khallikan II, p. 200.
90. quoted in Keay, p. 243.
91. Mas'udi III, pp. 360–1.
92. Mas'udi IV, p. 318.
93. Mas'udi IV, p. 318.
94. cf. al-Mas'udi III, p. 400.
95. *EI2* III, p. 234.
96. cf. p. 151, above.
97. Mas'udi III, p. 364.
98. Mas'udi III, pp. 404–6.
99. Mas'udi III, p. 403.
100. Mas'udi III, p. 409.
101. Mas'udi III, pp. 409–10.
102. Qur'an, 34:19; cf. p. 73, above.
103. Mas'udi III, p. 421.
104. e.g. Baladhuri, p. 304.
105. Mas'udi IV, p. 315.
106. Baladhuri, pp. 415–6.
107. e.g. Carmichael, pp. 58 and 154.
108. Jahiz, part 1, pp. 256–7.
109. Ibn Khallikan III, p. 530.
110. Lane, *Arabic-English Lexicon* I, p. xxxiv.
111. Suyuti II, p. 431.
112. Jabiri, p. 84.
113. Ma'arri, p. 321.
114. Abu'l-Fida', *Mukhtasar,* part 2, p. 13.
115. Mas'udi IV, pp. 261–5.
116. Jabiri, p. 192.
117. Ibn Khallikan I, p. 363.
118. Ibn Khallikan III, p. 316.
119. *EI2*, s.v. Abū'l-Faradj.
120. *EI2* V, pp. 1256–7.
121. Jabiri, pp. 88–9.
122. Ajami, *Dream Palace*, p. 128. 巧的是，阿賈米這個名字意指「非阿拉伯人」：他的祖先是從伊朗遷居到黎巴嫩（Ajami, *Dream Palace*, p. 14）。
123. Qabbani, p. 857.
124. the phrase is from Philip Ziegler, *Soldiers*, Plume/Penguin, 2003, p. 324.
125. Drory, p. 42.
126. Ibn Khaldun, *Muqaddimah*, pp. 428–30.
127. Suyuti I, p. 207. Cf. the English 'saker'.
128. Ibn Khallikan II, pp. 223 and 232; Suyuti I, p. 146.
129. cf. p. 238, above.
130. Jabiri, pp. 124–7.

7. Mas'udi IV, p. 315.
8. cf. p. 199, above.
9. Mas'udi IV, pp. 207–8.
10. Mas'udi IV, p. 208.
11. Khusraw, p. 143.
12. Ibn Khallikan I, pp. 264–5.
13. *EI2* III, pp. 1075–6.
14. cf. pp. 200–1, above.
15. cf. pp. 283–4, above.
16. p. 169, above.
17. van Gelder, pp. 35–6.
18. Jahiz, part 3, p. 3.
19. Qur'an, 49:13.
20. Jahiz, part 3, p. 6.
21. cf. *EI2* IX, pp. 514–15.
22. pp. 11–12, above.
23. Serjeant, *South Arabian Hunt*, pp. 66 and 104.
24. Hoyland, p. 92.
25. Jahiz, part 3, p. 46.
26. Jahiz, part 3, p. 11.
27. cf. Husayn, p. 183.
28. Adonis, *Thabit* II, pp. 182–3.
29. p. 12, above.
30. Kilito, p. 87.
31. Kilito, p. 91.
32. quoted in Patrick O'Brian, *HMS Surprise*, HarperCollins, 1993, p. 89.
33. Suleiman, p. 60.
34. *EI2* VII, pp. 807–8.
35. *EI2* IX, p. 515.
36. cf. p. 47, above.
37. Abu Nuwas, p. 559.
38. Husayn, p. 176.
39. cf. pp. 241–3, above.
40. e.g. van Gelder, pp. 107–8.
41. *EI2* IX, p. 515.
42. Suleiman, p. 238.
131. cf. Jabiri, pp. 344–5.
132. Jahiz, part 1, p. 131.
133. Versteegh, *Arabic Language*, p. 74.
134. p. 278, above.
135. Suyuti I, p. 74.
136. Mas'udi IV, p. 239.
137. *EI2* I, p. 570.
138. Ibn Khallikan II, p. 232.
139. Ibn Khallikan I, p. 58.
140. Mas'udi IV, pp. 239–40.
141. Ibn Khallikan III, p. 389.
142. Mas'udi IV, pp. 86 and 319.
143. Adonis, *Thabit* III, p. 218.
144. Adonis, *Thabit* I, p. 16.
145. Qur'an, 1:6–7.
146. version in *Translation of the Meanings of the Noble Qur'an in the English Language*, Medina, AH 1417, 1:6–7.
147. Qur'an, 85:22.
148. quoted in Jabiri, p. 226.
149. *EI2* III, pp. 82–102.
150. Ibn Khallikan I, p. 262; Abu'l-Fida', part 2, pp. 70–1.
151. pp. 51–2, above.
152. Ibn Khallikan I, p. 262.
153. Ibn Khallikan I, p. 261.
154. Ibn Khallikan I, p. 261.
155. Ma'arri, p. 23.
156. pp. 99–101, above.
157. p. 154, above.

第10章／反正統文化，反正統哈里發

1. Mas'udi IV, p. 337.
2. *EI2*, s.v. Badjkam.
3. Ibn Khallikan I, p. 167.
4. Ibn Khallikan II, p. 131.
5. Lane, *Arabic-English* Lexicon, s.v. *trk*.
6. Mas'udi IV, pp. 337–8.

43. *EI2* IX, p. 515.
44. Suleiman, p. 63.
45. by the Grand Mufti of Iraq, quoted in baraqish.net, December 2016.
46. by a Yemeni shaykh of the al-Shayif clan, quoted in baraqish.net, December 2016.
47. Baladhuri, pp. 415–16.
48. Jahiz quoted in Pellat, p. 97.
49. Jahiz quoted in Pellat, p. 93.
50. Hitti, p. 466.
51. Mas'udi IV, pp. 53–4.
52. Nicholson, p. 263.
53. Mas'udi IV, pp. 49–50.
54. Mas'udi IV, pp. 54–5.
55. Ibn Khallikan I, p. 29.
56. quoted in Irwin, *Night*, p. 132.
57. Suzanne Pinckney Stetkevych, p. 64.
58. Mas'udi IV, p. 60.
59. Mas'udi IV, p. 60.
60. Mas'udi IV, pp. 120–1.
61. Mas'udi IV, pp. 133–4.
62. Ibn Khallikan I, p. 494.
63. Mas'udi IV, p. 145.
64. Mas'udi IV, pp. 164–5.
65. Mas'udi IV, p. 169.
66. Mas'udi IV, p. 176.
67. Mas'udi IV, p. 177.
68. Mas'udi IV, pp. 189–90.
69. Mas'udi IV, p. 183.
70. *EI2*, s.v. al-Muhtadī.
71. Mas'udi IV, p. 186.
72. Mas'udi IV, p. 186.
73. quoted in Irwin, *Night*, p. 145.
74. *EI2*, s.v. Ibn al-Muctazz.
75. Irwin, *Night*, p. 143.
76. Mas'udi IV, p. 298.
77. Mas'udi IV, p. 299.
78. *EI2*, s.v. al-Rād.ī.
79. Mas'udi IV, pp. 342–3.
80. Mas'udi IV, p. 343.
81. Mas'udi IV, p. 371.
82. Ibn Khallikan II, pp. 190–1.
83. *EI2*, s.v. Buwayhids.
84. *EI2*, s.v. H. amdānids.
85. Mas'udi IV, pp. 371–2.
86. Karsh, p. 64.
87. Minorsky quoted in *EI2*, s.v. Buwayhids.
88. Ibn Khallikan II, p. 264.
89. Hitti, p. 474.
90. Ibn Khallikan III, p. 34.
91. *EI2*, s.v. Alp Arslān.
92. Ibn Khallikan III, p. 36.
93. Ibn Khallikan III, p. 143.
94. Ibn Khallikan III, p. 145.
95. Ibn Khallikan III, p. 102.
96. Ibn Khallikan III, p. 38.
97. Ibn Khaldun, *Muqaddimah*, p. 166.
98. Ibn Khaldun, *Rihlàh*, p. 394.
99. Ibn Khallikan I, p. 255.
100. Ibn Khallikan III, p 145.
101. Albert Hourani, p. 163.
102. cf. Hitti, p. 410.
103. Albert Hourani, p. 163.
104. Hitti, p. 410.
105. Maqrizi II, p. 375.
106. Rabin, 'Beginnings', p. 19.
107. cf. Hodgson II, p. 48.
108. cf. *EI2* I, p. 20.
109. Ibn Khaldun, *Rihlah*, p. 386.
110. Mas'udi IV, p. 340.
111. Ibn Khallikan II, p. 193.
112. Ibn Khallikan II, p. 191.
113. Ibn Khallikan II, p. 191.
114. Ibn Khallikan I, p. 454.

150. Ibn Khaldun, *Rihlah*, pp. 50–8.
151. *EI2* IV, p. 822.
152. Ibn Khallikan I, p. 122, III, p. 522.
153. Ibn Khallikan II, p. 146.
154. Mathews, p. 91.
155. Jabiri, p. 302.
156. *EI2* VI, p. 198.
157. Atiyah, p. 71.
158. cf. Ibn Khallikan II, p. 158.
159. Jabiri, p. 309.
160. Jabiri, pp. 322–3 and 344.
161. Nicholson, p. 418.
162. e.g. Ibn Khaldun, *Rihlah*, p. 286.
163. pp. 263–4, above.
164. Kennedy, pp. 316–7.
165. Hitti, pp. 515–6.
166. Hitti, pp. 530–1.
167. Lewis, *Arabs in History*, 134.
168. cf. p. 30, above.
169. Versteegh, *Arabic Language*, p. 228.
170. Ibn Khallikan I, p. 105.
171. Grunebaum, p. 8.
172. quoteed in Jabiri, p. 38. 原文如下：'La culture, c'est ce qui demeure dans l'homme lorsqu'il a tout oublié'。
173. p. 307, above.
174. Rushdie, p. 391.
175. e.g. Ibn Khallikan I, pp. 119 and 482–3.
176. 例如那位二十世紀作者自身的世系，參見Kurdi, pp. 211–16。
177. p. 278, above.
178. Ibn Khallikan II, p. 275.
179. Byron, pp. 198–9.
180. Hitti, pp. 469–70.

第11章／瓶中精靈

1. cf. *EI2*, s.v. Khayāl al-Z. ill.
2. cf. p. 347, above.

115. cf. p. 250, above.
116. Kennedy, pp. 261–2.
117. Ibn Khallikan III, p. 402.
118. Mas'udi IV, p. 200–2.
119. Hitti, pp. 452–3.
120. Mas'udi IV, p. 210–3.
121. cf. p. 263, above.
122. Hitti, p. 455.
123. Ibn Khallikan II, p. 449.
124. Ibn Khallikan II, p. 283.
125. Ibn Khallikan, p. 285.
126. Ibn Khallikan II, p. 284.
127. quoted in Suleiman, p. 80.
128. *EI2*, s.v. Kāfūr.
129. Maqrizi I, pp. 348–9.
130. Ibn Khallikan II, p. 40.
131. Ibn Khallikan III, p. 187.
132. Ibn Khallikan, s.v. individual Fatimid caliphs.
133. *EI2*, s.v. Fāt.imids.
134. *EI2*, s.v. Hilāl; Kennedy, p. 205.
135. cf. Owens,'Dialect History', p. 732.
136. Ibn Khaldun, *Muqaddimah*, pp. 29–30.
137. cf. Versteegh, *Arabic Language*, p. 96.
138. Versteegh, *Arabic Language*, p. 96.
139. Ibn Khaldun, *Muqaddimah*, p. 119.
140. al-Abdari quoted in Mackintosh-Smith, *Tangerine*, p. 52.
141. Maqdisi, p. 28.
142. Ibn Khaldun, *Rihlah*, p. 295 and n. 1364.
143. *EI2*, s.v. al-Macqil.
144. Ibn Khallikan III, p. 185.
145. *EI2*, s.v. cAbd al-Rah. mān III.
146. Ibn Khallikan III, p. 162.
147. cf. p. 254, above.
148. Kennedy, pp. 309–10.
149. Maqqari VIII, pp. 231–5.

35. Ibn Khaldun, *Muqaddimah*, pp.14–15.
36. e.g. in Muh. ammad H. usayn al-Farah. , ᶜ*Urūbat al-barbar*, San'a, 2004.
37. cf. *EI2* III, p. 1064.
38. Ibn Khallikan III, pp. 477–9.
39. Ibn Khallikan III, p. 480; the Qur'anic quotation is Qur'an, 36:78.
40. Ibn Khallikan III, pp. 481–2.
41. Ibn Khallikan III, pp. 507 and 513.
42. Ibn Khallikan I, p. 152.
43. Ibn Khallikan I, pp. 137–8.
44. e.g. Ibn Khallikan I, p. 180.
45. Ibn Khallikan III, p. 211.
46. Ibn Khallikan I, p. 160.
47. Ibn Khallikan I, pp. 436–7.
48. p. 328, above.
49. Tuchman, p. 294.
50. Boccaccio, *Decameron*, Oxford University Press, 1993, pp. 652–68.
51. Ibn Khallikan III, pp. 481–519.
52. p. 344, above.
53. Carmichael, p. 256.
54. Yule I, p. 241.「巴哈拉」一詞出自「普拉克里特語」(Prakrit)的一個頭銜,意指「備受喜愛的國王」。
55. Hitti, pp. 663– 668.
56. Cannon, *passim*.
57. 範例出自Cannon。根據*Oxford English Dictionary*,其中一兩個有所爭議。
58. cf. Elizabeth Bishop and Robert Lowell, *Words in Air*, Farrar, Straus, Girous, New York, 2008, p. 317. 在18世紀的法屬加勒比海殖民地,mamélouc專指曾曾祖父母是黑人者。Patrick Leigh Fermor, *The Traveller's Tree*, Penguin, London, 1984, p. 243.
59. cf. Gavin Young, *Slow Boats Home*, Penguin, London, 1986, pp. 322–4.

3. Abu'l-Fida', *Mukhtasar* part 4, p. 132. 這段英譯或許有點意譯,但精神很貼原文,出自Mackintosh-Smith, *Thousand Columns*, p. 53。
4. Ibn Hajar II, p. 142.
5. Atiyah, p. 44.
6. Fulcher of Chartres quoted in Karsh, p. 73.
7. Fulcher of Chartres quoted in Karsh, pp. 73–4.
8. Maalouf, pp. 39–40.
9. Maalouf, pp. 50–1.
10. Ibn al-Athir quoted in Karsh, p. 77.
11. Maalouf, p. 83.
12. Karsh, p. 77.
13. Ibn Jubayr, pp. 260–1.
14. Maqqari II, pp. 385–6.
15. Ibn Jubayr, p. 259.
16. Harawi, p. 31.
17. Usamah, p. 132.
18. Usamah, pp. 134 and 140.
19. Usamah, p. 132; translation in Mackintosh- Smith,'Interpreter 2', p. 38.
20. Usamah, pp. 40 and 41.
21. Ibn Khallikan III, p. 506.
22. Maalouf, p. 276.
23. Hitti, p. 670.
24. Ibn Khallikan III, p. 12.
25. Ibn Khallikan III, p. 16.
26. Ibn Khallikan III, p. 469.
27. Suchem, p. 8.
28. Ibn Khallikan III, pp. 20–1.
29. pp. 67–8, above.
30. Ibn Khaldun, *Rihlah*, p. 56.
31. cf. p. 307, above.
32. Ibn Jubayr, p. 297.
33. Maqqari I, p. 210.
34. Norris, p. 35.

所周知（Dunlop, p. 178），金迪預測的毀滅時間比實際的略晚一點——伊曆693年／西元1293年。他的誤差範圍是值得信賴的百分之七。

92. Osip Mandelstam,'Tristia', 1922, translated by C.M. Bowra.
93. Carmichael, p. 246.
94. Ibn Khaldun, *Muqaddimah*, pp. 121–2.
95. pp. 347, above.
96. p. 363, above.
97. p. 2, above.
98. Maqrizi II, p. 214.
99. cf. Hitti, p. 673.
100. Ibn Battutah I, p. 41.
101. p. 69, above.
102. Ibn Hajar, s.v. Muhannā.
103. Ibn Hajar, s.v. Fayyād. .
104. cf. Chejne, p. 81.
105. cf. Nicholson, pp. 446–7.
106. Ibn al-Wardi in Abu'l-Fida', *Mukhtasar* part 4, p. 152. The translation is from Mackintosh-Smith, *Tangerine*, p. 163.
107. Ibn Khaldun, *Rihlah*, p. 74.
108. Ibn Khaldun, *Rihlah*, p. 408.
109. Ibn Khaldun, *Rihlah*, p. 416.
110. Ibn Khaldun, *Rihlah*, pp. 409–10.
111. Ibn Khaldun, *Rihlah*, p. 413.
112. e.g. Ibn al-Khatib I, p. 36.
113. Ibn al-Khatib III, p. 231.
114. cf. Arié, p. 303.
115. Hitti, p. 553.
116. quoted in Irwin, *Night*, 306–7.
117. e.g. Baerlein, p. 17; Huart, p. 98.
118. Kilito, p. 8.
119. Jaroslav Stetkevych, p.9.
120. e.g. Jabiri, p. 328.
121. Ibn Shaqrun, p. 104; translation from Mackintosh-Smith, *Tangerine*, p. 43.
122. cf. p. 328, above.

60. Atiyah, p. 66.
61. Ibn al-Khatib III, p. 48.
62. Versteegh, *Arabic Language*, pp. 1–2.
63. quoted in Kilito, p. 2.
64. Kilito, p. 38.
65. Patrick Leigh Fermor, *Mani*, Penguin, London, 1984, pp. 275–6.
66. Idrisi II, p. 944.
67. Idrisi II, p. 880.
68. Idrisi I, pp. 3-4. 挑個小毛病，他其實是對立教宗克雷二世的強化者（Strengtherner of the Antipope Anacletus II）。
69. Ibn Jubayr, pp. 297–300.
70. Ibn Jubayr, p. 298.
71. Ibn Jubayr, pp. 193–4.
72. Abu'l-Fida', *Mukhtasar* part 4, pp. 38–9.
73. Ibn Khallikan III, p. 310.
74. Ibn Jubayr, pp. 193–4.
75. Ibn Jubayr, pp. 203–4.
76. Ibn Khallikan III, p. 270.
77. Ibn Khallikan III, p. 270.
78. Ibn Khallikan III, p. 268.
79. Ibn Khallikan III, p. 273.
80. Abu'l-Fida', *Mukhtasar* part 3, p. 122.
81. Baghdadi, pp. 126–7.
82. Abu'l-Fida', *Mukhtasar* part 3, p. 136.
83. Abu'l-Fida', *Mukhtasar* part 3, p. 128.
84. Baghdadi, p. 136.
85. quoted in Maalouf, p. 235.
86. Ibn Khallikan III, p. 271.
87. Ibn Jubayr, p. 187.
88. Serjeant, *South Arabian Hunt*, pp. 23–5.
89. Abu'l-Fida', *Mukhtasar* part 3, pp. 193–4.
90. Abu'l-Fida', *Mukhtasar* part 3, p. 194.
91. Ibn Khaldun, *Muqaddimah,* p. 261. 眾

19. Sirafi and Ibn Fadlan, p. 125.
20. p. 384, above.
21. Ibn Battutah IV, p. 903.
22. Sa'di, p. 131.
23. cf. Ho, p. 100.
24. Abu-Lughod, pp. 228–30; *EI2* IV, p. 641.
25. Levtzion, p. 255.
26. Ho, p. 102.
27. *EI2*, s.v. Indonesia.
28. cf. Hardy, p. 33.
29. Dunn, p. 226.
30. Isami quoted in Dunn, p. 183.
31. Ibn Battutah III, p. 681.
32. Ibn Battutah III, p. 683.
33. Ibn Battutah III, pp. 745–6.
34. cf. p. 370, above.
35. Ibn Battutah III, p. 686–9.
36. Ibn Battutah III, p. 689–90.
37. Ibn Battutah III, p. 692.
38. Ibn Battutah III, p. 680.
39. Ibn Battutah III, p. 619.
40. Ibn Battutah III, p. 682–3.
41. pp. 348–9, above.
42. Jackson, p. 272.
43. Husain, pp. 173–4.
44. Ibn Battutah IV, pp. 899–900.
45. Ibn Battutah IV, p. 946.
46. Ibn Battutah IV, p. 900.
47. p. 194, above.
48. p. 267, above.
49. Ibn Battutah IV, p. 969.
50. Mackintosh-Smith, *Landfalls*, p. 199; cf. Chen and Kalus I, *passim*.
51. Chen and Kalus I, p. 28.
52. Chen and Kalus I, p. 33.
53. Ibn Battutah II, p. 480.
54. Ghosh, *passim*.
123. p. 296, above.
124. Suyuti I, p. 74.
125. Adonis, *Poetics*, p. 77.
126. Jabiri, p. 328.
127. Qabbani, p. 785.
128. *EI2*, s.v. Mak. āmāt.

第12章／季風大亨

1. Ibn Battutah III, p. 683.
2. cf. pp. 348–9, above.
3. Ibn Battutah III, pp. 683–5.
4. Hurgronje, pp. 101–2.
5. Lambourn, p. 235.
6. Ibn Battutah III, pp. 684–5.
7. Mackintosh-Smith, *Landfalls*, p. 34; Lambourn, *passim*.
8. e.g. Daum, pp. 249–51.
9. Qur'an, 24:35.
10. Lambourn, pp. 229–30.
11. Lambourn, p. 233.
12. quoted in Mackintosh-Smith, *Landfalls*, p. 339.
13. Ibn Battutah IV, pp. 884–7.
14. p. 377, above.
15. Ibn Battutah IV, p. 886.
16. *EI2* IV, p. 1128.
17. http://masterpieces.asemus.museum/masterpiece/detail.nhn?objectId=11280 (accessed 1 November 2018. 這種輝煌的融合一直延續著。Anthony Burgess在撰寫20世紀中葉的皮影神靈時，描寫一位皮影大師在某次表演前，請求「眾神靈魔鬼勿因他們的粗魯再現感到冒犯……祂們的偉大讓他深感渺小。他記起那個真正的宗教，祈求《古蘭經》四大天使保護他。」See Anthony Burgess, *The Malayan Trilogy*, Vintage, London, , p. 346.
18. Maqdisi, p. 28; cf. p. 339, above.

83. Rizvi, p. 88.
84. Rizvi, pp. 95–6 and 189.
85. Ibn Battutah IV, p. 790.
86. Rizvi, p. 307.
87. Ibn Battutah III, p. 583.
88. Lawrence, p. 123.
89. Rizvi, p. 110.
90. p. 123, above.
91. Lings, p. 62.
92. Levtzion, p. 499, ill. 500; the chapter is Qur'an, 111; cf. p. 146, above.
93. Mackintosh-Smith, *Landfalls*, pp. 278–9.
94. Tibbetts, p. 43.
95. cf. Abu-Lughod, p. 259.
96. quoted in Rogan, p. 21.
97. Jabarti I, p. 37.
98. cf. Hitti, p. 705.
99. p. 306, above.
100. p. 375, above.
101. Rogan, p. 31.
102. Chejne, p. 83.
103. e.g. Jabarti I, p. 462.
104. Rogan, p. 24.
105. Versteegh, *Arabic Language*, p. 175.
106. Cherian, p. 1.
107. Young, p. 269.
108. Young, p. 244.
109. p. 386, above.
110. Mackintosh-Smith, *Thousand Columns*, p. 287.
111. Ho, pp. 162–8.
112. Taj al-Din, pp. 34 and 45–6.
113. Ho, p. 168 and n. 15.
114. Versteegh,'Linguistic Contacts…', p. 499.
115. cf. Mather, p. 240.
116. *EI2* VI, p. 795.
117. *EI2* VI, p. 795.

55. Chaudhuri, p. 59.
56. Ibn Battutah II, p. 277.
57. *EI2* IV, p. 1128.
58. e.g. Macdonald, *Development*, p. 22, n. 47; *EI2* IV, p. 1113; Kurdi, pp. 47–53.
59. Versteegh, *Arabic Language*, p. 232.
60. Kurdi, pp. 363–4.
61. Versteegh,'Linguistic Contacts…', p. 495.
62. Versteegh,'Linguistic Contacts…', p. 491.
63. Chejne, p. 4.
64. Yule and Burnell, s.v. Khalsa.
65. Cannon, s.v. Blighty; Yule and Burnell, s.v. Bilayut.
66. Versteegh, *Arabic Language*, p. 237.
67. Versteegh, *Arabic Language*, 238.
68. *BBC Magazine* (accessed 25 June 2014).
69. pp. 338–9, above.
70. Versteegh,'Linguistic Contacts…', p. 482.
71. Versteegh,'Linguistic Contacts…', p. 483.
72. 根據 Versteegh，小於百分之四十 'Linguistic Contacts…', p. 487；根據 Versteegh，小於百分之五十，*Arabic Language*, p. 231。
73. Versteegh, *Arabic Language*, p. 230.
74. p. 358, above.
75. pp. 194–5, above.
76. Ibn Battutah, p. 679.
77. Hussein, p. 472.
78. Mackintosh-Smith, *Landfalls*, p. 276.
79. Rizvi, pp. 9–10.
80. Mackintosh-Smith, *Landfalls*, pp. 156–7.
81. Ibn Khaldun, *Muqaddimah*, pp. 414–5.
82. Haeri, p. 75.

13. Jabarti II, pp. 234–6.
14. Jabarti II, pp. 206–10.
15. Jabarti II, p. 359.
16. Jabarti II, p. 215.
17. Jabarti II, p. 238.
18. Jabarti II, pp. 226-7; cf. p. 407, above.
19. Jabarti II, pp. 219–21.
20. e.g. Jabarti II, p. 351; Qur'an, 11:117.
21. Jabarti II, p. 318.
22. quoted in Pryce-Jones, p. 63.
23. p. 69, above.
24. Qabbani, p. 782.
25. cf. p. 402, above.
26. Parry, p. 35.
27. Jabarti I, p. 11.
28. *EI2*, s.v. K. awmiyyah.
29. Rogan, p. 171.
30. Ali Bey I, pp. 311–2.
31. Jabarti II, pp. 182–3.
32. quoted in Suleiman, p. 80; cf. p. 336, above.
33. Chejne, p. 102.
34. Carmichael, p. 250.
35. *EI2* II, p. 465.
36. Adonis, *Thabit* IV, pp. 29–34.
37. Adonis, *Thabit* IV, p. 34.
38. Adonis, *Thabit* IV, pp. 32–3; Rogan, pp. 105–6.
39. Suleiman, pp. 169–70.
40. Searight, p. 110.
41. the *Spectator* on the opening celebrations for the Canal, quoted in Searight, pp. 117–18.
42. cf. *EI2* I, p. 554.
43. Rogan, p. 70.
44. cf. Nicholson, p. 466.
45. cf. p. 3, above.
46. p. 356, above.
47. cf. Adonis, *Thabit* I, p. 31.
118. Abu-Absi, p. 340.
119. Abu-Absi, p. 340.
120. Hornblower and Spawforth, s.v. Alphabet; cf. p. 83, above.
121. Kurdi, pp. 128–9.
122. Kurdi, pp. 109–10.
123. Kurdi, pp. 72 and 160.
124. *EI2* VI, p. 795.
125. *EI2* VI, p. 796.
126. Hitti, p. 747.
127. *EI2* VI, p. 795.
128. Jabarti II, pp. 226–7.
129. *EI2* VI, p. 797–8; Carmichael, p. 287.
130. e.g. in Wootton, *passim*.
131. Francis Bacon, *Novum Organum* I, Aphorism 129; Thomas Carlyle, *Critical and Miscellaneous Essays*, 'The State of German Literature'.
132. Thomas Carlyle, *Sartor Resartus* I, chapter 5.
133. Ibn Battutah II, p. 479.
134. Ibn Battutah I, p. 68.
135. Ibn Battutah IV, p. 922.
136. Jabarti II, p. 350.
137. Jabarti II, p. 257.

第13章／認同的再發現

1. Jabarti I, p. 9.
2. pp. 408–9, above.
3. Jabarti I, p. 12.
4. e.g. Jabarti I, pp. 309–10.
5. Jabarti II, p. 186.
6. Jabarti II, p. 196.
7. Jabarti II, p. 251.
8. Jabarti II, pp. 203–4.
9. Jabarti II, p. 230.
10. Jabarti II, pp. 436–7.
11. Jabarti II, p. 232.
12. Jabarti II, p. 233.

294.
73. al-Marzuqi (aljazeera.net).
74. Qur'an, 2:31.
75. Jabarti II, pp. 105–8.
76. cf. *EI2* X, p. 240.
77. Atiyah, p. 89.
78. Chejne, p. 157.
79. Versteegh, *Arabic Language*, p. 181.
80. Versteegh, *Arabic Language*, p. 181; Chejne, p. 152.
81. Versteegh, *Arabic Language*, p. 174.
82. *EI2* VI, pp. 725–6.
83. cf. Versteegh, *Arabic Language*, p. 174.
84. cf. Kassir, p. 26.
85. quoted in Kilito, p. 68.
86. Abu-Absi, p. 347, n. 3.
87. Whitman, p. 355. The figure of 3,000 was for 1856.
88. Suleiman, p. 89.
89. Huart, pp. 444–5.
90. Cioeta, *passim*.
91. Carmichael, pp. 304–5; Rogan, pp. 182–3.
92. Suleiman, pp. 79 and 85–8.
93. cf. Suleiman, p. 91.
94. cf. Ajami, *Dream Palace*, p. 297; Atiyah, p. 84.
95. *EI2* II, pp. 466–7.
96. Haeri, p. 70.
97. Versteegh, *Arabic Language*, p. 132.
98. Atiyah, pp. 137–8.
99. cf. Versteegh, *Arabic Language*, p. 198.
100. Versteegh, *Arabic Language*, p. 200.
101. Atiyah, p. 204.
102. Chejne, p. 109.
103. Versteegh, *Arabic Language*, p. 200–1.
104. Suleiman, p. 83.
105. *EI2* IX, p. 229.
106. *EI2* IX, p. 230.

48. *EI2* III, p. 1064.
49. *EI2* I, p. 554; Parry, p. 35; and cf. p. 70, above.
50. 嚴格說來，這個名字應該加上母音唸成「Su'ūd」。「Āl Su'ūd」是「Su'ūd家族」的意思。
51. *EI2*, s.v. Wahhābiyyah.
52. Nicholson, p. 466. Nicholson gives the number killed as 5,000.
53. Rogan, p. 87.
54. Johnson and Boswell, *A Journey to the Western Islands*, Penguin Classics, London, 1984, p. 37.
55. quoted in Tidrick, p. 151.
56. 以埃及為基地的al-Ikhwān al-Muslimūn「穆斯林兄弟會」與瓦哈比派傾向的Saudi Ikhwān有同樣的名字，但通常沒有後者那種令人恐懼的怒目狂熱。
57. Suleiman, pp. 99–100.
58. cf. p. 10, above.
59. pp. 305–6, above.
60. quoted in Albert Hourani, pp. 404–5.
61. Suleiman, pp. 127–32.
62. Dunlop, p. 25.
63. pp. 84–5, above.
64. Jabiri, p. 347.
65. Adonis, *Poetics*, p. 77; cf. p.375, above.
66. Adonis, *Thabit* I, p. 41.
67. Kilito, p. 10.
68. Ibn Khaldun, *Muqaddimah*, pp. 439–41.
69. 至於不同方言之間的距離，Versteegh說，它「就跟日耳曼語和羅曼語之間的距離一樣大……如果沒有更大的話」。Versteegh, *Arabic Language*, p. 98. 我覺得這說法過於誇大。
70. Shouby, pp. 301–2.
71. Adonis, *Thabit* III, pp. 220–1.
72. Paul Bowles, *The Spider's House*, p.

生平與傳奇展」（Lawrence of Arabia: the Life, the Legend），帝國戰爭博物館，倫敦，2005。
137. Rogan, p. 202.
138. Trevaskis, p. 94.
139. James Boswell, *The Life of Samuel Johnson*, London, 1992, p. 238.
140. quoted in Jarrah, p. 290.
141. cf. Atiyah, p. 124.
142. quoted in Keay, p. 464.
143. cf. Rogan, pp. 180–1.
144. BBC report, 25 January 2017.
145. Amnesty International quoted in BBC report, August 2016.
146. *Guardian*, 12 October 2016.
147. pp. 347, above.
148. Atiyah, p. 133.
149. Keay, p. 479.
150. Morris, p. 36.
151. *EI2* I, p. 885.
152. *EI2* III, p. 1068.
153. cf. pp. 4–5 and 166–7, above.
154. Arashi, p. 93. 這個資料來源宣稱遭殺害的人數為3000人。
155. III, p. 361; Atiyah, p. 133.
156. cf. *EI2* III, p. 361.
157. *EI2* III, pp. 1067–8.
158. Qur'an, 9:97; cf. pp. 4 and 167, above.
159. *EI2* XII, p. 465.
160. Harold Ingrams, *Arabia*, p. 25.
161. Bujra, *passim*.
162. Abu Bakr ibn Shaykh al-Kaff quoted in Ingrams, *Arabia*, p. 36.
163. Stark, p. ix.
164. Atiyah, pp. 135–6.
165. Carmichael, p. 335.
166. Rogan, p. 202.
167. quoted in Karsh, p. 149.
168. quoted in Albert Hourani, p. 341.

107. Allawi, p. 46.
108. *EI2* X, p. 127.
109. Ajami, *Dream Palace*, pp. 35–6.
110. *EI2* V, p. 1253.
111. Rogan, p. 265.
112. *EI2* V, p. 1253.
113. Albert Hourani, p. 294.
114. Rawaa Talass, 'Nayy Yark' (unpublished dissertation), Dubai, 2014.
115. Salman Rushdie, *The Jaguar Smile: A Nicaraguan Journey*, Picador, London, 1987, p. 75.
116. often spelled, including by himself, 'Gibran Kahlil Gibran'.
117. cf. Adonis, *Thabit* IV, pp. 140–2.
118. quoted in Adonis, *Thabit* IV, p. 146.
119. quoted in Adonis, *Thabit* IV, p. 187.
120. 川普就任總統之後簽署的幾乎第一項法案，就是禁止來自七個以穆斯林為多數人口國的訪客進入美國。
121. Baedeker, *Palestine and Syria*, 1876, 'Passports and Custom House'.
122. Dresch, *History of Modern Yemen*, pp. 10–11.
123. Carmichael, p. 302.
124. Searight, pp. 249–50.
125. Atiyah, pp. 91–2.
126. Carmichael, p. 319.
127. *EI2* III, p. 263.
128. cf. Atiyah, pp. 92–4.
129. quoted in Atiyah, pp. 102–3.
130. quoted in Gilmour, p. 481.
131. Doreen Ingrams IX, pp. 737–8; Mackintosh-Smith, *Yemen*, p. 239.
132. Karsh, p. 193.
133. Albert Hourani, p. 318.
134. Qur'an, 12:44.
135. quoted in Rogan, p. 195.
136. 該地圖陳列在「阿拉伯的勞倫斯：

9. cf. Rogan, pp. 247–8.
10. cf. Rogan, pp. 256–7.
11. quoted in Mackintosh-Smith, *Yemen*, p. 152.
12. Rogan, p. 318.
13. Rogan, pp. 314–5.
14. cf. Rogan, pp. 332–3.
15. Atiyah, p. 180.
16. Atiyah, p. 185; cf. p. xiii, above.
17. Ibn al-Athir quoted in Karsh, p. 77; cf. p. 351, above.
18. Rogan, p. 338.
19. Shehadeh, *Diaries*, p. 74.
20. Albert Hourani, p. 329.
21. Atiyah, p. 190.
22. cf. George Lyttelton and Rupert Hart-Davis, *The Lyttelton Hart-Davis Letters 1955–62: A Selection*, John Murray, London, 2001, p. 18.
23. Rogan, p. 364.
24. Rogan, p. 376.
25. Qabbani, p. 782; cf. p. 416, above.
26. Carmichael, p. 351.
27. quoted in Karsh, p. 155.
28. cf. Atiyah, p. 193.
29. Rogan, pp. 159–60.
30. Holden, p. 23.
31. cf. Rogan, pp. 382–3.
32. Bowles, p. 375.
33. *EI2* III, pp. 1014–5.
34. Suleiman, p. 125.
35. cf. Rogan, p. 363.
36. Qabbani, p. 780.
37. Rogan, p. 394.
38. Versteegh, *Arabic Language*, p. 196.
39. Clive Holes cited in Owens, 'Arabic Sociolinguistics', p. 442.
40. Versteegh, *Arabic Language*, p. 196.
41. p. 453–6, above.
169. quoted in Albert Hourani p. 341.
170. Husayn, pp. 70–1.
171. Husayn, pp. 162–3.
172. Husayn, pp. 74–5.
173. Husayn, p. 79.
174. e.g. Husayn, p. 171.
175. Husayn, pp. 254–5.
176. Husayn, pp. 257–8.
177. e.g. Husayn, pp. 89–91.
178. cf. pp. 233-6, above.
179. Husayn, pp. 289–90.
180. Jabiri, p. 261.
181. Jabiri, p. 52.
182. Suyuti I, p. 305.
183. Suyuti I, p. 306.
184. p.63, above.
185. Adonis, *Thabit* IV, pp. 139–40.
186. Jabiri, p. 52.
187. Qabbani, p. 808.
188. cf. p. 102, above.
189. cf. *EI2* VIII, p. 246.
190. *EI2* XII, pp. 240–1.
191. *EI2* VIII, p. 246.
192. quoted in Atiyah, p. 169.
193. Kassir, p. 68.
194. Pryce-Jones, p. 223.
195. al-Marzuqi (aljazeera.net).

第14章／希望的年代

1. cf. the illustrations in Chekhab-Abudaya and Bresc, pp. 104–19.
2. Hitti, pp. 135–6.
3. Jabarti II, p. 203.
4. Jabarti II, p. 259.
5. Lane, *Account of the Manners*, p. 440.
6. Lane, *Account of the Manners*, p. 441.
7. *EI2* VI, pp. 44–6.
8. *EI2* III, p. 1067.

71. Qabbani, p. 703.
72. Atiyah, p. 235.
73. quoted in Karsh, p. 171.
74. *The Last Arab*, St. Martin's/ Dunne Books, New York, 2004.
75. from the ode by Ibrahim Naji,'*Al-Atlal*'. http://lyrics.wikia.com/wiki/ الأطلال:أم_كلثوم accessed 14 November 2018.
76. Ajami, *Arab Predicament*, p. 14.
77. Ajami, *Arab Predicament*, p. 93.
78. Qabbani, p. 762.
79. quoted in Rogan, p. 468.
80. *EI2* VII, pp. 886ff.; cf. Albert Hourani, pp. 418–9.
81. Carmichael, p. 357.
82. cf. Rogan, p. 496.
83. Swanson, p. 55.
84. Basha, p. 160.
85. Sa'd al-Din Ibrahim quoted in Rogan, p. 496.
86. Basha, p. 160.
87. Qabbani, p. 858.
88. Qabbani, pp. 738–9.
89. Albert Hourani, p. 419.
90. cf. Hourani, pp. 419–20.
91. Qabbani, p. 813.
92. Shehadeh, *Walks*, pp. 109–45.
93. Shehadeh, *Diaries*, p. 160.
94. figures from the Jewish Virtual Library website.
95. report in baraqish.net, 14 September 2016.
96. report in baraqish.net, February 2017.
97. cf. Abdallah Laroui quoted in Pryce-Jones, p. 214.

第15章／失望的年代

1. The inscription is the base of a missing

42. Suleiman, p. 198.
43. pp. 310–5, above.
44. quoted in Suleiman, p. 248, n. 15.
45. Suleiman, p. 182.
46. from the ode by Ibrahim Naji,'*Al-Atlal*'. http://lyrics.wikia. com/wiki/ الأطلال:أم_كلثوم accessed 14 November 2018.
47. Leila Ahmed, *A Border Passage*, quoted in Haeri, p. 79.
48. Suleiman, p. 125.
49. Ajlani quoted in Chejne, p. 21.
50. cf. Rogan, pp. 386–8.
51. quoted in Dresch, *History of Modern Yemen*, p. 82.
52. Albert Hourani, p. 368.
53. Pryce-Jones, p. 246.
54. Pryce-Jones, p. 342; Rogan, p. 399.
55. Rogan, pp. 402–3.
56. adapted from the version quoted in Dresch, *History of Modern Yemen*, p. 86.
57. '*Thawrat al-yaman*', c. late 1960s.
58. quoted in Ajami, *Arab Predicament*, p. 42.
59. Ajami, *Arab Predicament*, p. 180.
60. Pryce-Jones, p. 278.
61. Rogan, p. 417.
62. Ibn Khallikan II, pp. 71–2; cf. p. 258, above.
63. Qabbani, p. 695.
64. Wikipedia, s.v. Djamila Bouhired.
65. quoted in Mackintosh-Smith, *Yemen*, p. 158.
66. Morris, pp. 123–4.
67. Albert Hourani, p. 413.
68. Albert Hourani, p. 413.
69. cf. p. 414, above.
70. Qabbani, p. 699.

30. cf. Rogan, p. 614.
31. Albert Hourani, p. 465.
32. BBC report 1 September 2014, quoting UN figures.
33. 數字來自以色列人權組織B'Tselem，引用自 *Guardian*, 14 August 2018。
34. Shehadeh, *Walks*, p. 13.
35. Mackintosh-Smith, *Yemen*, p. 165.
36. Mackintosh-Smith, *Yemen*, p. 165.
37. Mackintosh-Smith, *Yemen*, p. 158.
38. Qabbani, p. 857.
39. Qabbani, p. 853.
40. 這個暱稱來自於他暗殺了前前前任北葉門總統易卜拉辛・哈姆迪（Ibrāhīm al-Ḥamdī）。
41. quoted in Dresch, *Tribes*, p. 7.
42. Mu'allimi, p. 37.
43. Qur'an, 99:2.
44. cf. pp. 61–2, above.
45. BBC report, 26 February 2015.
46. Ibn Khallikan III, p. 469.
47. Volpi, p. 1061.
48. *Guardian* report, 20 March 2018.
49. Lane, *Arabic-English Lexicon*, s.v. *byc*.
50. Francis Bacon, *Essays*, 'Of Cunning'.
51. John Milton, *Paradise Lost*, book 1, line 261; cf. Ajami, *Dream Palace*, p. 142.
52. John Dryden, *Absalom and Achitophel*, part 1, line 173.
53. Adonis, *Thabit* III, p. 229.
54. quoted in Pryce-Jones, p. 14.
55. e.g. Rogan, pp. 626–31.
56. Ajami, *Arab Predicament*, p. 88.
57. p. 433, above.
58. *EI2*, s.v. Zuccār.
59. Ibn Battutah I, p. 54.
60. e.g. Soueif, p. 155.
61. cf. Zubaida, p. 168.

statue commemorating a man who built a public bath, possibly around the fifth century AD. R. Mouterde, C. Mondésert, 'Deux inscriptions grecques de Hama', *Syria* 34, 1957, pp. 284–7.

2. Rogan, p. 513.
3. Haag, p. 153.
4. Kassir, p. 32.
5. Rogan, p. 238.
6. Kassir, p. 63.
7. Morris, p. 83.
8. Atiyah, pp. 222–4.
9. I. Rashid, *Yemen Enters the Modern World*, Chapel Hill, 1984.
10. Hitti, p. 755.
11. Qur'an, 3:103.
12. cf. pp. 53–4, above.
13. Allawi, p. ix.
14. Bowles, p. 104.
15. Atiyah, p. 240.
16. cf. Ajami, *Arab Predicament*, pp. 69–70.
17. quoted in Pryce-Jones, p. 373.
18. Pintak, p. 196.
19. cf. p. 478, above.
20. p. 267, above.
21. Qur'an, 18:9–26.
22. 在基督教的版本裡，從德西烏斯到狄奧多西二世頂多只有兩個世紀多一點。
23. Naipaul, p. 177.
24. Varisco, p. 125.
25. cf. Albert Hourani, p. 432.
26. Rogan, p. 518.
27. cf. Rogan, pp. 565–71.
28. Rogan, p. 567.
29. James Baldwin, *Nobody Knows My Name*, 'Notes for a Hypothetical Novel', Dial Press New York, 1961.

22 October 2013.
91. cf. pp. 346–7, above.
92. quoted in Ibn Khallikan I, pp. 24–5.
93. San'a Radio, February 2017.
94. report in baraqish.net, April 2017.
95. Lévi-Strauss, p. 300.
96. Jarrah, pp. 290–1.
97. UN figure in the *Guardian*, 31 March 2017.
98. Gibb's translation in Ibn Battutah I, p. 96.
99. Ibn Battutah I, pp. 97–8.
100. Mackintosh-Smith, *Tangerine*, p. 188.
101. www.unesco.org/ne/en/safeguarding-syrian-cultural- heritage, accessed June 2018.

後記／在歷史的車站

1. Qabbani, pp. 754–7.
2. cf. Alberto Manguel, *The Library at Night*, Yale University Press, New Haven and London, 2009, p. 331, n. 23.
3. Max Weber, *Gesammelte politische Schriften*, Drei Masken Vlg, 1921, p. 507.
4. BBC and *Guardian* reports, 20 October 2018.
5. 例如，由葉門合法政府發表的聲明，見sahafah.net, c. 16 October 2018。
6. *Guardian* report, 19 July 2018.
7. Reuters report, January 2018.
8. Mackintosh-Smith, *Yemen* (2014 edition),'Afterword'.
9. from Shaykh Hamdan bin Muhammad Al Maktum's ode,'Al-Jār li'l-Jār', https://lyrics-on.net/en/1096426-el-jar-lil-jar-lyrics.html accessed 14 November 2018.
10. Doreen Ingrams, p. 153.

62. Shehadeh, *Diaries*, p. 112.
63. Shehadeh, *Diaries*, p. 116.
64. Soueif, p. 56.
65. Soueif, p. 133.
66. Soueif, p. 144.
67. adapted from Soueif, p. 18.
68. Jabarti II, p. 326.
69. Ibn Battutah I, p. 54.
70. Soueif, pp. 145–6.
71. Shehadeh, *Diaries*, p. 133.
72. quoted in Ajami, *Arab Predicament*, p. 1.
73. Adonis, *Thabit* III, p. 165.
74. Qur'an, 13:11.
75. quoted in *Kipling Journal*, vol. 38, no. 180, 1971, p. 6.
76. cf. Iryani, p. 329.
77. Lawrence Durrell, *Reflections on a Marine Venus*, Faber & Faber, London, 1953, p. 80.
78. Pryce-Jones, p. 401.
79. *EI2*, s.v. Tunisia.
80. cf. p. 431, above.
81. Johnson and Boswell, *A Journey to the Western Islands*, Penguin Classics, London, 1984, p. 288.
82. Imru' al-Qays, p. 134.
83. quoted in Ibn Khallikan III, pp. 236–7, and sometimes attributed to Imam al-Shafi'i.
84. quoted in Pryce-Jones, p. 4.
85. Diamond, p. 40.
86. Qabbani, p. 759.
87. cf. p. 135, above.
88. cf. ideas on language and dominance, pp. 9 and 163, above.
89. Ludwig Wittgenstein, *Philosophische Untersuchungen*, part 1, section 109.
90. BBC reports, 30 November 2012 and

11. quoted in Suleiman, p. 191.
12. Husayn, p. 109.
13. Jahiz, part 3, p. 113.
14. Kassir, p. 2.
15. Ajami, *Arab Predicament*, pp. 52–3.
16. cf. p. 280, above.
17. Jarah, p. 41. 感謝Dr Khaldun al-Sham'ah首次向我唸誦這些詩歌。
18. Qur'an, 2:62.
19. Jan Morris, *Spain*, Penguin, London, 1982, p. 14.
20. Qabbani, p. 703.
21. Qur'an, 109:6.
22. cf. p. xiii, above.
23. cf. p. xxv, above

參考書目

cAbd Allāh, Yu¯suf Muh. ammad, *Awrāq f¯ı tārīkh al-yaman wa-āthārihi*, Beirut, 1990.

cAbīd (cUbayd) b. Sharyah al-Jurhumī, *Akhbār*, in Wahb b. Munabbih al-Yamānī, *Kitāb al-fījān fimulūk h. imyar*, Hyderabad, 1928, reprinted San'a, 1979.

Abu-Absi, Samir, 'The Modernization of Arabic: Problems and Prospects', *Anthropological Linguistics* 28, 1986.

Abu 'l-Fidā', cImād al-Dīn Ismācīl, *Al-mukhtas.ar fi akhbār al-bashar*, Cairo, n.d.

Abu-Lughod, Janet L., *Before European Hegemony: The World System AD 1250−1350*, Oxford University Press USA, New York, 1991.

Abū Nuwās, al-H. asan b. Hāni', *Dīwān*, ed. Ah. mad cAbd al-Majīd al-Ghazālī, Beirut, 1984.

Adonis [cAlī Ah. mad Sacīd Isbir], *An Introduction to Arab Poetics*, Saqi Books, London, 2003.

Adonis [cAlī Ah. mad Sacīd Isbir], *Al-thābit wa-'l-mutah. awwil*, Beirut, 2011.

Ajami, Fouad, *The Arab Predicament*, Cambridge University Press, Cambridge, 1981.

Ajami, Fouad, *The Dream Palace of the Arabs: A Generation's Odyssey*, Pantheon, New York, 1998.

al-Akwac, Muh. ammad b. cAlī, *Al-yaman al-khad. rā' mahd al-h. ad. ārah*, San'a, 1982.

Ali Bey, *Travels of Ali Bey*, Garnet Publishing, Reading, 1993.

Allawi, Ali A., *The Crisis of Islamic Civilization*, Yale University Press, New Haven and London, 2009.

Anderson, Benedict, *Imagined Communities*, Verso Books, London and New York, 1983.

Antonius, George, *The Arab Awakening: The Story of the Arab National Movement*, Routledge, London, 1938.

al-cArashī, H. usayn b. Ah. mad, *Bulūgh al-marām fi sharh. misk al-khitām*, ed. and continued by Anastase-Marie al-Kirmilī, Cairo, 1939.

Arié, Rachel, *L'Espagne musulmane au temps des Nasrides (1232−1492)*, Editions de Boccard, Paris, 1973.

Ascherson, Neal, *Black Sea: The Birthplace of Civilisation and Barbarism*, Farrar, Straus and Giroux, London, 1996.

Atiyah, Edward, *The Arabs*, Penguin, Harmondsworth, 1955.

Baerlein, Henry, *The Singing Caravan: Some Echoes of Arabian Poetry*, John Murray, London, 1910.

al-Baghdādī, cAbd al-Lat.īf b. Yūsuf, *Kitāb al-ifādah wa-'l-ictibār* (Appendix 1), ed. Ah. mad Ghassān Sabānū, Damascus, 1983.

al-Balādhurī, Ah. mad b. Yah. yā, *Futūh. al-buldān*, Beirut, 1983.

al-Bāshā, ᶜĀ s.im, *Al-shāmī al-akhīr fī gharnā.tah*, Abu Dhabi, 2011.

Beeston, A.F.L., *A Descriptive Grammar of Epigraphic South Arabian*, Luzac, London, 1962.

Beeston, A.F.L., 'Kingship in Ancient South Arabia', *Journal of the Economic and Social History of the Orient* 15, 1972.

Beeston, A.F.L., 'The So-Called Harlots of H. ad. ramawt', *Oriens* 5, 1952.

Beeston, A.F.L., *et al.* (eds), *Sabaic Dictionary*, Peeters, Beirut and Louvain-la-Neuve, 1982.

Bellamy, James A., 'A New Reading of the Namārah Inscription', *Journal of the American Oriental Society* 105, 1981.

Bloom, Jonathan M., 'The Introduction of Paper to the Islamic Lands and the Development of the Illustrated Manuscript', *Muqarnas* 17, 2000.

Borges, Jorge Luis, 'The Zahir', *Labyrinths*, Penguin, London, 1970.

Bowles, Paul, *The Spider's House*, Random House, New York, 1955.

Bujra, Abdalla S., *The Politics of Stratification*, Oxford University Press, Oxford, 1971.

Bulliet, Richard W., *The Camel and the Wheel*, Harvard University Press, New York, 1975.

Burton, Richard F., *Personal Narrative of a Pilgrimage to al-Madinah and Meccah*, Tylston and Edwards, London, 1893.

Byron, Robert, *The Road to Oxiana*, Picador, London, 1981.

Cannon, Garland, *The Arabic Contribution to the English Language: An Historical Dictionary*, Harrassowitz Verlag, Wiesbaden, 1994.

Carmichael, Joel, *The Shaping of the Arabs: A Study in Ethnic Identity*, Allen and Unwin, London, 1969.

Chaudhuri, K.N., *Trade and Civilisation in the Indian Ocean*, Cambridge University Press, Cambridge, 1985.

Chejne, Anwar G., *The Arabic Language: Its Role in History*, University of Minnesota Press, Minneapolis, 1969.

Chekhab-Abudaya, Mounia and Cécile Bresc, *Hajj: The Journey Through Art*, Skira, Milan, 2013.

Chen Da-sheng and Ludvik Kalus, *Corpus d'inscriptions arabes et persanes en Chine* I *(Province de Fu-Jian)*, Geuthner, Paris, 1991.

Cherian, A., 'The Genesis of Islam in Malabar', *Indica* 6, 1969.

Cioeta, Donald J., 'Ottoman Censorship in Lebanon and Syria, 1876–1908', *International Journal of Middle East Studies* 10, 1979.

Crone, Patricia, 'The First-Century Concept of "Hig˘ ra" ', *Arabica* 41, 1994.

Daum, Werner, (ed.), *Yemen: 3000 Years of Art and Civilisation in Arabia Felix*, Pinguin Verlag, Innsbruck and Frankfurt/Main, n.d. [c.1988].

Davie, Grace, *Religion in Britain Since 1945: Believing without Belonging*, John Wiley, Hoboken, 1994.

Diamond, Jared, *Guns, Germs and Steel*, Vintage, London, 2005.

Doe, Brian, *Southern Arabia*, Thames & Hudson London, 1971.

Dresch, Paul, *A History of Modern Yemen*, Cambridge University Press, Cambridge, 2000.

Dresch, Paul, *Tribes, Government and History in Yemen*, Clarendon Press, Oxford, 1989.

Drory, Rina, 'The Abbasid Construction of the Jahiliyya: Cultural Authority in the Making', *Studia Islamica* 83, 1996.

Dunlop, D.M., *Arab Civilization to AD 1500*, Longman, London and Beirut, 1971.

Dunn, Ross E., *The Adventures of Ibn Battuta: A Muslim Traveler of the 14th Century*, University of California Pres, Berkeley and Los Angeles, 1989.

EI2 = The Encyclopaedia of Islam, 2nd edition, Brill, Leiden, 1960–2005.

Ferguson, Charles, review of Anwar Chejne, *American Anthropologist* 75, 1973.

Gelder, Geert Jan van, (ed. and trans.), *Classical Arabic Literature: A Library of Arabic Literature Anthology*, New York University Press, New York and London, 2013.

Ghosh, Amitav, *In an Antique Land*, Vintage, London, 1994.

Ghul, M.A., 'The Pilgrimage at Itwat', *Proceedings of the Society for Arabian Studies: A.F.L. Beeston at the Arabian Seminar*, 2005.

Gilmour, David, *Curzon*, Macmillan, London, 1994.

Grunebaum, G.E. von, 'The Nature of Arab Unity Before Islam', *Arabica* 10, 1963.

Gysens, J. Calzini, 'Safaitic Graffiti from Pompeii', *Proceedings of the Society for Arabian Studies* 20, 1990.

Haag, Michael, *Syria and Lebanon* (Cadogan Guides series), Cadogan, London, 1995.

Haeri, Niloofar, 'Form and Ideology: Arabic Sociolinguistics and Beyond', *Annual Review of Anthropology* 29, 2000.

al-Hamdānī, al-H. asan b. Ah. mad, *Kitāb al-iklīl* VIII, ed. Nabīh Amīn Fāris, Princeton, 1940, reprinted Beirut and San'a, n.d.

al-Hamdānī, al-H. asan b. Ah. mad, *S.ifat jazīrat al-ᶜarab*, ed. Muh. ammad b. cAlī al-Akwac, San'a, 1983.

al-Harawī, cAlī b. Abū Bakr, *Al-ishārāt ilā maᶜrifat al-ziyārāt*, ed. Janine Sourdel-Thomine, Damascus, 1953.

Hardy, Peter, *Historians of Medieval India: Studies in Indo-Muslim Historical Writing*, Munshiram Manoharlal Publishers, New Delhi, 1997.

Harrigan, Peter, 'Discovery at al-Magar', *Saudi Aramco World*, May/June 2012.

Harrower, Michael, *Water Histories and Spatial Archaeology: Ancient Yemen and the American West*, Cambridge University Press, Cambridge, 2016.

Hava, J.G., *Al-farāʿid al-durriyah: Arabic-English Dictionary for the Use of Students*, Beirut, 1915.

Healey, John F., and G.R. Smith, 'Jaussen Savignac 17: The Earliest Dated Arabic Document', *Atlal* 12, 1989.

Hess, Richard S., *Studies in the Personal Names of Genesis 1–11*, Butzon & Bercker, Neukirchener, 1993.

al-H. ibshī, cAbd Allāh Muh. ammad, (ed.), *Al-yaman fī lisān al-ᶜarab*, San'a, 1990.

Hitti, Philip K., *History of the Arabs*, 10th edition, St Martin's Press, London, 1970.

Ho, Engseng, *The Graves of Tarim: Genealogy and Mobility across the Indian Ocean*, University of California Press, Berkeley and Los Angeles, 2006.

Hodgson, Marshall G.S., *The Venture of Islam* 2, University of Chicago Press, Chicago, 1977.

Holden, David, *Farewell to Arabia*, Faber & Faber, London, 1966.

Hornblower, Simon, and Antony Spawforth (eds), *The Oxford Classical Dictionary*, 3rd edition, Oxford University Press, Oxford, 2003.

Hourani, Albert, *A History of the Arab Peoples* (with Afterword by Malise Ruthven), Faber & Faber, London, 2002.

Hourani, George F., *Arab Seafaring in the Indian Ocean in Ancient and Early Medieval Times*, revised and expanded by John Carswell, Princeton University Press, Princeton, 1995.

Hoyland, Robert G., *Arabia and the Arabs: From the Bronze Age to the Coming of Islam*, Taylor & Francis, London, 2001.

Huart, Clément, *A History of Arabic Literature*, William Heinemann, London, 1903.

Hurgronje, C. Snouck, *Verspreide Geschriften* IV, Brill, Bonn and Leipzig,1924.

Husain, Agha Mahdi, *The Rise and Fall of Muh. ammad bin Tughluq*, Luzac, London, 1938.

H. usayn, T. āhā, *Fi 'l-shiᶜr al-jāhilī*, Cairo, 2007.

Hussein, Asiff, *Sarandib: An Ethnological Study of the Muslims of Sri Lanka*, Neptune Publications, Dehiwala, 2007.

Ibn Bat.t.ūt.ah, Muh. ammad b. cAbd Allāh, *The Travels of Ibn Bat.t.ū.ta*, trans. H.A.R. Gibb and C.F. Beckingham, Hakluyt Society, London, 1958-94.

Ibn H. ajar al-cAsqalānī, Ah. mad b. cAlī, *Al-durar al-kāminah fī aᶜyān al-mi'ah al-thāminah*, Beirut, 1993. Ibn Jubayr, Muh. ammad b. Ah. mad, *Rih. lat ibn jubayr*, Beirut, 1980.

Ibn al-Kalbī, Hishām, *The Book of Idols*, trans. Nabih Amin Faris, Princeton University Press, Princeton, 1952.

Ibn Khaldūn, cAbd al-Rah. mān b. Muh. ammad, *The Muqadimmah: An Introduction to History*, trans. Franz Rosenthal, ed. and abridged N.J. Dawood, Princeton University Press, Princeton, 1989.

Ibn Khaldūn, cAbd al-Rah. mān b. Muh. ammad, *Rih. lat ibn khaldūn*, ed. Muh. ammad Ibn Tāwīt al-T. anjī and Nūrī al-Jarrāh. , Abu Dhabi and Beirut, 2003.

Ibn Khallikān, Ah. mad b. Muh. ammad, *Wafayāt al-aᶜyān*, Beirut, 1997.

Ibn al-Khat.īb, Lisān al-Dīn, *Al-ih. ā.tah fī* akhbār *gharnā.tah*, Beirut, 2003.

Ibn Shaqrūn, Muh. ammad b. Ah. mad, *Maz.āhir al-thaqāfah al-maghribiyyah: dirāsah fī 'l-adab al-maghribī fī 'l-ᶜas.r al-marīnī* , Casablanca, 1985.

Ibrahim, Mahmood, 'Social and Economic Conditions in Pre-Islamic Mecca', *International Journal of Middle East Studies* 14, 1982.

al-Ibshīhī, Muh. ammad b. Ah. mad, *Al-mustat.raf fī kull fann mustaz.raf*, ed. Muh. ammad H. alabī, Beirut, 1998.

al-Idrīsī, Muh. ammad b. Muh. ammad, *Kitāb nuzhat al-mushtāq*, Cairo, n.d.

Imru' al-Qays, H. unduj b. H. ujr, *Dīwān*, Beirut, 1983.

Ingrams, Doreen, *A Time in Arabia*, John Murray, London, 1970.

Ingrams, Doreen and Leila, (eds), *Records of Yemen*, Archive Editions, Neuchâtel, 1993.

Ingrams, Harold, *Arabia and the Isles*, 3rd edition, John Murray, London, 1966.

Ingrams, Harold, *The Yemen: Imams, Rulers and Revolutions*, John Murray, London, 1963.

Irwin, Robert, *Night, Horses and the Desert: The Penguin Anthology of Classical Arabic Literature*, Penguin, London, 2000.

al-Iryānī, Mut.ahhar cAlī, *Nuqūsh musnadiyyah wa-ta^{c}līqāt*, 2nd edition, San'a, 1990.

al-Jabartī, cAbd al-Rah. mān, *^{c}Ajā'ib al-āthār fī 'l-tarājim wa-'l-akhbār*, Beirut, n.d.

al-Jābirī, Muh. ammad, *Takwīn al-^{c}aql al-^{c}arabī*, Beirut, 2011.

Jackson, Peter, *The Delhi Sultanate: A Political and Military History*, Cambridge University Press, Cambridge, 1998.

al-Jāh. iz., cAmr b. Bah. r, *Kitāb al-bayān wa-'l-tabyīn*, Beirut, 2009.

al-Jarrāh. , Nūrī, (ed.), *Ard. al-ta^{c}āruf: s.ūrat ūrubbā, al-h. ajj, al-rih. lah al-mu^{c}ās.irah*, Abu Dhabi, 2011.

Johnson, Penny, and Raja Shehadeh (eds), *Seeking Palestine*, Olive Branch Press, Northampton, Mass., 2013.

Jones, Alan, 'The Qur'an in the Light of Earlier Arabic Prose', in Alan Jones (ed.), *University Lectures in Islamic Studies* I, Al-Tajir World of Islam Trust, London, 1997.

Jones, Alan, 'The Word Made Visible: Arabic Script and the Committing of the Qur'an to Writing', in C.F. Robinson (ed.), *Texts, Documents and Artefacts*, Brill, Leiden, 2003.

Jones, Alan, review of Beatrice Gruendler, *Vetus Testamentum* 44, 1994.

Karsh, Efraim, *Islamic Imperialism: A History*, 2nd edition, Yale University Press, New Haven and London, 2007.

Kassir, Samir, *Being Arab*, Verso Books, London, 2013.

Kaye, Alan S., review of Yasir Suleiman, *Journal of the American Oriental Society* 125, 2005.

Keall, Edward J., review of Jan Retsö, *Bulletin of the American Schools of Oriental Research* 330, 2003.

Keay, John, *India: A History*, Harper Collins, London, 2004.

Kennedy, Hugh, *The Great Arab Conquests*, Orion Publishing, London, 2008.

Khusraw, Nās.ir, *Safarnāmah*, trans. (into Arabic) Yah. yā al-Khashshāb, Beirut, 1983.

Kilito, Abdelfattah, *Thou Shalt Not Speak My Language*, Syracuse University Press, New York, 2008.

Kister, M.J., 'Al-H. īra: Some Notes on Its Relations with Arabia', *Arabica* 15, 1968.

Knauf, Ernst Axel, 'The Migration of the Script, and the Formation of the State in South Arabia', *Proceedings of the Society for Arabian Studies* 19, 1989.

al-Kurdī, Muh. ammad T. āhir b. cAbd al-Qādir, *Tārīkh al-khat.t. al-ᶜarabī wa-ādābihi*, n.p., 1939.

Lambourn, Elizabeth, 'From Cambay to Samudera-Pasai: The Export of Gujarati Grave Memorials to Sumatra and Java in the Fifteenth Century CE', *Indonesia and the Malay World* 31, 2003.

Lane, Edward William, *An Account of the Manners and Customs of the Modern Egyptians*, with Introduction by Jason Thompson, American University, Cairo, 2003.

Lane, Edward William, *Madd al-qāmūs: An Arabic-English Lexicon*, Williams and Norgate, London, 1863–93.

Lawrence, Bruce B., 'Early Indo-Muslim Saints and Conversion', *Islam in Asia* I, ed. Yohanan Friedmann, Magnes Press, Jerusalem, 1984.

Lecker, Michael, 'Kinda on the Eve of Islam and during the "Ridda"', *Journal of the Royal Asiatic Society* 4, 1994.

Lévi-Strauss, Claude, *Tristes Tropiques*, Penguin USA, New York, 1992.

Levtzion, Nehemia, and Randall L. Pouwels (eds), *The History of Islam in Africa*, Ohio University Press, Athens, Ohio, 2000.

Lewis, Bernard, *The Arabs in History*, 6th edition, Oxford University Press, Oxford, 1993.

Lewis, Bernard, 'The Concept of an Islamic Republic', *Die Welt des Islams* 4, 1956.

Lewis, Bernard, 'The Crows of the Arabs', *Critical Inquiry* 12, 1985.

Lings, Martin, *Sufi Poems: A Mediaeval Anthology*, Islamic Texts Society, Cambridge, 2004.

Maalouf, Amin, *The Crusades Through Arab Eyes*, Saqi Books, London, 1984.

al-Macarrī, Abu 'l-cAlā', *The Epistle of Forgiveness* I, ed. and trans. Geert Jan van Gelder and Gregor Schoeler, New York University Press, New York and London, 2013.

Macdonald, M.C.A., (ed.), *The Development of Arabic as a Written Language*, Oxford University Press, Oxford, 2010.

Macdonald, M.C.A., 'Nomads and the H. awrān in the Late Hellenistic and Roman Periods: A Reassessment of the Epigraphic Evidence', *Syria* 70, 1993.

Macdonald, M.C.A., 'The Seasons and Transhumance in Safaitic Inscriptions', *Journal of the Royal Asiatic Society* 2, 1992.

Mackintosh-Smith, Tim, *The Hall of a Thousand Columns: Hindustan to Malabar with Ibn Battutah*, John Murray, London, 2005.

Mackintosh-Smith, Tim, 'Interpreter of Treasures: Encounters', *Saudi Aramco World*, March/ April 2013.

Mackintosh-Smith, Tim, 'Interpreter of Treasures: Food and Drink', *Saudi Aramco World*, May/ June 2013.

Mackintosh-Smith, Tim, 'Interpreter of Treasures: A Portrait Gallery', *Saudi Aramco World*,

September/October 2013.

Mackintosh-Smith, *Landfalls: On the Edge of Islam with Ibn Battutah*, John Murray, London, 2010.

Mackintosh-Smith, Tim, *Travels with a Tangerine: A Journey in the Footnotes of Ibn Battutah*, John Murray, London, 2001.

Mackintosh-Smith, Tim, *Yemen: Travels in Dictionary Land*, John Murray, London, 1997.

Mackintosh-Smith, *Yemen: The Unknown Arabia*, revised edition, The Overlook Press, New York, 2014.

Maigret, Alessandro de, 'The Arab Nomadic People and the Cultural Interface between the "Fertile Crescent" and "Arabia Felix"', *Arabian Archaeology and Epigraphy* 10, 1999.

al-Maqdisī (al-Muqaddasī), Shams al-Dīn, *Ah. san al-taqāsīm fī ma^{c}rifat al-aqālīm*, ed. M.J. de Goeje, Brill, Leiden, 1967.

al-Maqqarī, Ah. mad b. Muh. ammad, *Nafh. al-t.īb min ghus.n al-andalus al-rat.īb*, ed. Ih. sān cAbbās, Beirut, 1988.

al-Maqrīzī, Ah. mad b. cAlī, *Kitāb al-mawā^{c}iz. wa-'l-i^{c}tibār bi-dhikr al-khit.at. wa-'l-āthār*, Cairo, n.d.

al-Marzūqī, Muh. ammad Muns.if, 'Ayyu lughat sa-yatakallam al-carab al-qarn al-muqbil?', aljazeera.net, 6 November 2011.

al-Mascūdī, cAlī b. al-H. usayn, *Murūj al-dhahab wa-ma^{c}ādin al-jawhar*, ed. Muh. ammad Muh. yi 'l-Dīn H. amīd, Beirut, n.d.

Mather, James, *Pashas: Traders and Travellers in the Islamic World*, Yale University Press, New Haven and London, 2009.

Mathews, Thomas, *Byzantium: From Antiquity to the Renaissance*, Yale University Press, New Haven and London, 1998.

Al-mawsū^{c}ah al-yamaniyyah, ed. Ah. mad Jābir cAfīf *et al.*, San'a, 1992. Morris, Jan, *Sultan in Oman*, Eland Books, London, 2000.

al-Mucallimī, Ah. mad cAbd al-Rah. mān, *Kitābah ^{c}alā s.arh. al-wah. dah al-yamaniyyah*, n.p. [San'a], n.d. [1994].

Naipaul, V.S., *An Area of Darkness*, Picador, London, 1995.

Nicholson, Reynold, *A Literary History of the Arabs*, Cambridge University Press, Cambridge, 1930.

Norris, H.T., *Saharan Myth and Saga*, Oxford University Press, Oxford, 1972.

Nowak, Martin, *Supercooperators*, Free Press, New York, 2011.

Owens, Jonathan, 'Arabic Dialect History and Historical Linguistic Mythology', *Journal of the American Oriental Society* 123, 2003.

Owens, Jonathan, 'Arabic Sociolinguistics', *Arabica* 48, 2001.

Owens, Jonathan, *A Linguistic History of Arabic*, Oxford University Press, Oxford, 2006.

Owens, Jonathan, (ed.), *The Oxford Handbook of Arabic Linguistics*, Oxford University Press,

Oxford, 2013.

Parker, A.G., and J.I. Rose, 'Climate Change and Human Origins in Southern Arabia', *Proceedings of the Society for Arabian Studies* 39, 2009.

Parry, James, 'The Pearl Emporium of Al Zubarah', *Saudi Aramco World*, November/ December 2013.

Pellat, Charles, ed. and trans. (into French), *The Life and Works of Jāh. iz.*, trans. (into English) D.M. Hawke, Routledge & Kegan Paul, London, 1969.

Piamenta, Moshe, *Dictionary of Post-Classical Yemeni Arabic*, Brill, Leiden, 1990.

Pintak, Lawrence, 'Border Guards of the "Imagined" *Watan*: Arab Journalists and the New Arab Consciousness', *Middle East Journal* 63, 2009.

Piotrovsky, M., *Al-yaman qabl al-islām*, trans. Muh. ammad al-Shucaybī, Beirut, 1987.

Pryce-Jones, David, *The Closed Circle: An Interpretation of the Arabs*, Weidenfeld & Nicholson, London, 1989.

Qabbānī, Nizār, *Al-a^c^māl al-shi^c^riyyah wa-ʿl-siyāsiyyah al-kāmilah*, Beirut and Paris, 2007.

al-Qazwīnī, Zakariyyā' b. Muh. ammad, *Āthār al-bilād wa-akhbār al-^c^ibād*, Beirut, n.d.

Rabin, Chaim, *Ancient West-Arabian*, Taylor's Foreign Press, London, 1951.

Rabin, Chaim, 'The Beginnings of Classical Arabic', *Studia Islamica* 4, 1955.

al-Rāzī, Ah. mad b. cAbd Allāh, *Tārīkh madīnat s.an^c^āʿ*, ed. H. usayn cAbd Allāh al-cAmrī and cAbd al-Jabbār Zakkār, Damascus, 1974.

Rennie, Neil, *Far-Fetched Facts: The Literature of Travel and the Idea of the South Seas*, Clarendon Press, Oxford, 1995.

Retsö, Jan, *The Arabs in Antiquity: Their History from the Assyrians to the Umayyads*, Routledge/ Curzon, London, 2002.

Rippin, A., 'The Qur'ān as Literature: Perils, Pitfalls and Prospects', *Bulletin of the British Society for Middle Eastern Studies* 10, 1983.

Rizvi, Saiyid Athar Abbas, *A History of Sufism in India* I, Munshiram Manoharlal Publishers, New Delhi, 1997.

Robb, Graham, *The Discovery of France*, Picador, London, 2007.

Robin, Christian, *Les Hautes-Terres du Nord-Yémen Avant l'Islam* I, Nederlands Historisch-Archaeologisch Institut, Istanbul, 1982.

Rogan, Eugene, *The Arabs: A History*, Penguin, London, 2011.

Rogerson, Barnaby, *The Prophet Muhammad: A Biography*, Abacus, London, 2004.

Rosenthal, Franz, 'The Stranger in Medieval Islam', *Arabica* 44, 1997.

Rushdie, Salman, *Midnight's Children*, Penguin USA, New York, 1991.

Sa'di, *The Rose-Garden*, trans. Edward B. Eastwick, Octagon Press, London, 1979.

Schoeler, Gregor, 'Writing and Publishing: On the Use and Function of Writing in the First Centuries of Islam', *Arabica* 44, 1997.

Searight, Sarah, *Steaming East*, Bodley Head, London, 1991.

Searight, Sarah, and Jane Taylor, *Yemen: Land and People*, Pallas Athene, London, 2003.

Serjeant, R.B., *South Arabian Hunt*, Luzac, London, 1976.

Serjeant, R.B., review of René Dagorn, *Journal of the Royal Asiatic Society* 2, 1982.

Shaykhū, Luwīs, *Shu^{c}arā‘ al-nas.rāniyyah fi ‘l-jāhiliyyah*, Cairo, 1982.

Shehadeh, Raja, *Occupation Diaries*, Profile Books, London, 2012.

Shehadeh, Raja, *Palestinian Walks: Notes on a Vanishing Landscape*, Profile Books, London, 2008.

Shouby, E., 'The Influence of the Arabic Language on the Psychology of the Arabs', *Middle East Journal* 5, 1951.

al-Sīrāfī, Abū Zayd and Ibn Fad. lān, *Two Arabic Travel Books*, trans. Tim Mackintosh-Smith and James E. Montgomery, New York University Press, New York and London, 2014.

Sizgorich, Thomas, ' "Do Prophets Come with a Sword?": Conquest, Empire, and Historical Narrative in the Early Islamic World', *American Historical Review* 112, 2007.

Soueif, Ahdaf, *Cairo: My City, Our Revolution*, Bloomsbury, London, 2012.

Stark, Freya, *The Southern Gates of Arabia: A Journey in the Hadhramaut*, John Murray, London, 2003.

Stetkevych, Jaroslav, 'Some Observations on Arabic Poetry', *Journal of Near Eastern Studies* 26, 1967.

Stetkevych, Suzanne Pinckney, 'The cAbbasid Poet Interprets History: Three Qas.īdahs by Abū Tammām', *Journal of Arabic Literature* 10, 1979.

Suchem, Ludolph von, *Description of the Holy Land and the Way Thither*, trans. Aubrey Stewart, Palestine Pilgrims' Text Society, London, 1895.

Suleiman, Yasir, *The Arabic Language and National Identity: A Study in Ideology*, Edinburgh University Press, Edinburgh, 2003.

al-Suyūt.ī, cAbd al-Rah. mān b. Abū Bakr, *Al-muzhir fī ^{c}ulūm al-lughah al-^{c}arabiyyah*, Beirut, 2009.

Swanson, Jon C., *Emigration and Economic Development*, Westview Press, Boulder, 1979.

Tāj al-Dīn, H. asan, *The Islamic History of the Maldives Islands*, ed. Hikoichi Yajima, Tokyo, 1984.

al-Thacālibī, cAbd al-Malik b. Muh. ammad, *Fiqh al-lughah wa-sirr al-^{c}arabiyyah*, ed. cAbd al-Razzāq al-Mahdī, Beirut, 2010.

Tibbetts, G.R., *Arab Navigation in the Indian Ocean Before the Coming of the Portuguese*, Royal Asiatic Society, London, 1971.

Tidrick, Kathryn, *Heart-beguiling Araby: The English Romance with Arabia*, revised edition, Tauris & Co., London, 1989.

Trevaskis, Kennedy, *Shades of Amber*, Hutchinson, London, 1968.

Tuchman, Barbara W., *A Distant Mirror: The Calamitous 14th Century*, Macmillan, London, 1979.

Usāmah Ibn Munqidh, *Kitāb al-i^c tibār*, ed. Philip Hitti, Princeton University Press, Princeton, 1930.

Varisco, Daniel Martin, *Islam Obscured: The Rhetoric of Anthropological Representation*, Palgrave Macmillan, New York and Basingstoke, 2005.

Versteegh, Kees, *The Arabic Language*, Edinburgh University Press, Edinburgh, 2013.

Versteegh, Kees, 'Linguistic Contacts Between Arabic and Other Languages', *Arabica* 48, 2001.

Volpi, Frédéric, 'Pseudo-Democracy in the Muslim World', *Third World Quarterly* 25, 2004.

Whitfield, Susan, *Life Along the Silk Road*, John Murray, London, 2000.

Whitman, Walt, *The Portable Walt Whitman*, ed. Michael Warner, Penguin USA, New York, 2004.

Wilson, Robert T.O., *Gazetteer of Historical North-West Yemen*, G. Olms, Hildesheim, 1989.

Winnett, F.V., 'Studies in Ancient North Arabian', *Journal of the American Oriental Society* 107, 1987.

Wootton, David, *The Invention of Science: A New History of the Scientific Revolution*, Harper Collins, London, 2015.

Yāqūt al-H. amawī, *Mu^c jam al-buldān*, ed. Farīd cAbd al-cAzīz al-Jundī, Beirut, n.d.

Young, Gavin, *In Search of Conrad*, Penguin, London, 1992.

Yule, Henry, *Cathay and the Way Thither*, 2nd edition, revised by Henri Cordier, Hakluyt Society, London, 1916.

Yule, Henry, and A.C. Burnell, *Hobson-Jobson: The Anglo-Indian Dictionary*, 2nd edition, ed. W. Crooke, John Murray, London, 1903.

Zubaida, Sami, *Beyond Islam: A New Understanding of the Middle East*, Tauris & Co., London, 2011.